두보 고체시 명편

서울대학교 아시아연구소총서 기초연구시리즈 3

두보 고체시 명편

초판 1쇄 인쇄 2015년 9월 25일
초판 1쇄 발행 2015년 9월 30일

역해자 이영주 이남종 이석형 김만원 이창숙 김성곤 박홍준 김준연 강민호
펴낸곳 서울대학교출판문화원
펴낸이 성낙인

책임 편집 최유식
디자인 최선아

출판등록 제15-3호

주소 (08826) 서울 관악구 관악로 1
대표전화 02-880-5252 | 팩스 02-888-4148
마케팅팀(주문상담) 02-889-4424, 02-880-7995
이메일 snubook@snu.ac.kr
홈페이지 www.snupress.com

ISBN 978-89-521-1757-1 04820
978-89-521-1475-4 (세트)

서울대학교 아시아연구소총서
기초연구시리즈 3

두보 고체시 명편

이영주 · 이남종 · 이석형 · 김만원 · 이창숙
김성곤 · 박홍준 · 김준연 · 강민호 역해

서울대학교출판문화원

The Anthology of Du Fu's Ancient Style Poetry Masterpiece

Translated and Annotated by
Yeongju Lee,
Namjong Lee,
Seok Hyoung Lee,
Manwon Kim,
Changsook Lee
Seongkon Kim,
Hong Jun Park,
Joonyoun Kim,
and Minho Kang

Seoul National University Press

| 머리말 |

會當凌絶頂, 一覽衆山小.
(반드시 태산의 정상에 올라, 뭇 산이 작음을 한 번 보리라.)

두보杜甫의 초기시인 〈태산을 바라보다望嶽〉에 나오는 말이다. 두보가 젊은 시절 태산泰山을 바라보며 감회를 읊은 것인데, 두보 일생의 포부를 함축한 구절로도 이해할 수 있다. 두보는 시에서 이러한 포부를 이루었다. 그의 시는 이전 중국 고전시의 성취를 집대성한 바탕에서 창신의 면모를 더했기에 으뜸으로 평가받으며 지금도 널리 애송되고 있다. 그가 남긴 1,439수(《두시상주》 기준, 연작시를 1편으로 보면 1,141편)는 거의 모두가 일반 시인들의 수준을 능가하는데다가 그 작품들이 각각 다양한 특징을 띠고 있다. 그래서 다른 시인에 비해 대표작을 선정하기가 쉽지 않으며, 일부 작품만으로는 두시杜詩의 다채로운 면모를 제대로 이해하기 힘들다. 여기에 두시의 진정한 위대함이 있다. 하지만 전체 작품을 다 보기는 현실적으로 쉽지 않기에 안내서로서 그 시선집의 필요성은 상존한다.

지금껏 두시는 중국시선집에서 많은 수를 차지하며 선록되어 왔고, 두시만을 대상으로 한 선집도 다수 나왔다. 하지만 풍요속의 빈곤이란 말처럼 기존의 두시 선집들은 널리 알려진 작품을 거의 비슷한 방식으로 반복해서 수록하고 있어 두시의 다양한 특징과 성취를 제대로 파악하기에 부족한 면이 있다. 또한 두시는 풍부한 학식을 바탕으로 심혈을 기울여 창작한 것이기에 정확한 이해가 쉽지 않은데 기존의 선집들은 그 주석이 너무 간단하거나 필요한 설명이 빠져 있어 시를 제대로 이해하기에 부족한 경우도 있다. 그래서 선집이면서 주석도 충실한, 대중성과 학술성을 겸비한 두시 명편집이 필요하다는 문제의식에 기반하여 이 책을 집필하게 되었다.

이 책은 두보 고체시古體詩 명작 57편(연작시를 개별적으로 보면 79수)을 엄선하여 창작 시기 순으로 배열하였다. 여기에는 두보 초기시의 장편 대작인 〈경사로부터 봉선으로 가며 마음을 읊은 500자自京赴奉先縣詠懷五百字〉와 〈북쪽으로 가다北征〉를 비롯하여, 현실주의적 경향의 대표작으로 평가받는 삼리삼별三吏三別, 두보의 애민정신이 돋보이는 〈초가집이 가을바람에 부서져 부르는 노래茅屋爲秋風所破歌〉 등이 두루 해당된다. 두보는 엄정한 격률을 중시하여 율시律詩에 뛰어났을 뿐만 아니라 이에 못지않게 고체시에서도 다채롭고 뛰어난 성취를 이루었다. 그래서 우선 이 책에서는 두보의 고체시를 대상으로 그 성취가 두드러지는 작품을 선정하여 상세한 주석과 설명을 가하였다. 이 책을 통해서 두보 고체시의 특징과 면모를 파악할 수 있을 것이다. 또한 근체시 명편에 대한 역주 작업도 완료하였기에 앞으로 이 책에 이어서 출간할 예정이다. 이렇게 되면 두시의 진수와 그 총체적인 면모를 이해하는 데에 도움이 될 것이다.

이 책의 집필자들은 1994년부터 시작하여 20년에 걸쳐 두시 완역 작업을 하고 있다. 두시에 대한 역주 작업은 국내외에서 오래전부터 진행되어 왔다. 두시 전체에 대한 최초의 완역서는 조선시대에 간행된 《두시언해杜詩諺解》다. 이 책은 직역을 위주로 하여 시의 문장구조도 파악 가능하게 한 훌륭한 번역이다. 하지만 그 주석이 너무 간단하고 게다가 두시학의 최고 성취를 이룬 청대 이후 연구자들의 연구성과를 반영할 수 없었기에 문맥의 이해 등에서 오류가 다소 있어 아쉬운

점이 있다. 그 이후로 아직 국내에는 두시 전체에 대한 자세한 완역서가 없다. 그래서 이 책의 집필자들이 뜻을 모아 두시 원문은 물론 중요한 주석에 대한 번역 작업을 하고 있으며 이미 상당한 성과물이 나왔다. 《두보초기시역해》, 《두보지덕연간시역해》, 《두보위관시기시역해》, 《두보진주동곡시기시역해》, 《두보성도시기시역해》, 《두보재주낭주시기시역해》가 그것이다. 이 책에 실린 작품의 일부는 위의 역주서에 이미 자세히 소개한 것들이다. 하지만 이미 완역한 시들도 이 책을 내면서 자세하게 재검토하였다. 그 과정에서 전체 번역도 다시 손질하였고, 번다한 주석은 일반 독자들이 알기 쉽게 줄였다. 그리고 두보가 집중적으로 많은 시를 지었던 만년에 해당하는 작품들은 이 책의 격식에 맞추어 새롭게 역주한 것이다.

시 번역은 직역을 위주로 하되 우리말로서도 순조롭고 시의 맛을 느낄 수 있도록 많은 노력을 기울였다. 시의 저작시기와 내용에 대해 자세한 해제를 달아 독자들의 이해를 돕고자 하였다. 거의 매구에 대해 상세한 주석을 달면서 그 근거가 되는 역대 주요 주석서의 주석을 꼼꼼하게 번역하여 그 원문과 함께 제시하였다. 또한 각 시의 주석 말미에 시 전체에 대한 총괄적인 주석과 평들도 그 원문과 번역을 제시하였다. 이 과정에서 기존의 주요한 두시 주석서를 거의 다 참고하였고, 시의 원문뿐만 아니라 그 주석의 번역 하나하나에도 세심한 주의와 노력을 기울였다. 하지만 여전히 미흡한 점이 있을 것이니 독자 제현들의 질정을 바라는 바이다. 이 책이 두시에 관심이 있는 일반 독자뿐만 아니라 두시나 중국고전시를 전문적으로 연구하는 분들에게 좋은 참고가 되기를 기대해 본다. 아울러 이 책이 나오기 위해 기획과제로 선정하여 지원을 아끼지 않은 서울대 아시아연구소와 흔쾌히 출판을 해 준 서울대학교출판문화원에 감사드린다.

2015년 9월 역해자 일동

| 차례 |

| 일러두기 |

1. 이 책에서 작품의 저작 시기는《두시상주》를 따랐으며, 이 책에 수록한 시의 배열순서도《두시상주》를 따랐다.
2. 이 책은《두시상주杜詩詳注》(청淸 구조오仇兆鰲 주注, 북경北京: 중화서국中華書局, 1989)를 저본으로 하고, 각종 주석서를 참고하였다.
   1) 주요 참고 주석서는 다음과 같다.

《구가집주두시九家集注杜詩》	송宋	곽지달郭知達
《두공부초당시전杜工部草堂詩箋》	송宋	채몽필蔡夢弼
《보주두시補注杜詩》	송宋	황희黃希, 황학黃鶴
《분문집주두공부시分門集註杜工部詩》	송宋	
《두억杜臆》	명明	왕사석王嗣奭
《두시해杜詩解》	청淸	김성탄金聖歎
《두공부시집집주杜工部詩集輯注》	청淸	주학령朱鶴齡
《두시전주杜詩錢注》	청淸	전겸익錢謙益
《두시상주杜詩詳注》	청淸	구조오仇兆鰲
《독두심해讀杜心解》	청淸	포기룡浦起龍
《두시경전杜詩鏡銓》	청淸	양륜楊倫
《독두시설讀杜詩說》	청淸	시홍보施鴻保
《두시언해杜詩諺解》	조선朝鮮	

   2) 그 외의 주석서들은 해당 부분에서 밝혔다.
3. 주석서를 인용하면서 다음과 같은 원칙을 따랐다.
   1) 주석서 편찬자 자신의 주注를 인용할 경우에는 편찬자의 이름을 따로 밝히지 않았다. 단, 편찬자가 인용한 주를 재인용할 경우에는 그 주석자의 이름이나 서명을 밝혔다.
   2)《구가집주두시》를 인용한 경우 왕수王洙 주注는 이름을 따로 밝히지 않았다.
   3)《보주두시》를 인용한 경우 황희 주는 이름을 밝혔으나 황학 주는 이름을 따로 밝히지 않았다.

4) 《두시언해》를 인용한 경우 현토懸吐는 생략하였다.

5) 《두억》은 현전하는 판본이 완전하지 않아 필요에 따라서는 다른 주석서에 인용된 것을 재인용하였다.

4. 이 책은 다음과 같은 체재와 방식으로 편찬하였다.

1) 원문은 《두시상주》의 원문을 따랐다. 판본에 따른 원문의 차이에 대해서는 《두시상주》에서 지적한 것을 위주로 하여 주석에서 밝혔다.

2) 시의 역문은 원시原詩의 뜻을 그대로 살리기 위해 직역을 위주로 하였다. 단 직역으로는 의미 전달이 모호하다고 여겨질 경우 해당 주석에서 보충하여 자세히 풀어 설명함으로써 의미 전달이 명료하게 되도록 하였다. 그리고 《두시상주》의 분단分段에 따라 단락을 나누어 번역하였다.

3) 이전 주석서의 주석을 번역할 때에 원칙적으로 직역을 하여 원문을 해독하고자 하는 독자의 편의를 도모하였다.

4) 설명 부분에서는 작품의 대체적인 내용과 저작 시기를 밝히고, 제목에 대한 주석을 더하였다. 관련된 이전 주석은 아래에 따로 번역하여 수록함으로써 독자들이 참고할 수 있도록 하였다.

5) 시의 주석은 구 단위로 번호를 붙였다.

6) 두 구 이상에 대한 설명은 [ ] 표시를 하여 구별하였다.

7) 한 단락이나 연작시의 매 수에 대한 종합적인 설명과 주석은 # 표시를 하였다.

8) 작품 전체와 관련된 이전 주석이 있을 경우 ## 표시를 하여 해당 시 끝에 수록하였다.

9) 연호를 표시할 때 '……년'으로 통일하였다.

5. 각 시의 끝에 초고 집필자의 이름을 밝혔다.

1. 遊龍門奉先寺
용문의 봉선사에서 노닐다

已從招提遊[1]　更宿招提境[2]　陰壑生虛籟[3]　月林散淸影[4]
天闕象緯逼[5]　雲臥衣裳冷　欲覺聞晨鐘[6]　令人發深省[7]

하마 절에서 노닐고
다시 절에서 묵었다.
어두운 골짜기에는 바람이 일고
달빛 비치는 숲에는 맑은 그림자 흩어지며,
천궐에 별이 다가들고
구름 속에 누우니 옷이 차갑다.
잠에서 깨려 할 때 들리는 새벽 종소리
사람으로 하여금 깊이 성찰하게 한다.

이 시는 두보가 동도東都, 즉 낙양洛陽에 있을 무렵 용문의 봉선사에 놀러 가서 지은 것으로, 밤에 절에서 본 주위의 여러 모습과 절에서 자면서 갖게 된 느낌을 표현하고 있다.

이 시를 개원 24년 이후 낙양에 있을 때에 지은 것으로 추정하여 다수의 주석가는 두보 시 중 가장 초기의 것으로 꼽는데, 이에 대해 이설을 제기하는 이도 있다.

'용문'은 산 이름인데, 이궐伊闕이라고도 하며 하남부河南府에 있다. 봉선사는 용문에 있는 절이다.

《보주두시》 이 시는 공이 개원 24년 이후에 동도 낙양에 갔을 때 지은 것이다.(是詩, 乃公開元二十四年後遊東都時作.)

《**독두심해**》 대다수 주석본에서 이 시를 최초의 것으로 삼았다. 그러나 공이 동도에서 놀았던 것이 개원 29년 이후임을 생각하면 〈망악〉 시 앞에 편재해서는 안 될 것이다.(各本多以此詩爲首, 但按公遊東都, 在開元二十九年後, 則不應編在望嶽詩前也.)

《**두시경전**》 '용문'은 바로 이궐이다.《원화군현지》에서 "이궐산은 하남부 이궐현의 북쪽에 있다."라고 하였다. 〈우공〉에 나오는 용문이 아니다.(龍門, 卽伊闕. 元和郡縣志, 伊闕山, 在河南府伊闕縣北, 非禹貢之龍門.)

주 석

1 招提(초제): 절.《두시언해》에서는 이 구를 '이미 절을 따라서 놀다'라고 풀이하였다. 이와 달리 '절에서 노는 일을 이미 하다'로 풀이할 수도 있다. 여기서는《두시언해》를 따른다.

《**두공부시집집주**》《승휘기》에서 "'초제'는 범어로 '척투제사拓鬪提奢'라고 하고, 당나라 때는 '사방승물四方僧物'이라 했던 것이다. 다만 전사轉寫하는 자가 '拓'자를 '招'로 잘못 쓰고, '투사' 두 자를 없애고 '제'만 남긴 것이다. 바로 지금의 시방주지사원이다."라고 하였다.《당회요》에서 "관에서 사액賜額한 것을 '사'라고 하고, 사사로이 지은 것을 '초제난야招提蘭若'라 한다."라고 하였다.(僧輝記, 招提者, 梵言拓鬪提奢, 唐言四方僧物, 但傳筆者訛拓爲招, 去鬪奢, 留提字. 卽今十方住持寺院耳. 唐會要, 官賜額爲寺, 私造者爲招提蘭若.)

2 境(경): 경역境域 안, 즉 경내境內를 말한다.

3 陰壑(음학): 그늘진 골짜기. '음陰'은 산의 북쪽을 가리킬 때 쓰이기도 한다. 虛籟(허뢰): 바람을 뜻한다.《장자莊子·제물론齊物論》에 천뢰天籟, 지뢰地籟, 인뢰人籟에 대한 언급이 있는데 거기에서 바람을 들어 도道를 설명하고 있다.

4 月林(월림): 달빛 비치는 숲.

5 天闕(천궐): 용문산을 가리킨다. 용문산이 협곡으로 단절된 모양이 마치 궐문 같다 하여 비유적으로 표현한 말이다. 실제로 용문산은 이궐산이라

고도 하는데 이러한 명칭은 그 산의 형상에서 비롯된 것이다. '闕'이 '闕'로 된 판본도 있다. 象緯逼(상위핍): 별이 다가들다. 용문산이 높아서 하늘의 별자리가 마치 바로 앞에 다가드는 것처럼 가깝게 보인다는 의미다. '상위'는 하늘의 별을 뜻한다. 《좌전左傳·양공襄公 28년》'歲在星紀'의 공영달孔穎達 소疏에 의하면, 하늘에서는 28수宿를 경經으로 하고 오성五星을 위緯로 한다. 이 구는 용문산이 높고, 그 산의 높은 곳에 봉선사가 위치하고 있음을 묘사한 것이다.

《수경주水經注·이수주伊水注》 옛날에 우禹가 물을 터서 흐르게 하자 양쪽 산이 서로 마주하게 되어 이를 보면 마치 궐문 같았다. 이수가 그 사이를 거쳐 북으로 흘러가니, 이궐이라고 하였다.(昔大禹疏以通水, 兩山相對, 望之若闕. 伊水歷其間北流, 故謂之伊闕矣.)

《두시상주》에 인용된 위술韋述의《동도기東都記》 용문은 쌍궐이라고 불린다. 황제의 궁궐과 마주 솟아 있는 것이 마치 하늘의 궐문 같다.(龍門號雙闕, 與大內對峙, 若天闕然.)

《두시경전》에 인용된 양신楊愼 설 '천규天闚'와 '운와雲臥'는 도치법을 쓴 것이다. 하늘을 보니 별이 땅에 드리우고 구름 속에 누우니 산의 푸른 기운이 옷을 적신다 하였으니, 산사가 높고 추워서 사람 사는 데와 다름을 나타낸다.《당계시화》에서는 위술의《동도기》를 인용하여, 천궐은 곧 용문을 가리킨다고 하였는데 대구의 관계를 따져 보면 어울리지 않는다.(天闚雲臥, 乃倒字法, 闚天則星辰垂地, 臥雲則空翠濕衣, 見山寺高寒殊於人境也. 唐溪詩話引韋述東都記, 謂天闕卽指龍門, 究於對屬未稱.)"

6 覺(교): 잠을 깨다.

7 省(성): 깨달음. 성오省悟.

《두시경선》에 인용된 왕사석王嗣奭 주 사람이 더럽고 어지러운 세상 가운데에서 종일토록 이리저리 쫓아다니다가, 한번 고요한 경지를 만나게 되면, 모르는 사이에 만 가지 생각이 없어진다. 결어에 깨달음의 뜻이 갖추어져 있다.(人在塵溷中終日碌碌, 一當靜境, 不覺萬慮皆空. 結語具有解悟.)

#《두시상주》 공이 봉선사에서 노닐다 밤에 묵으며 지은 것이다. 가운데 네 구는 절의 야경이고 끝의 두 구는 절에서 잘 때의 감정이다.(公遊奉先寺, 夜宿而作也. 中四, 寺中夜景, 末二, 宿寺之情.)

《두억》 이 시를 읽어 보면, 경상景象의 정취가 맑아서 선과 관련된 말을 쓰지 않고도 선의 이치를 얻었다. 그래서 묘하다.(讀此詩, 景趣泠然, 不用禪語而得禪理, 故妙.)

《독두심해》 시제에서는 '절에서 노닐다'라고 하였지만 실제로는 절에서 묵은 것을 읊은 시다. '유'자는 다만 첫 구에서 끝을 맺고 다음 구에서 바로 '숙'자를 분명히 밝히고 이하의 구는 모두 제2구를 이어서 말하였다.(題曰遊寺, 實則宿寺詩也. 遊字只首句了之, 次句便點清宿字, 以下皆承次句說.)

(**이영주**)

2. 望嶽

태산을 바라보다

岱宗夫如何[1] 齊魯靑未了[2] 造化鍾神秀[3] 陰陽割昏曉[4]
盪胸生曾雲[5] 決眥入歸鳥[6] 會當凌絶頂[7] 一覽衆山小[8]

태산은 대저 어떠한가?
제나라와 노나라에 걸쳐 푸른 모습 끝이 없다.
조물주는 신령스럽고 빼어난 기운을 모아 놓았고
산의 앞쪽과 뒤쪽은 밤과 새벽을 갈랐다.
충충의 구름이 생겨나니 마음이 깨끗이 씻기고
눈을 크게 뜨고 보니 돌아가는 새가 산으로 들어간다.
언젠가 반드시 산꼭대기에 올라
뭇 산들이 작은 것을 한 번 내려다보리라.

이 시는 시인이 태산의 장대한 모습을 보고 느낀 감회를 표현한 것으로, 개원 24년 이후에 지은 것으로 추정된다. 젊은 시절 시인의 기상과 포부를 잘 보여 주는 작품이다.

고체시임에도 제3, 4구와 제5, 6수에 대장을 사용하였으니 근체시의 격률을 운용하여 고체시를 짓는 시인의 작시법이 초기부터 시도되었음을 알려 준다.

'嶽'은 태산을 가리킨다. 태산은 일명 '대종岱宗'이라 한다.

> 《**보주두시**》 살펴보건대, 공의 〈장유壯遊〉시에서, "뜻을 거슬러서 고공랑考功郎의 시험에 떨어지고, 제와 노의 일대를 마음껏 놀고 다녔다." 라고 하였는데, 바로 개원 24년 이후의 일이다. …… 이 시는 당연히

그때에 지은 것이다.(按公壯遊詩云, 忤下考功第, 放蕩齊魯間, 乃在開元二十四年後, ……當是其時作.)

《두시상주》에 인용된 《원화군현지元和郡縣志》 태산은 일명 대종이라고 하는데, 연주 건봉현 서북쪽 30리 되는 곳에 있다.(泰山一曰岱宗, 在兗州乾封縣西北三十里.)

《독두심해》 이력을 살펴보면 공이 제로 지역에 노닌 것은 개원 25, 26년 즈음이다. 공의 시집은 의당 이 시를 첫째 시로 삼아야 한다.(按履歷, 公遊齊魯, 在開元二十五六年間. 公集當以是爲首.)

주 석

1 岱宗(대종): 대산岱山, 즉 태산. 오악五嶽 중의 으뜸이므로 존칭하여 부른 것이다.

《서경・우서虞書》 '至于岱宗'의 공안국孔安國 전傳 '대종'은 태산으로, 사악이 조종祖宗으로 받드는 것이다.(岱宗, 泰山, 爲四嶽所宗.)

《예기・왕제王制》 '至於岱宗'의 공영달孔穎達 소疏 '宗'이란 '尊'의 뜻이다. 대산이 오악의 으뜸이므로 존귀한 것이 된다.(宗者尊也, 岱爲五嶽之首, 故爲尊也.)

2 齊魯(제로): 제나라와 노나라. 靑(청): 산의 푸른 모습, 또는 푸른 기운을 뜻한다. 未了(미료): 끊임없이 이어져 있다는 뜻이다.

《사기・화식전貨殖傳》 태산의 남쪽이 노나라, 그 북쪽이 제나라다.(泰山之陽則魯, 其陰則齊.)

3 造化(조화): 조물주 또는 천지天地를 가리킨다. 鍾神秀(종신수): 신령스럽고 빼어난 기운을 모으다. '종'은 한데 모은다는 뜻이다.

4 陰陽(음양): '음'은 햇빛이 다다르지 않는 산의 뒤쪽을, '양'은 햇빛이 먼저 비치는 산의 앞쪽을 뜻한다. 割昏曉(할혼효): 밤과 새벽을 가르다. 태산이 높아서 산의 앞쪽은 햇빛이 비치어 새벽이 되었는데, 산의 뒤쪽은 아직도 어두운 밤의 상태라는 의미다.

《두시상주》에 인용된 서증徐增 주 산의 뒤쪽이 '음'인데 햇빛이 이르지 않아 어둡기가 쉽고, 산의 앞쪽이 '양'인데, 햇빛이 먼저 다다라서 밝아지기가 쉽다.(山後爲陰, 日光不到, 故易昏, 山前爲陽, 日光先臨, 故易曉.)

《두공부시집집주》《봉선기》에서 "태산의 동남쪽 모퉁이에 일관봉이 있어, 닭이 울 때면 해가 나와 3장이나 높이 떠올라 있는 것이 보인다."라고 하였는데, 이것이 바로 '밤과 새벽을 가른다'는 의미인 것이다.(封禪記, 泰山東南隅有日觀, 鷄鳴時見日出, 長三丈. 卽割昏曉之義.)

5 盪胸(탕흉): 가슴을 후련히 씻다. 가슴속이 후련해지는 느낌을 받는다는 뜻이다. '탕'을 '격탕激盪시키다'로 풀이하기도 한다. 曾雲(층운): 층운層雲. '曾'은 '層'과 통한다.

6 決眥(결제): 눈가가 찢어질 듯이 눈을 크게 뜨는 것을 뜻한다. 入歸鳥(입귀조): 보금자리로 돌아가는 새가 산으로 들어가다. '입'은 산으로 들어간다는 뜻이다. 이와 달리 시야에 들어온다는 뜻으로 보기도 한다.

[盪胸 2구] 《두시상주》는 이 구절의 풀이와 관련하여 '탕흉' 구는 도치된 것으로 보고 '결자' 구는 도치되지 않은 것으로 보았다.

《두시상주》 두보의 시구에는 '상인上因', '하인下因'의 구법이 있다. 가슴이 후련히 씻기는 것은 층운이 피어나기 때문이니, 이 구에서는 위의 두 자가 아래에서 말미암은 것이다. 눈가를 찢을 듯이 뜨고서 돌아가는 새가 거처로 날아드는 것을 보았으니, 이 구에서는 아래 세 자가 위에서 말미암은 것이다. 위가 아래에서 말미암은 것은 도치된 구이다. 아래가 위에서 말미암은 것은 바로 된 구다.(杜句有上因下因之法, 盪胸由於曾雲之生, 上二字因下, 決眥而見歸鳥入處, 下三字因上. 上因下者倒句也, 下因上者順句也.)

7 會當(회당): 반드시. '會'도 '當'의 뜻이다. 凌(릉): 여기서는 오른다는 뜻이다.

8 一覽(일람) 구: 공자가 태산에 올라갔던 고사를 암용暗用한 것이다.

《맹자 · 진심상盡心上》 공자는 동산에 올라서 노나라를 작게 여겼고, 태산에 올라서 천하를 작게 여겼다.(孔子登東山而小魯, 登泰山而小天下.)

#《두시상주》 이것은 동악을 바라보고 지은 것이다. 시는 네 가지 층차를

써서 의경意景을 그렸다. 첫 연은 멀리서 바라볼 때의 경색景色이요, 다음 연은 가까이서 바라볼 때의 형세요, 셋째 연은 자세하게 바라볼 때의 경치요, 마지막 연은 끝까지 바라볼 때의 감정이다. 위의 여섯 구는 실경을 서술한 것이고, 아래 두 구는 가상의 상황을 그린 것이다.(此望東嶽而作也. 詩用四層寫意, 首聯遠望之色, 次聯近望之勢, 三聯細望之景, 末聯極望之情, 上六實敍, 下二虛摹.)

《독두심해》 공의 '망악' 시는 모두 3수인데, 이 시는 동악을 바라보며 쓴 것이다. 지역을 넘어 이어져 푸른 봉우리가 끊임없으니, 산의 그러한 형세를 그리면서 단지 '청미료' 3자만을 사용하였으되 다른 사람의 솜씨보다 천 배, 백 배 뛰어나다. '종신수'는 산의 형세를 말하기 전에 미루어 한 말이고 '할혼효'는 산의 형세 자체에서 모습을 나타내어 보인 것이고, '탕흉'과 '결자'는 '망'자의 뜻을 뚜렷이 나타낸 것이다. 끝 연에서 장래에 정상에 올라가 조망할 것임을 말하여 현재 멀리서 보고 있음을 드러내었으니, 이는 한층 더 나아가면서 시상을 마무리한 것이다.(公望嶽詩凡三首, 此望東嶽也. 越境連綿, 蒼峯不斷, 寫嶽勢只青未了三字, 勝人千百矣. 鍾神秀, 在嶽勢前推出, 割昏曉, 就嶽勢上顯出, 盪胸決眥, 明逗望字. 末聯則以將來之凌眺, 剔現在之遙觀, 是透過一層收也.)

(**이영주**)

3. 奉贈韋左丞丈二十二韻

위좌승 어른에게 받들어 올리는 22운

紈袴不餓死[1]　儒冠多誤身[2]　丈人試靜聽[3]　賤子請具陳[4]
甫昔少年日[5]　早充觀國賓[6]　讀書破萬卷[7]　下筆如有神[8]
賦料揚雄敵[9]　詩看子建親[10]　李邕求識面[11]　王翰願爲隣[12]
自謂頗挺出[13]　立登要路津[14]　致君堯舜上[15]　再使風俗淳[16]
此意竟蕭條[17]　行歌非隱淪[18]　騎驢十三載[19]　旅食京華春[20]
朝扣富兒門[21]　暮隨肥馬塵[22]　殘杯與冷炙[23]　到處潛悲辛[24]
主上頃見徵[25]　欻然欲求伸[26]　青冥却垂翅[27]　蹭蹬無縱鱗[28]
甚愧丈人厚　甚知丈人眞[29]　每於百僚上[30]　猥誦佳句新[31]
竊效貢公喜[32]　難甘原憲貧[33]　焉能心怏怏[34]　祇是走踆踆[35]
今欲東入海　卽將西去秦[36]　尙憐終南山[37]　回首淸渭濱[38]
常擬報一飯[39]　況懷辭大臣[40]　白鷗沒浩蕩[41]　萬里誰能馴[42]

깁 바지 입은 사람은 굶어 죽지 않는데
유자의 갓을 쓴 사람은 몸을 그르치는 일이 많습니다.
어르신네 한 번 조용히 들어 주십시오.
천한 몸이 자세히 말씀드리고자 합니다.

저는 예전 젊은 나이 때에
일찍이 국도國都를 관광하는 빈객으로 뽑혔습니다.
글을 읽어 만 권을 독파하니
붓을 대면 신들린 듯하였습니다.
부는 양웅과 필적할 만하다고 생각했고

시는 자건에 가깝다고 보았습니다.
이옹께서도 알고 지내자 하셨고
왕한께서는 이웃이 되기를 원하셨습니다.
스스로 생각하기를 자못 빼어나서
곧장 중요한 지위에 올라,
임금을 요순 위에 이르게 하고
또 풍속을 순후하게 하겠지 했습니다.

이 뜻은 끝내 시들어 버렸으니
떠돌며 노래하나 은자는 아닙니다.
나귀 탄 지 여러 해
장안의 봄날에 나그네 생활을 하고 있습니다.
아침이면 부잣집 문을 두드리고
저녁이면 살진 말의 먼지를 쫓아다닙니다.
먹다 남은 술잔에 찬 안주
도처에서 몰래 슬퍼하고 아파하였습니다.
주상께서 요즈음 불러 주셔서
홀연히 뜻을 펼쳐 볼까 하였지마는,
푸른 하늘에서 도리어 날갯죽지 떨구었고
맥이 빠져 비늘을 마음대로 놀리지 못하였습니다.

어르신네 후의에 심히 부끄럽고
어르신네 진정을 잘 알고 있습니다.
매번 많은 관료들 위에서
외람되게도 제가 새로 지은 좋은 시구를 낭송해 주셨습니다.

몰래 공공의 기쁨을 본받고자 하지만
원헌의 가난을 감내하기 어렵습니다.
어찌 마음으로 불평만 할 수 있겠습니까?
오직 떠날 수밖에 없습니다.
이제 동으로 바다에 들고자 하여
곧장 서쪽에서 진 땅을 떠날까 하는데,
아직도 종남산을 사랑하고
맑은 위수의 물가를 머리 돌려 바라봅니다.
늘 한 그릇의 밥도 보답하고자 하였는데
하물며 대신을 떠날 것을 생각함에 있어서리요?
흰 갈매기가 아득한 연파煙波 속으로 사라져 가면
만 리 길에서 누가 길들일 수 있겠습니까?

이 시는 상서좌승尙書左丞인 위제韋濟에게 바치는 시다. 이 시의 저작 시기는 천보 7년으로 추정된다.

시제의 '위좌승'은 위제인데 천보 7년 하남윤河南尹에서 상서좌승으로 직책을 옮겼다. 이 시기에 두보는 이 시 외에도 〈봉기하남위윤장인奉寄河南韋尹丈人〉, 〈증위좌승제贈韋左丞濟〉 등을 지어 위제에게 증정하였다. '장丈'은 장인丈人으로, 어른에게 존경의 의사를 나타내는 존칭어다.

이 시는 젊은 시절 두보의 재능과 포부를 잘 알려 준다.

《보주두시》 공이 천보 6년에 천하의 사람 중에 한 가지 재주가 있는 사람은 서울로 오라는 조명詔命에 따라 하남에서 돌아와 조명에 응하였는데, 이임보가 자기의 잘못을 지적하는 이가 있을까 꺼려서 상서성에 먼저 내려 보내어 심사할 것을 건의하여 드디어 한 사람의 급제자도 없게 되니, 공이 이 때문에 낙방하였다. 시에서 "주상께서 얼마 전에 불러 주셨다."라고 하고, "푸른 하늘에서 도리어 날갯죽지 떨구었다."라고 하였으니, 당연히 천보 7년에 지은 것이다.(公以天寶六載詔天下有一藝者赴轂下, 自河南歸應詔, 而林甫忌人斥己, 建言乞先下尙書省問, 遂無一中者, 公由是退下. 故詩云, 主上頃見徵, 青冥却垂翅, 當是七載作.)

《두시상주》에 인용된 《두억》 앞 시(〈증위좌승장제贈韋左丞丈濟〉)에는 위좌승을 송찬하는 말이 있지만, 이 편은 전부가 진정하는 글에 속하는데도 시제에 '증'이라고 한 것은 잘못인 것 같다. 마땅히 '정呈'이라고 해야 할 듯하다.(前詩有頌韋丞語, 此篇全屬陳情, 題曰贈, 似誤, 恐當作呈.)

주 석

1 紈袴(환고): 흰 명주 바지, 즉 부유한 사람이 입는 옷. 여기서는 귀족의 자제를 뜻한다.

2 儒冠(유관): 유자儒者가 쓰는 갓. 여기서는 유자를 가리킨다. 誤身(오신): 몸을 그르치다.

[紈袴 2구]

《두억》 '유자는 몸을 그르친다'는 말이 전편의 강령이고. '깁 바지 입은 사람은 굶어죽지 않는다'는 곁들여 한 말이다.(儒冠誤身, 是一篇之綱, 紈袴不餓死, 是件語.)

3 丈人(장인): 어르신네. 여기서는 위제를 가리킨다.

4 賤子(천자): 천한 놈. 두보 자신을 가리킨다. 具陳(구진): 갖추어 진술하다. 자세히 말하다.

#《두시상주》 첫 단락은 의론으로써 시 전체의 이야기를 총괄적으로 제시한다.(首用議論總提.)

5 少(소): '妙'로 된 판본도 있다.

6 充(충): 충당하다. 觀國賓(관국빈): 국도를 관광하는 빈객이란 의미로

과거의 응시자를 가리킨다. 지방에서 도성으로 오면 나라의 빛을 볼 수 있고 수험생은 황제의 빈객이라 할 수 있기 때문이다. 《주역 · 관괘觀卦》의 '관국지광觀國之光'을 이용한 표현이다.

《주역 · 관괘觀卦》 나라의 빛을 본다. 왕에게 쓰여서 빈객이 되기에 이롭다.(觀國之光, 利用賓于王.)

[甫昔 2구] 두보가 개원 23년, 24세 때에 이부의 고공랑이 주관한 과거에 응시했던 사실을 가리킨다.

《두시상주》에 인용된 황학 주 〈장유壯遊〉에서 "중년에 옛 고을에서 향공鄕貢으로 추천되었다."라고 하였고, 또 "거슬러서 고공랑考貢郎의 과거에 떨어졌다."라고 하였다. 개원 24년에 제도를 바꾸어 예부시랑이 고시考試를 주관하였는데, 공이 과거에 참여한 것은 24년 이전이다. 그래서 과거를 주관하는 일은 고공랑에게 속하였던 것이다. 그때는 나이가 바야흐로 20여 세였으니, 스스로 '소년'이라고 한 것은 마땅하다.(壯遊詩云, 中歲貢舊鄕, 忤下考貢第, 開元二十四年改用禮部侍郎主考, 公預擧在二十四年之前, 故主試屬考貢郎. 其時年方二十餘歲, 宜自謂少年也.)

《두시전주》 황학의 〈연보年譜〉에 의하면 개원 22년에 오, 월에서 노닐다가 돌아와서 향거鄕擧에 갔다. 위좌승에게 올리는 시에서 "저는 예전 어린 나이 때에 일찌감치 국도를 관광하는 빈객으로 뽑혔습니다."라고 하였는데, 이때에 나이가 바야흐로 23세였다. 다음 해에 과거에서 떨어졌으니 이른바 '거슬러서 고공란考貢郎 과거에 떨어졌다'는 것이다.(黃鶴年譜, 開元二十二年, 遊吳越歸, 赴鄕擧. 上韋左丞詩云, 甫昔少年日, 早充觀國賓, 是年方二十三歲. 明年下第, 所謂忤下考貢第也.)

7 破(파): 독파하여 철저히 잘 이해하다. '권책卷冊이 마모되다'의 뜻으로 풀이하기도 하나, 옳지 않다.

《두시언해》 '파'는 그 이치를 다 이해하는 것이다.(破, 識破其理也.)

《두시상주》 '서파書破'란 '위편삼절韋編三絶(공자가 《주역》을 열심히 읽어서, 가죽 끈이 세 번 끊어졌다는 고사)'의 뜻과 같다. 대개 열심히 읽으면 권책이 마모되기 쉬운 법이다. 장원은 만 권의 이치를 다 안다는 뜻이라 하는데, 이는 다른 한 풀이이다.(書破, 猶韋編三絶之意, 蓋熟讀

則卷易磨也. 張遠謂識破萬卷之理, 另是一解.)

8 下筆(하필): 붓을 대서 글을 쓰다. 작품을 쓰는 것을 말한다. 如有神(여유신): 신이 들어 있는 듯하다. 신들린 듯하다.

9 賦(부): 한대漢代에 유행했던 운문의 일종. 料(료): 헤아리다. 여기다. 揚雄(양웅): 전한前漢 말기의 문인. 부를 잘 지었다.《감천부甘泉賦》,《우렵부羽獵賦》,《장양부長楊賦》등의 작품이 전해진다. 敵(적): 필적하다.

10 看(간): 보다. 여기다. '將'으로 된 판본도 있다. 子建(자건): 조식曹植의 자. 위진시대魏晉時代 제일의 시인이다. 親(친): 친근하다. 가깝다.

[賦料 2구]

《두시상주》 한나라의 양웅은 전에〈감천부〉등의 부를 지은 적이 있고 위나라의 조자건은 일곱 걸음에 시를 이루었는데, 공은 양웅의 부가 자기와 대등하고, 자건의 시가 자기와 서로 가깝다고 여긴 것이다.(漢揚雄嘗作甘泉等賦, 魏曹子建七步成詩, 公謂揚雄之賦與己敵體, 子建之詩於己相近也.)

11 李邕(이옹): 당시 문단의 중진으로《문선文選》에 주를 단 이선李善의 아들이다. 광릉廣陵 사람으로 급군汲郡과 북해北海의 태수를 역임하였다. 천보 5년에 이임보의 모함으로 투옥되고 이듬해에 옥사했다. 그는 당시의 많은 문인 학자들을 이끌어 주었고,《문선》에 정통했던 두보의 능력을 일찍부터 인정하였다. 識面(식면): 얼굴을 알다. 즉 만나서 서로 알고 지내는 것을 뜻한다.

《신당서 · 두보전杜甫傳》 두보는 …… 어려서 가난하였고 스스로를 떨치지 못하여 오, 초, 조, 제 일대에서 나그네 생활을 하였는데 이옹이 그의 재주를 기특하게 여겨서 먼저 찾아가 만났다.(甫……少貧, 不自振, 客吳楚齊趙間, 李邕奇其才, 先往見之.)

12 王翰(왕한): 당대唐代의 시인. 병주幷州 진양晉陽 사람으로 자는 자우子羽이다. 비서정자秘書正字, 도주사마道州司馬 등의 벼슬을 역임하였다. 爲隣(위린): '卜隣'으로 된 판본도 있다. '복린'은 '길흉을 점쳐서 이웃에 살다'의 뜻이다.

[李邕 2구]

《두공부시집집주》 이옹과 왕한은 모두 공의 동시대 선배들이다. '얼굴을 알다'와 '이웃에 살다'는 당시 실제로 있었던 일이다.(邕翰皆公同時前輩, 識面卜隣乃當時實事.)

13 頗(파): 자못. 挺出(정출): 뛰어나다. 특출하다. '出'이 '生'으로 된 판본도 있다.

《두공부초당시전》 '정'은 '特'의 의미다.(挺, 特也.)

14 立(입): 곧장. 당장에. 要路津(요로진): 중요한 길과 나루. 주요한 관직을 가리킨다.

《두공부초당시전》 길과 나루란 중요한 곳이니, 바로 사람과 물건이 결집하는 곳이다. 이것으로 비유하는 것은 곧 높은 벼슬이다.(路與津者衝要之所, 乃人物輻湊之地, 以譬則達官也.)

15 致(치): 이르게 하다. 堯舜上(요순상): 요와 순보다 높은 경지를 뜻한다.

16 俗(속): '化'로 된 판본도 있다.

#《두시상주》 이 단락은 소년 시절의 자부심을 서술하고 거듭 유자의 일을 말하였다.(此敍少年自負, 申言儒冠之事.)

《두억》 위좌승이 지기였기에 전편에서 모두 진심이 담긴 말을 하였다. 예를 들어 '글을 읽어 만 권을 독파하였다' 운운한 것은 대담하게 말을 하여 전혀 겸손한 면이 없다.(韋丞知己, 故通篇都作眞語, 如讀書破萬卷云云, 大膽說出, 絶無謙讓.)

17 此意(차의): '自謂' 이하 네 구에 담긴 뜻을 가리킨다. 蕭條(소조): 실의하여 쓸쓸한 상태를 나타낸다. '條'가 '索'으로 된 판본도 있다.

18 行歌(행가): 길을 걸으며 노래하다. 은자의 모습이다. 隱淪(은륜): 은자.

《두시언해》 '은륜'은 은거하는 신비다.(隱淪, 隱逸之士也.)

19 騎驢(기려): 가난한 사람은 나귀를 탄다. 十三載(십삼재): 여러 해. 구조오는 "제본諸本에는 '三十載'로 되어 있지만, 노원창盧元昌 주에는 '十三載'로 되어 있다."라고 하여 노원창 주를 따른다는 점을 밝히고, 아울러 그 이유도 밝혔다. 또 '三'은 '已'의 잘못된 글자라는 설도 있다.

이러한 주장들은 도연명陶淵明의 《귀원전거歸園田居》의 '一去三十年'에 대한 기왕의 해설에도 꼭 같이 보이는데, 이들은 모두 '삼'이 불특정다수를 의미하는 허수虛數라는 사실을 모르고 실수實數로 간주하였기 때문에 제기된 것으로서, 잘못된 견해다. 따라서 원래의 '삼십재'가 옳다.

《두시상주》 공은 두 차례 장안에 갔다. 개원 23년에 처음 경조의 공거에 응시하러 갔을 때부터 후에 조명에 응하여 경조에 갔을 때인 천보 6년까지가 13년이 된다. 다른 판본에 '삼십재'로 되어 있는데 결단코 잘못이다.(公兩至長安, 初自開元二十三年赴京兆之貢, 後以應詔到京, 在天寶六載, 爲十三載也. 他本作三十載, 斷誤.)

20 旅食(여식): 나그네로 떠돌며 먹다. 나그네의 생활을 의미한다. 京華(경화): 여기서는 장안을 가리킨다.

21 扣(구): 두드리다. 富兒(부아): 부자.

22 肥馬(비마): 부귀한 사람이 타고 다니는 말을 뜻한다.

23 殘杯(잔배): 남은 술잔. 찌꺼기 술을 뜻한다. 冷炙(냉적): 식은 고기.

24 潛悲辛(잠비신): 몰래 서글퍼하고 괴로워하다. 슬픔과 아픔을 간직한 채 차마 드러내 놓지 못하다.

《두시상주》 '잠비신'은 서글픔을 품고 차마 말하지 못하는 것이다.(潛悲辛, 含悲不忍言也.)

25 主上(주상): 당시의 임금. 현종을 가리킨다. 頃(경): 이즈음. 얼마 전에. 見徵(견징): 불러 주다. 현종에게 부름을 받았다는 뜻이다. 천보 6년에 현종이 조칙을 내려 과거시험을 실시하도록 하였는데, 이를 가리킨다.

26 欻然(훌연): 홀연. 求伸(구신): 뻗고자 하다.

27 青冥(청명): 푸른 하늘. 구름으로 풀이하는 설도 있다. 垂翅(수시): 날갯죽지를 떨구다. 좌절한 것을 의미한다.

28 蹭蹬(층등): 힘을 잃고 맥이 빠져 휘청거리는 모습. 無縱鱗(무종린): 비늘을 마음대로 함이 없다. 《두시언해》에서는 '마음대로 하는 비늘이 없다'의 의미로 풀이하였다. 물고기가 비늘을 마음대로 놀리면서 물에서 놀 수가 없다는 뜻으로, 마음껏 뜻을 펴고 활약하지 못하는 것을 비유한다.

《문선 · 해부海賦》 '蹭蹬窮波'의 이선 주 '층등'은 기세를 잃은 모양이다.(蹭蹬, 失勢之貌.)

[主上 4구] 천보 6년의 과거에 떨어진 것을 말한다.

《두시전주》 천보 6년에 천하에 한 가지 기예라도 있는 사람은 장안에 오도록 조칙을 내렸는데, 이임보는 상서성에 명하여 모두 떨어뜨리게 하였다. 공도 조칙에 응하였다가 내쳐졌다.(天寶六載, 詔天下有一藝詣轂下, 李林甫命尙書省皆下之, 公應詔而退.)

#《두시상주》 이 단락은 여러 해 불우했음을 말하고, 거듭 몸을 그르친 까닭을 밝힌 것이다. '소조' 8구는 앞서 공거에서 급제하지 못하여서이고, '견징' 4구는 뒤에 조칙에 응하였다가 낙방하였기 때문이다.(此慨歷年不遇, 申明誤身之故. 蕭條八句, 前因貢擧不第, 見徵四句, 後以應詔退下.)

29 眞(진): 참된 마음.

30 百僚(백료): 백관. 上(상): 위. 이 구절을《두시언해》에서 '매양 백관의 위에 앉아서'라고 풀이하였다. 이처럼 '상'을 '위'의 뜻으로 풀이하여야, 위제를 높이고자 하는 두보의 의도가 드러난다.

31 猥(외): 외람되게도.

32 竊效(절효) 구: 속으로 공공의 기쁨을 본받고자 하다. 공공은 전한前漢의 공우貢禹, 자가 소옹少翁이고 낭야琅邪 사람이다.

《한서·왕길전王吉傳》 왕길은 공우와 벗이었다. 세상에서 '왕양王陽(왕길의 자가 자양子陽임)이 벼슬자리에 있게 되면, 공공도 갓을 턴다(안사고 주에서 "갓을 터는 것은 장차 벼슬길에 나서려는 것이다.(彈冠者, 且入仕也.)"라고 하였음)'라고 말하는데, 그들의 취사取捨가 같음을 말한 것이다.(吉與貢禹爲友. 世稱, 王陽在位, 貢公彈冠, 言其取舍同也.)

《두시경전》에 인용된 유효표劉孝標〈광절교론廣絶交論〉: 왕양이 벼슬에 오르면 공공이 기뻐한다.(王陽登則貢公喜.)

33 難甘(난감): 감내하기 어렵다. 原憲(원헌): 공자의 제자 중 가장 가난했던 사람.

《사기·중니제자열전仲尼弟子列傳》 자공이 위나라의 재상이 되었다. …… 원헌에게 들러 인사하였다. 원헌이 해진 의관을 차려입고 자공을 보니, 자공이 그것을 부끄럽게 여겨 말하였다. "선생은 아마 고생스럽겠습니다." 원헌이 대답하였다. "내가 듣기로는, 재산이 없는 것을 가난이라 하고 도를 배웠으되 행하지 아니하는 것을 고생이라 한다 했소. 저 같은 경우는 가난이지 고생은 아니라오." 자공이 부끄럽게 여겨 즐겁지 못한 마음으로 떠나갔으며, 죽을 때까지 그 말의 실수를 부끄럽게 여겼다.(子貢相衛. …… 過謝原憲. 憲攝敝衣冠見子貢. 子貢恥之, 曰, 夫子豈病乎. 原憲曰, 吾聞之, 無財者謂之貧, 學道而不能行者謂之病. 若憲, 貧也, 非病也. 子貢慙, 不懌而去, 終身恥其言之過也.)

[竊效 2구] 두보 자신도 공공의 기쁨을 본받아 벼슬길에 나서기를 바라고 기다렸지만 이제는 더 이상 원헌이 겪은 것 같은 어려운 생활을 참고만 있을 수 없다는 의미를 나타낸다.

34 怏怏(앙앙): 불평하는 모양.

《두시언해》 '앙앙'은 뜻이 차지 않는 것이다.(怏怏, 志不滿也.)

《두시상주》 '앙앙'은 불평스러운 모습이다.(怏怏, 不平貌.)

35 走踆踆(주준준): 달려 나서다. 이 구절은 떠나갈 수밖에 없다는 뜻을 말한 것이다.

《두시언해》 '준준'은 달려가는 모습이다.(踆踆, 行走貌.)

36 秦(진): 여기서는 장안을 가리킨다.

37 終南山(종남산): 장안 남쪽에 있는 산.

38 回首(회수): 머리를 돌려 본다는 뜻이다. '首'가 '望'으로 된 판본도 있다. 淸渭濱(청위빈): 맑은 위수渭水의 물가. 위수는 장안의 북쪽에 있고, 강물이 맑기로 유명하다.

《두시상주》에 인용된 《원화군현지元和郡縣志》 종남산은 경조부 만년현 남쪽 50리에 있다. 위수는 만년현 북쪽 50리에 있다.(終南山, 在京兆府萬年縣南五十里. 渭水在萬年縣北五十里.)

[尙憐 2구] 장안을 떠나기 아쉬워 장안 근방에 있는 종남산과 위수를 생각하고 돌아보게 된다는 의미다. 《두시언해》에서는 '오히려 종남산을 생각하여 맑은 위수 가에서 머리를 돌려 보게 된다'의 의미로 풀이하였다.

39 擬(의): …… 하려고 하다. 報一飯(보일반): 한 끼의 밥을 준 은혜도 보답하다. '飯'이 '餐'으로 된 판본도 있다.

《사기·범저채택열전范雎蔡澤列傳》 (범저는) 한 그릇 밥의 은덕도 반드시 갚았다.(一飯之德必償.)

40 懷辭(회사): 떠날 마음을 품다. 大臣(대신): 위제를 가리킨다.

41 沒(몰): 사라지다. '波'로 된 판본도 있다. 浩蕩(호탕): 넓은 곳을 의미한다. 이 구는 흰 갈매기가 넓고 넓은 바다 멀리로 사라진다는 뜻이다.

《두시상주》에 인용된 《동파지림東坡志林》 두보 시의 '白鷗沒浩蕩'은 연파 사이에 사라지는 것을 말할 따름이다. 송민구는 갈매기는 물에 들어갈 수 없다고 생각하여 '파波'자로 고쳤는데, 이렇게 하면 신묘한 기운이 사라져 버리는 것을 느끼게 된다.(子美, 白鷗沒浩蕩, 言滅沒於煙波間耳. 宋敏求謂鷗不解沒, 改作波字, 便覺神氣索然.)

42 誰能訓(수능순): 누가 능히 길들일 수 있겠는가? 흰 갈매기가 한 번 만리 먼 곳으로 가버리면 아무도 그것을 붙잡아 두고서 길들일 수 없게 된다는 의미다.

[今欲 8구]

《두시상주》 '금욕' 4구는 떠나고자 하나 차마 곧장 떠나지 못한다는 뜻이고 '상의' 4구는 머물려고 하나 다시 머물 수 없다는 뜻이다.(今欲四句, 欲去而不忍徑去, 常擬四句, 欲留而不能復留也.)

#《두시상주》 끝 단락은 위좌승을 그리워하면서 이별에 임하여 느끼는 곡진한 정을 말하였다.(末段感懷韋丈, 而致臨別繾綣之情.)

##《독두심해》 이 시는 조명에 응했다가 낙방한 후 낙양으로 돌아가려 하면서 쓴 것이다.(此應詔退下後, 將歸東都時作也.)

(이영주)

4. 飮中八仙歌

술 마시는 여덟 신선의 노래

知章騎馬似乘船[1] 眼花落井水底眠[2]
汝陽三斗始朝天[3] 道逢麴車口流涎[4]
恨不移封向酒泉[5] 左相日興費萬錢[6]
飮如長鯨吸百川[7] 銜杯樂聖稱避賢[8]
宗之蕭灑美少年[9] 擧觴白眼望靑天[10]
皎如玉樹臨風前[11] 蘇晉長齋繡佛前[12]
醉中往往愛逃禪[13] 李白一斗詩百篇[14]
長安市上酒家眠[15] 天子呼來不上船[16]
自稱臣是酒中仙[17] 張旭三杯草聖傳[18]
脫帽露頂王公前[19] 揮毫落紙如雲烟[20]
焦遂五斗方卓然[21] 高談雄辯驚四筵[22]

하지장은 말을 타도 배를 탄 듯하고
눈이 어질하여 우물에 빠지면 물속에서 잤다.

여양왕은 서 말은 마셔야 비로소 천자를 알현하고
길에서 누룩 수레만 만나도 입에서 침을 흘렸으며
주천으로 봉지 옮기지 못한 것을 한탄하였다.

좌상은 날마다 흥이 나 만 전을 써서
큰 고래가 온 내를 삼키는 듯 술을 마시며
술잔을 입에 물고는 성인을 즐기고 현인을 피한다 했다.

최종지는 수려한 미소년
술잔 들어 백안으로 푸른 하늘 바라보는 모습은
그 맑음이 옥나무가 바람 앞에 서 있는 듯하였다.

소진은 수놓은 불상 앞에서 오래 재계하다가도
취했을 때면 왕왕 참선에서 빠져 나가길 좋아하였다.

이백은 술 한 말에 시가 백 편
장안 거리 술집에서 잠들어,
천자가 불러도 배에 오르지 않고
스스로 일컫기를 신은 술 취한 신선이오 하였다.

장욱은 석 잔 술 초서의 성인이라 전해지는데
왕공 앞에서도 모자 벗어 정수리를 드러내지만
날리는 붓이 종이에 닿으면 운무와 같았다.

초수는 다섯 말 술에 그제야 출중해져
뛰어난 입담으로 사방의 좌중을 놀라게 하였다.

이 시는 하지장賀知章, 이진李璡, 이적지李適之, 최종지崔宗之, 소진蘇晉, 이백李白, 장욱張旭, 초수焦遂 등 이른바 주중팔선酒中八仙의 취중 기행奇行과 흥취를 노래한 것이다. 실제로 팔선이 같은 시기와 장소에서 함께 노닌 것을 묘사했다기보다 두보가 상상으로 한데 묶어서 노래한 것이라고 보는 것이 타당하다. 또 두보가 이들 애주가에 동조하는 입장이라기보다 정국이 혼란기로 접어드는 시점에서 현실을 직시하는 가운데 냉철한 방관자의 입장에서 이들의 낭만적인 행적을 되짚어 본 것으로 이해된다. 이 시는 내용뿐만 아니라 형식 또한 매우 독창적이다. 일운도저一韻到底로 매구 압운하였고, 기승전결의 구성 대신 여덟 사람을 병렬하였으며, 매 단락의 구절 수도 일정치 않다는 특징이 있다.

《보주두시》 채흥종蔡興宗의 《연보年譜》에서는 천보 5년이라고 말하는데 양권도梁權道는 천보 13년에 편입하고 있다. 사서에 의하면 여양왕汝陽王은 천보 9년에 이미 죽었고, 하지장은 천보 3년, 이적지는 천보 5년, 소진은 개원 22년에 모두 이미 죽었다. 이 시는 마땅히 천보 연간에 옛 일을 회상하면서 읊은 것인데, 어느 해인지는 확실하지 않다.(蔡興宗年譜云天寶五載, 而梁權道編在天寶十三載. 按史, 汝陽王天寶九載已薨, 賀知章天寶三載, 李適之天寶五載, 蘇晉開元二十二年, 幷已歿. 此詩當是天寶間追億舊事而賦之, 未詳何年.)

《두시경전》에 인용된 주학령 주 《신당서》에 의하면 소진은 개원 22년에 죽었고, 하지장, 이백은 천보 3년에 떠났다. 팔선가八仙歌란 마땅히 전후를 모두 묶어 말한 것이지, 같은 시기에 모두 장안에 있었다는 것은 아니다.(考唐史, 蘇晉死開元二十二年, 賀知章, 李白去天寶三載. 八仙歌當是綜括前後言之, 非一時俱在長安也.)

주 석

1 知章(지장): 초당의 시인 하지장賀知章을 가리킨다. 騎馬似乘船(기마사승선): 취하여 말을 모는 모습이 마치 배를 탄 것처럼 흔들거린다는 말이다.

《구당서 · 하지장전》 하지장은 회계會稽 영흥永興 사람이다. …… 취하여 글을 지으면 매번 두루마리를 이루었고 문장을 손보지 않아도 모두 볼 만하였다.(賀知章, 會稽永興人. ……醉後屬詞, 動成卷軸, 文不加點, 咸有可觀.)

《두억》 완함阮咸이 일찍이 술에 취해 말을 타니 한쪽으로 기울어졌다. 사람들이 말하기를 "이 노인은 마치 배를 타고 물결 속에서 노니는 듯하다."라고 하였다. '지장' 구는 그 말을 빌려 쓴 것이다.(阮咸嘗醉, 騎馬傾欹. 人曰, 箇老子如乘船遊波浪中. 知章借用其語.)

2 眼花(안화): 술에 취해 눈이 어질어질한 것을 말한다. 落井(낙정): 우물에 빠지다. 水底眠(수저면): 물속에서 자다. 술에 취하면 처한 환경에 개의치 않는다는 말이다.

#《**두시상주**》 이는 하지장의 광태狂態를 극도로 묘사한 것이다. 말을 배처럼 탄다는 것은 술 취한 가운데 자득自得한다는 말이고, 눈이 어질하여 우물에 빠졌다는 것은 취한 후에 몸을 잊어버린다는 말이다. 오 지방 사람은 배를 잘 타는 까닭에 그것으로 말 타기를 비유하였다.(此極摹賀公狂態. 騎馬若船, 言醉中自得. 眼花落井, 言醉後忘軀. 吳人善乘舟, 故以比乘馬.)

3 汝陽(여양): 당 양황제讓皇帝 헌憲의 아들인 여양왕汝陽王 이진李璡을 가리킨다. 三斗(삼두): 서 말의 술. 朝天(조천): 조회에 참석하여 천자를 알현하는 것을 말한다.

《**구당서 · 예종제자전**睿宗諸子傳》 이진은 여양왕에 봉해지고 태복경太僕卿을 역임하였으며 하지장, 저정회褚庭誨와 더불어 시와 술로 교류하였다.(璡封汝陽郡, 歷太僕卿, 與賀知章褚庭誨, 爲詩酒之交.)

4 道逢(도봉): 길에서 만나다. '逢'이 어떤 판본에는 '見'으로 되어 있다. 麴車(국거): 술의 누룩을 담은 수레. 流涎(유연): 침을 흘리다.

5 移封(이봉): 봉지를 옮기다. 酒泉(주천): 지명.

《**두시상주**》에 **인용된**《**삼진기**三秦記》 주천군 성 아래에는 금천이 있는데, 샘물 맛이 술 같아서 주천이라 불렀다.(酒泉郡城下有金泉, 泉味如酒, 故名酒泉.)

#《**두시상주**》 서 말을 마시고 천자를 알현한다는 말은 취한 다음에 조회에 들어간다는 것이다. 누룩을 보고 침을 흘리고 주천으로 가고자 했다는 것은 여양왕이 술을 좋아함을 심하게 말한 것이다.(三斗朝天, 醉後入朝也. 見麴流涎, 欲向酒泉, 甚言汝陽之好酒.)

6 左相(좌상): 벼슬 이름으로 문하성門下省의 시중을 칭하는 말이다. 여기서는 당 현종 때의 정치가이자 문인인 이적지李適之를 가리킨다. 日興(일

흥): 날마다 흥이 나다. 費萬錢(비만전): 만 전의 돈을 쓰다.

《구당서 · 이적지전》 이적지는 평소 손님과 친구를 좋아하고 술 한 말을 마셔도 흐트러짐이 없었다. 밤에는 연회를 열어 즐기고 낮에는 공무를 결재하여 관청에 남은 일이 없었다. 천보 원년에 우선객을 대신하여 좌상이 되었고 청화현공에 거듭 봉해졌다.(適之雅好賓友, 飮酒一斗不亂, 夜則宴賞, 晝決公務, 庭無留事. 天寶元年, 代牛仙客爲左相, 累封淸和縣公.)

7 長鯨(장경): 몸통이 긴 고래를 말한다. 吸(흡): 마시다. 百川(백천): 많은 시내의 물.

8 銜杯(함배): 잔을 입에 물다. 술을 마시는 것을 뜻한다. 樂聖(낙성): 성인을 즐기다. 성인은 청주淸酒를 가리킨다. 稱(칭): ~라고 말하다. 避賢(피현): 현인을 피하다. 현인은 탁주를 가리킨다. '避'는 '世'로 된 판본도 있다.

《구당서 · 이적지전》 농우절도사 황보유명, 형부상서 위견, 호부상서 배관, 경조윤 한조종 등은 모두 이적지와 친하였다. 이임보는 그들을 모두 중상하였는데 그 죄를 엮어 만들어 차례로 방축했다. 이적지는 두렵고 스스로 편안하지가 않아 한직을 맡을 것을 구하였다. 천보 5년에 지정사를 그만두고 태자소보의 자리만 맡게 되자, 곧장 친구들을 불러 잔치를 벌이고는 시를 지어 "현인을 피하여 이제 막 좌상의 직에서 물러나, 성인을 즐겨 잠시 술잔을 머금었네. 물어보시게, 문 앞의 손님들 오늘 아침에는 몇 명이나 오셨는지?"라고 하였다. 결국은 위견 등과 친하다는 것으로 연루되어 의춘태수로 폄적되었다.(隴右節道使皇甫惟明, 刑部尙書韋堅, 戶部尙書裵寬, 京兆尹韓朝宗, 悉與適之善. 林甫皆中傷之, 構成其罪, 相繼放逐. 適之懼不自安, 求爲散職. 五載, 罷知政事, 守太子少保. 遽命親故歡會, 賦詩曰, 避賢初罷相, 樂聖且銜杯. 爲問門前客, 今朝幾箇來. 竟坐與韋堅等相善, 貶宜春太守.)

#《두시상주》 '비만전'이란 그가 호사스럽다는 말이고, '흡백천'이란 마음껏 마시는 것을 묘사한 것이다. '낙성피현'은 곧 이적지의 시 가운데의 말을 기술한 것이다.(費萬錢, 言其豪奢, 吸百川, 狀其縱飮. 樂聖避賢, 卽述適之詩中語.)

9 宗之(종지): 당 현종 때 재상을 지낸 최일용崔日用의 아들 최종지崔宗之를 가리킨다. 《구당서 · 최일용전》에 부친의 뒤를 이어 제국공齊國公에 봉해졌다고 한 것 외에 별다른 사적이 전하지 않는다. 蕭灑(소쇄): 깨끗하고 미려한 외모를 가리킨다. 혹은 초연하게 세속을 벗어난 모습을 가리키기도 한다.

《구당서 · 이백전》 당시 시어사이던 최종지가 금릉에 폄적되어 이백과 더불어 시와 술로 창화하였다.(時侍御史崔宗之謫官金陵, 與白詩酒唱和.)

10 白眼(백안): 흘겨보는 흰 눈을 가리킨다. 질시하거나 무시하는 모습을 가리킨다.

《진서 · 완적전》 완적은 또한 푸른 눈과 흰 눈을 만들 수 있어서 예속에 얽매인 선비들을 보면 흰자위로 그들을 내하였다.(籍又能爲青白眼, 見禮俗之士, 以白眼對之.).

11 玉樹(옥수): 옥같이 아름다운 나무. 여기서는 최종지의 풍채가 고결함을 말한다. 홰나무처럼 생겼으나 잎이 가는 선목仙木이라고도 한다. 臨風前(임풍전): 바람 앞에 임하다.

《두시상주》에 인용된 《세설신어世說新語》 모증이 하후현과 나란히 앉아 있으니 당시 사람들이 갈대가 옥 나무를 기대고 있다고 말하였다.(毛曾與夏候玄共坐, 時人謂蒹葭倚玉樹.)

#《두시상주》 '종지소쇄'구는 아름다운 자태가 초연하고 빼어나다는 것이고, '백안청천'구는 술자리 앞의 거만한 모습이며, '옥수임풍'구는 취한 다음의 휘청거리는 모습이다.(宗之蕭灑, 丰姿超逸. 白眼青天, 席前傲岸之狀. 玉樹臨風, 醉後搖曳之態.)

12 蘇晉(소진): 당 현종 때 중서사인 등을 지낸 인물. 불교신자였다고 한다. 長齋(장재): 오랜 기간 동안 재계하며 도를 닦는 것을 말한다. 繡佛(수불): 수를 놓아 만든 불상.

《신당서 · 소향전蘇珦傳》 아들 진은 나이 몇 살에 글을 지을 줄을 알아서 〈팔괘론〉을 지었다. 이부시랑 방영숙과 비서소감 왕소종이 찬탄하여 "후세의 왕찬이다."라고 하였다. 진사과와 대례과에 응시하여 모두 급제하였다. 선천 중에 중서사인이 되었다. 현종이 국정을 보살필 때 내린 제명은 대부분 소진과 가증이 문안을 작성하였다. 바른 말을 누차 올렸는데 천자가 아름답고 미쁘게 여겼다. 나가 사주자사가 되었는데, 소향이 연로하였기 때문에 벼슬을 그만두고 봉양할 것을 청하였다. 소향이 죽자 호부시랑을 맡고 작위를 세습하였으며, 이부로 옮겼다. …… 위주로 옮겨졌다가 태자좌서자로 마쳤다.(子晉, 數歲知爲文, 作八卦論, 吏部侍郎房潁叔, 秘書少監王紹宗歎曰, 後來之王粲也. 擧進士及大禮科, 皆上第. 先天中, 爲中書舍人. 玄宗監國, 所下制命, 多晉及賈曾稿定. 屢獻讜言, 天子嘉允. 出爲泗州刺史, 以珦老, 請解職奉養. 珦卒, 歷戶部侍郎, 襲爵, 遷吏部. …… 遷魏州, 終太子左庶子.)

13 逃禪(도선): 참선으로부터 도피하다. '참선으로 도피한다'고 보는 설도 있다.

《두억》 '도선'이란 대개 부처의 술법을 배우면서도 술 마시는 것을 좋아하니, 스스로 그 가르침을 어그러뜨리는 것이라 그렇게 말한 것이다.(逃禪, 蓋學浮屠術, 以喜飮酒, 自悖其敎, 故云.)

#《두시상주》 '참선에서 도피하다'는 '묵적墨翟에서 도피하다'나 '양주楊朱에서 도피하다'라고 말하는 것과 같다. 이는 도피하여 나가는 것이지 도피하여 들어가는 것이 아니다. 재계를 하면서도 여전히 술 마시는 것을 좋아하였으니, 소진은 진짜 참선을 하는 것이 아니라 다만 참선에서 도피한 것이다.(逃禪猶言逃墨逃楊, 是逃而出, 非逃而入. 持齋而仍好飮, 晉非眞禪, 直逃禪耳.)

14 一斗詩百篇(일두시백편): 술 한 말에 시 백 편을 짓다.

《두시상주》 '두주백편'은 이백이 흥취가 호방하고 재주가 민첩하다는 말이다.(斗酒百篇, 言白之興豪而才敏.)

15 長安市上(장안시상): 장안의 저자 거리. 酒家(주가): 술집. 이 구절은 이백이 황제가 부르는데도 저자에서 술을 마시고 있었다는 뜻이다.

《신당서 · 이백전》 천보 초에 남쪽으로 회계로 들어가서 오균과 친분을 쌓았다. 오균이 부름을 받자 이백도 장안으로 갔다. 가서 하지장을 만났는데, 하지장은 그의 문장을 보자 찬탄하여 말하길 "당신은 유배된 신선입니다."라고 하였다. 현종에게 말하자 금란전으로 불러서 만났다. 당세의 일을 논하고 송 한 편을 바쳤다. 황제가 음식을 하사하며 친히 그를 위하여 국 맛을 조절하였고, 한림원에서 천자를 받들도록 명하였다. 이백은 여전히 술꾼들과 저자에서 취해 있었다. 황제가 침향정자에 앉아 마음에 느끼는 바가 있어 이백으로 하여금 악장을 짓게 하고 싶어서 불러들였다. 그렇지만 이백은 이미 취해 있었는데 좌우에서 물로 얼굴을 씻자 술이 조금 깼다. 붓을 주니 문장을 이루는데, 부드럽고 아름다우며 정묘하고 절실하여 남은 생각이 없었다. 황제가 그의 재주를 사랑하여 자주 연회에 불렀다.(天寶初, 南入會稽, 與吳筠善. 筠被召, 白亦至長安. 往見賀知章, 知章見其文, 歎曰, 子適仙也. 言於玄宗, 召見金鑾殿, 論當世事, 奏頌一篇. 帝賜食, 親爲調羹, 有詔供奉翰林. 白猶與飮徒醉於市. 帝坐沈香亭子, 意有所感, 欲得白爲樂章, 召入, 而白已醉, 左右以水頮面, 稍解, 授筆成文, 婉麗精切, 無留思. 帝愛其才, 屢宴見.)

16 天子(천자): 현종을 가리킨다. 呼來(호래): 불러서 오다. 不上船(불상선): 배에 오르지 않다. 술에 취하여 배에 오를 수 없었다는 말이다.

범전정范傳正의 **〈당좌습유한림학사이공신묘비**唐左拾遺翰林學士李公新墓碑〉 다른 날 백련지에 배를 띄우고 노니는데 공은 잔치 자리에 없었다. 즐거워하여 이미 흡족해지자 공을 불러다 서문을 짓게 하려 하였다. 이때 공은 한림원에서 벌써 취해 있어서, 이에 고장군으로 하여금 이백을 부축하여 배에 오르도록 명하였다.(他日泛白蓮池, 公不在宴. 自歡旣洽, 召公作序, 時公已被酒於翰苑中, 仍命高將軍扶以登舟.)

17 酒中仙(주중선): 술에 취한 신선.

#**《두시상주》** '술 한 말에 백 편'이라 한 것은 이백이 흥취가 호방하고 재주가 민첩하다는 말이다. 오견사의 《두시논문》에서는 "당시 침향정에서 부를 때는 마침 술집에서 자고 있었고, 백련지에서 부를 때에는 부축하여 배에 오르게 하였다. 이것은 그 일을 두 가지로 서술한 것이고 '주중선'이란 그 말을 겸하여 서술한 것이다."라고 하였다.(斗酒百篇, 言白之興豪而才敏. 吳論, 當時沈香亭之召, 正眠酒家, 白蓮池之召, 扶以登舟. 此兩述其事. 酒中仙, 兼述其語.)

18 張旭(장욱): 당대 서예가. 草聖(초성): 초서체의 성인. 傳(전): 세간에 전송되다.

《신당서 · 장욱전》 장욱은 소주 오吳 사람이다. 술을 좋아하여 매번 크게 취하면 고래고래 소리를 지르며 미친 듯이 내달리다가 글씨를 쓰곤 하는데 간혹 머리로 먹을 적셔 쓰기도 하였다. 술에서 깨어난 뒤 스스로 살펴보아 신묘하다고 여겨져도, 다시 그렇게 쓸 수는 없었다. 세간에서는 '미치광이 장욱'이라고 불렀다.(旭, 蘇州吳人. 嗜酒, 每大醉, 呼叫狂走, 乃下筆, 或以頭濡墨而書. 旣醒自視, 以爲神, 不可復得也. 世呼張顚.)

19 脫帽露頂(탈모노정): 모자를 벗고 정수리를 드러내다. 왕공王公같이 지위가 높은 사람 앞에서 모자를 벗는다는 것은 그만큼 예법에 얽매이지 않고 거리낌이 없었다는 뜻이다.

20 揮毫落紙(휘호낙지): 붓을 휘둘러 종이에 휘갈기는 것을 말한다. 雲烟(운연): 운무.

#《두시상주》 장욱의 글씨가 사람들에게 칭송되어 전하기 때문에 '초성'으로써 그를 비유한 것이다. 모자를 벗고 머리를 드러낸다는 것은 취했을 때의 호방한 모습이요, 종이에 닿으니 운무와 같다는 것은 득의하여 빨리 쓰는 흥취다.(旭書爲人傳頌, 故以草聖比之. 脫帽露頂, 醉時豪放之狀. 落紙雲烟, 得意疾書之興.)

21 焦遂(초수): 포의지사로 자세한 생평이 전해지지 않는다. 五斗(오두): 다섯 말의 술. 卓然(탁연): 뛰어나다. 출중하다.

22 高談雄辯(고담웅변): 고고한 이야기와 힘찬 변론. 언변에 능한 것을 말한다. 驚四筵(경사연): 사방의 술자리를 놀라게 하다.

《구가집주두시》 조차공 주 술을 다섯 말이나 마셔야 비로소 특별히 출중하게 된다는 것은 곧 놀리기 위해서 한 말이다. 끝 구에서는 또 그로써 찬미했다.(飮至五斗而方特卓, 乃所以戲之. 末句又以美之.)

《두시경전》 홀로 술에 취하지 않는 한 사람으로 매듭을 지었다.(獨以一不醉者作結.)

#《두시상주》 담론이 술자리를 놀라게 한 것이 술에 취한 뒤에 얻어졌으니, 초수의 출중하고 특이한 점이 취한 상태에 빠지는 것이 아님을 보인 것이다.(談論驚筵, 得於醉後, 見遂之卓然特異, 非沈湎於醉鄕者.)

##《두시상주》 이 시는 들쑥날쑥 많고 적어 구절 수가 고르지 않다. 그러나 머리와 꼬리 그리고 가운데 허리에는 각기 두 구를 사용하였고, 앞뒤에서는 때에 따라 셋 또는 네 구가 엇섞여 시편을 이루었으니 변화가 지극하면서도 여전히 조리가 있다.(此詩參差多寡, 句數不齊, 但首尾中腰, 各用兩句, 前後或三或四, 間錯成文, 極變化而仍有條理.)

《두억》 이것은 창조적인 격식으로 앞에 따라 한 바도 없고 후인도 배울 수가 없다. 여덟 사람을 묘사하는데 모두 신선의 기품을 지니고 있으면서 혹은 두 구 혹은 세 구, 네 구로 되어 있다. 마치 구름이 맑은 하늘에서 마음대로 말고 펼치는 것과 같으니, 또한 시 가운데의 신선이다.(此創格, 前無所因, 後人不能學. 描寫八公都帶仙氣, 而或兩句, 或三句, 四句, 如雲在晴空, 卷舒自如, 亦詩中之仙也.)

(**김준연**)

5. 高都護驄馬行

고도호 총마의 노래

安西都護胡青驄[1]　聲價欻然來向東[2]
此馬臨陣久無敵[3]　與人一心成大功[4]
功成惠養隨所致[5]　飄飄遠自流沙至[6]
雄姿未受伏櫪恩[7]　猛氣猶思戰場利[8]
腕促蹄高如踣鐵[9]　交河幾蹴曾氷裂[10]
五花散作雲滿身[11]　萬里方看汗流血[12]
長安壯兒不敢騎[13]　走過掣電傾城知[14]
青絲絡頭爲君老[15]　何由却出橫門道[16]

호족 땅에서 태어난 안서도호의 청총마
명성이 갑자기 동쪽을 향해 왔다.
이 말은 군진에 임하여 오랫동안 무적이었으니
주인과 더불어 한 마음으로 큰 공을 이루었다.

공을 이루어 은혜로이 길러진 몸 주인 가는 데로 따라가니
경쾌하게 멀리 고비사막으로부터 이르렀도다.
영웅스런 자태는 구유에 엎드리는 은혜를 입으려 하지 않고
사나운 기상은 전장에서의 날카로움을 여전히 생각하고 있다.

발목은 짧고 발굽은 높아 쇠를 밟는 듯하니
교하에서 몇 번이나 발길질하여 두터운 얼음을 깼던가?
다섯 꽃잎이 흩어져 구름이 온몸 가득한 듯
만 리를 달리면 비로소 피땀 흘리는 것을 보리라.

장안의 장정들도 감히 타지 못하니
번개 치듯 달리는 것을 온 성의 사람들도 알고 있다.
푸른 실 머리에 매고 그대 위해 늙어 가는데
어찌하면 다시 광문橫門의 길을 나설 수 있을까?

이 시는 두보가 '고도호高都護'(고선지)의 총마驄馬에 대해 읊은 작품으로 천성적으로 안주하기를 싫어하고 전쟁에 나가 큰 공을 세우고자 하는 총마를 통해 자신의 포부를 기탁하고 있다. 이 시의 저작 시기와 대해서는 천보天寶 7년이라는 설과 천보 8년이라는 설이 있다.

'고도호'는 고선지高仙芝를 가리킨다. 《구당서·고선지전》에 의하면 고선지는 고구려高句麗 사람으로 안서부도호安西副都護가 되어 천보 6년에 소발률少勃律을 평정하고, 8년에 입조하여 특진特進의 작위를 더 받으면서 아울러 좌금오위대장군동정원左金吾衛大將軍同正員에 겸직되었다고 한다. '도호都護'는 변방을 지키는 직책을 말한다. 이 직책이 생긴 것은 전한 때 사람인 정길鄭吉에게서 비롯된 것이라고 한다. '총驄'의 의미에 대해 《광운廣韻》에 "'총驄'이란 말은 푸르고 흰빛을 띤 것이다.(驄, 馬靑白色)"라고 풀이하였다. '총마'는 부루말. '행行'은 '노래'라는 뜻으로 악부가행체樂府歌行體를 가리킨다.

《보주두시》 이 시는 의당 천보 7년에 지어졌다. 양권도는 비록 고적이 아니라는 것을 알았지만 이를 천보 11년에 편재하였다. 그러나 고선지는 9년에 이미 입조하여 개부의동삼사에 배수되었고, 다시 우림대장군이 되었으니, 시제에서 오히려 '고도호'라고 한 것과 맞지 않는다.(此詩當作於天寶七載. 梁權道雖知非高適, 編之於天寶十一載. 然仙芝九載已入朝, 拜開府儀同三司, 又爲羽林大將軍, 不應詩題尙曰高都護.)

《**두시상주**》 살펴보건대, 고선지가 소발률을 평정한 것은 천보 6년 때이다. 그해에 아랍 각지의 72개국이 모두 항복했다. 8년에 입조하였다. 시에서 '경쾌하게 멀리 고비사막으로부터 이르렀다'고 하고, 또 '장안의 장정들도 감히 타지 못한다'고 한 것은 바로 그때를 두고 한 말이다. 9년에 고선지는 석국을 토벌하고 그 왕을 붙잡아 바쳤으니, 다음 해에 다시 변방으로 갔음을 알겠다. 이 시는 당연히 천보 8년에 지은 것이다. 황학은 7년이라 하였고, 양권도는 11년이라 하였으나, 모두 잘못이다.(按, 高仙芝平少勃律, 在天寶六載. 是年, 大食諸部七十二國皆降附. 八載, 入朝. 詩云, 飄飄遠自流沙至, 又云, 長安健兒不敢騎, 正其時也. 九載, 仙芝討石國, 俘其王以獻, 則知次年又往邊疆矣. 此詩當是天寶八載所作. 黃云七載, 梁云十一載, 皆非.)

《**보주두시**》《신당서》와《구당서》를 살펴보면, 고적은 일찍이 안서도호가 된 적이 없으니 바로 고선지다.(按新舊史, 適未嘗爲安西都護, 乃高仙芝.)

《**한서 · 정길전**》 정길은 거사를 격파하고, 일축을 항복시켜 위세를 서역에 떨치고 나서는 마침내 서북도로 거사를 함께 관할하게 되었다. 그래서 '도호'라고 불렀다. 도호의 설치는 정길에게서 비롯되었다.(吉旣破車師, 降日逐, 威震西域, 遂幷護車師以西北道, 故號都護. 都護之置, 自吉始焉.)

《**수서 · 서역전**西域傳》'**토욕혼**吐谷渾' **조**條 청해는 사방 둘레가 천여 리가 되는데, 그 가운데에 작은 산이 있다. 그곳의 풍속은 겨울이 되면 그 위에다 암말을 방목하고 용의 새끼를 얻는다고 한다. 토욕혼은 일찍이 페르시아국의 암컷 말을 얻어 청해에다 풀어 놓아 총마의 망아지를 낳았는데, 능히 하루에 천 리를 달렸다. 그래서 당시 사람들이 '청해총'이라고 불렀다.(青海周廻千餘里, 中有小山, 其俗至冬輒放牝馬於其上, 言得龍種. 吐谷渾嘗得波斯草馬, 放入海, 因生驄駒, 能日行千里, 故時稱青海驄焉.)

주 석

1 安西(안서): 안서도호부安西都護府를 가리킨다. 都護(도호): 고도호, 즉 고선지를 가리킨다. 胡青驄(호청총): 호지胡地에서 나는 준마. '青驄'에서의 '青'이 말의 색깔과 관련된 것인지, 아니면 총마의 산지인 청해青海와 관련된 것인지는 확실치 않다. 단《두시언해》에서는 '푸른 총마'라 풀이하여 말의 색깔로 보고 있다.

《구당서 · 지리지》 안서대도호부安西大都護府 조 정관 14년에 후군집이 고창을 평정하고, 안서도호부를 설치하였는데 치소治所는 서주에 두었다. 현경 2년 11월에 소정방이 하로를 평정하니, 이에 서쪽으로 페르시아국까지 다 안서도호부에 소속되었다.(貞觀十四年, 侯君集平高昌, 置安西都護府, 治在西州. 顯慶二年十一月, 蘇定方平賀魯, 於是西盡波斯國, 皆隸安西都護府.)

《한서 · 정길전》 안사고顏師古 주 남북 2도를 함께 관할하기에 '도都'라고 하는 것이다. '도'는 '크다' '총괄하다'는 뜻이다.(竝護南北二道, 故謂之都. 都, 猶大也, 總也.)

《두시상주》 '호청총'은《회남자》에서 말한 '호지의 준마'라는 말과 같다.(胡青驄, 猶淮南子所云胡駿馬.)

2 聲價(성가): 명성. 欻然來向東(훌연래향동): 갑자기 동쪽을 향해 오다. 즉 장안으로 온 것을 말한다.

《구가집주두시》 조차공 주 '欻'은 음이 '허'와 '물'의 반절反切로 불어 일어나는 모습이 들어 있다. …… 서쪽으로부터 동쪽으로 오는 것이 마치 바람이 불어서 오는 것 같다는 것을 말한다.(欻音許勿反, 有所吹起貌. …… 言自西來東, 若吹而來也.)

3 臨陣(임진): 진영에 임하다. 이 구절은 고선지의 총마가 전쟁에서 특출하게 잘 달렸음을 말한다.

4 與人(여인): 주인과 함께. 여기서 '人'은 고선지를 가리킨다.

《두시상주》 이 단락은 총마가 변방에 있으면서 진영에서 공을 세운 것을 말한 것이다.(此言驄馬在邊, 而有功行陣.)

5 惠養(혜양): 은혜를 베풀어 기르다. '공성혜양功成惠養'은 공을 세워 주인의 보살핌을 받게 되었다는 말이다. 隨所致(수소치): 이르는 곳을 따르

다. 즉 고선지가 가는 곳마다 따라간다는 말이다. 이 구절은 총마가 공을 세우고 주인에게 은혜로이 길러져 그를 따라 장안에 이르게 된 것을 말한다.

《**문선**文選》 **안연지**顔延之 〈**저백마부**赭白馬賦〉 願終惠養, 蔭本枝矣 **이선**李善 **주** 《한서》에 "소광은 '이 금은 성군께서 이 늙은 신하에게 은혜를 베풀어 길러 주기 위한 것이오'라 하였다."라는 기록이 있다.(漢書, 疏廣曰, 此金者, 聖主所以惠養老臣.)

《**두공부초당시전**》 '치'는 이르다는 뜻이다. 도호가 이르는 곳이 있으면 늘 말과 함께 간다는 것이다.(致, 至也. 都護有所至之處, 常與馬常隨也.)

6 飄飄(표표): 경쾌하게 나는 모양. 여기서는 말이 경쾌하게 달리는 모양을 형용하고 있다. '飄'는 '飆'로 된 판본도 있다. 流沙(유사): 고비사막.

《**악부시집**樂府詩集》 〈**천마가**天馬歌〉 천마가 왔다. 서역으로부터 고비사막을 건너왔다.(天馬徠. 從西極, 涉流沙.)

7 伏櫪(복력): 말구유에 엎드려 먹이를 먹다. 이 구절은 말이 아직은 마구간에서 편안히 지내려 하지 않고 전장으로 나가고자 하는 상태임을 말한다.

《**한서·이심전**李尋傳》 馬不伏櫪, 不可以趨道 **안사고 주** '복력'은 말구유에 엎드려 먹이를 먹게 한다는 말이다.(伏櫪, 謂伏槽櫪而秣之.)

조조曹操 〈**보출하문행**步出夏門行〉 늙은 천리마는 말구유에 엎드려 있지만, 뜻은 천 리에 있다.(老驥伏櫪, 志在千里.)

8 戰場利(전장리): 전쟁터에서의 날카로움. 즉 전쟁터에서 날카로운 기상을 떨치는 것을 말한다. 《두시언해》에서는 '전장에서 날카로이 다니다'는 뜻으로 풀이하였고, 혹 전쟁에서의 승리로 풀이하기도 하는데, 큰 차이는 없다.

[雄姿 2구] 총마가 전쟁터에서 돌아오긴 했지만, 여전히 전쟁터에서 힘차게 달리며 제 구실을 하고 싶어 하는 것 같이 보인다는 것을 말한다.

《**두시상주**》 이는 총마가 마구간에 있지만, 전투를 잊지 않고 있다는 것을 말한다.(此言驄馬在廐,而不忘戰伐.)

#《**두시상주**》 이 단락은 총마가 마구간에 있으면서 전투에서 이기는 것을

잊지 못하고 있음을 말한 것이다.(此言驄馬在廐, 而不忘戰伐.)

9 腕促蹄高(완촉제고): 발목 부분이 짧고 발굽이 높다는 뜻으로 좋은 말이란 것을 의미한다. '腕'은 다리 가운데 무릎에서 발목에 이르는 부분. '踠'으로 된 판본도 있다. '促'은 짧다. '蹄'는 발굽. 踣鐵(복철): 쇠를 밟다. '踣'은 '밟다'는 뜻이다.

《두시경전》에 인용된 《상마경相馬經》 말은 발목이 짧아야 좋으니 짧으면 튼튼하다. 발굽은 높아야 좋으니 높아야 험준함을 이겨 낼 수 있다. (馬腕欲促, 促則健. 蹄欲高, 高耐險峻.)

《두시상주》에 인용된 소보邵寶 주 '복철'은 말발굽이 견고한 것을 말한다.(踣鐵, 言馬蹄之堅.)

10 交河(교하): 강 이름. 曾氷裂(층빙열): 두터운 얼음이 갈라지다. '曾'은 '層'과 같다. 이 구절은 총마가 힘이 좋음을 말한다.

《두시경전》에 인용된 《원화군현지元和郡縣志》 정관 4년 한대에 거사국 전왕의 땅이었던 곳에 교하현을 두었는데, 그 지역 안에 있는 교하에서 이름을 땄다. 교하는 현 북쪽에 있는 천산에서 흘러나와 성 아래에서 나뉘어 흐른다.(貞觀四年, 於漢車師前王地置交河縣, 取界內交河爲名. 交河源出縣北天山, 分流城下.)

《두시상주》에 인용된 왕수王洙 주 당나라 안서도호부는 교하로부터 70리 떨어져 있다.(唐安西去交河七十里.)

《신이기神異記·북방황경北方荒經》 북방에는 두꺼운 얼음이 만 리에 걸쳐 있는데 두께가 백 장이나 된다.(北方有層氷萬里, 厚百丈.)

《구가집주두시》 조차공 주 교하 서쪽 땅에 두텁게 쌓인 얼음이 있는데, 말이 몇 차례나 이를 밟아 깨뜨렸음을 말한다.(言交河西邊之地有層積之氷, 馬幾度蹴踏之而破裂也.)

11 五花(오화): 털에 여러 가지 색깔이 섞여 있는 것. 그러한 말을 '오화마'라고 한다. 散作(산작): 흩어져 어떠한 모양을 이루다. 雲滿身(운만신): 구름이 몸에 가득하다. 이 구절에 대해 《두시언해》에서는 '다섯 빛이 흩어져 구름을 지어 몸에 가득하다'고 풀이하고 있다. 이 구절은 여러 가지 색깔이 섞여 마치 온몸에 구름이 피어난 것 같은 모양을 이루고 있다는 말이다. 그러면서 '오화五花'니 '부운浮雲'이니 하는 명마의 이름을 암용

하고 있는 듯하다.

《두시상주》에 인용된 《이백집李白集》 주 오화는 말의 털 색깔이다.(五花, 馬毛色也.)

《두시상주》 오화란 말갈기를 잘라 꽃잎을 만든 것으로, 혹은 세 송이 꽃으로도 하고, 혹은 다섯 송이 꽃으로도 한다.(五花者, 剪鬃爲瓣, 或三花, 或五花.)

《두시상주》에 인용된 《명화록名畫錄》 개원 연간에 궁내 마구간에는 비황・조야・부운・오화마가 있었다.(開元內廐, 有飛黃照夜浮雲五花之乘.)

12 汗流血(한류혈): 땀에 피를 흘리다. 즉 핏빛의 땀을 흘린다는 말이다. 이 구절은 청총마를 대원국大宛國에서 난다는 한혈마汗血馬에 견주어 만리 길을 달려야 피땀을 흘린다는 것을 말하고 있다.

《사기・대원열전大宛列傳》 배인裴駰 집해集解 대원국에는 높은 산이 있는데, 그 위에 말이 있지만, 얻을 수가 없었다. 그래서 오색의 어미말을 구하여 그 아래에다 풀어 놓으니, 교접하여 망아지를 낳았는데 땀을 피처럼 흘렸다. 이 때문에 '천마자'라 불렀다.(大宛國有高山, 其上有馬, 不可得, 因取五色母馬置其下, 與交, 生駒汗血, 因號曰天馬子.)

《분문집주두공부시》에 인용된 조차공 주 피땀의 모습은 만 리를 달리지 않으면 볼 수가 없다.(汗血之姿, 非萬里無以見.)

#《두시상주》 이 단락은 그 형상과 정력이 출중함을 말한 것이다. 앞에서 '유사'라 하고 여기서 '교하'라 한 것은 바로 먼 곳에서 왔다는 것을 나타낸다.(此言其形象精力之出群. 上云流沙, 此云交河, 正見來自遠地也.)

13 長安(장안) 구: 이 구절은 일반 장정들이 감히 탈 수 없을 정도로 총마가 사납고 용맹스럽다는 것을 말하고 있다.

14 走過掣電(주과철전): 총마가 달리는 것이 매우 빠름을 형용하는 말이다. '철掣'은 '잡아당기다', '빠르다'의 뜻을 모두 가지고 있다. 전자의 경우로 풀이하면 '달려 지나가며 번개를 잡다'는 뜻이 된다. 《두시상주》에 인용된 최표崔豹《고금주古今注》의 "진나라 시황제에게는 일곱 말이 있었는데 그중 하나를 '추전'이라고 하였다.(秦始皇有七馬, 一曰追電)"라는

말에서의 '追電(번개를 쫓다)'과 같은 의미다. 후자의 '빠르다'는 뜻으로 풀이하면, '달려 지나가는 것이 빠른 번개 같다', 또는 '달리는 것이 빠른 번개를 능가한다'는 뜻이 된다. 《두시상주》에 인용된 《수서》의 "장손성이 총관이 되자, 돌궐족이 그를 두려워하였다. 그의 붉은 말을 보면 '섬전'이라 불렀다.(長孫晟爲總管, 突厥畏之, 見其赤馬稱爲閃電)"라는 말에서의 '閃電(번뜩이는 번개)'과 같은 의미다. 어느 것이 옳은지는 분명치 않다. 그러나 어떤 의미이건 간에 앞의 '오화' '운만신' '한류혈'에서와 같이 '철전'도 예전의 명마의 이름을 암용하고 있는 것으로 보인다. 傾城(경성): 성을 다하다. 즉 성의 모든 사람을 뜻한다.

[長安 2구] 총마가 고도호만이 탈 수 있을 정도로 사납고 빠르며 이를 모든 사람들이 다 알고 있다는 말이다.

《구가집주두시》 조차공 주 윗 구는 고도호 혼자서 탈 수 있다는 것을 잘 드러내고 있고, 아래 구는 말이 달리는 것이 번개 같음을 온 나라 사람들이 다 안다는 것을 말하고 있다.(上句以善高都護之獨能騎也, 下句言馬行如電, 擧國皆知耳.)

15 青絲絡頭(청사락두): 푸른 실을 머리에 묶다. 즉 정중한 대접을 받으며 하는 일 없이 지내는 것을 뜻한다. 爲君老(위군로): 그대 위해 늙다. 여기서 '君'은 고선지를 가리킨다.

《악부시집樂府詩集》 고사古辭 〈맥상상陌上桑〉 푸른 실 말 꼬리에 묶여 있고, 황금이 말 머리에 매여 있다.(青絲纓馬尾, 黃金絡馬頭.)

16 橫門(광문): 장안 서쪽에 있는 성문 이름. '橫'의 음은 '광'. 여기서 '광문'을 쓴 것은 총마가 서역으로 달려 나가 전공을 세우고 싶어 함을 암시하기 위함이다. 두보는 이 구절을 통해 큰일을 하고자 하지만 현실이 여의치 못하다는 심경을 기탁하고 있는 것으로 보인다.

《삼보황도三輔黃圖》 장안성 북쪽에서 서쪽 첫 번째 문을 나서면 그곳을 '광문'이라고 한다. 문밖에는 다리가 있는데 광교라고 한다.(長安城北出西頭第一門曰橫門. 門外有橋, 曰橫橋.)

《두시상주》에 인용된 《옹록雍錄》 광문으로부터 위수를 건너 서쪽으로 가면 그곳이 서역으로 가는 길이다.(自橫門渡渭而西, 是趨西域之路.)

[青絲 2구] 총마가 비록 좋은 대접을 받고 있긴 하지만 오히려 전장에 나가 공을 세우기를 바란다는 말이다.

《구가집주두시》 조차공 주 말이 효력을 발휘하는 것은 한번 싸움에 달려 있으니, 비록 푸른 실의 장식을 하고서 늙는다 해도 광문을 나서 공을 이루는 것만 못하다는 말이다.(言馬展效在於壹戰, 則雖被靑絲之飾以老, 不若出橫門以致功也.)

#《두시상주》 마지막 단락은 강개함을 느끼는 것으로 끝맺고 있으니, 바로 늙은 천리마가 말구유에 엎드려도 뜻은 천리 밖에 있다는 뜻이다.(末用感慨作結, 卽老驥伏櫪, 志在千里之意.)

##《독두심해》 이 시는 서역에서 공을 세운 말이 새로이 안서도호(고선지)를 따라 도성으로 들어온 것과 관련한 것이다. 시는 바로 여기서 시상을 착상하면서 원래 있던 곳의 풍광을 담고 있다. 처음 4구는 역시 내력에 대해 밝히면서 '갑자기 동쪽을 향해 왔다'는 말로 시 전체의 근간으로 삼았다. 말에 대해 얘기하면서 사람을 수반하였고, 아울러 도호에 대해서도 표현하였다. '공성' 4구는 말이 새로이 도착한 것을 서술하면서 그 본성을 묘사하였다. '아직 말구유에 엎드리지 않는다'와 '전쟁터에서의 날카로움을 여전히 생각하고 있다'는 말은 모두 새로 도착한 것으로부터 상상해 낸 것이다. '완촉' 4구는 그 말의 골격을 묘사하면서 다시 오던 길에 의거하여 정취를 만들어 냈다. '교하에서 얼음을 발길질하였다'는 말은 그곳에 있을 때 이와 같았으리라고 상상한 것이다. '만 리에 비로소 땀 흘린다'는 것은 이처럼 장도를 거치면서도 지치지 않았다는 말이다. 마지막 4구에서는 다시 그 기상에 의거하여 그 심지를 추상하면서 "번개처럼 빨라 사람을 놀라게 하는 그런 자태를 지니고서도 지금은 편안하게 길러지며 은퇴하였지만 어찌 그렇다고 끝내 외지로 나서 큰 공을 세우는 것을 망각하였겠느냐?"라고 말하고 있다. 또 오던 길로부터 길을 나서는 것으로 전환하였으니, 두보는 이처럼 상투적인 표현을 쓰지 않는다. 고매하고 빼어나 고개를 숙이고 남들에게 다가서려 하지 않는다는 점에 대해서는 독자들도 절로 이해할 수

있을 것이다.(此係有功西域之馬, 新隨都護入京者. 詩卽從此作意, 本地風光也. 起四, 還淸來歷, 以欻然向東爲一詩之根. 而說馬帶人, 兼表都護矣. 功成四句, 敍其新到, 而擬其格性. 未伏櫪, 猶思戰, 都從新到上摹想出來. 腕促四句, 寫其骨相, 仍就來路生情. 交河蹴氷, 想在彼地如此也. 萬里方汗, 歷此長途而不疲也. 末四, 復就其氣槪而推其心志曰, 以玆掣電驚人之姿, 今則安養退休矣, 豈遂忘出建大功哉. 又從來路轉一出路, 其不作一通套語如此. 至其高邁卓絶, 不肯低頭傍人, 讀者自領.)

(김만원)

6. 同諸公登慈恩寺塔

여러 공들이 자은사탑에 올라 지은 시에 화답하다

高標跨蒼穹[1] 烈風無時休[2] 自非曠士懷[3] 登玆翻百憂[4]
方知象教力[5] 足可追冥搜[6] 仰穿龍蛇窟[7] 始出枝撐幽[8]
七星在北戸[9] 河漢聲西流[10] 羲和鞭白日[11] 少昊行清秋[12]
秦山忽破碎[13] 涇渭不可求[14] 俯視但一氣[15] 焉能辨皇州[16]
迴首叫虞舜[17] 蒼梧雲正愁[18] 惜哉瑤池飮[19] 日晏崑崙丘[20]
黃鵠去不息[21] 哀鳴何所投[22] 君看隨陽雁[23] 各有稻粱謀[24]

높은 표지처럼 창공을 올라타
매서운 바람 잘 날이 없다.
광달한 선비의 마음이 아니기에
이곳에 오르니 온갖 근심 일렁인다.

이제 불교의 힘을 알겠거니와
유심한 경지 찾는 일을 좇을 수 있게 되었네.
위로 용과 뱀의 굴을 뚫고서
비로소 버팀목 어두운 곳을 나왔다.

칠성은 북쪽 문에 걸려 있고
은하수는 소리내며 서쪽으로 흐른다.
희화는 밝은 해를 채찍질하고
소호는 맑은 가을을 운행한다.
진 땅의 산은 어느새 산산이 부셔지고
경수와 위수는 찾을 수가 없다.

굽어보니 그저 혼연한 한 기운
어찌 황제의 땅을 가늠할 수 있으랴?

고개 돌려 순임금을 부르니
창오에는 구름이 한창 수심에 젖어 있구나.
애석하다! 요지瑤池의 술자리
해는 곤륜의 언덕에 저문다.
고니는 떠나 쉴 곳 없는데
애처로이 울며 어느 곳에 투숙할까?
그대는 보시게, 햇볕을 좇는 기러기들도
제각기 쌀알 찾는 꾀가 있는 것을.

이 시는 두보가 고적高適·설거薛據 등이 자은사의 대안탑大雁塔에 올라 지은 시에 화답한 것으로, 간교한 무리들이 자신의 이익만을 좇는 세태와 곧 재난이 닥쳐올 듯한 사회적 분위기에 대한 자신의 애상을 담은 작품이다.

원주原注에 "당시 고적·설거 등이 먼저 작품을 지었다(時高適薛據先有作)"고 되어 있는 것으로 보아, 다른 사람의 작품에 화답한 것임을 알 수 있다. 고적·잠참岑參·저광희儲光羲 등의 시는 전하고, 설거의 작품은 전하지 않는다. 다른 이들의 작품들이 초탈超脫함을 견지하고 있는 데 반하여, 두보의 이 시는 우수를 담고 있는 것이 특징적이다. 이 시의 저작 시기는 천보 12년경으로 보는 것이 일반적이나 《두공부초당시전》에서는 천보 말년으로 보기도 하였다. '동同'은 화답하다는 뜻이다. 앞에 인용된 두보의 원주에 의하면 그 의미가 보다 분명해진다. 자은사는 장안에 있는 절이다.

《보주두시》 현장은 서역에서 돌아온 뒤에 처음으로 절 서쪽에 탑을 세웠다. 그 뒤 무너졌다가 측천무후 장안 연간에 이르러 다시 지었다. 일찍이 안탑雁塔의 제명을 본 적이 있는데, 두보가 쓴 '두보 · 이웅 · 이모, 모년 모월'이라는 글씨가 위 두 번째 층에 있었다. 그러나 두 번째 층의 연월이 이미 지워져 알 수가 없었다. 이를 '동제공同諸公'이라고 한다면 단지 이웅 · 이모 두 사람만이 아니므로, 또한 달리한 때였을 것이다. 양권도는 천보 13년에 편재하였는데, 무엇에 근거한 것인지는 모르겠다. 의당 안녹산이 도읍을 함락하기 전이자, 천보 10년 〈삼대례부〉를 올린 뒤일 것이다.(玄奘自西域歸, 始於寺西建塔. 其後頹圯, 至長安中更造. 嘗觀雁塔題名, 有公題字云, 杜甫李雄李謀年月在上第二層, 而第二層年月已湮沒, 不可考. 謂之同諸公, 則非止二李, 當又別是一時. 梁權道編在天寶十三載, 不知何據. 應在祿山陷京師之前, 十載奏賦之後.)

《보주두시》에 인용된 《양경잡기兩京雜記》 자은사는 수나라 무루사의 옛 터인데, 고조 무덕 초에 폐사가 되었다가 태종 정관 20년에 고종이 춘궁(태자궁)에 있을 때 문덕황후를 위하여 지은 것이다. 그래서 '자은'으로 이름을 삼은 것이다. 절의 서원에 있는 탑은 6층이고 높이는 3백 척인데, 영휘 3년에 승려 현장이 세운 것이다. 탑 안에는 범어로 된 경전이 수십 상자 있다. 탑 앞의 동쪽 길에는 태종황제가 지은 〈삼장성교서〉와 고종황제의 〈술성기〉가 적힌 두 비석이 세워져 있다. 모두 저수량이 글씨를 써서 홍복사 및 이 절에 세운 것이다.(慈恩寺, 隋無漏寺之故地. 武德初廢, 貞觀二十年, 高宗在春宮爲文德皇后所立, 故以慈恩爲名. 寺西院, 浮圖六級, 高三百尺, 永徽三年, 沙門玄奘所立. 浮圖內有梵本諸經數十匣. 浮圖前東街, 立太宗皇帝撰三藏聖教序, 及高宗皇帝述聖記二碑, 竝褚遂良書立於弘福寺及此寺.)

주 석

1 高標(고표): 높은 표지. 또는 높은 나무 가지의 끝. 탑이 높은 것을

비유한다. 跨蒼穹(과창궁): 창공을 올라타다. 즉 탑이 매우 높은 것을 비유한 말이다. '穹'은 '天'으로 된 판본도 있다. 이 구절의 의미를 '하늘이 탑 꼭대기에 타고 있다'라 이해하는 설도 있으나 여기서는 '높은 양 저 하늘에 가로디디얬나니'라는 《두시언해》의 해석을 따른다.

《구가집주두시》 조차공 주 표지를 세운 것이 매우 높은 것을 뜻한다. 손작의 〈천태산부〉에 '적성산이 노을처럼 일어나 표지를 세운다'는 구절이 있는데, 이선 주에 "물건을 세워 표지를 삼는 것을 '표'라고 한다"고 하였다. 이 시에서 '고표'라고 한 것은 탑이 높아서 표지로 삼을 수 있는 것을 말한다.(擧標甚高. 孫綽天台山賦曰, 赤城霞起而建標, 李善注云, 立物以爲標識曰標. 今云高標, 言塔之高可以標表也.)

《독두시설》 지금 살펴보건대, 자서에 "'跨'는 넘는다는 뜻이다."라고 하였다. 《좌전 · 소공13년》 '강왕과지康王跨之'의 주에 '그 위를 넘는다는 뜻이다'라고 하였다. 그러나 이 풀이를 따른다면 탑은 비록 높긴 하지만, 어찌 하늘 위를 넘는다고 말할 수 있겠는가? 아마도 역시 글자를 도치시킨 구로, 의당 '창공이 높은 표지를 타고 있다'고 말해야 할 것이다. 위로 탑의 높이를 올려다보니 하늘로부터 매우 가까와 마치 하늘이 단지 그 위를 타고 있는 것 같다는 말이다. 생각건대 이를 바로 말하게 된다면, 구가 기위奇偉하지가 못하고 시 전체와 어울리지 못하기에 글자를 도치시킨 것이다.(今按字書, 跨, 越也. 左傳昭十三年, 康王跨之, 注跨其上也. 然從此解, 則塔雖高, 豈可云跨過天上乎. 蓋亦倒字句, 當云蒼穹跨高標, 謂仰望塔之高, 去天甚近, 若天但跨其上也. 惟正言之, 則句不奇偉, 與通首不類, 故倒其字.)

2 烈風(열풍): 매서운 바람. 즉 강풍을 뜻한다. 無時休(무시휴): 그칠 때가 없다. 즉 늘 강풍이 분다는 말이다. 이 구절 역시 탑이 매우 높은 것을 나타내고 있다.

《구가집주두시》 조차공 주 '열풍烈風'은 의례 있는 것이 아니라, 높은 곳이라야만 있는 것이다.(烈風非所宜有, 唯高處而後有之.)

3 自(자): 말미암아. 혹은 자신으로 풀이할 수도 있다. 曠士懷(광사회): 광달한 선비의 생각. 즉 세사에 초탈한 사람들이 품는 생각을 말한다. '曠'은 '壯'으로 된 판본도 있다.

4 翻百憂(번백우): 백 가지 근심을 날리다. 즉 온갖 시름이 마음속에서 이리저리 일어나는 것을 말한다.

《두시상주》 '백우'는 세상이 어지러운 것을 근심하는 것이다.(百憂, 憫世亂也.)

[自非 2구] 두보 자신이 광달한 선비가 아니어서 탑에 올라 세사에 초탈하지 못하고, 도리어 온갖 근심 걱정이 생겨남을 말하고 있다.

《보주두시》에 인용된 사고師古 주 두보는 이 탑에 올라 전쟁이 일어난 뒤 경물이 황량해진 것을 내려다보았으니, 어찌 근심과 상심이 없겠는가? 오직 광달한 선비라야 이를 대하고서 근심을 풀고 한적해 할 수 있는 것이다.(甫登此塔, 俯視兵火之後景物蕭條, 寧無憂傷乎. 惟曠達之士, 對此能遣適耳.)

#《두시상주》 첫 단락은 탑이 오르기 쉽지 않다는 것을 말한다. 그래서 전체의 시의를 이끌어내고 있다.(首言塔不易登, 領起全意.)

5 象敎(상교): 불교. 불교가 형상을 만들어 사람들을 가르치기 때문에 이런 말을 쓴다. 한편 탑의 건축을 뜻하는 말로 보는 설도 있다.

《문선文選》 왕건王巾 〈두타사비문頭陀寺碑文〉 象敎凌夷 이주한李周翰 주 상교는 형상을 만들어 사람들을 교화하는 것을 말한다.(象敎, 謂爲形象以敎人也.)

《두공부초당시전》 상교라는 것은 여래가 입적하고 난 뒤, 모든 대제자들이 사모의 정이 다하지 않아 마침내 나무를 깎아 불상을 만들어 이를 공경한 것을 말한다.(象敎者, 謂如來旣化, 諸大弟子想慕不已, 遂刻木爲佛象, 以瞻敬之也.)

《두시상주》 '상교'는 탑을 세운 것이다.(象敎, 建塔者.)

6 足(족): '立'으로 된 판본도 있다. 追冥搜(추명수): 유심한 곳을 찾는 일을 좇다. 여기서는 두보 자신이 자은사의 안탑에 오르게 된 것을 가리킨다.

《두시상주》 '명수'는 탑에 오른 것이다. 굴을 꿰뚫고 올라 벗어난 것이 이른바 '명수'다.(冥搜, 登塔者. 穿窟出穴, 所謂冥搜也.)

7 龍蛇窟(용사굴): 용과 뱀이 사는 굴. 이는 탑 위로 올라가는 계단이 용과 뱀의 굴처럼 구불구불한 모양을 하고 있는 것을 말한다.

8 出(출): '驚'으로 된 판본도 있다. 枝撐(지탱): 버팀목. 여기서는 탑의 각 층을 받치고 있는 버팀목을 지칭하는 것으로 보인다. 따라서 이 구절은 버팀목들이 얽혀 있는 어두컴컴한 아래층을 벗어난 상황을 말하고 있다.

《문선》 왕연수王延壽 **〈노영광전부**魯靈光殿賦**〉 枝撐杈枒而斜據의 이주한 주** '지탱'은 들보 위에 엇갈려 걸친 나무다.(枝撐, 梁上交木也.)

[仰穿 2구] 구불구불하고 버팀목이 있는 어두컴컴한 계단을 올라 윗층에 오른 것을 말한다.

《두시상주》에 인용된 황정견黃庭堅 **주** 탑의 아래 몇 층은 모두가 버팀목이 있어 동굴처럼 어둡다. 위층으로 나가야 비로소 밝아진다.(塔下數級, 皆枝撐洞黑, 出上級乃明.)

#《두시상주》 이 단락은 탑에 오른 일을 서술하고 있다.(此敍登塔之事.)

9 七星(칠성): 북두칠성. 北戶(북호): 북쪽 문. '戶'는 탑에 있는 문을 말한다. '北戶'는 '戶北'으로 된 판본도 있다.

《구가집주두시》 조차공 주 탑에서 문이라고 말한 것은 곧 《법화경》에서 "부처가 오른쪽 손가락으로 보탑의 문을 열었다."라고 했을 때의 그것이다.(於塔言戶, 則法華經云, 佛以右指開寶塔戶.)

10 河漢(하한): 은하수. 聲西流(성서류): 서쪽으로 흘러가는 소리를 내다. 즉 소리 내며 서쪽으로 흐른다는 말이다.

《두시상주》 은하수는 밤의 광경이고, 서쪽으로 흐른다고 한 것은 가을철의 현상이다.(星河, 夜景, 西流, 秋候之象.)

[七星 2구] 가을철 밤의 광경을 묘사하면서 아울러 탑이 매우 높아 북두칠성이 북호에 놓여 있는 듯하고, 은하수가 서쪽으로 흘러가는 소리마저 들릴 듯하다는 것을 말한다.

《보주두시》 조차공 주 탑이 높은 것을 말한다.(言其高也.)

11 羲和(희화): 해의 운행을 담당하는 신.

《구가집주두시》 조차공 주 《회남자》에 "해를 모는 신을 희화라고 한다"는 말이 있다. 그러므로 해에 대해 채찍질한다는 말을 할 수 있는 것이다.(淮南子云, 日馭曰羲和. 故於白日可以言鞭之.)

《두시상주》 '희화'는 낮의 광경이고, '편일'은 가을 해가 짧은 것을 뜻한다.(羲和, 晝景, 鞭日, 秋光短促也.)

12 少昊(소호): 가을을 관장하는 신. 行清秋(행청추): 맑은 가을을 운행하다. 즉 가을이 되었음을 말한다.

《**예기 · 월령**月令》 맹추인 7월에 태양은 익에 있다. 저녁 무렵엔 건성이 남중에 있고, 아침 무렵엔 필성이 남중에 있다. 그 날은 경신이고, 그 황제는 소호이며, 그 신은 욕수다.(孟秋之月, 日在翼. 昏建星中, 旦畢中. 其日庚辛, 其帝少皞, 其神蓐收.)

13 秦山(진산): 진 지방의 산. '泰山'으로 된 판본도 있으나, 《두시상주》에서는 잘못이라고 하였다. 破碎(파쇄): 작은 조각으로 부수어지다. 높은 탑 위에서 내려다 본 진산의 여러 봉우리가 조각조각 깨진 것처럼 흩어져 작게 보이는 것을 말한다.

《**두공부시집집주**》 진산은 종남산의 여러 산봉우리다.(秦山, 終南諸山.)

14 涇渭(경위): 경수涇水와 위수渭水. 이 구절은 탑이 높아 위수와 경수를 알아볼 수 없을 정도임을 말하고 있다. 예로부터 위수와 경수는 청탁을 대표하는 강물로 알려져 왔다.

《**두공부초당시전**》 탑이 높아 그것을 보려 해도 보이지 않는다는 말이다.(言塔高, 視之不可見也.)

《**두시상주**》 '불가구'는 청탁을 분간하기 어렵다는 것을 말한다.(不可求, 謂清濁難分.)

[**秦山 2구**] 산과 강이 구분이 안 될 정도로 탑이 매우 높은 것을 말한다. 그러나 여기에 세태를 풍자하는 뜻이 담겨 있다고 보는 견해도 있다.

《**두시상주**》**에 인용된 호순척**胡舜陟 **주** 이 시는 천보 때 사건을 통렬히 비난한 것이다. '진산홀파쇄'는 임금이 도를 잃은 것을 비유한 것이고, '경위불가구'는 세상의 맑고 더러움을 분간할 수 없음을 말한 것이다.(此詩譏切天寶時事也. 秦山忽破碎, 喩人君失道也. 涇渭不可求, 言清濁不分也.)

15 一氣(일기): 하나의 기운. 즉 천지간에 가득 찬 혼연渾然한 기운을 말한다.

16 皇州(황주): 천자가 있는 도읍. 여기서는 장안을 가리킨다.

[**俯視 2구**] 아래가 아련히 보여 도읍조차 구분할 수 없을 정도로 탑이

높은 것을 형용한 것이다. 한편 이 두 구 역시 세상이 뒤엉켜 혼탁한 기운만이 가득하고 기강이 없는 것을 풍자한 것으로 보는 견해도 있다. 그러나 여기까지는 단지 경관을 묘사한 것이라는 반박도 있다.

《**독두시설**》 이 시를 살펴보건대, '회수규우순' 이하부터 비로소 풍자의 뜻을 기탁하였다. 앞의 16구는 모두가 단지 경관을 묘사한 것이다. (按此詩, 自廻首叫虞舜以下, 方是寓意, 前十六句, 皆但寫景.)

#《**두시상주**》 이 단락은 탑에 오른 모습을 기술한 것이다. 앞의 4구는 위로 하늘을 우러러보니 별들이 아주 가까운 것을 보게 된 것이고, 뒤의 4구는 아래로 땅을 굽어보니 산천의 미세하고 아득함을 보게 된 것이다. 모두 탑이 높은 것을 극도로 묘사하고 있다.(此記登塔之景, 上四, 仰觀於天, 見象緯之偪近. 下四, 俯視於地, 見山川之微渺. 總是極摹其高.)

17 虞舜(우순): 우虞나라의 순舜 임금.

18 蒼梧(창오): 지명. 雲正愁(운정수): 구름이 막 시름에 젖어 있다.

《**산해경**山海經 · **해내경**海內經》 남방의 창오의 언덕, 창오의 연못, 그 가운데로 구의산이 있다. 순임금이 묻힌 곳이다.(南方蒼梧之丘, 蒼梧之淵, 其中有九疑山. 舜之所葬.)

19 瑤池(요지): 전설상에 나오는 연못 이름. 주나라 목왕穆王과 서왕모西王母가 노닐던 곳이라 한다. 飮(음): '燕'으로 된 판본도 있다.

《**열자**列子 · **주목왕**周穆王》 (목왕은) 마침내 서왕모의 손님이 되어 요지에서 술을 마셨다. 서왕모가 왕을 위하여 노래를 부르니 왕도 이에 화답하였는데 그 가사가 매우 애처로왔다.(遂賓于西王母, 觴于瑤池上. 西王母爲王謠, 王和之, 其辭哀焉.)

20 日晏(일안): 해가 저녁이 되어 저물다. '晏'은 '晩'과 통하여 저녁 무렵 해가 지는 시점을 말한다. '宴'으로 된 판본도 있으나, 《두시상주》에서는 잘못이라 하였다. 崑崙丘(곤륜구): 곤륜산 언덕. 서왕모가 살았다는 전설상의 산이다.

《**구가집주두시**》 갈선옹이 말하길, '곤륜은 현포라고도 하고, 적석요방이라고도 하며, 낭풍대라고도 하고, 화개라고도 하며, 천주라고도 하는데, 모두 선인이 거처하던 곳이다'라 하였다.(葛仙翁云, 崑崙, 一曰玄圃, 一曰積石瑤房, 一曰閬風臺, 一曰華蓋, 一曰天柱, 皆仙人所居之處也.)

[迴首 4구] 두보가 우나라 순임금과 서왕모 고사를 활용한 것과 관련하여, 당 고종과 문덕황후의 죽음을 애도하는 것으로 보는 설, 당 중종과 예종 및 문덕황후의 죽음에 대해 애도하는 것으로 보는 설, 이 시가 천보 말년에 지어졌다는 전제하에 당 현종과 양귀비의 죽음을 애도하는 것으로 보는 설, 태종을 그리며 현재 현종과 양귀비의 타락한 생활을 풍자하는 것으로 보는 설 등 여러 해석이 있다.

《구가집주두시》 조차공 주 앞에서 탑의 높은 곳에 올라 황주를 구별하지 못한다고 한 말을 이었기에, 남쪽으로 바라보며 멀리 창오를 생각하게 된 것이다. 따라서 우나라 순임금에 의탁하여 고종의 죽음을 생각한 것이다. 제왕 가운데 효도에 있어서는 순임금보다 더 지극한 이가 없다. 북쪽 문으로부터 고개를 돌렸으니 결국 남쪽을 바라보게 된 것이고, 그래서 순임금을 부를 수 있는 것이다. …… 창오의 구름이 우수에 젖었다는 것으로써 고종의 죽음을 말하고 있다. …… 서쪽으로 바라보고 멀리 요지를 생각하였으니, 서왕모를 빌어 문덕황후가 이 세상에 머물지 못한 것을 생각한 것이다. 아마도 여신선 가운데 존귀한 이로써 지명한 것일 것이다. '석재'는 만족스럽지 못하다는 말이다. …… 이제 두보가 요지에서 한창 잔치를 열다가 곤륜산에 해가 저물어 오래할 수 없는 것을 애석해 하였으니, 이로써 문덕황후가 세상에 머물지 못한 것을 말한 것이 아니겠는가? 《속선전》에 "서왕모가 순임금에게 백옥피리를 주었다."라는 말이 있으니, 서왕모로 고종의 모후를 비유한 것이 더욱 순과 일체가 된다.(承上言登塔之高, 莫辨皇州, 於是南望而遠想蒼梧, 則託虞舜而思高宗之晏駕. 蓋帝王之孝, 莫大於虞舜也. 自北戶而回首, 乃是南望, 則可叫虞舜矣. …… 蒼梧雲愁, 以言高宗之晏駕. …… 西望而遠想瑤池, 則託西王母, 而思文德不留. 蓋以女仙之尊者名之也. 惜哉不足之辭. …… 今公之可惜瑤池方宴, 以崑崙日晏, 而不得久, 非以言文德之不留者乎. 續仙傳, 西王母遺虞舜以白玉琯, 則以王母比母后, 尤於舜爲一體.)

《보주두시》 〈이적전〉에 "중종 때부터 천자는 가을에 자은탑에 올랐으며, 재상과 학사들 가운데 수행한 이들이 국화주를 바쳤다."라고 적고 있다. 아마도 가을이 되어서였을 것이다. 중종과 예종이 이미 죽었기에

'고개 돌려 순임금을 부르니, 창오의 구름은 마침 근심 서려 있다'는 구절이 있는 것이다.(李適傳云, 自中宗時, 天子秋登慈恩浮圖, 宰相學士得從者, 獻菊花酒, 蓋以秋來. 而中睿宗已晏駕, 所以有回首叫虞舜, 蒼梧雲正愁之句.)

《두시상주》에 인용된 두전杜田 주 고조가 신요황제라 불리고 태종이 선양을 받았기에, 우나라 순임금으로 이를 비유한 것이다.(高祖號神堯皇帝, 太宗受內禪, 故以虞舜方之.)

《두공부시집집주》 머리를 돌려 순을 불렀다는 것은 기탁의 뜻이 태종에게 있다. 구주에서 널리 옛 성군을 그리워하는 것이라고 말한 것은 잘못이다.(廻首叫舜, 寓意在太宗. 舊謂泛思古聖君者, 非也.)

《두시상주》에 인용된 호순척胡舜陟 주 '우순'과 '창오'는 옛 성군을 그리워하지만 만날 수 없다는 것이고, '요지'와 '일안'은 현종이 한창 음탕한 쾌락에 빠져 그치지 않는 것을 말한다.(虞舜蒼梧, 思古聖君而不可得也. 瑤池日晏, 謂明皇方耽於淫樂而未已也.)

《두시상주》 '회수' 2구는 옛날을 그리는 것으로, 순임금과 창오로써 당 태종과 소릉을 비유하였고, '석재' 2구는 현재의 일을 마음 아파하는 것으로, 서왕모와 요지로써 양귀비와 온천궁을 비유하였다.(廻首二句, 思古, 以虞舜蒼梧, 比太宗昭陵也. 惜哉二句, 傷今, 以王母瑤池, 比太眞溫泉也.)

21 黃鵠(황혹): 누런 고니. 기러기류에 속하는 고니새.

《구가집주두시》에 인용된 《한시외전韓詩外傳》 전요가 노 애공을 섬겼으나 인정을 받지 못하자, 애공에게 말했다. "저 황혹은 단숨에 천 리를 날아 그대의 동산과 연못에 머물며 그대의 곡식을 쪼아 먹습니다. 그래도 그대가 오히려 그것을 귀중하게 여기는 것은 그것이 날아온 것이 멀기 때문입니다. 그러기에 신도 장차 그대를 떠나 황혹처럼 날아가겠습니다."(田饒事魯哀公, 而不見察, 謂哀公曰, 夫黃鵠一擧千里, 止君園池, 啄君稻粱, 君猶貴之, 以其從來遠也. 故臣將去君, 黃鵠擧矣.)

22 何所投(하소투): 어느 곳에 투숙할까? '投'는 투숙하다는 뜻이다.

23 隨陽雁(수양안): 양기를 좇는 기러기.

《서경·우공禹貢》 陽鳥攸居 정현鄭玄 주 양조는 큰 기러기의 일종이다.

양기를 따라 남북으로 이동한다.(陽鳥, 鴻雁之屬. 隨陽氣南北.)

24 稻粱謀(도량모): 곡식을 찾는 꾀. 즉 속세에 파묻혀 생계를 꾸려 가는 계책을 말한다.

[黃鵠 4구] 황혹처럼 고상한 생활을 영위하기도 어렵고 그렇다고 속된 삶을 살기도 싫은 갈등 심리를 담고 있는 것으로 보는 견해가 있고, 두보 자신은 황혹의 신세가 되어 다른 사람들처럼 삶을 제대로 영위하지 못할 것을 걱정하는 말로 보는 견해가 있으며, 조정에 어진 신하가 없고 소인배들이 활개 치는 현실을 풍자하는 것으로 보는 견해도 있다.

《구가집주두시》 조차공 주 두보는 앞에서 이미 이전의 일을 돌이켜 생각했었다. 다시 황혹이 멀리 떠나가는 것을 따르자니, 비록 고상하게 행동하며 먼 곳으로 떠나는 선비같이 되지만 몸을 두고 머물 곳이 없게 된다. 그러나 스스로 세상에 몸을 굽히고 몸을 보전한다면, 기러기가 곡식을 도모하는 것과 같아지게 되는 것을 면치 못하니, 역시 스스로 상심해 하는 것이다.(公於前段已追思前事矣. 又因黃鵠之遠去, 雖若高擧遠引之士, 然無所投止, 而我之俯世徇身, 則未免若雁之謀稻粱也. 亦以自傷矣.)

《두공부시집집주》 말구에서는 황혹이 슬피 우는 것으로 자신을 비유하면서 삶을 도모하는 것이 양기를 좇는 기러기만도 못한 것을 한탄하였다. 이것은 아마도 난을 걱정하는 말일 것이다.(末以黃鵠哀鳴自比, 而歎謀生之不若陽雁, 此蓋憂亂之辭.)

《두시상주》에 인용된 호순척 주 현인과 군자들이 대부분 조정을 떠났기에 황혹이 슬피 운다는 것으로 비유하였고, 소인들이 봉록을 탐하고 자리에 연연해하기에 '양안'과 '도량'이란 말로 이를 풍자하였다.(賢人君子, 多去朝廷, 故以黃鵠哀鳴比之. 小人貪祿戀位, 故以陽雁稻粱刺之.)

#**《두시상주》** 마지막 단락은 탑에 올라 느낀 감회를 담고 있으니, 위에서 말한 '온갖 근심'이라는 것이다.(末乃登塔有感, 所謂百憂也.)

##**《독두심해》** 시는 본래 첫 4구로 형세를 이끌어 내고, 다음 단락에서 탑에 올라 본 것을 말하였으며, 뒤 단락에서는 탑에 올라 느낀 바를 말하였다. 그러나 난리의 근원이 이미 조짐을 보여 가슴 가득 근심이

그곳을 보자마자 일어나고 있다. 단지 한 번 조망하는 사이에 산하가 별탈이 없는데도 침침한 기운이 눈에 가득 들어오는 것을 느낀다. 그래서 당나라 초엽 정치가 잘 되었던 시절을 회상하며 차후로 혼란한 재앙이 닥쳐올 일을 미리 근심하면서 고상하게 행동하며 먼 훗날을 염려해야겠다는 생각을 지니게 되었다. 이 시가 지어진 곳을 살펴보면 여전히 평화로운 도성에 있다. 그러기에 이른바 '진 땅의 산이 산산이 부숴졌다'는 말과 '황제의 땅을 가늠할 수 없다'는 말, 그리고 '우순' '운수' '요지' '일안' 등의 말들은 병이 없는데도 신음하는 것에 가깝게 느껴진다. 그러므로 첫머리에서 '광사' '백우'라는 두 마디 말을 먼저 사용한 것은 근거 없이 회포를 제기하여 개탄스런 심경을 기탁하려는 근거를 마련한 것이다. 이는 바로 시상을 운영하면서 홀로 괴로워하는 것이다. '앙천' 2구에서는 탑에 오른 광경을 묘사하였다. '칠성' 2구에서는 탑이 높은 것을 형용하였다. '희화' 2구에서는 시절을 나타냈다.(詩本用四句領勢, 次段言登塔所見, 後段言登塔所感也. 然亂源已兆, 憂患塡胸, 觸境卽動. 祇一憑眺間, 覺山河無恙, 塵昏滿目. 於是追想國初政治之隆, 預憂日後荒淫之禍, 而有高擧遠患之思焉. 顧此詩之作, 猶在昇平京闕間也. 恐所云秦山破碎, 不辨皇州, 及虞舜雲愁瑤池日晏等語, 比於無病而呻. 故起處先着曠士百憂二語, 憑空提破懷抱, 以伏寓慨之根. 此則匠心獨苦者也. 仰穿二句, 刻劃登塔. 七星二句, 形其高. 羲和二句, 見時序.)

(**김만원**)

7. 投簡咸華兩縣諸子

함양현과 화원현 두 현의 여러 분들에게 서간을 보내다

赤縣官曹擁才傑[1] 軟裘快馬當氷雪[2]
長安苦寒誰獨悲[3] 杜陵野老骨欲折[4]
南山豆苗早荒穢[5] 青門瓜地新凍裂[6]
鄕里兒童項領成[7] 朝廷故舊禮數絶[8]
自然棄擲與時異[9] 況乃疏頑臨事拙[10]
饑臥動即向一旬[11] 敝衣何啻聯百結[12]
君不見空牆日色晚[13] 此老無聲淚垂血[14]

적현 관청에 인재들이 모여 있는데
부드러운 갖옷과 날쌘 말로 얼음과 눈을 맞는다.
장안의 지독한 추위에 뉘 홀로 슬퍼하나?
두릉 들의 노인은 뼈가 부러질 듯하다.

남산의 콩 싹은 일찍부터 못쓰게 되었고
청문의 참외 밭은 새로 얼어 터졌다.
향리의 아이들은 목을 뻣뻣하게 세우고
조정의 옛 벗들도 예의를 끊었다.
자연 버려져서 시세와 어긋났는데
하물며 어리석어 일 처리가 서툴기까지 함에랴.
배고파 누운 것이 툭하면 열흘이 되고
해진 옷은 어찌 백 조각을 꿰맨 것에 그치랴?
그대들은 보지 못했는가, 빈 담에 해 저물 녘

이 늙은이가 소리 없이 피 눈물을 흘리는 것을.

이 시는 천보 10년 두보가 장안에 있을 때 함양현과 화원현에 있는 친구들에게 써서 보낸 것이다. 이 시를 통해 당시 두보의 곤고困苦한 생활상과 사회에 대한 분노를 알 수 있다.

고체시인데도 대다수의 연에 대장구를 사용한 것이 격률상의 특징이다.

함양현咸陽縣과 화원현華源縣은 모두 장안 근방에 있는 현이다. 그런데 시제의 '咸'이 '成'으로 된 판본이 여럿 있다. 예를 들어《구가집주두시》,《두공부초당시전》,《분문집주두공부시》 등이 그렇고,《보주두시》의 황학의 해설에 의하면 양권도의《두공부연보》도 마찬가지였음을 알 수 있다. 이는 이 시를 성도成都에서 지은 것으로 간주했기 때문이다. 그러나 시 속에 '장안고한長安苦寒'이라는 표현이 직접 보이고 남산의 콩과 청문의 참외는 장안과 관계있는 일이기 때문에 장안에서 지은 것으로 보는 것이 옳다. 저작 시기와 시제와 관련된 이러한 사실들에 대하여 황학은《보주두시》에서 잘 밝혔다. 단《보주두시》에서는 '華縣'을 '華源'이라 하였는데,《두시상주》에서 구조오는《보주두시》를 인용하면서, '源'자를 '原'자로 바꾸었다. 이는《두시상주》를 따른다.

'투간投簡'은 서간書簡 즉 편지를 보낸다는 뜻이다. '제자諸子'는 여러 사람이라는 뜻인데, 여기서는 두보의 친구를 지칭한다는 사실을 짐작할 수 있을 뿐 구체적으로 누구를 가리키는지는 알 수 없다.

《두공부초당시전》 공은 성도와 화양 두 현을 가리켜 적현이라고 하였다. '신주적현'은 바로 신선이 사는 곳이니, 그로써 여러 사람들이 신선의 풍모를 가지고 있다는 것을 찬미한 것이다.(公指成都華陽二縣, 謂之赤縣. 神州赤縣, 乃神仙之所居, 以美諸子有神仙標格者也.)

《보주두시》 양권도는 상원 2년 성도에 있을 때의 작품에 편입하였다. 이에 '成'·'華'를 '성도'와 '화양'의 두 현이라 한 것이다. …… 그러나 시에서 "장안의 지독한 추위에 뉘 홀로 슬퍼하나?"라고 하였고 또 '남산의 콩'과 '동문東門의 참외'를 말하였는데 모두 장안 경조의 일이니, 응당 천보 연간에 장안에서 지은 것이다. 그리고 이제 "향리의 아이들이 목을 뻣뻣하게 세운다." "조정의 옛 벗들이 예의를 끊었다." "자연 버려져 시세와 달라졌다" 등의 시구로 보건대, 천보 10년 황제가 불러서 시험을 친 뒤 담당관에게 보내어 선발되기를 기다리게 하였을 때에 지은 것으로 보는 것이 옳을 것이다. 함양, 화원의 두 현에서 '咸'자가 '成'자로 잘못된 것이다.(梁權道編在上元二年成都作, 是以成華爲成都華陽兩縣, …… 然詩云長安苦寒誰獨愁, 又言南山之豆東門之瓜, 皆長安京兆事, 當是天寶間在長安作. 今以鄕里兒童項領成, 朝廷故舊禮數絶, 自然棄擲與時異之句, 意是十年召試後, 送隸有司參選時作, 擬是與. 咸陽華源二縣, 咸誤作成也.)

주 석

1 赤縣(적현): 당대唐代의 현의 등급 중 하나로, 경도京都에서 다스리는 읍을 말한다. 현의 등급은 '적赤' '기畿' 등 여러 등급이 있는데 경조부京兆府의 경우, 장안이나 만년萬年 등은 적현에 해당하고 함양, 화원 등은 기현에 해당한다. 여기서의 '적현'은 장안을 가리킨다. 시제의 '咸'이 '成'으로 되어 있는《두공부초당시전》 등은 '적현'을 '신주적현神州赤縣'의 뜻으로 풀이하였으나 옳지 않다. 官曹(관조): 관청. 또는 관리의 총칭. 이 구절에서의 '적현관조'는 장안의 벼슬아치를 가리키지, 함양현과 화원현에 있는 사람을 가리키지 않는다. 擁(옹): 모이다. 가지다. 才傑(재걸): 인재. 인걸. 이 구절은 장안의 관청에 많은 인재가 있다는 뜻이다.

《독사방여기요讀史方輿紀要 · 역대주역형세歷代州域形勢》'唐, 凡天下縣千五百七十有三'의 주 경도에서 다스리는 것을 '적현'이라 하고, 통괄하는 것을 '기현'이라 한다. 그 외에 '망'이라 하는 것, '긴'이라 하는 것 및 '상', '중', '하' 등의 종류가 있어 모두 일곱 등급으로 나누어진다.(京都所理曰赤縣, 所統曰畿縣, 其餘曰望, 曰緊, 及上中下之目, 凡分七等.)

《두시상주》에 인용된《원화군현지元和郡縣志》 당의 현에는 '적', '기', '망', '긴', '상', '중', '하' 등의 여섯('일곱'의 잘못인 듯함) 등급의 차이가 있다. 경도에서 다스리는 것이 적현이고, 경도의 옆에 있는 읍이 기현이다.(大唐縣有赤畿望緊上中下六等之差, 京都所治爲赤縣, 京之旁邑爲畿縣.)

《두시상주》 '적현관조'는 본래 장안의 귀인을 말하는 것이지, 두 현의 여러 사람들을 가리키는 것이 아니다. 아마도 두보가 편지를 보낸 여러 사람들은 다른 사람들일 것이다.(赤縣官曹, 本謂長安貴人, 不指兩縣諸子. 蓋投簡諸子者, 另有其人也.)

2 輭裘(연구): 부드러운 갖옷. 當(당): 대하다. 저항하다. 이 구절은 장안의 벼슬아치들이 따뜻한 옷을 입고 좋은 말을 타고서 겨울을 고생하지 않고 지낸다는 것을 의미한다.

3 長安(장안): '長夜'라고 되어 있는 판본도 있지만, 이는 잘못이다.

4 杜陵野老(두릉야로): 두릉의 시골 노인. 두보 자신을 가리킨다. '두릉'은 장안 근방의 지명이다. 구조오는 이 시에서 '두릉야로'라고 자칭한 것도 이 시가 장안에서 지어진 것의 증거가 된다고 하였다. 骨欲折(골욕절): 추위 속에서 고생이 심한 것을 뜻한다.

《한서 · 지리지》'杜陵'의 주 옛날 두백의 나라가 있던 곳이다. 한 선제를 이곳에 묻었기 때문에 그래서 두릉이라 하였다. 장안 남쪽 50리 되는 곳에 있다.(古杜伯國, 漢宣帝葬此, 因曰杜陵, 在長安南五十里.)

《두시상주》 스스로 '두릉야로'라고 하였으니, 이 시는 장안에서 지어진 것이 분명하다.(自稱杜陵野老, 詩作於長安, 明矣.)

#《두시상주》 첫 단락은 신세를 개탄하였다.(首段, 有慨身世.)

5 南山(남산): 종남산終南山을 가리킨다. 荒穢(황예): 황폐하다. 농작물이 제대로 자라지 못한 것을 뜻한다. 한나라 양운이 뜻을 얻지 못하고 물러나 농사를 지으면서, 탄식한 적이 있는데, 이 구절은 바로 이 고사를

사용한 것이다.

《한서·양운전楊惲傳》 저 남산에 밭을 일구었지만, 황폐하여도 다스리지 못하네. 한 이랑에 콩을 심었지만, 다 떨어져 버리고 콩대만 남았구나.(田彼南山, 蕪穢不治, 種一頃豆, 落而爲萁.)

6 靑門瓜地(청무과지): 청문의 참외 밭. 청문은 한나라 장안 성의 동남쪽 성문 이름이다. 원래의 이름은 패성문인데 문이 푸른색이었기 때문에 그렇게 불리었다. '청문의 참외'는 한나라 초기에 소평이 청문 밖에 심었다고 하는 참외를 말한다. 참외에 다섯 가지 색이 있고 아주 맛이 있어서 당시 사람이 '동릉과東陵瓜'라고 하였다. 凍裂(동렬): 얼어서 터져버리다.

《삼보황도三輔黃圖》 패성문은 사람들이 그 문의 색이 푸른 것을 보고 청성문 또는 청문이라고 하였다. 그 문 밖에는 예전에 좋은 참외가 생산되었다. 광릉 사람인 소평은 진나라 때 동릉후였는데 진나라가 멸망하자 평민이 되어 청문 밖에서 참외를 심었다. 그 참외가 맛있었기 때문에 당시 사람들이 그것을 동릉과라고 하였다.(覇城門, 民見門色靑, 名曰靑城門, 或曰靑門, 門外舊出佳瓜, 廣陵人邵平爲秦東陵侯, 秦破, 爲布衣, 種瓜靑門外, 瓜美, 故時人謂之東陵瓜.)

7 鄕里兒童(향리아동): 향리의 아이라는 의미로 세속의 하찮은 인물을 지칭한다. 구조오는 도연명의 고사를 사용한 것이라고 하였다. 項領成(항령성): 큰 목이 되다, 즉 목이 굵어지다. 구조오는 '항령'을《시경·절남산節南山》의 "네 마리 숫말은 목이 굵다.(四牡項領.)"에서 따온 말이라 하였다.《모전毛傳》은 "'항'은 '크다'의 뜻이다.(項, 大也.)"라고 하여 '항'의 의미를 밝혔고, 정현의 전箋은 "네 마리 숫말은 임금이 타고서 모는 것인데, 이제 단지 그 목만 크게 키우고서는 쓰이려고 하지 않으니, 이는 대신이 방자하게 굴어 임금이 부릴 수 없는 것을 비유하는 것이다.(四牡者, 人君所乘駕, 今但養大其領, 不肯爲用, 喩大臣自恣, 王不能使也.)"라고 하여, 그것이 비유하는 의미를 밝혔다. 이를 따르면 이 구절에서의 '항령성'은 선배나 어른에게 공손하지 못하고 방자하게 구는 것을 의미한다고 보면 될 것이다. 근년에 성선해成善楷는《두시전기杜詩箋記》에

서 이와 다른 견해를 주장하여, '항령'의 '항'과 '령'은 모두 '목'을 뜻하는 동의어로서《시경》의 '四牡項領'에서 전고를 사용하여 이 구절 속에서는 마필을 의미한다고 하였다. 그리고 그는《공양전公羊傳·장공 8년》의 "'成'이란 무엇이냐? '盛'의 뜻이다.(成者何, 盛也.)" 등의 용례를 들어, 이 구절에서의 '成'도 '盛'의 의미라고 하였다. 따라서 그의 견해를 따르면 '항령성'은 향리의 소인배들이 거마를 성대하게 갖추고 다니는 것을 나타내게 된다.

《송서宋書·도잠전陶潛傳》 나는 다섯 말 쌀 때문에 향리의 소인배에게 허리를 굽힐 수 없다.(我不能爲五斗米折腰向鄕里小人.)

《두시상주》 《후한서·여강전呂强傳》에 "뭇 사악한 무리들이 뻣뻣한 목을 하고서는 입술에 기름칠을 하고 혀를 닦습니다."라고 하였고 그 주에서 '스스로 방자한 것을 뜻한다'고 하였다.(後漢呂强傳, 群邪項領, 膏脣拭舌. 注, 自恣也.)

《두공부초당시전》 '항령성'은 그들이 장성하였음을 말하여 강한 신하들이 명을 어기는 것을 비유한다.(項領成, 言其長成也. 以喩强臣悖命也.)

8 朝廷故舊(조정고구): 이전부터 알고 있던 사람으로서, 지금 조정에서 벼슬하고 있는 사람을 말한다. 禮數絶(예수절): 예의를 끊다. '예수'는 예의상의 법도. 이 구절은 조정에 있는 아는 사람들이 두보를 예의로써 대하여 주지 않는 것을 의미한다.

《두시경전》 '고구'는 조정의 신하를 가리킨다. '예수절'이란 도와줄 수 없음을 말한다.(故舊指朝臣. 禮數絶, 言無能相卹也.)

[鄕里 2구]

《두시상주》에 인용된《두억》 향리의 후배들이 세력을 믿고 사람들에게 교민하게 구는 것이야 본시 나무랄 일도 못되지만, 아는 사람들이 조정에 있으면서 예의를 또한 끊어 버렸으니, 다시 무엇을 바랄 수 있겠느냐?(鄕里後輩, 挾勢驕人, 固不足責, 乃故舊在朝, 而禮數亦絶, 尙何望乎.)

9 棄擲(기척): 사람들에 의하여 버려지다. 與時異(여시이): 시세時勢와 달라지다. 시의時宜와 어긋나다.

10 疏頑(소완): 세상일에 어둡고 어리석다. 臨事拙(임사졸): 일을 처리하는 것이 서툴다.

11 動(동): 매양, '어떤 일이 일어났다 하면, 그때마다'의 의미다. 向一旬(향일순): 십 일이 되어 가다.

12 敝(폐): '弊'로 된 판본도 있다. 何啻(하시): '어찌……에만 그치랴?'의 의미다. 聯百結(연백결): 백 조각을 꿰매어 잇다. 동위련의 고사를 암용한 것이다.

《두시상주》에 인용된 왕은王隱**《진서**晉書**》** 동위련이 해진 비단을 주워 가지고 기워서 옷을 만들어 입었기에 '백결'이라고 불렀다.(董威輦, 拾殘繒結爲衣, 號曰百結.)

13 空墻(공장): 빈 담장. 빈 집을 가리킨다.

14 此老(차로): 이 늙은이. 두보 자신을 가리킨다. 淚垂血(누수혈): 눈물에 피를 흘리다. 즉 피눈물을 흘린다는 뜻이다.

#**《두시상주》** 이 단락은 스스로 굶주림과 추위에 고생하는 상황을 말한 것이다.(此自述饑寒之狀.)

##**《독두심해》** 이 시는 실의한 때에 심한 추위를 만나 지은 것이다. 한 편의 불평 소리를 감히 조정의 귀인들에게 전할 수 없어 짐짓 두 현의 여러 사람에게 하소연하였다. 아마도 여러 사람은 모두 조정에서 벼슬하는 사람이 아닐 것이다.(此當失意之時, 値苦寒而作. 一篇不平之鳴, 不敢聞於朝貴, 姑訴之兩縣諸子. 想諸子皆非官於朝者也.)

(**이영주**)

8. 兵車行
병거의 노래

車轔轔[1] 馬蕭蕭[2]　行人弓箭各在腰[3]
耶孃妻子走相送[4]　塵埃不見咸陽橋[5]
牽衣頓足攔道哭[6]　哭聲直上干雲霄[7]
道旁過者問行人[8]　行人但云點行頻[9]
或從十五北防河[10]　便至四十西營田[11]
去時里正與裹頭[12]　歸來頭白還戍邊[13]
邊庭流血成海水[14]　武皇開邊意未已[15]
君不聞漢家山東二百州[16]　千村萬落生荊杞[17]
縱有健婦把鋤犁[18]　禾生隴畝無東西[19]
況復秦兵耐苦戰[20]　被驅不異犬與鷄
長者雖有問[21]　役夫敢伸恨[22]
且如今年冬　未休關西卒[23]
縣官急索租[24]　租稅從何出
信知生男惡　反是生女好
生女猶得嫁比隣[25]　生男埋沒隨百草
君不見靑海頭[26]　古來白骨無人收
新鬼煩寃舊鬼哭[27]　天陰雨濕聲啾啾[28]

수레는 덜컹덜컹, 말은 히히힝
출정하는 사람들 활과 화살을 각자 허리에 찼다.
아비와 어미, 아내와 자식들 달려가며 전송하느라

먼지가 자욱하여 함양교가 뵈지 않는다.
옷을 당기고 발을 구르며 길을 막고 통곡하니
곡성이 치솟아 하늘까지 닿는구나.

길 지나던 내가 출정하는 이에게 무슨 일이냐 물어보니
그 사람 그저 말하기를, "잦은 징발 때문이지요.
어떤 이는 열다섯에 북쪽으로 가서 황하를 지키다가
사십이 다 되어 서쪽으로 가 둔전을 일굽니다.
떠날 때 이장里長이 머리를 싸 주었더니
백발 되어 돌아와 다시 변방에서 수자리 섭니다.
변방의 흐르는 피 바다를 이루었건만
무황은 변경 개척의 뜻을 아직도 버리지 않았습니다.
그대는 듣지 못했습니까? 한나라 산동의 이백 고을
천촌만락이 형극荊棘과 구기枸杞로 황폐해졌음을.
비록 건장한 아낙이 호미와 쟁기를 잡고 있지만
벼가 자라는 이랑은 삐뚤빼뚤 동서가 없답니다.
더욱이 관중의 병사는 힘든 전투를 잘 이겨 낸다 하여
몰아붙임이 개와 닭에 다를 바 없음에 있어서랴!

어른께서 비록 물어보시지만
역부役夫가 감히 한을 펼 수 있겠습니까만.
또 금년 겨울 같은 경우
관서 군졸의 병역을 아직 마치지도 않았는데,
현관은 급하게 조세를 요구하니
조세를 어디서 구하겠습니까?

정말 아들을 낳으면 나쁜 일이요
외려 딸을 낳아야 좋은 일입니다.
딸을 낳으면 그래도 이웃에 시집이라도 갈 수 있으련만
아들을 낳으면 땅에 묻혀 온갖 잡초를 좇을 뿐입니다.
그대는 보지 못했습니까? 청해 주변에는
예로부터 백골 거두는 이 없어,
새 귀신 원통해하고 옛 귀신은 곡하나니
흐리고 비 오는 축축한 날에는 훌쩍훌쩍 우는 소리 들린답니다."

이 시는 천보 연간에 두보가 장안에 기거할 당시 지은 것으로, 가족과 이별하고 전쟁터로 끌려가는 장정의 하소연을 통하여 당시 군주의 무모한 변경 확장 정책으로 인해 초래된 비참한 사회상을 핍진하게 묘사하고 있다. 《자치통감》의 기록에 따르면, 천보 10년 4월 선우중통鮮于仲通이 남조南詔와의 전쟁에서 대패하여 6만 명의 전사자를 냈다. 재상 양국충楊國忠은 병력을 보충해서 다시 남조를 치고자 전국으로 어사를 파견하여 대대적으로 장정들을 징발하였다. 이로 인하여 전국에서 큰 소동이 일어났으며 조정을 향한 원망이 들끓었다. 남조와의 전쟁 이외에도 영토 확장을 위해 토번과 빈번한 전쟁을 일으켰으며 이로 인해 발생한 모든 재난은 다 가난한 백성들이 감당할 몫이었으니 이 시는 바로 이 시기의 사회적 분위기를 반영하고 있다. 전제 군주의 정의롭지 못한 전쟁에 대한 시인의 강렬한 비판을 보여 주는 시다.

《보주두시》 여공과 양권도는 모두 천보 11년에 지은 것으로 보고 있으나 '또 금년 겨울 관서의 군역이 아직 끝나지 않았다'는 말로 볼 때 천보 9년이 틀림없다. 《자치통감》에 천보 9년 겨울 12월에 관서 유혁사 왕난득이 토번을 격파하여 오교와 수돈성을 함락하였다는 기록이 있다.(呂公梁權道皆爲天寶十一載作, 然以且如今年冬未休關西卒, 當是九載. 通鑑九載冬十二月, 關西遊奕使王難得擊吐蕃, 克五橋拔樹敦城.)

《두시상주》에 인용된 《두시박의杜詩博議》 왕심부가 말하기를 "당시 바야흐로 토번을 공략하였으므로 한 무제의 일에 의탁하여 풍자하고 있는 것이다."라고 하였는데 이 말이 옳다. 황학은 "천보 10년에 선우중통이 여남에서 군사를 많이 잃었으므로 임금이 칙령을 내려 병사를 크게 모집하여 남조를 치게 하였으나 사람들이 누구도 응하려 하지 않았다. 양국충이 어사를 파견하여 각 도를 나누어 사람을 잡게 하고는, 칼을 채운 채로 군진 앞까지 보냈다. 그래서 '견의돈족' 등의 말이 있게 된 것이다."라고 하였다. 살펴보건대 명황 말년에 토번을 공략하느라 병력을 남용하여 징발로 소란케 하였으니 내지의 군현이 거의 다 그러하였다. 당시 징발되어 근심하고 원망하는 일이 남쪽 정벌 하나만은 아니었으니 그러므로 공이 출정하는 장정의 하소연하는 말에 의탁하여 통렬하게 꾸짖고 있는 것이다.(王深父云, 時方用兵吐蕃, 故託漢武事爲刺, 此說是也. 黃鶴謂天寶十載, 鮮于仲通喪師瀘南, 制大募兵擊南詔, 人莫肯應, 楊國忠遣御史分道捕人, 連枷送詣軍陣, 故有牽衣頓足等語. 按, 明皇季年, 窮兵吐蕃, 徵戍繹騷, 內郡幾遍, 當時點行愁怨者不獨征南一役, 故公託爲征夫自愬之詞, 以譏切之.)

주 석

1 轔轔(인린): 덜컹덜컹. 여러 수레가 지나가며 내는 소리를 형용한 것이다.

《시詩 · 진풍秦風 · 거린車轔》 뭇 수레가 덜컹덜컹.(有車轔轔.)

2 蕭蕭(소소): 말이 우는 소리를 형용한 것이다.

《시詩 · 소아小雅 · 거공車攻》 히히힝 말이 운다.(蕭蕭馬鳴.)

[車轔 2구]

《두시상주》 '인린'은 여러 수레의 소리이며, '소소'는 울지만 소란스럽지는 않은 것이다.(轔轔, 衆車之聲. 蕭蕭, 鳴不喧嘩.)

3 行人(행인): 행역을 떠나는 사람. 징발되어 가는 사람을 말한다.

4 耶孃(야양): 부모. '야'는 아버지이며, '양'은 어머니를 뜻한다.

5 咸陽橋(함양교): 다리 이름. 이 함양교는 당나라 때 장안에서 서역으로 갈 경우 반드시 경유해야 하는 길이었다.

《**두시상주**》에 **인용된** 《**원화군현지**》 편교는 함양현 서남쪽 십리에 있는데, 편문과 서로 마주하고 있어 이름을 편교라 하였으며 한무제 때 지은 것이다.(便橋在咸陽縣西南十里, 以與便門相對, 因名, 漢武帝造.)

《**두시상주**》에 **인용된** 《**일통지**一統志》 편교는 당나라 때 함양교라고 불렀다.(便橋唐時名咸陽橋.)

6 頓足(돈족): 발을 구르다. 攔道(난도): 길을 가로막다. '攔'을 '橋'로 쓴 판본도 있다.

7 干(간): 찌르다, 닿다.

#《**두시상주**》 송별의 쓰라린 상황을 서술한 것으로서 바로 기사이다.(敍送別悲楚之狀, 乃紀事.)

8 道旁過者(도방과자): 길 옆으로 지나가던 사람. 여기서는 두보 자신을 가리킨다.

9 點行(점행): 명부의 이름을 점검하여 징집하고는 출정하게 하는 일을 말한다.

《**두공부초당시전**》 '점행'이라는 것은 《한서》에서는 '경행'으로 불렀으며, 장정의 명부에서 '상정'과 '하정'을 점검 대조하여 바꾸어 부역에 보내는 것이다.(點行者, 漢書謂之更行, 以丁籍點照上下, 更換差役.)

10 北防河(북방하): 북쪽으로 가서 황하를 방비하다.

《**두시전주**》에 **인용된** 《**구당서**》 개원 15년 12월에 칙명을 내려 토번을 변방의 해악으로 여겨 농우도와 제 군단의 병사 5만 6천 명, 하서 및 제 군단의 병사 4만 명, 또 관중에서 징집된 병사 만 명으로 하여금 임조에 모이게 하였다. 삭방의 병사 만 명으로는 회주에 모여서 가을 침입을 방비하게 하였다. 초겨울에 이르러 적의 침입이 없자 군대를 물리었다. 이 당시 토번이 황하의 남쪽을 침입하였으므로 '황하를 방어한다'고 말한 것이다.(開元十五年十二月, 制以吐蕃爲邊害, 令隴右道及

諸軍團兵五萬六千人, 河西及諸軍團兵四萬人, 又徵關中兵萬人, 集臨洮. 朔方兵萬人, 集會州, 防秋, 至冬初, 無寇而罷. 是時吐蕃侵擾河右, 故曰防河也.)

《두억》 '북방하'라는 것은 북쪽 오랑캐가 얼음이 얼어붙는 것을 틈타 침입하는 것을 막는 것이다.(北防河, 防北虜乘氷合而入.)

11 西營田(서영전): 서쪽으로 가서 둔전을 경영하다.

《두공부초당시전》 '영전'이란 한 조충국이 영전의 계책을 헌상한 것과 같이, 일이 없으면 경작하고, 일이 있으면 싸우는바, 병사와 농사를 함께 한다는 뜻이다.(營田, 謂如漢趙充國獻營田之策, 無事則耕, 有事則戰, 寓兵於農之意也.)

12 里正(이정): 이장里長. 당대에는 백호百戶를 묶어 1리里로 하고 1리마다 정正 한 사람을 두었다. 裹頭(과두): 머리를 두건으로 싸다. 전쟁에 나가기 전에 이장이 어린 병사의 머리를 두건으로 싸주는 것을 말한다.

《두시상주》에 인용된 포표鮑彪 주 당시 노인과 젊은이가 모두 전쟁에 나가 죽었으므로, 또 마을의 어린아이까지 징집하였다. 그래서 이장이 그에게 두건으로 머리를 싸 주고, 갑옷을 입혀 주었던 것이다.(時老幼俱戰亡, 又括鄕里之小少者, 故里正爲之裹頭擐甲也.)

13 還(환): 여전히, 혹은 오히려.

《두시상주》에 인용된 한구韓駒의 주 돌아오니 머리가 이미 희어졌는데 또 변방을 지킨다. 부역이 끝날 때가 없음을 말한 것이다.(歸來頭已白, 又屯戍邊疆, 言役事無已時也.)

14 邊庭(변정): 변방. 변경. '庭'을 '亭'으로 쓴 판본도 있다.

《두억》 천보 6년 황제가 왕충사를 시켜 토번의 석보성을 공격하려 하였으나, 왕충사는 상소하여 말하기를 "석보성은 험준하고 굳세며, 토번이 거국적으로 수비하고 있습니다. 수만 명을 죽이지 않고서는 이길 수 없는바, 얻는 것이 잃는 것만 못할 것이니 틈을 기다려 취하는 것이 더 좋을 것입니다."라고 하자, 황제가 기뻐하지 않았다. 장군 동연광이 석보성을 함락시킬 것을 자청하였으므로, 황제는 왕충사에게 명하여 병사를 나누어 그를 도우라 하였다. 왕충사는 임금의 명을 받았으나 동연광이 하고자 하는 바를 전력을 다하여서 돕지는 않았는데, 이는 아마도 사졸들을 사랑한 까닭이었을 것이다. 동연광은 일 년이 넘도록 이기지 못하였다. 천보 8년에 황제는 가서한으로 하여금 석보성을 공격하게 하여 함락시켰는데, 전사한 사졸이 수만이나 되어 과연 왕충사의 말과 같았다. 그래서 '변성유혈'과 같은 말이 있게 되었다.(天寶六載, 帝欲使王忠嗣攻吐蕃石堡城, 忠嗣上言, 石堡險固, 吐蕃擧國守之, 非殺數萬人不能克, 恐所得不如所亡, 不如俟釁取之. 帝不快. 將軍董延光自請取石堡, 帝命忠嗣分兵助之, 忠嗣奉詔而不盡副延光所欲, 蓋以愛士卒之故. 延光過期不克. 八載, 帝使哥舒翰攻石堡, 拔之, 士卒死者數萬, 果如忠嗣之言. 所以有邊城流血等語.)

15 武皇(무황): 한 무제武帝. 당 명황明皇을 가리키나 직접적으로 드러내지 않고 한 무제에 의탁하여 풍자하고 있다. 開邊(개변): 변경을 개척하다. 여기서는 현종이 영토 확장을 위해 주변 국가를 침략한 것이다.

16 山東(산동): 화산華山의 동쪽 지역. 二百州(이백주): 이백 고을.

《두시경전》에 인용된 염약거閻若璩 주 산동은 화산 동쪽을 말한다.(山東謂華山以東也.)

《두시경전》에 인용된《자치통감》 진 효공 때 하산(황하와 화산華山) 동쪽의 강국 여섯이라고 하였는데 곧 한, 위, 연, 조, 제, 초를 통틀어 말한 것으로 지금의 산동만을 가리키는 것은 아니었다.(秦孝公時, 河山以東强國六, 乃通韓魏燕趙齊楚言之, 不專指今之山東.)

《두억》 수가 천하를 얻자, '군'을 고쳐서 '주'로 하였다. 당에 이르러서는 다시 '주'를 '군'으로 고쳤는데, 모두 192군이었다. '주'라고 말한 것은 옛 이름을 그대로 따른 것이다. '이백'이라고 하였으니 이미 천하를 망라한 것이다.(隋得天下, 改郡爲州, 至唐又改州爲郡, 凡一百九十二郡. 曰州, 仍舊名也. 曰二百, 已盡天下矣.)

17 荊杞(형기): 형극荊棘과 구기枸杞.

《두시상주》에 인용된 소보邵寶 주 병란으로 땅이 황폐해져서 온통 형극과 구기가 자라게 되었다.(兵亂地荒, 盡生荊棘枸杞.)

18 把鋤犁(파서리): 호미와 쟁기를 잡다. '서'는 호미, '리'는 쟁기.

《두시상주》에 인용된 왕언보王彦輔 주 건장한 아낙이 밭을 갈고 있으니 남편은 멀리 전쟁터로 갔음을 알 수 있겠다.(健婦耕, 則夫遠征可知.)

19 隴畝(농무): 밭이랑. 無東西(무동서): 동서가 없다. 즉 농사를 짓기는 하지만 제대로 건사하지를 못해 밭에 심겨진 농작물이 무질서하게 자라고 있음을 말한 것이다.

20 秦兵(진병): 관중關中의 병사.

《두억》 진병은 곧 관중의 병사이며, 바로 이 당시 징발되어 가는 사람이다. 강인하고 전투에 강하였으므로 그들을 몰아대는 것이 더욱 심하였다. 지금 쟁기를 매는 자를 몰아서 병사로 만들었으니, 바로 그들을 버린 것이다. 개나 닭과 무엇이 다르겠는가!(秦兵, 卽關中之兵, 正此時點行者. 因堅勁耐戰, 故驅之尤迫. 今驅負耒者爲兵, 直棄之耳, 與犬鷄何異.)

#《두시상주》 다음으로 길을 지나가는 사람과 행역行役을 떠나는 사람을 제시하여 문답을 만들고 '군불문'의 몇 말로써 마무리하면서 호응하였다. '황하를 방어한다', '둔전을 일군다', '변방을 지킨다'는 것은 점행點行이 자주 있다는 것이다. '변경을 개척하는 일이 끊이지 않는다'는 것은 당시의 군대를 소진하는 것을 기롱한 것이다. 촌락이 적막하고 지아비는 전쟁에 나가 아낙이 밭을 간다고 하였으니 백성들이 근근이 살아갈 수조차 없었음을 알 수 있다. 본래 관중의 병사를 말하고자 했는데 산동까지 아울러 말했으니 행역하지 않았던 곳이 없음을 알겠다.(次提過者行人, 設爲問答, 而以君不聞數語作收應. 曰防河, 曰營田, 曰戍邊, 所謂點行頻也. 開邊未已, 譏當日之窮兵. 至於村落蕭條, 夫征婦耕, 則民不聊生可知. 本言秦兵, 而兼及山東, 無地不行役矣.)

21 長者(장자): 나이가 많거나 덕행이 있는 자, 혹은 지위가 높은 자를 가리킨다. 여기서는 '도방과자道旁過者', 즉 두보 자신을 가리킨다.

22 役夫(역부): 부역 나가는 사람. 출정하는 사람. 敢伸恨(감신한): 어찌 감히 한을 펼칠 수 있겠습니까? 여기서 '감'은 '기감豈敢'의 뜻이다.

23 休關西卒(휴관서졸): 관서關西 지방에서 병졸로 복무하는 것을 끝내다.

《보주두시》에 인용된 《자치통감》 천보 9년 겨울 12월에 관서 유혁사 왕난득이 토번을 공격하여 오교를 빼앗았으며, 수돈성을 함락시켰다.(天寶九載冬十二月, 關西遊奕使王難得擊吐蕃, 克五橋, 拔樹敦城.)

24 縣官(현관): 고을 관리. 천자를 가리키는 것으로 보기도 한다.

[縣官 2구]

《두공부시집집주》 이름이 징발대상에 오르게 되면 사는 동안 의당 그 조세를 면제받아야 한다. 지금 먼 곳에서 수자리를 하는 몸인데 다시 그 집안의 납세를 재촉하니 어찌 이런 일이 있을 수 있는가? 이것은 위의 내용을 받아 한걸음 더 나아간 말로서 역시 윗 '촌락형기'와 상응한 것이다.(名隸征伐, 則生當免其租稅矣. 今以遠戍之身, 復督其家之輸賦, 豈可得哉. 此承上更進一層語, 亦與上村落荊杞相應.)

25 比隣(비린): 가까운 이웃.

[生女 2구]

《두공부초당시전》 남아를 낳으면 기뻐하고, 여아를 낳으면 천히 여기는 것, 이것이 보통 이치다. 지금 남아를 낳는 것을 나쁘게 여기고 여아를 낳는 것을 좋게 여기는 것은 대개 남아는 병사에 충당되어 전쟁터로 몰려가게 되어 들판에 묻히게 되는바, 여아를 낳아 그래도 가까운 이웃에 시집을 보내 때때로 보는 것만 못한 것이다.(生男, 人之所喜, 生女, 人之所賤, 此常理也. 今以生男爲惡, 生女爲好, 蓋男兒充丁驅之戰, 埋沒草野, 曾不如生女尙得嫁比隣, 或時相見.)

26 青海頭(청해두): 청해 주변.

《두시상주》에 인용된 《구당서》 토욕혼 지역에 청해가 있는데 둘레가 팔구백 리는 된다. 고종 용삭 3년에 토번에게 빼앗겼다. 의봉 연간에 이경현이 토번과 싸워서 청해에서 패하였다. 개원 연간에 왕군착, 장경순, 장충량, 최희일, 황보유명, 왕충사가 계속하여 토번을 격파하였는데, 모두 청해의 서쪽에서였다.(吐谷渾有青海, 周圍八九百里. 高宗龍朔三年, 爲吐蕃所併. 儀鳳中, 李敬玄與吐蕃戰, 敗於青海. 開元中王君㚟張景順張忠亮崔希逸皇甫惟明王忠嗣, 先後破吐蕃, 皆在青海西.)

27 煩寃(번원): 괴로워하며 원통해하다. 雨濕(우습): 비가 내려 축축하다.

28 啾啾(추추): 오열하는 소리.

#《두시상주》 다시 장자와 역부를 제시하여 문답을 거듭 밝히고 있다. 그리고 '군불견' 몇 마디 말로써 총결을 짓고 있다. '미휴수졸'은 윗 단락의 '개변미이'에 상응하는 것이며, '조세하출'은 윗 단락의 '촌락형

기'에 응하는 것이다. '생남' 4구는 앞 단락의 아버지 어머니, 처자가 송별하는 것으로 인하여 이러한 영원히 헤어지는 말을 하였다. 청해에서 귀신이 우는 것은 백성을 전쟁의 화로 몰아감이 여기에서 극에 이르렀다는 것이다.(再提長者役夫, 申明問答, 而以君不見數語作總結. 未休戍卒, 應上開邊未已. 租稅何出, 應上村落荊杞. 生男四語, 因前爺娘妻子送別, 而爲此永訣之詞, 靑海鬼哭, 則驅民鋒鏑之禍, 至此極矣.)

##《독두심해》 이 작품은 악부의 독창적인 체이지만 실제로는 악부의 정통이다. 제량 시대에 한위를 본뜬 것은 옛것을 모방함에 뜻을 두었으니 느끼고 발분하여 규간하고 풍자하는 바가 없었다. 옛 악부는 의미 없이 지은 것이 없었다. 옛 주에서는 현종이 토번과 전쟁을 일으켜 백성이 행역을 고통스러워함으로 지은 것이라고 하였다. 구조오는 첫 단락은 송별의 슬프고 고통스러운 모습을 적은 것이니 곧 일을 기록한 것이며, 아래 두 단락은 출정하는 병사의 괴로운 부역의 마음을 서술하였으니 곧 말을 기록한 것인바, 이는 '일두양각체(머리는 하나요 다리가 둘인 형식)'라 하였다. 내가 보기에 구조오의 분절은 맞지만 '일두양각체'라고 한 것은 틀렸다. 다리가 둘이라고 하면 기둥이 둘로 나뉜다는 것인데, 이 시는 기둥이 둘이 아니다. 첫 단락은 갑작스럽게 시작하였는데 단지 행색을 묘사하였을 뿐 일에 대해 언급하지는 않았으니 마치 바람이 불어오고 조수가 밀려오듯 사람의 눈을 아찔하게 한다. '도방' 일단락에서는 '점행빈' 세 자를 끌어내어 전체 시의 시안으로 삼았다. 또 '개변미이' 네 글자를 제시하여 작시의 주제를 드러내었다. 하지만 이 단락은 단지 이전의 일을 두루 서술하여 그 참담한 고통을 지적하며 진술한 것일 뿐이다. 또한 온 천하의 상황을 두루 들어서 관중 땅의 상황을 드러내었다. 외적의 가을침입을 방비하다가 수자리하는 일은 그 유래가 이미 오래이니 여전히 제목 앞의 한 층차에 머물고 있을 뿐이다. '장자'로부터 시작해서 마지막까지가 비로소 시사에 들어간 것이다. '금동' 2구가 바로 시의 중심 이야기다. 마지막에서는 현재의 행역의 고통을 개탄하였는데, 앞 단락의 고통은 지나간 일이요, 이 단락의 고통은 지금 다루고자

하는 바로 그 일이다. 임금이 기왕의 일을 살펴 장래의 일을 고민하고, 출정 병사의 고통스런 말을 빌려 전쟁을 마구 벌이는 분에 넘치는 마음을 바꿀 것을 바랬으니 이것이 바로《시경》의 전통을 계승한 것이다. 아! 산동은 중원에 가까우니 가히 볼 수 있는 일인데 깊은 궁궐에서는 끝내 들을 수가 없었다. 청해에서 우리 곤궁한 백성이 죽어가는 일이야 임금이 자주 들었음이 마땅한데 절역이라 또 볼 수가 없었다. '군불문', '군불견'이라고 두 번이나 부르짖으니 그 불러 깨우침이 절실하고 격렬하다. 전편은 '괴로운 행역'을 주로 하였으며 중간에 '시들어 피폐해진 상황'을 끼워 넣었다.(是爲樂府創體, 實乃樂府正宗. 齊梁間擬漢魏者, 意在倣古, 非有所感發規諷也. 若古樂府, 未有無謂而作者.舊注, 明皇用兵吐蕃, 民苦行役而作. 仇注, 首段, 敍送別悲楚之狀, 乃紀事. 下二段, 述征夫苦役之情, 乃紀言. 是一頭兩脚體. 愚按, 仇氏分截是, 但謂一頭兩脚則非. 兩脚則分兩柱, 詩非兩柱也. 首段, 暫然而起, 只寫行色, 不言所事, 如風來潮來, 令人目眩. 道旁一段, 逗出點行頻三字, 爲一詩之眼. 又揭出開邊未已四字, 見作詩之旨. 然此段只是歷述從前, 指陳慘苦, 又泛擧天下, 剔出秦中. 蓋防秋戍卒, 其來已久, 還在題前一層也. 自長子以下至末, 纔入時事. 今冬二句, 乃是本題正面. 末則慨歎現在行役之苦, 蓋前段之苦, 已事也, 此段之苦, 本事也. 欲人主鑒旣往而憫將來, 假征人之苦語, 轉黷武之侈心. 此三百篇之遺也. 噫, 山東近在中土, 乃事之可見者, 而深宮竟不得聞. 靑海陷我窮民, 宜君所習聞者, 而絶域又不可見. 兩呼君不聞君不見, 喚醒激切. 通篇以苦役作主, 中間夾寫凋敝.)

(김성곤)

9. 前出塞九首
전출새 9수

戚戚去故里[1] 悠悠赴交河[2] 公家有程期[3] 亡命嬰禍羅[4]
君已富土境[5] 開邊一何多[6] 棄絶父母恩[7] 呑聲行負戈[8]

서글피 고향을 떠나
멀리 멀리 교하로 간다.
나라에는 정해진 기간이 있으니
명적名籍에서 달아나면 법망에 걸려들 터.
임금께서는 이미 영토 많으신데
변경 개척 어찌 이리 많은가.
부모의 은혜도 끊어 버리고
소리를 삼키며 창을 메고 간다.

이 작품은 한 병사의 종군의 전과정을 '출새出塞'라는 한대 악부 형식을 빌려 묘사한 것으로, 당시 군주의 영토 확장 전쟁이 잘못되었음을 풍자하는 내용을 담고 있다. '출새'는 한대 악부의 제목이며, 뒤에 지은 '출새'와 구분하기 위하여 '전前'자를 붙였다. 저작 시기는 천보 말년으로 추정된다.

《두억》 〈전출새〉에서 '교하로 간다'라 하였고, 〈후출새〉에서 '계문으로 간다'라고 하였다. 주에 이르기를 "당의 서주 교하는 이주 서쪽 700리에 있다"라 하였다. 의당 천보 연간 가서한이 토번을 정벌할 당시의 일이다. 그리고 시에 '흐느껴 우는 물에서 칼을 간다'라는 구절이 있는데, 이 농두수隴頭水는 바로 토번을 치러 나갈 때 경유하는 곳이니, 이 시는 역시 의당 이 시기에 지어졌을 것이다.(前出塞云赴交河, 後出塞云赴薊門, 注云, 唐西州交河, 在伊州西七百里. 當是天寶間哥舒翰征吐蕃時事. 而詩有磨刀嗚咽水, 隴頭乃出征吐蕃所經繇者, 詩亦當作于此時.)

《두시경전》에 인용된 주학령 주 천보말 가서한은 토번과의 전쟁에서 공을 탐하였고, 안녹산은 거란 땅에서 전쟁을 일으켰다. 이로 인해 군사를 징발하고 군량을 조달하는 일이 천하에 태반이었다.(天寶末, 哥舒翰貪功於吐蕃, 安祿山搆禍於契丹, 於是徵調半天下.)

《두시상주》에 인용된 《진서晉書・악지樂志》 '출새', '입새'의 곡은 이연년이 만든 것이다.(出塞, 入塞曲, 李延年造.)

《두시상주》 당시 처음 아홉 수의 시를 짓고 '출새'라고만 이름 하였으나, 뒤에 다시 다섯 수를 짓게 되어 '전', '후'자를 붙여 구별하였다. 옛 주에서 제목중의 '전', '후'자를 보고 같은 시기의 작품으로 추정하였는데 잘못된 것이다.(當時初作九首, 單名出塞, 及後來再作五首, 故加前後字以分別之. 舊注見題中前後字, 遂疑同時之作, 誤矣.)

《독두심해》 〈전출새〉는 영토 확장을 풍자한 것이다. 사람은 많고 땅은 넓어 사치하고 방종하는 마음이 생기게 되니 공이 이를 풍자한 것이다.(前出塞, 刺開邊也. 物衆地大, 有侈心焉. 公所爲諷也.)

주 석

1 戚戚(척척): 서글퍼하는 모습. 근심하며 슬퍼하는 모습.

2 悠悠(유유): 아득히 먼 모습. 交河(교하): 서역에 있는 지명.

《보주두시》 서주 교하군은 당 농우도에 있으며, 군내에 또한 교하현이 있다. 현으로부터 270리를 가면 북정도호부의 성에 도달하는데, 토번을 방비하는 곳이다.(西州交河郡, 在唐隴右道, 郡亦有交河縣, 自縣二百七十里至北庭都護府城, 備吐蕃之處也.)

3 公家(공가): 왕실. 조정. 程期(정기): 제한된 기간. 여기서는 교하로

이동하는 데 있어 나라에서 정해 놓은 기간을 말한다.

4 亡命(망명): 명적名籍을 벗어나서 도망하는 것. 嬰禍羅(영화라): 죄의 그물에 걸려들다. 즉 나라의 법을 저촉하게 되어 벌을 받게 된다는 말이다.

《한서漢書·장이진여전張耳陳餘傳》 '亡命'에 대한 안사고顏師古의 주 '命'이라는 것은 '名'이다. 무릇 '망명'이라고 하는 것은 그 명적을 벗어나서 도망하는 것을 말한다.(命者, 名也, 凡言亡命, 謂脫其名籍而逃亡.)

《두억》 '명적에서 달아나면 법망에 걸린다'는 바로 그가 내심 하고 싶은 말이다. 명적을 벗어나서 도망하게 되면 그 누가 부모, 육친에게 미치게 된다. 그래서 죽을 고통을 참아 가며 울음소리를 삼키고 가는 것이다.(亡命嬰禍羅, 乃其衷腸語. 亡命則累及父母六親, 故忍死呑聲而去.)

5 富土境(부토경): 영토가 많다. 혹은 영토를 많이 늘리다.

6 開邊(개변): 변경을 개척하다. 여기서는 영토 확장을 위한 침략 전쟁을 의미한다. 一何(일하): 어찌 그리도

[君已 2구] 현종이 영토 확장을 위해 주변 국가에 대한 침략 전쟁을 그치지 않음을 풍자한 것이다.

7 棄絶(기절): 끊어 버리다. 뿌리치다. 자식으로서 부모에게 대한 도리를 다하지 못하게 한다는 말이다.

8 呑聲(탄성): 울음소리를 삼키다. 즉 소리를 내지 않고 운다는 뜻이다.

#《두시상주》 처음 출발할 당시 가족들과의 이별의 정을 서술한 것이다.(敍初發時辭別室家之情.)

《독두심해》 첫 장은 처음 문을 나서는 상황을 서술하였다. '교하로 간다'고 해서 출병의 행로를 분명하게 지적하였다. '이미 넉넉한데도 또 영토를 넓힌다'는 말이 바로 아홉 수 전체가 풍자하려는 본래의 뜻이며, 첫 장에서 확실하게 짚어 주고 있다. 결어는 암울하여 육친을 그리워하는 마음과 나라의 부름에 달려가는 의기가 모두 드러나고 있다.(首章述初出門情事. 赴交河, 點清出兵之路. 已富而又開邊, 乃九首寓諷本旨, 在首章拈破. 結語黯然, 戀親之情, 赴國之義, 俱見矣.)

其二

出門日已遠[1]　不受徒旅欺[2]　骨肉恩豈斷　男兒死無時[3]
走馬脫轡頭[4]　手中挑青絲[5]　捷下萬仞岡[6]　俯身試搴旗[7]

문을 나선 후 날이 갈수록 멀어지니
보행하는 무리들의 속임수에 걸리지 않게 되었다.
골육의 은혜를 어찌 끊어 버리겠는가마는
남아의 죽음이 때가 없는 법인 것을.
말 달리며 굴레를 벗겨서
손 안에 푸른 실을 흔든다.
민첩하게 만 길의 언덕에서 내리 치달아
몸을 굽혀 기를 뽑아 본다.

주 석

1 日已(일이): '날이 이미'의 뜻이나, '날이 갈수록', 혹은 '나날이'의 의미를 갖는 한대 방언으로 보기도 한다.

2 徒旅(도려): 보행하는 병졸들. 즉 보졸들을 말한다.

[出門 2구] 집을 떠나 종군한 지 이미 오래되어 동료 병사들로부터 처음 당했던 속인수를 다시는 당하지 않게 되었다는 말이다.

《두시상주》 군대에 익숙해져서 같이 가는 동료들에게 속임을 당하지 않게 되었다.(軍伍習熟, 不受欺於徒侶矣.)

3 死無時(사무시): 죽음은 정한 때가 없다. 즉, 언제 죽을지 모른다는 것이다.

[骨肉 2구]

《**두시경전**》 골육의 은혜를 어찌 금방 잊을 수 있겠는가? 그러나 지금 결연히 버려두고 떠나는 것은 남아의 죽을 곳이 무상하여 차라리 싸우다 죽어 공을 세우는 것이 낫기 때문이다.(骨肉之恩, 豈能遽絶. 今所以決然舍去者, 以男兒死地無常, 不如死綏爲烈耳.)

《**두시상주**》 살고 죽음이 때가 없어 골육을 헤아릴 여가가 없다.(生死無時, 不暇計及骨肉矣.)

4 脫轡頭(탈비두): 굴레를 벗기다.

5 挑青絲(도청사): 푸른 실로 만든 굴레를 쥐고 흔든다는 말이다.

《**두공부초당시전**》 '도'는 흔든다는 뜻이다. '청사'는 재갈이다.(挑, 搖也. 青絲, 馬鞚也.)

6 捷下(첩하): 민첩하게 달려 내려가다.

7 搴旗(건기): 깃발을 뽑다.

《**사기 · 숙손통전**叔孫通傳》 적장을 베고 적기를 탈취하는 용사(斬將搴旗之士)

[走馬 4句] 전투에 나가기 전 훈련하는 모습을 묘사한 것이다.

#《**두시상주**》 행군 중에 목숨을 가볍게 여기며 스스로 분발하겠다는 말을 서술한 것이다.(敍在道時, 輕生自奮之語.)

《**독두심해**》 둘째 장에서는 길에 오른 이후의 상황을 서술하였다. 길에 익숙해지면서 이제 전문가가 다 되었다. 시작하는 구절은 마치 몸소 겪은 말 같다. 3, 4구는 미련 없이 떠난 것은 은혜를 저버린 때문이 아니요, 남아의 죽을 곳이 무상하니 차라리 전장에서 장렬하게 죽는 것만 못하다는 것일 뿐이다. 하반부에서는 삶을 가벼이 여기고 일을 즐거이 여기는 상황을 묘사하였는데 그 용약하는 모습이 나는 듯하다. 처음 길을 나선 젊은이들 중에는 실로 이러한 면이 있었다.(二章, 述上路後情事. 習於其途, 便成慣家. 起法如身歷語. 三四言舍然竟去, 非恩斷也. 男兒死地無常, 不如死綏爲烈耳. 下截摹寫輕生喜事之狀, 躍躍欲飛. 少年初出路人, 實有此概.)

其三

磨刀嗚咽水[1] 水赤刃傷手[2] 欲輕腸斷聲[3] 心緒亂已久[4]
丈夫誓許國[5] 憤惋復何有[6] 功名圖麒麟[7] 戰骨當速朽[8]

흐느껴 우는 물에서 칼을 가는데
물이 붉어진 것은 칼날에 손을 다친 탓.
애끊는 소리 가볍게 여기고자 했건만
심사 어지러워진 지 벌써 오래되었다.
대장부 나라에 몸 바치기로 맹서하였으니
분하고 원통한 것이 또 무엇이 있겠는가.
공명을 세워 기린각에 그려지면
전쟁에 죽은 백골 빨리 썩는다 해도 관계없다네.

주 석

1 嗚咽水(오열수): 오열하는 물. 물이 흐르는 소리가 흐느끼는 듯하다는 말로서, 지금의 섬서성陝西省 봉상부鳳翔府 농산隴山에서 흐르는 농두수隴頭水를 가리킨다.

《**두시경전**》《삼진기》의 〈농두가〉에 '농두수의 흐르는 물, 우는 소리 나직이 흐느낀다. 멀리 신천을 바라보니 애간장 끊어진다'는 구절이 있고, 또 채염의 〈호가곡〉에 '밤에 농수를 듣노라니 물소리 오열한다'는 구가 있다. 당시 토번을 치려 하였으므로, 농 땅을 건너 이 물을 지나가는 것이다.(三秦記, 隴頭歌, 隴頭流水, 鳴聲幽咽, 遙望秦川, 肝腸斷絶. 又蔡琰胡笳曲, 夜聞隴水兮聲嗚咽. 時將征吐蕃, 故度隴而經此水也.)

2 刃傷手(인상수): 칼날에 손을 베다. 이 구절은 오열하는 듯한 강물 소리

를 듣고 마음이 어지러워져 칼을 갈다가 자신도 모르게 손을 다쳤다는 뜻이다.

3 腸斷聲(장단성): 애끊는 소리. 여기서는 오열하는 듯한 물소리를 가리킨다.

4 心緖(심서): 마음. 심사. 심정.

[磨刀 4구]

《두시경전》 본래는 이 오열하는 듯한 물소리로 인해 마음이 동요되고 싶지 않았으나, 마음이 이미 오래전 어지러워진 것을 어쩔 수 없다. 그래서 귀에 와 닿는 물소리를 듣고서는 손이 다치게 된 줄도 몰랐던 것이다.(本不欲以此嗚咽之聲動心, 無如心亂已久, 故聞水聲觸耳而不覺手傷也.)

5 許國(허국): 나라에 목숨을 바치다. 나라를 위하여 죽다.

6 憤惋(분완): 분하고 원통해 하다. 復何有(부하유): 또 무엇이 있는가? 이 구절은 이미 나라에 몸을 바치기로 하였으니 새삼 분하고 원통할 것도 없다는 말이다.

7 圖麒麟(도기린): 기린각麒麟閣에 그리다. 기린각에 공적이 높은 사람의 화상을 그린다는 뜻이다.

《한서·소무전蘇武傳》 감로 3년에 임금이 충성된 신하들의 아름다움을 생각하셔서 대장군 곽광 등 십팔 명의 초상을 기린각에 그렸다.(甘露三年, 上思股肱之美, 圖畵大將軍霍光等一十八人於麒麟閣.)

8 戰骨(전골): 전쟁 중에 죽은 해골. 當(당): 달게 여기겠다는 말이다.

#《두시상주》 셋째 장은 길을 가는 중에 상심에 젖었으나, 스스로 마음을 달래는 말을 한 것이다. 물소리가 귀에 와 닿아 자신도 모르게 마음이 어지러워져 손을 다치게 되었으니, 두 구는 곧 윗말을 거듭한 것이다. 후반부는 공상으로 스스로를 위로한 것이다.(三章, 中道傷心, 而爲自解之詞. 水聲觸耳, 不覺心亂而手傷, 二句乃申上語. 後作意外之想以自寬也.)

《독두심해》 셋째 장은 길을 가는 중에 느낀 감회로 흥체를 썼다. 칼을 갈다가 손을 베었다. 본래는 오열하는 듯한 소리에 마음 흔들리지 않을 것이라 여겼는데, 이미 마음이 어지러워진 지 오래라 어쩔 수가 없어 자신도 모르게 칼에 닿았다. '장단성'은 '오열수'를 가리킨다. 이하에서는 또한 한 마디 피 끓는 말로 갑작스럽게 전환하였으니, 마음이 비록 어지럽지만 끝내 죽기로 맹세한 뜻을 바꾸지는 않을 것이다.(三章, 途中感觸, 興體也. 磨刀也而傷手矣. 本欲不以此嗚咽之聲動心, 無如心亂已久, 不覺手之觸也. 腸斷聲卽指嗚咽水. 以下又捷轉出一副血性語. 心緖雖亂, 終不以易吾誓死之志也.)

其四

送徒旣有長[1]　遠戍亦有身[2]　生死向前去　不勞吏怒嗔[3]
路逢相識人　附書與六親[4]　哀哉兩決絶[5]　不復同苦辛[6]

보졸들을 보내는 일에 본시 우두머리 있지마는
멀리 가 수자리함에는 역시 내 몸도 있는 법.
죽으나 사나 앞으로 나아가고 있으니
관리는 노여워하고 성낼 필요 없을 터.
길에서 아는 사람 만나
편지를 맡겨 육친에게로 보냈다네.
슬프다, 양쪽이 영원히 떨어져
다시는 고생을 함께할 수 없으니.

주 석

1 送徒(송도): 보졸들을 보내는 일. 여기서는 보졸들을 변방까지 인솔해 가는 일을 말한다. 旣有長(기유장): 이미 무리들의 책임자가 있다. 즉, 인솔을 맡은 지휘관이 있다는 말이다. 이 구절은 인솔 책임자가 있어 무리들의 행군을 독촉한다는 말이다.

《사기 · 고조본기高祖本記》 고조는 정장으로서 현을 대신하여 보졸들을 여산으로 인솔하였는데, 보졸들이 많이 도중에서 달아났다.(高祖以亭長爲縣送徒驪山, 徒多道亡.)

2 遠戍(원수): 멀리 가서 수자리하다. 즉, 변방 지대에서 수자리를 하는 것을 말한다. 亦有身(역유신): 또한 몸이 있다. '나도 역시 돌봐야 될 내 자신이 있다'는 말로서 길을 독촉하는 인솔 책임자에 대하여 불평하는 말이다.

《두시상주》 이것은 보졸의 우두머리에게 꾸지람을 듣고 자신을 동정하는 말을 한 것이다.(此被徒長呵斥, 而作自憐語.)

3 不勞(불로): ~하는 수고를 끼치지 않다. ~할 필요가 없다. 吏(이): 관리. 여기서는 보졸들의 인솔 책임을 맡은 자를 말한다. 怒嗔(노진): 노하여 성을 내다.

4 附書(부서): 편지를 맡기다. 六親(육친): 부모, 형제, 처자를 말한다. 그러나 부자, 형제, 부부로 보기도 하고, 부자, 형제, 고자姑姉, 생구甥舅, 혼구婚媾, 인아姻亞로 보는 경우도 있다.

《사기 · 관안열전管晏列傳》의 '六親'에 대한 《사기색은史記索隱》 왕필이 말하기를 "부모, 형제, 처자다."라고 하였다.(王弼云, 父母兄弟妻子也.)

5 兩決絶(양결절): 양쪽이 서로 단절되다. 양쪽이 영원히 헤어지다. 종군 병사와 그의 육친이 서로 영원히 헤어짐을 말한다.

6 同苦辛(동고신): 고생을 같이하다. '同'을 '問'으로 쓴 판본도 있다.

《두억》 '고락을 같이한다' 말하지 않고, '고생을 같이한다' 하였으니, 행역하는 자나 집에 있는 자나 모두가 고생하는 바 있음을 알겠다. 그런데 서로가 소식을 알지 못하니 그 얼마나 가슴 아픈가!(不云同苦樂, 而同苦辛, 知行者居者各有所苦, 而兩不相聞, 何其痛也.)

[哀哉 2구]

《두시상주》 '애재' 2구는 바로 편지 중에 쓴 마음이다. 홀로 떨어져 먼 곳에서 수자리를 하니 고생을 함께하고자 하여도 그럴 수 없게 되었다. 말이 더욱 슬프다.(哀哉兩語, 卽書中之意. 孤身遠戍, 欲同苦辛而不可得, 語更慘戚.)

#**《두시상주》** 넷째 장은 도중에서 몰아붙임을 당하여 탄식하는 것이다. 위 네 구는 일신이 능멸 당함을 슬퍼한 것이요, 아래 네 구는 육친을 만나지 못함을 아파한 것이다.(四章,在途驅迫而歎也.上四,傷一身之見陵.下四,痛六親之不見.)

《독두심해》 넷째 장은 출정한 병사가 산을 넘고 물을 건너 이미 멀리까지 왔는데도 마구 몰아치는 것에 대해 분노를 토로한 것이다. '또한 몸이 있다'는 것은 역시 이미 몸을 바쳐 수고하고 있다는 말이다. '앞으로 나아간다', '성낼 필요 없다'고 대놓고 말한 것은 화가 격해서 한 말이다. 첫 구는 별도로 제시한 것이고 여기 3구는 모두 책임자에게 대꾸한 말이다. 이 지경까지 몰아붙이니 돌아가 가족과 만날 희망도 다시는 없게 되었다. 육친은 이제부터는 생각하지 말아야 하는 것이다.(四章, 擬征人跋涉旣遠, 而自吐其被驅之憤. 亦有身, 亦旣拚身受苦也. 向前去不勞嗔, 作索性語, 憤所激也. 首句另提. 此三句皆對其長之詞. 驅迫至此, 無復還聚之望, 六親自此丢開念頭矣.)

其五

迢迢萬里餘[1]　領我赴三軍[2]　軍中異苦樂[3]　主將寧盡聞[4]
隔河見胡騎[5]　倏忽數百群[6]　我始爲奴僕[7]　幾時樹功勳

멀리멀리 만 리 길
나를 데리고 삼군으로 가는구나.
군중에서는 고락을 달리하건만
대장이 어찌 다 들어 알겠는가.
교하交河 너머로 오랑캐 기병이 보이더니
순식간에 수백 무리가 되었다.

나는 애당초 노복이니
어느 때나 공훈을 세울 수 있을까?

주 석

1 迢迢(초초): 먼 모양. 萬里餘(만리여): 만리가 넘는 길. '萬餘里'로 쓴 판본도 있다.

2 赴三軍(부삼군): 삼군으로 나아가다. 삼군은 군대의 통칭이다.

《**주례**周禮·**하관**夏官·**서관**序官》 무릇 군을 편성함에 있어서는 1만 2,500명이 일군이 되는데 왕은 육군, 큰 나라는 삼군, 그 다음 나라는 이군, 작은 나라는 일군을 두었다.(凡制軍, 萬有二千五百人爲軍, 王六軍, 大國三軍, 次國二軍, 小國一軍.)

3 異苦樂(이고락): 고락이 같지 않다. 이 구절은 같은 군대 내에서라도 소속된 부대나 계급 여하에 따라서 지내는 형편이 다르다는 말이다.

4 主將(주장): 군대 대장을 말한다. 이 구절은 대장이라는 자가 병졸들의 고생스러운 형편을 보살피지 않는다는 불만을 표출한 것이다.

5 河(하): 교하交河. 첫 수의 '悠悠赴交河'의 구절을 살펴볼 때 여기서는 交河를 가리킴을 알 수 있다. 胡騎(호기): 오랑캐 기병.

《구가집주두시》 조차공 주 토번의 병사를 가리킨 것 같다.(似指言吐蕃之兵也.)

6 倏忽(숙홀): 순식간에, 갑작스럽게.

7 奴僕(노복): 하인. 종. 이 구절은 수자리하는 병사들은 대부분 변방의 장수들의 혹독한 부림을 받기 때문에 종이나 다름이 없다는 것이다. 한편 이 구절을 종의 신분에서 큰 공을 세워 이름을 날린 위청衛青이나 봉상청封常淸의 일을 암용한 것으로 보기도 한다. 위청은 한나라 평양平陽 사람이다. 첩의 소생이었으므로 여러 사람들로부터 종과 같이 대우를 받았으나 후에 무제武帝에게 발탁되고 흉노를 크게 격퇴하여 장평후長平侯에 봉해졌다. 봉상청은 고선지高仙芝의 시종으로서 큰 공을 세운 사람이

다. 여기서 종군 병사는 종과 같은 자신의 신세가 위청이나 봉상청이 종으로 지내던 시절과는 비슷하기는 하나, 이들이 황제의 발탁을 입어 큰 공을 세우게 된 것같이 자신이 그렇게 되기는 어려울 것이라고 한탄하고 있는 것으로 해석할 수 있을 것이다.

《**한서·공손홍전**公孫弘傳》 위청은 노복의 신분에서 떨치고 일어났다.(衛青奮於奴僕.)

《**두시상주**》**에 인용된 호하객**胡夏客**의 주** 봉상청은 처음에는 고선지의 시종이었는데, 후에 고선지를 대신하여 절도사가 되었으며, 마찬가지로 변경을 개척하였다. 이 자 역시 노복에서 떨치고 일어난 자다.(封常清始爲高仙芝傔,後代仙芝爲節度使,同開邊拓境.此亦起於奴僕者.)

#《**두시상주**》 다섯째 장은 처음 군중에 도착하여 탄식하는 것이다. 윗네 구는 대장이 은혜를 적게 베풂을 슬퍼하였고, 아래 네 구는 공을 세울 기약이 없음을 개탄하였다.(五章, 初到軍中而歎也. 上四傷主將之寡恩, 下四慨立功之無日.)

《**독두심해**》 다섯째 장은 이미 전장에 도착한 것이다. 이곳에 이르러 각자 군영의 대오로 나아가 마침내 오는 길 내내 쌓인 노고와 분노를 다 따져보지만 주장이 어찌 듣기나 하겠느냐는 탄식을 하니 듣는 자가 마음이 측은하게 된다. '숙홀' 구는 적의 출몰이 일정하지 않음을 그림같이 핍진하게 그렸다. 적을 보고서야 비로소 공을 세울 것을 생각하였으니 이에 앞서 길에 있을 때는 곤고하여 이를 생각할 여가가 없었음을 알 수 있다. '아시' 두 구절을 읽으면 곤궁한 선비는 눈물을 흘리게 되리다.(五章, 已到用武之場矣. 至是各就營伍, 遂總計來路之積勞積憤, 而爲主將寧聞之歎, 令聞者心惻. 倏忽句, 出沒不常如畫. 見敵而始思樹勳. 知前此在途困頓, 未暇念此也. 讀我始二語, 寒士淚下.)

其六

挽弓當挽强[1] 用箭當用長 射人先射馬[2] 擒賊先擒王[3]
殺人亦有限[4] 立國自有疆[5] 苟能制侵陵[6] 豈在多殺傷[7]

활을 당기려면 굳센 것을 당길 것이요
화살을 쓰려거든 긴 것을 쓸 것이다.
사람 먼저 말을 맞힐 것이요
도적은 왕을 먼저 잡아야 할 것이다.
사람을 죽임에도 한도가 있고
나라를 세움에는 자연 경계가 있는 것.
진실로 침략과 능멸을 제어할 수 있으면 되었지
어찌 많이 죽이고 상하게 하는 데 있겠는가.

주석

1 挽弓(만궁): 활을 당기다. 挽强(만강): 굳센 활을 당기다.

《**오대사**五代史·**경연광전**景延廣傳》 아버지 경건景建은 활을 잘 쏘았다. 일찍이 연광에게 가르쳐 말하기를 '활을 쏘아서 철판에 박히지 않으면 쏘지 않는 것만 못하다'라고 하였다. 이로 인해 연광은 굳센 활을 당기는 것으로 이름이 나게 되었다.(父建善射, 嘗敎延廣曰, 射不入鐵, 不如不發, 由是延廣以挽强見稱.)

2 射人(석인): 사람을 쏘아 맞히다.

3 擒賊(금적): 도적을 잡다. '賊'을 '寇'로 쓴 판본도 있다.

4 有限(유한): 한도가 있다.

《**두시상주**》《서경·목서牧誓》에 "여섯 번 공격, 일곱 번 공격을 넘지 말고 대오를 정돈하라"는 구절이 있는데, 이른바 사람을 죽임에 한도가 있다는 것이다.(書, 不愆于六伐七伐, 乃止齊焉, 所謂殺人有限也.)

5 立國(입국): 나라를 세우다. '立'을 '列'로 쓴 판본도 있다. 疆(강): 경계. 여기서는 국경선을 의미한다. 이 구절은 나라마다 경계가 있는 법이니 영토 확장을 해서는 안 된다는 뜻으로 첫 수의 '開邊一何多'와 호응한다.

6 制侵陵(제침릉): 침략하고 능멸함을 제어하다.

7 豈在(기재) 구: 이 구절은 전쟁의 목적이 방어를 위한 최소한의 살상에 있는 것이지 영토 확장의 욕심을 채우기 위하여 많은 인명을 살상하는 데 있지 않다는 것이다.

#《두시상주》 당시 함부로 전쟁을 일으키기 때문에 탄식한 것이다.(爲當時黷武而歎也.)

《두시상주》에 인용된 장연張綖 **주** 이 장의 뜻은 오로지 '왕을 사로잡는다' 는 한 구절에 있으며, 위의 세 구는 모두 이끌어 내는 말이요, 아래 네 구는 함부로 죽여서는 안 되는 까닭을 거듭 설명한 것이다.(章意只在擒王一句, 上三句皆引興語, 下四句申明不必濫殺之故.)

《두시상주》에 인용된 황생黃生 **주** 앞 네 구는 노랫말 같기도 하고 속담 같기도 하니 악부의 최고로 기묘한 경지다. …… 싸움터에서 많이 살상하게 된 것은 진나라 사람들로부터 시작되었다. 대개 수급으로써 공을 논하였기 때문으로 전대에는 이런 일이 없었다. 출새의 일로 말하자면, 한무제에게서 시작되었는데, 당시 위청, 곽거병이 비록 거듭 승리하였으나 사졸들이 태반이나 죽게 되었다. 현종은 그 백성을 불쌍히 여기지 아니하고, 멀리 진시황과 한무제를 흠모하였으니 이 시의 풍자함이 진실로 깊다.(前四語, 似謠似諺, 最是樂府妙境. …… 戰陳多殺傷, 始自秦人, 蓋以首級論功, 前代無是也. 至出塞之舉, 則始于漢武帝, 當時衛霍雖屢勝, 然士卒大半物故矣. 明皇不恤其民, 而遠慕秦皇漢武, 此詩託諷良深.)

《독두심해》 여섯째 장은 이미 공명의 기회에 있게 된 것이다. 아직도 다짐하는 말을 하고 있으니 아직은 적을 마주하지 않은 상황이다. 위 4구는 이처럼 비등하는데도 아래 4구에서는 홀연 가볍게 바뀐다. 토끼가 뛰니 송골매가 내리 꽂는다는 것은 이와 같은 것이로다. 위 4구가 문세를 연 것이라면 아래 4구는 본 주제로 돌아간 것이다. 이와 같아야 비로소 아랫사람이 의를 좋아하고 윗사람이 인을 좋아하는 것이다.(六章, 已在功名之會矣. 尙是矢志語, 未是對敵事. 上四如此飛騰, 下四忽然掠轉. 兎起鶻落, 如是如是. 要是上四作開勢, 下四歸本志也. 如此方是下好義而上好仁.)

其七

驅馬天雨雪[1]　軍行入高山　逕危抱寒石[2]　指落曾氷間[3]
已去漢月遠[4]　何時築城還[5]　浮雲暮南征　可望不可攀[6]

말을 모는데 하늘에서는 눈이 내리고
군대는 행군하여 높은 산으로 들어간다.
길이 위태로워 차가운 돌을 끌어안으니
손가락은 겹겹의 얼음 사이로 떨어져 나간다.
이미 한나라 달을 떠나 멀리 왔으니
어느 때나 성을 쌓고 돌아갈 것인가?
뜬구름 저녁 되어 남쪽으로 가는데
바라볼 수만 있을 뿐 오를 수는 없구나.

주 석

1 天雨雪(천우설): 하늘에서 눈이 내리다.

2 逕(경): 좁은 길. 소로. 抱寒石(포한석): 차가운 돌을 끌어 안다. 이 구절은 높은 산 속의 길이 위태로워 미끌어지지 않도록 돌을 붙잡고

행군하는데, 그 돌이 매우 차갑다는 말이다.

3 指落(지락): 손가락이 얼어서 떨어져 나가다. 曾氷間(층빙간): 여러 겹으로 두껍게 얼어붙은 얼음 사이. '曾'은 '層'의 의미로 몇 겹으로 된 것을 말한다.

《한서 · 괴통전蒯通傳》 큰 추위를 만나자, 사졸 중에서 손가락이 떨어져 나간 자가 열 명 중에 두세 명이나 되었다.(會大寒, 士卒墜指者十二三.)

[逕危 2구] 이 구절은 군졸들이 한겨울에 높은 산을 올라 위태한 길을 가다 보니 자주 차가운 돌을 손으로 붙잡게 되어 동상이 심하게 되었다는 말이다.

4 去漢月(거한월): 한나라의 달을 떠나다. 여기서 '한월'은 당나라의 달을 가리키며, 고국 혹은 고향을 의미한다. 이 구절은 고국을 떠나 멀리 변방 지역으로 와 있음을 말한 것이다.

5 何時(하시) 구: 군대가 동절기 축성 사역에 동원되었음을 알 수 있다.

《두시상주》에 인용된 당원횡唐元竑 주 가서한이 일찍이 청해에 성을 쌓았는데, 아마도 겨울철에 군대를 부렸던 것 같다. 그래서 군사들이 추위에 고생한다고 읊은 것이다.(哥舒翰嘗築城青海, 疑於冬月行師, 故爲軍士苦寒之吟.)

6 攀(반): 잡고 올라가다.

#《두시상주》 일곱째 장은 변방에서 수자리를 보면서 성을 쌓은 일로 인해 탄식한 것이다. 위 네 구는 혹한으로 인한 고초를 쓴 것이요, 아래 네 구는 돌아가고 싶은 심정을 서술한 것이다.(七章, 爲戍邊築城而歎也. 上四, 述嚴寒之苦. 下四, 敍思歸之情.)

《독두심해》 일곱째 장은 수자리함을 말하였다. 수자리를 하려면 반드시 성을 쌓아야 하는데 성을 쌓는 것은 반드시 험준한 산을 기대어야 한다. 3, 4구는 추위를 무릅쓰고 높은 곳으로 올라가야 하는 고초를 적었으니, 암담하고 참담한 색채를 더하여 변방의 고초가 극에 달하였다. 고초가 극에 달하였으므로 고향집을 그리워한 것이다. 육친에 대한 생각은 앞서 이미 버려 버렸는데 이곳에서 다시 언급하니 회오리바람 따라 눈이 춤추는 운치가 있다.(七章, 言戍守也. 戍守則須城築, 城築必依山險. 三四,

寫衝寒陟危之苦，設色黯慘，邊庭之苦極矣．苦極故思家也．六親之念，前已丢開，此又提起，有雪舞迴風之致．)

其八

單于寇我壘[1] 百里風塵昏 雄劍四五動[2] 彼軍爲我奔[3]
虜其名王歸[4] 繫頸授轅門[5] 潛身備行列[6] 一勝何足論[7]

선우가 우리 군루軍壘에 침입하니
백리에 바람 먼지 어둑한네,
웅검이 너댓 번 움직이니
저 적군들 우리에게 쫓겨 간다.
그 유명한 왕을 사로잡아 돌아와
목을 매어서 진문陣門에 넘겨준다.
몸을 숨겨 대열을 채우고 있으니
한 번 이긴 것 무엇 논할 것 있겠는가.

주 석

1 單于(선우): 흉노족의 군장君長. 여기서는 한나라 때의 일을 차용한 것으로 토번의 수장을 가리킨다. 寇(구): 침입하다. 我壘(아루): 아군의 보루堡壘.

《한서 · 흉노전匈奴傳》 선우는 성이 연제씨로 그 나라 사람들이 '탱려고도선우'라고 부른다. 흉노는 하늘을 '탱려'라고 하고 아들을 '고도'라고 한다. 선우는 광대한 모양으로서 그가 하늘과 같이 광대무변하다는 것을 말한다.(單于姓攣諸氏，其國稱之曰撑黎孤塗單于，匈奴謂天爲撑

黎, 謂子爲孤塗, 單于者廣大之貌, 言其象天單于然也.)

2 雄劍(웅검): 고대 전설상의 명검. 四五動(사오동): 너댓 번 움직이다.

《두시상주》에 인용된 《열사전烈士傳》 초왕의 부인이 항상 납량을 위해 쇠기둥을 안곤 하였는데, 마음으로 느끼는 바가 있더니 마침내 잉태하게 되었고 후에 쇠를 하나 나았다. 초왕이 막야에게 명하여 이것으로 쌍검을 만들라 명하였다. 3년 만에 비로소 검이 만들어지니, 하나는 자검雌劍이요, 하나는 웅검雄劍이었다.(楚王夫人, 常納凉而抱鐵柱, 心有所感, 遂懷孕, 後産一鐵. 楚王命鏌鄒鑄此爲雙劍, 三年乃成劍, 一雌一雄.)

《두시상주》에 인용된 《월절서越絶書》 초왕이 철검 세 자루를 만들었다. 진나라와 정나라에서 이를 듣고는 구하였으나 얻지 못하자 군사를 일으켜 초를 포위하고 삼년을 풀지 않았다. 초나라 사람이 태아라는 검을 가지고 성에 올라 휘두르니 삼군이 패퇴하고 사졸들이 미혹되어 피가 천리를 흘렀다.(楚王作鐵劍三枚, 晉鄭聞而求之不得, 興師圍楚, 三年不解. 楚引太阿之劍, 登城而麾之, 三軍破敗, 士卒迷惑, 流血千里.)

《두시상주》에 인용된 장연 주 개원 연간에 하서 장군 송청춘이 매번 전투할 적마다 검을 휘두르며 큰소리를 지르면서 목을 베어 돌아오는데, 한 번도 적의 칼이나 화살에 맞은 적이 없었다. 후에 토번의 최고장수를 사로잡아 물어보니 "항상 청룡이 진영으로 돌진해 오는 것을 보았는데, 병기가 닿으면 마치 동이나 철에 부딪히는 것과 같아 신이 돕고 있다고 생각했다."라고 대답하여 비로소 검의 기이함을 알게 되었다. 공의 '웅검' 2구는 이 일을 겸하여 쓴 것이다.(開元中, 河西將宋青春, 每戰運劍大呼, 執馘而旋, 未嘗中鋒鏑. 後獲吐蕃主帥, 問之, 曰, 常見青龍突陣而來, 兵刃所及, 如及銅鐵, 以爲神助也. 始知劍之異. 公雄劍二句, 兼用此事.)

3 彼軍(피군): 저쪽 군대. 토번을 가리킨다. 爲我奔(위아분): 아군에 의해 쫓겨 가다.

4 名王(명왕): 토번족의 유명한 왕.

《한서 · 흉노전》 위청, 곽거병이 유명한 왕과 귀인들을 사로잡은 수가 백을 헤아렸다.(衛青, 霍去病, 虜名王貴人以百數.)

5 轅門(원문): 군대의 진문陣門을 말한다.

《주례·천관天官·장사掌舍》'設車宮轅門'에 대한 정현鄭玄 주 왕이 순행하다가 위험한 곳에서 투숙을 하게 되면 비상사태를 대비하여 수레를 나열하여 울타리를 만드니, 수레를 쳐들어 그 끌채로써 문을 표시한다.(謂王行止宿阻險之處, 備非常, 次車以爲藩, 則仰車以其轅表門.)

6 潛身(잠신): 몸을 숨기다. 備行列(비항렬): 군대의 대열을 채우다. 이 구절은 토번의 유명한 왕을 사로잡는 전공을 세웠으나, 그 전공을 자랑하지 않고 오히려 일반 병사들의 대열 속으로 자신을 숨긴다는 뜻이다.

《두시상주》에 인용된 노원창盧元昌 주 몸을 감추어 군대의 대열을 채우고 있다는 것은 홀로 나무 밑에 앉아 있던 풍이 장군과 같은 것이다.(潛身備行列, 如獨坐樹下之馮異.)

7 一勝(일승): 한 번 이기다. 何足論(하족론): 어찌 논할 가치가 있겠는가?

[潛身 2구] 전공을 세웠음에도 자랑하지 않는 병사의 겸양을 표현한 것이다. 그러나 종군 병사의 겸양으로 보지 않고 오히려 그의 불평하는 소리로 이해하기도 한다. 지위가 낮기 때문에 공이 있어도 상을 받지 못하는 것에 대하여 불평하는 말로 보는 것이다. 역시 가능하다.

《두시상주》 검이 움직여 적이 도망하였으니 이것은 군사가 승리를 획득한 것이다. 그런데 그의 뜻은 반드시 사막 남쪽의 변방을 모두 깨끗하게 하고난 후에 즐거워하겠다는 것이니, 한 번의 승리가 또한 어찌 논할 만하겠는가?(劍動寇奔, 此軍士之獲勝, 乃其意必欲盡空幕南之庭而後快, 一勝又何足論乎.)

《구가집주두시》 조차공 주 이 시에서 사졸들은 공을 세워도 논하려 하지 않는데, 어찌 당시 주장들의 몽매함 때문이 아니겠는가?(此詩士卒有功而不欲論, 豈當時主將之暗故耶.)

#《두시상주》 여덟째 장은 그가 대적하고 분개하는 용기가 있음을 보여준다. 위 네 구는 적을 맞이하여 제압하여 승리함을 말한 것이요, 아래는 변방의 더러운 기운을 깨끗하게 하겠다는 것으로 '왕을 사로잡는다'는 뜻이다.(八章, 見其有敵愾之勇. 上四言臨敵制勝, 下欲掃淨邊氛, 卽擒王意也.)

《독두심해》 여덟째 장은 전장을 말하였다. 처음 2구는 적군의 왕성한 기세요, 중반의 4구는 아군의 용맹함이다. 검이 움직이자마자 도망하는 자는 도망했고 포로가 된 자는 포로가 되었다. 운필의 기묘함은 쓸데없이 장황하지 않음에 있다. 결어는 아득히 멀어졌지만 도리어 다음 장을 위해 맥락을 이끌어 준다.(八章, 言戰陣也. 起二, 彼勢之盛. 中四, 我軍之勇. 劍纔動而奔者已奔, 縶者已縶, 筆妙正在不費張皇. 一結窅然以遠, 卻爲下章引脈.)

其九

從軍十年餘　能無分寸功[1]　衆人貴苟得[2]　欲語羞雷同[3]
中原有鬪爭　況在狄與戎　丈夫四方志[4]　安可辭固窮[5]

종군한 지 십여 년
조그마한 공이 없을까마는,
뭇사람 구차하게 얻는 것을 귀히 여기니
말해볼까 하다가도 뇌동하는 것 부끄럽다.
중원에도 다툼이 있으니
하물며 적과 융의 변경에 있어서랴.
장부의 천하를 경영하려는 뜻이여
어찌 고생하는 것을 사양하리오.

주석

1 分寸功(분촌공): 아주 작은 공적. '일분一分'은 '일척一尺'의 백분의 일이며, '일촌一寸'은 '일척一尺'의 십분의 일이다. '분촌'은 일반적으로 아주 작은 부분을 말할 때 쓰이는 말이다.

2 貴苟得(귀구득): 구차히 얻음을 귀하게 여기다.

《두시상주》에 인용된 노원창盧元昌 **주** 공을 탐하고 구차하게 얻는 일이란 무릇 무고한 사람들을 함부로 죽이고, 전쟁에서 진 것을 숨기어 이긴 것으로 하고 남의 공을 빼앗는 것들이 모두 이런 것이다.(冒功苟得, 凡濫殺無辜, 掩敗爲捷及攘奪人功, 皆是.)

3 欲語(욕어): 말하려고 하다. 여기서는 공을 말하려고 한다는 뜻이다. 羞雷同(수뇌동): 뇌동하기가 부끄럽다. 남들이 공을 내세우는 구차한 모습에 뇌동하는 것이 부끄럽다는 말이다.

[中原 2구] 이 구절은 중원에 있을 때조차 공을 서로 다투었거니와 멀리 오랑캐를 마주한 변방에 와 있으니 그 다툼이 오죽하겠느냐는 말이다. 중원에서 공을 놓고 서로 다툰다면 중원도 불안할 터이니 어떻게 멀리 오랑캐를 정벌할 수 있겠느냐, 혹은 중원에서조차도 공을 서로 다투어 싸움을 일삼으니 바깥 오랑캐와 다를 바가 없다고 보는 경우도 있다.

《두시상주》 만약에 공을 다투어 싸움을 하게 된다면, 중원이 장차 스스로 평안치 못하려니와, 하물며 멀리 오랑캐를 정벌할 수 있겠는가. (若爭功而鬪, 則中原且不自安, 況能遠征戎狄乎.)

《두시상주》에 인용된 구설舊說 중원인데도 다툼이 있다면, 바깥 오랑캐와 다를 것이 없을 터인데, 하물며 융과 적을 나무랄 수가 있겠는가. (中原而有鬪爭, 則與外夷無異, 況能責及戎狄乎.)

4 四方志(사방지): 천하를 경략하고 해내海內를 석권하려는 웅지를 말한다.

《삼국지 · 위지魏志 **· 순욱전**荀彧傳**》** 천하에 바야흐로 분쟁이 있는데, 유표는 앉아서 강한 지역만을 보호하고 발을 뻗으려 하지 않고 있으니, 그가 천하를 경략하고 해내를 석권하려는 뜻이 없음을 알 만하다.(天下方有事, 劉表坐保江漢之間, 其不敢展足, 無四方之志可知.)

5 固窮(고궁): 본디 곤궁한 것이다. 혹은 그 곤궁함을 굳게 지킨다. '固'를 '困'으로 쓴 판본도 있다.

《논어 · 위영공衛靈公**》의 '君子固窮, 小人窮斯濫矣'에 대한 주희 주** 군자에게는 본디 궁한 시절이 있지만, 소인들이 궁하게 되면 멋대로 잘못을 저지르는 것과는 다르다는 말이다. 정자가 말하기를 '고궁'이라는 것은 그 궁한 바를 굳세게 지키는 것이라고 했는데 이것 역시 통한다.(言君子固有窮時, 不若小人窮則放溢爲非. 程子曰固窮者, 固守其窮, 亦通.)

#《두시상주》 아홉째 장은 공을 탐하고 상을 바라는 자들 때문에 나온 것이다. 위에서는 '구차히 얻는 것을 귀하게 여긴다'고 말하여 변방의 장수들이 개인의 이익을 도모하는 폐단을 드러냈으며, 아래에서는 '뜻을 사방에 둔다'고 하여 군사의 보국하려는 충심을 보였다.(九章, 爲冒功邀賞者發. 上云貴苟得, 見邊將營私之弊, 下云志四方, 見軍士報國之忠.)

《독두심해》 마지막 장은 말이 공을 논하는 데까지 이르렀으니 앞 장에서 '몸을 숨기니 무엇을 논하랴'는 말을 이어서 나온 것이다. 다른 사람이 이런 상황이라면 틀림없이 '공을 서책에 기록한다'느니 '벼슬을 올려준다'느니 하는 말들을 썼을 것인데, 체재에 어울리지 않는 것도 아니나 이와 같게 되면 아래에서는 병사가 공을 바라는 마음을 열게 될 것이요, 위로는 임금이 공을 좋아하는 마음을 더욱 조장하게 될 것을 모르는 것이다. 그리고 앞서 말한 '영토 확장이 어찌 그리 많으냐', '어찌 많이 죽이는 데 있느냐'라고 한 것이 서로 맞지 않게 되어 풍간하는 뜻이 가려질 것이다. 공의 경우에는 초월하는 언사로 이를 담담하게 처리했다. '십 년'이니 '촌공'이니 말하여 득실을 따져 보상받으려는 것이 별로 없고, '구득'이니 '수동'이니 말하여 자랑하려는 당초 생각도 다 사라져 버렸다. 중원이 장차 혼란스러워지려 하니 또한 풍도를 크게 하여 오랑캐 땅까지 품어야 할 것이다. 원대한 뜻을 가지고 곤궁한 것을 개의치 않는다고 했으니 절로 마음을 거두는 신묘한 비결이라 하겠다. 이 시는 바로 명황이 조급한 중에 한 번 복용할 한 첩의 청량제인 것이다.(卒章說到論功處, 接前章潛身何論來. 他手至是, 定用策勳進爵等語, 未爲不合體也. 不知如此, 則下以啓軍士倖功之心, 卽上益以長人君喜功之志. 而前所云開邊何多豈在多殺者, 不復相顧, 而規諷之意隱矣. 公則以超語淡之. 曰十年寸功, 得失之相償無幾也. 曰苟得羞同, 誇大之初念頓消也. 內地且將致亂, 還宜大度包荒. 遠志不妨固窮, 自是收心妙訣. 此正明皇躁急中一服淸涼散也.)

(김성곤)

10. 麗人行

미인의 노래

三月三日天氣新[1] 長安水邊多麗人
態濃意遠淑且眞[2] 肌理細膩骨肉勻[3]
繡羅衣裳照莫春[4] 蹙金孔雀銀麒麟[5]
頭上何所有 翠微盍葉垂鬢脣[6]
背後何所見[7] 珠壓腰衱穩稱身[8]
就中雲幕椒房親[9] 賜名大國虢與秦[10]
紫駝之峰出翠釜[11] 水精之盤行素鱗[12]
犀筯厭飫久未下[13] 鸞刀縷切空紛綸[14]
黃門飛鞚不動塵[15] 御廚絡繹送八珍[16]
簫管哀吟感鬼神[17] 賓從雜遝實要津[18]
後來鞍馬何逡巡[19] 當軒下馬入錦茵[20]
楊花雪落覆白蘋[21] 靑鳥飛去銜紅巾[22]
炙手可熱勢絶倫[23] 愼莫近前丞相瞋[24]

3월 3일 날씨가 신선하여
장안의 물가에 미인이 많다.
자태 농염하고 마음 고원하니 맑고도 참되며
살결 곱고 매끄러운데다 몸매가 고르다.
수놓은 비단 옷은 늦봄과 어울리는데
금실 수놓은 공작에 은실 기린,
머리 위엔 무엇이 있는가?
비췻빛 은은한 머리 장식 꽃잎이 살적 가에 드리워 있다.

등 뒤에는 무엇이 보이는가?
구슬에 눌린 허리띠가 몸에 잘 어울린다.

그 가운데 구름 같은 장막은 귀비의 친척이라서
대국의 이름을 내리니 괵국과 진국이로다.
자타紫駝의 등 요리가 푸른 솥에서 나오고
수정 쟁반에 하얀 생선 내놓았다.
무소뿔 젓가락은 실컷 먹어선지 오랫동안 손대지도 않는데
난새 방울 달린 칼로 잘게 썰며 괜스레 어지러이 움직인다.
내시는 말을 달려도 먼지 일으키지 않고
황제의 주방에서는 끊임없이 진수성찬을 보내온다.
통소와 피리의 구슬픈 음악이 귀신을 감동시키는데
빈객과 시종들 우글대니 실로 요직에 있는 이들이다.

뒤에 온 안장 채운 말 얼마나 느긋한가!
천막을 마주하고는 말에서 내려 비단 자리로 들어간다.
버들솜 눈처럼 떨어져 흰 마름을 덮고
파랑새 날아가며 붉은 수건을 물었다.
손을 쬐면 델만큼 권세가 비할 데 없으니
삼가 가까이 다가서지 말게나, 승상이 진노한다네.

이 작품은 두보가 장안에 있을 때 현종玄宗의 총애를 받던 양씨楊氏 자매와 양국충楊國忠 일가의 사치스럽고 방종한 행태를 보고 이를 풍자하기 위해 지은 것이다. 이 시에서 압운押韻상 독특한 점은 기본적으로 매구

압운하다가 중간에는 격구隔句로 압운하였다는 것이다.

이 시의 저작 시기에 대해《보주두시》에서는 양국충이 승상이 된 2년 뒤인 천보 13년으로 추정하고 있다. 그러나 그 이유에 대해서는 밝히지 않았다. 반면《두시상주》에서는 양국충이 승상이 된 바로 이듬해에 지은 것으로 보아 그 시기를 1년 앞당겼다. 어느 것이 정확한지는 알 수 없으나, 여하튼 양국충이 승상이 된 뒤인 천보 12, 13년경에 지은 것은 분명한 듯하다. 〈여인행〉은 고가요古歌謠에서 유래한 것으로 보인다.

《구당서·후비열전后妃列傳》 현종이 매년 10월에 화청궁에 행차할 때면 양국충의 자매 다섯 집안이 뒤를 따랐는데, 각 집마다 하나의 대오를 이루어 한 가지 색깔의 옷을 입었다. 다섯 집이 대오를 함께 하니 마치 온갖 꽃이 찬란히 피어난 것처럼 환히 빛났고, 비녀와 신발을 떨구니 구슬과 비취들이 길에서 찬란한 모습으로 향기를 드날렸다. 그리고 양국충은 괵국부인과 정을 통하면서 숫여우라는 비난도 꺼리지 않았다. 매번 입조할 때면 간혹 나란히 수레를 몰면서 장막조차 치지 않았다.(玄宗每年十月幸華淸宮, 國忠姉妹五家扈從, 每家爲一隊, 著一色衣. 五家合隊, 照映如百花之煥發, 而遺鈿墜舃, 瑟瑟珠翠, 璨瓓芳馥於路. 而國忠私於虢國, 而不避雄狐之刺, 每入朝或聯鑣方駕, 不施帷幔.)

《보주두시》 양권도는 천보 14년에 편재하였는데, 마지막 구에서 '승상'이라고 한 것은 양국충을 말한다.《당서》와《자치통감》에 의하면 천보 11년에 이임보가 죽고 양국충이 11월 경신일에 좌상(《신당서》와《구당서》에는 '우상'으로 되어 있다)이 되었다고 한다. 13년에 지은 것이 타당하다.(梁權道編在十四載. 末句云丞相者, 謂楊國忠. 按史與通鑑, 十一載李林甫死, 而國忠以十一月庚申爲左相. 當是十三載作.)

《두시상주》 이 작품은 천보 12년 봄에 지은 것임에 틀림없다. 아마도 양국충은 11년 11월에 우승상이 되었을 것이다.(此當是十二年春作, 蓋國忠於十一年十一月爲右丞相也.)

《악부시집樂府詩集・잡곡가사雜曲歌辭》〈여인곡麗人曲〉에 인용된 《악부광제樂府廣題》 유향의 《별록》에서 "옛날에 어떤 미인이 우아한 노래를 잘 불렀는데, 뒤에 이를 따라 곡에 이름을 붙였다."라고 하였다.(劉向別錄云, 昔有麗人善雅歌, 後因以名曲.)

주 석

1 三月三日(삼월삼일): 이날이 되면 민간에서는 강물에 목욕재계하여 불길함을 씻어냈고, 문인들은 강가에 나가 강물을 끌어 거기다 술잔을 띄워 놓고 술을 마시며 시부詩賦를 지었다고 한다. 원래는 상사절上巳節(음력 3월 첫 사일巳日)에 이러한 풍속이 있었으나, 위魏 이후로는 3월 3일에 행해졌던 것으로 보인다. 안연지顔延之의 〈삼월삼일곡수시三月三日曲水詩〉나 사영운謝靈運의 〈삼월삼일시연서지三月三日侍宴西池〉 등이 그 예다. 天氣(천기): 날씨.

《진서晉書・예악지禮樂志》 위 이후로는 단지 '3일'을 썼지, 더 이상 '巳'일을 쓰지 않았다.(魏以後, 但用三日, 不復用巳.)

《구가집주두시》 조차공 주 진송 때 사람들은 임금을 모시고 굽이진 물가에서 잔치를 열면서 모두들 '삼월삼일'로 글의 제목을 삼았다. 당 개원 중에 도읍 사람들이 곡강에서 논 것은 중화절(음력 2월 1일)과 상사절이 가장 성대하였다. 이것이 3월 3일 물가에 미인이 많은 이유이다.(晉宋諸人, 侍宴曲水, 皆以三月三日爲題. 唐開元中, 都人遊賞於曲江, 莫盛乎中和上巳節. 此三月三日所以水邊多麗人也.)

2 態濃意遠(태농의원): 자태는 농염하고 마음은 깊다. 淑且眞(숙차진): 정숙하고도 진실되다.

《두시경전》 정숙하고 진실됨은 부인의 미덕이다. 두보는 반대로 말하여 이를 풍자한 것이다.(淑眞夫人美德, 公反言以刺之也.)

3 肌理(기리): 살의 무늬. 즉 살결. 細膩(세니): 섬세하고 매끄럽다. 피부가 매끄럽고 고운 모양을 말한다. 骨肉勻(골육윤): 뼈와 살이 고르다. 살이 알맞게 쪄 몸매가 보기 좋은 것을 뜻한다.

4 繡(수): '畫'로 된 판본도 있다. 照莫春(조모춘): 저물어 가는 봄을

비추다. 즉 늦봄에 잘 어울리는 복장을 하고 있다는 말이다. '莫'는 '暮'와 같다. '照'는 《문원영화文苑英華》에는 '朝'로 되어 있다.

《구가집주두시》 《논어 · 선진先進》에 "늦봄이 되어 봄 옷이 이미 완성되었다."라는 말이 있으니, '조모춘'이란 자는 옷에다 쓰면 더욱 온당하다.(論語, 暮春者, 春服旣成, 則照暮春字, 於衣服使之, 尤穩.)

5 蹙金(축금): 금실로 수를 놓는 방법의 하나. 이 구절은 미인들이 입고 있는 옷에 금실로 공작이, 은실로 기린이 수놓여 있는 것을 묘사한 것이다. 한편 《두시언해》에서는 '금공작金孔雀과 은기린銀麒麟……'이라고 풀이하기도 하였다.

6 翠微(취미): 비취가 미세하게 늘어져 있다는 말이다. 《문원영화》에는 '微'가 '爲'로 되어 있다. 㔩葉(압엽): 머리에 꽂는 꽃잎 모양의 장식품. 《문원영화》에는 '㔩'이 '匌'으로 되어 있다. 그리고 '㔩'의 음에 대해서는 《두시상주》에서 '오와 합의 반절(烏合切)'이라고 하였다. 鬢脣(빈순): 살적 주변. 이 구절은 비취가 미세하게 늘어져 있는 머리 장식이 살적 가장자리에 드리워져 있는 것을 형용한 것이다.

《석명釋名 · 석형체釋形體》 '순'은 가장자리란 뜻이다. 입의 가장자리이다.(脣, 緣也. 口之緣也.)

7 背(배): '身'으로 된 판본도 있다.

8 腰衱(요겹): 허리띠. 혹은 허리부분의 옷자락. '衱'의 음에 대해 《두시상주》에 '기와 첩의 반절(其輒切)'이라고 하였다. '襻'으로 된 판본도 있는데, 《문원영화》에는 '枝'로 되어 있다. 穩稱身(온칭신): 알맞게 몸과 어울리다. 즉 적당히 몸과 잘 어울린다는 말이다.

《이아爾雅 · 석기釋器》 '裾'의 곽박郭璞 주 옷의 뒷자락이다.(衣後裾也.)

《구가집주두시》 조차공 주 '요겹'은 곧 치마의 허리끈이다. 구슬을 꿰어 놓았기에 '주압요겹'이라 한 것이다.(腰衱, 則裙腰耳. 以綴珠之故, 言珠壓腰衱.)

#**《두시상주》** 이 시는 여러 양씨 집안 사람들이 곡강에서 놀며 연회를 연 일을 풍자한 것이다. 첫머리에서는 유람 나온 여인들의 아름다움에 대해 서술하였다. 셋째 구에서는 신태神態의 아름다움에 대해 말하였고,

넷째 구에서는 체형과 용모의 아름다움에 대해 말하였으며, 다섯째와 여섯째 구에서는 복장의 아름다움에 대해 말하였다. 그리고 머리와 등에 대한 네 구는 상하 전후를 열거하였으니 온 몸의 화려함이 다 나타나고 있다. 본래는 진국부인과 괵국부인의 야한 모습을 그리려 한 것이나, 드디어 대략 미인을 말하여 이를 개괄하였다. …… 양신은 송강 사람 육심이 고본을 보았는데, "발 아래에는 무엇이 붙어 있는가? 붉은 연꽃 수놓은 비단 버선이 은 등자를 밟고 있다."라는 두 구절이 더 있다고 하였다. 그러나 지금 생각해 보면 두 단락이 각각 열 구를 경계로 삼고 있으므로 이 구절을 첨가하는 것은 오히려 쓸데없는 짓이다.(此詩刺諸楊遊宴曲江之事. 首敍遊女之佳麗也. 三言丰神之麗, 四言體貌之麗, 五六言服色之麗, 頭背四句, 擧上下前後, 而通身之華麗俱見. 本寫秦虢冶容, 乃概言麗人以檃括之. …… 楊愼謂, 松江陸深見古本尙有二句, 足下何所著, 紅蕖羅襪穿鐙銀. 今按, 兩段各十句爲界限, 添此反贅.)

9 就中(취중): 그중에서도. 雲幕(운막): 구름처럼 아련히 드리워진 장막. 여기서는 괵국부인이나 진국부인 같은 양귀비의 누이가 거처하던 곳을 지칭하는 말로 결국은 이들을 비유적으로 표현한 것이다. 椒房(초방): 한漢나라 때의 궁전 이름으로 황후가 거처하던 곳이다. 여기서는 당시 현종의 총애를 받았던 양귀비를 가리킨다. 이 구절은 물가로 놀러 나온 미녀들 가운데서도 양씨 집안의 자매들이 양귀비와 가까운 친족 관계를 맺고 있음을 뜻한다.

《**두시언해**》 운막은 장막을 펼친 것이 마치 운무가 떠 있는 것 같다는 말이다.(雲幕, 鋪設帳幕, 如雲霧之浮.)

《**서경잡기**西京雜記》 성제는 감천자전에 운악과 운장 그리고 운막을 설치하였는데, 세상에서는 삼운전이라 부른다.(成帝設雲幄雲帳雲幕於甘泉紫殿, 世謂三雲殿.)

《**삼보황도**三輔黃圖》 초방전은 미앙궁에 있는데 산초나무 열매를 진흙에 섞어서 벽에 발랐다.(椒房殿, 在未央宮, 以椒和泥塗壁.)

《**구가집주두시**》《한관의》에 "황후를 초방이라 부른 것은 열매가 많이 열렸다는 뜻을 취한 것이다."라는 기록이 있다. …… 산초나무 열매를 궁실에 바르는 것 역시 그 온난한 기운을 얻고 사악한 기운을 막기 위한 것이다.(漢官儀曰, 皇后稱椒房, 取其蕃實之義也. …… 以椒塗宮室, 亦取其溫暖, 辟除惡氣.)

10 賜名大國(사명대국): 대국으로 이름을 하사해 주다. 즉 '국부인國夫人'이란 칭호를 내린 것을 말한다. 虢與秦(괵여진): 괵국과 진국. 양귀비의 두 누이가 각각 괵국부인과 진국부인에 봉해졌기에 한 말이다. 한편 이 구절은 '대국인 괵국과 진국의 국부인의 이름을 하사하였다'고 풀이할 수도 있다.

《구당서 · 후비열전后妃列傳》 양귀비에게는 세 누이가 있었는데, 모두 재기와 미모를 지니고 있어 현종이 모두에게 국부인의 칭호를 봉하였다. 맏이는 대이라 불렀는데 한국부인에 봉해졌고, 셋째 누이는 괵국부인에 봉해졌으며, 여덟째 누이는 진국부인에 봉해졌다.(太眞有姊三人, 皆有才貌, 玄宗竝封國夫人之號, 長曰大姨, 封韓國, 三姨封虢國, 八姨封秦國.)

《자치통감資治通鑑》 최씨에게 시집간 여자는 한국부인이 되었고, 배씨에게 시집간 여인은 괵국부인이 되었으며, 유씨에게 시집간 여인은 진국부인이 되었다.(適崔氏者爲韓國, 適裴氏者爲虢國, 適柳氏者爲秦國.)

《구가집주두시》 조차공 주 《장안지》로 고찰해 보건대, 괵국부인이 여덟째 누이이므로 진국부인은 큰 누이이다.(以長安志考之, 虢國八姨也, 則秦國乃大姨也.)

11 紫駝之峰(자타지봉): 자줏빛 도는 낙타의 등. 여기서는 낙타의 등을 재료로 한 요리의 일종을 가리킨다. '峰'은 '珍'으로 된 판본도 있다. 翠釜(취부): 비취빛이 도는 솥. 부유한 집에서 사용하는 솥을 말한다.

《한서 · 서역전西域傳》 '槖駝'의 안사고顔師古 주 등 위에 혹이 하나 높이 솟아 있는데, 마치 봉제를 올리기 위해 흙을 쌓아 놓은 것과 흡사하다. 지금은 세간에서 '방'이라 부른다.(脊上有一峰高也, 如封土然, 今俗號爲幇.)

《두시상주》에 인용된 《유양잡조酉陽雜俎》 양반 집의 이름난 음식에 장군 곡량한이 낙타등을 구운 것이 있는데, 맛이 매우 좋다.(衣冠家名食, 有將軍曲良翰作駝峰炙, 味甚美.)

12 水晶之盤(수정지반): 수정으로 만든 쟁반. 行素鱗(행소린): 하얀 생선을 담아서 손님에게 내놓는 것을 말한다.

《**두시상주**》 음식이 물과 뭍에서 나는 것을 다 갖추고 있음을 말한다.(言味窮水陸.)

13 犀筯(서저): 무소뿔로 만든 젓가락. 매우 귀중한 물건으로 임금이 공신에게 내리는 하사품이기도 했다. 厭飫(염어): 물리도록 실컷 먹다. 未下(미하): 내리지 않다. 즉 젓가락을 음식에 대지 않는다는 말이다.

14 鸞刀(난도): 방울이 달린 칼. 제사 지낼 때 이 칼로 제물을 잘랐다고 한다. 縷切(누절): 실처럼 가늘게 생선살을 자른다는 말이다. 혹은 생선에 칼을 대어 문양을 만드는 것으로 풀이하기도 한다. 空紛綸(공분륜): 부질없이 어지럽다. 즉 요리하느라 어지러운 모습을 형용한 말이다. 혹은 쓸데없이 고기 조각이 어지러이 널려 있는 모습을 형용하는 말로 풀이하기도 하나 취하지 않는다. '空'은 '坐'로 된 판본도 있다.

《**시경·소아**小雅**·신남산**信南山》 '**執其鸞刀'의 모전**毛傳 난도는 칼 고리에 방울이 달려 있어 자를 때 박자를 맞춘다.(鸞刀, 刀環有鈴, 割中節也.)

[犀筯 2구] 이미 내온 음식들을 물리도록 먹었는데도 다시 음식들을 더 내와 쓸데없이 낭비하게 되었음을 말한다.

《**두시상주**》 음식을 함부로 낭비하는 것을 말한다.(言飮食暴殄.)

15 黃門(황문): 환관宦官, 내시內侍. 동한 때 황문령黃門令과 중황문中黃門 등의 관직을 환관들이 모두 맡았기 때문에 생겨난 호칭이다. 飛鞚(비공): 나는 듯한 재갈. 즉 나는 듯이 빨리 달리는 말을 뜻한다. 혹은 '말을 나는 듯이 달리게 하다'라고 풀이할 수도 있다.

《**두시상주**》**에 인용된**《**한서·백관표**百官表》 **주** 금중황문이란 내시 중에 궁궐에 거처하면서 궁궐의 소문인 황문 안에서 시중 드는 일을 맡아보는 자를 말한다.(禁中黃門, 謂閹人居禁中, 在黃門之內給事者.)

《**두시전주**》**에 인용된**《**명황잡록**明皇雜錄》 괵국부인은 궁궐을 출입하며 늘 붉은 총마를 타고서 어린 환관을 시켜 마부 노릇을 하게 하였다. 붉은 총마의 힘찬 모습과 환관의 단정하고 수려한 모습은 한때의 으뜸이었다.(明皇雜錄, 虢國夫人出入禁中, 常乘紫驄, 使小黃門爲御. 紫驄

之峻健，黃門之端秀，皆冠絶一時.)

16 御廚(어주): 천자가 먹는 음식을 만드는 전용 주방. 絡繹(낙역): 왕래가 끊이지 않고 이어지는 모양. 《문원영화》에는 '絲絡'으로 되어 있다. 八珍(팔진): 여덟 가지 진귀한 음식. 이 구절은 당시 양씨 집안 사람들의 연회에 음식이 성대하게 베풀어진 것을 비유하고 있다.

《주례周禮 · 천관天官 · 선부膳夫》'珍用八物' 주 맛 좋은 일용 음식으로는 볶은 밥, 볶은 보리밥, 통돼지구이, 통암양구이, 도진(소 · 양 · 고라니 · 사슴의 고기를 두드려 부드럽게 한 것), 다리뼈구이, 간, 소창자기름을 쓴다.(珍用淳熬淳母炮豚炮牂擣珍漬熬肝膋也.)

[黃門 2구] 황문이 어주御廚의 음식을 끊임없이 날라옴을 뜻한다.

《두시상주》 임금의 하사품이 매우 많은 것을 말한다.(言寵賜優渥.)

17 簫管(소관): 퉁소와 피리. '管'은 '鼓'로 된 판본도 있다.

18 賓從(빈종): 손님과 시종. 《두시상주》에 '從'은 거성이라 하여 명사로 쓰였음을 밝혔다. 雜遝(잡답): 뒤섞이다. 매우 많은 모양. '雜'은 '合'으로 된 판본도 있다. 實(실): 진실로. 要津(요진): 중요한 지위. 이 구절은 연회에 참석한 이들이 모두 요직을 차지하고 있는 사람들임을 비유한 말이다. 그러나 '실實'을 채운다는 뜻의 동사로 보고, '요진要津'을 양국충 남매나 그들이 있는 곳에 이르는 길로 보아, 이 구절을 빈종들이 양국충 남매가 있는 곳에 많이 모여든 상황을 형용하는 것으로 풀이할 수도 있다.

《한서 · 유향전劉向傳》'雜遝賓衆' 안사고顔師古 주 '잡답'은 많이 모인 모양이다.(雜遝，聚積之貌.)

[簫管 2구] 음악이 연주되는 가운데 손님들이 우글대는 것을 말한다.

《두시상주》 '소관'은 음악의 성대함을 말하고, '빈종'은 달려가 아부하는 이들이 많음을 말한다.(簫管，言聲樂之盛. 賓從，言趨附者多.)

#《두시상주》 둘째 단락은 진국부인과 괵국부인의 화려하고 사치스러움을 적고 있다.(次誌秦虢之華侈也.)

19 鞍馬(안마): 안장 채운 말. 양국충이 탄 말을 가리킨다. 逡巡(준순): 느릿느릿한 모양. 즉 거드름을 피우며 천천히 가는 모양을 말한다.

20 當軒(당헌): 천막 친 곳을 마주하다. 즉 국부인들이 유람을 나와 천막을 친 곳에 다다른 것을 말한다.《두공부초당시전》에서 '당헌'을 '천막을 친 지대를 대하다(當墀)'의 뜻으로 풀이하고 있다. 한편 '軒'을 수레의 뜻으로 보아 국부인들이 타고 온 수레가 있는 곳에 이르렀다는 뜻으로 풀이하기도 한다. '軒'은 '道'로 된 판본도 있다. 入(입): '立'으로 된 판본도 있다. 金茵(금인): 비단 요.

《두시상주》 '금인'은 땅에 비단 요를 깐 것을 말한다.(金茵, 謂地鋪錦褥.)

21 楊花(양화): 버들솜. 覆(부): 덮다.《두시상주》에서는 '부와 구의 반절(敷救切)'이라고 음을 달아 이 글자가 '덮다'는 뜻으로 쓰였음을 밝혔다. 白蘋(백빈): 흰 마름. 부평초 가운데 큰 것을 '빈蘋'이라고 한다. 이 구절은 양화楊華와 위魏 호태후胡太后의 불륜의 관계와 관련된 고사를 응용한 것으로 보인다. 즉 양화楊花는 양국충을 비유하고, 백빈白蘋은 괵국부인을 비유한 말로서 뒤 구절과 함께 양국충과 그의 사촌 누이동생인 괵국부인과의 사이에 있었던 불륜의 관계를 풍자적으로 묘사하고 있다.

《두시경전》〈양백화가〉에 '버들솜을 입에 물고 보금자리로 들어가고 싶다.'라는 구절이 있는데, 이것은 호태후의 음탕한 말이다. 이를 응용한 것은 역시 양국충을 풍자하기 위함이다.(楊白花歌, 願銜楊花入窠裏, 此胡太后淫辭, 用之亦以託諷楊氏也.)

《악부시집樂府詩集·양백화楊白花》에 인용된《양서梁書》 양화는 무도구지 사람이다. 젊어서 용기가 있고 용모가 준수하여 위 호태후가 그를 가까이하며 정을 통했다. 양화는 화가 미칠까 두려워 군대를 끌고 양나라에 투항하였다. 호태후는 그를 사모하는 마음을 억제할 길이 없어 그 때문에〈양백화〉노래를 짓고는 궁인들을 시켜 주야로 어깨를 맞대고 발을 구르며 노래 부르게 하였다. 그 소리가 매우 처량하였다.(楊華, 武都仇池人也. 少有勇力, 容貌雄偉, 魏胡太后逼通之. 華懼及禍, 乃率其部曲來降. 胡太后追思之不能已, 爲作楊白花歌辭, 使宮人晝夜連臂蹋足歌之, 聲甚悽惋.)"

22 青鳥(청조): 파랑새. 전설상의 새 이름. 여기서는 괵국부인의 정을 전해주는 사자로서의 역할을 맡은 존재로 비유되고 있다. 紅巾(홍건): 붉은

수건. 이 구절은 괵국부인이 자신의 친척 오라버니인 양국충에게 부끄럼 없이 애정을 전달하는 장면을 설정함으로써 그 음탕함을 풍자한 것이다. 혹은 단순히 경물을 묘사한 것으로 보기도 한다.

《두시상주》에 인용된《한무고사漢武故事》 7월 7일 무제가 승화전에서 재계하며 앉아 있는데, 홀연 청조가 서방으로부터 와서는 전각 앞에 모였다. 잠시 후 서왕모가 도착하였는데, 까마귀 같이 생긴 두 마리 청조는 서왕모의 양 옆에 시립하였다.(七月七日, 上於承華殿齋坐中, 忽有青鳥從西方來集殿前, 有頃, 王母至, 有二青鳥如烏, 夾侍王母旁.)

《구가집주두시》 조차공 주 이는 바로 서왕모가 청조를 사자로 삼은 것을 빌어 명명한 것이며, 아울러 이것으로 가까이 지내며 희롱한 일을 기탁하여 말하였다. 홍건은 부인의 장식물일 것이다.(此正借西王母以青鳥爲使名之, 且以託言昵戲之事矣. 紅巾, 蓋婦人之飾.)

《두시상주》 버들솜과 청조는 늦봄의 경물을 가리키는 것인데, 오직 꽃과 새만이 가까이할 뿐 놀러 나온 사람들은 감히 우러러보지 못하는 것을 나타낸다.(楊花青鳥, 點暮春景物, 見唯花鳥相親, 遊人不敢仰視也.)

23 炙手可熱(적수가열): 손을 쬐면 델 수 있다. 즉 권세가 매우 막강함을 불에 비유하여 가까이 가기 어렵다는 것을 의미한다. '炙'는 '적' 혹은 '자'로 읽힌다. 勢(세): 세력. 양국충의 권세를 지칭한다. '世'로 된 판본도 있다.

《두시전주》《당어림》에 "……개성·회창 연간에 정·양·단·설은 손을 쬐면 덴다는 말이 있었다"라고 한 것으로 보아 아마도 당대에는 장안의 시중의 말이 이와 같았으리라.(唐語林,…… 開成會昌中語曰, 鄭楊段薛, 炙手可熱, 蓋唐時長安市語如此.)

24 近(근):《문원영화》에는 '向'으로 되어 있다. 丞相(승상): 양국충을 가리킨다. 瞋(진): 화내다. 이 구의 구조와 관련하여《두시상주》에서는 "말구는 도치법으로 끝맺었다(末句仍用倒插作收)"라 하였다.

#《두시상주》 마지막 단락은 양국충을 가리켜 말한 것으로 그의 화려한 명성과 권세를 형용하고 있다. 진국부인과 괵국부인이 앞에서 가고 양국충이 끝에서 따르며 안장 채운 말로 느릿느릿 하고 있으니, 호위대가 길을 메운 가운데 고삐를 잡고 서행하는 모습을 나타낸 것이다. 천막을

대하고서 말에서 내렸다는 것은 의기양양하고 방약무인한 태도를 나타낸다. 버들솜과 청조는 늦봄의 경물을 가리키는 것인데, 오직 꽃과 새만이 가까이할 뿐 거리의 사람들은 감히 우러러보지 못하는 것을 나타낸다. 한때의 기세가 이처럼 가공할 만했다.(末乃指言國忠, 形容其烜赫聲勢也. 秦虢前行, 國忠殿後, 鞍馬逡巡, 見擁護塡街, 按轡徐行之象. 當軒下馬, 見意氣洋洋, 旁若無人之狀. 楊花靑鳥, 點暮春景物, 見唯花鳥相親, 遊人不敢仰視也. 一時氣焰可畏如此.)

##《독두심해》 첫 4구에서 큰 틀을 제기하였는데, "자태 농염하고 마음 고원하다"와 "살결이 매끄럽고 살이 고르다"는 말에서 먼저 본색을 내걸고 있다. '수라'로 시작하는 단락은 의복과 화장이 화려함을 서술하였고, '자타'로 시작하는 단락은 차린 음식이 사치스러움을 서술하였다. 진국부인과 괵국부인 등 자매들은 오히려 두 단락 중간에서 드러내고 있어 필법이 변화무쌍하다. 마무리 부분의 '빈종' 구는 다시 앞의 말을 이어받으면서 뒷 말을 이끌어 주는 글이다. 마지막 단락에서는 양국충이 뒤에서 기세를 잡는 것으로 끝맺음을 하였는데, '승상'자를 곧장 마지막 구절에 이르러서야 드러내고 있으니 의미심장하다. 요약하면 양귀비가 주이고 승상이 객인데 승상 얘기를 한 것은 바로 양귀비를 추하게 만들기 위함이다. '버들솜 눈처럼 떨어진다'와 '파랑새가 수건을 물었다'고 한 것은 뜻을 감춘 말로 빼어나기 그지없어 절묘하면서 아정함에 손상을 주지 않는다.(起四句提綱, 態濃意遠, 肌膩肉勻, 先標本色也. 繡羅一段, 陳衣妝之麗. 紫駝一段, 陳廚膳之侈. 而秦虢諸姨, 卻在兩段中間點出, 筆法活變. 其束處賓從句, 又是蒙上拖下之文. 末段以國忠壓後作收, 而丞相字直到煞句點出, 冷雋. 要之椒房是主, 丞相是客, 說丞相, 正以醜椒房耳. 楊花雪落, 靑鳥銜巾, 隱語秀絶, 妙不傷雅.)

(**김만원**)

11. 醉時歌

취한 때의 노래

諸公袞袞登臺省[1]　廣文先生官獨冷[2]
甲第紛紛厭粱肉[3]　廣文先生飯不足
先生有道出羲皇[4]　先生有才過屈宋[5]
德尊一代常坎軻[6]　名垂萬古知何用[7]
杜陵野客人更嗤[8]　被褐短窄鬢如絲[9]
日糴太倉五升米[10]　時赴鄭老同襟期[11]
得錢卽相覓[12]　沽酒不復疑[13]
忘形到爾汝[14]　痛飮眞吾師[15]
淸夜沉沉動春酌[16]　燈前細雨簷花落[17]
但覺高歌有鬼神[18]　焉知餓死塡溝壑[19]
相如逸才親滌器[20]　子雲識字終投閣[21]
先生早賦歸去來[22]　石田茅屋荒蒼苔[23]
儒術於我何有哉[24]　孔丘盜跖俱塵埃[25]
不須聞此意慘愴[26]　生前相遇且銜杯[27]

제공들은 우루루 고위 관직에 오르는데
광문선생은 벼슬이 홀로 썰렁하다.
저택에서는 넘쳐나는 기장밥과 고기에 물리는데
광문선생은 먹을 밥도 부족하다.
선생의 도는 복희씨보다 낫고
선생의 재주는 굴원과 송옥을 뛰어넘어,
덕망이 일대에 존귀해도 항상 불우하니

명성이 만세에 드리운들 무슨 소용인가.

두릉의 야인은 사람들이 더욱 비웃는데
입은 갈옷 강동하고 귀밑털은 실처럼 하얗기 때문.
날마다 태창미 다섯 되를 사먹고
때때로 정건에게 달려가 뜻을 같이하였다.
돈이 생기면 바로 찾아가
술을 사며 다시 머뭇거리지 않았다.
겉모습을 잊고 너 나하며 친하게 지내면서
통쾌히 마시니 진실로 나의 스승이다.

맑은 밤 고요할 제 봄 술잔을 드노라면
등불 앞 가랑비에 처마의 꽃 떨어진다.
높은 노래 신령이 깃드는 것만 알 뿐이니
굶어 죽어 도랑과 계곡을 메우는 것쯤 그 무에랴.
사마상여는 뛰어난 재주에도 몸소 설거지했고
양웅은 글자를 알았어도 결국 누각에서 투신했다.

선생은 일찌감치 귀거래사나 지으시오
돌밭과 초가집 푸른 이끼 황량하나니.
유가의 경술이 우리에게 무슨 소용 있으리오
공구나 도척이나 모두 먼지가 되었거늘.
이것을 듣고 슬퍼하지는 마시오
살아생전 서로 만났으니 그런대로 술이나 마십시다.

이 시는 천보 13년 봄 무렵 술에 취하였을 때의 작자의 심정을 노래한 것이다. 원주原注에 '광문관 박사 정건에게 바치다(贈廣文館博士鄭虔)'라고 한 데서 두보가 이 시를 정건에게 보냈음을 알 수 있다. 두보는 능력이 있으나 인정받지 못하고 불우하게 지내는 정건을 동정하는 한편 그와 비슷한 자신의 신세를 한탄하면서 서로 술로써 울분을 달래자고 청하였다. 이 시는 비장한 맛과 호방한 맛이 잘 어우러진 것이 특징이다. 흔히 호방한 시는 함축미가 떨어지는 폐단이 있는데, 두보의 이 시는 호방하면서도 은근함을 겸하고 있다는 찬사를 듣는다.

> **《보주두시》** 천보 13년 봄에 지어진 것이 아닌가 한다. 시에서 말한 '날마다 태창미 다섯 되를 사 먹는다'는 것은 아마도 천보 12년 가을의 일일 것이다.(疑在天寶十三載春作. 蓋公詩云日糴太倉五升米事, 在十二載之秋也.)

주석

1 袞袞(곤곤): 연이어 끊어지지 않는 모양을 형용한 말로 여기서는 많다는 뜻이다. 登臺省(등대성): 대臺와 성省에 오르다. 즉 높고 중요한 관직에 오르는 것을 말한다. '臺'가 '華'로 된 판본도 있다.

2 廣文先生(광문선생): 광문관 박사인 정건을 가리킨다. 정건은 정주鄭州 형양滎陽 사람으로 집안이 가난하여 글씨를 익히는데 종이가 없어 감잎으로 대신하였다고 한다. 시서화詩書畵에 두루 능하여 '정건삼절鄭虔三絶'이라는 말이 있었다. 광문관은 천보 9년에 현종이 정건을 위하여 특별히 세운 것이다.

> **《신당서·정건전》** 현종이 그의 재주를 사랑하여 좌우에 두고자 하였으나 일에 능숙하지 못하므로 다시 광문관을 세워 정건을 박사로 삼았다.(玄宗愛其才, 欲置左右, 以不事事, 更置廣文館, 以虔爲博士.)

3 甲第(갑제): 크고 훌륭한 저택. 紛紛(분분): 어지럽다. 많다. 厭粱肉(염량육): 기장밥과 고기에 물리다. 즉 좋은 밥과 고기반찬에 물리어 싫증을

낸다는 뜻이다.

4 出羲皇(출희황): 희황을 뛰어넘다. 희황은 중국 고대의 전설상의 임금인 복희씨伏羲氏를 가리킨다.

5 才(재): '文'으로 된 판본도 있다. 過屈宋(과굴송): 굴원屈原과 송옥宋玉을 능가하다.

6 德尊(덕존): 덕망이 높다. 坎軻(감가): '감가坎坷'와 같은 뜻으로 때를 만나지 못하여 뜻을 이루지 못하는 것을 말한다. '坎'은 '轗'으로 된 판본도 있다.

7 명수만고(名垂萬古): 명성이 영원히 전해지다. 知何用(지하용): 무슨 소용인가.

#《**두시상주**》 첫 단락은 정공鄭公이 포부가 있으나 불우한 것을 탄식한 것이다.(首歎鄭公抱負不遇.)

8 杜陵野客(두릉야객): 두보 자신을 일컫는 말이다. 두릉은 장안 남쪽 50리에 있는 현의 이름으로 한나라 선제宣帝의 묘가 있는 곳이다. 두보는 자신의 집과 전답이 여기에 있었기 때문에 스스로 두릉야객이라고 일컬었다. 人更嗤(인갱치): 사람들이 더욱 비웃는다. '更'은 '見'으로 된 판본도 있다.

9 被褐(피갈): 입고 있는 베옷. '갈褐'은 굵은 베로 지은 옷으로서 천한 사람이 입는 옷이다. 窄(착): '穴'로 된 판본도 있다. 鬢如絲(빈여사): 귀밑털이 실처럼 희다는 말로 늙은 모습을 형용한 것이다.

10 日糴(일적): 날마다 쌀을 사들이다. 그날그날 쌀을 사서 연명하는 것을 말한다. 太倉五升米(태창오승미): 태창의 쌀 다섯 되. 태창은 경사京師의 곡식을 저장하는 창고를 말한다. 태창의 쌀은 빈민구제용이었다.

《**보주두시**》**에 인용된**《**구당서**》 천보 12년 8월에 경성이 장마로 쌀값이 오르자 태창미 십만 석을 내어 값을 내려 가난한 사람에게 팔았다.(天寶十二載八月, 京城霖雨, 米貴, 出太倉米十萬石, 減價糶與貧人.)

11 同襟期(동금기): 마음에 기약하는 바를 같이하다. 즉 의기투합한다는 뜻이다. '襟'이 '衾'으로 된 판본도 있다. 鄭老(정로): 정건을 가리킨다. 정건이 두보보다 20여 세가 많기 때문에 '노'자를 붙인 것이다.

12 相覓(상멱): 찾다. 두보가 정건을 찾는 것을 말한다.

《두시상주》 '상멱'은 공이 정건을 만나는 것이다.(相覓, 公要鄭也.)

13 沽酒(고주): 술을 사다. 두보가 술을 사는 것을 말한다. 不復疑(불부의): 다시 머뭇거리지 않는다. 주저하거나 꺼리는 바가 없다는 뜻이다.

14 忘形(망형): 외적인 형체를 잊다. 신분이나 나이 따위를 잊는다는 뜻이다. 到爾汝(도이여): 너라고 부르는 경지에 이르다. '이여爾汝'는 본래 아랫사람이나 천한 사람에게 쓰이는 호칭이나 후에는 친근한 사람에게 쓰는 호칭으로도 쓰이게 되었다. 이 구절은 나이와 신분의 차이에 구애받지 않고 막역하게 너라고 부른다는 뜻이다.

15 痛飮(통음): 통쾌하게 마시다. 마음껏 마시다. 眞(진): '直'으로 된 판본도 있다. 이 구절은 정건이 통쾌하게 마시니 진실로 나의 스승이라는 뜻이다.

《두공부초당시전》 서로 잊어 비록 늙고 젊음도 없지만 정건이 통쾌하게 마시는 것에 이르러서는 진실로 두보로 하여금 북면北面하여 굴복하지 않을 수 없게 하니, 고로 "참으로 나의 스승이다."라고 말하였던 것이다.(相忘雖無少長, 至若虔之痛飮, 眞令甫北面不可不屈服也. 故曰眞吾師.)

#**《두시상주》** 이 단락은 같이 술을 마시는 정과 일을 서술한 것이다. '시부'구는 공이 정건에게 들르는 것이고 '상멱'구는 공이 정건을 만나는 것이고 '통음오사'구는 바로 마음이 서로 일치함을 보인 것이다.(此敍同飮情事. 時赴, 公過鄭也. 相覓, 公要鄭也. 痛飮吾師, 正見襟懷相契.)

16 淸夜(청야): 맑고 고요한 밤. 沉沉(침침): 고요한 모양. 春酌(춘작): 봄날의 술자리.

17 燈前細雨(등전세우): 등불 앞의 가랑비. '燈'이 '簷'으로 된 판본도 있다. 簷花落(첨화락): 처마의 꽃이 떨어지다. '簷'이 '燈'으로 된 판본도 있다.

《구가집주두시》 조차공 주 '첨화'는 처마 끝에 가까이 있는 꽃이다.(簷花近乎簷邊之花也.)

[淸夜 2구]

《두시상주》 '등전'은 밤을 이어받고, '첨화'는 봄을 이어받는다.(燈前承夜, 簷花承春.)

18 有鬼神(유귀신): 귀신이 있는 듯하다. 신령이 깃들다. '有'가 '感'으로 된 판본도 있다.

《두시상주》 높은 노래가 귀신을 감동시킨다는 것은 술 마실 때의 흥이다.(高歌動神, 飮之興.)

19 焉知(언지): 어찌 알겠는가? 즉 개의치 않는다는 뜻이다. 餓死塡溝壑(아사전구학): 굶어 죽어 골짜기를 메우다. 즉 굶어 죽어 시체가 골짜기에 나뒹구는 것을 말한다.

20 相如(상여): 사마상여司馬相如를 가리킨다. 逸才(일재): 뛰어난 재주. 親滌器(친척기): 몸소 설거지하다.

《한서·사마상여전》 사마상여는 탁문군卓文君과 같이 임공에 가서 수레와 말을 다 팔아 술집을 샀다. 이에 탁문군으로 하여금 술을 파는 곳을 담당하게 하고 사마상여는 쇠코잠방이를 입고 잡역부와 더불어 잡일을 하고 저자거리 가운데서 설거지를 했다.(相如與俱之臨邛, 盡賣車騎買酒舍. 乃令文君當壚, 相如身着犢鼻褌, 與庸甫雜作, 滌器於市中.)

21 子雲(자운): 양웅揚雄을 가리킨다. 자운은 양웅의 자字다. 識字(식자): 글자를 알다. 기이한 글자를 안다는 뜻이다. 終投閣(종투각): 끝내 누각에서 몸을 던지다.

《한서·양웅전》 왕망 때에 유흠과 견풍이 모두 상공이 되었다. 왕망은 이미 부명으로써 스스로 왕이 되었다. 즉위한 후에 그 근원을 잘라 이전의 일을 신성하게 하려고 하였다. 그런데 풍의 아들 심과 흠의 아들 분이 다시 그것을 바쳤다. 왕망은 견풍 부자를 처형하고 유분을 멀리 귀양 보내고 글에 연루된 자들을 곧 잡아들이니 주청하지 못하였다. 이때 양웅은 천록각에서 책을 교열하고 있었는데 옥을 다스리는 사자가 와서 양웅을 잡아들이려고 하였다. 양웅은 살아날 길이 없을까 두려워하여 이에 누각의 위에서 스스로 아래로 뛰어 내려 거의 죽을 뻔하였다. 왕망이 그것을 듣고 말하기를 "양웅은 본디 이 일에 관여하지 않았는데 어찌하여 이렇게 되었는가?"라고 하면서 몰래 사람을 시켜 그 까닭을 물었다. 바로 유분이 일찍이 양웅을 좇아 기이한 글자를 배운 적이 있는데, 양웅은 그 사정을 몰랐던 것이다. 양웅을 힐문하지 말라는 조칙이 내려졌으나 경사에서는 그 때문에 다음과 같은 말이 있었다. '쓸쓸히 지내다가 스스로 누각에서 뛰어 내리고, 청정하다면서 부명을 지었네.'(王莽時, 劉歆甄豐皆爲上公, 莽既以符命自立, 即位之後欲絶其原以神前事, 而豐子尋歆子棻復獻之. 莽誅豐父子, 投棻四裔, 辭所連及, 便收不請. 時雄校書天祿閣上, 治獄使者來, 欲收雄, 雄恐不能自免, 乃從閣上自投下, 幾死. 莽聞之曰, 雄素不與事, 何故在此. 間請問其故, 乃劉棻嘗從雄學作奇字, 雄不知情. 有詔勿問, 然京師爲之語曰, 惟寂寞, 自投閣, 爰清淨, 作符命.)

[相如 2구]

《구가집주두시》 조차공 주 《한서》에 '문사文辭는 사마상여보다 아름다운 사람이 없다' 한 까닭에 공이 '일재'라 하였고, 양웅이 기이한 글자를 만들 수 있었던 까닭에 공이 '식자'라 한 것이다.(漢史辭莫麗於相如, 故公言逸才. 揚雄能作奇字, 故公言識字.)

#《두시상주》 여기서는 통쾌히 마셔 즐거움을 다하는 것으로 앞의 '두릉' 단락을 이어받았다. 봄 밤의 등불 앞이란 술 마실 때이고, 높은 노랫소리가 귀신을 감동시킨다는 것은 술 마실 때의 감흥이다. 사마상여와 양웅은 옛 사람을 빌어 시름을 풀고자 한 것이다.(此痛飮以盡歡, 承上杜陵一段. 春夜燈前, 飮之候, 高歌動神, 飮之興. 相如子雲, 借古人以解憂也.)

22 早(조): 일찌감치. 賦歸去來(부귀거래): 귀거래사歸去來辭를 짓다. 벼슬을 버리고 전원으로 돌아간다는 뜻이다.

23 石田(석전): 돌밭. 자갈이 많은 밭으로서 척박한 땅을 말한다. 茅屋(모옥): 띠로 이은 집. 누추한 집을 말한다. 荒蒼苔(황창태): 푸른 이끼가 거칠다. 돌보는 사람이 없어 푸른 이끼가 끼어 황량하다는 뜻이다.

24 儒術(유술): 유가의 경술經術. 於我何有哉(어아하유재): 나에게 무슨 소용이 있겠는가?

25 孔丘(공구): 공자를 가리킨다. 구는 공자의 이름이다. 盜跖(도척): 춘추시대의 유명한 도적의 이름이다. 노나라 유하혜柳下惠의 동생으로서 무리 9,000명을 이끌고 천하에 횡행하면서 흉악무도한 짓을 일삼았다는 설

이 있다. 俱塵埃(구진애): 모두 먼지가 되다.

《두시상주》 공자와 도척을 짝으로 든 것은《장자》에 보인다.(孔跖對擧, 見莊子.)

26 不須(불수): 모름지기 ~할 필요가 없다. 聞此(문차): 이 말을 듣다. 즉 공구와 도척이 모두 먼지가 되었다는 말을 듣는 것을 가리킨다. 意慘愴(의참창): 마음이 울적하고 슬프다.

《두시상주》 '문차'란 위의 '진애' 구를 가리킨다.(聞此指上塵埃句.)

27 相遇(상우): 서로 만나다. 此(차): 잠시. 우선. 銜杯(함배): 술잔을 머금다. 즉 술을 마신다는 뜻이다.

#《두시상주》 이는 통쾌히 마셔서 마음을 달랜다는 것으로 위의 '광문' 단락과 호응한다. 정건이 돌아가고자 하는 것은 불우하여 뜻을 이루지 못하였기 때문이다. 공자와 도척이 먼지가 되었다는 것은 이름을 드리워 봐야 소용없음을 보인 것이다. 서로 만나 술잔을 머금는다는 것은 제때에 놀고자 하는 것이다.(此痛飮以遣意, 應上廣文一段. 鄭欲歸去, 以坎軻之故. 孔跖塵埃, 見名垂無用, 相遇銜杯, 欲其及時行樂也.)

##《두억》 이 편은 줄곧 불평의 소리요 어찌할 수 없다는 말이다. 정말 이름을 드리우는 것이 소용없다는 것이 아니고, 정말 유술을 박대하는 것이 아니고, 정말 공자와 도척을 같이 보는 것이 아니고, 또한 정말 술로써 즐거움을 삼은 것이 아니다. 두보 시(〈자경부봉선현영회오백자自京赴奉先縣詠懷五百字〉)의 '깊이 취하여 잠시 스스로를 달래고 고성방가하여 근심을 끊어 없앤다'라는 구절이 바로 이 시의 해석이며, 다른 시들도 이와 같이 해석할 수 있다.(此篇總是不平之鳴, 無可奈何之詞. 非眞謂垂名無用, 非眞薄儒術, 非眞齊孔跖, 亦非眞以酒爲樂也. 杜詩, 沉醉聊自遣, 放歌破愁絶, 卽此詩之解, 而他詩可以旁通.)

(**김준연**)

12. 天育驃圖歌

천자의 준마를 그린 그림을 노래하다

吾聞天子之馬走千里[1] 今之畫圖無乃是[2]
是何意態雄且傑[3] 騣尾蕭梢朔風起[4]
毛爲綠縹兩耳黃[5] 眼有紫焰雙瞳方[6]
矯矯龍性含變化[7] 卓立天骨森開張[8]
伊昔太僕張景順[9] 監牧攻駒閱淸峻[10]
遂令大奴字天育[11] 別養驥子憐神駿[12]
當時四十萬匹馬 張公歎其材盡下[13]
故獨寫眞傳世人[14] 見之座右久更新[15]
年多物化空形影[16] 嗚呼健步無由騁[17]
如今豈無騕褭與驊騮[18] 時無王良伯樂死卽休[19]

천자의 말은 천리를 달린다 내 들었더니
지금의 그림이 바로 그 말이 아닌가.
기상과 자태가 얼마나 씩씩하고 걸출한지
갈기와 꼬리가 요동치니 삭풍이 일어나네.
털은 검푸른 색이요 두 귀는 누런데
눈에는 자색 화염이 일고 두 눈동자가 모져 있다네.
도도한 용의 성정은 변화를 머금고
우뚝한 천골이 삼연森然하게 펼쳐져 있네.

옛적 태복 장경순은
목마牧馬를 감독하여 망아지를 길들임에 그 청준함을 살폈다네.

마침내 큰 종으로 하여금 천육天育에서 기르게 하였는데
별도로 준마를 길러내 그 빼어난 자태를 아꼈다네.
당시 40만 필의 말이 있었으나
장공은 그 재주가 모두 아래인 것을 감탄하였네.
그래서 유독 참 모습을 그려 내어 세상 사람들에게 전하였던 것
자리 우편에 두고 보니 오래될수록 더욱 새로웠다네.

해도 많이 가고 말도 사라져 공연히 모습만 남았어라
오호라! 건장한 걸음은 치달릴 길이 없구나.
지금인들 어찌 요뇨와 화류가 없으랴마는
이 시절 왕양과 백락이 없으니 죽고 나면 그만이로구나.

천자의 마구간에서 기른 날랜 준마의 그림을 보고 지은 시이다. 준마의 탁월한 모습을 예찬하는 한편 두보 자신의 회재불우의 심정도 기탁하고 있다. '천육天育'은 궁궐의 마구간의 이름으로 보기도 하고, 천자가 기르는 말이라는 뜻으로 풀기도 한다. 그림 속의 준마를 묘사하고 있지만 그 묘사가 너무 생동적이고 핍진해서 마치 진짜로 살아 있는 말이 눈앞에서 있는 듯하다. 천보 말년에 지은 것으로 추정된다. 제목을 '天育驃騎歌'로 쓴 판본도 있다.

《보주두시》 《당회요》에 보면 정관 21년 8월 17일에 골리산이 조공을 보내와 말을 바쳤다. 그 중에 말 열 필이 특히 뛰어났으므로 태종이 각기 이름을 지어주었는데 그 여섯 번째가 '비하표'였다. 《신당서》, 《구당서》, 《당회요》 등의 여러 책들을 보아도 당대에 '천육'으로 마구간의 이름을 삼은 것은 없다. 분명 천보 말년에 지은 것이다. 그래서

시에서 '앉은 자리 우편에 두고 보니 오래될수록 더욱 새롭다', '해도 많이 가고 말도 사라져 공연히 모습만 남았다'는 구절이 있는 것이다.(唐會要, 貞觀二十一年八月十七日, 骨利幹遣朝貢獻馬, 其中十疋尤駿, 太宗各爲製名, 其六曰飛霞驃. 按新舊史唐會要諸書, 唐無天育名廐. 當是天寶末年作, 故詩云, 見之座右久更新, 年多物化空形影.)

《두시상주》 황학은 이 작품은 천보 말년에 지어진 것이라고 보고 있다. 왕수王洙는 '천육은 마구간의 이름이다'라고 하고 있다. 《당서·백관지》에 의거해 보면 장안의 전체 십이문(궁궐 주위의 열두 문)에는 두 곳의 마구간이 있었다. 하나는 '상린'이라 했고, 하나는 '봉원'이라 했다. 그 후에 단지 팔방과 팔감을 증설하였지, 역시 '천육'으로써 마구간을 이름한 것은 없었다. 의당 천자가 기르는 말을 이르는 것일 뿐이다. 지금 살펴보건대 '표'는 빨리 달린다는 뜻이니, '표기'는 '비기'라고 말하는 것과 같다. 동방삭에게 〈답표기난〉이 있고, 한나라에는 '표기장군'의 칭호가 있었다. 또 당 정관 시절에 골리간이 바친 말 열 필이 특히 뛰어났으므로 태종이 각기 이름을 내렸는데, 그 여섯째 말이 '비하표'였다.(鶴注, 此當是天寶末年作. 洙曰, 天育, 馬廐名. 據唐志, 總十二門者爲二廐, 一曰祥麟, 一曰鳳苑. 其後但增八坊八監, 亦無以天育爲廐者, 當是云天子所育之馬而耳. 今按, 驃, 疾走也. 驃騎猶云飛騎. 東方朔有答驃騎難. 漢有驃騎將軍之號. 又唐貞觀間, 骨利幹所貢馬十疋尤駿, 太宗各爲製名, 其六曰飛霞驃.)

《독두심해》 왕수는 '천육'이 마구간의 이름이라고 했는데, 주학령은 여러 책에서 (그러한 기록을) 고찰할 수가 없다고 말했다. 내가 생각하기로는 당시 천자의 마구간을 일컫는 속명이 아니었나 한다.(洙曰, 天育, 廐名. 朱氏謂諸書無攷. 愚按, 疑是當時稱天廐之俗名.)

주석

1 走千里(주천리): 천 리를 달리다.

《두시상주》에 인용된 《목천자전穆天子傳》 天子의 말은 천 리를 달리는

데 맹수를 이긴다.(天子之馬, 走千里, 勝猛獸.)

2 今之畫圖(금지화도): 작자의 눈앞에 펼쳐 있는 그림을 가리킨다. 無乃是(무내시): 바로 이것이 아니겠는가? 여기서 '是'는 앞 구절에서 말한 천 리를 달리는 천자의 말을 가리킨다.

3 意態(의태): 말의 기상과 자태를 두고 한 말이다.

4 騣尾(종미): 말의 갈기와 꼬리. 蕭梢(소초): 흔들리는 모습. 이 구절은 말이 갈기와 꼬리를 흔들어대니 마치 북풍이 이는 듯하다는 과장된 표현을 쓴 것이다. 그러나 이 구절을 북풍 속에서도 그 갈기나 꼬리를 곧게 세울 수 있다'로 해석하는 경우도 있다.

《구가집주두시》 조차공 주 《신이경》에 대원마는 갈기가 무릎까지 닿고 꼬리는 땅에까지 늘어진다고 쓰고 있으니 긴 갈기와 꼬리가 요동을 치면 삭풍을 일으킬 수 있다. 삭풍을 말한 것은 가장 혹독하고 매서운 것이기 때문이다.(神異經載大宛馬鬣至膝, 尾委於地, 則騣尾之長者, 蕭梢搖動可起朔風, 言朔風, 最慘烈者.)

《두시상주》 '소초'는 말갈기와 꼬리가 요동치는 모습으로, 비록 삭풍을 만나도 똑바로 세울 수 있다는 말이다. 진사도가 "훌륭한 말은 추위를 겁내지 않는다. 바람 속에 울고 눈을 밟으면 더욱 정신이 난다."라고 말하였다.(蕭梢, 鬣尾搖動之貌, 雖遇朔風而能竪起也. 陳師道曰, 馬之良者不怕寒, 嘶風踏雪, 愈有精神.)

5 綠縹(녹표): 청황색青黃色. 취록색翠綠色. 兩耳黃(양이황): 두 귀가 누렇다.

《두공부초당시전》 '표'는 청황색이다.(縹, 青黃色也.)

《두시상주》에 인용된 《상서중후尙書中候》 용마는 붉은 무늬에 푸른 바탕이다.(龍馬, 赤文綠色.)

《두시상주》에 인용된 《목천자전》 위나라 때에 선비족이 천리마를 헌상하였는데, 흰색에 두 귀가 누런빛이었다. 그래서 '황이'라고 명하였다.(魏時鮮卑獻千里馬, 白色, 兩耳黃, 名曰黃耳.)

6 紫焰(자염): 자색 화염.

《두시상주》에 인용된 《상마경相馬經》 눈은 높고, 눈자위는 모져야 한다. 빛나는 눈동자는 마치 달아 놓은 방울에서 자색 화염이 일어나는 듯해야 한다.(眼欲得高, 眶欲得端, 光睛欲得如懸鈴紫焰.)

7 矯矯(교교): 헌걸차고 도도한 모습. '矯然'으로 된 판본도 있다. 龍性(용성): 용과 같은 성질. 혹은 뛰어난 말. 含(함): '合'으로 된 판본도 있다. 이 구절은 도도한 용마의 신태神態가 변화무쌍하다는 말이다. '矯矯龍性'이 '矯龍性逸'로 된 판본도 있다.

8 森開張(삼개장): 삼엄하게 펼쳐지다. 그림 속 말의 빼어난 골격이 엄숙하고 장엄하게 펼쳐져 있다는 말이다.

#《두시상주》 앞에서는 그림 중의 말을 기록하였다. 맨 먼저 천자의 말을 언급한 것은 이 그림이 천자가 기르는 말을 보고 그렸기 때문이다. '종미' 이하는 모두 말의 기상과 자태의 걸출한 모습을 묘사한 것이다.(前記畵中之馬. 首提天子之馬, 此圖爲天育設也. 騣尾以下, 皆寫其意態之雄傑.)

9 伊(이): 발어사로서 특별한 의미가 없다. 太僕(태복): 당대에 궁중의 말을 관리하던 벼슬. 張景順(장경순): 인명. 당대 개원 연간에 궁중의 말을 관리하던 태복太僕을 지냈다.

《구가집주두시》 조차공 주 '태복'은 관명이다.《당서·병지》에 이르기를 "목마를 관리하는 제도를 보면 그 관속들을 태복이 다스린다."라고 하였다. 지금 공의 시에서 말한 '태복 장경순'은 의당 개원 시절 태복을 지낸 성은 장이요, 이름은 경순이란 사람이다. 옛 주에 착오가 있어 자가 '경순'인 '장만세'로 여겼는데, 배우는 사람들을 오도하는 것이다. 만세도 태복을 지냈으나 본시 정관 때 사람이었다. 지금 살펴보건대 장열이 개원 13년에 지은 〈농우감목송덕비서〉를 보면 "개원 원년 목마가 24만 필이었는데, 개원 13년에는 40만 필이나 되었다. 주상께서 돌아보시며 태복소경겸진주도독감목도부사 장경순에게 '내 말이 얼마나 되는가. 그것들이 이처럼 번성한 것은 경의 힘이오'라고 하였다. 장경순이 대답하기를 '황제의 힘이요, 왕모중王毛仲의 명령으로 인한 것입니다. 신이 무슨 힘이 있겠습니까?' 하였다."라는 기록이 있다.(太僕, 官名. 唐兵志云, 監牧之制, 其官領以太僕. 今公詩所謂太僕張景順, 自是開元時太僕姓張名景順者也. 舊注便差排作張萬歲字景順, 誤學者矣. 萬歲爲太僕, 自是貞觀時人. 今按, 張說作開元十三年隴右監牧頌德碑序云, 元年牧馬二十四萬匹, 十三年乃有四十萬匹. 上顧謂太僕少卿兼秦州都督監牧都副使張景順曰, 吾馬幾何, 其蕃育, 卿之力也. 對曰, 帝之

力也, 仲之命也, 臣何力之有.)

10 監(감): '考'로 쓴 판본도 있다. 攻駒(공구): 망아지를 길들이다. '攻'을 '收', 혹은 '神'으로 쓴 판본도 있다. 閱淸峻(열청준): 맑고 높음을 살피다. 말이 기상이 맑고 자태가 고상한지를 살핀다는 말이다.

《두시상주》에 인용된 《주례周禮·하관夏官》의 '廋人, 掌敎駣攻駒'에 대한 주 '공구'는 발로 차고 물어뜯는 망아지를 거세하여 길들이는 것이다. 두 살 된 것을 '구'라 하고 세 살 된 것을 '조'라 한다.(攻駒, 騬其蹄齧者閑之. 二歲曰駒, 三歲曰駣.)

《구가집주두시》 조차공 주 말 역시 청결하고 높은 기상을 귀하게 여긴다. 보통 말처럼 육질이 많은 것은 이른바 '청준'은 아니다.(馬亦貴淸潔峭峻, 若俗馬多肉, 非所謂淸峻矣.)

11 大奴(대노): 큰 종. 여기서는 장경순 밑에서 말을 돌보는 종을 가리킨다. 字(자): 기르다. '守'로 된 판본도 있다.

《한서·창읍왕전昌邑王傳》의 '使大奴善以衣車載女子'에 대한 주 무릇 대노라고 한 것은 종 가운데서 특히 장대한 자를 두고 한 말이다.(凡言大奴者, 謂奴之尤長大者也.)

12 驥子(기자): 준마. 神駿(신준): 자태가 걸출하다. 준마의 빼어난 자태를 묘사한 말. '駿'을 '俊'으로 쓴 판본도 있다.

13 其材盡下(기재진하): 당시에 길러진 40만 말들의 재질이 별도로 기른 준마보다는 못하다는 뜻이다.

14 寫眞(사진): 실물대로 그려 내다.

15 久更新(구갱신): 그림을 감상할 때마다 이전보다 더욱 생동감을 느끼게 된다는 말이다.

#**《두시상주》** 다음으로 말을 그린 이유를 서술하였다. 다시 태복이 목마를 감독하는 것을 언급한 것은 아마도 그림이 장공에게서 기원했기 때문일 것이다. 주학령 주에서는 "살펴서 오직 청준한 것만을 취하고, 보통말의 육질만 많은 것은 싫어하였다."라고 하였다. 천육에서 길러지는 것은 여러 말들이며, 별도로 준마로 길러진 것이 표기다. '사십만'이라고 한 것은 여러 말들을 가리키며, '홀로 그 실물을 그려 냈다'는 것은 표기를 가리킨다.(次敍畵馬之由. 再提太僕監牧, 蓋圖起於張公也. 朱注, 簡閱唯

取淸俊, 惡凡馬之多肉耳. 字於天育者, 群馬也. 別養驥子者, 驃騎也. 四十萬, 指群馬, 獨寫眞, 指驃騎.)

16 年多物化(연다물화): 시간이 많이 흘러서 준마는 죽어 없어졌다는 말이다. 形影(형영): 모습. 이 구절은 준마는 죽어 없어지고 준마의 모습을 그린 그림만이 남아 있다는 뜻이다.

17 無由騁(무유빙): 달릴 방도가 없다.

《**두공부초당시전**》 장경순이 그 형상을 그려서 세상에 전하였으나 이 말은 이미 없어졌고 단지 모습만이 남아 있다. 비록 저 그림 속에 건장한 걸음걸이가 있다고 하지만 무슨 수로 그 재주를 발휘하여 세상에서 쓰이게 할 것인가. 이제 두보가 시에서 이를 언급한 것은 당세에 인재가 없음을 슬퍼한 것이다.(景順畵其形狀以傳于世, 然此馬已化, 空留形影, 雖彼圖有健步, 何由騁其才爲世所用哉. 今子美之言詩及此, 蓋傷當世之乏才也.)

18 騕褭(요뇨): 준마의 이름. 하루에 1만 8천 리를 달린다고 한다. 驊騮(화류): 준마의 이름. 주周 목왕穆王이 천하를 두루 돌아다닐 때 탔던 팔준마 중의 하나.

19 王良(왕양): 춘추시대에 말을 잘 몰았던 사람. 伯樂(백락): 주나라 때 말을 잘 감정했던 사람. 말에 관한 일에 널리 밝은 사람의 뜻으로 쓰인다.

《**구가집주두시**》 **조차공 주** 한유의 말에 "세상에 백락이 있은 연후에 천리마가 있는 법, 천리마는 항상 있건만 백락은 항상 있는 것은 아니다"라는 말이 있는데, 이것이 바로 "어찌 요뇨와 화류가 없으랴마는 지금은 왕양과 백락이 없구나."라는 말이다.(韓退之有言曰, 世有伯樂, 然後有千里馬. 千里馬常有, 而伯樂不常有. 此乃豈無騕褭驊騮, 而時無良樂之謂.)

《**두시상주**》**에 인용된 구양씨**歐陽氏**의 주** 왕양은 말을 잘 부렸고, 백락은 말을 잘 감정하였다.(王良善御, 伯樂善相馬.)

#《**두시상주**》 마지막은 그림을 어루만지며 탄식하는 것이다. 말을 알아보는 자를 만나기가 어려움을 슬퍼하며 스스로 불우함을 개탄하였다. '다년물화'라고 말했으니, 시를 지은 때가 개원 연간으로부터 멀리 떨어졌음을 알겠다.(末乃撫圖興歎, 蓋傷知馬者難逢, 而自慨不遇也. 曰多年物

化, 知作詩時去開元間遠矣.)

##《독두심해》 그림은 장태복에 의해 전해졌으니 지금으로부터 거의 20년이 되었다. 먼저 준마의 모습을 그려 내는 것부터 구상했고, 중반에서는 그림을 그리게 된 이유를 서술하였으며, 마지막에서는 '금석유무'에 대한 감개를 기탁하였으니, 절로 옛 그림을 노래하는 법도가 되었다. 고염무는 장경순에게 공을 돌리고 왕모중을 큰 종이라고 폄척貶斥하였다고 했는데, 시의 중반은 그림과 관련된 일을 실제적으로 서술한 것임을 이해하지 못한 듯하니 잠꼬대가 아니겠는가. 처음 2구로 한번 제기하였고, 다음 6구로 모두 진짜 말의 출중함을 생생하게 그려 내다가 오히려 '시하' 두 글자를 써서 이끌어 가니 구절마다 진짜 말처럼 설명하고 있는데 바로 구절마다 다 그림 속의 말이다. '이석' 이하는 서사체인데, '열청준'이라는 세 글자로 제기하였다. 자세히 살핀 후에 비로소 '사십만필'을 '대노'에게 맡기고 유독 준마를 따로 길러냈다고 해서 그 신준함을 묘사하였으니, 이 말과 이 그림이 모두 천고에 뛰어남을 알게 되고, 이 그림의 내력이 더욱 극명하게 밝혀진다. 그 맥락의 영활함을 보자면 '참 모습을 그려 세상에 전한다'는 말은 첫 단락에 응하여 돌아갔고, '자리 우편에 놓아 더욱 새롭다'는 말은 마지막 단락을 움직여 일으킨다. 마지막에서는 다시 말 그림만 공연스레 남았다는 말로부터 특별한 재주를 가진 자는 늘 있어왔다는 말로 바꾸어 나간다. 그림 속의 말을 위해 한번 말을 바꾸면서, 또한 뛰어난 선비를 위해 그의 억울함을 호소하였으되 또한 시의 머리 부분과 잘 호응이 된다. 그 깃든 뜻은 비장하고 그 운용한 법은 변화무쌍하다.(畫爲張太僕所傳, 去此且卄年矣. 首從寫眞作意, 中述作畫之由, 末就今昔有無寄慨, 自是題舊畫體也. 顧炎武謂歸功景順, 斥王毛仲爲大奴, 似未解中幅爲實敍畫事, 得非寱語耶. 起二句一提, 下六句, 都將眞馬出色寫生, 卻用是何兩字領起, 則句句說眞馬, 卽句句是畫馬也. 伊昔以下, 乃敍事體. 以閱淸峻三字作提, 閱之旣審, 遂將四十萬匹付之大奴. 獨取別養驥子, 狀其神駿. 覺此馬此畫, 俱橫絶千古, 而此圖來歷, 更極明悉. 至其筋脈靈動, 則寫眞傳世, 應還首段, 座右更新,

挑動末段也. 結更從畫馬空存, 翻出異材常有來. 旣爲畫馬轉一語, 亦爲奇士叫一屈, 又恰與篇首呼應. 其寓意也悲矣, 其運法也化矣.)

(**김성곤**)

13. 自京赴奉先縣詠懷五百字

경사로부터 봉선으로 가며 마음을 읊은 500자

杜陵有布衣[1] 老大意轉拙[2] 許身一何愚[3] 竊比稷與契[4]
居然成濩落[5] 白首甘契闊[6] 蓋棺事則已[7] 此志常覬豁[8]
窮年憂黎元[9] 歎息腸內熱[10] 取笑同學翁[11] 浩歌彌激烈[12]
非無江海志[13] 蕭灑送日月[14] 生逢堯舜君[15] 不忍便永訣[16]
當今廊廟具[17] 構厦豈云缺[18] 葵藿傾太陽[19] 物性固難奪[20]
顧惟螻蟻輩[21] 但自求其穴 胡爲慕大鯨 輒擬偃溟渤[22]
以玆悟生理[23] 獨恥事干謁[24] 兀兀遂至今[25] 忍爲塵埃沒
終愧巢與由[26] 未能易其節[27] 沈飮聊自遣[28] 放歌破愁絶[29]
歲暮百草零 疾風高岡裂 天衢陰崢嶸[30] 客子中夜發[31]
霜嚴衣帶斷 指直不能結[32] 淩晨過驪山[33] 御榻在嵽嵲[34]
蚩尤塞寒空[35] 蹴踏崖谷滑[36] 瑤池氣鬱律[37] 羽林相摩戛[38]
君臣留歡娛[39] 樂動殷膠葛[40] 賜浴皆長纓[41] 與宴非短褐[42]
彤庭所分帛[43] 本自寒女出[44] 鞭撻其夫家[45] 聚斂貢城闕[46]
聖人筐篚恩[47] 實願邦國活[48] 臣如忽至理[49] 君豈棄此物[50]
多士盈朝廷 仁者宜戰慄 況聞內金盤[51] 盡在衛霍室[52]
中堂有神仙[53] 烟霧蒙玉質[54] 煖客貂鼠裘[55] 悲管逐淸瑟
勸客駝蹄羹[56] 霜橙壓香橘[57] 朱門酒肉臭[58] 路有凍死骨
榮枯咫尺異[59] 惆悵難再述[60] 北轅就涇渭[61] 官渡又改轍[62]
羣水從西下[63] 極目高崒兀[64] 疑是崆峒來[65] 恐觸天柱折[66]
河梁幸未拆 枝撐聲窸窣[67] 行李相攀援[68] 川廣不可越[69]
老妻寄異縣[70] 十口隔風雪[71] 誰能久不顧 庶往共饑渴[72]

入門聞號咷[73] 幼子餓已卒[74] 吾寧捨一哀[75] 里巷亦嗚咽[76]
所愧爲人父 無食致夭折 豈知秋禾登[77] 貧窶有倉卒[78]
生常免租稅[79] 名不隸征伐[80] 撫跡猶酸辛[81] 平人固騷屑[82]
默思失業徒[83] 因念遠戍卒[84] 憂端齊終南[85] 澒洞不可掇[86]

두릉에 포의 있어
늙어감에 뜻은 갈수록 서툴기만 하네.
자부함이 얼마나 어리석었던가
은근히 직과 설에 견주었다네.
결국 크기만 할 뿐 쓸모없는 것이 되어서는
흰머리에도 고생함을 달갑게 여긴다네.
관을 덮어야 일이 끝나리니
이 뜻이 펼쳐지기만을 항상 바란다네.

해가 다하도록 백성을 걱정하여
탄식하느라 속이 탄다네.
함께 공부한 사람들의 웃음거리가 되니
크게 노래하여 뜻을 더욱 격렬하게 한다네.
강과 바다에 살자는 마음으로
자유롭게 세월을 보내고자 함이 없지 않았지만,
살아서 요순과 같은 임금을 만나니
차마 영원히 떠나지를 못한 것이라네.
지금 조정은 잘 갖추어져서
집을 이루는 데 어찌 빠진 것이 있겠는가마는,
접시꽃은 태양을 향해 기우나니

만물의 본성은 진실로 빼앗기 어려운 것이라네.

생각건대, 땅강아지와 개미의 무리들
단지 자신의 굴혈만을 챙길 뿐이거늘,
어째서 큰 고래를 사모하여
매번 바다에 눕는 흉내를 내겠다는 것인가!
이로써 삶의 이치를 깨닫고는
간알을 일삼는 것 홀로 부끄러웠더니,
오늘날까지 고생고생
티끌 속에 묻혀 있음을 그저 참고 있다네.
종내 소보巢父와 허유許由에게는 부끄러우나
아직 그 절개를 바꿀 수가 없다네.
술에 취하여 잠시 마음을 달래고
마음껏 노래를 불러 극한 근심을 깬다네.

세모에 온갖 풀들 시들고
질풍은 높은 산을 찢네.
하늘 거리 심히 어둑한데
나그네는 한밤중에 출발했네.
서리가 심해 허리띠가 끊어지건만
손가락이 곱아서 맬 수가 없구나.
새벽에 여산을 지나는데
천자의 어탑이 높은 산에 있구나.

깃발은 차가운 하늘에 가득하고

호위 군사들은 미끄러운 깊은 골짜기를 밟고 가네.
요지에는 더운 기운이 피어오르고
우림군의 병기가 서로 부딪히는 소리가 들리네.
임금과 신하가 머물러 즐기느라
음악 소리가 하늘 높게 울려 퍼지네.
목욕을 하사받음은 모두 갓끈 긴 높은 관리요
잔치에 참여함은 짧은 갈옷 입은 백성이 아니라네.

붉은 뜰에서 나눠 주는 비단이여
본시 가난한 여인에게서 나온 것이라.
그 지아비의 집을 채찍으로 후려쳐
긁어모아 궁궐에 진상한 것이라.
성인이 광주리로 내려주시는 은혜는
실로 나라를 살리려 하는 것이려니,
신하가 지극한 이치를 소홀히 여긴다면
이 어찌 임금이 물건을 내어버림이 아니겠는가?
많은 선비들이 조정에 가득 차 있으니
어진 사람은 마땅히 전율하리라.

하물며 내전의 금 쟁반이
모두 위씨, 곽씨의 집에 있다 들었음이랴.
중당에는 선녀가 있어
안개가 옥 같은 몸을 가렸다네.
손님에겐 담비 갖옷을 주어 따뜻하게 하고
구슬픈 피리 가락이 청아한 슬 가락을 따라 흘러나온다네.

손님에게 낙타 발굽으로 만든 국을 권하는데
서리 맞은 등자가 향긋한 귤을 누르고 있다네.
붉은 문에는 술과 고기 냄새가 진동하고
길바닥에는 얼어 죽은 송장이 뒹구네.
영화와 시듦이 지척에서 다르니
맘이 서글퍼 더 이야기하기가 어려워라.

북쪽으로 수레를 몰아 경수와 위수로 나아가
관도에서 다시 수레 방향을 바꾸었네.
여러 물줄기가 서쪽으로부터 내려오는데
눈 닿는 데까지 바라보니 물결이 매우 높았네.
혹시라도 공동산이 떠내려 와서는
하늘 기둥을 들이받아 꺾을까 두려웠지.
다행스레 다리는 아직 무너지지 않았지만
지탱하고 있는 교각이 삐걱삐걱.
행인들이 서로 붙잡고 가는데
강물이 하도 넓어 넘을 수 없을 것만 같았네.

늙은 아내는 타향에 기거하고 있으니
열 식구가 바람과 눈 속에 떨어져 있다네.
뉘라서 오랫동안 가족들을 돌보지 않을 수 있으랴
내 가서 배고프고 목마름을 함께하기를 바랐다네.
문을 들어서자 통곡소리 들리니
어린 아들이 굶주려 이미 죽었구나.

내 어찌 한바탕 슬피 울지 않을 수 있으랴
마을 골목도 함께 오열하는구나.
부끄럽기는 사람의 아비가 되어서
먹을 것이 떨어져 요절하게 했음이여.
가을 벼가 익을 무렵인데
가난하여 이런 급박한 일이 생길 줄을 어찌 알았으리요.

살아서 항상 조세를 면하고
이름은 징병 대상에 속하지 않았으나,
지나온 자취를 더듬어 보면 그래도 맵고 쓰린데
평민 백성들의 삶은 진실로 처량하고 처량하리라.
조용히 생업을 잃은 이들을 생각하고
인하여 멀리 가 수자리하는 병졸들을 생각하나니,
근심스런 마음 종남산과 같아
끝없이 이어져 떨칠 수가 없구나.

이 시는 천보 14년 겨울 가족들을 만나기 위해 장안을 떠나 봉선으로 가면서 느낀 바를, 그리고 도착한 뒤의 감회를 적은 것이다. 먼저 자신의 평소의 뜻을 서술하고, 이어서 여산驪山 화청궁華淸宮에서의 현종 일행의 환락에 대한 불만, 그리고 봉선에 도착한 뒤 굶어 죽은 자신의 막내아들로 인한 극한 슬픔을 적고 있다. 두보는 자신을 요순시대의 훌륭한 신하였던 직稷과 설契에 견줌으로써 평생의 큰 뜻이 위로 요순과 같은 성군을 보필하고 아래로 도탄에 빠진 백성들을 구원하는 것에 있음을 분명히 하고 있다. "해가 다하도록 백성을 염려한다(窮年憂黎元)"는 구절은 전체 시의 주제라고 할 수 있는데, 이러한 주제 하에서 정사를 팽개치고 여산의 온천궁에서 환락에 빠져 있는 임금과 신하들에 대해 분노하고, 백성에게서 수탈한 공물로 사치와 열락에 여념이 없는 양국충의 무리들을 고발한다. "붉은 문에는 술과 고기 냄새가 진동하고, 길바닥에는 얼어 죽은 송장이 뒹구네. (朱門酒肉臭, 路有凍死骨.)" 이 두 구절은 당시 당나라의 사회적 모순을 극명하게 드러내는 명구다. 이 시의 후반부에서 두보는 자신의 막내아들이 굶주림으로 인해 요절한 참혹한 현실을 보여 준다. 이러한 극한 상황은 앞서 서술한 황실의 사치스러운 생활과 극명한 대조를 이루면서 당조의 관리의 위치에 있었던 두보 역시 버림받은 백성의 한 복판에 서 있음을 보여 준다. 시의 마지막에서 두보는 자신의 개인적 불행을 넘어 '생업을 잃은 무리들(失業徒)'과 '멀리에서 수자리하는 병사(遠戍卒)'로 대표되는 광범위한 소외계층에 대해 근심하고 염려하는 것으로서 자신의 긴 영회시를 마무리한다.

《**두시상주**》 주학령은《구당서 · 현종기》를 인용하여 다음과 같이 적고 있다. "천보 14년 겨울 10월 임금이 화청궁으로 행차하였다. 11월 병인에 안녹산이 반란을 일으켰다. 공이 봉선으로 가고 있을 당시, 현종은 바로 화청궁에 있었다. 그래서 시에서 여산의 일을 말한 것이 특히 상세한 것이다. 11월 9일에 안녹산의 반란의 소식을 담은 편지가 장안에 도착하였는데, 현종은 여전히 믿지 않았다. 그래서 시에서는 단지 환락을 즐기는 일과 세금을 거두어들이는 것, 그리고 난리가 곧 있게 될 것이라는 말만을 하고 안녹산의 반란의 상황은 언급하지 않은 것이다.(朱注, 舊書玄宗紀, 天寶十四載, 冬十月, 上幸華淸宮. 十一月丙寅, 祿山反. 公赴奉先時, 玄宗正在華淸宮, 所以詩中言驪山事特詳. 十一月九日, 祿山反書至長安, 玄宗猶未信, 故詩中但言歡娛聚斂, 亂在旦夕, 而不及祿山反狀.)"

《**보주두시**》 황학이 말하였다. "여대방, 채흥종, 노은, 양권도는 모두 천보 14년 11월에 지은 것으로 여기고 있는데, 지금 고찰해 보니 시에서 단지 멀리 수자리하는 병졸을 말하였고, 아울러 환락과 세금을 모아들이는 것이 난리를 일으키는 원인이 됨을 서술하였을 뿐, 안녹산의 일에 대해서는 언급하고 있지 않다. 안녹산의 반란을 알리는 편지가 도착하기 전에 이 시를 쓴 것이 아니겠는가? 《당사습유》에서 말한 안녹산의 반란 소식을 듣기 전에 공은 경기 지역으로 잠적했다는 것이 아마도 옳은 것 같다.(鶴曰, 呂汲公蔡興宗魯訔梁權道, 皆謂在天寶十四載十一月作. 今考詩中但言遠戍之卒, 及述歡娛聚斂以致亂之因, 而不及祿山之事, 豈非祿山反書未至時賦此. 唐史拾遺云, 祿山反書未聞, 公已潛畿甸, 或是.)"

《두시전주》 서위 때의 포성현은 동주에 속했으나 개원 4년에 봉선현으로 바뀌어 경조부에 예속됨으로써 예종의 교릉을 받들게 되었으며, 개원 17년에 적현으로 승격되었다. 장안으로부터 150리 떨어져 있다.(西魏蒲城縣, 屬同州, 開元四年, 改爲奉先縣, 移隸京兆府, 以奉睿宗橋陵. 十七年, 昇爲赤縣, 去長安一百五十里.)

주 석

1 杜陵(두릉): 지명. 두보가 당시 거처하던 곳. 《한서 · 지리지》에 의하면 두릉은 옛날 두백국杜伯國으로 한漢 선제宣帝를 이곳에 장사하였기 때문에 두릉으로 불렸다고 한다. 장안에서 남쪽으로 오십 리 떨어진 곳에 있다.

《두억》 당의 서경은 지금의 서안부다. 서안부 성 동쪽에 파릉이 있는데 문제를 장사한 곳이다. 파릉 남쪽 5리에 낙유원이 있는데 선제가 쌓아서 능을 만들고 두릉이라고 했다. 두릉 동남쪽으로 십여 리를 가면 또 한 개의 약간 작은 능이 있는데, 허씨 황후를 장사한 곳이며 소릉이라고 부른다. 소릉의 동쪽이 바로 두곡이며, 소릉의 서쪽은 바로 두보의 고택이다. 두보가 자신을 '소릉야로'라고 부른 것은 바로 이 때문이다.(唐之西京, 卽今西安府. 府城之東有灞陵, 文帝所葬. 灞南五里卽樂遊原, 宣帝築以爲陵曰杜陵. 杜陵東南十餘里, 又有一陵差小, 許后所葬, 謂之少陵. 陵之東卽杜曲, 陵西卽子美舊宅, 子美自稱少陵野老以此.)

2 老大(노대): 연로하다. 意轉拙(의전졸): 뜻이 갈수록 서툴다.

3 許身(허신): 자처하다. 자신을 인정하다. 一何愚(일하우): 얼마나 어리석은가! '愚'를 '過'로 쓴 판본도 있다.

4 竊比(절비): 마음속으로 ~에 비유하다. 稷與契(직여설): 직과 설. 모두 순임금의 어진 신하들. 직은 농사일을 관장하였으며, 설은 교육을 관장하였다

5 居然(거연): 결국. 문득. 濩落(확락): 너무 크거나 넓어서 쓸모가 없는 모습을 뜻한다.

《두시상주》에 인용된 장연 주 '확락'은 매우 넓은 것이다.(濩落, 廓落也.)

《장자 · 소요유》 혜자가 장자에게 말하였다. "위왕이 나에게 큰 호로의 종자를 주었다. 내가 그것을 심었더니 결실하였는데 다섯 석이나 되는 큰 용량이었다. 그것으로 물을 담자니 그 정도의 굳셈으로는 견디어 낼 수가 없고, 그것으로 바가지를 만들자니 너무 커서 둘 곳이 없다. 이 호로는 괜스레 크기만 한 것이니, 나는 그것이 무용하다 여겨 깨뜨려 버렸다." …… 장자가 말하였다. "지금 그대에게 다섯 석이나 되는 호로가 있다면 어째서 그것으로 허리에 매는 큰 그릇으로 만들어 강과 호수를 떠다닐 생각을 하지 않는가? 오히려 그것이 너무 커서 둘 데가 없다고 걱정만 하니 그대는 좁은 마음을 가진 사람이로다.(惠子謂莊子曰, 魏王貽我大瓠之種, 我樹之成而實五石, 以盛水漿, 其堅不能自擧也. 剖之以爲瓢, 則瓠落無所容. 非不呺然大也, 吾爲其無用而掊之. …… 莊子曰, 今子有五石之瓠, 何不慮以爲大樽, 而浮乎江湖. 而憂其瓠落無所容, 則夫子猶有蓬之心也夫.)

6 甘契闊(감결활): 고생하며 일하는 것을 달갑게 여기다. '甘'을 '苦'로 쓴 판본도 있다.

7 蓋棺(개관): 관 뚜껑을 덮다.

《구가집주두시》 조차공 주 《한시외전》에 실린 공자의 "끊임없이 배우나니 관을 덮어야 비로소 끝날 것이다."라는 말을 바꾼 것이다.(變韓詩外傳所載孔子云, 學而不已, 闔棺乃止之語也.)

《두시상주》에 인용된 《송서宋書》 유의가 "대장부는 관을 덮고 난 뒤에 일이 비로소 평가가 된다."라고 말하였다.(劉毅曰, 大丈夫蓋棺,

事乃定矣.)

8 此志(차지): 이 뜻. 여기서는 직과 설로 자처한 두보 자신의 큰 뜻을 가리킨다. 覬豁(기활): 넓게 펼쳐지기를 바라다.

[蓋棺 2구]

《두시언해》 이 구절은 두보가 관을 덮어야 만사가 비로소 정해지는 까닭에 직과 설의 뜻을 넓게 펼치기를 항상 바란다고 말한 것이다.(此甫言蓋棺萬事方定, 故稷契之志常覬望展布也.)

#《두시상주》 이 단락은 평소에 지닌 큰 뜻을 자술한 것이다. 공은 세속을 좇아서 공적을 세우려 하지 않고 반드시 성현의 공업을 기대하였다. 뜻이 소졸하다고 말한 것은 직과 설에 견줌에 있다. '고생하며 일하는 것을 달갑게 여긴다'는 것은 뜻이 소졸함을 즐긴다는 것이며, '넓게 펼치기를 항상 바란다'는 것은 직과 설의 뜻을 이루기를 바란다는 말이다.(此自述生平大志. 公不欲隨世立功, 而必期聖賢事業. 所謂意拙者, 在比稷契也. 甘契闊, 安於意拙. 常覬豁, 冀成稷契.)

9 窮年(궁년): 평생토록. 黎元(여원): 백성. 서민. '黎民'과 같다.

10 腸內熱(장내열): 속이 타다. '腸'을 '腹'으로 쓴 판본도 있다.

11 取笑(취소): 비웃음을 사다. 同學翁(동학옹): 함께 공부한 친구들. '옹'은 친구들 사이에 쓰이는 존칭.

12 浩歌(호가): 큰 소리로 노래를 부르다.

[取笑 2구]

《두공부초당시전》: 두보의 뜻은 임금과 백성에 있었으나 함께 공부한 이들은 오히려 경멸하며 비웃었다. 두보는 이 마음을 쏟아 낼 방도가 없어 크게 노래를 부르는 것으로 표현하여 그 매서운 뜻을 더욱 스스로 격앙시킬 뿐이다.(甫志在君民, 而同學之人反輕笑之, 甫此懷無所寫, 形於浩歌, 愈自激昂其義烈而已.)

13 江海志(강해지): 강과 바다에서 세월을 보내려는 뜻. 즉 벼슬하지 않고 초야에 묻혀 살려는 뜻.

《구가집주두시》 조차공 주 《장자》에서 "늪지로 나가 넓고 조용한 곳에 살면서 한적한 곳에서 낚시나 하면서 특별히 무엇인가를 하지 않을 뿐이다"라고 했는데, 이는 강해의 선비, 세상을 피하여 사는 사람, 한가로운 사람이 좋아하는 것이니, '강해에 살려는 뜻'의 의미를 알 수 있다.(莊子曰, 就藪澤, 處閒曠, 釣魚閒處, 無爲而已矣. 此江海之士, 避世之人, 閒暇者之所好也, 可以見江海志之義矣.)

14 蕭灑(소쇄): 세속의 얽매임을 벗어나서 자유롭게 지내는 모습. 送日月(송일월): 세월을 보내다. '送'을 '迭'로 쓴 판본도 있다.

15 堯舜君(요순군): 요임금, 순임금과 같은 성군. 여기서는 현종을 가리킨다. '舜'을 '爲'로 쓴 판본도 있다.

16 永訣(영결): 영원히 이별하다.

17 廊廟(낭묘): 나라의 정치를 하는 궁전. 정전正殿. 묘당廟堂.

《**두공부초당시전**》에 **인용된** 〈**숙손통전**叔孫通傳〉 묘당의 재목은 한 나무의 가지만은 아니며, 제왕의 공업은 한 선비의 지략만이 아니다.(廊廟之材, 非一木之枝, 帝王之功, 非一士之略.)

18 構厦(구하): 큰 집을 짓다. 豈云缺(기운결): 어찌 빠진 것이 있겠는가? '云'은 뜻 없이 쓰인 조사다.

19 葵藿(규곽): 접시꽃. 혹은 아욱과 콩잎.

《**두시상주**》 '규곽' 구는 임금을 훌륭한 임금으로 만들고 싶어 하는 마음을 스스로 비유한 것이다.(葵藿, 自比致君之念.)

《**두공부초당시전**》 조식의 〈구통친표〉에 "마치 접시꽃이 잎을 기울이는 것과 같으니, 태양이 비록 돌려서 빛을 비추지 않을지라도 그를 향하는 것은 정성 때문입니다."라고 하였다.(曹植求通親表, 若葵藿之傾, 太陽雖不爲回光, 然向之者, 誠也.)

20 物性(물성): 만물의 품성. 難奪(난탈): 빼앗기 어렵다. '難'을 '莫'으로 쓴 판본도 있다.

#《**두시상주**》 이 단락은 뜻이 현군을 만나 백성을 구하는 것에 있음을 말한 것이다. 직과 설이 되고자 하였으니 아래로는 백성을 구하고, 위로는 요순을 보필함이 마땅하다. 이것이 작품 전체의 대지大旨다. 강해의 선비는 세상을 버리지만, 공은 현군을 사모함이 절실하여 차마 잊지 못한다. 조정의 신하들이 그 자리만을 채우고 있지만 공은 지극한 성품에 근거하여 감히 속이지 않는다. 이는 두 가지 양상으로 대비하여 동학

들의 의구심을 풀어준 것이다. '크게 노래하여 격렬하다'는 것은 바로 '영회'하는 까닭을 말해 준다. 현종이 처음 나라를 다스릴 때에는 정관 때와 거의 같았으나 만년에 이르러 실덕하여 마침내 환난의 단초를 만들게 되었다. '살아서 요순과 같은 성군을 만나다'라고 말한 것은 그가 고치고 깨달아서 스스로 새롭게 되어 다시 훌륭한 군주가 되기를 바란 것이니, 간절하게 충애하는 그 정성은 맹자가 제나라 왕에게 바란 것과 같은 뜻이다.(此志在得君濟民. 欲爲稷契, 則當下救黎元, 而上輔堯舜, 此通節大旨. 江海之士遺世, 公則切於慕君而不忍忘, 廊廟之臣尸位, 公則根於至性而不敢欺. 此作兩形, 以解同學之疑. 浩歌激烈, 正言詠懷之故. 明皇初政, 幾侔貞觀, 迨晩年失德, 而遂生亂階. 曰生逢堯舜君, 望其改悟自新, 復爲令主, 惓惓忠愛之誠, 與孟子望齊王同意.)

21 螻蟻輩(누의배): 땅강아지와 개미의 무리. 전하여 미력한 것들을 말한다. 당시 조정의 신하들이나 세력 확장을 꾀하던 번진藩鎭 세력들을 가리키는 말로 본다.

[顧惟 2구]

《두시경전》 자잘하게 간알을 일삼는 자들을 가리킨 것이다.(指瑣瑣事干謁者.)

22 偃(언): '눕다', '살다'의 뜻도 있으나 여기서는 '마음대로 행하다'의 뜻으로 보인다. 溟渤(명발): 큰 바다. 창해滄海.

[胡爲 2구] 이 구절은 조정의 소인배들이 분수를 모르고 날뛰는 것을 말한 것으로 보기도 하고, 두보 스스로 대인배로 살려는 자신에 대해 자조한 말로 보기도 한다.

《두시경전》 자조한 것이다.(自嘲.)

[顧惟 4구]

《두시상주》 조정에 거하는 자들은 땅강아지나 개미가 고래를 흉내 내는 것과 같다.(居廊廟者, 如螻蟻擬鯨.)

《구가집주두시》 **조차공 주** '땅강아지와 개미의 무리'는 분수를 지키지 않는 사람들을 말한 것이다. 이는 번진 중에서 감히 스스로 강대함을 꾀하는 무리들을 가리켜 한 말로, 공은 그들을 땅강아지나 개미처럼 하잘 것 없는 것으로 여길 뿐이다. 그들은 의당 스스로 멈춰서 각기 굴혈을 구하여 편안히 살면 될 것인데, 어째서 꼭 고래가 큰 바다에 사는 것을 부러워하여 배우려고 하는 것이냐는 말이다.(螻蟻輩, 以言不安分之人. 此指言藩鎭敢自彊大之徒, 公直眇之如螻蟻. 謂其當自止, 各求穴以安耳, 而彼何爲必欲慕學大鯨之處大海乎.)

23 玆(자): 이것. 여기서는 앞서 말한 '누의배'들이 멋대로 날뛰는 것을 가리킨다. 悟生理(오생리): 살아가는 이치를 깨닫다. '悟'를 '愧'로 쓴 판본도 있다.

24 干謁(간알): 고관이나 권력자들을 찾아가 추천을 부탁하는 일.

25 兀兀(올올): 고생하는 모습. 애쓰는 모습.

[以玆 4구]

《두시언해》 이 구절은 두보가 곤궁함과 영달함의 이치를 스스로 깨달아서 마침내 자신의 분수에 만족하며, 권세자들에게 간알함으로써 부귀를 구하는 일을 하지 않고 고생스럽고 가난하게 살면서, 먼지 속에 빠져 있음도 달갑게 여김을 말한다.(此甫自悟窮達之理, 遂安分而不干謁勢要, 以求富貴, 兀兀窮居, 甘爲汨沒塵埃也.)

26 巢與由(소여유): 소보巢父와 허유許由. 요임금 시대의 은자.

《두공부초당시전》에 인용된 황보밀皇甫謐의 《일사전逸士傳》 소보는 요임금 때의 은자다. 요가 허유에게 임금 자리를 물려주려 하자 허유가 이 일을 소보에게 고하였다. 그러자 소보는 "너는 친구가 아니다" 하고는 청령수에 들러 귀를 씻었다.(巢父者, 堯時隱人也. 及堯讓位許由也, 由以告巢父. 巢父曰, 汝非友也, 乃過淸泠之水洗其耳.)

27 易其節(역기절): 그 절조를 바꾸다. 여기서의 '절조'는 임금을 요순과 같이 만들고 백성을 구하려는 원대한 뜻을 가리킨다.

28 沈飮(침음): 취하도록 술을 마시다. 自遣(자견): 스스로 근심을 풀다. '견遣'은 근심, 원한, 분노 같은 것을 풀어 없앤다는 뜻이다.

29 放歌(방가): 마음껏 소리 지르며 노래를 부르다. 속시원히 노래하다. 破(파): '頗'로 쓴 판본도 있다. 愁絶(수절): 극도의 근심.

《두시상주》에 인용된 《두억》 '파수破愁'로 쓰는 것이 옳다. 만약 '파수절頗愁絶'이라고 말하게 되면 말이 오히려 유치하게 될 것이다.(作破愁

爲是, 若云頻愁絶, 語反稚矣.)

#《두시상주》 이 단락은 큰 뜻을 품고 있어도 펼칠 수가 없음을 슬퍼한 것이다. 나아가 요순을 도모할 수도 없는데다가 물러나 소보나 허유가 될 수도 없게 되었으며, 또한 직과 설이 되고자 하던 애초의 소원을 그저 이루지 못하게 되었다. 조정에 거하는 자들은 땅강아지나 개미가 고래를 흉내 내려는 것과 같아서 공은 심히 수치스러워 그들에게 간알하는 것을 달갑게 여기지 않는다. 강과 바다에서 노니는 것은 소보나 허유와 같이 은둔한다는 것인데, 공은 비록 부끄러워하면서도 자신의 절조를 바꾸려 들지 않는다. 여전히 쌍관의 형식을 써서 윗글의 뜻을 거듭 말하였다. 마음껏 노래하여 근심을 없앤다는 것은 영회에 의지하여 마음을 달래고자 한 것이다.(此自傷抱志莫申. 旣不能出圖堯舜, 又不得退作巢由, 亦空負稷契初願矣. 居廊廟者, 如螻蟻擬鯨, 公深恥而不屑干. 遊江海者, 若巢由隱身, 公雖愧而不肯易. 仍用雙關, 以申上文之意. 放歌破愁, 欲藉詠懷以遣意.)

30 天衢(천구): 하늘. 혹은 제도帝都. 崢嶸(쟁영): 매우 어두운 모습.

31 客子(객자): 나그네. 여기서는 두보를 가리킨다. 中夜(중야): 한밤중.

《두공부초당시전》 나그네는 두보 자신을 말한 것이며, 경사로부터 길을 떠난 것이다.(客子甫自謂, 自京發程也.)

32 能(능): '得'으로 쓴 판본도 있다.

33 淩晨(능신): 새벽. 驪山(여산): 장안 동쪽에 있는 산 이름. 산 아래 온천에 현종의 행궁인 화청궁이 있었다.

《두시상주》에 인용된 《환우기寰宇記》 여산은 소응현에서 동남쪽으로 2리 떨어진 곳에 있는데, 바로 남전산이다.(驪山, 在昭應縣東南二里, 卽藍田山也.)

《두시상주》에 인용된 《옹록雍錄》 온천이 여산에 있어서 진, 한, 수, 당 모두 항상 황제가 그곳에 행차하여 놀았는데 유독 현종이 특히 사치하였다. 산 가까이에 백관의 여러 부서를 두었는데 각기 머물 곳이 있어서 시월에 가서 해가 다 되어서야 환궁하였다. 또 양귀비로 인해 그 사치하고 방탕함이 더욱 두드러져서 궁전이 여산을 거의 둘러쌌으며 담장이 그 밖으로 빙 둘러 쳐 있었다. 관풍루 밑으로 또 협성이 있어서

금중으로 통할 수가 있었다.(溫泉在驪山, 秦漢隋唐皆常遊幸, 惟玄宗特侈. 蓋卽山建立百司庶府, 各有寓止, 于十月往, 至歲盡乃還宮. 又緣楊妃之故, 其奢蕩益著, 大抵宮殿包裹驪山, 而繚牆周遍其外, 觀風樓下, 又有夾城可通禁中.)

34 御榻(어탑): 천자가 사용하는 긴 의자. 嵽嵲(절얼): 산이 높은 모양. 또는 산이 높은 곳. 이 구절은 천자가 여산에 있음을 설명한 것이다.

#《**두시상주**》 가운데 네 단락은 경사로부터 봉선으로 가면서 도중에 본 일을 기록한 것이다. 이 단락에서는 여산을 지나면서 비분이 생긴 것을 말하였다. 세모에 어둡고 바람이 분 것은 곧 중동이 될 것이기 때문이다. 밤에 출발하여 새벽에 지나게 된 것은 경사로부터 60리밖에 떨어지지 않았기 때문이다.(中四段, 自京赴奉先, 記中途所見之事. 此則過驪山而有慨也. 歲暮陰風, 將涉仲冬矣. 夜發晨過, 去京止六十里也.)

35 蚩尤(치우): 고대 제왕의 이름. 황제黃帝에게 주벌당하였다. 여기서 '치우'는 천자의 행렬에 앞서 행하는 깃발의 뜻으로 쓰였다. 안개 또는 깃발에 서려 있는 기운 등으로 보기도 한다.

《**두시상주**》 '차가운 하늘을 가리고 있다'는 말은 깃발이 하늘을 가리고 있다는 말이다.(塞寒空, 旌旗蔽天也.)

《**구가집주두시**》 **조차공 주** '치우'는 수레 앞에서 길을 인도하는 깃발이다.(蚩尤, 乘輿前導之旗也.)

《**두시상주**》**에 인용된** 《**황람**皇覽》 치우의 무덤은 동군 수장현 감향 성중에 있는데 높이가 일곱 장이다. 백성들이 항시 10월에 제사를 지내면 붉은 기운이 나오는데 비단과도 같았다. 백성들이 그것을 '치우기'라고 이름하였다.(蚩尤塚, 在東郡壽張縣闞鄕城中, 高七丈, 民常十月祀之, 有赤氣出, 如匹練帛, 民名爲蚩尤旗.)

36 蹴踏(축답): 밟다. 崖谷(애곡): 깊은 계곡.

[**蚩尤 2구**] 우림군의 모습이지만 안개가 가득한 미끄러운 계곡을 밟고 가는 두보의 모습으로 보는 경우도 있다.

《**두시경전**》 2구는 호위 군사들의 고생스러움을 말한 것이다.(二句言衛士之苦.)

37 瑤池(요지): 주周 목왕穆王이 서왕모西王母를 만났다는 선경. 곤륜산崑崙山

에 있다고 한다. 여기서는 현종과 양귀비가 놀고 있는 여산 화청궁을 뜻한다. 鬱律(울률): 연기가 위로 올라오는 모습.

《두시상주》 '울률'은 온천의 수증기가 올라오는 것이다.(鬱律, 溫泉氣升.)

38 羽林(우림): 우림군. 천자를 호위하는 금위군. 摩戛(마알): 서로 부딪혀서 소리가 나다. 혹은 서로 부딪혀서 나는 소리. 여기서는 우림군의 무기가 서로 부딪혀서 소리가 나는 것을 뜻한다.

《구가집주두시》 '우림'은 천자의 수레를 호종하는 군대다. 그 세워 두는 것이 숲과 같이 많아서 서로 부딪혀 소리가 난다고 말한 것이다.(羽林, 扈駕之軍也. 其所樹之如林, 故言相摩戛.)

《두시상주》 '마알'은 호위 군사가 매우 많음을 말한 것이다.(摩戛, 衛士衆多.)

39 君臣(군신): '聖君'으로 된 판본도 있다.

《두시상주》 '임금과 신하가 환락을 즐긴다'는 말은 나라 일을 걱정하지 않는다는 말이다.(君臣歡娛, 不恤國事.)

40 樂(악): 음악. 여산 화청궁에서 연주되는 음악을 뜻한다. 殷(은): 음악 소리가 천둥소리처럼 요란하게 울리는 것을 말한다. 膠葛(교갈): 광대한 모습. 넓고 깊은 모습. 혹은 어지러운 모습. 여기서는 하늘이나 높은 산과 같이 넓은 곳에 음악 소리가 울려퍼지는 것을 뜻한다. '樛嶱', 혹은 '嵑嶱'로 쓴 판본도 있다.

《두시상주》 〈상림부〉의 '장악호교갈지우'에 대한 주에서 "'교갈'은 광대한 모습이다"라고 하였고, 곽박 주에서는 '비어 있고 깊은 모습'이라고 했다. 〈남도부〉의 '기산칙공요갈갈'에 대한 주에서 '산의 돌이 높은 모습'이라고 했다.(上林賦, 張樂乎膠葛之寓. 注, 膠葛, 廣大貌. 郭璞注, 曠然深貌也. 南都賦, 其山則崆嶢嶱嵑. 注, 山石高峻貌.)

41 賜浴(사욕): 천자가 신하들에게 온천욕을 허락하였다는 뜻이다. 長纓(장영): 긴 갓끈. 여기서는 길게 갓끈을 한 현종의 시종관들을 뜻한다.

《두공부초당시전》 당서에 의거하면 천자는 10월에 화청궁으로 가서 시종관들에게 온천욕을 하사하였다고 한다.(按唐書, 天子十月幸華清宮, 賜從臣浴.)

42 短褐(단갈): 짧은 갈옷. 가난한 사람이 입는 옷. '短'을 '裋(해진옷 수)'로 쓴 판본도 있다.

[賜浴 2구]

《두공부초당시전》 현종이 온천욕을 하사한 여러 신하들은 모두가 갓끈이 긴 사람들이요, 짧은 갈옷을 입은 천한 사람은 잔치에 참여할 수 없다는 말이다.(謂玄宗賜浴羣臣, 皆長纓之士, 短褐賤者不獲與宴也.)

《두시상주》 온천욕을 하사하고 더불어 잔치한다는 것은 시종관들이 천자에게 아부하여 총애를 받았다는 말이다.(賜浴與宴, 從官邀寵也.)

#《두시상주》 이 단락은 여산에서 놀기 위해 행차하게 된 자취를 적은 것이다. 위 4구에서는 추위에 고생함을 걱정하지 않음을 보여 준 것이요, 아래 4구는 욕정을 멋대로 하고 황음하며 즐기는 것을 꾸짖은 것이다.(此記驪山遊幸之迹. 上四, 見不恤苦寒, 下四, 譏恣情荒樂.)

43 彤庭(동정): 붉은 색을 칠한 뜰. 천자의 뜰을 의미한다.

《두공부초당시전》 '동정'은 천자의 뜰로서 붉은 색으로 장식을 한다.(彤庭, 天子之庭, 以丹飾之也.)

44 寒女(한녀): 가난한 여인.

45 鞭撻(편달): 채찍으로 때리다. '撻'을 '箠'로 쓴 판본도 있다.

46 貢(공): 공물을 바치다. 城闕(성궐): 도읍. 혹은 궁궐.

47 聖人(성인): 여기서는 천자를 가리킨다. 筐篚恩(광비은):《시경 · 녹명鹿鳴》에 나오는 용어로서 천자가 신하들에게 광주리에 예물을 담아 하사하는 은혜를 말한다.

《두시상주》에 인용된 《자치통감》 주 당인들은 천자를 칭하여 모두 '성인'이라고 말하였다.(唐人稱天子皆曰聖人.)

《두시상주》에 인용된 〈녹명鹿鳴〉의 《모시毛詩》 서 폐백을 광주리에 채워서 그 후한 뜻을 행한다.(實幣帛筐篚, 以將其厚意.)

48 願(원): '欲'으로 된 판본도 있다.

49 忽至理(홀지리): 지극한 이치를 소홀히 여기다. 여기서 '지극한 이치'는 임금이 신하들에게 예물을 하사하는 것의 의미가 신하로 하여금 나라를

살리기 위해 충성하게 하려는 데 있다는 말이다.

《**두시상주**》 이 구절은 감히 임금을 비난할 수가 없어 신하에 의탁하여 풍자한 것이다.(此不敢斥言君, 故託臣以諷.)

50 此物(차물): 임금이 하사한 비단 등을 가리킨다.

[聖人 6구]

《**두공부초당시전**杜工部草堂詩箋》 〈녹명〉시는 문왕과 무왕이 여러 신하들과 훌륭한 손님들을 위해 잔치를 열고, 폐백을 광주리에 채워서 그 후한 뜻을 행하였을 때 노래한 것이다. 대개 성인이 광주리의 은혜를 베푸는 것은 마구 상을 주는 것에 구차히 힘씀이 아니요, 실로 충신이 그 마음을 다할 수 있게 하여 나라의 백성을 살리고자 함일 뿐이다. 지금 현종은 세금을 거두는 신하로 하여금 백성들을 채찍질 하여 세금을 수탈하게 하고는 공도 없는 이에게 나누어 하사하여 이 물건을 받게 하였다. 이는 나라를 살리는 이치를 소홀히 한 것이다. 임금이 하사하는 일을 몰래 함부로 하였으니 이는 광주리의 은혜를 저버린 것이다. 선비들이 조정에 가득해도 감히 이로써 임금께 간하는 자가 없고, 오직 어진 자만이 그 변고가 있을 것을 헤아리나니 이것이 국가를 위해 전율하는 까닭인 것이다.(鹿鳴之詩, 文武所以宴羣臣嘉賓, 實幣帛于筐篚, 以將其厚意. 蓋聖人筐篚之恩, 非苟務爲濫賞, 實欲忠臣得盡其心, 存活邦國之民而已. 今玄宗使聚斂之臣, 鞭撻誅求, 分賜無功而受此物, 是忽其活邦國之理也. 君所賜潛濫, 是棄此筐篚之恩也. 多士盈庭, 無敢以此諫君, 惟仁者測其有變, 所以爲國家戰慄也.)

#《**두시상주**》 이 단락은 당시에 함부로 하사품을 내리는 일을 비난한 것이다. 위 4구는 일을 기록한 것이고, 아래 6구는 기탁하여 풍자한 것이다. 광주리로 하사하는 것은 나라를 살리고자 함인데, 지금 여러 신하들은 모두 소홀히 여기며 알지 못하였으니 이러한 선물은 어찌 헛되이 버린 것이 아니겠는가? '전율戰慄'은 의당 그 뜻에 부합하게 보답하고자 함을 생각한 것이다. 나대경이 말하기를 "이 단락에서 말한 것은 바로 '너의 봉록은 백성의 기름이다'의 뜻이다. 사대부가 이것을 외워 또한 송연히 두려워해야 할 것이다."라고 하였다.(此譏當時賜予之濫. 上四敍事, 下六託諷. 筐篚賜予, 欲其活國, 今諸臣皆玩忽不知, 則此物豈

虛擲者乎. 戰慄, 當思報稱也. 羅大經曰, 此段所云, 卽爾俸爾祿, 民脂民膏之意, 士大夫誦此, 亦可以悚然懼矣.)

51 內金盤(내금반): 궁궐 내의 금쟁반. 여기서는 천자가 쓰는 기물을 뜻한다.

《두시상주》 '내금반'은 천자의 물건을 저장해두는 상방의 기물이다.(內金盤, 尙方器用.)

52 衛霍室(위곽실): 위청衛青과 곽거병霍去病의 집. 위씨와 곽씨는 한나라 왕실의 외척으로 권세를 누렸다. 여기서는 양국충의 무리를 비유한다.

《구가집주두시》 위청과 곽거병은 모두 황후의 친척으로서 귀해졌다. 이 말로써 양국충의 무리를 비유한 것이다.(衛青霍去病, 皆以后戚而貴, 以比楊國忠矣.)

53 中堂(중당): 집의 중앙에 있는 건물. 有(유): '舞'로 된 판본도 있다. 神仙(신선): 신선 같은 사람. 여기서는 양귀비, 혹은 양귀비와 그 자매들을 가리킨다. 양국충의 집에 고용된 춤추고 노래하는 여인으로 보기도 한다.

54 烟霧(연무): 향불 연기. 蒙(몽): '散'으로 된 판본도 있다. 玉質(옥질): 백옥같이 흰 피부를 말한다.

《두시상주》 '연무'는 당 위의 향연을 가리킨다.(烟霧, 指堂上香烟.)

[中堂 2구]

《두시상주》에 인용된 주학령 주 '신선'과 '옥질'은 양귀비의 여러 자매들을 가리킨다.(神仙玉質, 指貴妃諸姨.)

《두시언해》 이 구절은 양국충의 노래하고 춤추는 여인의 아름다움을 말한 것이다. 혹자는 양귀비를 가리킨다고 한다.(此言國忠歌姬舞妓之美. 或云, 指貴妃.)

55 煖客(난객): 손님을 따뜻하게 해 주다. '客'을 '蒙'으로 쓴 판본도 있다. 貂鼠裘(초서구): 담비 가죽으로 만든 옷.

《보주두시》에 인용된 왕수 주 《위서》에서 이르기를 "선비족이 사는 곳에 담비가 있는데 가죽과 털이 부드러워서 온천하가 가죽옷으로 만들었다."라고 했다.(魏書曰, 鮮卑有貂鼠子, 皮毛柔軟, 故天下爲裘.)

56 駝蹄羹(타제갱): 낙타의 발을 끓여서 만든 국. 진귀한 음식을 말한다.

57 霜橙(상등): 서리 맞은 등자橙子. 등자는 귤과 비슷하며 유자처럼 향기롭다.

[中堂 6구]

《구가집주두시》 조차공 주 춤추는 신선과 같은 여인, 담비 가죽옷, 낙타 발로 만든 국, 서리 맞은 등자, 향기로운 귤은 모두가 부귀한 집안의 일이다.(舞神仙, 貂鼠裘, 駝蹄羹, 霜橙, 香橘, 皆富貴家事也.)

58 朱門(주문): 붉은 칠을 한 문. 부귀한 집의 문을 의미한다. 肉(육): '炙'로 된 판본도 있다.

59 榮枯(영고): 초목의 성쇠를 뜻하여서 사람의 궁통窮通을 비유한다. '영'은 양국충의 무리와 같은 권세자들의 부귀를 가리키고, '고'는 두보 자신의 영락한 신세, 혹은 앞서 설명한 '동사'한 자들의 비참한 처지를 가리키는 것으로 볼 수 있다.

60 惆悵(추창): 실망하여 탄식하다. 슬퍼하다.

[榮枯 2구]

《구가집주두시》 조차공 주 공은 자기 자신과 위에서 말한 부귀한 자가 한쪽은 영화롭고 한쪽은 시들었으나 겨우 지척의 사이일 뿐이라고 말한 것이다. 이것이 슬퍼진 까닭이다. 혹자는 말하기를 "위에서 '주문'이라고 말한 경우는 '영'을 설명한 것이고, '동사'를 말한 경우는 '고'를 가리키는 것이다. 공은 그 지척의 사이를 두고 서로 다른 것을 민망히 여겨 슬퍼한 것이다."라고 하고 있다. 그러나 '더 이상 말하기가 어렵다'라고 했으니 자기 자신에 대해 말한 것으로 보아야 비로소 의미가 있다.(公言其與上之富貴者, 一榮一枯, 才咫尺之間耳. 此所以惆悵也. 或云, 如上言朱門者, 是之謂榮, 言凍死者, 是之謂枯. 公憫其咫尺之間有異, 故惆悵之焉. 然謂之難再述, 則在其身自言, 方有意義.)

#《두시상주》 이 단락은 당시 외척의 사치를 풍자한 것이다. 앞 8구는 일을 서술한 것이요, 뒤 4구는 기탁하여 풍자한 것이다. 주학령 주에 "위씨와 곽씨는 모두 한의 외척으로 양국충을 비유한 것이다. 신선 같고 백옥 같은 몸은 양귀비의 여러 자매들을 가리킨 것이다. 공훈이 있는 임금의 친척들이 사치하고 백성의 곤궁을 생각지 않으니 그 난리가 일어나게 된 것에는 이유가 있다고 하겠다. '분백'과 '금반' 두 항목은 바로

여산에서 잔치하며 상을 주는 것을 가리킨다"고 하였다.(此刺當時后戚之奢. 前八敍事, 後四託諷. 朱注, 衛霍皆漢內戚, 以比楊國忠. 神仙玉質, 指貴妃諸姨. 勳戚奢侈而不念民窮, 其致亂蓋有由矣. 分帛金盤二條, 卽指驪山宴賞.)

《두억》 천보 8년 임금은 백관을 이끌고 왼쪽 창고를 시찰하고는 나라의 쓸 것이 풍성하다 생각하고 총애하는 집안에 상으로 하사한 것이 한이 없었다. 천보 10년 황제는 안녹산에게 집을 지어주었는데, 극도로 웅장하고 화려하게만 하고 재력을 아끼지 말도록 하였다. 집이 지어지자 휘장과 기명 등을 갖추어 그 안에 가득 차게 하였는데 궁중일지라도 그만 못할 정도였다. 안녹산의 생일에 황제와 양귀비가 의복과 보기寶器, 술과 음식을 하사한 것이 심히 후하였다. 그러므로 '동정분백彤庭分帛'이니 '위곽금반衛霍金盤'이니 '주문주식朱門酒食' 등의 말은 모두 실제의 일을 말한 것이다. 그래서 '시사'라고 칭하는 것이다.(天寶八年, 帝引百官觀左藏, 帝以國用豐衍, 賞賜貴寵之家無有限極. 十載, 帝爲安祿山起第, 但令窮極壯麗, 不限財力. 旣成, 具幄帟器皿充牣其中, 雖禁中不及. 祿山生日, 帝及貴妃賜衣服寶器酒饌甚厚. 故彤庭分帛, 衛霍金盤, 朱門酒食等語, 皆道其實, 故稱詩史.)

61 北轅(북원): 수레를 북쪽으로 향하다.

62 官渡(관도): 관에서 설치한 나루터. 지명으로 보기도 한다. 改轍(개철): 수레의 방향을 바꾸었다는 뜻이다.

《두시언해》 '관도'는 지명이다.(官渡, 地名也.)

[北轅 2구]

《구가집주두시》 조차공 주 지금 공은 경사로부터 봉선현으로 가고 있으므로 반드시 동쪽에서 북쪽으로 꺾어야 한다. 때문에 여기서 북쪽으로 수레를 몰았다고 말한 것이다. '관도'는 경수와 위수에 관이 설치한 나루터다.(今公自京赴奉先縣, 必自東而折北, 故於此言北轅矣. 官渡, 則涇渭二河官所置渡也.)

63 羣水(군수): 여러 물줄기. '水'를 '冰'으로 쓴 판본도 있다.

64 極目(극목): 시력이 미치는 곳까지 멀리 바라보다. 崒兀(줄올): 물결,

혹은 얼음이 높은 모양.

65 崆峒(공동): 공동산.

《두시상주》 지리지에 "경수는 안정군의 견두산에서 발원한다."라고 하였는데, 바로 공동산이다.(地志, 涇水發源安定郡幵頭山, 卽崆峒山.)

《구가집주두시》 조차공 주 당지의 '경주 안정군'을 살펴보면 보정현 밑에 공동산이 적혀 있다.(按唐志涇州安定郡, 而於保定縣之下載有崆峒山.)

66 天柱(천주): 천주산.

《두시상주》 《수경주》에 "장화가 동방삭의 《신이경》을 인용하여 '곤륜산에는 동으로 된 기둥이 있는데, 그 높이가 하늘까지 닿아 있다. 이른바 천주라고 부르는 곳이다'라 하였다"는 기록이 있다. 《열자》에는 "공공씨가 노하여 부주지산을 들이 받아 천주가 꺾어지고 대지를 지탱하는 동아줄인 지유가 끊어졌다."라는 기록이 있다. 지금 생각해 보건대, 산양현에는 천주산이 있으니 장안 경내에 속해 있다. 《두억》에서는 "천주가 꺾인다는 것은 은어로서 국가가 장차 전복될 것을 염려한 것이다."라고 하였다.(水經注, 張華敍東方朔神異經曰, 崑崙有銅柱焉, 其高入天, 所謂天柱也. 列子, 共工氏怒而觸不周之山, 折天柱, 絶地維. 今按, 山陽縣有天柱山, 屬長安境內. 杜臆, 天柱折, 乃隱語, 憂國家將覆也.)

[羣水 4구]

《구가집주두시》 조차공 주 북쪽으로 수레를 몰아 경수와 위수로 나아갔다고 했으니 경수와 위수를 건넜을 것이고, 이로 인하여 얼음이 높이 쌓여 있는 것을 보게 된 것인데, 그 모습이 공동산이 흘러오는 것과 같았다는 말이다. 공동산은 본래 올 수가 없는 것이니 산이 아마도 날아 옮아가는 듯한 모습이 있었을 것인즉, 온다고 말한 이유가 될 것이다. 먼저 얼음을 보고 공동산이 흘러온다고 말하였으니 다시 기탁하여 천주를 들이받는다고 말할 수가 있는 것이다. 이것은 시인이 형세를 과장한 것이다.(北轅就涇渭, 則因經度涇渭, 見冰之崢嶸, 其狀如崆峒山之流來. 崆峒固不能來, 而山蓋有飛走移徙, 則有來之理矣. 旣以冰爲崆峒山之來, 則又可寓言其觸天柱矣. 此詩人張大之勢也.)

67 枝撐(지탱): 버팀목. 여기서는 교량을 받치고 있는 교각을 의미한다.

窸窣(실솔): 상태와 소리가 불안한 것을 뜻한다. 여기서는 교각이 흐르는 물결에 움직이면서 불안한 소리를 내는 것을 뜻한다.

《두시상주》 '지탱'은 교량의 교차하는 기둥이다. '실솔'은 다리가 움직이면서 소리가 나는 것이다. …… '실솔'은 아마도 당나라 사람들의 방언인 듯하다.(枝撑, 河梁交柱. 窸窣, 橋動有聲也. …… 窸窣, 蓋唐人方言也.)

68 行李(행리): 행인. '李'를 '旅'로 쓴 판본도 있다. 攀援(반원): 움켜잡다. 붙잡다.

69 不(불): '且'로 쓴 판본도 있다. 이 구절은 강물이 너무 넓어서 건너지 못할 것 같다는 말이다.

[羣水 8구]

《두억》 '군빙종서하'를 옛날에는 '수水'로 잘못 적었는데 지금 바로잡는다. 얼음이 녹은 것이 높다랗게 서쪽에서 흐름을 타고 내려오는데 공동산을 밀며 내려오는 듯하다. 비록 천주일지라도 부딪히면 꺾일 것 같은데 다행히도 교량이 아직 무너지지 않았다. 그러나 억지로 지탱하느라 소리가 이미 불안하여 대단히 위험하다. 그런데 행인들은 붙잡고 올라 잠시라도 지체하려 들지 않는다. 다리가 한 번 끊어지면 내가 넓어서 건너갈 수가 없기 때문이다.(羣冰從西下, 舊誤作水, 今改正. 謂冰澌崒兀, 從西順流而下, 疑推崆峒而來, 雖觸天柱, 猶恐其折, 而猶幸河梁之未拆也. 然勉强枝撑, 聲已窸窣, 其險極矣. 乃行旅攀援而來, 不肯少待, 爲河梁一斷, 川廣而不可越故也.)

#《두시상주》 아래 3단은 봉선에 도착한 뒤 자신의 처지를 슬퍼하고 남의 처지를 걱정하는 것으로 영회의 본뜻이다. 이 단락에서는 여행 도중의 급박한 상황을 추억한 것이다. 위 6구에서는 수세를 말하였고, 아래 4구에서는 행인을 말하였다. 많은 물이 서쪽에서 흘러와 이렇듯 물결이 사나우나 다행히도 교량은 무너지지 않았다. 붙잡아 주며 다투어 물을 건너는 것은 내가 넓어서 뛰어넘을 수가 없기 때문이다. 주학령 주에 "안녹산의 반란을 담은 편지가 이르자 황제는 비록 믿지 않았으나 한때 사람들은 겁이 나서 동요하였고 황하의 다리를 끊고 도망하여 숨자는 의론이 일었다. 그래서 행인들이 서로 붙잡고 급히 물을 건넌 것이니,

'하량행미탁河梁幸未拆' 구를 보면 알 수 있다."라고 하였다.(下三段, 至奉先而傷己憂人, 仍是詠懷本意. 此憶途次倉皇情狀. 上六言水勢, 下四言行人. 羣水西來, 其洶湧如此, 猶幸河梁未拆耳. 攀援爭渡, 爲川廣不能飛越也.朱注, 祿山反書至, 帝雖未信, 一時人情恇擾, 議斷河橋, 爲奔竄地, 所以行李攀援而急渡也, 觀河梁幸未拆句可見.)

70 寄(기): 기거하다. 두보의 식구들이 봉선에 임시로 거하였기 때문에 '기寄'라고 한 것이다. '旣'로 된 판본도 있다. 異縣(이현): 다른 고을. 여기서는 봉선현을 가리킨다.

71 十口(십구): 열 식구. 두보의 가족을 말한다. 隔風雪(격풍설): 혹심한 추위 속에 떨어져 있다. '풍설'은 바람이 불고 눈이 내리는 혹심한 추위를 뜻한다.

72 庶(서): 바라다.

73 號咷(호도): 통곡하다.

74 餓(아): '饑'로 된 판본도 있다.

75 寧(영): 어찌. 一哀(일애): 한바탕 슬퍼하다.

76 里巷(이항): 마을 골목. 여기서는 골목에 있는 마을 사람들을 뜻한다. 亦(역): '猶'로 쓴 판본도 있다.

77 秋禾登(추화등): 가을 벼가 익다. 가을이 되어 벼를 수확할 때가 되었다는 말이다. '禾'를 '未'로 쓴 판본도 있다.

78 貧寠(빈구): 가난함. 有倉卒(유창졸): 급박한 일이 생기다. 여기서는 두보의 어린 자식이 죽은 일을 두고 한 말이다.

《**두시상주**》 '창졸'은 요절을 두고 한 말이다.(倉卒, 謂夭折.)

[豈知 2구]

《**두시언해**》 이 구절은 가을 곡식이 익을 무렵에 집안에 굶어 죽는 갑작스러운 재앙이 생기게 될 줄을 몰랐다는 말이다.(此言不知秋熟之時, 家有饑死急猝之禍也.)

#《**두시상주**》 이 단락은 집안사람들의 곤궁한 정황을 적은 것이다. 위 4구는 도중에서 탄식한 것이며, 아래 8구는 집에 도착하여서 슬퍼한 것이다. 《두억》에서는 "부자, 부부의 정을 적고 있는데 그 비참함이

극에 달하였다. 타향에 기거하였으므로 가을 곡식이 익었음에도 가난에서 벗어날 수가 없었던 것이다."라고 적고 있다.(此述家人困窮境況. 上四在途而歎, 下八至家而悲. 杜臆, 敍父子夫婦之情, 極其悲慘. 寄跡他鄕, 故秋禾雖登, 而無救於貧.)

79 生(생): 생활하다. 常(상): '當'으로 된 판본도 있다. 免租稅(면조세): 세금을 면하다. 두보가 관직에 있었으므로 세금을 면할 수 있었다는 말이다.

80 名不(명불) 구: 병역을 면제 받을 수 있었음을 말한 것이다.

81 撫跡(무적): 자취를 더듬다. 살아온 자취를 반추한다는 말이다. 猶(유): '獨'으로 된 판본도 있다.

82 平人(평인): 평민. 騷屑(소설): 처량한 모습. 혹은 분잡하고 소란스러운 모습. 심사가 어수선한 모습.

《두시상주》 '소설'은 어수선한 모습이다.(騷屑, 紛擾之貌.)

83 默思(묵사): 조용히 생각하다. 失業徒(실업도): 생업을 잃은 무리들. '徒'를 '途'로 쓴 판본도 있다.

84 遠戍卒(원수졸): 멀리 가서 수자리하는 병졸.

85 憂端(우단): 근심스런 심사. 齊(제): '際'로 쓴 판본도 있다.

86 澒洞(홍동): 흉용한 모습. 혹은 서로 이어져 끝이 없는 모습. 掇(철): 없애다.

《두시상주》 '홍동'은 수세가 흉용하는 모습이다. 이 구절은 '우단'을 받아서 한 말로 근심이 심하다는 뜻이다.(澒洞, 乃水勢洶湧之貌. 此承憂端來, 是憂思煩懣之意.)

#《두시상주》 마지막에서는 어지러운 세상을 걱정하는 것으로 맺고 있으며, 신세에 대한 근심이 깊어졌다. 천보 말에 변방의 장수들은 전쟁을 끊임없이 일으켜서 백성들은 조세와 병역으로 인해 고달팠다. 공은 남의 일이었음에도 오히려 생활이 고달팠는데 하물며 가난한 백성 중에서 생업을 잃고 멀리 가서 수자리하는 사람들에게 있어서랴! 이 일을 생각하니 근심이 산처럼 쌓여 떨칠 수가 없다. 이 또한 백성을 염려한다는 뜻에 되돌아가 호응한 것이다.(末以憫亂作結, 身世之患深矣. 天寶季年,

邊帥窮兵，故民苦租稅征伐. 公在事外，尙且酸辛，況窮民之失業遠戍者乎. 念及此，而憂積如山，不能掇去，又回應憂黎元意.)

##《독두심해》 이 작품은 두보 시집 중에서 처음 나온 대문장으로 두보 평생의 대본령이다. 모름지기 큰 박력으로 한 번에 읽어 내려가야지 주학령, 구조오처럼 자잘하게 찢어 읽어서는 결코 안 된다. 전체 작품은 세 단락이다. 첫째 단락에서는 뜻을 품고 국도를 떠나는 정을 밝혔으며, 중반에서는 임금과 신하가 일락에 빠진 과오를 개탄하였고, 마지막에서는 집에 도착하여 애통해하고 고통스러워하는 감정을 서술하였다. 서두에서는 '자신을 직과 설에 견준다'는 두 구절로써 전체를 이끄는 데 종소리로 시작하는 것 같고, 결미에서는 '근심스런 마음이 종남산과 나란하다'는 두 구절로써 전체를 거두니 옥경을 쳐서 거두는 것 같다. 그 직과 설의 마음과 근심의 절절함은 나라는 부유하건만 백성은 곤고하다는 데 있다. 백성은 나라의 근본인데 더욱이 심히 위태롭고 극히 염려스러운 상황이다. 그래서 서두에서 국도를 떠나면서 '해가 다하도록 백성을 염려하였다'고 했고, 중반에서는 일락에 빠진 군신을 개탄하면서 '본시 가난한 여인으로부터 나온 것이다'고 했으며 마지막에서는 집에 도착함을 서술할 때는 '조용히 생업을 잃은 사람들을 생각한다'고 했으니, 일 편 중에서 세 번이나 뜻을 밝혔다. 그런즉 그가 직과 설에 견준 것이 과연 괜한 소리가 아니니, 마음에 맺힌 근심은 종내 끝날 때가 없는 것이다.(是爲集中開頭大文章，老杜平生大本領. 須用一片大魄力讀去，斷不宜如朱仇諸本，瑣瑣分裂. 通篇只是三大段. 首明賫志去國之情，中慨君臣耽樂之失，末述到家哀苦之感. 而起手用許身比稷契二句總領，如金之聲也. 結尾用憂端齊終南二句總收，如玉之振也. 其稷契之心，憂端之切，在於國奢民困. 而民惟邦本，尤其所深危而極慮者. 故首言去國也，則曰窮年憂黎元，中慨耽樂也，則曰本自寒女出，末述到家也，則曰默思失業徒. 一篇之中，三致意焉. 然則其所謂比稷契者，果非虛語，而結憂端者，終無已時矣.)

(**김성곤**)

14. 奉先劉少府新畫山水障歌

봉선 유소부의 새로 그린 산수화 병풍을 읊은 노래

堂上不合生楓樹[1] 怪底江山起煙霧[2]
聞君掃却赤縣圖[3] 乘興遣畫滄洲趣[4]
畫師亦無數[5] 好手不可遇[6]
對此融心神[7] 知君重毫素[8]
豈但祁岳與鄭虔[9] 筆跡遠過楊契丹[10]
得非玄圃裂[11] 無乃瀟湘飜[12]
悄然坐我天姥下[13] 耳邊已似聞淸猿[14]
反思前夜風雨急[15] 乃是蒲城鬼神入[16]
元氣淋漓障猶濕[17] 眞宰上訴天應泣[18]
野亭春還雜花遠 漁翁暝踏孤舟立[19]
滄浪水深靑溟闊[20] 欹岸側島秋毫末[21]
不見湘妃鼓瑟時[22] 至今斑竹臨江活[23]
劉侯天機精[24] 愛畫入骨髓[25]
自有兩兒郞[26] 揮灑亦莫比[27]
大兒聰明到[28] 能添老樹巓崖裏[29]
小兒心孔開[30] 貌得山僧及童子[31]
若耶溪[32] 雲門寺[33]
吾獨胡爲在泥滓[34] 靑鞋布襪從此始[35]

대청 위는 단풍나무가 자라기에 합당치 않거늘
괴이하다, 어떤 강과 산이길래 연무가 일어나나?

그대가 적현도를 그렸다는 말을 듣고
흥이 나서 창주의 정취를 그리게 한 것이다.

화사야 정말로 무수하지만
좋은 솜씨는 만날 수가 없지.
이 심신이 녹아 있는 것을 대하니
그대가 붓과 비단을 중히 여김을 알겠다.
어찌 단지 기악과 정건 정도리오?
필적이 양결단을 훨씬 넘어섰네.

현포의 산을 찢어 온 것 아닌가?
바로 소상의 물이 뒤집어진 것 아닌가?
쓸쓸하게도 나를 천모산 아래에 앉히니
귓가에 이미 맑은 원숭이 소리 들리는 듯하구나.
돌이켜 어젯밤에 비바람 급하였던 것 생각하니
바로 포성에 귀신이 든 것이라.
원기가 뚝뚝 떨어지니 병장屛障이 여전히 젖어 있는 듯
참된 주재主宰가 올라가 하소연하니 하늘이 응하여 운 것이리라.

들의 정자에 봄이 돌아오니 갖가지 꽃이 멀리 보이고
어옹은 저녁 무렵 외로운 배를 밟고 서 있다.
창랑은 물이 깊고 푸른 바다처럼 광활한데
기운 언덕 기운 섬은 가을 털의 끝과 같다.
상비가 슬을 타던 때는 보지 못하였지만
지금도 반죽은 강가에 자라 있다.

유후는 마음의 기미가 정미精微하니
그림을 사랑함이 골수에 들었다.
두 아들을 두었는데
그림을 그리는 것 또한 견줄 상대가 없구나.
큰 아들은 아주 총명하여
능히 늙은 나무를 뮛부리와 낭떠러지 속에 더해 넣고,
작은 아들은 마음이 열려
산승과 동자를 그려 내었다.

약야계
운문사.
나만 유독 무엇 때문에 진흙 속에 있나?
푸른 신발 베버선 차림 이제부터 시작하리라.

봉선현의 소부인 유단劉單의 산수화 병풍을 찬양한 시로, 저작 시기는 천보 14년으로 추정된다. '소부'는 현위의 별칭이다. '산수장'은 산수를 그린 병풍이다.

이 시는 두보의 제화시 중 걸작으로. 단순히 그림 속의 경물을 사실적으로 서술한 것이 아니라, 묘사, 비유, 과장, 연상 등 다양한 수법을 사용하여 그림 속의 기운이 생동함을 표현하였다.

장법상 시의 시작 부분에서 '돌올지필突兀之筆'을 사용하여 특이하고 힘찬 필세로 그림의 기운이 생동함을 알려 주고, 이후 '번등지필翻騰之筆'을 써서 화가의 재능, 그림의 우수함, 화가의 아들이 함께 그렸다는 사실 등 여러 내용을 다양한 각도에서 언급하고, 끝 부분에서 '일탕지필逸宕之筆'을 써서 자기 자신의 이야기로 전환하며 시를 끝맺었다.

《보주두시》 양권도는 지덕 2년 서울로 돌아왔을 때 지은 것에 편입하였으나, 공이 숙종을 호종하여 서울로 돌아왔을 때는 한참 어수선하였으니 유소부가 어찌 산수를 그려서 병풍을 만들었겠는가? 응당 먼젓번 봉선에 갔던 날 그림을 그린 것이니 안녹산이 아직 반란을 일으키기 전으로 천보 14년이다. 그래서 시의 끝에서 "나만 유독 무엇 때문에 진흙 속에 있나. 푸른 신발 베버선 차림으로 이제부터 시작하리라"라고 하였던 것이요, 피난 간 일과 좌습유가 된 일은 전혀 언급하지 않았던 것이다.(梁權道編在至德二年還京時作. 公扈從肅宗歸京師時, 正紛擾, 劉少府豈應畫山水爲障, 當是先赴奉先日作畫, 在祿山未反前, 是天寶十四年, 故終曰, 吾獨胡爲在泥滓, 青鞋布襪從玆始, 不曾言避亂與爲拾遺也.)

《두시상주》《두공부초당시전》에서 〈경사로부터 봉선으로 가며 마음을 읊다〉 뒤에 편입하였는데 시 속에 '포성', '풍우'의 구가 있기 때문이다. 《문원영화文苑英華》의 주에서 "봉선현위 유단의 집에서 지은 것이다."라고 하였다.(草堂詩箋編在自京赴奉先之後, 以詩中有蒲城風雨句也. 英華注, 奉先尉劉單宅作.)

주 석

1 堂上(당상): 대청 위. '上'은 '中'으로 된 판본도 있다. 合(합): 합당하다.

2 底(저): '何'와 같은 뜻의 방언이다. 江山(강산): 어떤 판본에는 '山川'으로 되어 있다.

《두시상주》 당의 방언인 '底'자는 '何'자로 풀이한다.(唐方言底字作何字解.)

[堂上 2구] 병풍의 산수 그림이 생동감이 있음을 표현한 것이다.

《두시상주》 언뜻 보고 놀랐다는 것은 그림의 형세가 특이함을 강조하여 말한 것이다.(乍見而怪, 甚言作勢之異.)

3 掃却(소각): 그리다. 그려 내다. '소掃'는 붓을 휘두르는 동작을 뜻한다. '각却'은 '卻'의 속자로 여기서는 '了'의 뜻으로 쓰였다. 이는 두보의

다른 시에서도 용례가 보이니, 〈곡강이수曲江二首〉의 '一片花飛減卻春(한 조각 꽃잎이 날자 봄빛이 줄어 버렸다)'가 그것이다. 赤縣圖(적현도): '적현'에 대하여 두 가지 다른 해설이 있다. 하나는 경기 지역의 속현으로 보는 것이고 또 하나는 중국의 옛 칭호로 보는 설이다. 유단이 봉선의 현위이고, 봉선이 경기 지역에 위치한다는 사실을 고려할 때 전자가 합당할 것이다. 따라서 '적현도'는 봉선현의 산수도다. 그리고 이 그림은 이 시에서 읊은 산수화와는 별개의 그림이다.

《두시상주》 '적현도'는 다른 한 폭의 그림이다.(赤縣圖, 別是一幅.)

《두시상주》 《두시전주》에서 "유씨는 봉선의 현위로 그 고을의 산수를 그렸다. 그래서 '적현도'라고 한 것이다."라고 하였다. 《사기》에 의하면 추연이 중국을 일러 '적현신주'라고 하였다. 조차공은 "경읍 속현에 '적'이 있고 '기'가 있는데, 땅이 넓고 인구가 많은 곳이 '적'이다."라고 하였다.(錢箋, 劉爲奉先尉, 寫其邑之山水, 故曰赤縣圖. 史記, 鄒衍謂中國名赤縣神州. 趙曰, 京邑屬縣有赤有畿, 其浩穰者爲赤.)

4 乘興(승흥): 흥을 타다. 흥취가 생겨서 어떤 행위를 하는 것을 뜻한다. 遣(견): '시키다'의 뜻이다. 두보가 유단에게 시킨 것이다. 滄洲趣(창주취): 병풍 속의 산수화를 두고 한 말이다. '창주'는 해상의 선경으로, 은자나 신선이 사는 곳을 뜻한다. 이를 지명으로 보는 설도 있으나 타당치 않다. '洲'가 '州'로 된 판본도 있다.

《두시상주》 '창주취'는 병풍 속의 산수를 가리킨다.(滄洲趣, 指屛中山水.)

[聞君 2구] 두보가 유단이 적현도를 그렸다는 말을 듣고 흥이 나서 그에게 병풍의 산수화를 다시 그리게 했다는 뜻이다

#《두시상주》 첫머리에서는 병풍의 산수를 서술하였다.(首敍屛障山水)

5 畫師(화사): 화가.

6 好手(호수): 좋은 솜씨, 또는 좋은 솜씨를 가진 사람.

7 對此(대차) 구: '융심신融心神'은 '마음과 정신을 융합하다'의 뜻이다. 이 구는 다음 구와 대장인 것으로 보아 '이 심신이 융합된 경지를 대하다' 또는 '여기에 심신이 융합되어 있음을 보다'로 풀이하는 것이 옳다. 이와 달리 '이 그림을 대하자 심신이 융합하였다'로 풀이하고 심신이

융합한 주체를 두보로 보거나 유단으로 보는 설 등이 있으나 타당하지 않다.

8 毫素(호소): 붓과 비단. 모두 그림에 필요한 것으로서, 결국 그림을 뜻한다.

[畵師 4구]

《구가집주두시》 조차공 주 대체로 공의 말뜻은, 유공을 만나 창주의 정취를 그리게 하였는데, 유공이 이 그림을 대하고 심신이 녹아든 것은 다른 이유가 아니라 유공의 마음도 또한 그의 그림을 중히 여기고 그것을 즐겨 하였기 때문이라는 말이다.(蓋公之意, 言旣遇劉公遣畵滄州趣矣, 劉公對此圖而心神融釋, 無他, 劉公之心亦重其毫素而樂爲之也.)

9 祁岳(기악): 당시의 유명한 화가다. 鄭虔(정건): 당시의 유명한 화가로, '시서화삼절詩書畵三絶'이라는 칭호를 받았다. 두보와 친분이 있었다.

《구가집주두시》 '기악'과 '정건'은 당시의 뛰어난 화가들이다.(祁岳鄭虔, 當時善畵者.)

《신당서 · 문예전》 정건은 산수를 잘 그렸고 글씨 쓰기를 좋아하였다. ……일찍이 스스로 그의 시를 쓰고 그림을 함께 그려서 바쳤더니 황제가 그 끝에 '鄭虔三絶'이라고 크게 썼다.(虔善圖山水, 好書. …… 嘗自寫其詩幷畵以獻, 帝大署其尾曰, 鄭虔三絶.)

10 遠過(원과): 훨씬 능가하다. 楊契丹(양결단): 수대의 뛰어난 화가, 참군을 지냈다. '契'의 음을《두시상주》에서 '乞結反'이라 하였다. 일설에는 수나라 양소라고 하는데 믿을 수 없다.

《독두심해》에 인용된 《후화록後畵錄》 수나라의 참군인 '양결단'은 여섯 가지 화법畵法을 자못 갖추었고 골기가 아주 풍부하다.(隋參軍楊契丹, 六法頗該, 殊豊骨氣.)

《두공부초당시전》 양소는 수나라에서 그림을 잘 그린다고 일컬어졌다. 그 그림이 거란에 전하여졌기 때문에 그것이 칭호가 되었다.(楊素在隋稱善畵, 其畵傳於契丹, 故以爲號.)

[豈但 2구] 유단을 저명한 다른 화가와 견주어 그의 솜씨를 칭송한 것이다.

《두공부초당시전》 유단의 필적이 양소를 능가한 즉 기악과 정건은 말할 게 없다고 한 것이다.(言劉之筆迹過於楊, 則祁鄭不足道也.)

#**《두시상주》** 이 단락은 그의 필의가 초절함을 찬양한 것이다.(此贊其筆意

超絶.)

11 玄圃(현포): 신화에 보이는 지명으로 곤륜산에 있다. 신선이 산다고 한다. 일명 '현포縣圃'라고도 한다. 裂(열): '坼'으로 된 판본도 있다. 이 구는 그림 속의 산이 마치 신화 속의 현포를 떼어다가 갖다 놓은 것 같다는 뜻이다.

12 瀟湘(소상): 소수와 상수. 모두 동정호洞庭湖의 남쪽에 위치한 강들이다. 翻(번): 물이 뒤집히다. 이 구는 소상의 물이 흘러들어온 것 같다는 뜻이다.

13 悄然(초연): 쓸쓸한 모양. 天姥(천모): 절강성에 있는 산으로 섬계剡溪 부근에 있다. 두보가 전에 유람한 적이 있었다. 따라서 그림 속의 산수를 보고 이 산이 생각났던 것이다.

《두시전주》 〈장유壯遊〉에서 '돌아가는 배의 돛이 천모산을 스쳤다'고 하였으니, 아마도 옛날 노닐던 곳이다. 그래서 '쓸쓸하게도 나를 천모산 아래에 앉히다'라고 한 것이리라.(壯遊詩, 歸帆拂天姥, 蓋舊遊之地, 故云, 悄然坐我天姥下也.)

14 淸猿(청원): 맑은 소리로 우는 원숭이.

15 反思(반사): 돌이켜 생각하다.

16 乃(내): '恐'으로 된 판본도 있다. 蒲城(포성): 봉선의 옛 이름. '蒲'가 어떤 판본에는 '滿'으로 되어 있다.

17 元氣(원기): 천지의 근본 기운. 우주의 원기. 淋漓(임리): 물 같은 것이 뚝뚝 떨어지는 모습. 원기가 넘치는 모습.

18 眞宰(진재): 참된 주재자. 조화의 신이다. 上訴(상소): 하늘에 올라가 하소연하다. 天應泣(천응읍): 앞 구의 '濕'과 호응하는 말이다. 구름도 없이 비가 내리는 것을 '天泣'이라고 한다는 설이 있다.

《두시언해》 '眞宰'는 조화신이니, 하늘에 올라가서 유단의 화필이 조화의 솜씨를 빼앗았음을 하소연한 것이다.(眞宰, 造化神, 上訴畵筆之奪造化也.)

《구가집주두시》 조차공 주 본조 사람 전희백의 《통미지》에 이르기를, "구름 없이 비 내리는 것을 '天泣'이라 한다."라고 하였다.(本朝錢希白,

洞微志曰，無雲而雨，謂之天泣.)

[反思 4구] 유단의 그림이 인간의 솜씨를 뛰어넘은 것이라고 찬양하는 내용이다.

《두시상주》 예전에 창힐이 글자를 만들자 하늘에서 곡식이 비처럼 내렸고 귀신이 밤에 울었다고 하는데, 이 구들은 그 이야기의 뜻을 몰래 이용한 것이다.(昔倉頡作字，天雨粟，鬼夜哭. 此暗用其意.)

#《두시상주》 이 단락은 산수의 신기함을 형용한 것이다. '현포' 구와 '소상' 구는 먼 지역의 경치를 들어 견준 것이니, 그 자취가 선계와 같음을 말한다. '풍우' 구와 '포성' 구는 가까운 지역의 경치를 들어 견준 것이니, 그 기교가 조화의 솜씨를 빼앗았음을 말한다.(此形容山水之神奇. 玄圃瀟湘，擧遠景以相擬，言其迹侔仙界. 風雨蒲城，擧近景以相擬，言其巧奪化工.)

19 暝(명): 때가 저녁 무렵임을 뜻한다.

20 滄浪(창랑): 강 이름. 青溟(청명): 바다를 뜻한다. 《문원영화》에서는 이 구절이 '滄浪之水清且闊'로 되어 있다.

《두공부초당시전》 '창랑'은 강 이름이다.(滄浪，水名.)

《두시상주》 '창랑'은 초에 있다. '청명'은 바다를 가리킨다.(滄浪在楚. 青溟指海.)

21 欹岸側島(의안측도): 기운 언덕과 기운 섬. '측'을 물가 쪽으로 치우쳐 있는 상태를 묘사하는 것으로 볼 수도 있다. 《문원영화》에서는 '欹峰側岸'으로 되어 있다. 秋毫末(추호말): 그림의 형체가 세미함을 말한다.

22 湘妃(상비): 상수의 여신 이름. 전설에 의하면 순임금의 비인 아황娥皇과 여영女英이 순임금이 죽었다는 소식을 듣고, 상수에 빠져 죽어 여신이 되었다고 한다. 鼓瑟(고슬): 슬을 타다. 《초사》에 상수의 신이 슬을 타는 이야기가 있다.

《초사 · 원유遠遊》 상수의 신령에게 슬을 타게 하다.(使湘靈鼓瑟兮.)

23 斑竹(반죽): 대에 반점이 있는 대나무로, 상수 일대에서 난다. 반점은 상비가 순임금이 죽었다는 소식을 듣고 흘린 눈물의 자국이라는 전설이 있다.

《두시상주》에 인용된 《박물지博物志》 순임금이 창오에서 죽자 두 비가 울어 눈물을 대에 뿌리자 대가 모두 얼룩이 졌다.(舜崩於蒼梧, 二妃啼, 以淚揮竹, 竹盡斑.)

#《두시상주》 이 단락은 산수 가운데의 경물을 갖추어 그렸다. '정화' 구와 '안도' 구는 산에 속하고, '어주' 구와 '창명' 구는 물에 속한다. '상수의 대가 강가에 있다'라는 말은 또 산수를 아울러 반영하였다. 위의 두 단락은 앞의 '창주취'와 호응한다.(此備寫山水中景物. 亭花岸島, 屬山. 漁舟滄溟, 屬水. 湘竹臨江, 又兼暎山水. 上二段, 應前滄洲趣.)

24 劉侯(유후): 유단劉單, '후侯'는 남자에 대한 존칭이다. 天機(천기): 타고난 마음의 작용. 천부적인 재질. 精(정): 정미精微하다.

25 入骨髓(입골수): 골수에 들다.

26 兒郎(아랑): 아들.

27 揮灑(휘쇄): 붓을 휘두르고 먹물을 뿌리다. 그림 그리는 것을 뜻한다.

28 聰明到(총명도): 총명이 지극하다. 아주 총명한 것을 뜻한다.

29 巓崖(전애): 묏부리와 낭떠러지.

30 心孔(심공): 마음 구멍. 심안心眼.

31 貌得(막득): 묘사하다. 형상을 그려 내다.

#《두시상주》 이 단락은 유소부로 인하여 그의 아들까지 아울러 언급한 것으로, 앞의 '화사' 단락과 호응한다.(此因少府而幷及其子, 應前畫師一段.)

32 若耶溪(약야계): 회계會稽에 있는 시내 이름.

《독두심해》에 인용된 《수경주》 '약야계'는 위로 초현 마계를 이었다. 시냇물이 지극히 맑아 뭇 산들의 모습이 거꾸로 비치는데 이를 들여다보면 그림 같다.(若耶溪, 上承嶕峴麻溪, 溪水至清, 照衆山倒影, 窺之如畫.)

33 雲門寺(운문사): 회계에 있는 절 이름.

《독두심해》에 인용된 《수경주》 산음현 남쪽에 옥순, 죽림, 운문, 천주 등의 정사가 있다.(山陰縣南有玉笥竹林雲門天柱精舍.)

34 泥滓(니재): 진흙.

35 青鞋(청혜): 푸른 신발. 짚신. 여장旅裝이다. 布襪(포말): 베로 만든

버선. 여장이다.

《두시언해》 '청혜'는 짚신이다.(靑鞋, 芒鞋.)

#《두시언해》 약야계와 운문사는 모두 회계에 있다. …… 이 단락은 두보가 세속을 벗어나 이곳에 가서 노닐겠다는 것이다.(若耶溪雲門寺皆在會稽. ……此, 甫欲脫塵泥而往遊於此也.)

《두시상주》 이 단락은 그림을 보고 세상 밖에 몸을 기탁할 것을 생각한 것이다. 앞의 '천모' 두 구와 호응한다.(此見畵而思託身世外, 應前天姥兩句.)

##《두억》 그림을 그리는 데에는 '육법'이 있다. '기운생동氣韻生動'이 그 첫째이고, '골법용필骨法用筆'이 그 다음이다. 두보는 화법으로 시를 짓는 법을 삼아서, 전편에 모든 글자가 도약하여 천기가 넘쳐난다. 그래서 그 기운이 보인다. 바로 '당 위는 단풍나무가 자라기에 합당하지 않다'라고 하여 시상을 돌연히 일으켜 하늘에서 내려온 듯하고, 조금 뒤에 홀연히 '어젯밤 비바람이 급하였던' 이야기로 들어가고, 다시 조금 뒤에 홀연히 두 아이가 그림 그리는 이야기로 들어가서, 시상이 급작스럽게 억양 변화하여, 그것이 어디서 왔는지를 알 수 없다. 그래서 그 골법骨法을 보게 된다. 끝부분에서 산승山僧을 그린 이야기로 인하여 운문사와 약야계의 이야기로 바꾸고는 푸른 신발 베 버선의 이야기로 끝내 버리고 마니, 모두 화법의 '경영위치經營位置'의 묘妙를 얻었다.(畵有六法, 氣韻生動第一, 骨法用筆次之. 杜以畵法爲詩法, 通篇字字跳躍, 天機盎然, 見其氣韻. 乃堂上不合生楓樹, 突然而起, 從天而下. 已而忽入前夜風雨急, 已而忽入兩兒揮灑, 突兀頓挫, 不知所自來, 見其骨法. 至末因貌山僧, 轉雲門若耶, 靑鞋布襪, 闋然而止, 總得畵法經營位置之妙.)

《독두심해》 당시 공이 봉선에 있었는데 소부가 당堂에 병풍을 펼쳐 놓고 공에게 시가를 지어 달라고 요구했던 것이다.(時公在奉先, 少府列障於其堂, 要公作歌.)

(**이영주**)

15. 後出塞五首

후출새 5수

男兒生世間　及壯當封侯[1]　戰伐有功業[2]　焉能守舊丘[3]
召募赴薊門[4]　軍動不可留[5]　千金裝馬鞭[6]　百金裝刀頭[7]
閭里送我行[8]　親戚擁道周[9]　斑白居上列[10]　酒酣進庶羞[11]
少年別有贈[12]　含笑看吳鉤[13]

남아가 세상에 나면
장성해서는 의당 공후에 봉해져야 하는 법.
전쟁에 나서면 공업이 있게 되리니
어찌 고향 땅만 지킬 수 있으리.
모병募兵하여 계문薊門으로 가는데
군대가 이동하니 머물 수가 없다.
천금千金으로 말채찍을 장식하고
백금百金으로 칼을 장식한다.
마을에서는 나를 전송하고
친척들은 길가에서 에워싼다.
노인이 상석에 앉아
술이 무르익자 갖가지 음식을 권하고,
젊은 사람이 각별히 준 게 있어
웃음 머금고 보검을 바라본다.

이 작품은 〈전출새구수前出塞九首〉와 마찬가지로 한 종군자從軍者의 종군 과정을 묘사한 것이다. 시제詩題의 '출새出塞'는 한대漢代 악부樂府의 제명題名이다. 앞에 지은 '출새出塞', 즉 〈전출새〉와 구분하기 위하여 '後'자를 붙였다.

이 시의 저작시기에 대해서는 여러 가지 이설이 있는데, 그중 안녹산이 반란을 일으킨 천보 14년 겨울에 지은 것이라는 구조오의 설과 안녹산이 장차 반란을 일으키려고 하던 시점에 지었다는 포기룡의 설 두 가지가 타당성이 있다. 이 시의 창작 의도는 저작 시기가 언제이냐에 따라 달라지는데, 구조오의 설을 따르면 안녹산의 군대에 종군하다가 탈출한 병사의 이야기를 통하여 안녹산의 실상을 폭로하고 아울러 안녹산이 반란한 이유가 당 현종이 변방에서 전쟁을 일으켜 공을 세우기를 좋아하여 변방의 장수를 총애한 탓임을 풍자하려는 것이고, 포기룡의 설을 따르면 현종의 잘못을 지적하면서 장차 반란의 조짐이 있다는 사실을 깨우쳐 주려는 것이다.

〈전출새〉와 비교하면 〈전출새〉는 가서한哥舒翰의 군대에 종군한 이야기이고, 이 시는 안녹산의 군대에 종군한 이야기다. 그리고 〈전출새〉가 매 수 8구의 단편인 데 비하여 이 시는 매 수의 편폭이 길다. 두 시의 표현 수법은 기본적으로 유사하나 〈전출새〉의 종군자가 강제로 징집된 자인데 반하여 이 시 속의 종군자는 자발적으로 모병에 응하였기에 인물의 형상과 심리 묘사에 차이를 보인다.

《두시상주》 포흠지가 말하기를 "천보 14년 3월 임오날에 안녹산이 해, 거란과 황수에서 전투를 하여 패배시켰다. 그래서 〈후출새 5수〉가 있게 되었으니, 군대를 내어 어양으로 나아간 것이다."라고 하였다. 그러나 마지막 장을 보면 이는 안녹산이 거병擧兵하여 반란을 일으킨 이후의 일을 말하였으니, 의당 천보 14년 겨울에 지은 것이다.(鮑欽止曰, 天寶十四載三月壬午, 安祿山及奚契丹戰於潢水, 敗之. 故有後出塞五首, 爲出兵赴漁陽也. 今按末章, 是說祿山擧兵犯順後事, 當是天寶十四載冬作.)

《독두심해》 안녹산이 변방에서의 전공으로 총애를 얻어서 자주 해와 거란을 침략하였고, 낙양에서 병사를 징발하고 상을 무겁게 하여 장사將士를 맞아들였다. 조정에서 그의 뜻을 따라주니 뜻이 더욱 교만해져서 마침내 반란을 결행하였다. 그래서 이 시를 지어 풍자한 것이니, 의당 안녹산이 장차 반란을 일으키려고 할 때다. 제본諸本 중에서는 반란을 일으킨 후에 편재한 것도 있고 진주시기에 편재한 것도 있는데, 크게 잘못이다.(安祿山以邊功市寵, 數侵掠奚契丹, 徵兵東都, 重賞要士. 朝廷徇之, 志益驕而反遂決矣. 故作是詩以諷. 當在祿山將叛之時. 諸本或編叛後, 或編秦州, 大謬.)

주 석

1 及壯(급장) 구: 여러 주석가들이 반초와 양송의 고사를 암용暗用한 것으로 보았다.

《두공부초당시전》 후한의 반초는 자가 중승이고, 큰 뜻이 있었다. 항상 관청에서 글 쓰는 일로 품을 팔았는데, 붓을 던지고 탄식하며, "대장부가 마땅히 부개자와 장건을 본받아 이역에서 공을 세워 공후에 봉해져야지, 어찌 오래도록 붓과 벼루를 일삼겠는가?"라고 말하였다. 양송은 자가 안정이고, 그의 재주를 자부하였다. 일찍이 높은 곳에 올라 멀리 바라보며 탄식하면서 "대장부가 세상에서 살면 살아서는 공후에 봉해져야 하고 죽어서는 묘당에서 음식을 받아야 할 것이니, 주현州縣의 일은 사람을 헛되이 수고롭게 할 뿐이다."라고 말하였다.(後漢班超, 字仲升, 有大志, 常爲官傭書, 投筆, 歎曰, 大丈夫當效傅介子張騫, 立功異域, 以取封侯, 安能久事筆硯間乎. 梁竦, 字安定, 自負其才, 嘗登高遠望, 歎息言曰, 大丈夫居世, 生當封侯, 死當廟食, 州縣之職, 徒勞人耳.)

2 戰伐(전벌) 구: 전쟁에 참여하면 공을 세울 수 있다는 뜻이다.

3 焉(언): 어찌. 舊丘(구구): 고향을 뜻한다.

《두시상주》에 인용된 《광아廣雅》 '구丘'는 '거居'의 뜻이다.(丘, 居也.)

4 召募(소모): 모병募兵하다. '召'자가 '占'으로 된 판본도 있다. 薊門(계문): 관關 이름. 연燕 지역에 있었다. 안녹산의 근거지를 뜻한다.

《두공부초당시전》 '계薊'는 …… 연 땅이다.(薊, …… 燕地.)

《두시상주》에 인용된 《일통지一統志》 예전의 계문관은 지금의 순천부 계주에 있었다.(古薊門關, 在今順天府薊州.)

5 軍動(군동) 구: 군대가 이동하기 때문에 따라나서야 한다는 뜻이다.

6 馬鞭(마편): 말채찍. '鞭'이 '鞍'으로 된 판본도 있다.

7 刀頭(도두): 칼을 말한다.

8 閭里(여리): 마을을 뜻한다. '여'와 '이'는 원래 25가家의 마을 단위 이름이다. '여'는 마을 골목 입구의 문을 뜻하기도 한다.

《두시상주》 《주례周禮·대사도》에서 "5가가 '비'가 되고, 5비가 '여'가 된다."라고 하였고, 《주례·수인》에서는 "5가가 '인'이 되고, 5인이 '이'가 된다."라고 하였으니, 여와 이는 모두 25가다. '향'에서는 '여'라 하고, '수'에서는 '이'라 하는 것이다. 25가가 골목을 공유하고 골목 입구에 문이 있다.(大司徒, 五家爲比, 五比爲閭. 遂人, 五家爲隣, 五隣爲里, 閭里皆二十五家, 鄕謂之閭, 遂謂之里, 二十五家共有巷, 巷首有門.)

9 擁(옹): 둘러싸다. 道周(도주): 《시경》에 쓰인 말로서, '길 가'를 뜻한다.

《시경·당풍唐風·유체지두有杕之杜》 '生於道周'의 《모전毛傳》 '주周'는 '굽이'라는 뜻이다.(周, 曲也.)

《두공부초당시전》 '도주'는 '길 가'다.(道周, 道邊也.)

10 斑白(반백): 반백의 노인을 뜻한다. 上列(상렬): 상석上席을 뜻한다.

11 酒酣(주감): 술자리가 한창 무르익은 것을 뜻한다. 進庶羞(진서수): 갖가지 음식을 들이다. 노인이 떠나는 이에게 음식을 권하는 것을 뜻한다.

12 贈(증): 소년이 떠나는 이에게 증정한 것으로 아래 구의 오구吳鉤다.

13 吳鉤(오구): 좋은 칼을 뜻한다. '구鉤'는 끝이 굽은 칼로, 도검의 일종이다.

《두시상주》에 인용된 《오월춘추吳越春秋》 합려가 금구金鉤를 만들라고 나라 안에 명하고서, "좋은 구鉤를 만드는 자에게 일백 금을 상으로 주겠다."라고 영令을 내렸다. 어떤 사람이 그의 두 아들을 죽이고 그 피를 쇠에 칠하여 두 자루 구를 만들어서 바쳤다. 왕이 "어떤 점이

뭇 구와 다르냐?"라고 하였더니, 구를 만든 장인匠人이 두 아들의 이름을 불렀다. "오홍아, 호계야. 내가 여기에 있다. 왕께서 너희의 신통함을 모르시는구나." 소리가 입에서 그치자, 두 자루 구가 모두 날아 아비의 가슴에 붙었다. 오왕이 크게 놀라서 일백 금을 상으로 주었다.(闔閭命於國中作金鉤, 令曰, 能爲善鉤者賞百金. 有人殺其二子, 以血釁金, 成二鉤, 獻之. 王曰, 何以異於衆鉤乎. 鉤師呼二子名, 吳鴻, 扈稽, 我在此, 王不知汝之神也. 聲絶於口, 兩鉤俱飛, 着父之胸. 吳王大驚, 賞之百金.)

《두시경전》에 인용된 《몽계필담夢溪筆談》 오구는 칼 이름이다. 칼날이 굽었다. 지금 남만이 이를 사용하는데, 갈당도라고 한다.(吳鉤, 刀名也, 刃彎. 今南蠻用之, 謂之葛黨刀.)

[斑白 4구]

《두시상주》 늙은이는 지애로워 오지 음식만을 주었고, 소년은 영준하고 기상이 첨예하여 오구를 준 것이다. 웃음을 머금은 것은 받고서 마음에 들었기 때문이다.(老者慈愛, 唯贈飮食, 少年英銳, 故贈吳鉤. 含笑者, 受而會意也.)

#《두시상주》 첫 수에서는 모병募兵에 응한 일을 기술하였다. 위 8구는 종군하는 자가 공을 세우게 되는 것을 기뻐하는 것이요, 아래 6구는 전송하는 자들이 그 행색을 북돋아 준 것이다.(首章,記應募之事. 上八, 從軍者喜於立功. 下六, 送別者壯其行色.)

《두억》 계문으로 소집한 자는 안녹산이다. 세력이 이미 강성하였으나 당초에는 아직 반역을 꾀하지 않았다. 그래서 장사 중에 공명에 뜻이 있는 자가 기꺼이 그를 따랐다. 그 장식의 성대함과 전송의 정성스러움이 〈전출새〉와는 크게 다르다. 소년이 증정한 것은 더욱 사람으로 하여금 기세를 더하게 한다.(召赴薊門者, 安祿山也, 勢已强盛, 而初尙未有反謀, 故壯士有志功名者, 樂于從之. 其裝飾之盛, 餞送之勤, 與前出塞大不同. 少年之贈, 尤使人增氣.)

其二

朝進東門營[1] 暮上河陽橋[2] 落日照大旗[3] 馬鳴風蕭蕭[4]
平沙列萬幕[5] 部伍各見招[6] 中天懸明月 令嚴夜寂寥[7]
悲笳數聲動[8] 壯士慘不驕[9] 借問大將誰 恐是霍嫖姚[10]

아침에 동문東門의 군영軍營에 나아가
저녁에 하양교를 오른다.
지는 해는 큰 기에 비치고
말이 울고 바람이 분다.
평평한 모래밭에는 일 만 장막이 늘어서고
부대는 각기 점호를 받는다.
중천에는 밝은 달이 걸리고
군령이 엄하여 밤이 적막하다.
애절한 호가 소리 몇 가락 울리니
장사는 슬퍼져 씩씩하지 못하다.
묻노니 대장은 뉘신가?
아마도 곽표요일 것이라.

주 석

1 東門營(동문영): 동문의 군영軍營. 동문은 낙양의 성문으로, 《두시전주》 등에서는 '상동문上東門'으로 간주하였다.

《두공부초당시전》 동문은 낙양의 문이다.(東門, 洛都之門也.)

《두시전주》에 인용된 《태평환우기太平寰宇記》 상동문은 낙양의 동쪽

문이다. 뒤에 또 동양문으로 바뀌었다.(上東門, 洛陽東面門也. 後又改爲東陽門.)

2 河陽橋(하양교): 하양의 부교浮橋. '하양'은 지명으로 낙양 부근이다.

《두공부초당시전》 '하양'은 낙수의 북쪽이다.(河陽, 洛水之陽也.)

《두시전주》에 인용된 《통전通典》 하양현은 예전의 맹진이다. 뒤에는 또 부평진이라 하였다. 강을 걸쳐서 부교가 있는데 바로 두예가 만든 것이다.(河陽縣, 古孟津, 後亦曰富平津. 跨河有浮橋, 卽杜預所建.)

[朝進 2구]

《독두심해》 군영에 들었다는 것은 비로소 대오를 이루었다는 것이고, 다리에 올랐다는 것은 처음 길에 올랐다는 것이다.(進營, 始就伍也, 上橋, 初登程也.)

3 大旗(대기): 큰 기. 대장大將의 기旗를 뜻하는 것으로 볼 수도 있다.

4 蕭蕭(소소): 바람 우는 소리.

5 萬幕(만막): 군막이 많음을 뜻한다.

6 部伍(부오): '부部'와 '오伍'는 모두 군대의 편제 이름이다. 연용하여 편제된 부대를 뜻한다. 見招(견초): 점호를 받는 것을 뜻한다.

《구가집주두시》 조차공 주 사졸이 많으니 장수가 각기 군막을 두었다. 그래서 한 부대의 사졸들을 각기 불러서 확인하고 그 군막에 거처하게 한 것이다.(士卒之多, 則將各有幕, 故一部伍之人, 各相招認, 以居其幕也.)

7 令(영): 군령軍令.

[中天 2구] 군령이 엄격함을 표현한 것이다.

《구가집주두시》 조차공 주 다만 달이 중천에 걸려 이 밤을 비추고 있는 것이 보일 뿐, 사람이 떠들지 않으니 군령이 엄격함을 알 수 있다.(但見月懸中天, 正照此夜, 而人不囂譁, 則令嚴可知也.)

8 悲笳(비가): 슬픈 소리를 내는 호가胡笳.

《두시상주》에 인용된 《사기·악서樂書》 호가는 피리와 비슷한데, 구멍이 없다.(胡笳, 似觱篥而無孔.)

9 不驕(불교): 기운이 빠지는 것을 뜻한다.

《두공부초당시전》 장사들이 호각 소리 울리는 것을 듣고 슬픈 마음에

낯빛을 잃고 각기 고향 생각을 하게 됨을 말한다.(謂壯士聞角聲之動, 慘然無顔色, 各起故鄕之思也.)

10 霍嫖姚(곽표요): 한漢 무제武帝 때의 명장인 곽거병霍去病이다. 그는 표요교위嫖姚校尉를 지냈다. 이 시에서 안녹산을 비유하는 것으로 보는 설이 있는데, 안녹산이 표기대장군驃騎大將軍의 작호를 얻었고 곽거병도 표기장군驃騎將軍을 지낸 사실을 고려할 때 일리가 있다. 그러나 《독두심해》는 이 견해를 부정하였다.

《두시상주》에 인용된 《사기》 곽거병이 말 타기와 활쏘기를 잘하여 표요교위가 되었다.(霍去病善騎射, 爲剽姚校尉.)

《두시상주》에 인용된 《신당서》 안녹산이 입조入朝하여, 황제의 물음에 답한 것이 황제의 뜻에 맞아 표기대장군으로 승진하였다.(祿山入朝, 奏對稱旨, 進驃騎大將軍.)

《독두심해》 대장은 모병募兵하여 군대를 통솔하는 장군을 가리킨다. 그래서 표요로 그를 견준 것이다. 곽거병은 대장군大將軍 위청衛青을 따라 변새邊塞에 간 적이 있었던 것이다. 주가注家들이 바로 안녹산을 가리킨다고 하였는데 잘못이다. 이때에는 아직 이곳에 이르지 않았다.(大將, 指召募統軍之將, 故以嫖姚比之. 蓋去病嘗從大將軍衛青出塞者. 注家卽指祿山, 非. 時尙未到也.)

#《두시상주》 둘째 장에서는 도중의 일을 기록하였다. 위 6구는 저녁 무렵의 경치와 일이고, 아래 6구는 밤중의 정경이다. 위에서는 군용軍容의 정숙함을, 아래에서는 군령의 삼엄함을 말하였다.(二章記在途之事. 上六薄暮景事, 下六夜中情景. 上言軍容之整肅, 下言軍令之森嚴.)

《두시상주》에 인용된 장연張綖 주 장군이 곽표요와 같다는 것은 아마도 한무제漢武帝가 변방을 개척함에 있어 곽거병이 멀리 나가 수고를 하였으므로 이에 기탁하여 말한 것이다.(將似霍嫖姚, 蓋武皇開邊, 而去病勤遠, 故託言之.)

其三

古人重守邊[1]　今人重高勳[2]　豈知英雄主[3]　出師亘長雲[4]
六合已一家[5]　四夷且孤軍[6]　遂使貔虎士[7]　奮身勇所聞[8]
拔劍擊大荒[9]　日收胡馬羣[10]　誓開玄冥北[11]　持以奉吾君[12]

옛 사람은 변방 수비를 중히 여겼는데
지금 사람은 공훈을 높이 세우기를 중히 여긴다.
어찌 알았으랴, 영걸하신 군주께서
긴 구름이 뻗어 있듯이 많은 군대를 내게 될 줄을.
온 세상이 이미 한 집안이 되어
사방 오랑캐는 고립된 군대가 되었으니,
마침내 비호貔虎 같은 용사로 하여금
몸을 떨쳐서 들은 것을 용감히 행하게 하였다.
검을 빼 들고 불모의 땅을 쳐서
매일 호마胡馬의 무리를 거두며,
현명玄冥의 북쪽을 개척하여
우리 임금을 받들리라 맹세한다.

주 석

1 守邊(수변): 변방을 지키다. 적이 침공하는 것을 막을 뿐 공격하지 않는 것을 뜻한다.

2 人(인): '日'로 된 판본도 있다. 重高勳(중고훈): 전쟁을 일으켜 큰 공훈을 세우는 것을 중하게 여긴다는 뜻이다. '고훈高勳'을 '높은 공훈'으

로 풀이하기도 하나, 여기서는《두시언해》의 풀이를 참작하여 '공훈을 높이다'로 풀이하였다.

[古人 2구] 당시의 시대 풍조를 비판한 것이다.

《구가집주두시》 변방을 지키는 것을 중히 여기면 그 강역을 지키고 말 뿐이다. 공훈을 높이기를 좋아하면 공을 추구하여 일을 만들게 된다. 이것이 후세에 병력을 소진하면서 전쟁을 함부로 일으키는 군주가 나오게 된 까닭이다.(重守邊, 保其疆埸而已, 重高勳, 則邀功而生事. 此, 後世所以有窮兵黷武之君也.)

3 英雄主(영웅주): 영명하고 걸출한 군주.

4 出師(출사): 군대를 내다. 출병出兵하다. 亘(긍): 연連하다. 뻗치다.《두공부초당시전》에서는 '極(다하다)'의 뜻으로 풀이하였다. '直'으로 된 판본도 있다. 이 구는 출동한 군대가 긴 구름처럼 연이어 있다는 뜻으로 군대가 많음을 비유한 것이다.

[豈知 2구] 영토를 넓히고자 하여 전쟁을 일으키는 군주를 풍자하는 뜻이 담겨 있다.

《구가집주두시》 조차공 주 이 구절은 과대夸大함을 좋아하고 공 세우기를 탐하는 군주를 기롱한 것이다. 지금 사람들이 높은 공훈을 중히 여기는 것은 영걸英傑한 군주가 많은 군대를 내어 긴 구름이 이어지니 높은 공훈을 세우지 않을 수 없기 때문이다.(此譏好大喜功之主也. 今人所以重高勳者, 以英雄之主出師之多, 連亘長雲, 則高勳不可不建矣.)

5 六合(육합): 천지天地와 사방四方. 온 세상을 뜻한다. 이 구는 천하를 통일하여 한 집안이 되었다는 뜻이다.

6 四夷(사이): 사방 오랑캐. 孤軍(고군): 외로운 군대. 원군援軍이 없음을 뜻한다. 이 구는 사방 오랑캐가 외로운 신세가 되었다는 뜻이다.

《두억》 '고군'이란 구원해 줄 이가 없음을 말한다.(孤軍, 謂無救援.)

7 貔虎士(비호사): 비貔와 호랑이 같은 군사. 용사를 뜻한다. '비'는 범과 비슷하게 생긴 맹수다. '貔'가 '螭'로 된 판본도 있다. '虎'가 '武'로 된 판본도 있다.

8 奮身(분신): 몸을 떨치다. 勇所聞(용소문): 귀로 들은 일에 대하여 용감하게 나서다. '소문所聞'은 천자가 사방 오랑캐를 쳐부수려고 한다는 소식을 뜻한다. '소문'을 '들은 곳'으로 풀이하기도 한다.

[六合 4구] 군주의 어리석은 생각으로 인하여 아래 사람들이 전공戰功을 세우기를 좋아하게 되었다는 사실을 지적한 것이다.

《구가집주두시》 조차공 주 온 세상이 한 집안이 되었으니 나라의 안팎에 환난이 없다. 안팎에 환난이 없으니 사방 오랑캐의 군대가 고립되었다. 이와 같으니 군대를 쓸 필요가 없는데도, 여전히 군대를 계속해서 사용하고 있다. 그래서 사졸들이 모두 떨쳐 일어나 용감하게 그가 들은 곳으로 가게 되었다. 뒤에서 말한 바 '대황'과 '현명북'이 이곳이다.(六合一家, 則內外無患矣. 內外無患, 則四夷之軍孤. 如此, 則不必用兵, 而尙用之不已, 故士卒皆奮起勇往其所聞之處矣. 後所謂大荒元冥北, 是也.)

《두시경전》 삶을 가벼이 여기고 용맹을 파는 자가 모두 주상의 뜻을 듣고 일어난 것을 말한다.(言輕生賈勇者, 皆聞主上意旨而起.)

9 大荒(대황): 먼 불모지不毛地. 서쪽 변방을 가리킨다는 설도 있다.

《구가집주두시》 조차공 주 대황은 서쪽 변방이 모두 해당한다.(大荒, 西邊之地, 皆是矣.)

10 日收(일수) 구: 날마다 오랑캐를 쳐서 군마를 빼앗아 온다는 뜻이다. 이 구를 안녹산의 일과 관련이 있는 것으로 보는 설도 있다.

《두시경전》에 인용된 《녹산사적祿山事蹟》 안녹산이 화를 일으킬 마음을 품고서 선우 호진의 큰 말을 길러 전투를 익히게 한 것이 수만 필이었다.(祿山包藏禍心, 畜單于護眞大馬, 習戰鬪者數萬匹.)

11 開(개): 개척하다. 玄冥北(현명북): 현명玄冥이 주재하는 북쪽 땅. '현명'은 북방의 신 이름이다.

《구가집주두시》 조차공 주 현명은 북방의 신이다. '현명북'은 바로 현명이 주재하는 북쪽 땅이다.(元冥, 北方之神. 元冥北, 則元冥所主之北地也.)

《두시경전》에 인용된 《회남자》 북방은 물이다. 그곳의 황제는 전욱이고, 그 보좌하는 이는 현명이다.(北方, 水也. 其帝顓頊, 其佐玄冥.)

12 持以(지이) 구: '개척한 영토를 가져다 우리 군주에게 바치다'의 뜻이다.

#《두시상주》 셋째 장은 변방의 장수가 일을 일으키는 것을 기롱한 것이다. 네 구마다 뜻을 바꾸고 있다. 당시 조정은 과대夸大함을 좋아하여, 변방의 장수들이 공을 구하게 만들었다. '기지'구, '수사'구는 바로 윗사람이 행하면 아래에서 본받는 것을 보여 준다. 마지막에서는 영토를 개척하여 임금의 뜻을 받들려는 것을 말하였다. 대체로 군주의 나쁜 짓에 영합하면 화가 백성에게 미치게 된다.(三章, 譏邊將生事也. 各四句轉意. 當時朝廷好大, 以致邊將邀功, 曰豈知, 曰遂使, 正見上行下效也. 末言闢土奉君, 蓋逢君之惡, 禍及生民矣.)

《두억》 '지금 사람이 공훈을 높이 세우기를 중히 여긴다'는 것은 바로 곽표요 등의 일이다. 영걸한 군주가 한번 이런 사람을 얻게 되면 군대를 긴 구름보다 더 뻗칠 정도로 많이 출동시켜 숱한 생명이 죽게 된다는 것을 어찌 알리오? 온 세상이 한 집안이 되고 사방 오랑캐가 외로운 군대가 되었으니 바로 태평세월을 편안히 누릴 수 있다. 그런데 공을 세우기를 좋아하는 자들은 이런 소식을 듣고서 우리 쪽에 믿을 게 있고 저 쪽에 이용할 기회가 있다 생각하니, 용사가 몸을 떨치고 용맹을 팔아 칼을 뽑아 깊이 들어가서 오랑캐 말을 거두어들이고 북방을 개척하여 자기 군주의 뜻을 받들어 공으로 삼는다. 이는 바로 첫째 수의 '전쟁에 나서면 공업이 있게 된다'는 뜻이다.(今人重高勳, 正霍嫖姚等事. 豈知英雄主, 一得此人, 則出師之盛, 亘於長雲, 多少生命殉之哉. 六合一家, 四夷孤軍, 正可安亨太平, 而喜功者聞之, 謂我有恃, 彼有可乘. 貔虎之士, 奮身賈勇, 拔劍深入, 收胡馬, 開玄冥, 奉吾君以爲功, 此正首章戰伐有功業者也.)

其四

獻凱日繼踵[1] 兩蕃靜無虞[2] 漁陽豪俠地[3] 擊鼓吹笙竽[4]
雲帆轉遼海[5] 粳稻來東吳[6] 越羅與楚練[7] 照耀輿臺軀[8]
主將位益崇[9] 氣驕淩上都[10] 邊人不敢議[11] 議者死路衢[12]

개가凱歌를 바치는 것 나날이 발자취 이어지더니
두 오랑캐는 조용하여 근심이 없어졌다.
어양은 호협의 땅
북을 치고 생황과 피리를 분다.
구름 같은 돛이 요해遼海로 옮겨오니
쌀이 동오東吳에서 오고,
월나라 비단과 초나라 비단은
종의 몸에 빛난다.
주장主將은 지위가 더욱 높아지니
의기가 교만해져 장안을 능멸한다.
변방의 사람들 감히 말하지 못하니
말하는 자들은 길거리에서 죽게 된다.

주 석

1 獻凱(헌개): 개가를 바치다. 군대가 전쟁에서 이겨 개가를 부르는 것을 말한다. 繼踵(계종): 발뒤꿈치를 잇다. 여기서는 승리를 알리는 사자使者가 계속하여 이르는 것을 뜻한다.

《**주례 · 춘관**春官 **· 대사악**大司樂》 왕의 군대가 크게 승리를 바치면 개선凱旋 음악을 연주하게 한다.(王師大獻, 則令奏凱樂.)

2 兩蕃(양번): 두 오랑캐. '두 변방'으로 풀이할 수도 있다. '해'와 '거란'을 가리킨다. 靜無虞(정무우): 안정되어 근심거리가 없다. 이 구는 두 오랑캐를 이겨 변방이 안정되었음을 뜻한다.

《두공부시집집주》에 인용된 《구당서・북적전北狄傳》 해와 거란 두 나라는 언제나 서로 표리表裏를 이루어 양번이라 불렀다.(奚與契丹, 兩國常遞爲表裏, 號曰兩蕃.)

《두시언해》 '양번'은 토번과 해, 거란을 가리킨다.(兩蕃, 指吐蕃與奚契丹.)

《두공부초당시전》 서쪽과 북쪽의 변방이 편안해졌음을 말한다.(謂西北蕃已寧矣.)

[**獻凱 2구**] 안녹산이 해와 거란을 격파한 일과 관련이 있다.

《두공부시집집주》 《신당서・안녹산전》에서 "…… 천보 4년에 해와 거란이 공주를 죽이고 반란을 일으켰다. …… 8월에 (안녹산이) 거란의 여러 추장을 속여서 크게 술자리를 마련하여 독을 타고는 취하자 그 머리를 모두 베고, 먼저 수천 명을 죽여 그 귀를 궐 아래에 바쳤다."라고 하였다. 《자치통감》에서 "천보 13년 4월에 안녹산이 해와 거란을 격파하고 그 왕 이일월을 포로로 잡았다고 상주하였다. 14년 4월에 해와 거란을 격파하였다고 상주하였다."라고 하였다.(新書, 安祿山傳 …… 四載, 奚契丹殺公主以叛 …… 八月, 紿契丹諸酋, 大置酒毒焉. 旣酣, 悉斬其首, 先殺數千人, 獻馘闕下. 通鑑, 十三載四月, 祿山奏擊破奚契丹, 虜其王李日越, 十四載四月, 奏破奚契丹.)

3 漁陽(어양): 지명. 당나라 때에 유주에 해당한다. 당시 안녹산의 근거지였다. 豪俠地(호협지): 호협한 기풍이 있는 곳.

《두시상주》에 인용된 《한서・지리지》 어양군은 진나라 때에 설치하였고, 유주에 속한다.(漁陽郡, 秦置, 屬幽州.)

4 笙竽(생우): '생'과 '우'는 둘 다 악기 이름이다. 이 구는 군중에서 악기를 연주하며 잔치하는 것을 말한다. 이와 달리 군대가 개선할 때의 상황을 묘사한 것으로 보는 설, 백성들이 즐기는 모습을 묘사한 것으로 보는 설 등도 있다.

《두공부초당시전》 ('격고'구는) 개선할 때 음악을 연주하는 것을 말한다.(言凱旋奏樂也.)

《구가집주두시》 조차공 주 어양에서 생황과 피리를 부는 것은 바로 연과 계가 또한 회복되어 백성들이 즐기는 것이다.(漁陽吹笙竽, 則燕薊亦復而民樂也.)

5 雲帆(운범): 높은 돛. 배를 뜻한다. 轉(전): 옮겨 가다. 여기서는 물자를 수송해 가는 것을 의미한다. 遼海(요해): 요동遼東 지역을 뜻한다.

《두공부초당시전》 요해는 바로 요동군이다.(遼海, 乃遼東郡.)

《두시상주》 요동은 남쪽으로 발해에 임하고 있어서, 요해라고 한다.(遼東, 南臨渤海, 故曰遼海.)

6 粳稻(갱도): 벼. 쌀을 뜻한다. 東吳(동오): 강소성江蘇省 일대를 가리킨다.

[雲帆 2구]

《두시언해》 이 구절은 동오의 쌀을 옮겨 보내어 어양의 안녹산의 군대에 공급하는 것을 말한다.(此言轉輸東吳之米, 以供漁陽祿山之兵也.)

《독두심해》에 인용된 주학령 주 수당 때에 양주에 창고를 두어 해운을 대비하였다. 안녹산이 범양을 진수鎭守할 때, 강회에서 실어 나르니 천 리에 끊이지 않았다.(隋唐時於揚州置倉, 以備海運. 祿山鎭范陽, 江淮輓輸, 千里不絶.)

7 越羅(월라) 구: '나羅'와 '연練'은 모두 좋은 비단의 일종이며, '월'과 '초'는 그것의 생산지다.

8 照耀(조요): 빛나다. 비치다. 輿臺(여대): 하인. 《좌전·소공昭公 7년》의 기록에 의하면 '여'와 '대'는 모두 비천한 사람의 등급을 나타내는 명칭이다. 여기서는 안녹산의 수하 병졸을 뜻한다. 軀(구): 몸.

《좌전·소공 7년》 왕의 신臣이 공이고, 공의 신이 대부이고, 대부의 신이 사이고, 사의 신이 조이고, 조의 신이 여이고, 여의 신이 예이고, 예의 신이 요이고, 요의 신이 복이고, 복의 신이 대이다.(王臣公, 公臣大夫, 大夫臣士, 士臣皁, 皁臣輿, 輿臣隸, 隸臣僚, 僚臣僕, 僕臣臺.)

《두시상주》《신당서》에서 "천보 13년에 안녹산이 앞뒤로 공을 세운 장사들을 아뢰고, 세 품계를 뛰어넘은 벼슬을 청하였다. 이에 뛰어넘어

장군이 된 자가 500여 명이고, 중랑장이 된 자가 3,000여 명이었다."라고 하였으니, 이른바 '종의 몸에 빛난다'는 것이다.(唐書, 天寶十三載, 祿山奏前後立功將士, 請超三資告身. 於是超授將軍五百餘人, 中郎將三千餘人. 所謂照曜輿臺也.)

[越羅 2구]

《두시언해》 이 구절은 전사들에게 상을 주어, 비록 여대 같은 천한 종들도 모두 아름다운 옷을 걸쳤음을 말한다.(此言賞賜戰士, 雖輿臺僕隷之賤, 皆被美服也.)

9 主將(주장): 안녹산을 가리킨다. 位益崇(위익숭): 지위가 더욱 높아지다.

《두시상주》《신당서》에서, "천보 7년에 안녹산은 철권을 하사받고, 유성군공에 봉해졌다. 9년에 동평군왕으로 승진하였다."라고 하였으니, 이른바 '주장은 지위가 더욱 높아진다'는 것이다.(唐書, 天寶七載, 祿山賜鐵券, 封柳城郡公. 九載, 進爵東平郡王. 所謂主將益崇也.)

10 凌(능): 능멸하다. 上都(상도): 장안을 가리킨다.

《두억》: '상도'는 경사를 말한다.(上都, 謂京師.)

11 邊人(변인): 변방 사람. 안녹산의 관할 구역에 있는 사람을 뜻한다. 議(의): 의론하다. 이 구는 안녹산의 잘못을 누구도 공공연하게 지적하지 못하는 것을 뜻한다.

12 死(사): 죽다. 살해되다. 路衢(노구): 큰 길을 뜻한다.

[邊人 2구]

《두시상주》에 인용된《녹산사적祿山事蹟》 안녹산이 범양으로 돌아간 뒤에 반역의 뜻과 행동을 점차 드러내었다. 사자가 이르면 병이라 칭하며 맞이하지 않고, 준비를 한 후에야 만났는데, 다시는 신하의 예를 하지 않았다. 안녹산이 반역할 것이라고 말하는 자가 있으면 황제가 반드시 결박하여 보냈는데, 길 위의 사람들이 흘겨볼 뿐 감히 말하는 자가 없었다.(祿山自歸范陽, 逆節漸露, 使者至, 稱疾不迎, 戍備而後見之, 無復臣禮. 或言祿山叛者, 帝必縛送之, 道路相目, 無敢言者.)

#《두시상주》 제4수에서는 주장主將이 교만하여 모반하려 함을 풍자하였다. 여덟 구에서 한 번 끊어진다. 변방에 경계할 일이 없어져 마음대로

즐기며, 상을 함부로 주어 군인들의 마음을 충족시키고 형벌을 엄하게 하여 여러 사람들의 입을 막게 되자, 안녹산의 반역의 형세가 이루어졌던 것이다.(四章, 刺將驕欲叛也. 在八句一斷. 當邊庭無警, 恣意歡娛, 濫賞以給軍心, 而嚴刑以箝衆口, 祿山叛逆之勢成矣.)

《두억》 '개가를 바치는 것이 발자취가 이어진다'는 것은 바로 윗 장의 '우리 임금을 받든다'는 말을 이어받은 것이다. 도운 자가 많았지만 공은 또 주장主將에게 모두 돌아가서 지위가 더욱 높아지고 의기가 더욱 교만하여졌던 것이다. …… '장안을 능멸한다'는 것은 군주를 아랑곳하지 않는 마음이 있음을 밝힌 것이다. 길 가는 사람이 이를 알아도 감히 논의하지 못하고, 논의하면 큰 길에서 베어 공개적으로 그 죄를 다스렸으니 거리낌이 없기가 극도에 이른 것이다. 그러나 궁궐이 만 리나 떨어져 있으니 어떻게 알겠는가?(獻凱繼踵, 正頂上章奉吾君來. 輔助者衆, 功又總歸主將, 而位益崇, 氣益驕, …… 凌上都, 明有無君之心矣. 行道之人知之而不敢議, 議則斬于通衢, 明正其罪, 無忌憚之極也. 君門萬里, 何從知哉.)

其五

我本良家子[1]　出師亦多門[2]　將驕益愁思　身貴不足論
躍馬二十年[3]　恐孤明主恩[4]　坐見幽州騎[5]　長驅河洛昏[6]
中夜間道歸[7]　故里但空村[8]　惡名幸脫免[9]　窮老無兒孫[10]

나는 본래 양가의 자제
출병한 것 또한 여러 군문軍門이었다.
장수가 교만하여 근심이 더해지니
몸이 귀해지는 것은 논할 것도 없다.

말을 달린 지 이십 년
현명한 군주의 은혜를 저버릴까 두렵다.
보아하니, 유주의 기병이
길게 달려가 하남河南 낙양洛陽을 먼지로 자욱하게 할 터.
한밤중에 사잇길로 돌아오니
고향은 다만 텅빈 마을이다.
악한 이름은 다행스레 벗어났으나
다 늙은 몸에 자손도 없다.

주 석

1 良家子(양가자): 양가의 자제. 올바른 분별력이 있어서 반군에 동조할 사람이 아님을 암시한다.

2 出師(출사): 출병하다. 多門(다문): 여러 장군에게 소속되었음을 말한다. '문門'은 장군의 군문軍門을 뜻한다. 《두시상주》 등에 의하면 이는 《좌전·성공成公 16년》의 '晉政多門(진나라 정령政令이 여러 가문에서 나오다)'에서 유래한 표현이다. 이 구는 여러 장군에 소속되어 출병 경험이 많다 보니 장군의 의도가 옳은지 그른지 분별할 수 있는 능력이 있다는 사실을 암시한다.

[將驕 2구] 주장主將인 안녹산이 교만해지니 모반이라도 할까 더욱 근심이 되고, 따라서 자기의 일신이 부귀해지는 일은 논의할 것도 못 된다는 뜻이다.

3 躍馬(약마): 말을 달리다. 말을 뛰게 하다. 이 구는 오랜 기간 군대에 있었음을 뜻한다.

4 孤(고): 저버리다. 明主恩(명주은): 현명한 군주의 은혜.

[躍馬 2구] 종군자從軍者를 두고 한 말이다.

5 坐見(좌견): 포기룡의 설에 따르면, '곧 보게 되다'의 뜻이다. 幽州騎(유주기): 안녹산의 군대를 가리킨다. '유주'는 안녹산의 본거지로서, 제4수의 '어양漁陽'이 바로 여기에 소속된다.

《독두심해》 '坐見'은 '行見(곧 보게 되다)'이나 '立見(곧 보게 되다)'이라는 말과 같으니, 그 시기가 이미 임박하였다는 것이다.(坐見, 猶言行見, 立見, 其期已迫也.)

6 長驅(장구): 길게 몰아가다. 군대가 멀리 가는 것을 뜻한다. 河洛(하락): 황하와 낙수洛水. 낙양 일대를 가리킨다. 昏(혼): 병마兵馬가 일으킨 먼지가 자욱하여 어둡게 보이는 것을 뜻한다.

《독두심해》 '하락'은 바로 동도 지역이다. 유주로부터 장안에 도달하고자 하면 반드시 하락을 먼저 가야 한다.(河洛卽東都之地. 自幽州抵長安, 必先河洛.)

《두시상주》 황하 남쪽 낙수 북쪽은 바로 동도 지역이다.(河南洛陽, 卽東都之地.)

[坐見 2구] 안녹산이 군대를 일으켜서 낙양을 함락시킨 일과 관계된다.

《두시전주》에 인용된 《안녹산사적安祿山事蹟》 11월 9일에 안녹산이 반군을 일으키고 …… 기병과 보병 십만을 아울러 북을 울리며 행군하여 서쪽으로 갔다.(十一月九日, 祿山起反兵, …… 馬步相兼十萬, 鼓行而西.)

《두시상주》에 인용된 《신당서》 천보 14년에 안녹산이 하북의 여러 군을 함락시키고 12월에 동경을 함락시켰다.(天寶十四載, 安祿山陷河北諸郡, 十二月陷東京.)

7 中夜(중야): 한밤중. 間道歸(간도귀): 샛길로 돌아오다. 남들의 시선을 피해서 몰래 돌아온 것을 뜻한다.

8 故里(고리) 구: 고향 마을의 주민들이 모두 난을 피해 떠나갔음을 말한다.

《두공부초당시전》 주민들이 모두 오랑캐를 피해 떠나갔음을 말한다.(謂居民盡避胡也.)

9 脫免(탈면): 벗어나다. 면하다. 이 구는 반란군에 가담했다는 악명은 다행히 피할 수 있었다는 뜻이다.

10 窮老(궁로): '다 늙다', 또는 '곤궁하고 늙다'의 뜻이다. 이 구로 보아 도망 온 자의 처자가 살해되었을 가능성이 있다.

#《두시상주》 마지막 수에서는 군사 중에서 반역에 따르지 않은 자를 칭찬한 것이다. 이 수는 6구에서 나뉜다. 양가의 자제이니 자못 충의를 알았다. 그래서 몸이 귀해지는 것을 도모하지 않고, 오직 나라를 배반할까 두려워하였다. 병적에서 도망쳐 돌아와 처자식이 살육당하기까지 하였으니, 진실로 군주의 은혜를 저버리지 않을 수 있었던 것이다.(末章, 褒軍士之不從逆者. 此在六句分截. 良家子, 則頗知忠義矣, 故不圖身貴, 唯恐負國. 至於逃籍而歸, 妻孥被戮, 眞能不孤主恩矣.)

《두억》 바로 제1수와 서로 수미를 이룬다. 첫 수는 나아감을 위주로 하니, 뜻이 공을 세움에 있다. 마지막 수는 물러남을 위주로 하니 뜻이 절조를 세움에 있다. 이들은 나라에 있어서 둘 다 없어서는 안 되는 것이다. 그런데 공의 뜻은 뒤의 사람의 경우에 중점을 두었다.(正與第一章相爲首尾, 首章主進, 志在立功, 尾章主退, 志在立節. 此國家兩不可無, 而公意歸重於後一人也.)

##《두시전주》 〈전출새〉는 진롱의 병사를 징발하여 교하로 간 일 때문에 지은 것이고, 〈후출새〉는 동도의 병사를 징발하여 계문으로 간 일 때문에 지은 것이다.(前出塞, 爲徵秦隴之兵, 赴交河而作. 後出塞, 爲徵東都之兵, 赴薊門而作也.)

《두시상주》에 인용된 장연張綖 **주** 《춘추좌전》에 "전쟁은 불과 같아서 거두지 않으면 스스로를 태운다."라고 하였다. 앞 4수는 현종이 전쟁을 함부로 일으키고 거두지 않으며 변방의 장수를 지나치게 총애하여서 그들의 교만 방자하여 윗사람을 가벼이 여기는 마음을 열어 주었음을 드러내었다. 마지막 수에서는 안녹산의 반란을 직접적으로 드러내어 현종이 스스로를 불사른 재화災禍를 보여 주였다.(左傳, 兵猶火也, 不戢自焚. 前四章, 著明皇黷武不戢, 過寵邊將, 啓其驕恣輕上之心. 末章, 直著祿山之叛, 以見明皇自焚之禍也.)

《두시상주》에 인용된 황생黃生 **주** 두 오랑캐가 비록 조용해졌지만 안녹산은 이어서 반란을 일으켰다. 다만 그 일을 자세히 갖추어 진술하였을 뿐이지만, 풍자한 것이 절로 드러난다.(兩蕃雖靜, 祿山繼反, 但備陳其事, 而諷刺自見.)

《독두심해》 구조오는 전겸익 전주箋注가 '幽州騎'의 주에서《녹산사적》의 '14년 11월에 기병과 보병 십만이 북을 울리며 행군하여 서쪽으로 갔다' 등의 말을 인용한 것에 미혹되어, 마침내 이 시를 군대를 일으켜 반란을 일으킨 이후에 지은 것이라 하였다. 한번 생각해 보자. 반란이 이미 일어나 북소리가 땅을 울리고 난리가 극도에 이르러서, 비록 우환거리를 길렀던 것을 다시 후회한다 하여도 이미 일이 미리 방지할 수 있는 경우와는 다른데, 어찌 여유롭게 지난 일을 논하기를 앞의 4수 같이할 것인가? 또 이런 상황에 이르러 화란禍亂을 직접 진술하는 데에 무슨 거리낄게 있다고 굳이 한 도망친 군인의 말에 기탁하여 은밀한 풍자를 하겠는가? 하물며 병사를 모집한 사람이 이미 반란을 일으켰는데, 또 무엇 때문에 종군자를 대신하여 출새시를 지어야 하겠는가? 또 전겸익, 주학령, 노원창盧元昌 제본諸本은 모두 이 시를 진주시 안에 편입하였고, 노원창은 또 현종이 안녹산을 총애하여 맡긴 것을 돌이켜 풍자한 것이라 하였으니 이는 더욱 한스럽다. 공의 시는, 현종이 나라를 잃은 이후로는 다만 애통해 하는 말과 격동激動해 하는 말만 있지 결코 한 마디도 풍자하거나 기롱하는 말이 없으니, 이는 국풍國風 시인의 충후한 정신이 남아 있는 것이다. 하물며 공이 진주에 있을 때는 건원 2년이니, 이때는 숙종이 한창 양제에게 미혹되어 남내에 문안가지 않아서 부자간에 이미 틈이 생겼다. 그런데 공이 도리어 상황이 패망한 연유를 돌이켜 진술하여 당시 군주의 부친 원망하는 허물을 더욱더 이끌었다고 하면, 그것은 과연 무슨 심사이겠는가?(仇氏惑於錢箋, 幽州騎之注, 引祿山事蹟, 十四載十一月, 馬步十萬鼓行而西等語, 遂謂此詩是擧兵犯順後作. 試思反叛既起, 鼙鼓動地, 搶攘極矣. 雖復悔及養癰, 亦已事殊曲突, 尙何須從容追論如前四章耶. 且至此何嫌直陳禍亂, 而必託一逃軍口語以爲隱諷耶. 況募兵之人已反矣, 更何須代從軍者作出塞詩也. 又錢朱盧諸本, 皆以此詩編秦州詩內. 盧元昌以爲追諷玄宗寵任祿山, 此尤可恨. 公詩自玄宗失國

後, 但有哀痛語感激語, 並無一語涉刺譏者, 此風人忠厚之遺也. 況公在秦州, 係乾元二年. 是時肅宗方惑於良娣, 不朝南內, 父子已成隙矣. 公反追述上皇喪敗之由, 益啓時君懟親之罪, 果何心歟.)

(**이영주**)

16. 哀王孫

왕손을 슬퍼하다

長安城頭頭白烏[1]　夜飛延秋門上呼[2]
又向人家啄大屋[3]　屋底達官走避胡[4]
金鞭折斷九馬死[5]　骨肉不得同馳驅[6]
腰下寶玦青珊瑚[7]　可憐王孫泣路隅[8]
問之不肯道姓名[9]　但道困苦乞爲奴[10]
已經百日竄荊棘[11]　身上無有完肌膚[12]
高帝子孫盡隆準[13]　龍種自與常人殊[14]
豺狼在邑龍在野[15]　王孫善保千金軀[16]
不敢長語臨交衢[17]　且爲王孫立斯須[18]
昨夜東風吹血腥[19]　東來橐駝滿舊都[20]
朔方健兒好身手[21]　昔何勇銳今何愚
竊聞天子已傳位[22]　聖德北服南單于[23]
花門剺面請雪恥[24]　愼勿出口他人狙[25]
哀哉王孫愼勿疏[26]　五陵佳氣無時無[27]

장안성 위 머리 흰 까마귀
한밤중 연추문으로 날아와 그 위에서 울어대고,
다시 인가로 날아가 큰 집의 지붕을 쪼아대니
지붕 아래 고관대작 오랑캐를 피해 달아났다네.

금 채찍 부러지고 아홉 마리 말도 죽으니
골육이 함께 말을 달릴 수 없었다네.

허리에 찬 보결은 푸른 산호 빛인데
가련하다! 왕손은 길모퉁이에서 울고 있구나.
물어보아도 이름은 말하려 하지 않고
고달프니 노비로 삼아 달라고만 하네.
이미 백 일을 가시덤불에서 숨어 지내서
몸에는 온전한 살갗이 하나도 없구나.
고제의 자손은 모두 높은 코를 지녔거니와
천자의 자손이라 과연 보통 사람과는 다르구나.
승냥이와 이리는 성읍에 있고 용은 들판에 있으니
왕손께서는 천금같이 귀한 몸을 잘 보호하시라.

감히 갈림길에서 길게 이야기할 수 없는 처지라
그저 왕손을 위해 잠시 서 있는다.
지난밤 동풍에 피비린내 진동하더니
동쪽에서 온 낙타가 장안에 그득하고
북방을 지키는 늠름한 병사 뛰어난 무예를 지녔는데
지난날 용감무쌍하더니 오늘은 어찌 그리 둔하던지.
듣자 하니 천자께서 이미 보위를 넘기셨고
성스러운 덕이 북으로 회흘을 신하로 복종시켰다지요.
회흘은 얼굴 가죽을 베어내며 설욕할 것을 청하고 있으니
삼가 발설하여 타인이 노리지 못하도록 하시기를.
슬프다! 왕손께서는 삼가 소홀히 하지 마시라
오릉의 훌륭한 기운 사라졌던 적 없었으니.

이 시는 두보가 피난길에서 우연히 만난 왕손을 동정하면서 후일을 위하여 자중할 것을 당부한 것이다. 당시 당 왕실은 반란군에게 장안을 내어주고 급하게 피난 가는 과정에서 왕실의 여러 친족들을 데리고 가지 못했는데, 이 시에 등장하는 왕손도 그중 하나로 여겨진다. 왕손이 구체적으로 누구였는지 알 수 없다. 이 작품은 두보 자신 역시 반군이 점령한 장안에서 몸을 빼내지 못한 상황에서 왕손의 비참한 처지를 목격하고, 이를 통해 골육조차 제대로 지키지 못하는 당 왕실의 무능함을 풍자하고 있는 즉사명편卽事名篇의 걸작이다. 현종이 피난을 떠난 것이 천보 15년 음력 6월인데 시에서는 그로부터 이미 백 일이 지났다고 했으므로 시는 음력 9월 중에 지어진 것으로 보인다. 현종이 피난을 떠난 뒤 7월에 숙종이 영무에서 즉위하여 연호를 지덕으로 바꾸었다. 따라서 이 시의 저작 시기는 지덕 원년 9월이다.

《두시상주》 당 명황이 서쪽으로 행차한 것은 천보 15년 6월 12일이다. 숙종이 즉위하여 지덕으로 연호를 바꾼 것은 7월 갑자일이다. 이 달 정묘일 안녹산이 사람을 시켜 곽국 장공주와 왕비, 부마 등을 살해하였다. 다시 기사일에 왕손 및 군현주 20여 인을 살해하였다. 시 가운데 "이미 백일을 가시덤불에서 숨어 지냈다"는 구절이 있는 것으로 보아 아마도 9월 중이라고 볼 수 있다. 이 시는 필시 이때에 지어진 것이다.(明皇西狩, 在天寶十五載六月十二日. 肅宗卽位, 改元至德, 在七月甲子. 是月丁卯, 祿山使人殺霍國長公主及王妃駙馬等. 己巳, 又殺王孫及郡縣主二十餘人. 詩云已經百日竄荊棘, 蓋在九月間也. 詩必此時所作.)

《두시상주》에 인용된 《구당서》 천보 15년 6월 9일 동관이 함락되었다. 12일 새벽 주상은 연추문을 통해 빠져 나갔다. 친왕, 비빈과 공주, 왕손 이하 많은 사람들이 따라가지 못했다.(十五載六月九日, 潼關不守. 十二日凌晨, 上自延秋門出. 親王妃主王孫以下, 多從之不及.)

《두시상주》에 인용된 《당감唐鑑》 양국충이 촉 지방으로 피난하자는 계책을 먼저 내어놓았고, 임금도 거기에 동의하였다. 갑오일 저녁에 진현례에게 육군六軍을 정돈하고 마구간의 말 900여 마리를 고르라는 명령을 내렸는데, 바깥사람들은 이를 알지 못하였다. 을미일 이른 새벽 임금은 오직 귀비 자매와 왕자, 비빈과 공주, 황손, 양국충, 위견소, 진현례와 가까운 환관, 궁인만을 거느린 채 연추문을 빠져 나왔다. 비빈과 공주, 왕손 가운데 궁궐 밖에 있던 자들은 모두 버려두고서 떠났다.(楊國忠首倡幸蜀之策, 帝然之. 甲午旣夕, 命陳玄禮整比六軍, 選廐馬九百餘, 外人皆莫知也. 乙未黎明, 帝獨與貴妃姉妹, 王子妃主皇孫, 楊國忠, 韋見素, 陳玄禮及親近宦官宮人, 出延秋門. 妃主王孫之在外者, 皆委之而去.)

주 석

1 城頭(성두): 성 머리. 성 위. 頭白烏(두백오): 머리 부분이 흰 까마귀. 상서롭지 못한 새로 반란을 도모하는 무리를 비유하고 있다. '頭'는 '多' 혹은 '頸'으로 된 판본도 있다.

《두시상주》에 인용된 양신楊愼 **주** 《삼국전략三國典略》에 의하면 후경이 왕위를 찬탈하고 주작문을 단장하라는 명령을 내렸는데, 그날 수만 마리의 머리 흰 까마귀가 문루에 모여 들었다고 한다. …… 두보의 시에서는 아마도 이 고사를 끌어다 쓴 것으로, 후경으로써 안녹산을 비유하고 있다.(三國典略, 侯景簒位, 令飾朱雀門, 其日有白頭烏萬計, 集於門樓. ……此蓋用其事, 以侯景比祿山也.)

《구가집주두시》 조차공 주 머리 흰 까마귀가 우는 것은 상서롭지 못한 일이다. ……혹자는 '頭'자를 마땅히 '頸'으로 바꿔야 한다고 했다. 대개 까마귀 가운데는 머리가 흰 놈이 없기 때문이다.(頭白烏號, 不祥也. ……或謂頭字當作頸, 蓋烏無頭白者.)

2 延秋門(연추문): 당대 장안 궁궐의 서쪽에 있던 문. 궁궐의 서쪽에는 두 개의 문이 있었는데, 그중 북쪽에 있던 문이 현무문이고 남쪽에 위치한 문이 연추문이다.

《두시상주》에 인용된 《옹록雍錄**》** 현종이 촉 지방으로 행차할 적에 궁원의 서문으로 나갔다. 당대에는 궁원의 연추문이었는데, 한대에는 도성의 직문이었다. 그 문을 빠져 나와서는 편교를 통하여 위수를 건넜고, 함양에서 마외를 향하여 서쪽으로 갔다.(玄宗幸蜀, 自苑西門出. 在唐爲苑之延秋門, 在漢爲都城直門也. 旣出, 卽由便橋渡渭, 自咸陽望馬嵬而西.)

3 向(향): '來'로 된 판본도 있다. 啄大屋(탁대옥): 큰 집의 지붕을 쪼다.

4 達官(달관): 높은 관직에 있는 벼슬아치. 胡(호): 안녹산을 가리킨다.

#《두시상주》 이 시는 왕손이 곤경에 처한 것을 보고 지은 것이다. 첫 단락에서는 재난의 조짐을 회상하였다.(此見王孫顚沛而作也. 首段憶禍亂之徵.)

5 金鞭(금편): 금으로 만든 채찍. 여기서는 황제의 수레를 모는 것을 비유한 것이다. 折斷(절단): '斷折'로 되어 있는 판본도 있다. 九馬(구마): 아홉 마리의 말. 한대 문제에게 아홉 필의 명마가 있었는데, 후에는 이 '구마'로 임금의 수레를 모는 말을 지칭하였다.

《두시상주》에 인용된《서경잡기西京雜記》 문제가 대代로부터 올 때 좋은 말 아홉 필이 있었는데, 이는 각각 부운, 적전, 절군, 일표, 자연류, 녹리총, 용자, 인구, 절진 등으로 '구일'이라고 불렀다.(文帝自代來, 有良馬九匹, 曰浮雲, 曰赤電, 曰絶群, 曰逸驃, 曰紫燕騮, 曰綠螭驄, 曰龍子, 曰驎駒, 曰絶塵, 號爲九逸.)

6 骨肉(골육): 골육지친, 가까운 친족. 得(득): '待'로 된 판본도 있다. 馳驅(치구): 말이나 수레를 빨리 몰다.

7 玦(결): 패옥의 일종. 고리 모양인데 한쪽이 트여 있다. 靑珊瑚(청산호): 푸른 산호. 여기서는 왕손이 허리에 차고 있는 보결의 색깔이 푸른 빛을 띠고 있음을 말한다.

8 王孫(왕손): 왕의 자손. 泣路隅(읍로우): 길의 모퉁이에서 울다. 여기서는 현종이 버리고 간 왕손이 갈 곳을 잃어 헤매는 것이다.

9 道(도): 말하다.

10 乞爲奴(걸위노): 노비가 될 것을 구걸하다.

11 已經百日(이경백일): 이미 백 일이 지나다. 竄荊棘(찬형극): 가시나무

덤불에 몸을 숨기다.

12 無有完肌膚(무유완기부): 온전한 살갗이 없다. 100여 일을 헤매고 다녔으므로 그 몰골이 처참해진 것이다.

13 高帝(고제): 한나라의 고제, 여기서는 한 고제를 들어 당나라 고제를 가리킨다. 隆準(융절): 높은 코. '隆'은 '高'로 된 판본도 있다.

《구가집주두시》 한 고조의 모습은 높은 코에 용의 얼굴이었다. 응소의 주에 '융隆'은 높은 모양이라고 하였고, 이배는 '절準'은 코라고 하였다.(漢高祖爲人隆準而龍顔. 應劭注曰, 隆, 高也. 李裴曰, 準, 鼻也.)

14 龍種(용종): 용의 종자. 곧 천자의 자손을 지칭한다.

15 豺狼(시랑): 승냥이와 이리. 잔악하고 무도한 자를 비유한다. 여기서는 안녹산을 가리킨다. 龍(용): 임금. 여기서는 현종을 지칭한다.

16 千金軀(천금구): 천금같이 귀한 몸. 왕손의 귀한 신분을 말한 것이다.

#《두시상주》 이 단락은 일을 서술한 것이다. 당시에 환란을 피해서 몸을 숨긴 일을 기록하였다. '금편' 4구는 임금이 도망가기에 급한 나머지 왕손을 버려두고서 떠난 일을 말한 것이다. '문지' 4구는 고통의 소리와 낭패당한 모습을 상세히 그린 것이다. '고제' 4구는 왕손들의 모습이 특이해서 도적들에게 잡힐까 걱정한 것이다. 몸조심하라고 말한 것은 그를 위태롭게 여긴 것이다.(次段敍事, 記當時避亂匿身之迹. 金鞭四句, 言上皇急於出奔, 致委王孫而去. 問之四句, 備寫痛苦之詞, 幷狼狽之狀. 高帝四句, 恐其相貌特殊, 而爲賊所得, 曰愼保軀, 危之也.)

17 長語(장어): 길게 이야기하다. 交衢(교구): 길이 교차하는 곳. 교차로. '구衢'는 네거리.

18 斯須(사수): 잠시, 잠깐 동안.

[不敢 2구]

《두공부초당시전》 두보가 왕손과 더불어 문답을 하기에 감히 사사로운 이야기를 못하는 것이며, 그리고 잠시만 함께 서 있었던 것은 혹시 간사한 자가 엿들을까 염려해서이다.(甫與之問答, 不敢私言. 但共立少須, 恐爲奸人窺伺故也.)

19 東風(동풍): '春風'으로 된 판본도 있다. 血腥(혈성): 피비린내. 무자비

한 살육이 있었음을 암시한다.

《구가집주두시》 조차공 주 동풍은 마땅히 동쪽에서 불어오는 바람이다. 봄을 말하는 것이 아니다.(東風應是東方之風, 非言春也.)

20 槖駝(탁타): 낙타. '槖'은 '駱'으로 된 판본도 있다. 舊都(구도): 옛날 도성. 여기서는 안녹산 군대에게 점령당한 장안을 가리킨다.

《구가집주두시》 포표鮑彪 **주** 동쪽에서 온 낙타라는 것은 반군이 동도東都로부터 들어온 것을 말하는 것이다.(東來槖駝, 謂賊自東都進也.)

《두시상주》 장안이 당시 안녹산에게 함락되었으므로 구도라고 하는 것이다.(長安時爲祿山所陷, 故曰舊都.)

[昨夜 2구]

《두시상주》에 인용된 《사사명전史思明傳**》** 안녹산이 양경을 함락하고서 낙타로 궁궐의 진귀한 보물을 범양으로 운반하여 끝날 줄을 몰랐다.(祿山陷兩京, 以槖駝運御府珍寶於范陽, 不知紀極.)

21 朔方(삭방): 북쪽, 북방. 健兒(건아): 건장한 청년, 여기서는 군대에 동원된 병사를 말한다. 身手(신수): 재주, 기예. 무예를 말한다. 삭방군朔方軍은 처음에는 섬서성 영주靈州에 주둔하였다가 후에 산서성 빈주邠州에 주둔하였다.

《두시상주》 당시 가서한哥舒翰이 하서, 농우, 삭방의 병사 그리고 번병 20만여 명을 거느리고 반군을 막았는데, 동관에서 패배하였다.(時哥舒翰將河隴朔方兵及蕃兵共二十萬拒賊, 敗績於潼關.)

《두시상주》에 인용된 《당서》 천보 14년 경사에서 10만 명을 모집하여 천무건아라고 불렀다.(天寶十四載, 京師召募十萬, 號天武健兒.)

22 天子(천자): '天'은 '大'로 된 판본도 있다. '천자'일 경우는 현종玄宗을 가리키고, '大子'일 경우는 태자太子인 숙종肅宗을 가리킨다. 傳位(전위): 현종이 숙종에게 양위한 것을 말한다. 혹은 숙종이 현종에게서 왕위를 전해 받은 것을 말하는 것으로 볼 수도 있다.

《두시상주》 숙종에게 양위하여, 영무靈武에서 즉위하였다.(傳位肅宗, 卽位靈武也.)

23 聖德(성덕): 임금의 성스러운 덕. 노원창은 이를 현종의 덕으로 보았지만, 이와 달리 숙종의 덕으로 볼 수도 있다. 北服(북복): 북으로 복종시

키다. 南單于(남선우): 한대에는 흉노에 남북의 구별이 있었는데, 남쪽의 추장이 바로 남선우南單于다. 여기서는 회흘回紇의 추장을 말한다.

《두시상주》의 노원창 주 당 명황이 출발할 즈음에 태자에게 유시하기를 "서북 지방의 여러 오랑캐들을 내가 평소에 두텁게 위무하였으니 네가 반드시 그들을 쓸 수 있을 것이다."라고 하였다. 이것이 이른바 임금의 덕이 북으로 선우를 복종시켰다는 것이다.(明皇臨行, 諭太子曰, 西北諸胡, 我撫之素厚, 汝必得其用. 所謂聖德北服單于也.)

《구가집주두시》 한 선제 때에 선우가 남북으로 나뉘어서 각각 그것으로써 이름을 삼았다.(漢宣帝時, 單于分南北, 各以爲號.)

《두공부초당시전》 남선우南單于는 즉 회흘回紇이다.(南單于卽回紇也.)

24 花門(화문): 지명. 당나라의 외곽에 위치한 지역으로 천보 연간에 회흘에게 빼앗겼다. 이후에는 이 '화문'으로 회흘을 지칭하였다. 剺面(이면): 얼굴을 벗기다. 즉 얼굴의 가죽을 칼로 베는 것을 말한다. 회흘족은 큰 슬픔을 만났을 때 이러한 행위로 슬픔을 드러내었다. 혹은 자신의 진심이나 결심을 드러낼 때에도 이런 행동을 하였다. 雪恥(설치): 부끄럽고 분한 것을 씻어내다.

《두시상주》에 인용된 《당서》 감주에 화문산성이 있는데, 동북으로 천 리를 가면 회흘의 아장에 도착한다.(甘州有花門山堡, 東北千里, 至回鶻衙帳.)

《두시상주》 '이면'은 그 얼굴 가죽을 벤다는 말로 진실된 정성을 보이는 것이다.(剺面, 謂披其面皮, 示誠悃也.)

《구가집주두시》에 인용된 《후한서後漢書》 경병耿秉이 세상을 떠났다는 소식을 흉노족이 듣고서 온 나라가 슬퍼하며 곡을 하였는데 어떤 이는 얼굴을 칼로 베어 피를 흘리기까지 하였다.(耿秉卒, 匈奴聞之, 擧國號哭, 或至剺面流血.)

《두시상주》에 인용된 《구당서》 숙종이 즉위하고 9월에 남쪽으로 팽원에 행차하였고, 사신을 파견하여 회흘과 화친을 맺었다. 지덕 2년 2월 그 수령이 조정으로 들어와 알현하였다.(肅宗卽位九月, 南幸彭原, 遣使與回紇和親. 二載二月, 其首領入朝.)

25 狙(저): 몰래 노리다. 혹은 몰래 엿보다. '徂'로 되어 있는 판본도 있다.

《두시상주》에 인용된 《색은索隱》 '狙'는 엿보며 숨어 있는 것이다. 긴팔원숭이는 먹이를 엿볼 적에 반드시 숨어서 그것을 기다리기 때문이다.(狙, 伺伏也. 狙之伺物, 必伏而候之.)

《두공부초당시전》 '狙'는 몰래 듣는다는 말이다. 두보가 왕손이 비밀로 하기를 바란 것은 첩자가 알게 될까 두려워한 것이다.(狙, 竊聽也. 甫欲王孫愼密其事, 恐爲諜者所得.)

[花門 2구]

《구가집주두시》 조차공 주 이 당시 회흘이 당조를 돕고 따를 마음을 지니고 있었기 때문에 왕손이 다른 사람에게 발설하지 말고 가도록 경계한 것이다. 광평왕 숙이 천하병마원수가 되고 곽자의가 그를 보좌하여 삭방, 안서, 회흘, 대식의 군대로써 안경서를 토벌한 것이 지덕 2년 윤8월의 일이었다. 그러므로 두보가 이 시를 지었을 때는 회흘이 이제 막 돕고 따르겠다는 요청을 하던 시기였다.(是時回紇有助順之心, 故戒王孫勿出口於他人而徂往也. 廣平王俶爲天下兵馬元帥, 郭子儀副之, 以朔方安西回紇大食兵討安慶緒, 在至德二載之閏八月. 則公作此詩時, 回紇初有助順之請.)

26 疏(소): 몸가짐을 소홀히 하다.

27 五陵(오릉): 당대 임금의 다섯 무덤을 지칭한다.

《보주두시》 오릉은 헌릉, 소릉, 건릉, 정릉, 교릉을 말한다. 옛 주석에서는 한대 오릉을 인용하였는데 잘못된 것이다.(五陵謂獻陵, 昭陵, 乾陵, 定陵, 橋陵. 舊注引漢五陵, 非也.)

#《두시상주》 마지막 단락은 말을 서술한 것으로 국가의 위기가 극에 달하였다가 장차 다스려질 기미를 진술하였다. '그저 잠시 서 있는다'는 것은 모습을 감추고 몰래 이야기하고자 하는 것이다. '작야' 4구는 안녹산의 반군이 창궐하였는데 가서한이 실패하였음을 한탄한 것이다. '절문' 4구는 태자가 황제로 등극하여 회흘이 토벌에 협조함을 기뻐한 것이다. 마지막 2구는 또한 반복하여 재삼 당부한 것으로, '삼가 소홀히 말라'한 것은 경계시킨 것이다.(末段敍言, 陳國家亂極將治之機. 且立斯須, 欲屛迹而密語也. 昨夜四句, 祿山猖獗, 而恨哥舒之失計. 竊聞四句, 太子龍興, 而喜回紇之助討. 末二, 又反覆以致其丁寧, 曰愼勿疏, 戒之也.)

##《두시상주》에 인용된 전겸익 주 지덕 원년 9월 손효철이 곽국 장공주, 영왕비와 부마 양일 등 80여 인을 해쳤고, 또한 황손 20여 인을 살해하고 그 심장을 도려내어서 안경종을 제사지냈다. 임금을 수행하여 촉으로 들어간 왕후장상의 자손과 형제들은 비록 어린아이라고 해도 참혹한 살육을 면하지 못하였다. 당시에 항복한 신하들 중에도 반군의 앞잡이 노릇을 하여 황손과 비빈, 공주를 찾아내서 바치는 자들이 있었을 것이다. 그래서 "왕손은 천금같이 귀한 몸을 잘 보호하시라." 하였고, 또한 "슬프다 황손은 부디 소홀히 하지 말라"고 하여 위험스럽게 여기고, 다시 경계하였던 것이다. 송 정강의 난 때에 여러 신하들이 금나라를 위해 왕족인 조씨를 수색하여 결국 남은 후손이 없어진 일이 있었다. 이 시도 역시 같은 맥락에서 써진 것이다. 명황이 위후의 난을 평정하여 몸소 태평시대를 이루다 개원 연간에는 거의 정관의 태평성대와 비슷하였지만, 천보 연간 말에는 백성들이 도탄에 빠졌을 뿐만 아니라 처자들 역시 이를 면할 수 없었다. 〈애강두〉와 〈애왕손〉 두 시를 읽어 보면, 지금도 여전히 그 처참함이 눈에 보이는 듯하다.《맹자》에 "만약 확충시킬 수 있다면 온 세상을 보호할 수 있고, 확충시킬 수 없다면 처자식도 보호할 수 없다"라고 하였으니, 한 사람의 몸에서 흥망과 치란의 연고가 분명해지는 것이다.(至德元載九月, 孫孝哲害霍國長公主, 永王妃及駙馬楊馹等八十人, 又害皇孫二十餘人, 並刳其心, 以祭安慶宗. 王侯將相扈從入蜀者, 子孫兄弟, 雖在嬰孩之中, 皆不免於刑戮. 當時降逆之臣, 必有爲賊耳目, 搜捕皇孫妃主以獻者, 故曰王孫善保千金軀, 又曰哀哉皇孫愼勿疏, 危之, 復戒之也. 宋靖康之難, 群臣爲金人搜索趙氏, 遂無遺種. 此詩如出一轍. 明皇平韋后之難, 身致太平, 開元之際, 幾於貞觀盛時, 及天寶末, 不唯生民塗炭, 而妻子亦且不免. 讀江頭, 王孫二詩, 至今猶慘然在目, 孟子云, 苟能充之, 足以保四海, 不能充之, 不足以保妻子. 卽一人之身, 而治亂興亡之故昭然矣.)

《두억》 충의로운 마음을 심혈로 펼쳐내어 지금도 마르지 않았으니 필설로 판별할 수 있는 것이 아니다. 후경이 대성에서 반란을 일으켰을 때 흰 머리의 까마귀 수 천 마리가 주작항에 모여들었는데, '두백오'는 여기에서 연유한다. '금편'과 '구마'는 천자가 모는 것이다. 채찍이 부러지고 말이 죽었다는 말은 천자가 서쪽으로 급히 달아났다는 것을 말하는 것인데, 읽을 때 깨닫지 못하는 것은 아마도 차마 분명히 말하지 못했기 때문이다. ……'보결'과 '산호'로 왕손의 모습을 뚜렷이 묘사해 놓고, 또한 '이름을 말하려 하지 않는다'고 하였으니 그 광경이 매우 핍진하다. 괴롭게 말을 하다가 갑자기 '고황(원문은 고제高帝) 자손' 두 말로 들어간 것에서는 대단한 기상이 느껴진다. 죽어가다가 생명을 얻은 격으로 보통 사람이 생각할 수 있는 바가 아니다. '감히 길게 이야기하지 못하는' 상황이면서도 '잠시나마 서서 말하고자' 한 것은 태자가 왕위를 전해받고 북쪽 오랑캐가 은혜를 갚고자 한 일인데, 먼저 '동풍취혈' 등의 말을 삽입한 것은 귀한 몸을 잘 보호하라는 뜻을 충족시킬 수 있기 때문이다. 문장의 기세가 우회하여 급박하지 않으니, 이것이 문장 전개의 묘이다. '삼가 발설하지 마시라'고 재삼 당부하는 것은 대개 반군의 기세가 바야흐로 성하기 때문으로 '피비린내가 부는 것'에서 연유한다. 그리고 마지막 말 '오릉의 훌륭한 기운'으로 말을 마친 것은 '자손들의 높은 코'와 서로 상응한다. 전체 작품의 내용이 애통한 가운데서도 애석해하고, 처량하면서도 기운이 왕성하니, 혼란스러운 듯 정돈되어 있고 끊어진 듯 이어져서, 쓸데없는 말이 한 마디도 없고 죽은 글자가 한 글자도 없어 진실로 문장이 신들린 듯하다.(忠義肝腸, 抒以心血, 至今未乾, 必非取辦于筆舌者. 侯景反臺城時, 有白頭烏數千集朱雀航, 頭白烏本此. 金鞭, 九馬, 天子所御. 鞭斷馬死, 是說天子西奔之急, 而讀之不覺, 蓋不忍明言耳. ……寶玦, 珊瑚, 明寫出王孫模樣, 而又不肯道姓名, 光景逼肖. 說得極苦, 而忽入高皇子孫二語, 極有氣象. 死中得活, 匪夷所思. 不敢長語, 又立斯須, 所欲語者, 太子傳位, 北虜報效事, 而先插入東風吹血等語, 蓋以足善保金軀之意. 而文勢紆迴, 不致淺促, 此局陣之妙. 愼勿出口, 又致丁寧, 蓋因賊勢方盛, 根吹血腥來. 而束語五陵佳氣, 又與子孫隆準語相照. 通篇哀痛顧惜, 潦倒淋漓, 似亂而整, 斷而復續, 無一懈語, 無一死字, 眞下筆有神.)

《독두심해》 전겸익 전에서 "당시의 역신들 가운데는 틀림없이 반군의 귀와 눈이 되어서 황손과 왕비를 붙잡아 바치는 자들이 있었다"고 하였다. 공이 이 시를 지어 그를 위태롭게 여기고 다시 그를 경계시킨 것이다. 지금 구조오의 견해를 따라 분단한다. 처음은 원제법으로 흥의 체재인데 흡사 노래와 같다. 《당시별재》에서 "시경 시인의 '검은 것 치고 까마귀 아닌 것이 없다(《시경·패풍·북풍北風》)'는 뜻이다."라고 하였다. '금편'이하 한 단락은 서사법이다. 4구는 제목을 드러냈고, 4구는 당시의 상황을 기록하였으며, 4구는 왕손을 꾸며 묘사한 것으로 아래의 경계하는 말을 일으켰다. 마지막 단락은 영탄법을 변용하였는데 표현을 죽 늘어놓았다. 먼저 '불감' 2구를 붙여 붓을 적시는 묘를 얻었다. '동풍'과 '탁타'는 적에 대한 이야기로 경계심을 일으킨 것이고, '건아'와 '하우'는 지키는 데 실패한 것을 추억하여 개탄한 것이다. '절문' 4구는 오래지 않아 회복될 것이라는 소식을 기탁하면서 발설하지 말라고 경계하여 그를 위로하고, 절대 소홀지 하지 말라고 하여 거듭 그를 경계시키며 사라진 적 없었다는 말로 거듭 그를 위로하고 있다. 간곡하게 당부하는 소리를 마치 옆에서 듣는 듯하다.(錢箋云, 當時逆臣, 必有爲賊耳目, 搜捕皇孫妃主以獻者. 公作是詩, 危之復戒之也. 今依仇氏分截. 起用原題法, 興體也, 亦似謠. 別裁云, 卽風人莫黑非烏意. 金鞭以下一段, 敍事法, 四出題, 四記當日行徑, 四就王孫飾色, 以起下文告誡之詞. 末一段, 化用詠歎法, 筆筆開擺. 先着不敢二句, 有添毫之妙. 東風橐駝, 惕以賊形也. 健兒何愚, 追慨失守也. 竊聞四句, 寄與不久反正消息, 以戒其勿泄, 慰之也. 愼勿疏, 申戒之. 無時無, 申慰之也. 丁寧惻怛, 如聞其聲.)

(박홍준)

17. 悲陳陶

진도를 슬퍼하다

孟冬十郡良家子[1] 血作陳陶澤中水[2]
野曠天淸無戰聲[3] 四萬義軍同日死[4]
羣胡歸來雪洗箭[5] 仍唱夷歌飮都市[6]
都人迴面向北啼[7] 日夜更望官軍至[8]

초겨울에 열 고을 양민의 자제들
흘린 피가 진도의 못 물이 되었네.
들 훤하고 하늘 맑은데 싸움 소리 없으니
사만 의로운 군사가 같은 날에 죽었기 때문이네.
뭇 호인들은 돌아와 화살을 씻고
여전히 오랑캐 노래 부르며 도성 저자에서 술 마시네.
도성 사람들 얼굴 돌려 북쪽 향해 울면서
밤낮으로 관군이 이르기를 또 바라고 있네.

이 시는 숙종 지덕 원년(756) 겨울, 방관이 이끄는 당나라 군사가 안녹산의 반군에게 진도사陳陶斜에서 크게 패전한 일을 두고 쓴 것이다. 따라서 저작 시기는 패전 이후 얼마 지나지 않은 때일 것으로 보인다. 당시 전쟁에 투입된 당나라 군사는 서북지역의 양민의 자제들로 구성되었으며 그 수효는 4, 5만에 이르렀는데, 이 전쟁에서 거의 대부분이 전사하였다. 진도사는 함양현 동쪽의 지명으로 진도택陳陶澤으로도 불린다. 진도는 '陳濤'로 쓰기도 한다. 시 전체가 사실을 진술한 구절들만으로 이루어져 있어, 경치를 묘사한 구절이 없다. 작가의 비통한 심사의 정도를 가늠케

하는 부분이다.

《보주두시》 마땅히 천보 15년 10월 신축일 방관이 진도에서 패한 뒤에 지은 것이다. 이 해 10월은 초하루가 신사일이니 신축은 곧 10월 21일이다. 양권도는 이 해 반군에 억류되었던 시기의 시 안에 편입시키고 있는데, 채흥종은 겨울에 〈비진도〉, 〈비청판〉의 작품이 있다고 하였다.(當是天寶十五載十月辛丑房琯陳陶戰敗後作. 是年十月辛巳朔, 辛丑乃十月二十一日. 梁權道編在是年賊陷中詩內, 蔡興宗就謂冬有悲陳陶悲青坂.)

《구가집주두시》에 인용된 《구당서·방관전房琯傳》 방관이 왕명을 받들어 영무에 사신으로 가서 숙종을 옹립하고는, 군사를 거느려 오랑캐를 주멸하고 서울을 수복할 것을 청하였다. 방관은 삼군으로 나누어 양희문으로 하여금 남군을 거느리고 의수로부터 들어가도록 하였고, 유철로 하여금 중군을 거느리고 무공으로부터 들어가도록 하였으며, 이광진으로 하여금 북군을 거느리고 봉천으로부터 들어가게 하고는 방관 자신은 중군을 거느려 선봉이 되었다.(琯奉使靈武, 立肅宗, 因請將兵誅寇孽, 收復京都. 琯分爲三軍, 遣楊希文將南軍自宜壽入, 劉悊將中軍自武功入, 李光進將北軍自奉天入, 琯自將中軍爲前鋒.)

《구가집주두시》 포표鮑彪 주 천보 15년 10월 신축일에 방관이 안녹산과 진도사에서 싸워 대패하였다. 계묘일에 방관은 또 남군을 거느리고 싸워 대패하였다. 공은 이 때문에 이 시를 지었다.(天寶十五年十月辛丑, 房琯及祿山戰于陳陶斜敗績, 癸卯, 琯又以南軍戰敗績. 公故有是詩.)

《두시상주》에 인용된 《통감》의 주 진도사는 함양현의 동쪽에 있다. '斜'는 산택을 이르는 말인데, 이 때문에 또 진도택이라고도 한다.(陳陶斜在咸陽縣東. 斜者山澤之名, 故又曰陳陶澤.)

주 석

1 孟冬(맹동): 음력 10월. 良家子(양가자): 양민 즉 일반 백성의 자제로서 병졸이 된 사람들을 가리킨다.

2 血作(혈작) 구: 사상자가 흘린 피로 못의 물이 붉어졌음을 의미한다.

3 野曠(야광): 들이 훤하다. 들이 넓다. '曠'은 '廣'으로 된 판본도 있다. 天淸(천청): 하늘이 맑다. '淸'은 '晴'으로 된 판본도 있다. 無戰聲(무전성): 싸우는 소리가 없다. 4만 명의 군사가 한날에 죽어 싸움 소리가 없어지게 되었다는 뜻이다. 이밖에 접전도 하지 못하고 궤멸당한 것을 가리킨다는 견해도 있다.

《두시상주》 들에 싸움 소리가 없다고 하여 싸우지도 아니한 채 스스로 무너진 사실을 드러내고 있다.(曰野無戰聲, 見不戰而自潰也.)

《두공부초당시전》 접전도 않고서 패한 것을 말한다.(言不交刃而敗也.)

4 同日(동일): 같은 날, 즉 지덕 원년 10월 21일을 가리킨다.

《두시상주》에 인용된 《당서唐書》 당시 방관은 옛 법을 본받아 차전을 썼는데, 반군이 바람을 따라 불을 놓아서 태움에, 사람과 소가 크게 교란되어 관군 쪽의 사상자가 4만여 명이었다.(時琯效古法用車戰, 賊順風縱火焚之, 人畜大亂, 官軍死傷者四萬餘人.)

5 羣胡(군호): 많은 오랑캐. 안녹산이 이끄는 반군을 가리킨다. 雪洗箭(설세전): 화살을 닦다. 화살에 묻어 있는 피를 닦는다. 피로 화살을 닦는다고 풀이하기도 한다. 이밖에 눈으로 화살을 닦는다는 해석도 가능할 것이다. '雪'이 '血'로 되어 있는 판본도 있다.

《두시상주》 '설세'에 있어서 '설'은 '닦아 낸다'는 의미다. 조차공 주에 화살의 피를 씻어 내는 것이라 하였다. 《두억》에서는 핏물을 사용하여 화살을 씻는다고 하였지만, 구본에 의거하여 '설세전'으로 하는 것이 어감상 비교적 평이하고 순조롭다.(雪洗, 雪, 拭也. 趙注謂洗箭上之血. 杜臆謂用血水以洗箭, 不如依舊本作雪洗箭, 語較平順.)

《구가집주두시》 조차공 주 '군호귀래혈세전'에서 구법이 훌륭한 부분은 바로 '혈세전' 세 글자에 있는데, 이는 화살 위의 피를 씻어 낸다는 뜻이다. …… 채흥종蔡興宗은 오히려 어떤 판본에 '雪洗箭'이라고 한 것을 취했는데, 옳지 않다.(羣胡歸來血洗箭, 句法好處正在血洗箭三字,

蓋言洗箭上之血也. ……蔡伯世却取一作云雪洗箭, 非是.)

《두억》 '군호혈세전'은 사실을 바탕으로 한 말이다. 피가 진도의 물이 되었으니, 그것을 보면 놀라게 된다. 그런데도 호인들은 오히려 핏물로 화살을 씻고 있으니, 절로 묘한 말이 된다. 하지만 조차공의 해석은 화살 위의 피를 씻는다고 하여 도치된 표현을 구법의 훌륭한 부분으로 여기고 있는데, 이야말로 어린애의 견해라 하겠다.(羣胡血洗箭, 是實語. 血作陳陶水, 見之驚心. 而胡人且以血洗箭, 自是妙語. 而趙解謂洗箭上之血, 以倒語爲句法好處, 此小兒解事者.)

6 仍唱(잉창): 여전히 노래 부르다. '撚箭'으로 된 판본도 있다. 夷歌(이가): 오랑캐의 노래. 飮都市(음도시): 도성의 저자에서 술을 마시다.

7 迴面(회면): 얼굴을 돌리다. 오랑캐를 피하여 얼굴을 돌린다는 뜻이다. 向北(향북): 북쪽을 향하다. 북쪽은 숙종이 있는 영무 쪽을 가리킨다.

《두시상주》에 인용된 《통감通鑑》 안녹산이 지난날 백성들이 난리를 틈타 창고의 물건을 많이 훔쳤다는 사실을 듣고는, 장안을 취하고 나서 삼일 간 크게 수색하여 그들의 사재까지도 남김없이 약탈하도록 명령하였다. 백성들 사이에 소란스러움이 일면서 더욱 당나라 왕실을 그리워하였다. 태자가 북쪽에서 군사를 수습하여 장안을 취하러 온다는 소식을 서로 전하며, 밤낮으로 그를 고대하였다. 혹 때로 서로 놀라게 하며 '태자의 대군이 이르렀다'고 말하면, 모두 달아나서 저자와 마을이 텅 비곤 하였다. 반군은 북쪽에서 먼지가 이는 것이 멀리서 보이면 그때마다 놀라서 달아나려 하였다.(祿山聞, 嚮日百姓乘亂多盜庫物. 既得長安, 命大索三日, 并其私財盡掠之. 民間騷然, 益思唐室, 相傳太子北收兵, 來取長安, 日夜望之. 或時相驚曰, 太子大軍至矣, 則皆走, 市里爲空. 敵望見北方塵起, 輒驚欲走.)

《두공부초당시전》 숙종이 영무에 있음을 말한다.(謂肅宗在靈武也.)

8 日夜(일야) 구: '前後官軍苦如此'로 된 판본도 있다. 官軍(관군): 숙종이 이끄는 군대.

[羣胡 4구]

《보주두시》에 인용된 사師씨 주 안녹산이 방화와 약탈로 포학함을 일삼자 도성 사람들이 그를 원망하고 당나라의 덕을 사모하였으니,

마침내 '관군을 바란다'는 구절이 있게 되었다. 숙종이 일거에 장안과 낙양을 수복한 것이 어찌 백성들이 노래하면서 당나라를 그리워하는 마음 때문이 아니었겠는가?(祿山焚劫暴虐, 都人怨之而思唐德, 遂有望官軍之句. 肅宗一擧而復兩京, 豈非因民謳吟思唐之心乎.)

#《두시상주》 진도는 군대의 인솔자가 적을 가벼이 여긴 것을 슬퍼한 것이다. 도적의 세력이 한창 왕성할 적에 백성을 휘몰아 갑작스럽게 싸우게 하여 사만 명의 의로운 군대가 한 판 싸움에서 전멸하는 결과를 낳았으니, 이른바 장수가 군무를 알지 못하여 군졸을 적에게 내주는 꼴이라 하겠다. 다행스럽게도 당나라의 덕이 백성들에게 있어서 도성 안 사람들 모두가 관군이 오기를 바라고 있었다. 이러하니 나라의 복록이 끝내 이에 힘입어 회복된 것이리라.(陳濤, 傷主師之輕敵也. 賊勢方張, 而驅民猝鬪, 致四萬義軍, 沒於一戰, 所謂將不知兵, 以卒與敵也. 幸而唐德在人, 傾都繫望, 此國祚終賴之以恢復歟.)

《독두심해》 진도에 대한 슬픔은 가벼이 나아가 패전을 불러온 것을 슬퍼한 것이다. 관군이 실의 속에 패하고 반군이 득지하여 함부로 횡행하는 것, 양자가 대비를 이루어 살아 있는 듯하다. 결어에서 필세를 전환하여 사람들 마음이 떠나지 않았음을 써냈다.(陳陶之悲, 悲輕進以致敗也. 官軍之聊草敗沒, 賊軍之得志驕橫, 兩兩如生. 結語兜轉一筆好, 寫出人心不去.)

(이남종)

18. 哀江頭

강가에서 슬퍼하다

少陵野老呑聲哭[1]　春日潛行曲江曲[2]
江頭宮殿鎖千門[3]　細柳新蒲爲誰綠
憶昔霓旌下南苑[4]　苑中萬物生顔色[5]
昭陽殿裏第一人[6]　同輦隨君侍君側[7]
輦前才人帶弓箭[8]　白馬嚼齧黃金勒[9]
翻身向天仰射雲[10]　一笑正墜雙飛翼[11]
明眸皓齒今何在[12]　血汚遊魂歸不得[13]
淸渭東流劍閣深[14]　去住彼此無消息[15]
人生有情淚沾臆　江草江花豈終極[16]
黃昏胡騎塵滿城[17]　欲往城南望城北[18]

소릉의 야로가 소리죽여 울면서
봄날에 몰래 곡강 굽이로 나갔다.
강가 궁전은 모든 문이 닫혀 있는데
가는 버들과 새 부들은 누구를 위해 푸른가.

생각난다, 옛날 무지개 깃발 남원에 내려올 제
뜰 가운데의 만물이 빛이 났고,
소양전 안에서 으뜸가던 사람
수레 함께 타고 임금을 따르며 곁에서 모셨지.
수레 앞의 재인들은 활과 화살을 찼고
백마는 황금 재갈을 씹고 있었는데,

휙 몸을 돌려 하늘을 올려보고 구름을 쏘면
한번 웃음에 날던 새 한 쌍이 바로 떨어졌다.

밝은 눈동자 하얀 이의 미인은 지금 어디에 있나
피로 더렵혀져 떠도는 혼백은 돌아오지 못하는구나.
맑은 위수는 동으로 흐르고 검각은 깊은데
떠나고 머물러 있음에 피차 소식이 없구나.
인생은 정이 있어 눈물이 가슴을 적시지만
강가의 풀과 꽃이야 어찌 끝이 있겠는가.
황혼녘 오랑캐 기병의 말 번시가 성에 가득하니
성 남쪽으로 가려다 성 북쪽을 바라본다.

이 시는 지덕 2년 봄 두보가 장안에 억류되어 있을 때, 과거 현종과 양귀비가 행차하던 곡강에 나아가 이미 세상을 떠난 양귀비를 애도하여 지은 작품이다. 시제의 '강'은 곡강을 가리킨다. 시의 내용은 세 단락으로 나뉜다. 첫 단락은 장안이 반군에게 함락된 뒤의 쓸쓸한 곡강의 모습을 그려 내었다. 둘째 단락은 지난날 화려했던 양귀비와 현종의 곡강 행차에 대한 일을 회상하면서 당대의 태평성세를 묘사하였다. 셋째 단락은 양귀비의 죽음에 대한 애도와 망국에 대한 슬픔을 표현하였다.

《**보주두시**》 지덕 2년 9월 계묘일에 경사를 회복하고 10월 임자일에 동경을 회복하였는데 이 시에서 '봄날에 몰래 곡강 물굽이로 나갔다'고 하였으니 이 해 봄에 지어진 것이 틀림없다. '몰래 나갔다'고 말하고 또 '황혼녘 오랑캐 기병의 말 먼지가 성에 가득하다'라고 하였으니 반군에 억류되어 있을 때 지은 것이 분명하다. 양권도 역시 이 해에 편재시켰다.(至德二載九月癸卯復京師, 十月壬子復東京, 而是詩云春日潛行曲江曲, 當是作於是年春. 蓋謂之潛行, 又謂黃昏胡騎塵滿城, 乃陷賊時所作明矣. 梁權道亦編在是年.)

《두시상주》에 인용된 황생 주 시의 의도는 본래 양귀비를 슬퍼하는 것이지만 감히 지적하여 말할 수가 없어서 강가의 행차했던 곳을 빌려 제목으로 내세운 것이다.(詩意本哀貴妃, 不敢斥言, 故借江頭行幸處標爲題目耳.)

주 석

1 少陵(소릉): 옛 지명. 지금의 섬서성 장안현長安縣 두릉杜陵 동남쪽에 있다. 두릉은 한漢 선제宣帝의 무덤이고 소릉은 두릉보다 조금 작은 규모로 허후許后의 무덤이다. 이곳에 두보의 집이 있었다. 野老(야로): 촌 노인. 두보 자신을 가리킨다. 呑聲哭(탄성곡): 소리를 삼키고 울다. 마음껏 소리내어 울지 못함을 말한다.

《두시전주》 정대창程大昌의 《옹록》에 "소릉원은 장안현 남쪽 40리에 있다. 선제릉은 두릉현에 있고 허후는 두릉 남원에 묻혔다."라고 하였다. 사고는 "바로 지금 소릉小陵이라고 부르는 곳인데 두릉에서 18리 떨어져 있다."라고 말하였다. 다른 책에는 모두 '少陵'으로 되어 있다. 두보는 그곳에 집이 있었기 때문에 스스로 두릉의 노인이라고 불렀고 또한 소릉이라고도 하였다.(雍錄, 少陵原, 在長安縣南四十里. 宣帝陵在杜陵縣, 許后葬杜陵南園. 師古曰, 卽今謂小陵者也, 去杜陵十八里. 他書皆作少陵. 杜甫家焉, 故自稱杜陵老, 亦曰少陵也.)

《두공부초당시전》 '야로'는 두보가 자신을 가리켜 말한 것이다.(野老, 甫自謂也.)

2 潛行(잠행): 몰래 가다. 다른 사람의 눈에 띄지 않게 몰래 곡강 가에 나간 것을 말한다. 曲江曲(곡강곡): 곡강의 물굽이. 곡강은 당시 장안의 명승지였다.

《두시상주》 장안 주작가 동쪽에 물 흐름이 굽이진 곳이 있는데 이를 곡강이라고 한다. 이 땅은 진대에는 의춘원이었고 한대에는 낙유원이었다. 개원 연간에 물길을 파서 통하게 하여 마침내 명승지가 되었다. 그 남쪽에는 자운루, 부용원이 있었고 서쪽에는 행원, 자은사가 있었다. 강가에는 줄풀과 부들이 푸르고 버들 그늘이 사방으로 에워싸고 있으며 푸른 물결에 붉은 연꽃이 비치어 사랑스럽다.(長安朱雀街東, 有流水屈曲, 謂之曲江. 此地在秦爲宜春苑, 在漢爲樂遊園. 開元疏鑿, 遂爲勝境, 其南有紫雲樓芙蓉苑, 其西有杏園慈恩寺. 江側菰蒲葱翠, 柳陰四合, 碧波紅蕖, 依映可愛.)

3 江頭(강두): 강가. 鎖千門(쇄천문): 수많은 문이 닫혀 있다. 인적이 끊기어 궁전의 문들이 다 폐쇄되었음을 말한다.

#《두시상주》 이는 곡강의 쓸쓸함을 보고 지은 것이다. 첫 단락에는 옛 궁전이 황폐해진 것을 슬퍼하는 느낌이 있다. '소리를 삼켰다'고 하고 '몰래 나갔나'고 말하였으니 빈군이 알까 두려워 한 것이다. '문이 닫혀 있다'고 하고 '누구를 위해 푸른가'라고 말하였으니 인적이 없는 것이다.(此見曲江蕭條而作也. 首段有故宮離黍之感. 曰呑聲, 曰潛行, 恐賊知也. 曰鎖門, 曰誰綠, 無人跡矣.)

4 霓旌(예정): 무지개 깃발. 南苑(남원): 곡강 남쪽에 있는 부용원芙蓉苑을 말한다.

《두시상주》에 인용된《옹록》 곡강은 도성 동남쪽에 있는데 그 남쪽이 바로 부용원이기 때문에 남원이라고 하였다.(曲江在都城東南, 其南卽芙蓉苑, 故名南苑.)

5 生顔色(생안색): 빛을 발하다. 빛이 나다.

6 昭陽殿(소양전): 전한前漢 성제成帝가 건축한 궁전으로 조황후趙皇后의 동생 소의昭儀 조합덕趙合德이 거처하던 곳이다. 이 구는 양귀비를 가리켜 말한 것이다.

《한서 · 외척전》 (조비연趙飛燕이) 황후로 옹립이 되고 나서는 총애가 조금 시들해졌다. 그런데 동생은 매우 고임을 받아 소의가 되었고 소양전에 거하였다.(皇后旣立, 後寵少衰. 而弟絶幸, 爲昭儀, 居昭陽舍.)

7 同輦(동련): 천자의 수레에 함께 타다. '연輦'은 천자의 수레다.

《한서 · 외척전》 성제가 뒤뜰에서 노닐 때 반첩여班倢伃와 수레를 함께 타려고 한 적이 있었다. 첩여가 사양하며 말하기를 "옛날 그림을 보면 현명하고 성스런 군주에게는 모두 명신이 곁에 있었지만 삼대의 마지막 군주에게는 사랑하는 여자가 있었습니다. 이제 수레를 함께 타고자 하시니 이와 비슷하지 않겠습니까?"라고 하였다.(成帝遊於後庭, 嘗欲與倢伃同輦載, 倢伃辭曰, 觀古圖畵, 賢聖之君皆有名臣在側, 三代末主乃有嬖女, 今欲同輦, 得無近似之乎.)

8 才人(재인): 궁중의 여관女官으로 정4품에 해당한다. '才'는 '詞'로 된 판본도 있다.

《신당서 · 백관지百官志 **· 내관**內官**》** 재인은 7인으로 정4품이며 연회와 취침을 보살피고 옷감을 정리하여 세공을 바치는 일을 관장한다.(才人七人, 正四品, 掌敍燕寢, 理絲枲, 以獻歲功.)

9 嚼齧(작설): 깨물다. 씹다. '嚼'은 '嚥'로 된 판본도 있다. 黃金勒(황금륵): 황금으로 만든 재갈.

《두시상주》에 인용된 《명황잡록》 주상이 화청궁으로 행차하면 양귀비의 자매들은 각각 명마를 사서 황금으로 재갈을 만들었다.(上幸華淸宮, 貴妃姊妹各購名馬, 以黃金爲銜勒.)

10 翻身(번신): 몸을 획 돌리다. 天(천): '空'으로 된 판본도 있다. 射雲(석운): 구름을 향해 활을 쏘다.

11 一笑(일소): 한 번 웃다. 양귀비가 웃는 것을 가리킨다. '笑'는 '箭' 또는 '發'로 된 판본도 있다. 雙飛翼(쌍비익): 날던 새 한 쌍.

#《두시상주》 이는 양귀비가 부용원에 놀러간 일을 회상한 것으로 번성했을 때의 즐거움을 극도로 말하고 있다. 뜰 가운데가 빛이 났다는 것은 미인들이 많은 것이요, 소양전의 으뜸이란 총애를 독차지한 것이다. 수레를 함께 타고 천자를 모신다는 것은 사랑이 두터운 것이다. 새를 쏘아 웃음거리를 제공하는 것은 궁인들이 아첨하는 것이다.(此憶貴妃遊苑事, 極言盛時之樂. 苑中生色, 佳麗多也. 昭陽第一, 寵特專也. 同輦侍君, 愛之篤也. 射禽供笑, 宮人獻媚也.)

12 明眸皓齒(명모호치): 밝은 눈동자와 하얀 이를 가진 미인. 여기서는 양귀비를 가리킨다.

13 血汚遊魂(혈오유혼): 피로 더렵혀져 떠도는 혼백. 《두시언해》에서는

'피가 떠도는 혼백을 더럽히다'로 풀이하였다. 양귀비의 죽음을 가리킨다.

《**신당서 · 후비전**》 안녹산의 반란은 양국충을 죽이자는 것으로 명분을 삼았다. …… 서쪽으로 행차를 하게 되어 마외에 이르자 진현례 등이 천하를 위한 계책이라는 이유로 양국충을 죽였다. 그가 죽었는데도 군사들이 흩어지지 않자 황제는 고력사를 시켜서 이유를 알아보게 하였다. "재앙의 근본이 아직 존재하기 때문입니다."라고 말하자 황제는 부득이 양귀비와 결별을 하고는 끌고 가서 길가 사당 아래에서 목을 매게 하였다. 시신은 자줏빛 요로 싸서 길가에 묻었는데 나이는 서른여덟이었다.(安祿山反, 以誅國忠爲名. …… 及西幸, 至馬嵬, 陳玄禮等以天下計誅國忠. 已死, 軍不解, 帝遣力士問故. 曰, 禍本尚在. 帝不得已, 與妃訣, 引而去, 縊路祠下. 裹尸以紫茵, 瘞道側, 年三十八.)

14 淸渭(청위): 맑은 위수. 장안 북쪽에는 위수와 경수涇水가 있는데 위수는 맑고 경수는 탁하다고 한다. 양귀비가 목을 맨 마외역은 위수 가에 위치하였다. 劍閣(검각): 촉蜀에서 한중漢中으로 통하는 길이 나 있는 계곡 이름. 현종이 촉으로 피신할 때 거쳐 갔던 곳이다.

《**두시전주**》 병신일에 마외역에 머물었다. 주상(현종)은 고력사에게 명하여 양귀비로 하여금 자진하게 하였다. 역은 흥평현에 있었고 그 현은 경조부 서쪽 백리 남짓 되는 곳에 있었다. 현종은 가교로 위수를 건너 함양에서부터 마외를 향하여 서쪽으로 갔고 무공으로부터 대산관, 하지, 검각으로 들어가 성도에 도달하였다.(丙申, 次馬嵬驛. 上命力士賜貴妃自盡. 驛在興平縣, 縣在府西百餘里. 玄宗由便橋渡渭, 自咸陽望馬嵬而西, 由武功入大散關河池劍閣, 以達成都.)

좌사左思 〈**촉도부**蜀都賦〉 '**緣以劍閣**'**의 이선**李善 **주** 검각은 골짜기 이름으로 촉에서 한중으로 통하는 길이다.(劍閣, 谷名, 自蜀通漢中道.)

《**독두심해**》 '청위'는 양귀비가 목을 맨 곳이고, '검각'은 명황이 촉으로 들어갈 때 거쳐 간 곳이다.(淸渭, 貴妃縊處. 劍閣, 明皇入蜀所由.)

15 去住(거주): 떠나고 머무르다. 彼此(피차): 피차간. 이것이 가리키는 것이 구체적으로 무엇인지에 대하여는 논자의 의견이 분분하다. 피난을 떠난 현종과 장안에 억류되어 있는 두보의 관계로 보기도 하고, 현종과

숙종의 관계로 보기도 하고, 현종과 양귀비로 보기도 한다. 문맥의 흐름으로 보아 현종과 양귀비를 가리키는 것으로 보는 것이 자연스럽다.

《두시상주》 '청위동류검각심'에 대하여 당여순唐汝詢의 주에서는 현종과 숙종을 풍자한 뜻을 기탁한 것으로 보았다. 주학령 주에서는 이를 반박하여 "숙종은 팽원으로부터 영무에 이르렀으니 위수와는 관련이 없다."라고 말하였다. 주학령 주에서는 또 "위수는 두공이 반군에 억류되었을 때 본 곳이다. 검각은 현종이 촉으로 가면서 거쳐 간 곳이다. '거주피차'란 몸이 장안에 있어 촉도의 소식을 모르는 것을 말하는 것이다."라고 말하였다. 지금 살펴보건대 이 견해 역시 잘못이다. 위의 글에서 막 마외에서 죽음을 내린 일을 말하였으니 아래 구에서 갑자기 장안으로 연결시켜서는 안 될 것이다. 고찰해 보건대 마외역은 경조부 흥평현에 있고 위수는 농서로부터 흘러와 흥평을 지나간다. 아마도 양귀비는 위수 가에서 볏짚에 싸여 장사되었고 황제는 검각으로 순행하였을 것이니 이것이 서쪽으로 떠나고 동에 머물러 둘 사이에 소식이 없었다는 것이다. 오직 선복의 주만 이 뜻에 합치된다.(淸渭東流劍閣深, 唐注謂託諷玄肅二宗. 朱注闢之云, 肅宗由彭原至靈武, 與渭水無涉. 朱又云, 渭水, 杜公陷賊所見. 劍閣, 玄宗適蜀所經. 去住彼此, 言身在長安, 不知蜀道消息也. 今按, 此說亦非, 上文方言馬嵬賜死事, 不應下句突接長安. 考馬嵬驛, 在京兆府興平縣, 渭水自隴西而來, 經過興平, 蓋楊妃稿葬渭濱, 上皇巡行劍閣, 是去住西東, 兩無消息也. 唯單復註, 合於此旨.)

16 江草江花(강초강화): 강가에 난 풀과 꽃. '草'는 '水'로 된 판본도 있다. 豈終極(기종극): 어찌 끝이 있으리오. 이 구는 사람의 심사와 상관없이 강가에 난 풀과 꽃이 계속 피어나리라는 말이다.

17 胡騎(호기): 오랑캐의 기병.

18 城南(성남): 성의 남쪽. 원주原注에 "우리 집안은 장안성 남쪽에 살았다(甫家居城南)"고 되어 있다. 望城北(망성북): 성 북쪽을 바라보다. 관군이 오기를 바라는 마음이 담겨 있다. '望城'은 '忘城' 혹은 '忘南'으로 된 판본도 있다.

#《두시상주》 이는 마외 서쪽으로 피난 갔을 때의 일을 슬퍼한 것으로

전란 후의 슬픔을 깊이 드러내고 있다. 양귀비는 혼백이 떠돌게 되고 명황은 검각으로 행차하여 생사의 이별이 극에 달하게 되었다. 강가의 풀과 꽃은 눈에 들어와 슬픔을 보태고, 성 남쪽으로 가려다가 성 북쪽을 바라보니 마음이 어지럽고 눈이 혼미해진다.(此慨馬嵬西狩事, 深致亂後之悲. 妃子遊魂, 明皇幸劍, 死別生離極矣. 江草江花, 觸目增愁, 城南城北, 心亂目迷也.)

##《두시상주》에 인용된 황생 주 이 시는 반은 드러내도 반은 감추어서 슬픈 듯도 하고 풍자하는 듯도 하다. 천보의 난은 사실 양씨가 화근이었다. 두보는 자신이 명황을 섬겼으므로 직접 진술할 수도 없었고 또 감히 왜곡하여 숨기지도 못하였으니 이런 정도로 묘사한 것은 지극히 합당하다.(此詩半露半含, 若悲若諷. 天寶之亂, 實楊氏爲禍階, 杜公身事明皇, 旣不可直陳, 又不敢曲諱, 如此用筆, 淺深極爲合宜.)

《두억》 곡강은 황제가 양귀비와 놀러 행차한 곳이었기 때문에 궁전이 있었다. 그런데 공은 안녹산의 반란이 양귀비로부터 비롯되었다는 것을 추소追溯하였기 때문에 이 시에서 그 총애가 대단하였음과 연회를 베풀며 놀던 즐거움을 직접 서술하였고 '피로 더렵혀져 떠도는 혼백'이라는 것으로 끝맺음으로써 그것을 깊이 풍자한 것이다.(曲江, 帝與妃遊幸之所, 故有宮殿. 而公追溯祿山亂自貴妃, 故此詩直述其寵幸之盛, 宴遊之娛, 而終以血汚遊魂, 所以深刺之也.)

《독두심해》 황생이 이르기를 "시의 의도는 본래 양귀비를 애도한 것인데 감히 지적하여 말할 수 없었기 때문에 강가에 행차하던 곳을 빌려 이를 내세워 제목으로 한 것이다."라고 하였다. 내가 살펴보건대 처음 4구는 슬픔을 묘사하여 대외를 나타냈는데 이유를 제시하지 않은 채 시작하고 있다. 다음 8구는 애도 대상 인물을 분명히 지적해 내고 그 성대함을 기억하여 서술하였다. '명모' 이하에서 현재의 상황으로 떨어졌는데 '떠나고 머물러 있는 피차간'이라는 것은 명황의 심사를 아울러 자상하게 나타내고 있다. '꽃과 풀'을 '눈물이 적신다'는 것은 작가의 슬픔의 목소리인데 또 휘감아 비치는 것이 다채롭다. '황혼'으로 결말을 맺은 것은 적에게 분을 내고 그 군주를 허물하지 않은 것으로 시인의 충후함이다. 두보의 시가 시경에 닿아 있고 천고에 뛰어난 것은 이 때문이다. 또 중간 '쌍비익' 아래에서 '명모호치' 위까지는 '여섯 군대가 나아가지 아니하다' '말 앞에서 버둥거린다'는 등의 말을 집어넣지 않았으니 소철蘇轍이 이 시를 논하여 '온갖 철로 장식한 전마가 언덕을 내달리고 계곡을 뛰어넘는 것이 평지를 걷는 것 같다'고 한 것은 바로 이 점을 두고 말한 것이니 충후함을 남기고 있음을 더욱 잘 알 수 있겠다.(黃生曰, 詩意本哀貴妃, 不敢斥言, 故借江頭行幸處, 標爲題目耳. 愚按, 起四, 寫哀標意, 浮空而來, 次八, 點淸所哀之人, 追敍其盛. 明眸以下, 跌落目前, 而去住彼此, 幷體貼出明皇心事. 淚沾花草, 則作者之哀聲也. 又回映多姿. 黃昏一結, 憤賊而不咎其君. 詩人忠厚. 所由接三百冠千古者, 以此. 又中間雙飛翼之下, 明眸皓齒之上. 不攙入六軍不發, 婉轉馬前等語, 蘇黃門論此詩, 謂若百金戰馬, 注坡驀澗如履平地, 正言此處也. 更可識忠厚之遺.)

(**이석형**)

19. 述懷

감회를 적다

去年潼關破[1]　妻子隔絶久[2]　今夏草木長[3]　脫身得西走[4]
麻鞋見天子[5]　衣袖見兩肘[6]　朝廷愍生還[7]　親故傷老醜[8]
涕淚授拾遺[9]　流離主恩厚[10]　柴門雖得去[11]　未忍卽開口
寄書問三川[12]　不知家在否　比聞同罹禍[13]　殺戮到雞狗[14]
山中漏茅屋　誰復依戶牖[15]　摧頹蒼松根[16]　地冷骨未朽[17]
幾人全性命　盡室豈相偶[18]　嶔岑猛虎場[19]　鬱結回我首[20]
自寄一封書　今已十月後[21]　反畏消息來　寸心亦何有[22]
漢運初中興[23]　生平老耽酒[24]　沈思歡會處[25]　恐作窮獨叟[26]

작년에 동관이 깨져
처자식과 헤어진 지 오래되었는데,
올 여름 초목이 길게 자랄 적에
몸을 빼어 서쪽으로 갈 수 있었다.
미투리를 신고 천자를 알현하는데
소매에 양쪽 팔꿈치가 다 보인다.
조정에서는 살아 돌아온 것을 불쌍히 여기고
친구들은 늙고 추한 모습에 마음 아파한다.
눈물을 흘리며 습유식을 받는데
떠돌던 몸에 주상의 은덕 두텁기에,
사립문으로 비록 떠날 수 있지만
차마 바로 입을 열 수가 없다.

편지를 띄워 삼천 소식 묻지만
식구들 잘 있는지 모르는데,
근자에 듣자하니 모두들 화를 당하고
닭과 개까지 살육당했다고 한다.
산속 초가집에 물이 새리니
누가 더 이상 문에 기댈 수 있으리오?
푸른 소나무 뿌리에 부숴져 있어도
땅이 차가와 뼈가 썩지 않을 터,
몇 사람이나 목숨을 보전하였겠으며
가족들이 다들 어찌 서로 짝을 이루리오?
우뚝한 산은 사나운 호랑이들의 터전이겠기에
울적한 심정으로 고개를 돌린다.

편지 한 통 보낸 지
이제 벌써 열 달이 넘었기에,
도리어 소식이 올까 두렵거늘
마음에 무엇이 남아 있으리오?
한나라의 국운이 막 중흥의 길로 들어서
평생 늙어서도 술을 즐기겠지만,
기쁘게 만났던 자리를 깊이 생각하니
궁색하고 외로운 노인이 될까 두렵기만 하구나.

이 시는 지덕至德 2년(757) 두보가 봉상부鳳翔府에서 습유拾遺에 임명된 뒤 1년 동안 겪었던 여러 가지 경험과 심경을 담고 있다. 시에서 "모두들

화를 당하고 닭과 개까지 살육당했다고 한다."라고 하고, 또 "편지 한 통 보낸 지 이제 벌써 열 달이 넘었기에 도리어 소식이 올까 두렵다."라고 한 말에서 작가가 부주鄜州에 있는 자신의 가족들에 대해 얼마나 절절하게 걱정하고 있는지 잘 드러나고 있다.

《**보주두시**》 두보는 지덕 원년에 반군에게 억류되었다. 이제 시에서 '작년에 동관이 깨졌다'고 하였고, 또 '올 여름에 서쪽으로 갈 수 있게 되었다'고 하였으니 지덕 2년 여름 습유에 임명된 뒤에 지은 것이 틀림없다. 그러기에 또 '눈물을 흘리며 습유직을 받는다'는 구절이 있는 것이다.(公以至德元載陷賊, 今詩云, 去年潼關破, 又云今夏得西走, 當是二年夏, 拜拾遺後作. 故又有涕淚受拾遺之句.)

주 석

1 去年(거년): 작년. 천보 15년인 756년을 가리킨다. 潼關(동관): 지명. 장안으로 들어서는 관문으로 지금의 섬서성 동관현에 해당한다. 破(파): 깨지다, 격파되다. 안녹산安祿山의 반군에게 함락당한 것을 말한다.

《**두공부초당시전**》 동관은 본래 이름이 충관이다. 황하가 용문에서 남쪽으로 흐르다 이곳에서 화산에 부딪히기에 그런 이름이 붙었다.(潼關, 本名衝關. 河自龍門南流衝激華山, 因以爲名.)

《**구가집주두시**》 천보 15년에 안녹산이 함부로 왕을 자칭하며 동관을 침입하자, 가서한의 군대는 패퇴하고 부하가 그를 붙잡아 반군에게 항복함으로써 관문을 지키지 못하니, 임금이 결국 촉지방으로의 피신을 꾀하게 되었다.(天寶十五年, 安祿山僭號, 賊犯潼關. 哥舒翰軍敗退, 爲其帳下執之降賊, 關門不守, 上乃謀幸蜀.)

2 隔絶(격절): 격리되어 끊어지다. 두보 자신은 반군에게 억류되고 가족들은 부주에 있어 서로 멀리 떨어지게 된 것을 말한다.

《**보주두시**》 **황희 주** 두보는 반군에게 억류되고 처자식은 부주에 있기 때문에 '隔絶'이라 한 것이다.(公陷賊, 而妻子在鄜州, 故云隔絶.)

3 草木長(초목장): 초목이 자라다. 즉 몸을 숨기며 도주하기 쉬운 때가

되었음을 말한다.

4 脫身(탈신): 몸을 빼다. 안녹산의 수중에서 탈출한 것을 말한다. 西走(서주): 서쪽으로 가다. 천자가 있는 봉상현으로 간 것을 말한다.

[去年 4구] 두보가 반군에게 억류되었다가 이듬해 탈출하여 천자가 있는 곳으로 간 것을 말한다.

《구가집주두시》 조차공 주 이 시에서는 매우 명확하게 사실을 서술하고 있다. '작년에 동관이 깨졌다'는 것은 천보 15년 6월에 반군의 장수인 최건우에 의해 격파된 것을 말한다. 이보다 앞서 두보는 5월에 가족들을 데리고 피신하면서 부주에서 〈백수최소부십구옹고재삼십운白水崔少府十九翁高齋三十韻〉 및 〈삼천관수창이십운三川觀水漲二十韻〉, 〈색로자塞蘆子〉 등의 시를 지었다. 곧 부주를 혼자만 빠져 나와 조정으로 달려가다가 동관의 패배를 맞아 결국 반군에게 억류당하게 되었다. 얼마 뒤 그 달에 숙종이 영무현에서 즉위하여 봉상현에서 군대를 정비하였다. 두보는 지덕 2년 여름 4월에 반군의 수중에서 도망쳐 봉상현으로 갔으니, 이른바 '올 여름에 몸을 빼어 도망갔다'고 한 말이 그것이다. 초목이 자랐다는 말로 유추해 보면 4월이다. 도잠이 시에서 '초여름에 초목이 자란다'고 한 뜻이다. 두보가 봉상현에 도착하여 천자를 알현하자 그를 우(좌)습유에 임명하였다. 《신당서》에서 "두보는 천보 15년 7월에 반군을 피해 삼천에 기거하였는데 숙종이 즉위하자 부주에서 남루한 복장으로 행재소로 서둘러 가려고 하다가 반군에게 붙잡혔다."라고 한 것은 잘못이다.(此篇敍事甚明. 去年潼關破, 天寶十五載六月, 爲賊將崔乾祐所破也. 先是, 公於五月, 挈家避地, 鄜州有高齋詩及三川觀張塞蘆子詩. 卽自鄜州挺身, 赴朝廷, 而逢潼關之敗, 遂陷賊中. 旣而是月, 肅宗卽位靈武, 治兵鳳翔. 公於至德二載夏四月, 自賊中亡走鳳翔, 所謂今夏脫身走, 是也. 以草木長推之, 則爲四月. 蓋陶潛詩云, 孟夏草木長也. 公旣至鳳翔上謁, 則拜右拾遺焉. 新書謂甫以天寶十五載七月中, 避寇寄家三川, 肅宗立, 自鄜州羸服欲奔行在, 爲賊所得, 非也.)

5 麻鞋(마혜): 삼으로 짠 신발. 이 구절은 남루한 차림새로 천자를 알현한 것을 말한다.

《두시상주》에 인용된 왕예王叡의 《적곡자炙轂子》 하대와 상대에는 풀로 신발을 만들었다.《좌전》에 "'비扉'는 신발이다."라는 말이 있다. 주대에 이르러서는 삼으로 신발을 만들었는데, 이를 '마혜麻鞋'라 하며 귀한 사람이나 천한 사람 모두 신고 다녔다.(夏商以草爲屩. 左氏曰, 扉, 屨也. 至周以麻爲之, 謂之麻鞋, 貴賤通著.)

6 見(현): 드러나다. '現'과 통한다. '露'로 된 판본도 있다. 兩肘(양주): 양쪽 팔꿈치. 이 구절 역시 옷차림이 매우 남루한 상태임을 말한다.

《구가집주두시》 양쪽 팔꿈치가 드러난다는 것은 복장이 온전하지 않은 것을 말한다.(露兩肘, 言衣不完.)

7 愍(민): 불쌍히 여기다.

8 親故(친고): 친구. 老醜(노추): 늙고 추하다. 두보 자신의 모습을 가리킨다.

9 涕淚(체루): 눈물을 흘리다. 拾遺(습유): 관직 이름.

《두시전주》 당대에 좌습유를 제수하는 조서에 "양양 사람 두보, 그대의 재주와 덕망을 짐은 잘 알고 있노라. 이제 특별히 선의랑과 행재소 좌습유에 임명하노니, 직책을 내린 뒤에 마땅히 그 직무에 힘쓸 것이며 게으름을 부리지 말라. 중서시랑 장호에게 명하노니 부신을 건네며 왕명을 알리라. 지덕 2년 5월 16일자로 실행하노라."라는 글이 있다. 이 칙서는 황색 종이를 사용하였는데 가로 세로 모두 네 자나 되고 글씨의 크기는 두 치쯤 되며, 연월에 천자의 도장이 찍혀 있는데 도장의 크기는 사방 다섯 치쯤 된다. 지금은 호광 악주부 평강현에 사는 후손인 두부의 집에서 소장하고 있다.(唐授左拾遺誥, 襄陽杜甫, 爾之才德, 朕深知之. 今特命爲宣義郎, 行在左拾遺. 授職之後, 宜勤是職, 毋怠. 命中書侍郎張鎬, 齎符告諭. 至德二載五月十六日行. 右勅用黃紙, 高廣皆可四尺, 字大二寸許, 年月有御寶, 寶方五寸許. 今藏湖廣岳州府平江縣裔孫杜富家.)

10 流離(유리): 떠돌아다니다. 두보 자신의 신세를 가리킨다.

11 柴門(시문): 사립문. 가족이 거처하고 있는 곳을 가리킨다.

《두공부초당시전》 '시문'은 처자식이 거처하고 있는 삼천을 가리키는 것으로 보는 것이 옳다.(柴門指妻子所居三川者, 是也.)

[柴門 2구] 즉시 가족에게로 돌아갈 수도 있지만 차마 그러겠노라고 말하

지 못하고 왕명을 기다린 것을 말한다.

《두공부초당시전》 두보는 가족을 살피러 돌아갈 수 있지만 차마 바로 입을 열어 천자에게 사직인사를 올릴 수 없었다. 이는 군신 간의 도의가 그렇게 만든 것이다.(甫歸得去省家, 未忍便開口辭天顔, 此君臣之義然也.)

#《두시상주》 이 단락에서는 행재소에서 관직을 받고 가족을 생각한다는 내용을 담고 있다. 《두억》에 "초목이 더부룩이 자라서 몸을 숨기며 서쪽으로 갈 수 있었다. 눈물을 뿌리며 관직을 받았으니 떠도는 몸으로 임금의 은혜에 감동한 것이다. 그래서 차마 입을 열어 돌아가겠다고 말하지 못한 것이다."라고 하였다.(此受職行在, 而回念室家也. 杜臆, 草木叢長, 故可潛身西走. 揮涕受官, 以流離而感主恩也, 故不忍開口言歸.)

12 三川(삼천): 지명. 가족이 있는 부주를 가리킨다.

《구가집주두시》 삼천은 부주에 있다.(三川在鄜州.)

《두시상주》에 인용된 구주舊注 삼천은 부주 남쪽에 있는데 두보의 가족들이 거기에 잠시 기거하고 있었다.(三川在鄜州南, 公之家寓焉.)

13 比(비): 근래. 罹禍(이화): 재앙을 만나다. 난을 당한 것을 말한다.

《두시언해》 '비'는 근자라는 뜻이고, '이'는 만나다는 뜻이다.(比, 近也, 罹, 遭也.)

14 到雞狗(도계구): 닭과 개에까지 이르다. 즉 반군들이 닭이나 개 등 가축까지 다 죽인 것을 말한다.

15 依戶牖(의호유): 창문에 의지하다, 창에 기대다. 이 구절은 집에 아무도 없으리라는 것을 말한다.

16 摧頹(최퇴): 부서지고 무너지다. 이 말의 대상을 '주검으로 드러누웠다'고 풀이한 《두시언해》나 《두시상주》에서는 가족의 시체로 본 반면, 《구가집주두시》에서는 가족들이 살던 가옥으로 보고 있다. 여기서는 전자를 취한다.

17 骨不朽(골불후): 뼈가 썩지 않다. '骨'에 대해 《두시언해》와 《두시상주》에서는 사람의 뼈로 보고 있는 반면, 《구가집주두시》에서는 집의 대들보로 보고 있다.

[摧頹 2구] 《두시상주》와 《두시언해》에서는 가족이 죽은 지 이미 오래되어 시체가 소나무 뿌리에 부서졌을 텐데 땅이 차가와 썩지 않았으리라는 뜻으로 본 반면, 《구가집주두시》에서는 초가집이 소나무 뿌리에 부서졌는데 땅이 차가와 대들보가 썩지 않았을 것이라는 뜻으로 보고 있다.

《두시상주》 부서진 집을 누가 의지할까라고 하였으니 집에 사람이 없다는 것이고, 부서지고 뼈가 차갑다고 하였으니 죽은 지 오래되었다는 것이다.(破屋誰依, 室無人矣. 摧頹骨冷, 死者久矣.)

《구가집주두시》 조차공 주 초가집이 소나무 옆에 무너졌는데 땅이 차갑기 때문에 띠풀은 썩어도 대들보는 썩지 않는 것이다.(茅屋摧頹於松旁, 以地冷之故, 茅雖朽, 而屋骨未朽.)

18 盡室(진실): 온 가족, 식구들 모두. 相偶(상우): 서로 짝하다. 흩어지지 않고 함께 살고 있는 것을 말한다.

[幾人 2구] 가족들 중에 목숨을 보전하고 있는 이가 거의 없을 것이라는 것을 말한다.

《구가집주두시》 조차공 주 다른 사람들 중에 목숨을 보전한 이가 적으니, 우리 가족들이라고 어찌 온전하게 함께 모여 산다고 보장할 수 있겠느냐는 뜻이다.(他人少有全性命者, 而吾之室家, 豈保其相偶聚乎.)

19 嶔岑(금잠): 산이 높고 험한 모양. '岑'은 '崟'으로 된 판본도 있다. 猛虎(맹호): 사나운 호랑이. 안녹산의 반군을 비유하는 말로 보인다.

《구가집주두시》 조차공 주 호랑이로 반군들의 난폭함을 비유하였다.(以虎譬賊之暴也.)

《두시상주》 주민들이 거의 없기에 사나운 호랑이들이 설치는 것이다.(居民稀少, 故猛虎縱橫.)

20 鬱結(울결): 울적하고 가슴이 메다. 回我首(회아수): 머리를 돌리다. 차마 바라보지 못하는 심정을 말한다.

[嶔岑 2구] 반군들의 횡포에 어찌하지 못하고 단지 답답한 심정만 안고 있는 것을 말한다.

《두공부초당시전》 '호랑이의 터전'이란 말은 반군들이 있는 곳을 가리키는데, 그들이 사람들을 괴롭히는 것이 마치 호랑이 같다는 것을 말한다. 그래서 감히 선불리 가지 못하고 단지 고개를 돌리며 마음 울적해 하는 것이다.(猛虎場, 指賊徒之所在, 謂其搏噬人有如虎也. 是以不敢遽進, 但自回首而心鬱結也.)

#《두시상주》 이 단락에서는 집으로 편지를 부치지만 가족들이 화를 당하여 몸을 보전하지 못했을까 걱정하는 내용을 담고 있다.(此寄書至家, 恐其遭亂難保也.)

21 十月(십월): 10개월.

《두시상주》에 인용된 조차공 주 '십월'은 지난해 편지를 보낸 이래로 이미 10개월이 지난 것을 말하지, 초겨울인 시월을 가리키는 말이 아니다. 두보가 가족들을 방문하러 간 것이 윤8월 초하루였으니 이 시가 지어진 것은 윤달 이전이다.(十月, 謂自去年寄書已經十月, 非指孟冬之十月. 公往問家室, 在閏八月初吉, 此詩尙在閏月之前.)

22 寸心(촌심): 마음. 심장. 이 구절은 가족 걱정으로 마음 졸이는 것을 말한다.

23 漢運(한운): 한나라의 운명. 여기서는 당 왕조의 운명을 가리키는 말로, 숙종이 즉위한 것을 비유한다.

《구가집주두시》 왕실이 몰락의 길에 들어섰다가 다시 흥성하는 것을 '중흥'이라고 한다. 이를테면 주대의 선왕, 한대의 광무제, 당대의 중종이 그 예다.(凡王室中否而再興, 謂之中興. 如周之宣王, 漢之光武, 唐之中宗, 是.)

《두시언해》 한나라의 운명이란 광무제로 숙종을 비유한 것이다.(漢運, 以光武比肅宗.)

24 生平(생평): 평생. 耽酒(탐주): 술을 탐하다, 술에 빠지다.

25 沈思(침사): 생각에 빠지다, 깊이 생각하다. 歡會處(환회처): 기쁘게 만났던 곳. 가족들과 함께 지내던 때를 말한다. 또는 앞으로 가족들과 만날 때로 볼 수도 있을 듯하다.

26 窮獨叟(궁독수): 궁색하고 외로운 노인. 가족을 잃은 자신의 모습을 상정하고서 한 말이다. '獨'은 '途'로 된 판본도 있다.

[沈思 2구] 가족들과 즐겁게 지내던 때를 생각하기에 가족을 잃은 외톨이가 된 것을 걱정하는 마음을 담고 있다.

《두공부초당시전》 두보는 평소 술을 마실 때 처자식과 즐겁게 자리를 함께하였기에 역시 시름을 덜 수 있었다. 그러나 지금은 처자식이 화를 당하여 노년에 궁색하고 외로운 신세로 의지할 데가 없을까 근심하고 있으니, 정말로 한탄스러워 할 만하다.(甫平生杯酒間, 與妻子歡會, 亦可以遣適窮愁. 今愁妻子罹禍, 老年窮獨無所依, 良可歎也.)

《두시언해》 이는 두보가 옛날에 처자식과 즐겁게 자리를 함께 한 것을 생각하며, 이제 처자식이 죽어 곤궁하고 외로운 신세로 몸을 의지할 데가 없으리라 걱정하고 있다고 말한 것이다.(此甫言思昔日, 與妻子歡會, 今恐妻子死亡, 窮獨無歸也.)

#《두시상주》 마지막 단락에서는 가족들 소식이 묘연한 데 대해 마음 아파하면서, 다시 생사를 확실히 알지 못하는 데 대해 염려하는 내용을 담고 있다. 편지가 끊어졌을 때는 의심하고 편지가 오는 것은 두려워하게 되니, 이는 바로 가족들이 다 사망하여 장차 기쁘게 만날 장소에서 도리어 외톨이가 될까 걱정하는 것이다.(末傷家信杳然, 又恐存亡莫必也. 書斷則疑, 書來則畏, 正恐家室盡亡, 將來歡會之處, 反成窮獨之人耳.)

##《독두심해》 시는 한 조각 간곡한 심정으로부터 흘러나왔다. 반군의 진영에서 벗어나 관직에 임명된 뒤 정신이 다소 안정되자 가족들 안부에 생각이 미쳤다. 처음 12구는 시작하자마자 처자식과 떨어진 상황을 다 제기하여 작품 전체의 주체로 삼았다. 뒷부분에서 '떠날 수 있다'와 '차마 하지 못 한다'는 말로 갑자기 멈춘 것은 암중에 '오직 나라뿐 집안일을 잊는다'는 뜻으로부터 변화시켜 낸 것이다. 중간의 12구는 먼 곳의 가족을 생각하는 감정을 서술하였다. 편지를 부친 뒤에 단지 나쁜 소식만 들릴 뿐 오래도록 사실을 담은 회신이 없기 때문이다. 뒤 8구는 4구가 중간 단락과 조응하고 4구가 첫 단락과 조응하면서, '궁색하고 외로운 노인'이 여전히 처자식에 연결되어 있기에 결말이 완벽하면서 세밀하다.(詩從一片至情流出. 自脫賊拜官後, 神魂稍定, 因思及室家安否也. 首十二句, 而起手卽提破妻子隔絶, 以爲一篇之主. 後以得去未忍頓住, 暗從國爾忘家意化出. 中十二句, 敍遙憶之情. 爲寄書去後, 但有傳

聞惡耗, 久無的實回書也. 後八句, 四應中段, 四應首段, 而窮獨叟仍縮定妻子, 收束完密.)

(**김만원**)

20. 羌村三首

강촌에서 읊은 시 3수

崢嶸赤雲西[1]	日脚下平地[2]	柴門鳥雀噪[3]	歸客千里至[4]
妻孥怪我在[5]	驚定還拭淚[6]	世亂遭飄蕩[7]	生還偶然遂
鄰人滿牆頭	感歎亦歔欷[8]	夜闌更秉燭[9]	相對如夢寐[10]

붉은 구름 서쪽에 드높은데
햇살이 평지로 내리비친다.
사립문에 새소리 시끄러우니
길손이 천 리 멀리서 돌아와서라.

아내와 아이들 살아 돌아온 나를 보고 의아해 하다가
놀란 가슴 가라앉히고는 눈물을 닦는다.
세상이 어지러워 이곳저곳 떠돌았으니
살아서 돌아온 것도 어찌 보면 우연.
이웃들이 담 주위로 가득 나와
한탄하다가 흐느껴 울기도 한다.
밤이 무르익어 다시 촛불을 들고는
서로 마주하고 보니 아직도 꿈만 같구나.

이 시는 두보가 지덕至德 2년에 왕의 윤허를 얻어 가족을 만나러 부주鄜州로 갔을 때 지은 것이다. '강촌'은 부주에 있던 마을 이름으로 두보의 가족들이 난을 피해 잠시 기거하던 곳이다.

제1수에서는 가족과의 재회에 대한 기쁨을 노래하면서 이웃들까지 찾아와 반갑게 맞이해 주는 광경을 묘사하였다. 제2수에서는 재회의 기쁨도 잠시뿐이고 다시 헤어질 것을 두려워하며 술로 자위할 수 밖에 없는 서글픈 신세를 노래하였다. 제3수에서는 자신을 위로하러 온 이웃 앞에서 노래로 화답하지만, 앞날을 기약할 수 없는 무기력한 처지에 다시금 탄식에 젖는 모습을 형용하고 있다.

《보주두시》 이 시는 틀림없이 지덕 2년 가을 부주에 도착했을 때 지은 것이다.(此詩當在至德二載秋至鄜時作.)

《두공부초당시전》 《부주도경》에 의하면 부주의 치소는 낙교현이고, 강촌은 낙교현에 있던 마을이다.(鄜州圖經, 州治, 洛交縣, 羌村, 洛交村墟.)

《독두심해》 이곳은 두보가 가족들을 잠시 머물게 했던 곳이다.(此當卽子美寓家處耳.)

주 석

1 崢嶸(쟁영): 원래는 산이 높은 모양을 뜻하는 말이나, 여기서는 구름이 높이 떠 있는 모양을 뜻한다. 赤雲(적운): 붉은 구름. 석양빛을 받아 붉게 물든 구름을 뜻한다.

2 日脚(일각): 햇살.

3 鳥雀(조작): 새. 《두시상주》에서는 '鳥鵲'으로 해야 한다고 하였지만 《독두시설》에서는 견강부회라고 지적하였다. 噪(조): 시끄럽게 지저귀다.

《독두시설》 《두시상주》에서는 "'雀'은 '鵲'으로 해야 한다. 육가의 《신어》에 '까치가 시끄럽게 지저귀니 행인이 도착한 것이라'는 말이 있다."라고 하였지만, 이제 생각해 보면 '鳥雀'은 일상적인 용어로 두보가 시에서 많이 사용하고 있다. 예를 들어 '조작훤호유', '조작황촌모', '일장유조작', '조작취지심', '득식계전조작순', '상궁조작기' 등을 들 수 있다. 굳이 아래 구절에 끌어다 붙여서 《신어》를 인용하여 글자를 바꾼다면, 다른 시구들에 대해서는 어떻게 해석하겠는가? 또 필시 '鳥

雀'을 '乾鵲'으로 한꺼번에 고쳐야 마땅할 것이다.(注, 雀當作鵲, 陸賈新語, 乾鵲噪而行人至. 今按鳥雀常語, 公詩多用之. 如鳥雀喧戶牖, 鳥雀荒村暮, 日長惟鳥雀, 鳥雀聚枝深, 得食階前鳥雀馴, 傷弓鳥雀飢. 必附會下句, 引新語改字, 則于他句作何解. 且必並鳥雀字改乾鵲, 方合.)

《두시언해》 새들이 시끄럽게 지저귄다는 것은 해가 저물어 둥지의 새들이 지저귀고 두보가 때마침 집에 온 것을 말한다.(鳥雀噪, 言日暮棲鳥呼噪, 而甫適來家也.)

4 歸客(귀객): 돌아온 길손. 두보 자신을 가리킨다. '客子'로 된 판본도 있다.

#**《두시상주》** 이 단락은 먼 길을 온 두보가 막 집에 도착하여 기뻐하는 내용을 담고 있다.(此旅人初至家而喜也.)

5 妻孥(처노): 아내와 자식. 怪我在(괴아재): 내가 살아 있는 것을 괴이하게 여기다. 이미 죽었을지도 모른다고 생각했던 두보가 살아 돌아온 것에 놀라는 것을 말한다.

6 驚定(경정): 놀랐던 감정이 가라앉은 것을 말한다. '定'은 '走'로 된 판본도 있다. 拭淚(식루): 눈물을 닦다.

7 飄蕩(표탕): 이곳저곳을 떠돌아다니다. 두보가 난리 때문에 각지를 떠돈 것을 말한다.

[妻孥 4구] 가족들이 살아 돌아온 자신을 보고 의아해 하는 것도 난리통에 생환한 것이 요행이었다는 점을 생각하면 당연할지도 모른다는 뜻을 담고 있다.

《두시상주》 난리 뒤에 홀연히 돌아와 졸지에 의아해 하면서 놀란다고 하였으니, 귀신인지 사람인지 의심하게 된다는 뜻이 담겨 있다. '우연히 이루었다'는 것은 죽음을 요행히 모면했다는 뜻이다.(亂後忽歸, 猝然怪驚, 有疑鬼疑人之意. 偶然遂, 死方幸免.)

8 歔欷(허희): 흐느껴 울다.

《두시언해》 '허희'는 슬피 우는 소리다.(歔欷, 悲泣之聲.)

9 夜闌(야란): 밤이 무르익다. 更(갱): 다시.

《두시상주》에 인용된 육유陸游 **주** 밤이 깊었으니 당연히 잠을 자야 하는데도 다시 촛불을 잡았다는 것은 오랜 객지생활에서 돌아온 것을 기뻐하는 뜻을 담고 있다. 《냉재야화》에서는 ('更'을) 평성으로 읽으면서 '바꿔 가며 촛불을 잡는다'는 뜻이라고 하였는데, 옳지 않다.(夜深宜睡而復秉燭, 見久客喜歸之意. 冷齋讀平聲, 謂更換執燭, 未然.)

10 夢寐(몽매): 꿈을 꾸다.

《두시상주》 '꿈을 꾸는 듯하다'는 것은 살아 있는 것이 아직도 현실이 아닐까 염려하는 것이다.(如夢寐, 生恐未眞.)

#《두시상주》 이 단락은 슬픔과 기쁨이 교차하는 모습을 적고 있다. 가족들이 갑자기 두보를 보게 되어 놀라고 이웃들이 멀리서 바라보며 가엾게 여긴다는 것은 상황을 사실 그대로 잘 묘사한 것이다. 뒤의 두 시도 모두 여기에서 발단하고 있다.(此記悲歡交集之狀. 家人乍見而駭, 隣人遙望而憐, 道出情事逼眞. 後二章, 俱發端於此.)

《독두심해》 이웃이 한탄한다는 말은 생생하게 표현한 것이 좋고, 촛불을 잡고도 꿈만 같다는 말은 다시 의심하는 표현이 좋다. 두보는 매번 기쁜 감정을 묘사할 때면 필시 눈물을 수반해서 묘사하기에 그 감정이 더욱 진지하다.(鄰人感歎, 生發好. 秉燭如夢, 復疑好. 公凡寫喜, 必帶淚寫, 其情彌摯.)

其二

晩歲迫偸生[1]　還家少歡趣[2]　嬌兒不離膝[3]　畏我復卻去
憶昔好追涼[4]　故繞池邊樹[5]　蕭蕭北風勁[6]　撫事煎百慮[7]
賴知禾黍收[8]　已覺糟牀注[9]　如今足斟酌[10]　且用慰遲暮[11]

만년에 구차한 삶에 쫓기니
집에 돌아와도 기쁨이 적다.
사랑스런 아이는 무릎을 떠나지 않으며
내가 다시 떠날까 두려워한다.

옛날을 생각하면 더위를 피하고자
부러 연못가 나무를 맴돌곤 하였는데,
서늘하니 북풍이 거세져
살 일을 생각하니 온갖 시름에 가슴 태운다.

쌀과 기장을 수확한 줄 알기에
벌써 주자틀에서 술이 쏟아질 듯 느껴지거늘,
이제 술을 따라 마실 만하니
잠시 이것으로 노년을 위로하리라.

주 석

1 偸生(투생): 삶을 훔치다. 겨우 목숨을 부지하는 것을 뜻한다.

《두시상주》 군영에서 잠시 돌아왔기에 삶을 훔쳤다고 말한 것이다.(軍壘暫歸, 故云偸生.)

2 少歡趣(소환취): 즐거운 흥취가 적다. 가족들과 재회했지만 여전히 근심이 가시지 않는 것을 말한다.

《두시상주》 서둘러 집에 돌아왔지만 여전히 기쁨이 적은 것은 하나는 아비와 아들이 오랫동안 떨어져 있었기 때문이고, 또 하나는 생계가 어렵기 때문이다.(急於回家, 而仍少歡趣者, 一爲父子久疏, 一爲生計艱難也.)

《두공부초당시전》 이제 집에 돌아오긴 했지만 조정에서 휴가를 얻었을 뿐, 여전히 매여 있는 몸이기에 다시 조정으로 돌아가야 한다는 것을 말한다.(謂今還家, 猶爲朝假所拘, 須當還朝也.)

3 嬌兒(교아): 사랑스런 아이.

[嬌兒 2구] 자식들이 두보의 곁을 떠나지 않으며 아비가 조정으로 돌아가면 다시 헤어지게 될까 두려워하는 모습을 담고 있다. 한편 오랜만에 아버지를 만나 자식들이 다가왔다가도 낯선 느낌 때문에 겁을 먹고 곁을

떠난다는 뜻으로 보는 설도 있다.

《**두시해**杜詩解》 사랑스런 자식들이 꾀가 넘치고 안목이 있어 일찌감치 아버지가 돌아온 것이 본의가 아니라는 것을 알았다. 그래서 무릎 주위를 맴돌며 머물고 계신 것에 마음을 놓았다가도 아버지가 다시 떠날까 두려워하는 것이다.(嬌兒心孔千靈, 眼光百利, 早見此歸, 不是本意. 于是繞膝慰留, 畏爺復去.)

《**두시상주**》 '무릎에서 떨어지지 않는다'는 것은 갑자기 만나게 되어 기뻐한다는 말이고, '다시 오히려 떠난다'는 것은 한참 보다가 두려워한다는 말이니, 이는 어린 자식들의 정황을 가장 사실적으로 묘사한 것이다.(不離膝, 乍見而喜, 復却去, 久視而畏, 此寫幼子情狀最肖.)

4 好(호): 좋아하다. '多'로 된 판본도 있다. 追凉(추량): 서늘한 기운을 좇다. 더위를 피하는 것을 뜻한다.

5 故(고): 일부러.

6 蕭蕭(소소): 쌀쌀하게 바람이 부는 소리.

《**두시언해**》 '蕭蕭'는 바람이 부는 소리다.(蕭蕭, 風吹聲.)

7 撫事(무사): 일을 생각하다. 앞으로 살아갈 일을 생각하다. 또는 지난 일을 생각하는 뜻으로 보기도 한다.

[憶昔 4구] 옛날에는 한가로이 연못가 나무 그늘에서 피서를 하곤 하였는데, 지금은 어느새 겨울이 닥쳐 여러 가지로 걱정을 하게 되었다는 것을 말한다.

《**두공부초당시전**》 옛날에 한가롭게 지낼 때는 늘 연못가 나무 주위를 맴돌면서 더위를 피했는데, 지금 돌아와서는 찬바람이 불어 나뭇잎이 떨어지니 옛날에 보던 모습과 사뭇 다르다. 그러기에 지난 일을 되새겨 보면 지금 온갖 시름이 사람의 가슴을 태우는 것과는 달랐다는 것이다. 현종 초기에는 풍물이 그와 같았는데 난을 당한 이래로 세태가 이와 같이 변했으니, 사람들이 옛일을 생각하며 마음이 아프지 않을 수 있겠는가?(昔閑居之時, 常繞池邊樹以追凉. 今歸來, 風剪樹葉零落, 殆非昔日所覩之姿. 是以撫循往事, 不若今日百慮憂煎人也. 玄宗初年, 風物如彼, 罹亂以來, 世態如此, 今人追思得無傷感乎.)

《**두시상주**》 '서늘한 기운을 좇기를 좋아한다'는 것은 지난 여름에 한창 더웠다는 것을 뜻하고, '북풍이 거세졌다'는 것은 지금은 가을이지만 곧 겨울이 된다는 말이다. '일을 생각하니 온갖 시름이 찾아온다'는 것은 추위를 막을 방도가 없는 것을 마음 아파한다는 말이다.(好追凉, 去夏方暑. 北風勁, 今秋向冬矣. 撫事百慮, 傷禦寒無具.)

#《두시상주》 이 단락에서는 집에 돌아온 뒤의 일을 서술하면서 앞의 아내와 자식에 대한 얘기를 이어받고 있다.(此章敍還家後事, 承上妻孥來.)

8 禾黍(화서): 벼와 기장. '黍秫'로 된 판본도 있다.

《구가집주두시》 조차공 주 '黍秫收'로 된 판본도 있는데 이것이 매우 옳다. 기장과 차조는 술을 빚는 데 쓰이므로 그래야 아래 구절과도 잘 어울린다.(一作黍秫收, 極是. 蓋黍與秫所以造酒, 方與下句相應.)

9 糟牀(조상): 주자틀. 술을 짜는 틀을 가리킨다.

《보주두시》에 인용된 노은魯訔 주 '조상'은 술을 짜는 주자틀이다.(糟牀, 卽酒醡也.)

《두시언해》 '조상'은 술을 눌러 짜는 도구다.(糟牀, 壓酒具.)

10 斟酌(짐작): 술을 따르다.

11 且(차): 잠시. 遲暮(지모): 황혼 무렵. 여기서는 두보 자신의 노년을 뜻한다.

《두시상주》 '노년을 위로한다'는 말은 앞에서 '만년에 구차한 삶을 살게 되었다'는 구절 및 '살 일을 생각하니 온갖 시름이 찾아온다'고 한 구절과 호응한다.(慰遲暮, 回應晩歲偸生, 撫事百慮.)

#《두시상주》 마지막 단락에서는 결국 술을 앞에 두고 자신을 위로하면서 식구들이 온전하게 다 모인 것을 다행으로 여기고 있다.(末乃對酒自慰, 方幸家人完聚也.)

《독두심해》 '떠나지 않는다'와 '다시 물러난다'는 말은 눈앞의 모습을 생생하게 끄집어 낸 것이다. 가운데 4구는 자연스럽게 물결처럼 흘러나온 것이다. 장원張遠은 주에서 "바로 '옛날에 내가 떠났는데 이제 내가 돌아왔다는 뜻이다."라고 하였다. 살펴보건대 마지막 4구는 술을 얻으리란 것을 미리 믿고 한 말로서, 늘 가족들과 함께 즐거움을 가질 수 있으리라 기대한 것이다. 두보는 천륜에 대해 돈독하지 않은 바가 없었으니, 그가 체질적으로 성품이 돈후하다는 것을 알겠다.(不離復卻, 眼前

態, 拈出如生. 中四, 天然波致. 遠注云, 卽昔我往矣, 今我來思意. 按末四, 預信得酒之詞, 期常共家人歡敍也. 公於天倫無所不篤, 知其質地之敦厚.)

其三

群雞正亂叫[1] 客至雞鬪爭[2] 驅雞上樹木[3] 始聞叩柴荊[4]
父老四五人[5] 問我久遠行 手中各有攜[6] 傾榼濁復淸[7]
莫辭酒味薄[8] 黍地無人耕 兵革旣未息[9] 兒童盡東征[10]
請爲父老歌 艱難愧深情[11] 歌罷仰天歎 四座涕縱橫[12]

닭들이 막 어지러이 울어대니
손님이 찾아와 닭이 다투는 것이라.
닭을 몰아 나무에 오르게 하니
비로소 사립문 두드리는 소리 들린다.
동네 어른들 너댓 분이
오래고 먼 여정을 위로하는데,
손에 각자 들고 온 것이 있어
술통을 기울이니 탁주도 있고 청주도 있다.

"술맛이 싱겁다고 사양하지 마소서.
기장 밭에 농사짓는 사람이 없어서랍니다.
전쟁이 아직 끝나지 않아
애들도 다 동쪽으로 정벌에 나섰답니다."
"청컨대 어르신들께 노래 한 곡 들려 드리겠습니다.

고생 중에 깊은 정 베풀어 주시니 부끄럽나이다."
노래를 마치고 하늘을 우러러 탄식을 하니
자리 한 사람들 모두 하염없이 눈물을 흘린다.

주석

1 正(정): 마침. '忽'로 된 판본도 있다.

2 客(객): 손님. 두보 자신을 찾아온 동네 어른들을 가리킨다. 鬪爭(투쟁): '正生'으로 된 판본도 있다.

《**두시상주**》 첫째 수에서 '손님이 왔다'는 말은 두보 자신을 말한 것이고, 이 시에서 '손님이 왔다'는 말은 동네 어른들을 가리킨다.(首章客至, 公自謂, 此章客至, 指父老.)

[群雞 2구] 손님들이 찾아오자 닭이 울어댄다는 것을 말한다.

《**두시상주**》 손님이 도착하자 닭들이 운다는 것은 황량한 집의 적막한 경관을 나타낸 것이다.(客至雞啼, 見荒舍寂寥之景.)

3 上(상): 오르게 하다. 《두시상주》에 '상성上聲'이라고 하여 동사로 쓰였음을 밝혔다.

4 柴荊(시형): 섶이나 가시나무 같은 잡목으로 엮어 만든 사립문.

5 父老(부로): 동네 어른들을 가리키는 말.

6 各有攜(각유휴): 동네 어른들이 각자 술과 음식을 들고 온 것을 말한다.

7 傾榼(경합): 술을 따르기 위해 술통을 기울이는 것을 뜻한다. 濁復淸(탁부청): 탁주와 청주를 번갈아 따르는 것을 말한다.

《**두시상주**》 청주와 탁주를 번갈아 따르는 것은 각자 자기 집의 술을 가져온 것이다.(淸濁遞斟, 各領村家酒味也.)

#《**두시상주**》 이 시는 이웃 사람들의 정을 기술하면서, 앞의 이웃 사람들이 찾아온 얘기를 이어받고 있다.(此章記隣里之情, 承上隣人來.)

8 莫(막): '苦'로 된 판본도 있다.

9 兵革(병혁): 무기와 갑옷. 전쟁을 비유한다.

10 兒童(아동): '兒郎'으로 된 판본도 있다. 東征(동정): 동쪽으로 정벌가다. 안녹산의 난을 진압하러 전쟁터에 나간 것을 말한다.

《두시상주》 동쪽으로 정벌 나갔다는 것은 안녹산을 토벌하러 간 것을 뜻한다.(東征, 討安祿山也.)

[莫辭 4구] 동네 어른들이 한 말의 내용이다.

《두시상주》 '막사'로 시작하는 네 구절은 동네 어른들의 말을 대신해서 서술한 것이다.(莫辭四句, 代述父老之語.)

《두억》 '술 맛이 싱겁다고 거듭 말한다' 운운한 것은 노인의 말투와 흡사하고, '전쟁이 그치지 않아서 애들이 다들 동쪽으로 정벌하러 나갔다'는 것 역시 노인의 말을 서술한 것이다. 아이들이 동쪽으로 정벌하러 나갔고, 그래서 기장 밭에 농사하는 사람이 없는 것이니 상호 뜻을 살려준 것이다.(苦辭酒味薄云云, 絶似老人口吻. 兵革未息, 兒盡東征, 亦述老人語. 兒童東征, 故黍地莫耕, 正相發也.)

11 艱難(간난): 어려움, 고생. 농사 지을 청년들이 없어 동네 어른들이 고생한 것을 말한다. 또는 상황이 어려웠던 당시 시절을 뜻하는 말로 볼 수도 있다. 深情(심정): 깊은 정. 동네 어른들이 베푼 온정을 말한다. '深'은 '餘'로 된 판본도 있다.

[請爲 2구] 두보가 노래를 불러 동네 어른들이 베푼 온정에 감사드린 것이다.

《두시상주》 '청위'로 시작하는 두 구절은 어른들에게 감사드리는 말이다.(請爲二句, 致謝父老之詞.)

《두억》 '청컨대 어르신들께 노래 한 곡 들려드리겠습니다'라고 한 것은 그들이 찾아온 뜻에 답하는 것이다. '간난'은 기장 밭에 농사하는 사람이 없다는 말에 근거한 것이다. 이처럼 고생스러우면서도 오히려 술을 보내오기에 그래서 그 깊은 온정에 부끄러움을 느끼는 것이다.(請爲父老歌, 答其來意.. 艱難正根黍地無人耕來. 如此艱難, 猶復送酒, 所以愧其深情.)

12 涕(체): 눈물. '淚'로 된 판본도 있다.

[歌罷 2구] 두보가 노래를 마치고 동네 어른들과 함께 세태를 마음 아파한 것이다.

《두시상주》 노래를 마치고 탄식하는 것은 두보가 난을 가슴 아파하는 것이고, 노래를 듣고서 눈물을 흘리는 것은 어른들이 마음 아파하는 것이다.(歌罷而歎, 公傷亂也. 聽歌而涕, 父老酸心也.)

《두억》 '노래를 마치고 하늘을 우러러 탄식한다'는 말에서는 두보와 동네 어른들이 각자 슬픔을 머금어 더 이상 기쁨이 없는 것이다.(至歌罷仰天歎, 則公與老父各有其悲, 而無復歡趣.)

#《두시상주》 (이 단락에서는) 다시 술자리에서의 문답을 서술하고 있는데, 모두가 난이 일어난 뒤의 슬픔과 아픔을 담고 있다.(再敍飮中問答, 皆亂後悲傷之意.)

《독두심해》 '고사' 4구는 바람을 빌어 물결을 일으키는 듯하다. 마지막 4구에서 두 구는 답변이고 두 구는 시상을 전개한 것이니, 기쁜 마음이 막 늘었다가 다시 슬퍼진 것이다.(苦辭四句, 借風生浪. 末四句, 兩答兩推開, 纔喜又悲矣.)

##《두억》 앞에 〈술회〉와 〈득가서〉 두 시가 있는 것을 보면, 두보와 그의 가족들은 이미 서로 무사하다는 것을 알고 있었다. 그런데도 이 시에서는 '아내와 아이들이 살아 돌아온 나를 보고 의아해한다', '살아서 돌아온 것도 어찌 보면 우연이다'라는 따위의 말을 하여 마치 당초 서로 소식을 듣지 못한 것처럼 표현하고 있는데 어째서일까? 아마도 당시에 반군들이 한창 기승을 부리는 통에 천자가 돌아오지 못하고 사람들마다 목숨을 보전할 수 없었기에, 오로지 서로 대면한 뒤라야 아직도 생존해 있다는 것을 확신할 수 있어서였을 것이다. 이것이 실정이었다. 〈북정〉 시에 '천자는 아직도 먼지를 뒤집어쓰고 있다'는 말이 있다. 두보는 비록 집에 돌아가서도 여전히 나라의 존망을 확신할 수 없었다. 하물며 돌아가기 전에야 오죽했겠는가? 처음에는 이 시에 지나치게 꾸밈이 많다고 의심했지만 잘못된 생각이었다.(前有述懷得家書二詩, 則公與其家人已知兩無恙矣. 此詩有妻孥怪我在, 生還偶然遂等語, 若初未相聞者, 何也. 蓋此時盜賊方橫, 乘輿未復, 人人不能自保, 直至兩相對面, 而後知其尙存, 此實情也. 北征云, 至尊尙蒙塵. 公雖歸家, 猶不能定國家之存亡,

況未歸之先乎. 初疑此詩頗有粧點而非也.)

(**김만원**)

21. 北征

북쪽으로 가다

皇帝二載秋[1] 閏八月初吉[2] 杜子將北征[3] 蒼茫問家室[4]
維時遭艱虞[5] 朝野少暇日[6] 顧慚恩私被[7] 詔許歸蓬蓽[8]
拜辭詣闕下[9] 怵惕久未出[10] 雖乏諫諍姿[11] 恐君有遺失[12]
君誠中興主[13] 經緯固密勿[14] 東胡反未已[15] 臣甫憤所切[16]
揮涕戀行在[17] 道途猶恍惚[18] 乾坤含瘡痍[19] 憂虞何時畢[20]
靡靡逾阡陌[21] 人煙眇蕭瑟[22] 所遇多被傷[23] 呻吟更流血[24]
回首鳳翔縣[25] 旌旗晚明滅[26] 前登寒山重[27] 屢得飲馬窟[28]
邠郊入地底[29] 涇水中蕩潏[30] 猛虎立我前[31] 蒼崖吼時裂[32]
菊垂今秋花[33] 石帶古車轍[34] 青雲動高興[35] 幽事亦可悅[36]
山果多瑣細[37] 羅生雜橡栗[38] 或紅如丹砂[39] 或黑如點漆[40]
雨露之所濡[41] 甘苦齊結實[42] 緬思桃源內[43] 益嘆身世拙[44]
坡陀望鄜畤[45] 巖谷互出沒[46] 我行已水濱[47] 我僕猶木末[48]
鴟鳥鳴黃桑[49] 野鼠拱亂穴[50] 夜深經戰場[51] 寒月照白骨[52]
潼關百萬師[53] 往者散何卒[54] 遂令半秦民[55] 殘害爲異物[56]
況我墮胡塵[57] 及歸盡華髮[58] 經年至茅屋[59] 妻子衣百結[60]
慟哭松聲迴[61] 悲泉共幽咽[62] 平生所嬌兒[63] 顏色白勝雪[64]
見耶背面啼[65] 垢膩脚不襪[66] 床前兩小女[67] 補綴才過膝[68]
海圖拆波濤[69] 舊繡移曲折[70] 天吳及紫鳳[71] 顚倒在裋褐[72]
老夫情懷惡[73] 嘔泄臥數日[74] 那無囊中帛[75] 救汝寒凜慄[76]
粉黛亦解苞[77] 衾裯稍羅列[78] 瘦妻面復光[79] 癡女頭自櫛[80]
學母無不爲[81] 曉妝隨手抹[82] 移時施朱鉛[82] 狼籍畫眉闊[83]

生還對童稚[85] 似欲忘飢渴[86] 問事競挽鬚[87] 誰能卽瞋喝[88]
翻思在賊愁[89] 甘受雜亂聒[90] 新歸且慰意[91] 生理焉得說[92]
至尊尚蒙塵[93] 幾日休練卒[94] 仰觀天色改[95] 坐覺妖氛豁[96]
陰風西北來[97] 慘澹隨回紇[98] 其王願助順[99] 其俗善馳突[100]
送兵五千人[101] 驅馬一萬匹[102] 此輩少爲貴[103] 四方服勇決[104]
所用皆鷹騰[105] 破敵過箭疾[106] 聖心頗虛佇[107] 時議氣欲奪[108]
伊洛指掌收[109] 西京不足拔[110] 官軍請深入[111] 蓄銳可俱發[112]
此擧開靑徐[112] 旋瞻略恆碣[113] 昊天積霜露[114] 正氣有肅殺[116]
禍轉亡胡歲[117] 勢成擒胡月[118] 胡命其能久[119] 皇綱未宜絶[120]
憶昨狼狽初[121] 事與古先別[122] 姦臣竟菹醢[123] 同惡隨蕩析[124]
不聞夏殷衰[125] 中自誅妹妲[126] 周漢獲再興[127] 宣光果明哲[128]
桓桓陳將軍[129] 仗鉞奮忠烈[130] 微爾人盡非[131] 於今國猶活[132]
淒涼大同殿[133] 寂寞白獸闥[134] 都人望翠華[135] 佳氣向金闕[136]
園陵固有神[137] 灑掃數不缺[138] 煌煌太宗業[139] 樹立甚宏達[140]

황제 지덕 2년 가을
윤8월 초하루
두보는 장차 북쪽으로 떠나
황망히 가족의 안부를 묻고자 한다네.

이 시절 어려움을 만나
조야에 한가로운 날이 적구나.
돌아보매 부끄럽게도 사사로이 은혜를 입게 되었으니
명을 내려 집에 돌아가라 허락하셨음이라.
하직 인사드리러 궁궐 아래에 이르렀다가

두려운 마음에 오래도록 물러나지 못했네.
비록 간언하는 자질 부족하지만
임금께서 잃어버리시는 것 있을까 걱정이라네.
임금께서는 참으로 중흥의 군주이시라
나라를 다스림에 진실로 애를 쓰시건만,
동쪽 오랑캐의 반란 아직 끝나지 않으니
신하된 나 두보는 절절이 분개한다네.
눈물을 흘리며 행재소를 그리워하니
길을 나서도 여전히 마음 어지럽네.
천지는 온통 전란의 상처를 안고 있나니
근심과 걱정은 언제나 끝날까?

느릿느릿 밭두둑 길을 넘으니
인가의 연기 드물어 쓸쓸한데,
만나는 사람 다들 상처를 입고
신음하며 피를 흘리는구나.
봉상현으로 고개를 돌리니
저녁 깃발들만 명멸하고,
첩첩 겨울 산을 올랐더니
전마戰馬 먹이던 물웅덩이 거듭 만나네.
빈주의 들판은 땅 밑으로 들어가는 듯 낮은데
경수가 그 가운데에서 출렁거리며 흐르네.
맹호가 내 앞에 우뚝 서
포효할 때면 푸른 벼랑이 갈라질듯.

국화는 금년 가을꽃을 드리웠고
돌에는 옛 수레의 바퀴자국이 남았네.
푸른 구름이 고아한 흥취를 일으키니
그윽한 일이 또한 즐거워할 만하네.
산나무 열매들 대부분 자잘한데
줄지어 자라며 상수리, 밤과 섞여 있구나.
어떤 것은 붉기가 단사와 같고
어떤 것은 검기가 새까만 옻칠과 같네.
비와 이슬이 적셔 주어
단 것 쓴 것 일제히 열매를 맺었네.
멀리 도화원을 생각하고는
내 신세의 졸렬함을 더욱 한탄한다네.
가파른 부주의 제터를 멀리 바라보니
바위와 골짜기 나타났다 사라졌다 하네.
나는 이미 물가를 가고 있는데
내 머슴은 아직 나무 끝에 있구나.
올빼미가 누런 뽕나무에서 울고
들쥐가 어지러운 굴에서 앞발을 비비고 있네.
밤 깊어 전장을 지나가니
추운 달이 백골을 비추네.
동관의 백만 군사
지난 날 어찌 그리 순식간 사라졌는가.
결국 태반이나 되는 진 땅의 백성들
다 죽임 당해 귀신이 되지 않았는가.

게다가 나는 오랑캐의 먼지구덩이에 떨어져
돌아올 즈음엔 온통 백발이 되었다네.
해를 넘기고 초가집에 이르니
처자는 옷을 온통 기워 입었네.
통곡소리에 솔바람 맴돌고
슬픈 샘물도 함께 나직이 흐느끼는데,
평소 늘 귀엽던 아들놈은
얼굴빛이 눈보다 더 창백하구나.
아비를 보고는 등 돌리고 우는데
때가 잔뜩 낀 발엔 버선도 신지 않았구나.
침상 앞의 두 어린 딸은
꿰매고 기워 겨우 무릎을 가렸네.
바다 그림은 파도가 갈라지고
낡은 수는 무늬가 뒤틀려져서
수신水神 천오와 자색 봉황이
거꾸로 뒤집힌 채 해진 베옷에 달렸구나.
늙은이 마음이 쓰라려
구토와 설사로 며칠을 누워 있었네.
어찌 행낭 속에 비단이 없어
추위에 벌벌 떠는 너희를 구하지 못할까?
분과 눈썹먹 같은 화장품 보따리도 풀고
이불이며 휘장도 좀 늘어놓는다네.
여윈 아내 얼굴에 다시 화색이 돌고
철모르는 딸은 머리를 스스로 빗네.

엄마를 따라 못 하는 게 없어
아침 화장이라며 제멋대로 바른다네.
한참 붉은 분을 바르더니
어지러이 눈썹을 넓적하게 그린다네.
살아 돌아와 어린 것들을 마주 대하니
배고픔과 갈증도 잊을 것만 같네.
이것저것 물으며 다투어 수염을 잡아당기지만
이런다고 뉘 화내며 꾸짖을 수 있겠는가?
반군에 잡혀 있을 적 근심을 생각해 보며
뒤섞여 어지럽게 떠들어도 달게 받아들인다네.
이제 막 돌아와 잠시 마음을 달래고 있으니
살아갈 계책이야 무어 지금 말할 것 있으랴.

임금께서는 아직도 몽진 중
어느 날이나 전쟁이 끝나랴.
우러러 바라보니 하늘빛이 바뀌어
요사스런 기운도 곧 사라질 듯한데,
음산한 바람이 서북쪽에서 불어
참담히 회흘을 따라오는구나.
그 왕이 순종하여 돕기를 원하는데
그 풍속은 말을 달려 적진을 돌파함에 뛰어나다네.
병사 오천 명을 보내 왔고
말 일만 필을 몰아 왔네.
이들은 젊은이를 귀하게 여기니

사방에서 그들의 용맹함과 결단력에 굴복했다네.
기용한 이들 모두 매처럼 날아오르나니
적을 격파함은 화살보다 빠르다네.
임금은 자못 허심하게 받아들이나
조정의 의론은 기가 꺾이려 하네.

낙양도 손쉽게 수복할 터
장안은 말할 것도 없을 것이라.
관군이여 적진으로 깊이 진격하라
축적된 예기銳氣를 함께 발할 수 있으리니.
이번의 거병擧兵으로 청주青州와 서주徐州를 열고
항산恒山과 갈석산碣石山 빼앗는 것을 곧 보게 되리라.
하늘에 서리와 이슬이 쌓이니
정기正氣에는 숙살肅殺의 기운이 있다네.
화가 바뀌어 오랑캐 멸망시킬 해가 되고
형세가 이루어져 오랑캐 사로잡을 달이 되리라.
오랑캐의 명이 어찌 오래갈 수 있으랴
황제의 강령이 아직 끊어질 때 아닌 것을.

지난날 처음 낭패를 당했던 시절을 생각해 보니
사정이 옛날과는 다르다네.
간신은 결국 죽어 젓 담기고
함께했던 악인들 그를 따라 소탕되었지.
하나라와 은나라가 쇠망할 때에는
궁중에서 스스로 말희妺喜와 달기妲己를 죽였다 듣지 못했네.

주나라와 한나라가 다시금 부흥하였으니
선왕宣王과 광무제光武帝는 과연 명철하였다네.
용감무쌍한 진현례陳玄禮 장군
큰 도끼에 의지해 충렬을 떨쳤네.
그대가 없었더라면 사람들이 모두 잘못되었을 터
그대 덕에 지금까지 나라가 살아 있는 것이려니.

처량하구나 대동전大同殿이여
쓸쓸하구나 백수문白獸門이여.
도성 사람들은 임금의 깃발을 바라느니
상서로운 기운이 황금 궁궐로 향하리라.
진실로 신령스런 열조의 원릉園陵이여
비질하고 물 뿌리는 예의가 빠짐이 없게 되리라.
휘황찬란한 태종의 기업基業이여
심히 창대하게 이룩하여 세울 것이로다.

이 시는 지덕 2년 윤8월 두보가 천자의 허락을 받아 가족을 만나기 위해 부주鄜州로 갔을 때 지은 것이다. 이 시기 숙종의 행재소에서 좌습유로 봉직하던 두보는 정쟁에 휘말려 정치적으로 큰 위기에 봉착해 있었다. 숙종에게 미움을 받아 반강제적으로 휴가를 얻어 멀리 섬서성 북쪽, 가족들이 기거하고 있는 부주 강촌羌村으로 떠나던 이 시기는 국가나 개인이나 모두 참담한 시절이었다. 대궐을 떠날 당시의 우울한 심정, 도중에서 보게 된 전쟁의 참상, 부주 강촌에 도착했을 당시의 가족들의 곤궁한 상황, 당시 정세에 대한 깊은 관심 등이 주요한 내용을 이룬다. 천보 15년에 쓴 〈자경부봉선영회오백자自京赴奉先詠懷五百字〉와 함께 오언장편의 대표작이다. '북쪽으로 간다'고 한 것은 지리적으로 부주가 당시 행재소가 있었던 봉상의 북동쪽에 있기 때문이다.

《보주두시》에 인용된 포표鮑彪 주 지덕 2년 공은 반군으로부터 봉상으로 도망쳐 와서 숙종을 알현하니 좌습유에 제수되었다. 당시 공의 집은 부주에 있었는데, 도처에 적군이 많아서 일 년 동안 고생과 가난이 심하여 어린아이가 굶어 죽기까지 하였다. 천자는 묵제로써 공이 부주로 가서 가족을 살필 것을 허락하였다. 팔월 초하루에 공은 처음 북쪽으로 떠나 도보로 삼천에 이르러 처자를 만났다. 그래서 이 시가 있게 된 것이다.(至德二載, 公自賊竄歸鳳翔, 謁肅宗, 授左拾遺. 時公家在鄜州, 所在寇多, 彌年艱窶, 孺弱至餓死者有. 墨制許自省視, 八月之吉, 公始北征, 徒步至三川, 迎妻子, 故有是詩.)

《보주두시》 〈북정〉은 도중의 일과 집에 도착한 일을 적은 것이니 의당 강촌에 도착한 뒤인 지덕 2년 9월에 지은 것이다. 그래서 '국화는 금년 가을꽃을 드리웠다'라고 말한 것이다.(北征詩述在路及到家之事, 當在羌村後, 至德二載九月作, 故云菊垂今秋花.)

《두시상주》 공은 안녹산의 난을 만나 행재소로부터 부주로 갔다. 부주는 봉상의 동북에 있었으므로 '북정'으로 시를 이름한 것이다.(公遭祿山之亂, 自行在往鄜州, 鄜州在鳳翔東北, 故以北征命篇.)

주 석

1 皇帝二載(황제이재): 숙종 지덕 2년(757)을 말한다.

2 初吉(초길): 삭일朔日. 초하루.

3 杜子(두자): 두보가 자신을 칭하여 한 표현이다. 北征(북정): 북으로 가다. 두보의 가족이 있던 부주가 봉상의 동북쪽에 있었다.

4 蒼茫(창망): 급히 서두르는 모양. '거칠고 쓸쓸한 모양'으로 풀기도 한다.

《구가집주두시》 조차공 주 '창망'은 거칠고 쓸쓸한 모습이다.(蒼茫, 荒寂之貌.)

《두시상주》 '창망'은 급히 서두른다는 뜻이다.(蒼茫, 急遽之意.)

#**《두시상주》** 첫 단락은 북으로 길을 떠나 집안의 안부를 묻고자 하는 것으로부터 쓰기 시작하였다.(首段從北征問家敍起.)

5 維時(유시): 이때. '維'는 발어사다. 艱虞(간우): 고생과 근심. '虞'를 '危'로 쓴 판본도 있다.

《구가집주두시》 당시 방관이 죄를 지었는데, 두보가 간언을 올려서 말하기를 "방관의 죄는 가벼우니 파직함은 옳지 않습니다." 하였더니, 황제가 노하여 삼사에 명하여 심문하라 하였다. 두보가 사장謝狀을 올려 말하기를 "방관은 재상의 아들로 젊어서부터 뜻을 세웠으며 대신의 풍모가 있었다."라고 하였다. 황제는 살피지 않고 명을 내려 두보를 내쳐 부주로 돌아가게 하였다.(時房琯得罪, 甫上言, 琯罪細, 不宜免. 帝怒, 詔三司推問. 甫謝, 因稱琯宰相子, 少自樹立, 有大臣體. 帝不省錄, 詔放甫歸鄜州.)

6 少暇日(소가일): 한가한 날이 적다. 이 구절은 전쟁으로 인해 조정과 민간이 편안할 날이 없다는 것이다.

《두공부초당시전》 전쟁이 일어나서 공사 간에 편안히 거처할 겨를이 없다는 말이다.(謂軍興, 公私不遑安處.)

7 顧慚(고참): 자신을 돌아보아 부끄럽다. 恩私(은사): 천자가 사사롭게 베푼 은혜를 말한다. 공적으로 보자면 자신에게 은혜를 베풀 수 없으나 천자가 자신을 사랑해서 사사롭게 은혜를 베풀었다는 말이다.

《두시상주》 '고참'은 자신을 돌아보아 부끄럽다는 것이다.(顧慚, 自顧慚愧也.)

8 蓬蓽(봉필): 쑥대나 잡목으로 만든 문으로 가난하고 누추한 자신의 집을 가리킨다.

9 拜辭(배사): 천자를 배알하고 하직인사를 드리다. '拜'를 '奉'으로 쓴 판본도 있다. 詣闕下(예궐하): 궁궐에 이르다. '闕下'를 '閤門'으로 쓴 판본도 있다.

10 怵惕(출척): 두려워하다.

11 諫諍姿(간쟁자): 간언을 하는 자질. 간관으로서의 자질.

12 遺失(유실): 잃어버리다. 이 구절은 두보의 벼슬이 간언을 맡은 '습유拾遺' 벼슬이었으므로 한 말이다.

《두시상주》 공이 '습유'였으므로 임금이 잃어버리는 것이 있을까 걱정한 것이다.(公爲拾遺, 故恐君有遺失.)

[雖乏 2구]

《구가집주두시》 조차공 주 두보는 이미 떠날 수 있게 되었지만 차마 가벼이 임금을 떠나가지 못하고, 임금이 또 과실이 있으면 의당 그것을 간하여야 함을 여전히 걱정하고 있다.(甫旣得往, 而不忍輕去其君, 尙恐君又有過擧而當諫諍之.)

13 中興主(중흥주): 나라를 다시 일으킬 군주. 여기서는 숙종을 가리킨다.

14 經緯(경위): 나라를 경영하는 일. 密勿(밀물): 부지런히 애쓰다. '민면黽勉'과 같은 뜻이다.

《한서漢書·유향전劉向傳》 '密勿從事'의 안사고顔師古 주 '밀물'은 부지런히 애를 써서 일에 종사한다는 것과 같다.(密勿猶黽勉從事也.)

15 東胡(동호): 동쪽 오랑캐. 여기서는 안경서安慶緖의 무리를 가리킨다.

《구가집주두시》 조차공 주 '동호'는 안경서를 가리켜 말한 것이다. 구주에서 동호를 안녹산이라고 한 것은 큰 오류다. 지덕 2년 정월 을묘에 안경서가 이미 그 부친 안녹산을 죽이고 반군 황제의 지위를 계승하였던 것이다.(東胡, 指言安慶緖也. 舊注云, 東胡, 祿山也, 大誤. 蓋至德二載正月乙卯, 安慶緖已弒其父祿山, 而襲僞位矣.)

16 臣甫(신보): 신하가 임금에게 올리는 상주문과 같은 느낌을 주기 위해 이렇게 쓴 것으로 보인다. 憤所切(분소절): 분통을 절절하게 만든 것.

《두시상주》에 인용된 종성鍾惺 주 '신보'라고 하여 상주문의 말투를 써서 마치 임금을 마주하여 말하는 듯하다.(臣甫, 用章奏字面, 如對君語.)

17 揮涕(휘체): 눈물을 뿌리다. 戀行在(연행재): 행재소에 계신 임금을 그리워한다는 말이다.

18 道途(도도): 길. 부주로 가는 길을 가리킨다. '途'를 '路'로 쓴 판본도 있다. 恍惚(황홀): 정신이 멍한 모양.

19 含(함): '合'으로 된 판본도 있다. 瘡痍(창이): 전란의 상처. 전란으로 인한 백성의 질고.

20 憂虞(우우): 근심 걱정.

#《두시상주》 둘째 단락에서는 조정을 떠나면서 임금을 그리워하는 마음을 적었다. 위 8구는 떠나려 해도 차마 떠나지 못함이니, 임금의 덕을 걱정함이요, 아래 8구는 이미 떠났으되 여전히 생각하고 있으니 세상일을 걱정함이다.(次述辭朝戀主之情. 上八, 欲去不忍, 憂在君德. 下八, 旣行猶思, 憂在世事.)

21 靡靡(미미): 느릿느릿 천천히 걷는 모양.

《구가집주두시》 '미미'는 느린 모양이다.(靡靡, 遲遲也.)

22 眇(묘): 적다. 蕭瑟(소슬): 쓸쓸하다. '瑟'을 '索'으로 쓴 판본도 있다.

《두시상주》 '묘'는 적다는 뜻이다.(眇, 少也.)

《구가집주두시》 '소슬'은 사람들이 모두 반군을 피하여 떠나 편안히 거처하는 사람이 없음을 말한 것이다.(蕭瑟, 言人皆避賊無安居者.)

23 被傷(피상): 전쟁에서 부상당한 병사를 가리킨다.

《두시상주》 '피상'은 상처를 입은 병사를 뜻한다.(被傷, 戰士之帶傷者.)

24 呻吟(신음) 구: 이 구절에 대해《두시상주》에서는 관군이 안녹산 군대와의 싸움에서 거듭 패했음을 드러낸 것이라고 보았다.

《두시상주》 지덕 원년 10월에 방관이 진도와 청판에서 패했다. 2년에 곽자의가 다시 청거에서 패했다. 그래서 '신음하며 또 피를 흘리네'라고 한 것이다.(元年十月, 房琯有陳陶青坂之敗. 二年, 郭子儀復有清渠之敗. 故云, 呻吟更流血.)

25 鳳翔縣(봉상현): 숙종의 행재소를 뜻한다.

26 旌旗(정기): 행재소를 지키는 군대의 깃발을 가리킨다.

27 寒山重(한산중): 가을산이 첩첩하다. '중重'은 '중첩'의 뜻이다.

28 飮馬窟(음마굴): 말에게 물을 먹이기 위해 만든 물웅덩이. 변경의 황량한 지역이나 전화戰火가 빈번한 곳을 비유하는 말로 자주 쓰인다.

29 邠郊(빈교): 빈주의 교외 지역. 빈주는 지금의 섬서성 빈현邠縣. 入地底

(입지저): 이 지역이 분지임을 말하는 것이다. 이 구절을 주민들의 혈거 상태를 묘사한 것으로 보는 설도 있으나 적절치 않다. 또 이 구절을 반군에 의해 점령된 것을 암시한 것으로 보기도 하는데 역시 적절치 않은 것으로 보인다.

《두시상주》에 인용된 호하객胡夏客 설 《시詩 · 대아大雅 · 면綿》의 '굴혈을 판다는 일'을 암용한 것으로 그곳의 풍속이 아직도 혈거 형태라는 것이다.(暗用陶復陶穴事, 其俗尚窟居也.)

《두공부초당시전》 반군에 함락되었음을 말한 것이다.(言陷于賊也.)

30 涇水(경수): 위수의 지류. 감숙성에서 발원하여 동남쪽으로 흘러서 섬서성 고릉에 이르러 위수와 합쳐진다. 蕩潏(탕휼): 물이 요동치며 흐르는 모양. 이 구절은 앞 구절을 받아서 빈주의 교외지역이 지세가 함몰되어 낮기 때문에 경수가 이 부근에 이르게 되면 격하게 요동치며 흐른다는 말이다.

《두시상주》에 인용된 《괄지지括地志》 경수는 감숙성 경주에서 발원하여 동남쪽으로 빈주 지역을 흘러 고릉에 이르러 위수로 들어간다.(涇水發源涇州, 東南流邠州界, 至高陵入渭.)

31 猛虎(맹호) 구: 맹호가 출현했다는 말이다. 절벽 위의 기암괴석의 모습을 맹호로 형용한 것으로 보기도 하고, 도적을 비유한 것으로 보는 경우도 있다.

《두공부초당시전》 '맹호'는 도적을 비유한다. 빈주, 경주의 도적이 정말 두렵다고 말한 것이다.(猛虎喩盜賊, 言邠涇二州盜賊可畏也.)

32 蒼崖(창애): 푸른 절벽. 吼時裂(후시열): (맹호가) 울 때에 갈라지다. 맹호의 우렁찬 울음소리에 절벽이 갈라질듯하다는 말이다.

33 垂(수): 꽃송이를 드리우고 있음을 말한 것이다.

34 帶(대): '戴' 혹은 '載'로 쓴 판본도 있다.

35 動(동): 움직이다. 일으키다. 高興(고흥): 고상한 흥취.

36 幽事(유사): 한가로운 일. 여기서는 빈주의 아름답고 한가로운 경치를 보며 즐기는 일을 가리킨다.

37 瑣細(쇄세): 작다. 자잘하다.

38 羅生(나생): 늘어서서 자라다. 이곳저곳에 퍼져서 자란다는 말이다. 橡栗(상률): 상수리와 밤.

39 或(혹): 어떤 것. 산중에서 자라는 많은 과일 중에서 어떤 과일을 가리킨다.

40 點漆(점칠): 새까만 옻칠. 혹은 점을 찍은 듯한 옻. 과일이 익어서 아주 까맣게 되었다는 말이다.

41 濡(유): 적시다.

42 甘苦(감고): 단 과일과 쓴 과일. '苦'를 '酸'으로 쓴 판본도 있다. 齊(제): 일제히.

[山果 6구]

《두시상주》에 인용된 종성 설 바삐 뛰어다니며 수심이 가득할 때인데, 오히려 한가로운 마음과 맑은 눈이 있어, 미세한 경치까지 바라보고 있다.(當奔走愁絶時, 偏有閒心淸眼, 看景入微.)」

43 緬思(면사): 멀리 생각하다. 상상하다. '緬'을 '縹'로 쓴 판본도 있다. 桃源內(도원내): 도화원의 안. 도잠의 〈도화원기桃花源記〉에 나오는 이상향을 상상하게 된다는 말이다.

44 益歎(익탄): 더욱 탄식하다. 身世拙(신세졸): 세상에 처하는 재주가 서툴다는 말이다.

《두공부초당시전》 두보는 어지러운 세상에 살면서 도화원으로 은거하지 못하였음을 한탄하였으니 그 도모함이 서툴렀음을 족히 알 수 있다.(甫歎身居亂世, 不能爲桃源之隱, 足見其謀之拙也.)

45 坡陀(파타): 경사진 모양. 언덕이 굴곡진 모양. 鄜畤(부치): 부주의 제터. 부주에 있는 하늘에 제사를 지내는 곳. 이 구절은 부주의 제터가 높은 곳에 있어서 멀리서도 보인다는 말이다.

《두시상주》에 인용된 장연 주 부주의 제터란 바로 부주의 공의 집이 있는 곳이다. 제터는 지대가 높아 멀리서도 먼저 보인다.(鄜畤, 卽鄜州公家所在, 畤地高而遠先見也.)

《두시상주》에 인용된 《한서漢書·교사지郊祀志》 진 문공이 누런 뱀이 하늘로부터 내려와 부주의 산비탈에 머무는 꿈을 꾸고는 부주의 제터를 만들고 세 가지 희생을 드려서 백제에게 제사하였다.(秦文公夢黃蛇自天而下, 止於鄜衍, 作鄜畤, 用三牲郊祀白帝.)

46 巖谷(암곡): '谷巖'으로 된 판본도 있다.

《구가집주두시》 조차공 주 바로 자기의 집이 있는 곳을 바라본 것이다.(正望其家之所在也.)

47 已水濱(이수빈): 이미 물가에 있다. 집에 빨리 가고자 하는 마음에 빠른 걸음으로 산길을 이미 벗어나서 계곡의 입구에 있다는 말이다.

48 猶木末(유목말): 아직 나무 끝에 있다. 이 구절은 노복이 멀리 뒤처져 아직도 산길에 있어서 멀리에서 바라보니 마치 나무 가지 끝에 있는 것 같다는 말이다.

《구가집주두시》 '나무 끝'은 아직도 멀리 있다는 말이다.(木末, 言猶遠也.)

[我行 2구]

《두억》 '아행' 2구는 집을 바라보고는 이처럼 빨리 걸었음을 말한다.(我行二句, 言望家而行速如此.)

49 鴟鳥(치조): 올빼미. '鳥'를 '梟'로 쓴 판본도 있다.

50 拱(공): 두 손을 맞잡다. 여기서는 들쥐가 앞발을 비비는 모습을 형용한 것이다.

《두시상주》에 인용된 《설문해자》 강동의 큰 쥐는 사람처럼 설 수가 있어서 앞 두 발로 머리를 잡고는 춤을 춘다.(江東大鼠, 能人立, 以前兩脚拱頭跳舞.)

51 深(심): '中'으로 쓴 판본도 있다.

52 寒月(한월): 가을 달을 가리킨다.

53 潼關(동관) 구: 안녹산의 반군의 입경을 저지하기 위해 동관을 지키던 가서한의 군대를 가리킨다.

54 往者(왕자): 지난날. 散何卒(산하졸): 흩어짐이 어찌 그리 급작스러웠던가. 가서한의 백만 군사가 적에게 패해서 순식간에 흩어져 버린 것을 말한 것이다. '散'을 '敗'로 쓴 판본도 있다.

《두시상주》에 인용된 《구당서·가서한전哥舒翰傳》 가서한은 병사를 이끌고 동관을 나서서 영보현의 서쪽 들에 주둔하였는데 반군에게 밀리어 관군 스스로 서로 밀고 짓밟고 하다가 황하에 빠져 죽은 자가 수만 명이었다.(翰率兵出關, 次靈寶縣之西原, 爲賊所乘, 自相踐躪, 墜黃河死者數萬人.)

《두시상주》 '산하졸'은 순식간에 흩어져 없어진 것이다.(散何卒, 倉卒散失也.)

55 秦民(진민): 진 땅의 백성. 장안은 옛날에 진나라 땅이었으므로 '진민'이라고 한 것이다.

56 殘害(잔해): 해치다. 죽이다. 爲異物(위이물): 죽은 사람이 되다.

[遂令 2구]

《구가집주두시》 조차공 주 (진 땅) 백성의 절반이 죽어 귀신이 되었음을 말한 것이다.(言民一半爲鬼也.)

#《두시상주》 이 단락은 길을 가면서 보게 된 정경을 차례로 서술한 것이다. 이미 밭 사이로 난 길을 넘어섰건만 다시 고개를 돌려 봉상을 바라본다. 그곳으로부터 출발하여 빈주의 들녘을 지나고 부주의 제터를 바라보게 되니 고향이 점점 가까워지게 되었다. 대체적으로 '국수' 이하는 모두 빈주 지역의 풍물로서 아름다운 경치에 속하고, '파타' 이하는 부주의 풍물로서 처참한 광경에 속한다.(此歷敍征途所見之景. 旣踰越阡陌, 復回顧鳳翔, 自此而過邠郊, 望鄜畤, 家鄉漸近矣. 大約菊垂以下, 皆邠土風物, 此屬佳景. 坡陀以下, 乃鄜州風物, 此屬慘景.)

57 墮胡塵(타호진): 장안에서 반군에게 억류되었던 것을 말한다. '함적陷賊'이라는 특정한 사건을 가리키는 것으로 보지 않고, 두보가 전쟁의 어지러운 세월 속에서 고생했음을 설명한 것으로 보기도 한다. '墮'를 '隨'로 쓴 판본도 있다.

《구가집주두시》 두보는 이전에 반군에게 억류되어 있다가 도망하여 돌아왔다.(甫先陷賊而亡歸.)

《독두심해》 반군에 억류되어 있었음을 가리키는 것이 아니라 자신의 생애가 전란의 시절에 빠졌음을 말한 것이다.(不指陷賊中, 謂此生落在塵擾之際.)

58 盡華髮(진화발): 온통 백발이 되었다. 이 구절에서 백발의 주체를 두보

가 아닌, 부주의 강촌 마을에 남아 있는 자들로 보는 경우도 있다. 살아남은 자들도 오랜 난리 속에서 모두가 늙게 되었다는 것이다.

59 經年(경년): 해를 넘기다. 두보는 지덕 원년 7월에 부주를 떠났다가 2년 윤8월에야 다시 돌아왔기 때문에 일 년을 보냈다고 한 것이다.

60 衣百結(의백결): 옷이 해져서 여러 곳을 꿰매다.

61 松聲迴(송성회): 솔바람 소리가 맴돌다. 이 구절은 가족이 서로 만나 통곡하는 소리에 지나가던 솔바람도 멈추어 맴돌면서 함께 슬퍼한다는 뜻이다. '迴'를 '廻'으로 쓴 판본도 있다.

62 幽咽(유열): 조용히 목이 메인다. 샘물이 조용히 흐르는 것을 함께 슬퍼한다고 표현한 것이다. '幽'를 '嗚'로 쓴 판본도 있다.

63 平生(평생): 평소. 所嬌兒(소교아): 사랑스러운 아이. 여기서는 두 아들을 가리키는 것으로 보인다. '嬌'를 '驕'로 쓴 판본도 있다.

64 白勝雪(백승설): 눈보다 더 하얗다. 굶주려서 백짓장처럼 하얗게 되었다는 말이다.

65 耶(야): 아버지(父)의 구어. 背面(배면): 얼굴을 돌리다.

66 垢膩(구니): 때. 때가 끼다. 不襪(불말): 버선을 신지 않다.

67 兩小女(양소녀): 두보의 어린 두 딸을 가리킨다.

68 補綴(보철): 옷을 보수하다. 낡은 옷을 이리저리 다른 천을 대고 꿰매어 보수하는 것을 말한다. '綴'을 '綻'으로 쓴 판본도 있다.

69 海圖(해도): 천에 그려진 바다 그림. 拆(탁): 터지다. 갈라지다. '坼'으로 쓴 판본도 있다. 이 구절은 천 조각을 낡은 옷에 대고 꿰매다 보니 파도무늬가 어긋나게 되었다는 뜻이다.

70 舊繡(구수): 오래된 낡은 수. 移曲折(이곡절): 구불구불 옮겨져 있다. 수를 놓은 천으로 옷을 보수해서 구불구불 무늬가 생겼다는 말이다.

71 天吳(천오): 수신의 이름. 바다 그림에 그려져 있는 수신을 가리킨다. 紫鳳(자봉): 자색 봉황. 천에 수놓은 것이다.

《두시상주》에 인용된 《산해경山海經》 조양곡의 신을 천오라고 하는데 그는 물의 신으로 호랑이의 몸에 사람의 얼굴을 하였으며 여덟 개의 머리, 여덟 개의 다리, 여덟 개의 꼬리가 있으며 등은 청황색이다.(朝陽

之谷, 有神, 曰天吳, 是爲水伯, 虎身人面, 八首八足八尾, 背青黃色.)」

《두시상주》에 인용된 《산해경》 단혈산에 악작이 있다. 봉황의 종류로서 오색으로 되어 있는데 자색이 많다.(丹穴之山, 有鸑鷟, 鳳之屬也, 五色而多紫.)

72 顚倒(전도): 뒤집히다. 해도의 천오와 수놓은 자봉이 거꾸로 뒤집혀 있다는 말이다. 裋褐(수갈): 거친 베옷. 짧은 홑옷, 혹은 동복이 입는 옷으로 보기도 한다. '裋'를 '短'으로 쓴 판본도 있다.

《두시상주》에 인용된 《방언》 관서지역에서는 짧은 홑옷을 가리켜 '수갈'이라고 한다.(關西謂襜褕短者謂裋褐.)

《두시상주》에 인용된 《한서주》 '수'는 동복이 입는 옷이다.(裋, 謂僮豎所著之襦.)

[海圖 4구]

《두시상주》에 인용된 조차공 주 '천오'는 바다 그림에서 그린 것이요, '자봉'은 낡은 수에서 수놓은 것이다. 오래된 물건을 잘라서 짧은 베옷을 수선하였으므로 터지고 옮겨지고 거꾸로 있게 된 것이다.(天吳海圖所畵之物, 紫鳳舊繡所刺之物. 剪舊物以補豎衣, 故拆移而顚倒也.)

《두억》 '해도' 4구는 오래된 집안의 궁상을 그림처럼 묘사했다.(海圖坼波濤四句, 寫故家窮狀如畵.)

73 老夫(노부): 두보 자신을 가리킨다. 情懷惡(정회악): 마음이 좋지 않다. 집안의 궁핍한 상황을 보고 나니 마음이 아프다는 말이다.

74 嘔泄(구설): 구토하고 설사하다. '泄'을 '咽'로 쓴 판본도 있다. 이 구절을 '數日臥嘔泄'로 쓴 판본도 있다.

75 那(나): 어찌. 無(무): '能'으로 된 판본도 있다. 囊中帛(낭중백): 보따리 속의 비단. 두보가 가져온 선물을 가리킨다.

76 凜慄(늠률): 추워서 떨다.

77 粉黛(분대): 화장품. 苞(포): 물건을 싼 꾸러미. '包'로 쓴 판본도 있다.

78 衾裯(금주): 이불과 홑이불. 혹은 이불과 잠자리에 두르는 휘장. 稍(초): 조금. 약간. 하나하나. 점차로. 대충

《시·소남·소성小星》'抱衾與裯'의 모전毛傳 '금'은 이불이며, '주'는 홑이불이다.(衾, 被也. 裯, 襌被也.)

《시·소남·소성》'抱衾與裯'의 정전鄭箋 '주'는 침상에 두르는 휘장이다.(裯, 牀帳也.)

79 面復光(면부광): 얼굴에 다시 빛이 나다. 얼굴에 다시 화색이 돈다는 말이다.

80 癡女(치녀): 철모르는 어린 딸. 櫛(즐): 빗질하다.

81 學母(학모): 엄마에게서 배우다. 엄마를 흉내 낸다는 말이다. 無不爲(무불위): 못하는 짓이 없다.

82 曉妝(효장): 이른 아침에 하는 화장. 隨手抹(수수말): 손가는 대로 칠하다. 화장을 멋대로 한다는 말이다.

83 移時(이시): 한참 동안. 朱鉛(주연): 연지와 분. 붉은 분으로 보기도 한다.

《두시상주》'朱鉛'은 붉은 분이다.(朱鉛, 卽丹粉也.)

84 畫眉闊(화미활): 눈썹을 넓게 그리다.

《두시전주》에 인용된 유적劉績의《비설록霏雪錄》당나라 때에는 여자들이 눈썹을 넓게 그리는 것을 좋아하였다.(唐時婦女畫眉尙闊.)

85 童稚(동치): 어린아이. 두보 자신의 어린 자식들을 가리킨다.

86 忘饑渴(망기갈): 배고픔과 목마름도 잊다.

《두공부초당시전》두보가 이에 비단을 취하여 옷을 만들고, 화장품을 풀고, 이불을 펼치니, 아내의 얼굴에 화색이 돌아오고, 딸들은 머리를 스스로 빗게 되었고, 분을 바르고 눈썹을 그리기까지 하였으니 모두가 제 자리를 찾은 것이다. 어찌 살아 돌아와 다시 처자를 만나게 될 것을 생각이나 했으랴. 마음이 너무 기뻐서 마치 배고픔도 목마름도 잊을 것 같게 된 것이다.(甫是以取帛爲衣, 解粉黛, 羅衾裯, 妻面復光, 女頭自櫛, 以至抹粧畫眉, 皆得其所, 豈意生還復見妻子, 中心之喜似忘饑渴然.)

87 問事(문사): 일을 묻다. 아이들이 두보가 겪은 여러 가지 일들을 묻는다는 말이다.

88 瞋喝(진갈): 눈을 부릅뜨고 꾸짖다.

89 翻思(번사): 고쳐 생각하다. 다시 생각하다. 在賊愁(재적수): 장안에서 안녹산의 반군에 의해 억류되었을 당시의 고생을 가리킨다.

90 雜亂聒(잡란괄): 아이들이 장난치며 떠들썩한 것을 가리킨다.

[問事 4구]

《두공부초당시전》 자식들이 아버지가 돌아온 것을 기뻐하여 반군에 억류되어 있을 때의 일로 얼마나 고생했는지를 묻는다. 또 아버지의 수염과 머리칼이 모두 희게 된 것을 보고는 경쟁하듯이 다가와서 당겨 본다. 두보는 아이들을 대하는 것이 기뻐서 비록 아이들이 버릇없이 굴어도 차마 화를 내어 꾸짖지를 못한다. 반군에 억류되어 있을 때의 고생을 생각한다면 이 어지러이 떠들썩한 것쯤은 차라리 감수할 수 있으니 무슨 싫어할 것이나 되겠는가.(兒女喜父歸, 請問賊中之事, 憂苦如何. 復觀其鬚髮皆白, 競來挽引. 甫喜對童稚, 雖彼驕騃, 亦莫忍生嗔喝之怒. 蓋念在賊苦, 寧甘受此亂聒, 復何嫌耶.)

91 新歸(신귀): 갓 돌아오다. 且(차): 잠시. 그런대로. 慰意(위의): 마음을 위로하다. 이 구절은 이제 막 집에 돌아오게 되어 잠시 동안이지만 두보 자신의 마음이 평안하게 되었다는 말이다.

92 生理(생리): 생계. 焉得說(언득설): 어찌 말할 것이 있으랴. 걱정할 필요가 없다는 말이다. '說'을 '脫'로 쓴 판본도 있다.

#《두시상주》 이 단락에서는 집에 돌아와서의 희비喜悲의 상황을 두루 빠짐없이 적었다. '수갈'구까지는 막 만나서 슬퍼한 것으로 부부와 자식의 지극한 정을 다하였다. '노부'구 이후는 슬픔이 가시고 기뻐하게 된 것으로 가족의 곡절한 상황을 다하였다. '재적' 4구는 위와 호응하면서 아래를 일으키는 것으로서 임금과 나라를 근심하는 것이다.(此備寫歸家悲喜之狀. 裋褐以上, 乍見而悲, 極夫妻兒女至情. 老夫以下, 悲過而喜, 盡室家曲折之狀. 在賊四句, 繳上以起下, 所憂在君國矣.)

93 至尊(지존): 지극히 존귀한 사람. 숙종 황제를 가리킨다.

94 休練卒(휴련졸): 병졸을 훈련하는 일을 그치다. 전쟁을 끝낸다는 말이다.

95 仰觀(앙관): 우러러보다. '觀'을 '看'으로 쓴 판본도 있다. 天色改(천색개): 하늘빛이 바뀌다. 당조의 중흥의 조짐이 보인다는 말이다.

96 坐(좌): 인하여. '旁'으로 쓴 판본도 있다. 妖氛豁(요분활): 요사스런

기운이 흩어져 사라지다. 반군의 기세가 꺾였음을 말한 것이다. '妖'를 '祆'로, '氛'을 '氣'로 쓴 판본도 있다.

97 陰風(음풍): 음산한 바람. 西北來(서북래): 서북쪽에서 불어오다.

98 慘澹(참담): 몹시 암담하다. 참담하다. 隨回紇(수회흘): 음산한 바람이 회흘족을 따라서 중국으로 불어온다는 말이다. '紇'을 '鶻'로 쓴 판본도 있다. 회흘족은 중국 서북쪽에 사는 이민족으로 지금의 위구르족이다. 안녹산의 난이 일어나자 당조를 도와서 반군 토벌에 앞장섰다.

99 其王(기왕): 회흘족의 군왕인 회인가한懷仁可汗을 가리킨다. 助順(조순): 순종하여 돕다. 회흘족의 군왕이 당나라 황제에게 순종하여 그를 돕기를 원한다는 말이다.

100 善(선): 잘하다. '喜'로 쓴 판본도 있다. 馳突(치돌): 말을 빠르게 달려 돌파하다.

《**두시상주**》 '치돌'은 말을 빠르게 달려 돌파하는 것이다.(馳突, 馳驟衝突也.)

101 送兵(송병) 구: 회흘족이 원병을 보내온 일을 말한 것이다.

《**구당서**舊唐書·**회흘**回紇》 회흘이 그 태자 엽호를 파견하여 그 장수 제덕 등 병사와 말 4천여 무리를 이끌고서 중국을 도와 반역의 무리를 치게 하였더니 숙종이 잔치를 열어 후하게 상을 베풀었다. 또 원수 광평왕으로 하여금 엽호를 만나게 하고 형제로 언약을 맺게 하니, 왕이 그를 접대함에 자못 은혜가 넘쳤다. 엽호는 크게 기뻐하면서 왕을 형으로 불렀다.(回紇遣其太子葉護領其將帝德等兵馬四千餘衆, 助國討逆, 肅宗宴賜甚厚. 又命元帥廣平王見葉護, 約爲兄弟. 接之頗有恩義. 葉護大喜, 謂王爲兄.)

102 驅馬(구마): 말을 몰아오다. 이 구절은 원병을 보내올 때 함께 보내온 말의 숫자를 말한 것이다. 시에서 사람은 오천 명, 말은 만 필이라고 한 것은 병사들이 예비용으로 한 필씩 더 몰고 왔기 때문으로 보인다.

《**두공부초당시전**》 당시 회흘이 군대를 보내 순종하며 도왔는데, 병사는 오천인데 말은 만 필이라고 한 것은 훌륭한 장수는 군대를 부림에 있어 말은 반드시 예비용을 갖추기 때문이다. 당사에서는 그 숫자를 말하지 않았으나 지금 시에 보인다.(時回紇以兵助順, 兵五千而馬萬匹

者, 謂良將之用兵, 馬必有副也. 唐史不言其數, 今見于詩.)

103 此輩(차배): 이 무리들. 회흘족을 가리킨다. 少爲貴(소위귀): 젊은 것을 귀하게 여긴다. 회흘족은 젊고 용감한 것을 소중히 여긴다는 말이다. 회흘족의 원병들이 젊고 용감함을 말한 것이다. 이 구절을《두시언해》에서는 '적어도 귀하다'로 해석하기도 하는데 역시 가능하다. 원병이 숫자로는 많지는 않지만 워낙 용감하여서 귀하게 쓰일 수 있다는 말이다. 그러나 이 구절을 회흘을 원병으로 활용하는 것이 장래에는 당조에 큰 부담이 될 것이라는 의미에서 '적은 것이 좋다'로 해석하기도 한다.

104 勇決(용결): 용감함과 결단력. 이 구절은 사방의 족속들이 회흘족 용사들의 용감함과 결단력에 복종한다는 말이다.

105 所用(소용): 쓰는 사람. 회흘 용사들을 가리킨다. 鷹騰(응등): 매처럼 날아오르다. 회흘족의 용사들의 날쌔고 용맹함을 말한 것이다.

106 過箭疾(과전질): 화살의 빠름보다 더 빠르다. '過'를 '如'로 쓴 판본도 있다.

《**구당서**舊唐書 · **회흘**回紇》 그 무리는 많지 않으나 그 습속이 날래고 굳세었다. 고거에 의탁하였고 돌궐에 속하였으며 근자에 들어 특륵이라고 불렀다. 임금이 없고 거처에 일정한 곳이 없어서 물과 풀을 찾아 옮겨 다녔으며, 성격이 흉악하고 잔인하며 말 타기와 활쏘기를 잘했다. 탐욕이 특히 많아서 노략질로 살아갔다.(其衆微小, 其俗驍强, 依託高車, 臣屬突厥, 近謂之特勒. 無君長, 居無恒所, 隨水草流移, 人性凶忍, 善騎射, 貪婪尤甚, 以寇抄爲生.)

107 聖心(성심): 임금의 마음. 숙종의 심사를 가리킨다. 虛佇(허저): 본래는 임금이 허심탄회하게 신하의 말을 받아들이는 것을 뜻하는데, 여기서는 숙종이 허심한 마음으로 회흘의 도움을 기대하고 있다는 뜻으로 쓰였다.

108 時議(시의): 당시의 의론. 氣欲奪(기욕탈): 기가 꺾이려 한다. 이 구절은 당시의 여론이 회흘 원병의 폐해를 두려워하고 있다는 말이다. 그러나《두시언해》에서는 '기욕탈氣欲奪'의 '기氣'를 회흘 병사들의 기세로, '탈奪'을 중국을 침탈하는 것으로 이해하고 있다. 회흘 병사들의

기세가 중원 지역을 침탈할 듯하다고 여론이 들끓고 있다는 것이다. 가능한 것으로 보인다.

《두시상주》에 인용된 조차공 주 외국의 병사를 쓰지 않고 관군을 쓰자는 것이 바로 당시의 의론이었다.(不用外兵, 而用官軍, 此卽當時之議.)

[聖心 2구] 이 구절은 숙종은 회흘 원병의 도움에 기대를 걸고 있으나 일반 백성들의 여론은 회흘이 오히려 큰 피해를 줄 것이라고 걱정하고 있다는 말이다. 그러나 이 구절을 숙종이 회흘에 대해 많은 기대를 하고 있어서 당시의 회흘의 원조를 반대하던 조정의 의론의 기세가 황제의 권위에 의해 꺾여지게 되었다는 식으로 이해하는 경우도 있다.

《구가집주두시》 조차공 주 주상은 비록 허심으로 그들(회흘)이 반군을 격파해 줄 것을 바랐으나, 당시 조정의 의론은 그들이 필경은 해가 될 것이라고 두려워하였으므로 기가 꺾일 듯하게 되었다는 말이다.(言主上雖虛心以待其破賊, 然時議恐畢竟爲害, 所以氣欲奪也.)

《두시상주》 '허저'는 황제가 회흘을 기대한다는 것이요, '기탈'은 중론이 기가 꺾였다는 것이다.(虛佇, 帝望回紇. 氣奪, 群議沮喪.)

#이 단락은 회흘로부터 군대를 빌릴 것인가에 대한 당시의 조정 안팎의 논의를 적은 것이다. 회흘의 군대가 강한 전투력을 갖고 있어 전쟁에는 도움이 될 수 있으나 반면에 일반 백성들에게 미칠 수 있는 폐해도 적지 않을 것으로 생각했기 때문이다. 두보의 의중은 비록 회흘의 해악이 염려스럽기는 해도 경사의 수복이 급선무이기 때문에 그들을 잘 활용하자는 데 있었던 것으로 생각된다.

《두시상주》 이 단락은 회흘로부터 병사를 빌려 오는 것의 해로움을 걱정한 것이다. 요사스런 기운이 흩어져 사라진다는 것은 하늘의 뜻이 돌아온다는 것이요, 회흘이 돕는다는 것은 인심이 따르게 되었다는 말이다. 이것은 중흥의 큰 기미이다. 그러나 바깥 오랑캐로부터 병사를 빌리는 것은 종내에 나라의 근심이 되는 것이다. 그래서 '적은 것이 귀하다'라고 말한 것이다.(此憂借兵回紇之害. 妖氛豁, 天意回矣. 回紇助, 人心順矣. 此興復大機也. 但借兵外夷, 終爲國患, 故云少爲貴.)

109 伊洛(이락): 이수伊水와 낙수洛水 두 강이 흘러가는 동도 낙양을 가리킨다. 指掌(지장): 손바닥을 가리키듯 쉽다. 收(수): 수복하다.

《**두공부초당시전**》 '이락' 두 강은 동도 낙양을 가리킨다.(伊洛二水指東都也.)

110 不足拔(부족발): 빼앗을 것도 없다. 쉽게 빼앗을 것이라는 말이다.

111 深入(심입): 적지로 깊이 공격해 들어간다는 말이다.

112 蓄銳(축예): 예리함을 모으다. 정예 관군을 많이 동원한다는 말이다. 可俱發(가구발): 함께 출발할 수 있다. 관군과 회흘군이 함께 공격을 개시할 수 있다는 말로 보기도 한다. '可'를 '何' 혹은 '伺'로 쓴 판본도 있다.

《**구가집주두시**》 **조차공 주** 이것이 바로 당시의 의론이니, 국가가 절로 중원을 수복할 이치가 있다 여긴 것이다. 관군이 깊이 적지로 들어가 스스로 반군을 격파할 수 있으니 회흘의 병사만을 전용할 필요가 없다는 것이다.(此正時議以爲國家自有恢復中原之理, 官軍深入自足破賊, 不必專用回紇兵也.)

113 此擧(차거): 이번 거병. 開靑徐(개청서): 청주靑州와 서주徐州를 열다. 반군에 의해 점령되어 있던 산동 지역의 청주와 서주를 탈환한다는 말이다.

114 旋瞻(선첨): 즉시 보다. 빨리 보게 되다. 略恒碣(약항갈): 항산恒山과 갈석산碣石山을 공략하다. 반군의 거점이라고 할 수 있는 동북 지역을 공략한다는 말이다.

《**두공부초당시전**》 청주와 서주, 항산과 갈석산은 모두 동북 지역이다. 이로부터 공략하여 탈취할 수 있을 것이다.(靑徐恒碣, 皆東北之地, 自此可以略取矣.)

《**독두심해**》 항산과 갈석산은 모두 연 땅에 속하여 있으니 반군의 본거지를 가리킨다.(恒山碣石, 俱屬燕, 指安賊巢穴.)

115 昊天(호천): 하늘.

《**두공부초당시전**》 원기가 광대한 것을 '호천'이라고 한다. 숙종이 과감한 결단이 있음을 비유한 것이다.(元氣廣大謂之昊天, 喩肅宗有威斷也.)

116 正氣(정기): 엄정한 기운. 가을의 싸늘한 기운을 가리킨다. 肅殺(숙살): 가을 기운이 초목을 말라 죽게 하는 것이다.

《두공부초당시전》 '숙살'은 음기의 엄정함이다. 천자는 본래 참됨을 갖고 있으나 안녹산은 거짓이므로 한 말이다.(肅殺, 陰氣之正也. 天子自有眞, 祿山其竊僞者乎, 故云.)

[昊天 2구] 이 구절은 자연계의 규율에 근거하여 숙종이 전쟁을 적극적으로 준비할 것을 권고하는 것이다.

117 亡胡歲(망호세): 오랑캐를 멸망시키는 해.

118 勢(세): 관군의 형세. 擒胡月(금호월): 오랑캐를 사로잡는 달.

119 其能久(기능구): 어찌 오래갈 수 있겠는가. '其'는 '豈'와 같다.

120 皇綱(황강): 황제가 천하를 다스리는 큰 정치. 未宜絶(미의절): 단절되어서는 안 된다.

#이 단락은 내용상 앞 단락과 연결되어서 관군과 회흘을 함께 쓰면 빨리 공을 이룰 수가 있다는 것이다. 그러나 관군만을 활용함이 옳음을 말한 것으로 보는 경우도 있다.

《두시상주》 이 단락은 관군을 전적으로 활용하는 이로움을 진술한 것이다. 이 당시 명장이 병사를 통솔하여 권법과 정법을 아울러 내고 있으니 두 경사를 수복하고 하북을 평정할 수 있으며 안경서와 사사명을 사로잡을 수 있을 것이다. 이것이 승리를 쟁취할 완벽한 책략인 것이다.(此陳專用官軍之利. 是時名將統兵, 奇正兼出, 可以收兩京定河北, 而擒安史, 此爲制勝萬全之策.)

《두공부시집집주》 당시 이필의 생각은 건녕왕으로 하여금 변방 북쪽을 아우르고 나아가서 이광필과 함께 양쪽에서 공격하여 범양을 취하는 것이었으니 그 견해가 공과 같았다.(當時李泌之議, 欲命建寧並塞北出, 與光弼犄角以取范陽, 所見亦與公同也.)

《두시상주》에 인용된 장연 주 공은 회흘로부터 군대를 빌리는 것이 좋은 계책이 아니라고 여겼다. 그래서 '임금은 자못 허심하게 받아들이나, 조정의 의론은 기가 꺾이려 하네'라고 한 것이다. 또 관군이 계속 승승장구할 수 있을 것이라고 생각했으므로 '이번의 거병으로 청주와 서주를 열고, 항산과 갈석산을 빼앗는 것을 곧 보게 되리라'고 말한 것이다. 그러나 이 논의는 시행되지 않았고, 회흘은 과연 당조의 근심거리가 되었으며, 하북은 마침내 당의 소유가 되지 못하였다. '비록 간언하는 자질 부족하지만, 임금께서 잃어버리시는 것 있게 될까 걱정스럽다'라고 한 것은 대개 이런 까닭에서인 것이다. 공은 일찍이 자신을 직과 설로 비기었는데, 그 경륜이 이곳에서 대략적으로 보인다고 하겠다.(公以乞師回紇爲非計, 故云, 聖心頗虛佇, 時議氣欲奪. 又謂官軍直可乘勝長驅, 故云, 此擧開青徐, 旋瞻略恒碣. 唯此議不行, 回紇果爲唐患, 而河北迄非唐有, 其云, 雖乏諫諍姿, 恐君有遺失, 蓋爲此也. 公嘗自比稷契, 其經綸概見於此矣.)

《**독두심해**》 네 번째 단락(윗 단락까지 포함하여 분장하였음)은 집안 살림살이에 대한 생각을 버리고 나라의 재난을 걱정한 것이다. 당시 반정의 급무를 위하여 깊이 쳐들어가서 경사를 속히 수복하고, 곧장 적의 소굴을 쳐부술 것을 크게 기대하였다. '이 무리는 적게 쓰는 것이 귀하다', '조정의 의론은 기가 꺾이려 한다'고 말하였는데, 회흘에게서 도움을 빌리는 것을 서술하는 곳에서 이 조정하는 말이 필요하지만 사실 중요한 말은 아니다. 글의 기세는 곧장 '축적된 예기銳氣를 함께 발할 수 있다'로 달려가고 있는데, 여전히 '회흘'과 '관군'을 통합하여 함께 말하고 있다. 대개 이 당시의 급선무가 싸움에 이겨 경사를 수복하는 데 있었기 때문이니 〈유화문〉(회흘이 머무는 것을 걱정한 시)과 같은 뜻이 아니다. 주학령과 구조오 등은 지나치게 판에 박은 듯 보아서 마침내 글의 기세로 하여금 늘어지게 만들었다.(第四段, 撥家計而憂國恤. 爲當時反正之急務, 深以速收京闕, 直搗賊巢爲望. 其云, 此輩少爲貴, 時議氣欲奪. 在敍借助回紇處, 須下此分寸語, 其實不重. 文勢直趕到蓄銳可俱發, 仍以回紇官軍總統言之. 蓋此時所急, 尤在克復, 不與留花門詩同旨. 朱仇諸家, 忒煞版看, 遂使文氣縱緩.)

121 昨(작): 이전. 옛날. '昔'으로 쓴 판본도 있다. 狼狽(낭패): 낭패를 당하다. 안녹산 군대의 침입으로 현종 일행이 황망하게 장안을 탈출하던 일을 가리킨다.

《두공부초당시전》 '낭패'는 나라의 어려움이 많고 세력을 잃어버린 시기를 비유한 것이다.(狼狽喻國家多難失勢之時也.)

122 古先(고선): 옛날. 아랫 구절에 나오는 '하나라와 은나라' 시절을 가리킨다.

123 姦臣(간신): 간악한 신하. 양국충을 가리킨다. 菹醢(저해): 소금에 절인 야채와 육장. 사람을 죽여 골육을 잘게 부수어 육장으로 만드는 고대에 시행된 혹형.

《두시상주》 '간신'은 양국충을 말한다.(姦臣, 謂楊國忠.)

124 同惡(동악): 함께 악을 자행하는 사람. 양국충, 양귀비 친인척 무리를 말한다. 蕩析(탕석): 휩쓸려서 사라지다. '석'은 각운에 비추어 볼 때 '절折'로 보는 것이 옳을 듯하다.

《두시상주》 '동악'은 괵국부인의 무리를 말한다.(同惡, 謂虢國夫人輩.)

《두시언해》 '동악'은 양국충의 도당이다.(同惡, 國忠之黨.)

125 夏殷衰(하은쇠): 하나라와 은나라가 쇠미해지다. 하, 은 왕조의 통치 말기를 가리킨다. '하은'을 '은주殷周'로 써야 한다는 주장도 있다.

《두시상주》에 인용된 호자胡仔 설 '은주'로 써야 한다.(當作殷周.)

《두시상주》 '하은'을 따르는 것이 옳다. 아래 구에 '주한'이 있기 때문이다.(從夏殷爲是, 下有周漢也.)

126 中(중): 궁중에서. 혹은 중간에. 妹妲(말달): 말희妹喜와 달기妲己. 말희는 하나라 걸桀임금의 아내, 달기는 은나라 주紂임금의 애첩. 모두 임금의 마음을 미혹케 하여 나라를 망치게 한 여인들이다. '말달'을 '포달褒妲'로 쓴 판본도 있는데, '포달'은 주나라 유왕幽王의 애첩이었던 포사褒姒와 은나라 주임금의 애첩인 달기이다. 앞 구절의 '하은'을 '은주'로 해야 한다는 주장도 '말달'을 '포달'로 쓰고 있는 판본에 의거한 것이다. 이 구절은 안녹산의 난을 피하여 촉으로 피난하는 길에 현종이 양귀비를 처단한 일을 두고 한 말이다.

《두시상주》 말희와 달기는 걸과 주의 애첩이다. 구본에서는 '포달'로 적고 있는데 틀린 듯하다.(妹喜妲己, 桀紂所嬖, 舊作褒妲, 疑誤.)

《구가집주두시》 이 구절은 양귀비를 죽인 것을 말한 것이다.(此言誅楊貴妃也.)

《독두심해》에 인용된 〈위도보시화魏道輔詩話〉 당나라 사람들은 마외의 일(양귀비가 마외역에서 죽임을 당한 일)을 읊었는데, 그중에서 세상에서 칭찬되어지는 것으로 유우석의 '관군이 간신을 죽였고, 천자는 요사스런 계집을 버렸다'는 구절과 백거이의 '육군이 나아가지 않으니 어찌 하리요, 미인은 버둥거리며 말 앞에서 죽었네' 등이 있다. 이 구절들은 관군이 배반하여 명황을 핍박하니 어쩔 수 없이 양귀비를 죽였다는 것이다. 어찌 단지 체재를 알지 못하는 것이리요, 임금을 섬기는 예까지도 잃은 것이다. 두보는 '하나라와 은나라가 쇠망할 때에, 궁중에서 스스로 말희와 달기를 죽였다 듣지 못했네'라고 말하였으니, 명황이 하늘을 두려워하고 화가 이른 것을 후회한 때문이며, 관군에게 허락한 것이 아니라고 한 것이다.(唐人詠馬嵬之事, 世所稱者, 劉禹錫官軍誅佞倖, 天子捨妖姬. 白居易六軍不發無奈何, 宛轉蛾眉馬前死. 此乃官軍背叛, 逼迫明皇, 不得已而誅貴妃也. 豈特不曉體裁, 亦失事君之禮. 老杜則曰, 不聞夏殷衰, 中自誅褒妲. 乃是明皇畏天悔禍, 無與官軍也.)

127 獲再興(획재흥): 다시 부흥함을 얻었다.

128 宣光(선광): 주의 선왕宣王과 후한의 광무제光武帝. 모두 나라를 중흥시킨 명군들이다. 여기서는 당조를 중흥시킬 숙종을 비유한 것이다.

[憶昨 8구]

《구가집주두시》 조차공 주 대개 옛날에도 쇠퇴하고 어지러운 시절이 있었으나 금일은 그것과는 다르다는 말이다. 그 다른 것은 무엇인가? 양국충과 같은 간신이 이미 죽임을 당하였고 그 도당이 세력을 잃고 흩어져 사라져 버렸으니 이것이 옛날과 다른 첫 번째 이유요, 하나라 은나라 역시 쇠퇴하였으나 포사와 달기를 죽이지 않았는데, 현종은 정을 버리고 사랑을 억눌러 양귀비를 죽였으니 이것이 옛날과 다른 두 번째 이유다. 오직 이처럼 할 수 있었기에 선왕이 있어 중흥한 주나라, 광무제가 있어 중흥한 한나라와 같아질 수가 있었던 것이다. 이로써 숙종이 능히 나라를 중흥시킬 수 있음을 말한 것이다. 포사, 달기로 말하자면 포사는 주나라를 멸한 자인데 하나라와 은나라 구절에 썼으니 이것은 공이 말을 통쾌하게 하다 보니 작은 잘못을 한 것일 뿐이다.(蓋謂古先亦有衰亂, 而今日與之殊別焉. 其殊別者何也. 姦臣如楊國忠旣誅, 其黨與失勢而蕩析矣. 此與古先別之一也. 夏殷亦衰矣, 而褒妲不誅, 上皇乃能割情忍愛而誅貴妃, 此與古先別之二也. 惟其如此, 故能如周之再興而有宣王, 如漢之再興而有光武, 以言肅宗之能中興也. 褒姒妲己, 褒姒滅周而用於夏殷句之下, 此乃公命語痛快, 因成小誤耳.)

129 桓桓(환환): 위엄 있고 용맹한 모습. 陳將軍(진장군): 진현례 장군. 현종이 난을 피하여 촉으로 가는 동안 좌룡무대장군左龍武大將軍으로서 천자를 호종하였다.

130 仗鉞(장월): 도끼에 의지하다. 군대를 지휘한다는 말이다. 奮忠烈(분충렬): 충열을 떨치다. 충성과 절개를 떨치다.

《**구당서 · 현종기**》 병진에 마외역에 머물렀는데 모든 금위군이 군대를 멈추어 나아가지 않았다. 용무대장군 진현례가 상주하여 아뢰기를 "반역의 오랑캐가 대궐을 가리키며 양국충을 죽이는 것으로 명분을 삼았습니다. 하오나 안과 밖의 많은 사람들의 마음에 양국충을 미워하고 원망하지 않음이 없었습니다. 지금 나라가 어려움을 겪고 있고, 천자의 수레가 흔들리고 있사오니, 폐하께서는 마땅히 많은 사람들의 뜻을 좇아 사직의 대계를 위하여 양국충의 무리들을 의법 조치하셔야 합니다."라고 하였다. 마침 토번의 사신 21인이 양국충을 가로막고 역문에서 하소연을 하였는데, 무리가 소리 질러 "양국충이 토번인과 연계하여 반역을 꾀한다."라고 하였다. 병사들이 역을 네 겹으로 포위하고는 양국충과 위방진의 일족을 죽였으나 군대는 여전히 해산하지 않았다. 주상이 고력사에게 명하여 까닭을 묻게 하였더니, 고력사가 돌아와 상주하기를 "여러 장수들이 벌써 양국충을 죽였는데, 양귀비가 아직 궁에 있으므로 사람들이 두려워하고 있습니다." 하였다. 주상은 즉시 고력사를 시켜서 양귀비로 하여금 자진하도록 하였다. 진현례 등이 주상을 뵙고 죄를 청하자, 주상이 그들을 놓아 주라 명하였다.(丙辰, 次馬嵬驛, 諸衛頓軍不進. 龍武大將軍陳玄禮奏曰, 逆胡指闕, 以誅國忠爲名, 然中外群情, 不無嫌怨. 今國步艱阻, 乘輿震蕩, 陛下宜徇群情, 爲社稷大計, 國忠之徒, 可置之于法. 會吐蕃使二十一人遮國忠告訴於驛

門, 衆呼曰, 楊國忠連蕃人謀逆. 兵士圍驛四合, 及誅楊國忠魏方進一族, 兵猶未解. 上令高力士詰之, 迴奏曰, 諸將既誅國忠, 以貴妃在宮, 人情恐懼. 上卽命力士賜貴妃自盡. 玄禮等見上請罪, 命釋之.)

131 微(미): 만약에 ……이 없다면. 爾(이): 그대. 여기서는 진현례를 가리킨다. 人盡非(인진비): 백성들이 모두 오랑캐에게 종속되어 지금과 같지 않았을 것이라는 말이다.

132 於今(어금): 지금에 있어. 지금에 이르러. 國猶活(국유활): 나라가 아직 살아 있다. 나라가 오히려 살아났다.

[微爾 2구]

《두공부초당시전》 진현례의 말이 없었다면 당의 천하는 다시 당의 소유가 되지 못하였을 것이라는 말이다.(謂無玄禮之言, 則唐之天下無復爲唐有矣.)

#**《두시상주》** 이 단락은 양귀비를 거울삼아 장량제(당시 숙종의 비)를 은근히 염려한 것이다. 허언소가 말하기를 "난리가 이미 났으니 오직 상벌을 합당하게 베푼다면 다시 떨치고 일어날 수 있을 것이고, 그렇지 못하다면 지탱할 수 없었을 것이다. 진현례는 가장 먼저 양국충과 양귀비를 죽일 것을 의논하였으니, 이 거사가 없었다면 비록 이광필李光弼과 곽자의郭子儀 같은 장군이 있었다고 해도 광복의 공을 이룰 수가 없었을 것이다. 그래서 '나라를 살렸다'는 말로 그를 칭찬한 것이다. 중흥을 이루려면 의당 먼저 여화女禍를 없애야 하는 것이다.(此借鑒楊妃, 隱憂張良娣也. 許彦昭曰, 禍亂既作, 惟賞罰當, 則能再振, 否則不可支矣. 陳玄禮首議誅國忠太眞, 無此擧, 雖有李郭, 不能奏匡復之功, 故以活國許之. 欲致興復, 當先去女戎.)

133 大同殿(대동전): 궁궐 내의 전각 이름. 현종이 자주 활동했던 곳이다.

《구가집주두시》 조차공 주 이곳은 명황이 놀던 곳이다.(此明皇帝所游之地.)

134 白獸闥(백수달): 궁문 이름으로 백수문白獸門이다.

《구가집주두시》 조차공 주 '백수달'은 당지를 살펴보아도 이름이 없다. 다만 한의 미앙궁 안에 백호문과 백호전이 있었을 뿐이다. 공이 이 말을 빌려서 비유로 삼은 것이 아니겠는가.(白獸闥, 考之唐志無此名, 惟漢未央宮中有白虎門, 白虎殿. 豈公借用以爲比也.)

《두시상주》《삼보황도》에 의하면 미앙궁에는 백호전이 있었다. 당조에서 태조의 휘를 피하여 '獸'로 고쳤으니 '백수달'은 '백수문'이다.(三輔黃圖, 未央宮, 有白虎殿. 唐避太祖諱, 改爲獸. 白獸闥, 卽白獸門也.)

[凄凉 2구]

《두공부초당시전》 오랑캐가 경사를 함락하니 옛 궁궐을 지키지 못하여 모두 처량하고 적막하게 되어 매우 슬퍼한다는 뜻이다.(意謂胡寇陷京師, 故宮失守, 皆凄凉寂寞而可傷之也.)

135 都人(도인): 도읍 사람들. 장안의 백성들을 가리킨다. 취화(翠華): 물총새 깃으로 장식한 천자의 깃발.

《두공부초당시전》 '취화'는 물총새의 깃으로 깃발의 장식을 삼은 것이다. (이 구절은) 도읍사람들이 숙종이 경사를 수복하기를 바란다는 것이다.(翠華謂以翠羽爲葆. 都人望乎肅宗之收復京師也.)

136 佳氣(가기): 아름다운 기운. 당조의 중흥의 기상을 뜻한다. 金闕(금궐): 황금으로 장식한 궁궐.

137 園陵(원릉): 당조의 선왕들의 무덤을 뜻한다. 有神(유신): 신령이 있다. 조상 신령들의 가호가 있을 것이라는 말이다.

138 掃灑(소쇄): 물을 뿌리고 청소하다. 선왕의 묘릉을 돌보고 제사하는 일을 뜻한다. 數(수): 예의. 예절. '자주'의 뜻으로 보기도 하나 옳지 않은 듯하다.

[園陵 2구] 이 구절은 조상의 신령이 깃들어 있는 선왕의 묘릉을 전란 중에도 잘 돌보았으니 조상신의 도움으로 중흥하게 될 것이라는 의미를 담은 것이다. 그러나 이 구절을 황제가 빨리 경사를 수복하여 조상의 묘릉을 잘 돌보아야 된다는, 비례형으로 보는 경우도 있다.

《두공부초당시전》 선제의 산릉에는 모두 신령이 모여 있어 자손에게 음덕을 베풀 수 있다. 그리고 중흥의 군주는 다시 효도를 극진히 하셨으며 일찍이 소제하고 물 뿌리는 예에 조금이라도 빠진 것이 없었으니 이후로부터는 태종의 대업을 반드시 회복시킬 수 있을 것이다. 안녹산의 하찮은 도적들을 걱정할 이유가 없다.(謂先帝山陵皆蓄神靈, 可以陰

驚子孫, 而中興之君復盡孝道, 掃灑之禮未嘗少缺, 自玆已往, 必能紹復太宗之業, 祿山蕞爾之寇, 何足慮乎.)

《구가집주두시》 조차공 주 황제의 수레가 돌아와서 묘릉을 돌보아야 함을 말한 것이다. 고조의 헌릉은 삼원에 있고, 태종의 소릉은 남전에 있고, 고종의 건릉은 봉천에 있고, 중종의 정릉은 부평에 있고, 예종의 교릉은 봉선에 있었다. '소쇄수불결'에서 '수'는 '예의'를 말한다. '원릉'을 돌본 이후에는 의당 조종의 창업을 생각하여야 할 것이니 태종의 정관 시절의 성대함과 같게 되면 어찌 다시 임금이 피난하는 일이 있겠는가.(言車駕當歸奉陵寢之掃除也. 蓋高祖獻陵在三原, 太宗昭陵在藍田, 高宗乾陵在奉天, 中宗定陵在富平, 睿宗橋陵在奉先. 掃灑數不缺, 數, 言禮數也. 旣掃灑園陵, 當思祖宗創業, 如太宗貞觀之盛, 豈復有播遷之事哉.)

139 煌煌(황황): 찬란하게 빛나다. 太宗業(태종업): 태종의 업적.

140 樹立(수립): 건립하다. 이룩하다. 宏達(굉달): 웅대하고 통달하다. 숙종이 세운 중흥의 업적이 크고 영원할 것이라는 말이다.

#《두시상주》 마지막 단락에서는 태종의 사업으로써 중흥의 군주를 기대하였다. 당시 옛 도읍의 백성들은 임금을 그리워하였고, 조상의 묘릉은 변고가 없었으니 그 광복이 지척에 있었다.(終以太宗事業, 望中興之主. 當時舊國思君, 陵寢無恙, 其光復在指顧間矣.)

##《독두심해》 전편은 단지 5개 대 단락으로 나뉜다. 가족들에게 돌아가는 것이 본래의 일이요, 국사를 걱정하는 것이 본심이다. 첫 단락은 부주로 돌아가는 일의 자취를 분명하게 서술하였다. 먼저 '문가실' 세 글자로서 가족을 찾아감을 제기했고, 이어서 '조간우' 세 글자로 국사를 염려함을 제기하였으며, 다시 '배사' 12구로써 그것을 거듭 밝혔다. 안으로 자신을 돌아본다고 했으니 가족을 그리워함이요, 궁궐에 나아가 하직하였으니 임금을 사모함인바, 사적인 정리나 공적인 충심이 일시에 드러나서 전체 시의 강령이 되었다. 둘째 단락은 돌아가는 길의 경물을 상세히 서술하였다. 만나는 상황으로 말하자면 좋은 것도 싫은 것도

다 있지만, 느끼는 감회로 말하자면 상하고 다친 사람들이 눈에 가득하다. 그래서 단락 마지막에 달빛 속의 백골을 언급해서 동관에서의 패배를 떠올리며 분개하였다. 경기 지역 백성들의 죽음이 모두 이곳에서 비롯되었음을 알 수 있다. 하나 이것 역시 여전히 '대필帶筆'에 속한다. 이 단락의 주요한 의미는 단지 돌아가는 경치를 일일이 묘사하는 것이다. 셋째 단락은 집에 도착한 뒤의 경황을 자세히 서술하였다. 편법으로 치자면 중간 허리요, 제목으로 보자면 정면이다. 통속적인 정감과 기묘한 시어가 시시로 익살스런 분위기로써 눈물을 그치게 한다. 단락 마지막에서의 '번사' 4구는 갑작스럽게 길을 빌려 국사로 들어가고 있으니 이곳이 하반부로 시상이 바뀌는 곳이다. 네 번째 단락은 집안 살림살이에 대한 생각을 버리고 나라의 재난을 걱정한 것이다. 당시 반정의 급무를 위하여 깊이 쳐들어가서 경사를 속히 수복하고, 곧장 적의 소굴을 쳐부술 것을 깊이 기대하였다. '이 무리는 적게 쓰는 것이 귀하다', '조정의 의론은 기가 꺾이려 한다'고 말하였는데, 회흘에게서 도움을 빌리는 것을 서술하는 곳에서 이 조정하는 말이 필요하지만 사실 중요한 말은 아니다. 글의 기세는 곧장 '축적된 예기銳氣를 함께 발할 수 있다'로 달려가고 있는데, 여전히 '회흘'과 '관군'을 통합하여 함께 말하고 있다. 대개 이 당시의 급선무가 싸움에 이겨 경사를 수복하는 데 있었기 때문이니 〈유화문〉(회흘이 머무는 것을 걱정한 시)과 같은 뜻이 아니다. 주학령과 구조오 등은 지나치게 판에 박은 듯 보아서 마침내 글의 기세로 하여금 늘어지게 만들었다. 단락 마지막에서의 몇몇 말들은 악비가 말한 "제군들과 통음하리라"는 말과 같다. 다섯째 단락은 현종의 영명한 결단을 돌이켜 칭송하면서 새로운 임금이 중흥할 것을 미리 점친 것으로, 급히 경사로 돌아가 태평한 세상을 다시 열어 곧바로 정관 첫 시절의 위대한 업적까지 곧장 거슬러 오르기를 바란 것이니 전편의 큰 귀착점이다.(通首但分五大段. 歸省家人, 本事也. 回念國事, 本心也. 第一段, 敘淸還鄜事蹟. 先以問家室三字提出省家, 隨以遭艱虞三字提出念國, 復申之以拜辭十二句. 蓋內顧則思家, 陛辭則戀主, 私誼公忠, 一時迸露, 遂爲一詩之綱領. 第二段, 詳敘歸途景物. 所値之境, 好惡不齊. 所觸之懷, 傷殘

滿目. 所以節末就月中白骨, 追憤潼關一敗. 見近畿殘害, 皆由於此. 然此尚屬帶筆. 此處主意, 只是鋪寫途景也. 第三段, 備述到家景況. 於篇法爲中腹, 於題目爲正面. 俗情妙語, 時以詼諧破涕. 而節末翻思四句, 忽然借徑搭入國事, 是下半轉關處. 第四段, 撥家計而憂國恤, 爲當時反正之急務. 深以速收京闕, 直搗賊巢爲望. 其云, 此輩少爲貴, 時議氣欲奪. 在敍借助回紇處, 須下此分寸語, 其實不重. 文勢直趕到蓄銳可俱發, 仍以回紇官軍總統言之. 蓋此時所急, 尤在克復, 不與留花門詩同旨. 朱仇諸家, 忒煞版看, 遂使文氣縱緩. 節末數語, 猶岳少保所謂與諸君痛飮者也. 第五段, 追頌上皇聖斷, 預卜新主中興, 亟反神京, 重開治象. 直欲追盛業於貞觀之初. 爲通篇大歸宿.)

(김성곤)

22. 彭衙行

팽아의 노래

憶昔避賊初[1] 北走經險艱[2] 夜深彭衙道[3] 月照白水山[4]
盡室久徒步[5] 逢人多厚顔[6] 參差谷鳥吟[7] 不見遊子還[8]
癡女饑咬我[9] 啼畏虎狼聞[10] 懷中掩其口[11] 反側聲愈嗔[12]
小兒强解事[13] 故索苦李餐[14] 一旬半雷雨[15] 泥濘相攀牽[16]
旣無禦雨備[17] 徑滑衣又寒[18] 有時經契闊[19] 竟日數里間[20]
野果充糇糧[21] 卑枝成屋椽[22] 早行石上水[23] 暮宿天邊烟[24]
小留同家窪[25] 欲出蘆子關[26] 故人有孫宰[27] 高義薄曾雲[28]
延客已曛黑[29] 張燈啓重門[30] 暖湯濯我足[31] 剪紙招我魂[32]
從此出妻孥[33] 相視涕闌干[34] 衆雛爛熳睡[35] 喚起霑盤飧[36]
誓將與夫子[37] 永結爲弟昆[38] 遂空所坐堂[39] 安居奉我歡[40]
誰肯艱難際[41] 豁達露心肝[42] 別來歲月周[43] 胡羯仍構患[44]
何當有翅翎[45] 飛去墮爾前[46]

생각해 보니, 지난날 막 반군을 피하여
북으로 달아나 험한 길을 지날 적에,
밤은 팽아의 길에 깊고
달은 백수의 산을 비추었다.

온 집안이 오래 걷다 보니
사람 만나면 부끄러움 많았고,
여기저기 골짜기 새들 우는데
돌아오는 나그네 보이지 않았다.

어린 딸애는 굶주려 나를 깨무니
우는 소리 호랑이 승냥이가 들을까 두려워,
품에 안고 그 입을 가리면
바둥거리며 소리는 더욱 사나웠고,
어린 아들놈은 사리를 아는 듯이
일부러 쓴 오얏이나마 찾아 먹었다.

열흘에 반은 천둥과 함께 비가 내리니
진창길에 서로 잡아주고 끌어주었고,
비 막을 장비도 없는데다가
길 미끄럽고 옷도 차가웠다.
때로 고생스런 길을 지날 적엔
온종일 갔어도 몇 리 정도였다.
들 과일로 양식을 삼고
낮은 가지로 집의 서까래를 삼았다.
아침 돌 위로 흐르는 물을 지났고
저물녘 하늘가 이내 낀 곳에서 잠이 들었다.

잠깐 동가와에 머물다가
노자관을 나가려 했는데,
친구인 손재가 있어
높은 의리가 층층 구름에 닿을 듯하였다.
길손을 맞이했을 때는 날이 이미 어두워
등불 밝히고 겹문을 열었고,
물 데워 내 발을 씻기고

종이 오려 나의 넋을 불러 주었다.

이로부터 처자를 내보이매
쳐다보면서 눈물 그치지 않았다.
여러 어린 것들 깊이 잠들어 있어
불러 일으켜서 소반에 담긴 밥을 먹게 하였다.
장차 그대와
길이 형제 맺기를 맹세한다 하고는,
마침내 앉았던 청당을 비워
편안히 거처게 하고 나를 즐겁게 하였다.

누가 기꺼이 어려운 시절에
활짝 마음을 드러내겠는가?
헤어진 지 한 해가 지났지만
오랑캐는 여전히 근심을 만들고 있으니,
어느 날에나 날개가 생겨
날아가 그대 앞에 내릴 수 있을까?

숙종 천보 15년 5월에 난리를 피하여 가족을 이끌고 봉선에서 백수로 향하였다. 6월 동관을 지켜 내지 못했던 까닭에 백수가 위험에 처하자 다시 부주鄜州로 향하였다. 피난길에서 오랜 장맛비로 인하여 극노도 시쳐 있던 가운데 백수를 지나던 중 동가와에 사는 친구 손재孫宰의 극진한 후의를 입는다. 그로부터 1년 후인 지덕 2년 윤8월 봉상에서 부주에 있는 가족을 만나러 가면서 동가와의 서쪽을 지나게 된다. 자신에게 베풀어 주었던 손재의 후의가 생각났지만 일정상 방문할 수 없었기에 옛일을 추억하면서 감사의 뜻을 담아 이 시를 지었다. 팽아는 한대의 현 이름으로 당대 백수현에 해당한다. 백수현에 동가와同家窪가 있는데, 손재가 살았던 곳이다. 황학은 천보 15년 행재소로 갈 때에 지은 작품이라는 견해를 제시했지만 따르지 않는다.

두보는 이 시에서 악부체 서사시의 형식으로 서술하였기에 제명을 '팽아행'이라 하였다. 이 시의 압운 양상을 보면 구조오가 지적했듯이 고운古韻에 의거하여 여섯 운을 통압通押하고 있다. 이로 인해 이 시는 더욱 고박古樸의 미감을 띠게 되었다.

《두시상주》 선복單復의 주에는 "공이 반군을 피하여 어렵던 시절에 손재의 보살핌을 받은 바 있는데, 나중에 입은 은혜를 생각하여 지은 것이다."라고 하였다. 황희는 "공이 반군을 피한 것이 천보 15년이었는데, 여기에서 '헤어진 지 한 해가 지났다'라고 하였으니 시는 지덕 2년에 반군을 피하던 때의 일을 추억한 것이라는 것을 알겠다. 부주로 돌아감이 이와 같았다는 말이 아니다."라고 하였다.(單復注, 公避賊艱難之際, 得孫宰顧遇, 事後感荷而作. 黃希曰, 公避寇, 在天寶十五載, 此云別來歲月周, 知詩是至德二載追憶避賊時事, 非謂歸鄜州如此也.)

《두시전주》 《원화군현지》에 "동주의 백수현은 한대 팽아현 땅이다. 《춘추》에 진秦과 진晉이 팽아에서 싸웠다고 하였는데, 바로 이곳이다."라고 하였고, 《환우기》에 "팽아의 옛 성은 백수현 동북 60리 되는 곳에 있다."라고 하였다.(元和郡縣志, 同州白水縣, 漢彭衙縣地, 春秋秦晉戰於彭衙, 是也. 寰宇記, 彭衙故城, 在白水縣東北六十里.)

《보주두시》 황희 주 두보는 천보 15년 반군을 피하여 부주로 들어갔다. 지금 '한 해가 지났다'라고 하였으니, 곧 이는 이듬해인 지덕 2년을 가리켜 말한 것이다. 이른바 '오랑캐는 여전히 근심을 만들고 있다'는 사사명 등이 모두 십만의 군사를 이끌고 태원에 침략한 일, 안경서가 즉위하여 윤자기로 하여금 계주係州('歸'는 호삼성胡三省의 주에 의하면 '當作係'라 하였으니, 곧 係州를 가리킴)와 천주擅州 및 동라와 해의 군대 13만을 데리고 저양으로 간 일을 일컫는다. 사적은 통감에 보인다.(公以天寶十五載, 避寇入鄜. 今云歲月周, 卽是指明年至德二載而言. 所謂胡羯仍構患, 謂史思明等引兵共十萬寇太原, 及安慶緖立使尹子奇歸擅, 及同羅奚兵十三萬趨睢陽. 事見通鑑云.)

《두시경전》 동가와는 마땅히 손재가 살던 곳인데, 공이 지난해 백수로부터 부주로 가면서 일찍이 유숙한 적이 있었다. 생각건대, 부주로 돌아갈 때에 가는 길이 팽아의 서쪽을 지나게 되어 대접이 극진했던 우정을 추억했지만 길을 바꾸어 방문할 수 없어서 그저 이 시를 지어 감사함을 기탁하였으니, 기행시로 견줄 수 있는 것이 아니다.(同家窪當卽孫宰所居, 公去歲自白水往鄜州, 曾經留宿, 意還鄜時路經彭衙西, 追憶款洽之情, 未能枉道相訪, 聊作此寄謝, 非紀行詩可比.)

《보주두시》 마땅히 천보 15년 백수현으로 갔다가, 그 뒤 칠월에 숙종이 영무에서 즉위했다는 소식을 듣고, 공이 행재소로 갈 때의 작품이다. 그러므로 '밤은 팽아의 길에 깊고, 달은 백수의 산을 비추었다'의 구절이 있게 되었다.(當是天寶十五載, 適白水, 後七月聞肅宗卽位靈武, 公赴行在時作, 故有夜深彭衙道, 月照白水山句.)

주 석

1 避賊初(피적초): 천보 15년 적을 피하여 봉선에서 백수로 갈 때를 가리킨다.

《독두심해》 마땅히 (천보) 15년 봉선에서 백수로 갈 때를 가리킨다.(當指十五載自奉先往白水時.)

2 北走(북주): 북으로 달아나다. 險艱(험간): 험난함. 험하고 어려운 피난길을 말한다.

3 彭衙道(팽아도): 팽아의 길. '道'는 '門'으로 된 판본도 있다.

4 白水山(백수산): 백수현에 있는 산.

《두시경전》 백수현의 산을 말한다.(謂白水縣之山.)

#《두시상주》 첫 단락에선 팽아로 피난한 일을 적고 있다.(首記避亂彭衙.)

5 盡室(진실): 온 집안.

6 厚顔(후안): 얼굴이 두껍다. 부끄럽다는 뜻과 부끄러움을 모른다는 뜻이 있는데, 여기서는 전자의 뜻으로 사용되었다. 궁핍하여 자신조차 돌볼 수 없었던 형편이었기 때문에, 욕이 처자에게까지 미칠 것을 생각하고는 부끄러워했다는 말이다.

《**구가집주두시**》《서경·오자지가》에, '얼굴은 두꺼워지고 부끄러운 마음 생기는구나'라고 하였고, 《시경·소아小雅·교언巧言》에, '낯가죽 두껍네'라 하였다. 부끄러워하는 마음이 얼굴에 드러나면 안면의 가죽이 두꺼워지는 듯하다. 따라서 얼굴이 두꺼워진다는 말로써 부끄러워한다는 뜻으로 삼는다.(書五子之歌, 顔厚有忸怩. 詩云, 顔之厚矣. 羞愧之情見於面貌, 如面皮厚然, 故以顔厚爲色愧.)

《**두공부초당시전**》 가난하여 자신을 건사할 수도 없음에 처자에게까지 욕이 미칠 것을 생각하여, 그로 인해 부끄러워했음을 말한다.(言貧困不能自振, 思以辱及妻子, 故爲之羞也.)

7 參差(참치): 가지런하지 않은 모양. 여기서는 새가 여기저기서 우는 것을 가리킨다. 吟(음): 울다. '鳴'으로 된 판본도 있다.

8 遊子(유자): 집 떠난 사람, 나그네. 아직 난리가 멎지 않았기 때문에, 집을 떠났던 사람들이 고향으로 돌아오지 못하고 있음을 가리켜 한 말이다.

[參差 2구]

《**두시상주**》 새만 울고 사람이 없음은 가는 길 내내 줄곧 황량한 모습을 말한다.(鳥鳴無人, 一路荒凉之景.)

9 癡女(치녀): 어린 딸. 어려서 지각이 없는 딸아이를 뜻한다. 咬(교): 깨물다.

10 虎狼(호랑): 호랑이와 승냥이. '猛虎'로 되어 있는 판본도 있다. 이 구는 아이가 울어서 호랑이가 들을까 무섭다는 뜻이다. 여기서 호랑이와 승냥이는 안녹산의 반란군을 비유한다는 견해도 있다.

《**구가집주두시**》 당시에는 반군이 한창 벼슬아치들을 모아 벼슬을 주어 반군조정의 명령으로 명예를 더럽히고 있어서, 난리를 피하는 자들은 한창 자신의 명성을 감추고 있었다. 그 때문에 딸애가 울어 호랑이와 승냥이가 들을까 두렵다고 기탁하여 말한 것이다. 호랑이와 승냥이는 도적을 비유한다.(時賊方收錄衣冠, 汚以僞命, 而避難者方銷晦聲跡, 故託言女啼而恐虎狼聞也. 虎狼喩盜賊矣.)

11 懷中(회중): 품 속. 掩其口(엄기구): 그의 입을 가리다.

12 反側(반측): 몸을 버둥거리는 것을 말한다. 愈(유): 더욱. 嗔(진): 성내다.

13 强解事(강해사): 실제로는 알지 못하면서 스스로는 사리를 이해하고 있는 것처럼 행동하는 경우를 두고 한 말이다.

14 故(고): 짐짓. 索苦李(색고리): 쓴 오얏을 찾다.

#《두시상주》 이 단락에서는 가족을 이끌고 먼 길을 갈 적에 아이들의 고생하던 모습을 서술하고 있다.(此敍攜家遠行, 兒女顚連之苦.)

15 雷雨(뇌우): 천둥치며 비가 내리다.

16 泥濘(이녕): 진창. 攀牽(반견): 잡아 주고 끌어 주다. '牽攀'으로 된 판본도 있다.

17 禦雨備(어우비): 비를 막는 장비. '雨'가 '濕'으로 되어 있는 판본도 있다.

18 徑滑(경활): 길이 미끄럽다.

19 經(경): '最'로 된 판본도 있다. 契闊(결활): 고생스럽다.

《두시상주》 '경결활'은 몇 날을 연이어 고생하였음을 말한다.(經契闊, 謂連朝勤苦.)

《두공부초당시전》《시경 · 패풍邶風 · 격고》의 '사생결활'구에 대하여 모장의 전에는 "'결활'은 애써 고생함이다."라고 하였다.(詩擊鼓, 死生契闊. 毛萇傳, 契闊, 勤苦也.)

20 竟日(경일): 온종일.

21 糇糧(후량): 여행을 위하여 준비하는 말린 밥.

22 卑枝(비지): 낮게 뻗어 있는 나뭇가지. 成屋椽(성옥연): 집의 서까래가 되다. 이 구는 피난 중에 날이 저물면 객사 대신에 산야의 나뭇가지 아래에서 잠을 잤다는 뜻이다.

《두공부초당시전》 나무 아래에서 잠잔 것을 말한다.(言宿于樹下也.)

23 早行(조행): 일찍 길을 가다. 石上水(석상수): 돌 위를 흐르는 물.
24 天邊烟(천변연): 하늘가에 보이는 이내.

#《두시상주》 이 단락에서는 비가 온 뒤 여정의 어려움과 고생하며 유랑했던 모습을 서술하고 있다.(此敍雨後行蹇, 困頓流離之狀.)

25 小留(소류): 잠시 머무르다. 同家窪(동가와): 지명, 손재가 살고 있던 곳으로 백수현에 있었다. '同'이 '固'혹은 '周'로 된 판본도 있다.

《독두심해》 (동가와는) 지명으로, 마땅히 팽아의 경내에 있을 것이다.(地名, 當卽在彭衙境.)

26 蘆子關(노자관): 지명. 지금의 섬서성 지단현志丹縣 북쪽으로 정변현靖邊縣과 만나는 지점에 있다.

《독두심해》 팽아보다 더 북쪽에 있으니, 아주 멀리 떨어진 곳으로, 이는 영무로 가는 길이다.(更在彭衙北, 相去甚遠, 是達靈武之路.)

27 故人(고인): 친구. 孫宰(손재): 인명. 피난길에 두보에게 도움을 준 친구다. 손씨성의 읍재邑宰로 보기도 한다.

《두시상주》에 인용된 장원張遠 주 황희는 손재를 삼천三川의 읍재로 보았다. 혹자는 인명이라고도 하는데, 시의를 음미해 보건대 인명이 근리하다.(黃希以孫宰爲三川宰. 或曰人名也. 玩詩意, 人名爲近.)

《보주두시》 노자관은 연주 연창현 북쪽에 있다. 공이 그곳으로 가려고 하는데, 손재가 초청하였으니, 손재는 아마도 그 지역의 읍재일 것이다.(關在延州延昌縣北, 公欲往而孫宰延之, 孫其山川之宰歟.)

28 高義(고의): 높은 의리. 손재의 의리를 두고 한 말이다. 薄(박): 가까이 가다. 曾雲(층운): 층을 이룬 구름. '曾'은 '層'과 같다.

《두공부초당시전》 '曾'은 '層'과 같다.(曾與層同.)

《구가집주》 동가와와 노자관은 모두 지명이다. '고인'은 친구이고, '고의'는 그의 은혜와 의리가 고원함을 말하는데, 모두 손재에 대하여 말한 것이다.(同家窪蘆子關, 皆地名也. 故人, 故舊之人也. 高義言其恩義高遠. 皆說孫宰也.)

29 延客(연객): 손님을 맞아들이다. 손님은 두보를 가리킨다. 曛黑(훈흑): 날이 저물어 어두워지다.

《보주두시》에 인용된 왕수 주 '훈흑'은 저녁 어스름이다.(曛黑, 薄暮

也.)

30 張燈(장등): 등불을 켜다. 啓(계): 열다. 重門(중문): 겹문.

31 暖湯(난탕): 물을 데우다. 濯我足(탁아족): 나의 발을 씻어주다.

32 剪紙(전지): 종이를 자르다. 혼을 부르기 위하여 깃발을 만들기 위함이다. 招我魂(초아혼): 나의 혼을 부르다.

《두공부초당시전》 옛날 굴원이 초나라에서 참소를 당하여 돌을 끌어안고 스스로 물에 빠지니, 송옥이 그를 위해 〈초혼〉을 지었다. 두보의 생각으로는, 반군이 세상에 가득하여 몸이 어려움을 겪었으며 혼백이 그로 인하여 저상되었기 때문에 손재가 종이를 오려 깃발을 만들어 그의 혼을 불러준 것이라는 것이다.(昔屈原被讒於楚, 懷沙自沉. 宋玉爲之作招魂. 甫意若曰, 盜賊充斥, 身涉艱苦, 魂魄爲之沮喪, 故孫宰剪紙爲旐, 以招其魂也.)

《두시상주》에 인용된 채몽필 주 종이를 오려서 깃발을 만들어 그의 혼을 부른 것은, 꼭 이러한 일이 있었다는 것은 아니고 다만 여러 가지로 위로해 주었다는 것이다.(剪紙作旐, 以招其魂, 不必果有此事, 只是多方安慰耳.)

#**《두시상주》** 이 단락은 손재가 접대한 정회를 기록하고 있다. 시의에 의거하면, 손재는 동가와에 있었을 것이다. 손재를 만난 다음에 처자를 부주에 부쳐두고 마침내 노자관을 지나서 영무까지 가려고 하였다. 주학령의 주에 "부주는 백수현의 북쪽에 있고 연주는 부주의 서북쪽에 있으며, 노자관은 또 연주의 북쪽에 있었다. 당시 공은 북쪽으로 영무에 가려고 하였기 때문에 길을 노자관으로 잡은 것이다."라고 하였다.(此記孫宰晉接之情. 據詩意, 孫宰當在同家窪, 遇孫之後, 因寄妻子於鄜州, 遂欲從蘆子關以達靈武. 朱注, 鄜州在白水縣北, 延州在鄜州西北, 蘆關又在延州北. 時公欲北詣靈武, 故道出蘆關也.)

33 從此(종차): 이로부터. 出妻孥(출처노): 아내와 자식들을 나오게 하다. 처자식들로 하여금 손재에게 인사하게 한 것을 가리킨다.

《두시상주》 처자를 나오게 한 것은 나와서 손재를 뵙도록 한 것이다.(出妻孥, 出見宰也.)

34 相視(상시): 서로 보다. 涕(체): 눈물. 闌干(난간): 줄줄. 펑펑. 계속하

여 많은 눈물이 흐르는 모양을 나타내는 말이다.

《두시상주》에 인용된 왕수 주 '난간'은 눈물이 많이 나오는 모습이다.(闌干, 淚墮衆多貌.)

35 衆雛(중추): 여러 병아리들. 어린 자식들을 가리켜 한 말이다. 爛熳(난만): 깊이 잠든 모습을 형용한 말이다.

《두시상주》 '중추'는 자녀를 가리킨다. '난만'은 깊이 잠든 모습이다.(衆雛, 指兒女. 爛熳, 熟睡貌.)

36 喚起(환기): 불러 깨우다. 霑(점): 적시다. 손재가 베풀어 주는 은혜를 입었다는 뜻이다. 盤飧(반손): 소반에 담긴 음식.

37 誓(서): 맹세하다. 夫子(부자): 선생님. 당신. 손재가 두보를 지칭한 말이다. 두보가 손재를 지칭한 말로 보기도 한다.

38 永結(영결): 길이 맺다. 弟昆(곤제): 형제.

[誓將 2구] 이 2구는 손재가 두보에게 한 말을 직접 인용한 것이다.

《두시상주》에 인용된 《두억》 '장차 그대와, 길이 형제 맺기를 맹세한다'는 손재의 말을 대신하여 서술한 것으로서 이른바 어려운 시기에 성의를 보였다는 것이다. 반드시 이렇게 말해야만, 아래에서 글의 흐름이 비로소 순조롭게 된다. 예전 주해에서는 모두 '부자'가 손재를 가리킨다고 했는데, 잘못이다.(誓將與夫子, 永結爲弟昆, 乃代述孫宰語, 所謂露心肝於艱難之際者. 必如此說, 下面文氣方順. 舊解俱云夫子指孫宰, 誤矣.)

《두공부초당시전》 '부자'는 손재를 가리킨다.(夫子指孫宰也.)

《독두시설》 '장차 그대와 길이 형제 맺기를 맹세한다'에 대하여 《두시상주》에서는 《두억》을 인용하여 "두 구는 곧 손재를 대신하여 서술한 말로서, 이른바 어려운 시기에 성의를 보여 준 사람이라는 것이니, 이렇게 말해야만 아래의 글의 흐름이 비로소 순조롭게 된다. 예전 주해에서는 모두 '부자'가 공이 손재를 호칭한 것이라고 했는데 잘못이다."라고 하였다. 지금 살펴보건대, 곤궁한 지경에 은혜를 입게 되었는데, 내가 상대방에게 감격했다고 말하지 않고 상대방이 나에게 감격했다고 말하는 것은 정리가 아닌 듯하다. 또한 손재가 이미 공과 전부터 사귐을 맺고 있었는데, 무슨 까닭으로 이때에 또 공과 더불어 길이 형제가 되기를 맺으려 하였겠는가? 《두억》은 아마도 아래 2구의 글 뜻이 이어지지 않았기 때문에 이러한 견해를 제시했을 것이다. 가만히 생각해 보건대 아래 2구는 마땅히 '魂'자운 아래에 있어야 하고, '환기점반찬' 아래에 마땅히 '肝'자운 2구를 잇고, 다시 이 '서장' 2구를 이어야 한다. 이와 같이 한다면, 글 뜻이 절로 순조로워져, '부자'가 공이 손재에 대한 호칭이 되는 것이 거슬리지 않게 된다. 아마도 날이 저물어 남의 집에 투숙함에 있어 필시 자기가 먼저 홀로 만났을 것이다. '탁족'과 '초혼'은 마땅히 손재가 자기를 대접해 준 것만을 말한다. 처자를 이끌고 같이 온 것을 알고 나서, 곧 집을 비워 받들어 주어 함께 데리고 들어가 거처하게 한 것이다. 주인이 그들을 위해 음식을 마련했지만, 여러 어린것들은 여행에 지쳐 이미 집안에서 잠이 들어 있었다. 그러므로 불러 일으켜서는 함께 식사하였고, 이로 인하여 어려운 시절에 누가 능히 이같이 넓은 마음으로 대접해 줄 수 있겠는가를 스스로 생각해 보고는, 깊이 감격한 나머지 이전에 비록 서로 우호적으로 지냈지만 지금부터 다시 길이 형제가 될 것을 맺고자 한 것이다. 앞서 공의 시 가운데 옮겨 쓰는 과정에서 뒤섞인 것이 많다고 하였는데, 이 시 또한 이러한 경우다.(誓將與夫子, 永結爲弟昆. 注引杜臆, 二句乃代述孫宰語, 所謂露心肝于艱難之際者. 如此說, 下面詞意方順. 舊解俱謂夫子是公稱孫宰, 誤矣. 今按窮途受惠, 不言我感人, 而言人感我, 似非情理, 且孫宰旣與公舊交, 何以此時又忽欲與公永結爲兄弟. 杜臆蓋因下二句詞意不接, 故爲此說. 竊意下二句, 當在魂字韻下, 喚起霑盤餐下, 當接肝字韻二句, 再接此誓將二句, 如此則詞意自順, 夫子是公稱孫宰, 不致扞格矣. 蓋昏暮投人, 必己先獨見, 濯足招魂, 當只言孫宰之待己也. 旣知挈妻子同來, 乃空堂相奉, 偕攜入居, 及主人爲具盤餐, 而衆雛行倦, 已睡去堂內矣, 故喚起共食, 因而自念艱難之際, 誰能豁達相待如此者, 感激之深, 前此雖與相好, 自今更欲永結爲弟昆也. 前說公詩多有爲傳寫錯倒者, 此亦是也.)

39 空(공): 비우다. 所坐堂(소좌당): 앉아 있는 청당廳堂. 주인인 손재가 기거하고 있는 집을 가리킨다.

40 安居(안거): 편안히 거처하게 하다. 奉我歡(봉아환): 나의 기쁨을 받들

어 주다. 손재가 두보와 두보 가족을 편안히 거처하게 하여 즐겁게 해 준 것을 가리켜 한 말이다.

#《두시상주》 손재가 두루 돌보아 준 정의를 빠짐없이 기록하고 있다.(備誌孫宰周恤之誼.)

41 誰肯(수긍): 누가 기꺼이 ~ 하겠는가? 艱難際(간난제): 어려운 시기.

42 豁達(활달): 활달하다. 露心肝(노심간): 상대방에게 진심과 정성을 보여 준다는 뜻이다.

43 別來(별래): 헤어진 다음 지금까지. 歲月周(세월주): 세월이 돌다. 지난해부터 올해까지 1년의 세월이 흘렀음을 가리킨다.

44 胡羯(호갈): 오랑캐. 당시 난을 일으키고 있던 사사명, 안경서, 윤자기 등을 가리킨다. 仍(잉): 여전히. 構患(구환): 근심스러운 일을 만들어 내다.

45 何當: 어느 날. 어느 때. 翅翎(시령): 날개. 깃.

46 飛去(비거): 날아가다. 墮爾前(타이전): 그대 앞에 날아 내리다.

《보주두시》에 인용된 조차공 주 오랑캐에 대한 근심은 아마도 안경서를 가리켜 말했을 것이다. 아마 안경서는 정월에 그의 아버지를 죽이고 반군조정의 제위를 세습하였기 때문일 것이다. 공은 반군의 수중에 빠져 있다가 몸을 빼어 행재소로 갔기 때문에, 이 시를 부쳐 그 은혜에 감사하고 그 사람을 그리워한 것이다.(胡羯之患, 蓋指言安慶緖, 蓋慶緖於正月弑其父而襲僞位也. 公旣陷賊而脫身達行在所, 故寄此詩, 感其恩懷其人矣.)

#《두시상주》 마지막 단락에서는 헤어진 후에 회상하는 뜻을 맺고 있다. 《두억》에서는 "공이 손재의 내심을 생각하여 늘 마음속에서 왕래하였다. 그리하여 지난날 피난의 신고를 술회함은 더욱 진절해졌고, 이에 주선의 덕에 대한 감사는 더욱 무게를 더했다."라고 하였다.(末結別後追思之意. 杜臆, 公念孫宰肝膈, 時往來於中, 故追寫逃難之苦愈眞, 則感勒周旋之德愈重.)

##《두시상주》 이 시는 4구로 시작하여 6구로 맺고 있다. 앞 두 단락은

각 10구이고 후 두 단락은 각 8구다.(此章四句起, 六句結. 前二段各十句, 後二段各八句.)

《두시상주》 이 시의 용운은 뒤섞여 있어 한결같지 않은데 주학령 주의 고정考訂을 거치고서 각각 고운古韻에 바탕을 두고 있음을 알게 되었다. 단락을 분석함에 있어서는 제가의 견해가 자못 뒤섞여 있었다. 지금 면목을 일신해 놓았으니 분명하게 알아보기 쉬워졌기를 바랄 따름이다. 소산 모기령의《운학지요》에 "고운古韻에 대하여는 명확한 주해가 없고 다만 송 오역과 정상에게 각각 고운의 통전通轉과 관련한 주해본이 있었을 뿐인데, 아쉽게도 당시에는 단지 오역의 설만 통행되었을 뿐 정상의 설은 통행되지 않았기에 운학韻學이 크게 어두워졌다. 정씨의《고음변》을 살펴보면 고운을 6부로 나누었으니 동東, 동冬, 강江, 양陽, 경庚, 청青, 증蒸의 7운은 모두 양陽음과 협운을 이루었고, 지支, 미微, 제齊, 가佳, 회灰의 5운은 모두 지支음과 협운을 이루었고, 진眞, 문文, 원元, 한寒, 산刪, 선先의 6운은 모두 선先음과 협운을 이루었고, 어魚, 우虞, 가歌, 마麻의 4운은 모두 우虞음과 협운을 이루었고, 소蕭, 효肴, 호豪, 우尤의 4운은 모두 우尤음과 협운을 이루었고, 침侵, 담覃, 염鹽, 함咸의 4운은 모두 담覃음과 협운을 이루었다. 그 책은 오씨의《운보》후에 나온 것인데, 그것을 고음古音에 견주어 살펴보면 이미 열 중 아홉은 얻은 것이었다. 빠뜨려 충분치 못하다고 느껴지는 부분은 어魚, 우虞, 가歌, 마麻와 소蕭, 효肴, 호豪, 우尤를 아직 두 부분으로 나누어 놓고 있다는 점일 따름이다."라고 하였다. 살펴보건대, 모씨의 이 책은 실로 침沈운의 협소함을 깨기에 충분한데, 두보의〈팽아행〉에서 보듯 한 편의 시에다 6운을 모아 놓았으니 당나라 사람들은 아직 고운을 알았던 것이다.(此詩用韻, 參錯不一, 經朱注考訂, 知各本古韻也. 至於分析段落, 諸家頗混, 今鈎淸眉目, 庶朗然易見耳. 蕭山毛奇齡韻學指要曰, 古韻無明註, 惟宋吳棫鄭庠, 各有古韻通轉註本, 惜當時但行棫說, 而不行庠說, 致韻學大晦. 考鄭氏古音辯, 分古韻六部, 東冬江陽庚青蒸七韻, 皆協陽音. 支微齊佳灰五韻, 皆協支音. 眞文元寒刪先六韻, 皆協先音. 魚虞歌麻四韻, 皆協虞音. 蕭肴豪尤四韻, 皆協尤音. 侵覃鹽咸四韻, 皆協覃音. 其書出吳氏韻補後, 按之古音,

已得十之九. 所略不足者, 魚虞歌痳與蕭肴豪尤, 尙分兩部耳. 按毛氏此書, 實足破沈韻之拘隘, 閱少陵彭衙行, 合六韻於一篇, 唐人尙知古韻也.)

《독두심해》 생각건대, 역시 부주로 돌아갈 때에 팽아의 서쪽을 지나면서 지난해 손재가 주선해 주었던 정의를 떠올렸으나 길을 둘러 찾아갈 수 없었기에 애오라지 이 시를 지어 감개를 적었던 듯하다. 공의 독실하고 인후한 성품을 여기에서 찾아볼 수 있겠다. 손재는 필시 백수 사람일 것이다. 동가와는 마땅히 백수의 마을 이름으로, 곧 손재가 사는 곳일 것이다. 공은 백수의 옛 이름을 취하여 제목을 정하여 노래하여 그 사람을 나타냈기에 '팽아행'이라 한 것이지, 길이 팽아를 나선 뒤 다시 열흘간의 진창길을 거친 연후에 동가와에 다다라 손재를 만났던 것은 아니다. '노자를 나서려 한다'라고 한 것은, 공이 백수에 갈 때에 당초 곧바로 가족을 이끌고 영무의 행재소까지 가려 했던 것이지 백수에 머무를 계획이 아니었음을 말한다. 마침 이곳에서 손재를 만났고 아울러 구씨 최십구옹을 만나게 되어 잠시 머물렀던 것이다. 노원창이 살피지 못하고서 마침내 동가와와 노자관이 가깝다고 하였다. 노자관이 연주의 북쪽에 있고, 공이 평생 연주에 갔던 적이 없음을 몰랐던 것이다. 게다가 이 시는 본디 손재를 찬미한 것이다. 그의 집이 팽아에 있지 않았다면, 의당 '동가와행'이라고 해야 하며 '팽아행'이라고 해서는 안될 것이다. 모든 주들이 다 뒤섞여 있는 가운데 노원창의 주가 더욱 잘못되어 특별히 바로잡는다. 처음 4구는 곧 '팽아'에 대한 점제로서 이는 먼저 제목을 들추어내는 법식이다. '진실' 이하에서는 처음 출발에서부터 팽아에 이르는 열흘 사이에 겪은 고생을 추서하였으니, 바로 이렇게 함으로써 아래 글의 '객을 맞이하여' '기쁘게 해 주었다'는 한 단락의 깊은 정을 부각시켰다. 어린 아들 딸의 모습을 묘사한 것을 보면 그림으로도 그려낼 수 없는 정도이다. 봉선에서 백수까지는 본디 열흘간의 행정이 못되는 까닭에 이처럼 늦어질 리는 없다. 그러므로 앞뒤로 '전 가족이 걸어서 길을 가고' '며칠 동안 수 리 정도 나아간다'라 하여 들추어 말하였다. '소류' 이하는 손재의 높은 의리를 갖춰 말한 것이다. 먼저 '욕출' 1구를 붙여 두어 높은 의리가 더욱 드러나도록 하여, 이곳에 온 것이 본디 발길을 머물고자 한 것이 아니건만 은근히 길손을 머물게 하여 놓아주지 않음이 전적으로 친구의 정이 무겁기 때문이었음을 보여 주었다. 아래에서는 먼저 자신을 안돈시켰음을 쓰고 다음으로 처자를 안돈시킴을 썼다. 그리고 다시 전체적으로 쓴 것이 4구이고, 다시 감사를 표한 것이 2구이다. 이러한 정에 파고드는 곡진한 필치가 아니라면 어떻게 이렇듯 층층 구름에 닿을 정도의 높은 의리를 드러낼 수 있겠는가? 결미에서는 이른바《시경·패풍邶風·백주柏舟》에 보이는 '고요히 생각하니 떨쳐 날 수 없다'라는 것이다. 구조오의 주에서는 한 편에다 여섯 운을 모아놓은 고운古韻이라고 하였다.(疑亦還鄜時, 路經彭衙之西, 回憶去歲孫宰周旋之誼, 不克枉道相訪, 聊作此志感. 公篤厚性成, 於斯可見. 孫宰必白水人. 同家窪當是白水鄉村之名, 卽孫宰所居也. 公因取白水之古名, 命題作歌, 以表其人, 故曰彭衙行. 非路出彭衙後, 再歷一旬之泥塗, 然後到同家窪, 遇孫宰也. 其曰欲出蘆子者, 公往白水時, 初意直欲挈家竟達靈武行在, 未嘗決計寓白水也. 適於此遇孫宰, 兼得舅氏崔十九翁, 因暫止焉. 盧元昌不察, 遂認同家窪與蘆子關相近. 不知關在延州北, 公生平未嘗到延州. 且此詩本美孫宰. 其家旣不在彭衙, 則宜曰同家窪行, 不宜曰彭衙行矣. 凡注皆混, 盧尤謬, 故特正之. 起四, 卽點彭衙, 是先出題法. 盡室以下, 乃追敍初起身至彭衙一旬以內所歷之苦. 正以反蹴下文延客奉歡一段深情也. 看其寫小兒女態, 畵不能到. 由奉先至白水, 本無一旬之行程, 不應遲遲若此. 故前後用盡室徒步竟日數里點破之. 小留以下, 備述孫宰高義. 先着欲出一句, 益顯得高義出. 見此來本非有意駐足, 而款留不放, 全由故人情重也. 下則先敍安頓自身, 次敍安頓妻孥, 再總寫四句, 再致感兩句. 非此入情曲筆, 那顯此曾雲高義. 結則所謂, 靜言思之, 不能奮飛也. 仇註云, 合六韻於一篇, 古韻也.)

(이남종)

23. 得舍弟消息

아우의 소식을 듣다

風吹紫荊樹[1]　色與春庭暮　花落辭故枝[2]　風迴返無處[3]
骨肉恩書重[4]　漂泊難相遇　猶有淚成河[5]　經天復東注[6]

바람 부는 자형수
그 빛깔 봄 뜰 더불어 저무누나.
꽃 떨어져 옛 가지 떠나면
바람에 불리어 돌아와도 머물 곳 없는 것을.
골육의 은정 담긴 글 귀중함은
정처 없이 떠돌아 만나기 어려워서지.
여전히 눈물이 강을 이루어
하늘 지나 다시 동쪽으로 흐르네.

이 시는 건원 원년 늦은 봄 장안에서 좌습유에 임직하고 있을 때 전란 중에 헤어져 있는 동생의 소식을 듣고서 쓴 시다. 두보에게는 모두 네 명의 동생이 있었는데, 당시 모두 뿔뿔이 흩어져 있었다. 화주사공으로 이직한 뒤의 작품이라는 견해도 있다.

시의 전반에서 뜰 안에 핀 가시나무를 읊어 동생과 떨어져 있음을 비유적으로 읊어냈다. 가시나무가 예로부터 우애의 상징물로 인식되어 왔던 까닭이다. 후반에서는 어렵사리 소식을 얻었으되 만날 수 없는 비통한 심정을 직접적으로 토로하였다. 이로써 "고시古詩의 남은 뜻이 있다"는 평가를 받고 있다.

《두시상주》 이 시는 마땅히 건원 원년 늦은 봄에 지은 것으로, 시에서 '봄 뜰이 저물어간다'고 한 것에서 알 수 있다.(此當是乾元元年季春作, 詩言春庭暮可見.)

《보주두시》 동생은 하남에 있고, 두보는 서쪽으로 갔기 때문에, '여전히 눈물이 강을 이루어, 은하를 지나 다시 동쪽으로 흐른다.'라고 한 것이니, 마땅히 건원 원년 화주에서의 작품이다.(其弟在河南而公西去, 故云猶有淚成河, 經天復東注. 當是乾元元年在華州作.)

주 석

1 紫荊(자형): 나무 이름으로 자형수다. 봄에 붉은 보라색 꽃이 피고 약재로 쓰이는 나무인데, 흔히 형제와 관련된 전고로 사용된다.

《두시상주》에 인용된 주경식周景式의 《효자전孝子傳》 옛날 형제가 분가하려 하였다. 문을 나서 세 그루의 가시나무가 그루를 함께 하고 가지와 잎새가 잇닿아 그늘을 이루고 있는 것을 보고는 탄식하여 말하기를, '나무도 오히려 즐거이 모여 사는데 하물며 우리가 갈라설 수 있겠는가'라고 하였다.(古有兄弟欲分異, 出門見三荊同株, 枝葉連陰, 嘆曰, 木猶欣聚, 況我而殊哉.)

《두시상주》에 인용된 《속제해기續齊諧記》 전광, 전진, 전경의 형제 세 사람이 재산을 나누고자 하였다. 그날 밤 뜰 앞의 세 그루의 보라색 가시나무가 곧 시들어 버렸다. 형제들은 이를 탄식하고 다시 합치자, 나무는 다시 생기를 되찾아 무성해졌다.(田廣田眞田慶兄弟三人, 欲分財. 其夜庭前三荊便枯. 兄弟嘆之, 却合, 樹還榮茂.)

2 辭故枝(사고지): 옛 가지를 떠나다. 꽃이 가지에서 떨어짐을 말한다.

3 風迴(풍회): 바람이 되돌아 불다. 返無處(반무처): 돌아가지만 살 곳이 없다. 고향을 떠난 뒤 전란으로 인하여 다시 돌아갈 수 없는 상황을 뜻한다. '返'이 '反'으로 된 판본도 있다.

[風吹 4구] 보라색 가시나무의 꽃이 바람에 불려 떨어지는 것은 형제간의 이별을 비유하고 있다. 이에 착안하여 꽃이 지는 늦은 봄을 두보 형제가 이별하던 시기를 가리킨다는 견해가 있지만, 취하지 않는다. 꽃이 지는

시절에 동생의 편지를 받고서 시흥을 일으킨 것으로 이해하면 충분할 것이다.

《두시상주》 가시나무의 꽃이 바람에 불리어 떨어지는 것은 형제의 이산을 나타낸다.(荊花吹落, 喩兄弟分張.)

《두시경전》 꽃이 땅으로 떨어져 내림이 저물녘의 봄빛과 더불어 똑같이 참담함을 말하고 있다.(言花色下地, 與薄暮春光同一慘黯.)

《구가집주두시》 조차공 주 이 부분은 처음 아우와 헤어질 때가 늦은 봄이었음을 말한다. 옛날 형제에 대한 고사 가운데 이러한 일이 있어서, 두보가 가시나무로 인하여 시흥을 취한 것이다.(此言初別之時當暮春也. 古兄弟中事有此, 故公因荊以興焉.)

4 骨肉(골육): 형제. 구체적으로 동생을 가리킨다. 恩書(은서): 은애의 뜻이 담긴 편지. 동생에게서 온 편지를 가리킨다.

5 猶(유): 여전히. 지금까지. 成河(성하): 은하를 이루다.

6 經天(경천): 하늘을 지나다. 復東注(부동주): 다시 동쪽으로 흐르다.

《두시상주》 은하가 봄날 밤에 동쪽을 향하고 있어서, 하늘을 지나서 동쪽으로 흐른다고 하였다.(天河春夜向東, 故曰經天東注.)

#《두시상주》 이 시는 경물을 대하고 정을 말한 것으로, 상반부는 비比이고 하반부는 부賦로서, 고시의 남은 뜻이 있다. 가시나무의 꽃이 바람에 불리어 떨어지는 것은 형제의 이산을 비유하고, 바람이 돌아 불어도 돌아오지 못함은 표박하여 만나기 어려움을 비유한다. 두보는 서경에 있고 동생은 하남에 있기에, 눈물이 동쪽으로 흘러간다고 하였다. '은서' 두 글자는 제목을 드러낸 것이다.(此章對景言情, 上比下賦, 有古詩遺意. 荊花吹落, 喩兄弟分張. 風迴不返, 喩漂泊難遇. 公在西京, 弟在河南, 故云淚東注. 恩書二字, 點題.)

《두억》 유신옹劉辰翁은 "쓰라린 마음과 원망의 가락이 사람을 슬프게 한다. 형제가 없음을 아파함은 《시경·소아小雅·상체常棣》에서 척령새가 형제가 사망하는 등의 위급한 상황을 비유하고 있는 것보다 참담하다."라고 하였다. '恩書'에 잘못이 있는 듯하다. 어찌 동생이 편지를 부쳐 왔는데 또 만나기 어렵다고 했겠는가? 이 시를 읽어 보면 아마 소식이 좋지 않은 듯한데, 그리하여 비통함이 유다른 것이다.(須溪云, 苦心怨調, 使人凄然, 終鮮之痛, 慘于脊令死喪之喩. 恩書似有誤. 豈謂乃弟寄書亦難相遇耶. 讀此詩, 似消息不佳, 故悲痛獨至.)

《**독두심해**》 비比이면서 부賦다. 유신옹(회맹은 자)이 말하기를, "형제가 없음을 아파함은 〈척령脊令〉시가 형제의 죽음을 비유하고 있는 것보다 참담하다."라고 하였다.(比而賦也. 劉會孟曰, 鮮終[終鮮의 잘못]之痛, 憯於脊令死喪之喩.)

(이남종)

24. 瘦馬行

여윈 말의 노래

東郊瘦馬使我傷[1] 骨骼硉兀如堵牆[2]
絆之欲動轉欹側[3] 此豈有意仍騰驤[4]
細看六印帶官字[5] 衆道三軍遺路旁[6]
皮乾剝落雜泥滓[7] 毛暗蕭條連雪霜[8]
去歲奔波逐餘寇[9] 驊騮不慣不得將[10]
士卒多騎內廐馬[11] 惆悵恐是病乘黃[12]
當時歷塊誤一蹶[13] 委棄非汝能周防[14]
見人慘澹若哀訴[15] 失主錯莫無晶光[16]
天寒遠放雁爲伴[17] 日暮不收烏啄瘡[18]
誰家且養願終惠[19] 更試明年春草長

동쪽 교외 여윈 말이 나를 슬프게 한다.
뼈는 툭 솟아 담장과 같고,
줄로 묶자 움직이려고 하여 더욱 기울어지니
어찌 이 말에 여전히 내달리려는 뜻이 있으랴.
자세히 보니 여섯 도장에 '관'자가 있거니와
삼군이 길가에 버렸다고 사람들은 말한다.
가죽은 말라 벗겨져 진흙이 섞였고
털은 어둑하니 생기가 없고 눈과 서리가 붙어 있다.

지난해 세찬 파도처럼 남은 도적을 쫓을 적에
화류마는 익숙하지 않아 부릴 수 없었다.

병사들이 궁중 마구의 말을 많이 탔으니
아아, 아마도 이 말은 병든 승황일 게다.
당시 흙무더기 지나다 한번 잘못 넘어져
버려진 것은 네가 두루 막을 수 있었던 것이 아니다.
사람을 쳐다보는데 참담하여 슬피 호소하는 듯하고
주인을 잃은지라 쓸쓸하니 눈에 밝은 빛이 없구나.
날은 추운데 멀리 쫓겨나 기러기가 짝이 되고
해 저물어도 거두지 않으니 까마귀가 상처를 쪼는구나.
뉘 집에서 또 길러 주고 끝까지 은혜 베풀기를 원하여
내년 봄 풀 자라날 때에 다시 시험해 줄까?

이 시는 건원 원년 두보가 화주사공으로 폄적되어 갔을 때 관군에 의해 교외에 버려진 말을 보고서 쓴 것이다. 말의 마른 모습에 대한 구체적인 묘사와 함께 지난날 궁중 마구에서 길러지다 전쟁터에 나갔다가 잘못되어 마침내 길가에 버려진 이력을 추정하면서 말에 대한 깊은 이해와 동정심을 표현하였다. 아울러 버려진 말의 형상에 조정에서 쫓겨난 작가 자신의 처지를 투영하면서 다시 쓰임 받기를 바라는 심정을 함께 드러내었다.

시 제목의 '瘦'는 《문원영화》에는 '老'로 되어 있다.

《**두시상주**》 이는 건원 원년 화주에 폄적되어 간 뒤에 그 일을 추억하여 서술한 것이다. 살펴보건대, 황학은 지덕 2년 방관이 재상을 그만둔 것 때문에 지은 것으로 보았다. 이렇게 본다면 시 가운데서 말한 지난해란 지덕 원년을 가리킨다. 채흥종은 건원 원년 공이 스스로 관직이 강등된 것을 슬퍼하여 지은 것으로 보았다. 이렇게 본다면 시에서 말한 지난해란 지덕 2년을 가리킨다. 지금 고찰하건대, 지덕 원년 진도와 청판에서 왕의 군대가 전멸하였으니 하잘 것 없는 병든 말이 또한 어찌 말할 만한 것이겠는가? 지덕 2년에 장안을 수복함에 이르러 사람들의 마음이 안도하게 되었기 때문에 길가의 파리한 말에 대하여 또한 감상에 젖을 수 있었던 것이다. 게다가 시에 '지난 해 세찬 파도처럼 남은 도적을 쫓았다'고 하였으니 분명히 지덕 2년의 일을 추억하여 말한 것이다. 마땅히 채흥종의 설을 따라야 한다.(此是乾元元年謫官華州後, 追述其事. 按, 黃鶴以爲至德二載爲房琯罷相而作, 則詩中所謂去年者, 指至德元載也. 蔡興宗以爲乾元元年公自傷貶官而作, 則詩中所謂去年者, 指至德二載也. 今考至德元載, 陳陶青坂王師盡喪, 區區病馬又何足云. 及二載收復長安, 人情安堵, 故道旁瘠馬亦足感傷. 況詩云去年奔波逐餘寇, 明是追言二載事, 當從蔡說.)

《독두심해》 채흥종은 말하기를 건원 원년 화주에서의 시로 공이 스스로 관직이 강등된 것을 슬퍼하여 지은 것이라고 하였는데 이 견해가 옳다. 첫 부분에 '동교'자를 쓴 것은 화주가 장안 동쪽에 있었기 때문이다.(興宗云, 乾元元年華州詩, 公自傷貶官而作. 其說是也. 開口用東郊字, 華在長安東也.)

《구가집주두시》 조차공 주 양마는 일을 맡을 만한 덕이 있는데 말라서 스스로 떨칠 수 없고, 현사에게는 쓸 만한 재주가 있는데 곤경에 처하여 스스로 뛰어나게 할 수 없다. 말이 말랐다면 다만 길러 줄 일이고 선비가 곤궁하다면 다만 천거해 줄 일이다. 마지막 구에 '뉘 집에서 또 길러 주고 끝까지 은혜 베풀기를 원하여 내년 봄 풀 자라날 때에 다시 시험해 줄까'라고 하였으니 전편의 대의를 볼 수 있다. 채백세(채흥종의 자)는 말하기를 "공이 화주사공으로 나갔는데 일 때문에 동도로 갔다가 이 시를 지은 것이다."라고 하였다. 어떤 사람은 "이 시는 방관이 쫓겨난 것을 말한 것 같다."라고 하였고 또 "다만 공이 스스로를 비유한 것이다."라고 말한 사람도 있는데 모두 그렇지 않은 것으로 생각된다. 대체로 '뉘 집에서 은혜롭게 길러 줄까?'라고 하였으니 지명하려는 뜻은 없다. 만약 방관 때문에 그렇게 말한 것이라면 은혜롭게 길러 줄 사람은 반드시 천자이니 '뉘 집'이라고 말해서는 안 된다. 만약 공 때문에 그렇게 말한 것이라면 은혜롭게 길러 줄 사람은 반드시 귀인이다. 공은 당시 곤궁하고 폄적되었으니 그를 돌아보아 발탁해 줄 사람에게 바라는 바가 있었을 것이라고 한다면 그런대로 말할 만한 것이 있게 된다. 그러나 그것이 비유하는 바는 넓지 못하다. 그러므로 곧장 공이 여윈 말을 보고 감흥이 일어 현사가 곤궁하면 다만 그를 천거해 줄 일이라는 데에 뜻을 기탁하였다고 보아야 그 말하는 내용이 넓어진다.(良馬有可任之德, 以瘦而不能自奮, 賢士有可用之材, 以困而不能自拔. 馬之瘦, 惟其養之而已, 士之困, 惟其薦之而已. 落句云, 誰家且養願終惠, 更試明年春草長. 一篇大意可見. 蔡伯世云, 公出爲華州司功, 以事之東都, 有此詩. 或曰, 此詩似言房琯之斥逐. 又曰, 特公以自比. 皆謂不然. 蓋謂誰家惠養, 則無所指名之義. 若以房琯言之, 則惠養之者, 必天子也, 不應謂之誰家. 若以公言之, 則惠養之者, 必貴人也. 公時困謫, 有所望於顧拔之者, 則猶有可言, 然其所喩不廣. 故直以爲公因感瘦馬而託意於賢士之困惟其所薦之, 則其說廣.)

주 석

1 東郊(동교): 동쪽 교외. 당시 두보는 화주사공으로 폄적되어 갔고 화주는 장안의 동쪽에 있었다. 瘦(수): 여위다. 마르다. '老'로 된 판본도 있다.

2 骨骼(골격): 뼈. 골격. '骼'은 '骸'로 된 판본도 있다. 硉兀(율올): 높이 솟아 있다. 툭 튀어나오다. 如堵牆(여도장): 담장과 같다. 이 구는 말이 말라서 뼈가 솟아오른 모양이 담장과 같다는 말이다.

3 絆(반): 줄로 묶다. 옭아매다. 轉(전): 더욱더. 갈수록. 점점. 攲側(의측): 기울어지다. 이 구는 말의 네 발에 힘이 없어 끈으로 묶으려 하자 묶이지 않으려고 움직여 더욱더 기울어졌다는 말이다.

4 騰驤(등양): 내달리다.

5 六印(육인): 여섯 군데에 찍힌 도장. '六'은 '火'로 된 판본도 있는데 《두시상주》에서는 잘못된 것이라 하였다. 帶官字(대관자): '관'이라는 글자가 있다.

《두시상주》에 인용된 《당육전唐六典 **· 제목감**諸牧監**》** 무릇 목감에 있는 말들은 모두 도장을 찍었다. 오른쪽 어깨에는 작은 '관'자를, 오른쪽 넓적다리에는 나이를, 꼬리 옆에는 목감 이름을 도장 찍었는데 모두 좌우 곁채에 따랐다. 만약 용모가 단정하여 상승에 보낼 예정이면 목감 이름을 사용하지는 않았다. 두 살 되는 해 입춘에는 그 힘을 측정하여 또한 '비'자인을 그 왼쪽 넓적다리와 어깨에, 세마 차마는 용 모양의 도장을 그 목 왼쪽에 찍었다. 상승에 보내는 것은 꼬리 옆에 좌우 마구간에 따라 '삼화'인을 찍었다. 그 나머지 잡마 가운데 상승에 보내는 것은 '풍'자인을 왼쪽 어깨에 찍고 '비'자인을 왼쪽 넓적다리에 찍었다. 관마 중 사람에게 하사하는 것은 '사'자인을 사용하였고, 군대에 배치하거나 역마에 충당하여 역참으로 보내는 것은 '출'자인을 좌우 뺨에 함께 찍었다.(凡在牧之馬皆印. 印右髆以小官字, 右髀以年辰, 尾側以監名, 皆依左右廂. 若形容端正, 擬送尙乘, 不用監名. 二歲始春, 則量其力, 又以飛字印印其左髀髆, 細馬次馬以龍形印印其項左. 送尙乘者, 尾側依左右閑印以三花. 其餘雜馬送尙乘者, 以風字印印左髆, 以飛字印印左髀. 官馬賜人者, 以賜字印. 配諸軍及充傳送驛者, 以出字印, 並印左右頰也.)

6 三軍(삼군): 군대의 통칭. 여기서는 관군을 말한다. '三'은 '官'으로 된 판본도 있다.

7 剝落(박락): 벗겨지다. 雜(잡): 섞이다. '盡'으로 된 판본도 있다. 泥滓(이재): 진흙 찌꺼기

8 毛暗(모암): 털이 어둡다. 말이 병들어 털이 빛을 잃은 것을 말한다. 蕭條(소조): 스산하다. 생기가 없다.

《두시상주》에 인용된 이실李實 **설** 무릇 말이 병들면 털끝에 티끌이 생겨나기 때문에 '털이 어둡다'고 말한 것이다.(凡馬病, 毛頭生塵, 故曰毛暗.)

#《두시상주》 이 단락은 여윈 말의 초췌한 모습을 쓴 것이다. '동교'는 장안의 동쪽을 가리키는데 바로 지덕 2년 겨울 반군을 추격하던 곳이다. 여윈 말이 아직 '관'자인이 있다는 것은 그것이 옛날에 쓰였다가 지금은 버려진 것을 탄식한 것이다.(此記瘦馬憔悴之狀. 東郊, 指長安之東, 卽至德二年冬追賊之處. 瘦馬猶帶官印, 歎其昔用而今棄也.)

9 去歲(거세): 지난해. 奔波(분파): 세찬 파도. 관군이 반군을 쫓는 모습을 비유한 것이다.

10 驊騮(화류): 주周 목왕穆王 8준마(赤驥, 盜驪, 白義, 逾輪, 山子, 渠黃, 驊騮, 綠耳)의 하나. 양마를 가리킨다. 不慣(불관): 익숙하지 않다. 화류마에 익숙하지 않다는 말이다. 화류마가 잘 조련되지 않다, 또는 화류마가 전쟁에 익숙하지 않다고 풀이하기도 한다. 방관이 전쟁에 익숙하지 않음을 비유한 것으로 보는 견해도 있다. 不得將(부득장): 부리지 못하다. '장'을 '여與'의 의미로 파악한 견해도 있다.

《두시상주》에 인용된 장원張遠 주 '불관부장'이란 잘 조련되지 못한 말은 쓸 수가 없다는 말이다. 그러므로 궁중 마구간에 있는 말을 사용할 뿐이다.(不慣不將, 未調習者不得用, 故用內廐馬耳.)

《두공부초당시전》 '화류'는 양마다. 각축에 익숙하지 않다는 것으로 방관이 전투에 능하지 못함을 비유하였다.(驊騮, 良馬. 不慣於角逐, 以喩房琯不習乎戰鬪也.)

11 內廐(내구): 궁중의 마구간.

12 乘黃(승황): 원래 전설상의 신마神馬 이름인데 뒤에 어마御馬를 가리키는 말로 쓰였다. 승황이 짐승 이름이라는 설도 있다.

《두시상주》 《산해경》에 "백민의 나라에 승황이 있는데 그 모습은 여우와 같고 등에 뿔 두 개가 있으며 그것을 타면 이천 살까지 살 수 있다."라고 하였는데 곽박郭璞 주에 "바로 비황이다."라고 하였다. 《낭육전》에 "승황서령은 한 사람이다."라고 하였다. 왕수는 말하기를 "승황은 옛날의 신마로 또한 비황이라고도 한다. 등에 뿔이 있고 하루에 만 리를 갔다."라고 하였다. 《회남자》에 "천하에 도가 있으면 비황은 구유에 엎드린다."라고 하였다. 일설에는 "신황은 짐승이름으로 용의 날개에 말의 몸을 하고 있었는데 황제가 이를 타고 신선이 되었다."라고 한다.(山海經, 白民之國有乘黃, 其狀如狐, 背上有兩角, 乘之壽二千歲. 注, 卽飛黃也. 唐六典, 乘黃署令一人. 王洙曰, 乘黃, 古之神馬, 亦名飛黃, 背有角, 日行萬里. 淮南子, 天下有道, 飛黃伏皂. 一云, 神黃, 獸名, 龍翼馬身, 黃帝乘而登仙.)

[去歲 4구] 지난해 관군이 반군을 추격할 때 사졸들이 화류마는 익숙하지 않아 타지 못하고 대부분 조련이 잘 된 궁중 마구의 말을 타고 나갔으니 이 여윈 말은 아마도 원래는 궁중의 어마御馬였는데 전장에서 다쳐 버려진 것이라는 뜻이다.

13 歷塊(역괴): 흙무더기를 지나가다. 매우 빠르다는 것을 비유적으로 표현한 말이다. 蹶(궐): 미끄러지다. 넘어지다.

《한서·왕포전王褒傳》 '過都越國, 蹶如歷塊'의 안사고顏師古 주 한 흙무더기를 지나가는 것과 같다는 것으로 그 빠르기가 심하다는 것을 말한다.(如經歷一塊, 言其疾之甚.)

14 委棄(위기): 버리다. 能(능): '難'으로 된 판본도 있다.

15 慘澹(참담): 참담하다. 비참하고 처량하다.

16 錯莫(착막): 적막하고 쓸쓸하다. '착막錯漠' '낙막落寞'과 같다. 無晶光(무정광): 밝은 빛이 없다. 아마 눈빛을 두고 한 말일 것이다. '晶'은 《문원영화》에는 '睛'으로 되어 있다.

《두시상주》 '착막'은 '낙막'이란 말과 같다.(錯莫, 猶云落寞)

17 伴(반): 짝. '侶'로 된 판본도 있다.

18 不收烏啄瘡(불수오탁창): 거두어들이지 않아 까마귀가 상처를 쪼다. '不'은 '未'로 된 판본도 있다. 어떤 판본에는 '不衣烏作瘡'이라고 하였다.

19 終惠(종혜): 끝까지 은혜를 베풀다.

[誰家 2구] '뉘 집에서 또 길러 줄까? 원컨대 끝까지 은혜를 베풀어 내년 봄 풀 자라날 때 다시 시험해 주기를 바란다'라고 번역할 수도 있겠다.

#《두시상주》 이 단락은 여윈 말의 슬프고 아픈 감정을 서술하였다. 궁정 마구간의 승황이었다가 멀리 쫓겨나 거두어들이지 않게 되었다는 것으로 또 그것이 옛날에는 귀한 존재였으나 지금은 천하게 되었음을 탄식하

였다. 공은 소를 올려 방관을 구하려다가 한번 넘어져 일어나지 못하는 데 이르렀다. 그런 까닭에 '흙무더기를 지나다 한번 잘못 미끄러진 것은' '네가 두루 막을 수 있었던 것이 아니다'라고 말한 것이다. 관직에서 떨어진 뒤 이로부터 다시 임금을 만날 수 없었으므로 '사람을 바라보는 데 슬피 호소하는 듯하고' '주인을 잃어 밝은 빛이 없다'고 말하였다. 몸소 폐기됨을 경험하고서 뒤에 능력을 펼쳐 보이고 싶었으나 그리할 수 없었으므로 '뉘 집에서 끝까지 은혜 베풀기를 원하여' '봄풀이 자라날 때에 다시 시험해 주겠는가?'라고 하였다. 기탁된 뜻이 분명하다. 시는 건원 원년 봄에 지어졌는데 '내년에 봄풀이 자라다'라고 말한 것은 작년을 기준으로 올 봄에 이른 것을 말하였으므로 내년이 되는 것이다. 이것은 회상하여 서술한 말이다.(此敍瘦馬悲楚之情. 以內廐乘黃, 而至遠放不收, 又歎其昔貴而今賤也. 公疏救房琯, 至於一跌不起, 故曰歷塊誤一蹶, 非汝能周防. 落職之後, 從此不復見君, 故曰見人若哀訴, 失主無晶光. 身經廢棄, 欲展後效而不可得, 故曰誰家願終惠, 更試春草長. 寓意顯然. 詩作於乾元元年之春, 而云明年春草長, 從去年說至今春, 爲明年矣. 此追敍語也.)

##《독두심해》 첫 구는 큰소리로 선포하고 이어서 3구로 말의 여윈 상태를 묘사하였다. '슬퍼할 만하다'라고 말하지 않고 굳이 '어찌 다시 세상에 뜻이 있으랴'라고 말하였으니 안타까워함이 배나 깊다. 가운데는 '세간' 2자로 시작하여 4구는 말이 오늘날 버려진 것을 서술하였고, 4구는 그것이 지난날 공을 세웠음을 추켜세웠으며, 2구는 그것이 버려진 이유를 밝혔고, 2구는 그것이 슬피 울며 실색한 것을 그려 내었다. 모두 네 층으로 되어 있어 곡절이 무한하다. 마지막은 '원방' 2자로 스스로 배척당한 것을 투영하였으며 '일모' 2자로 스스로 길이 막혀 있음을 투영하였다. 이는 바로 첫 구에서 말한 '나로 하여금 슬프게 한다'는 것이다. 마지막 연은 모름지기 당시 처음으로 폄적당한 사정을 이해해야 하는데, 임금을 연모하고 충성을 바치려는 한 조각 진심으로부터 나온 것이지 동정을 구하는 말이 아니다. '거세' 4구는 당시 도적을 쫓는

일은 전쟁에 익숙한 화류마가 아니면 참여할 수가 없었음을 말한다. 이 말이 이미 군대에서 버림받았으니 필시 길거리의 평범한 말은 아니고 틀림없이 궁중 마구간의 승황에 속할 것이다. '공시'는 바로 '세간'과 호응한다. '잘못하여 한 번 넘어진 것은' '막을 수 있었던 것이 아니다'라는 것은 또한 '병'자로부터 말이 좌절을 당하게 된 근원을 밝히고 그 무고함을 헤아린 것이다. 이렇게 깊은 마음을 갖추고 있으면 선비를 잃는 일은 없을 것이다.(起句喝破, 隨以三句寫其瘦態. 不曰可惜, 偏曰豈復有意於世, 惋惜倍深. 中以細看二字作提, 四述其見遺於今, 四推其立功在昔, 二原其委棄所由, 二狀其哀鳴失色, 凡作四層, 無限曲折. 末以遠放二字自影被斥, 日暮二字自影途窮, 此正起句所謂使我傷者也. 結聯, 須體貼當日初謫官情事, 從一片戀主效忠悃忱發出, 非乞憐語也. 去歲四句, 言當時逐寇, 非慣戰之驊騮不得與也. 此馬既是軍中所遺, 必非街巷凡馬, 定屬內廐之乘黃矣. 恐是, 正與細看呼應. 誤一蹶, 非能防, 又從病字原其受挫, 而諒其無辜. 具此深衷, 可以無失士矣.)

(**이석형**)

25. 贈衛八處士

위처사에게 주다

人生不相見　動如參與商[1]　今夕復何夕[2]　共此燈燭光[3]
少壯能幾時　鬢髮各已蒼　訪舊半爲鬼[4]　驚呼熱中腸[5]
焉知二十載　重上君子堂[6]　昔別君未婚　男女忽成行[7]
怡然敬父執[8]　問我來何方　問答未及已[9]　驅兒羅酒漿[10]
夜雨剪春韭[11]　新炊間黃粱[12]　主稱會面難[13]　一擧累十觴[14]
十觴亦不醉[15]　感子故意長[16]　明日隔山岳　世事兩茫茫[17]

사람이 살면서 서로 만나지 못하는 것이
번번이 삼성과 상성 같은데,
오늘밤은 또 무슨 밤이라서
이 등촉의 불빛을 함께 하는가?

젊음이 얼마나 오랠 수 있을까?
각자 귀밑머리가 벌써 희끗희끗하구나.
옛 벗을 찾아갔으나 반은 귀신이 되어
놀라 소리 질러 속 창자가 뜨거웠었는데,
어찌 알았으랴, 이십 년 만에
다시 그대의 집에 오르리란 것을.
옛날 이별할 때 그대는 미혼이었는데
아들딸이 어느새 줄을 이루었고,
즐겁게 아버지의 친구에게 인사하며
내가 어디서 왔는가 묻는구나.

문답이 채 끝나지도 않았는데
아이들을 내몰아 술상을 차린다.
밤비에 봄 부추를 자르고
새로 지은 밥에는 메조가 섞였구나.
주인은 "만나기가 어렵다" 하면서
일거에 연거푸 열 잔을 마시는데,
열 잔을 마셔도 취하지 않으니
그대의 우정이 긴 것을 느껴서라.
내일 산악을 사이에 두고 헤어지면
세상일 둘 다 아득하겠구나.

이 시는 두보가 20년 만에 친구 위처사의 집을 방문하여 진심어린 환대를 받는 정경을 묘사한 작품으로 오랜 세월 변함없는 두 사람의 깊은 우정이 잘 나타나 있다. 자신이 느낀 바를 따라 손가는 대로 써 내려갔으면서도 그 안에는 작가의 진한 감정이 녹아 있다. 시의 어조는 평이하고도 분명하며 내용의 전개가 정연하다. 시제의 '위팔처사衛八處士'가 누구인지는 자세하지 않다. '처사'는 은자를 부르는 말이다.

저작시기에 관하여는 견해가 다양하다. 양권도는 천보 13년 장안에서 지은 시에 편재하였는데, 황학은 천보 9년 동도東都 낙양에서 장안으로 돌아오기 전에 지은 것으로 보기도 하고, 건원 2년 봄 두보가 화주에서 포주蒲州에 있는 위처사의 집을 방문했을 때 지은 것으로 추측하기도 하였다. 구조오는 황학의 두 번째 추측을 받아들여 건원 2년 봄 화주에 있을 때 지은 것으로 보았다.

《보주두시》 사씨 주에는 (이 작품을) 공이 위빈에게 준 것이라고 하였다. 시에 '어찌 이십 년 만에 다시 그대의 집에 오르리란 것을 알았으랴' 라고 말하고 또 '밤비에 봄 부추를 자르고 새로 지은 밥에는 메조가 섞였다'고 하였으니 이 작품은 봄철에 지은 것이긴 하지만 어느 해인지는 자세하지 않다. 시를 음미해 보면 또한 난리 뒤의 말은 아니다. 만약 양권도와 같이 천보 13년 장안에 있을 때 지은 시 속에 편재한다면 '내가 어디서 왔는가 묻는다' '내일이면 산악을 사이에 두게 될 것이다'라는 시구와 맞지 않는다. 살펴보건대, 공은 개원 23, 24년 사이에 과거에 실패하고 제齊, 조趙 지역으로 돌아다녔으며 그때 연주兗州에도 이르렀다. 그해 공의 나이는 24, 5세였으니 위씨는 분명 더욱 어렸을 것이고 그가 미혼이었던 것이 마땅하다. 지금 시에 20년 만에 다시 그의 집에 오른다고 하였는데 그렇다면 마땅히 천보 12, 13년에 해당할 것이다. 그런데 공은 천보 9년 장안으로 돌아와 〈삼대례부三大禮賦〉를 상주한 뒤부터는 오직 장안에만 있었고 해마다 지은 시가 있어서 이를 살필 수 있다. 생각건대 (공은) 천보 6년 조서에 응하여 과거를 보았다가 낙제한 뒤에 또 다시 동도에 갔는데, 10년에 삼대례를 행한 것으로 보아 천보 9년에 또 (경사로) 돌아와 〈삼대례부〉를 상주했던 것이다. 그런 까닭에 천보 9년에 천보 8년의 일을 기술한 〈동일낙성북알현원황제묘〉시가 있는 것이다. 이 시는 분명히 천보 9년에 지은 것이다. 이 해 공의 나이 바야흐로 마흔으로 '귀밑머리가 각자 벌써 희끗희끗해졌다'는 말이 타당하게 된다. 한漢 예형禰衡은 예처사라고 하였는데 아마도 또한 은자를 부르는 말로서 처사성이 있어서 그렇게 명명하였을 것이다. 또 당대에는 포주에 은거한 선비 위대경이 있었는데 위팔 역시 처사라고 불렀으니 아마 그 일족의 자제였을 것이다. 포주에서 화주까지는 단지 140리에 불과하였으니 혹 공이 화주에 있을 때 그 집에 간 것일 수도 있다. '악'은 화악을 가리켜 말한 것이고, 만약 그렇다면 20년에 차이가 없게 된다.(師注, 爲公與衛賓. 而詩云, 焉知二十載, 重上君子堂, 又云, 夜雨

剪春韮，新炊間黃粱，則是春月作，而未詳爲何年. 及味詩，又非亂離後語. 若如梁權道編在天寶十三載長安詩內，而於問我來何方，明日隔山岳之句，不叶. 按，公開元二十三四年間下第，遊齊趙，時至兗，而是年公方二十四五歲，則衛當愈少，宜其未婚. 今詩云二十載重上其堂，則當在十二三載，而公自九載歸，奏賦後，只在長安，歲歲有詩，可考. 意是六載應詔退下後，又再至東都，以十載行三大禮，而九載又歸，奏賦，故九載有冬日洛城北謁玄元皇帝廟詩，中述八載事. 此詩當是天寶九載作. 是年公方四十，鬢髮各已蒼，宜矣. 漢禰衡爲禰處士，蓋亦隱者之號，以有處士星而名. 又唐有隱逸衛大經，居蒲州，衛八亦稱處士，或其族子. 蒲至華止百四十里，或是公在華州時至其家. 岳指華岳而言. 若然，則二十載無差矣.)

《두시상주》 황학 주에 "처사는 은자를 부르는 말인데 처사성이 있기 때문에 그렇게 명명한 것이다. 당대에 은거한 선비 위대경이 있었는데 포주에 살았다. 위팔 역시 처사라 불렸으니 아마 그 일족의 자제였을 것이다. 포주에서 화주까지는 겨우 140리였으니 아마도 (두보가) 건원 2년 봄 화주에 있을 때 그의 집에 가서 지은 것일 것이다. '산악'은 화악을 가리켜 말한 것이다."라고 하였다. 주학령 주에 "위처사는 자세하지 않다. 사씨는 《당사습유》를 인용하여 위빈이라고 하였는데 바로 위서에서 근거 없이 조작한 것이므로 이제 그것을 삭제한다."라고 하였다. 동방삭의 《설난》에 "금세의 처사는 당시에 비록 쓰이지 않아도 무리 짓지 않고 조용히 홀로 산다."라고 하였다.(鶴注，處士，隱者之號，以有處士星，故名. 唐有隱逸衛大經，居蒲州. 衛八亦稱處士，或其族子. 蒲至華止一百四十里，恐是乾元二年春在華州時至其家作. 山岳，指華岳言. 朱注，衛處士，未詳. 師氏引唐史拾遺作衛賓，乃僞書杜撰，今削之. 東方朔設難，今世之處士，時雖不用，魁然無徒，廓然獨居.)

주 석

1 動(동): 움직이다. 툭하면, 언제나의 뜻으로 볼 수도 있다. 參與商(삼여상): 삼성參星과 상성商星. 삼성은 서쪽에 있고 상성은 동쪽에 있는데 하나가 뜨면 하나가 져서 서로 볼 수가 없다고 한다.

《두시언해》 삼성과 상성 두 별은 동서로 떨어져 있다.(參商二星, 東西間隔.)

2 今夕(금석): 오늘밤. '今'은 '此'로 된 판본도 있다.

《시경·당풍唐風·주무綢繆》 오늘밤은 무슨 밤이라서 이렇게 만나게 되었나?(今夕何夕, 見此邂逅.)

3 共此燈燭光(공차등촉광): 이 등촉의 불빛을 함께하다. 위처사와 두보가 함께 밤을 보내게 된 것을 말한다. '共宿此燈光'으로 된 판본도 있다.

#《두시상주》 첫 단락은 옛날에 헤어졌다 지금 만나게 된 정황을 서술하였다.(首敍今昔聚散之情.)

4 訪舊(방구): 옛 벗을 찾아가다. '舊'는 '問'으로 된 판본도 있다.

5 驚呼(경호): 놀라서 소리 지르다. '驚'은 '嗚'로 된 판본도 있다. 熱中腸(열중장): 창자가 뜨거워지다. 속마음이 뜨거워지다.

6 重上(중상): 다시 오르다. 君子堂(군자당): 군자의 집. 여기서는 위처사의 집을 가리킨다.

《두시언해》 '군자'는 위처사를 가리킨다.(君子, 指衛處士.)

7 男女(남녀): 아들 딸. '男'은 '兒'로 된 판본도 있다. 忽(홀): 홀연. 갑자기. 어느새. 成行(성항): 항렬을 이루다. 자녀가 많은 것을 말한다.

8 怡然(이연): 기뻐하는 모양. 父執(부집): 아버지의 친구.

#《두시상주》 둘째 단락은 이별한 뒤 늙은 사람과 어린아이의 모습을 말하고 있다.(次言別後老少之狀.)

9 問答(문답): 두보와 위처사 아들딸의 문답을 말한다. 未及已(미급이): 아직 끝나지 않다. '乃未已'로 된 판본도 있다.

10 驅兒(구아): 아이들을 몰다. 아이들을 다그치다. '兒女'로 된 판본도 있다. 酒漿(주장): 술과 음료. 술상을 말한다.

11 春韭(춘구): 봄 부추.

12 新炊(신취): 새로 불을 때서 밥을 하다. '新'은 '晨'으로 된 판본도 있다. 間(간): 섞다. '聞'으로 된 판본도 있다. 黃粱(황량): 메조.

《두시상주》 호하객이 말하기를 "북쪽 사람들은 밥을 할 때 쌀과 콩을 섞기 때문에 '간'자를 쓴 것이다."라고 하였다. 전겸익 전에 "《초사·초혼》'도자착맥, 나황량사'의 주에 '나'는 섞는다는 뜻이라고 하였으니 밥은 쌀, 피, 이른 보리를 사용하되 메조를 섞어 온화하고 부드럽게 한다는 말이다. '간'은 바로 '나'자의 뜻이다."라고 하였다. 이제 살펴보건대, '문'으로 된 판본도 있는데 이는 코로 메조의 냄새를 맡는다는 뜻으로 5자가 모두 평성이니 '간'자를 따르는 것만 못하다.(胡夏客曰, 北人炊飯雜米菽, 故用間字. 錢箋, 招魂, 稻粢穱麥, 挐黃粱些. 注, 挐, 糅也, 謂飯用稻粢穱麥, 糅以黃粱, 和而柔濡也. 間卽挐字之意. 今按, 別作聞, 是鼻聞黃粱之氣, 五字皆平聲, 不若從間字.)

《두시경전》 살펴보건대, 《본초》에 의하면 메조는 향이 여러 조보다 뛰어나며 '죽근황'이라고 부른다고 하는데, 이것으로써 조화시켜 부드럽고도 향기롭게 한 것이다.(按, 本草, 黃粱香美, 逾於諸粱, 號爲竹根黃, 以和而柔嫩且香滑也.)

13 主(주): 주인. 위처사를 가리킨다.

《두시언해》 '주' 역시 처사를 가리킨다.(主, 亦指處士.)

14 累(누): 연거푸. '蒙'으로 된 판본도 있다.

[主稱 2구] 주인이 두보에게 만나기 어렵다 말하면서 술을 권하여 두 사람이 10잔의 술잔을 대작했음을 말한다.

15 十(십): '百'으로 된 판본도 있다. 醉(취): '辭'로 된 판본도 있다.

16 故意(고의): 친구의 마음. 우정

17 茫茫(망망): 아득하다.

#《두시상주》 마지막 단락은 처사의 진실한 정을 느끼고 이리하여 이별을 아쉬워하는 것이다.(末感處士款情, 因而惜別也.)

##《두시상주》에 인용된 《만수시화漫叟詩話》 '즐겁게 아버지의 친구를 공경하며 내가 어디에서 왔는가 묻는다'의 경우, 다른 사람 같으면 여기까지 말하고 아래에 다시 몇 구절이 더 있어야 했을 것인데, 여기서는

곧 이어서 '문답이 채 끝나지도 않았는데 아이들을 다그쳐 술상을 차린다'라고 말하였으니 바로 한 움큼의 흙으로 황하의 물줄기를 막은 기상이 있다.(怡然敬父執, 問我來何方, 若他人說到此, 下須更有數句. 此便接云問答未及已, 驅兒羅酒漿, 直有抔土障黃流氣象.)

《두시상주》에 인용된 주전周甸 **주** 앞에서는 인생을 말하고 뒤에서는 세상일을 말하며, 앞에서는 삼성과 상성과 같다고 하고 뒤에서는 산악을 사이에 둔다고 말하였는데, 모두가 인생에서 만나고 헤어지는 것이 일정하지 않고 이별은 쉬운데 만남은 어렵다는 것을 보여 주고 있다.(前曰人生, 後曰世事, 前曰如參商, 後曰隔山岳, 總見人生聚散不常, 別易會難耳.)

《독두심해》 예스런 풍취가 넘쳐나니 두보 시의 색다른 가락이다. 작품은 시종 서사에 속하는데 감정이 참되고 상황도 참되지만 콕 찍어서 말할 수는 없다. 다만 처음 4구는 총괄하여 제시한 것이요, 결말의 2구는 마무리이다.(古趣盎然, 少陵別調. 一路皆屬敘事, 情眞景眞, 莫乙其處. 只起四句是總提, 結兩句是去路.)

(**이석형**)

26. 洗兵行

병기를 씻는 노래

中興諸將收山東[1] 捷書夜報淸晝同[2]
河廣傳聞一葦過[3] 胡危命在破竹中[4]
祇殘鄴城不日得[5] 獨任朔方無限功[6]
京師皆騎汗血馬[7] 回紇餧肉蒲萄宮[8]
已喜皇威淸海岱[9] 常思仙仗過崆峒[10]
三年笛裏關山月[11] 萬國兵前草木風[12]
成王功大心轉小[13] 郭相謀深古來少[14]
司徒淸鑒懸明鏡[15] 尙書氣與秋天杳[16]
二三豪俊爲時出[17] 整頓乾坤濟時了[18]
東走無復憶鱸魚[19] 南飛覺有安巢鳥[20]
靑春復隨冠冕入[21] 紫禁正耐烟花繞[22]
鶴駕通宵鳳輦備[23] 雞鳴問寢龍樓曉[24]
攀龍附鳳勢莫當[25] 天下盡化爲侯王[26]
汝等豈知蒙帝力[27] 時來不得誇身强[28]
關中旣留蕭丞相[29] 幕下復用張子房[30]
張公一生江海客[31] 身長九尺鬚眉蒼[32]
徵起適遇風雲會[33] 扶顚始知籌策良[34]
靑袍白馬更何有[35] 後漢今周喜再昌[36]
寸地尺天皆入貢[37] 奇祥異瑞爭來送[38]
不知何國致白環[39] 復道諸山得銀甕[40]
隱士休歌紫芝曲[41] 詞人解撰淸河頌[42]

田家望望惜雨乾[43]　布穀處處催春種[44]
淇上健兒歸莫懶[45]　城南思婦愁多夢[46]
安得壯士挽天河[47]　淨洗甲兵長不用[48]

중흥을 이룬 장수들이 산동을 수복하니
승전 소식이 밤에도 보고되고 낮도 매한가지다.
황하가 넓어도 일엽편주로 건넌다 하니
오랑캐가 위태로워 운명이 쪼개지는 대나무 신세라네.
단지 업성만이 남아 머지않아 수복되리니
오로지 삭방군에 맡기면 그 공이 무한하리라.
경사에서는 모두 한혈마를 타고
회흘족에게는 포도궁에서 고기를 먹인다.
황제의 위엄으로 동해와 태산을 평정한 것이 기쁘면서도
늘 천자의 의장이 공동산을 넘은 일을 생각한다.
3년 동안 피리로 〈관산월〉을 연주하더니
만국의 병사 앞에서 초목이 바람에 쓰러지듯 한다.

성왕은 공이 커질수록 마음이 더욱 조심스럽고
곽공은 생각이 깊어 옛부터 드문 인재로다.
사도의 맑은 통찰력은 거울을 걸어놓은 듯하고
상서의 기상은 가을 하늘처럼 이득하다.
두세 호걸들이 시절을 위해 나타나
천지를 정돈하니 세상을 구제하는 일이 끝났다.
동쪽으로 달려가도 더 이상 농어 생각할 일 없고
남쪽으로 날아가니 새가 둥지 틀고 있구나.

봄이 다시 관리들을 따라 찾아드니
궁궐에는 한창 안개 어린 꽃이 둘러 있다.
태자는 밤새 천자의 수레를 준비하고
닭이 울어 문안을 여쭈니 용루문에 새벽이 찾아든다.

용과 봉황에 빌붙은 무리들 그 기세를 당할 수 없어
천하 관리들이 모두 제후가 되었다.
너희가 어찌 황제의 덕을 보았다는 것을 알리오?
때가 되어서이니 자신이 강하다고 으스대서는 안 되리라.
관중 땅에 소승상이 남아 있고
군막에선 다시 장자방을 등용하였다.
장공은 평생 강호를 떠돌던 나그네인데
키가 아홉 자에 수염과 눈썹이 희끗하였다.
부름을 받고 기용되어 마침 바람과 구름이 만난 격이요
쓰러지는 국운을 일으키니 책략이 뛰어남을 비로소 알겠구나.
푸른 도포 입고 백마 탄 반군이 무슨 문제가 되랴?
후한과 주나라가 다시 창성하여 기쁘도다.

한 치의 땅과 한 자의 하늘도 모두 조공하러 입조하니
신기하고 상서로운 공물이 다투어 들어왔다.
모르긴 해도 어느 나라에선가 흰 옥고리를 보냈고
또 말들 하길 뭇 산에서 은항아리를 얻었다 하네.
은자는 자지곡을 멈추게나
시인들은 청하송을 지을 줄 안다네.
농가에서는 간절한 심정으로 가뭄을 안타까워하고

빼꾸기가 곳곳에서 봄 농사를 재촉한다.
기수 물가의 건아들은 서둘러 돌아오라
장안의 아낙네들은 근심 속에 꿈을 많이 꾼다네.
어찌하면 장사들을 얻어 은하수를 끌어다가
갑옷과 무기들을 깨끗이 씻어 영원토록 쓰지 않을 수 있을까?

이 시는 건원乾元 2년 봄 두보가 화주華州에 있을 때 지은 것으로 추정된다. 원주原注에서는 "경사를 수복한 뒤에 지었다(收京後作)"고 하였다. 낙양洛陽에서 지은 것이라는 설도 있다. '세병洗兵'은 '병기를 씻는다'는 뜻으로 전쟁이 끝나기를 바라는 마음을 표현한 것이고, '행行'은 악부체樂府體의 노래를 의미한다. 제목이 '세병마洗兵馬'로 된 판본도 있다.

이 시는 크게 네 개의 단락으로 구성되어 있다. 첫 단락에서는 삭방군朔方軍과 회흘족回紇族의 연합군이 반군이 장악하고 있던 동부 지역을 탈환한 소식이 전해진 상황을 서술하였고, 둘째 단락에서는 여러 장수들의 공로로 조정이 안정을 찾은 상황을 서술하였으며, 셋째 단락에서는 훌륭한 승상들의 활약으로 조정이 다시 흥성하여 국운을 회복한 것을 서술하였고, 마지막 단락에서는 당부와 축원을 통해 다시는 전쟁이 벌어지지 않기를 바라는 심정을 서술하였다. 전체적으로 볼 때 숙종이 즉위하고서 다시금 나라가 안정을 찾아가는 것에 대한 기쁨을 표현하면서, 아울러 조정 신료들에 대해서도 충고의 말을 잊지 않고 있다.

《보주두시》 이 시는 건원 2년 봄에 지은 것이 틀림없다. 끝에서 '농가에서는 간절한 심정으로 가뭄을 안타까워한다'고 하였으니 아마도 건원 2년 봄에 비가 오지 않아서일 것이다. 양권도는 건원 원년에 편재하였는데, 잘못인 듯하다.(此詩當是乾元二年春作. 末云, 田家

望望惜雨乾, 蓋二年春無雨也. 楊權道編在元年, 恐非.)

《두시상주》 살펴보건대, 상주에서 군대가 무너진 것은 3월 임신일로 바로 초사흘에 해당한다. 두보가 이 시를 지었을 때는 군대가 아직 패하지 않았다. 원주에는 "경사를 수복한 뒤에 지었다"고 하였다. 주학령朱鶴齡 주에서는 "두보가 〈화주시진사책문〉이라는 글에서 '산동의 장군들이 구름처럼 모여드니 기수가에서 승리를 알리는 글이 연일 도착한다'고 한 것으로 보아 이 시는 아마도 그때 지었을 것이다"라고 하였다.(按相州兵潰在三月壬申, 乃初三日, 其作詩時, 兵尙未敗也. 原注, 收京後作. 朱注, 公華州試進士策問云, 山東之諸將雲合, 淇上之捷書日至, 詩蓋作於其時也.)

주 석

1 山東(산동): 태항산太行山의 동쪽 지역. 하북 지역을 가리킨다.

《구가집주두시》 조차공 주 '산동'은 지금의 하북 지역을 가리킨다. 대개 산동이니 산서니 하는 것은 태항산으로 구분한 것이다. 오늘날 말하는 산동은 옛날에 제나라 지역이라고 했으니, 태산을 가지고 말하는 것이다. 안녹산이 반란을 일으켜 먼저 하북 지역의 여러 군을 함락하였다. 장안과 낙양 두 도읍이 수복되고 안경서가 하북으로 도망친 뒤, 사사명이 항복하고 엄장이 항복하고 능원호가 항복하면서 하북의 여러 군들이 점차 수복되었다. 그래서 '중흥을 이룬 장수들이 산동을 수복한다'고 한 것이다.(山東者, 今之河北也. 蓋謂之山東山西, 以太行山分之也. 今所謂山東, 乃昔言齊地, 則以泰山言之矣. 安祿山反, 先陷河北諸郡. 至二京已復, 慶緖奔于河北之後, 史思明降, 嚴莊降, 能元皓降, 而河北諸郡漸復矣. 故曰, 中興諸將收山東.)

2 捷書(첩서): 승전보. 夜(야): '夕' 혹은 '日'로 된 판본도 있다. 淸晝(청주): 낮 시간.

《두시상주》 《속박물지》에 "'노포'는 승전보의 별명으로 비단 편지를 대나무 막대기에 걸었다."라고 하였다. 밤과 낮이 같다는 것은 승리를 알리는 소식이 믿을 만하다는 것을 보여 준다.(續博物志, 露布, 捷書之

別名, 以帛書揭竿. 夜與晝同, 見捷音可信.)

3 一葦過(일위과): 갈대처럼 작은 배 한 척으로 건넌다는 말로 매우 손쉬운 것을 비유한다.

《**시경 · 위풍**衛風 · **하광**河廣》 누가 황하가 넓다고 하는가? 작은 배 한 척이 건너네.(誰謂河廣, 一葦杭之.)

《**두시언해**》 '일위과'는 쉽다는 것을 말한다.(一葦過, 言易也.)

4 破竹(파죽): 대나무를 쪼개다. 쉽게 적을 물리치는 것을 말한다.

《**구가집주두시**》**에 인용된**《**진서**晉書 · **두예전**杜預傳》 이제 군대가 위세를 떨쳤으니 비유하자면 대나무를 쪼갤 때 몇 마디를 지난 뒤에는 칼날이 닿는 대로 쪼개져 더 이상 손 댈 곳이 없는 것과 같다.(今兵威已振, 譬如破竹, 數節之後, 迎刃而解, 無復著手處也.)

5 祇殘(지잔): 단지 ~만 남다. 鄴城(업성): 상주相州를 가리킨다. 不日(불일): 머지않아.

《**두시상주**》《자치통감》에 "건원 원년 10월, 곽자의가 행원으로부터 황하를 건너 동쪽으로 획가에 도착해서 안태청을 격파하였다. 안태청이 위주로 도망쳐 버티자 곽자의가 진격하여 그를 포위하고서 사신을 보내 승리를 알렸다. 노경이 양무로부터 건너오고, 계광침과 최광원이 산자로부터 건너와 이사업과 함께 위주에서 곽자의와 회합하였다. 안경서가 업성의 반군 7만을 모두 동원하여 구하러 왔으나, 곽자의가 다시 그를 대파하고 동생인 안경화를 사로잡아 죽여 마침내 위주를 함락시켰다." 라고 하였고,《구당서》에서는 "상주는 하북도에 속한다. 무덕 원년 위군에 상주를 설치하였다. 천보 원년에 업군으로 바꾸었다가 건원 2년에 업성으로 바뀠다."라고 하였다. 또《자치통감》에는 "안경서가 도망치자 곽자의 등이 그를 업성까지 추격하였다. 허숙기, 동진, 왕사례 및 히동·병마사 설겸훈이 모두 군대를 이끌고 속속 도착했다. 안경서가 나머지 반군을 모아 수사강에서 항전하였으나, 다시 안경서를 패배시켰다. 안경서가 결국 성으로 들어가 수비를 튼튼히 하자 곽자의 등이 이를 포위하였다."라는 기록이 있다.(通鑑, 乾元元年十月, 郭子儀自杏園渡河, 東至獲嘉, 破安太情. 太淸走保衛州, 子儀進圍之, 遣使告捷. 魯炅自陽武濟, 季光琛崔光遠自酸棗濟, 與李嗣業皆會子儀於衛州. 慶緖悉

擧鄴中之衆七萬來救, 子儀復大破之, 獲其弟慶和, 殺之, 遂拔衛州. 舊唐書, 相州, 屬河北道. 武德元年, 以魏郡置相州. 天寶元年, 改爲鄴郡. 乾元二年, 改爲鄴城. 通鑑, 慶緖走, 子儀等追之至鄴. 許叔冀董秦王思禮及河東兵馬使薛兼訓, 皆引兵繼至. 慶緖收餘兵, 拒戰於愁思岡, 又敗慶緖. 慶緖乃入城固守, 子儀等圍之.)

《보주두시》 황희 주 '하광'은 위주를 가리킨다. 이는 곽자의가 위주에서 반군 10만을 격파한 것을 말한다. 안경서의 동생인 안경화를 사로잡고서 위주로 공격해 들어간 것이다. 최광원은 위주를 함락하였다. 그때 상주는 아직 수복되지 않았기에 '머지않아 얻는다'는 구절이 있는 것이다.(河廣指衛州, 謂子儀破賊十萬於衛州, 獲安慶緖弟慶和, 進攻衛州. 崔光遠拔魏州, 是時相州未復, 所以有不日得之句.)

6 朔方(삭방): 삭방절도사를 지낸 곽자의를 가리킨다. 이 구절은 무한한 공을 세운 삭방군에게 맡겨도 되리라는 뜻으로 풀이할 수도 있다.

《두시상주》 《빈지》에 "빈주가 처음에 영주를 진수하였는데 이를 삭방군이라고 한다"는 기록이 있다. 《구당서》에서는 "안녹산이 반란을 일으키자, 곽자의를 영무태수로 삼고 삭방절도사에 임명하였다. 진도사에서 패배한 뒤로 황제는 오직 삭방군에 의지하여 기반으로 삼았다."라고 하였다.(邠志, 邠州始鎭靈州, 謂之朔方軍. 舊唐書, 祿山反, 以郭子儀爲靈武太守, 充朔方節度使. 自陳濤斜之敗, 帝惟倚朔方軍爲根本.)

《두시전주》 구당서에 의하면, 숙종이 육군을 정비하여 남쪽으로 관보로 달려가 팽원군에 이르렀으나, 방관이 진도사에서 패하였다. 한창 토벌을 하던 중에 군사가 반이나 전사하였기에 오직 삭방군에 의지하여 기반으로 삼을 수밖에 없었다.(舊唐書, 肅宗大閱六軍, 南趨關輔, 至彭原郡, 房琯敗於陳陶斜. 方事討除而軍半殪, 惟倚朔方軍爲根本.)

《구가집주두시》 '삭방군에게 맡긴다'는 말은 곽자의를 가리킨다. 곽자의는 원래 삭방절도사였다가 뒤에 다시 하서와 농우절도사에 더 임명되었다. 당시에는 오로지 곽자의에게만 맡겼기에 '독임'이라고 한 것이다.(任朔方, 指言郭子儀也. 子儀素爲朔方節度使, 後又加河西隴右, 時專任子儀, 故云獨任.)

7 京師(경사): 장안. 汗血馬(한혈마): 핏빛의 땀을 흘린다는 준마.

《사기 · 대원열전大宛列傳》 대원국은 흉노의 서남쪽, 한나라의 정서쪽에 있으며, 한나라로부터 만 리가량 떨어져 있다. 그 풍속은 토착생활을 하고 농사를 짓는데, 벼와 보리를 경작한다. 포도주가 나고 좋은 말이 많다. 말은 땀을 피처럼 흘리는데, 그 선조는 천마의 새끼다.(大宛在匈奴西南, 在漢正西, 去漢可萬里. 其俗土着, 耕田, 田稻麥. 有葡萄酒. 多善馬, 馬汗血, 其先天馬子也.)

8 回紇(회흘): 북방 이민족 이름. 당나라를 도와 안녹산의 난을 진압하는 데 도움을 주었다. 餧(위): 먹이다. 蒲萄宮(포도궁): 한나라 때 이민족을 접대하던 궁궐 이름. 궁궐 이름이 아니라 동산 이름이라고도 하는 등 여러 설이 있다. 여기서는 회흘족을 접대한 궁궐을 비유한다.

《두시상주》에 인용된 《한서 · 흉노전》 원제 원수 2년에 선우가 내조하자 그를 상림원 포도궁에 머물게 하였다.(元帝元壽二年, 單于來朝, 舍之上林苑蒲萄宮.)

[京師 2구]

《두시상주》 《자치통감》에 의하면 그해 8월 회흘족이 신하 골철특륵 및 제덕을 보내 날랜 기병 3천 명을 거느리고서 안경서를 토벌하는 일을 돕게 하자, 천자가 삭방좌무봉사 복고회은에게 그들을 지휘하게 하였다. '한혈마'나 '포도궁'은 이 일을 가리키는 것이 틀림없다.(通鑑, 是年八月, 回紇遣其臣骨啜特勒及帝德將驍騎三千, 助討安慶緒, 上命朔方左武鋒使僕固懷恩領之. 汗血馬葡萄宮, 當指此事.)

9 淸(청): 깨끗이 하다, 소탕하다. 海岱(해대): 동해와 태산泰山. 반군이 활동하던 산동, 하북 지역을 가리키는 말로 보인다.

《독두심해》 '해대'는 반군이 점령하고 있던 지역을 총괄하여 가리킨다.(海岱, 統指賊境.)

10 仙仗(신장): 신선의 의장. 천자의 의장을 비유한다. 崆峒(공동): 산 이름. 이 구절은 숙종이 영무로 피신한 것을 생각한다는 말이다.

《두시상주》 《괄지지》에 "계두산은 일명 공동산이라고도 하는데, 원주 평량현 서쪽 100 리 되는 지점에 있다."라는 기록이 있다. 주학령은 주에서 "숙종이 마외에서 팽원과 평량을 거쳐 영무에 도착하여 군대를 모아 부흥을 꾀하였으니, 도중에 분명 공동산을 경유하였을 것이다.

남쪽으로 돌아올 때도 원주로부터 들어왔을 것이니, 공동산은 천자가 지났던 곳이다."라고 하였다.(括地志, 笄頭山, 一名崆峒山, 在原州平涼縣西百里. 朱注, 肅宗自馬嵬, 經彭原平涼至靈武, 合兵興復, 道必由崆峒. 及南回也, 亦自原州入, 則崆峒乃鑾輿往來之地.)

11 三年(삼년): 3년 동안. 關山月(관산월): 악부시의 일종.

《구가집주두시》 조차공 주 안녹산은 천보 14년에 반란을 일으켰으니, 그해는 을미년이었다. 안경서는 지덕 2년에 부친을 시해하였으니, 그해는 정유년이었다. 그해에 동경과 서경을 수복하였으므로 3년이 된다.(祿山, 以天寶十四載反, 歲在乙未. 安慶緖, 以至德二載, 弑其父, 歲在丁酉. 是歲復二京, 則爲三年.)

《두시상주》 《악부해제》에 의하면 〈관산월〉은 이별을 슬퍼하는 노래이다.(樂府解題, 關山月, 傷離別也.)

12 草木風(초목풍): 풀과 나무가 바람에 쓰러지다. 안녹산의 군대가 연합군에게 굴복하는 것을 비유한다.

[三年 2구]

《두억》 안녹산이 반란을 일으킨 지 3년이 지났고, 난을 피해 고향을 떠난 것도 3년이 되었다. 그래서 '3년 동안 피리로 〈관산월〉을 연주하였다'고 말하며 이를 슬퍼하는 것이다. '만국의 병사 앞에서 바람이 잎사귀를 말아 올리는 것 같다'는 말은 '초목이 모두 병사처럼 보인다', '바람 소리와 학 울음소리' 운운하는 고사를 암용하며 이를 기뻐하는 것이다.(祿山反經三年矣, 避亂離鄕者亦三年, 故云三年笛裏關山月, 悲之也. 萬國兵前, 如風捲葉, 暗用草木皆兵, 風聲鶴唳事, 喜之也.)

《두시경전》 이는 군대를 일으킨 이래로 피리로 〈관산월〉을 불며 병사들이 초목에도 놀랐으니, 정벌전으로 겪은 고생과 전쟁의 참혹함을 잊을 수 없다는 말이다.(此言興師以來, 笛咽關山, 兵驚草木, 征戍之勤, 鋒鏑之慘, 爲不可忘也.)

#《두시상주》 이 단락에서는 하북에서 승리하였다는 소식을 듣고서 천자의 군대가 틀림없이 이길 것이라고 예측하는 내용을 담고 있다. 업성의 군대에 통제력이 없기에 곽자의에게 맡겨 전공을 거두기를 바라고 있다. 또 숙종이 경사로 돌아가 점차 안일함에 빠질까 염려하기에 그가 처음에

어려움을 겪었던 것을 되새기며 군사들의 노고를 생각해 주기를 바라는 마음을 쓰고 있다. 아래 네 구절은 풍자의 뜻이 들어 있다.(此聞河北捷音, 而料王師之必克. 鄴城之師軍無統制, 故欲獨任子儀, 以收戰功. 又恐肅宗還京, 漸生逸豫, 故欲其念起事艱難, 而思將士之勤苦. 下四句, 有規諷意.)

《두억》 지덕 2년 9월과 10월에 장안과 낙양을 수복하고서 이듬해에 연호를 건원으로 고쳤다. 10월에 곽자의 등이 황하를 건너 위주를 함락시켰다. 이곳은 당대에 산동이라고 하던 곳인데, 동해와 태산까지가 다 거기에 포함된다. 위주가 함락되자 안경서가 업성으로 도망가 성으로 들어가서 굳게 방어하였지만, 파죽의 형세가 있었다. 그래서 '산동을 수복했다'고 한 것이다. 아래에 '동해와 태산을 수복했다'고 한 것은 사실 실정보다 과장된 말이다. 그 당시 현종이 경사로 돌아온 지 거의 1년이 되었는데도 여전히 '천자의 의장이 공동산을 넘은 일을 생각'하고 있었으니, 아마도 고통이 가라앉은 뒤 다시 고통을 생각한다는 뜻일 게다.(至德二載九月十月, 復兩京. 次年, 改元乾元. 十月, 郭子儀等渡河拔衛州. 此唐時所稱山東地, 而極於海岱皆是也. 衛州拔而安慶緖走鄴, 入城固守, 然有破竹之勢矣, 故云, 收山東, 下云, 收海岱, 實過情語也. 此時明皇還京幾一年矣, 而猶思仙仗過崆峒, 豈痛定思痛意耶.)

13 成王(성왕): 광평왕廣平王 이숙李俶. 心轉小(심전소): 마음이 더욱 조심스럽다.

《두시상주》《당서》에 "지덕 2년 12월에 광평왕 이숙은 초왕으로 승격되었다가, 건원 원년 2월에 성왕으로 옮겨져 봉해졌다."라고 하였다. 유주의 《신언편》에 "초 장왕이 공을 세우고도 마음속으로 두려움을 품고, 진 문공이 전투에서 이기고도 안색에 근심을 드러낸 것은 영광과 승리를 싫어해서가 아니라, 공은 커도 마음이 조심스럽고 평안할 때 위기를 생각해서이다."라고 하였다.(唐書, 至德二載十二月, 廣平王俶進爵楚王. 乾元元年二月, 徙封成王. 劉晝愼言篇, 楚莊王功立而心懼, 晉文公戰勝而色憂, 非憎榮而惡勝, 乃功大而心小, 居安而念危也.)

《독두심해》 살펴보건대, 성왕은 이미 태자에 올라 있었다. 이 구절의 의도는 공로를 적는 데 있다. 그러기에 그의 작위를 칭한 것이다. 또 살펴보건대 장안과 낙양 두 도읍을 수복할 때 광평왕은 원수였다. 이제 업성을 포위하는 데 참여하지 않았는데도 시 첫머리에서 언급한 것은 원훈을 적어 태자를 높이기 위한 것이다. 그러나 마음이 더욱 조심스럽다고 말하였으니, 여전히 은연중에 그 일을 제외시켰다.(按, 王已立爲太子, 句意在於紀功, 故稱其勳爵. 又按, 收復兩京, 廣平爲帥. 今圍鄴不與, 而詩首及之者, 誌元勳, 尊主器也. 然曰心轉小, 則仍隱然事外矣.)

14 郭相(곽상): 안사의 난을 진압하는 데 공을 세운 곽자의를 가리킨다. 謀深(모심): '謀猷' 또는 '深謀'로 된 판본도 있다.

《두공부시집집주》 곽자의는 당시 중서령에 올라 있었다.(子儀時進中書令.)

15 司徒(사도): 최고위 고관인 삼공三公의 하나. 여기서는 이광필을 가리킨다. 淸鑒(청감): 뛰어난 통찰력.

《두시상주》 사도는 이광필을 가리킨다.(司徒, 李光弼也.)

16 尙書(상서): 왕사례를 가리킨다. 杳(묘): 아득하다. 이 구절은 왕사례의 기상이 높은 것을 비유한다.

《구가집주두시》 조차공 주 상서는 왕사례를 가리켜 말한 것이다. 본전에 의하면 장안 사람인 왕사례가 먼저 들어가 궁궐을 정리하고 동경을 수복하였는데, 전투에서 자주 공을 세워 병부상서로 승진하였다.(尙書指言王思禮. 本傳, 長安思禮, 先入淸宮, 收東京. 戰數有功, 遷兵部尙書.)

《두시언해》 '추천묘'는 기상이 높고 심원한 것을 말한다.(秋天杳, 言其氣之高遠.)

17 豪俊(호준): 훌륭한 인재. 여기서는 곽자의 등을 가리킨다.

18 濟時了(제시료): 시대를 구하는 일이 끝나다. 안사의 난을 진압한 것을 말한다.

[二三 2구]

《두공부초당시전》 천하가 평정되고 길이 막히지 않은 것 모두가 몇 사람의 힘 덕분이라는 말이다.(謂天下淸平, 道路無壅, 皆二三子之力也.)

19 憶鱸魚(억노어): 농어를 생각하다. 고향 생각을 비유한다.

《세설신어 · 식감識鑒》 계응季鷹 장한張翰은 제왕의 동조연에 임명되어 낙양에서 지내다 가을바람 일어나는 것을 보고는 오지방의 고채국과 농어회기 그리워져, …… 결국 수레를 타고서 돌아갔다.(張季鷹辟齊王東曹掾, 在洛, 見秋風起, 因思吳中菰菜羹鱸魚膾,…… 遂命駕便歸.)

20 安巢鳥(안소조): 둥지에서 편안하게 지내는 새. 백성들의 평안한 삶을 비유한다. '巢'는 '枝'로 된 판본도 있다.

[東走 2구]

《두시상주》 '동주' 구는 선비들이 관의 먼지를 털고 출세할 수 있게 된 것을 경축하는 내용을 담고 있고, '남비' 구는 백성들이 평안하게 살 수 있는 은덕을 입게 되었다는 내용을 담고 있다.(東走句, 見士慶彈冠. 南飛句, 見民蒙安宅.)

《두시언해》 이 구절은 중흥기를 맞아 평안하게 다스려진 기상을 말한다.(此言中興治安之氣象.)

21 冠冕(관면): 갓과 면류관. 관리를 비유한다.

22 紫禁(자금): 왕궁을 가리킨다. '禁'은 '駕'로 된 판본도 있다. 耐(내): 어울리다.

《두시상주》 천자의 궁궐은 자미성에 해당하기에 궁중을 자금이라고 한다.(天子之宮紫微, 故謂宮中謂紫禁.)

[青春 2구]

《두시상주》 '청춘'과 '자금' 두 구절은 조정의 의식이 예전 같다는 것을 말한다.(青春紫禁, 朝儀如故.)

《두시언해》 이는 백관이 봄을 맞아 경사로 돌아오니 봄빛도 따라서 들어온다는 것을 말한다.(此言百官當春時還京師, 春色亦隨而入也.)

23 鶴駕(학가): 학의 수레. 태자가 타는 수레를 가리킨다. 通宵(통소): 밤을 새다. 鳳輦(봉련): 봉황 수레. 천자가 타는 수레를 가리킨다.

24 問寢(문침): 아침 인사를 드리다. 龍樓(용루): 용루문. 동궁의 대문 이름. '루樓'는 '사蛇'로 된 판본도 있다.

《두시상주》 《예기 · 문왕세자》에 "닭이 갓 울면 침문 밖에 도착해 내간에서 모시는 사람에게 '오늘 안부가 어떠하신가?' 하고 묻는다."라는 말이 있다. 《한서》에는 "성제가 태자가 되어 막 계궁에 거처하게 되었을 때, 일찍이 태자를 급히 찾은 일이 있었는데 용루문을 나서서 천자가 다니는 길을 가로지르지 않았다."라는 기록이 있다. 장안은 "문루 위에 구리로 만든 용 조각이 있어서이니, 마치 백학과 비렴으로 명칭을 삼는 것과 같다."라고 하였다. 《옹록》에서는 "계궁 남쪽에 용루문이 있다."라고 하였다.(文王世子. 鷄初鳴, 至於寢門外, 問內豎之御者曰, 今日安否, 何如. 漢書, 成帝爲太子, 初居桂宮, 嘗急召太子, 出龍樓門, 不敢絶馳道. 張晏曰, 門樓上有銅龍, 若白鶴飛廉之爲名也. 雍錄, 桂宮南面有龍樓門.)

[鶴駕 2구] 태자의 위치로 돌아간 숙종이 밤새 천자의 수레를 준비하고 닭이 울어 새벽을 알리자 현종이 있는 용루로 달려가 새벽 문안인사를 아뢰는 것으로 보는 설이 있으나, 동궁인 광평왕이 천자의 수레를 준비하여 숙종과 함께 태상황太上皇인 현종을 알현하는 것으로 보는 것이 적절할 듯하다.

《두시전주》 숙종이 즉위하고서 명을 내려 "장안과 낙양에 종묘를 복원하고 파촉에서 상황을 맞아, 어가를 이끌어 제자리로 돌려놓고 침소에 조알해 문안인사 드리면 짐의 소원은 완수되리라."라고 하였다. 상황이 촉에서 도착하여 그 날 흥경궁에 행차하였다. 숙종이 태자의 위치로 돌아가겠다고 청하였지만 허락하지 않았다. 이 시는 침문의 조서를 원용하여 태자가 동쪽에서 조알하는 예법을 인용함으로써 깨우치고 있다.(肅宗卽位, 下制曰, 復宗廟于函雒, 迎上皇於巴蜀, 道鑾輿而反正, 朝寢門而問安, 朕願畢矣. 上皇至自蜀, 卽日幸興慶宮. 肅宗請歸東宮, 不許. 此詩援據寢門之詔, 引太子東朝之禮, 以諷諭也.)

《두시상주》 적성 사람 사성은 "'학가'는 태자가 타는 것이고, '봉련'은 천자가 타는 것이다. 태자인 숙종이 밤을 새며 천자의 수레를 준비하여 상황인 현종을 맞이하고, 닭이 울어 새벽을 알리면 용루로 달려가서 안부를 묻는 것을 말한다."라고 하였다. 《한궁궐소》에 "백학궁은 태자가 거처하는 곳이다."라고 하였다. 《예문류취》에 "태자 진이 흰 학을 타고 신선이 되어 떠났기에 후세에는 태자의 수레를 '학가'라고 하고, 태자의 거처를 '학금'이라고 하게 되었다."라고 하였다. 《통전》에 "수

나라 때 태자좌우감문솔을 당나라 수공 연간에 학금위로 바꾸었다."라고 하였다.(赤城謝省曰, 鶴駕, 東宮所乘. 鳳輦, 天子所御. 言鶴駕通宵, 備鳳輦以迎上皇, 鷄鳴報曉, 趨龍樓以伸問寢也. 漢宮闕疏, 白鶴宮, 太子所居, 藝文類聚, 太子晉乘白鶴仙去, 故後世稱太子之駕曰鶴駕, 禁曰鶴禁. 通典, 隋太子左右監門率, 唐垂拱中改爲鶴禁衛.)

《독두심해》 '학가'와 '계명'에 대해 전겸익錢謙益은 숙종이 자식된 도리를 다하지 못 하는 것을 풍자한 것이라고 생각하였는데, 주학령이 이를 잘못된 의견이라고 하고, 오강현 사람 반씨가 이를 반박한 것은 온당하다. 그러나 그들이 주장을 내세우면서 단지 《두시박의杜詩博議》에만 근거하여 이 두 구절에서 숙종이 자식으로서의 예의를 갖추기를 바라는 것이라고 생각하였다. 나는 완전히 틀린 의견이라고 생각한다. 무릇 '학가'는 태자와 관련된 고사인데 이를 천자에 적용시켰으니, 여전히 '숙종이 임금 노릇 하기를 바라지 않는다'는 전겸익의 취지에 동의하는 것이 아니겠는가? 앞의 〈경사를 수복하며 지은 시〉에서도 "보필로는 상산사로商山四老를 생각하고, 문재文才와 도덕은 요임금을 생각한다."라고 말하지 않았던가? 아마도 부친인 숙종의 도리와 자식인 태자의 도리를 함께 말한 것일 게다. 이보다 앞서 태자인 광평왕이 큰 공을 세웠지만 장양제張良娣가 시기하고 험담하는 바람에 흔들리고 위급한 상황이었으나, 이때에 이르러 이미 태자로 옹립되어 참언이 결국 실행되지 않았다. 그리고 현종이 장경루에서 술자리를 열었을 때의 갈등도 일어나지 않았다. 두보는 그때 외적이 모두 사라지고 내적 문제가 생기지 않은 것을 다행스럽게 여겨 특별히 아름다운 문사를 지어 성대한 덕업을 묘사한 것이다. 시에서 '태자가 밤새도록'이라고 한 것은 태자가 조석으로 입궐하여 시중을 들었으니 아들을 진심으로 사랑했다는 사실에 의심의 여지가 없다는 말이다. 시에서 '닭이 울어 안부를 여쭌다'고 한 것은 (숙종이 현종의 처소인) 남내에서 조석으로 사보하는 마음이 간절하여 부모에게 효도하는 도의상 예법과 관례를 다했다는 말이다. 혹자는 "'봉련'은 천자가 타는 것인데 어떻게 태자에게 적용할 수 있겠는가? '문침'은《예기·문왕세자》에 나오는 말인데 어떻게 이것을 황제의 효성이라고 간주할 수 있겠는가?"라고 묻는다. 내 생각에는 그렇지 않다. 이 두 구절은 융통성 있는 표현으로 보아야 천륜의 즐거움이 한층 더 드러나게 된다. '학가'가 오고 '봉련'이 마련되었으니, 부자가 함께 현종의 침실을 조알하는 것이다. 흔쾌히 함께 기쁨을 교감하면서 용루에서 새벽을 기다렸으니 어찌 아름다운 일이 아니겠는가? 이는 말 달리는 듯한 유수대를 한 것이니 바로 두보의 장기다.《예기·문왕세자》의 글의 경우는 본래 황제와 친왕이 두루 사용할 수 있는 말이다. 노군공魯郡公 안진경顔眞卿이 〈방생지를 세울 것을 주청하는 글〉에서 "하루 세 번 조알하여 천자의 효심을 크게 밝히고, 문안인사 올리고 음식을 살펴 가족으로서의 예법을 바꾸지 않습니다."라고 한 것 역시《예기·문왕세자》의 글을 활용하여 황제를 찬송한 것이다. 따라서 나는 단언코 이 두 구절은 부자를 함께 언급한 것이라고 생각한다. 전겸익을 반박한 저들은 태자 쪽 입장을 망각한 채 억지로 숙종의 입장에서만 변호하였으니, 그들의 말은 관심을 둘 거리가 못 된다.(鶴駕雞鳴, 錢氏以爲刺肅宗不能盡子道, 朱氏非之, 吳江潘氏駁之, 允矣. 但其立說, 止據博議, 以此二句望肅宗能修人子之禮也. 愚謂大錯. 夫鶴駕, 太子故實也, 而移之天子, 不仍然錢氏不欲其成乎君之旨哉. 收京詩不云乎, 羽翼懷商老, 文思憶帝堯. 蓋兼父道子道言之也. 先是廣平有大功, 良娣忌而譖之, 動搖岌岌. 至是已立爲太子, 譖竟不行. 乃若上皇長慶樓置酒之釁, 全然未啓. 公此時深幸外寇將盡, 而內嫌不生. 特爲工麗之辭, 鋪張盛美. 其曰鶴駕通宵, 言東宮早晚入侍, 愛子之誠, 無嫌無疑也. 其曰雞鳴問寢, 言南內晨昏戀切, 孝親之道, 盡禮盡制也. 或問, 鳳輦, 天子所御, 何可移之太子. 問寢, 乃文王世子語, 何偏以此爲帝孝. 余曰, 不然, 此二句正須看得活相, 益顯天倫之樂. 鶴駕旣來, 鳳輦亦備, 父子相隨以朝寢門. 懽然交忻, 龍樓待曉, 豈不休哉. 此以走馬爲對仗, 乃杜公長技. 至文王世子之文, 本屬帝王通用. 觀顔魯公請立放生池表云, 一日三朝, 大昭天子之孝, 問安視膳, 不改家人之禮, 亦嘗以此頌帝矣. 故余斷以此二句爲兼父子言之也. 彼駁錢者, 忘却太子一邊, 强就肅宗回護, 未足關其口矣.)

#《두시상주》 이 단락은 장군을 임명하면서 적임자를 얻어 왕업이 다시 흥성하는 것을 기뻐한다는 말이다.(此言命將得人, 而喜王業之方興.)

25 攀龍附鳳(반룡부봉): 용을 붙잡고 봉황에 붙다. 즉 황제의 권세에 빌붙는 이들을 비유한다. 勢(세): '世'로 된 판본도 있다.

《보주두시》에 인용된 왕수 주 양웅揚雄은 '용의 비늘을 붙잡고 봉황의 날개에 붙는다'고 하였다. 당시 황제의 힘을 빌려 공을 세운 이들이 모두 은혜를 입었다는 말이다.(揚子, 攀龍鱗附鳳翼, 時攀附而立功者, 皆有恩.)

《두시전주》 당시 촉군과 영무에서 처음부터 시종했던 공신들에게 막 작위를 더 봉하였는데, 숙종은 유독 영무측 공신들에게 마음을 더 주었다. 그래서 완곡한 말로 이를 비꼰 것이다. '반룡부봉'은 곽식이 '이보국은 황제와 가까이하는 은덕을 입자 지위가 하늘 위까지 올랐다'고 한 것이 그러한 예다.(是時, 方加封蜀郡靈武元從功臣, 肅宗之意, 獨厚于靈武. 故婉辭以譏之. 攀龍附鳳, 郭湜謂李輔國一承攀附之恩, 致位雲霄之上, 是也.)

26 侯王(후왕): 제후.

《두공부초당시전》 반군이 평정되자 경사로 돌아와 공로를 따져 상을 내리고 모두 제후에 봉한 것을 말한다.(謂賊平還京, 論功行賞, 盡封爲侯王也.)

27 汝等(여등): 너희들. 蒙(몽): '象'으로 된 판본도 있다.

《구가집주두시》 조차공 주 '여등'은 제후가 된 사람들을 가리킨다.(汝等指化侯王之人也.)

28 誇身强(과신강): 자신들이 강하다고 자랑하다. 즉 모든 게 자신들 힘으로 이룬 것이라고 자랑하는 것을 말한다.

[汝等 2구]

《두공부초당시전》 안사의 난을 맞아 용맹한 군인들이 반군을 평정한 공로로 부귀를 얻었지만, 이는 한때의 기회일 뿐 사실은 천자의 성명한 힘에서 나온 것이니, 어찌 자신의 용기를 자랑하며 하늘의 공을 탐내어 자신의 힘 덕분이라고 생각할 수 있겠는가? 이는 전쟁의 공로를 자기 것이라고 하는 이들을 풍자한 것이다.(當安史之亂, 武夫悍卒, 以平賊之功, 取富貴, 此特一時之際會也, 實出於天子聖明之力, 豈可誇其身之强勇, 貪天功以爲己力乎. 此諷以軍功自有者也.)

《독두심해》에 인용된 주학령 주 당시에 호종하던 공신들에게 작위를 더 봉하였다. 이 두 구절은 개지추가 '하늘의 공을 탐내어 자신의 힘

덕분이라고 생각한다'고 한 말과 같다.(時加封扈從功臣. 二句卽介之推所謂貪天功以爲己力也.)

29 蕭丞相(소승상): 한 고조高祖를 도와 한나라를 건국하고 승상이 된 소하蕭何를 가리킨다. 이 시에서 소승상이 비유하는 바에 대해서는 곽자의, 두홍점, 소화, 방관 등 제가에 따라 다르고, 특정 인물을 가리키는 것이 아니라는 설도 있다.

《구가집주두시》 조차공 주 곽자의를 말한다.(謂郭子儀也.)

《두시상주》 《사기·소하전》에 "한왕(유방)이 군대를 이끌고 동쪽으로 삼진을 평정하자, 소하는 승상으로서 파촉에 남아 뒷정리를 하며 군량을 공급하였다."라고 하였다. 주학령 주에서는 "소승상은 누구를 가리키는지 모르겠다."라고 하였다. 채몽필은 두홍점이라고 하였다. 《당서》를 살펴보면, 숙종이 평량에 군대를 주둔시키자 두홍점이 북방을 중흥시킬 계책을 세우고 군자금과 기계, 창고 등을 정리하여 천자에게 보고하였는데, 숙종이 기뻐하며 '영무는 내게 관중 땅과 같은 곳이고, 경은 내게 소하 같은 인재요'라고 하였다. 구주에서는 "경사가 평정되자 소화에게 남아 지키게 하였으므로 그를 소하에 비유한 것이다."라고 하였고, 전겸익 주에서는 "방관이 촉으로부터 책명을 받들고 와서 숙종 옆에서 머물며 도왔으니 그를 소승상에 비유한 것이다."라고 하였다. 양쪽의 설이 서로 다른데, 주학령의 주를 따르는 것이 옳다.(史記蕭何傳, 漢王引兵東定三秦, 何以丞相留收巴蜀, 使給軍食. 朱注, 蕭丞相未知何指. 蔡夢弼謂杜鴻漸. 考唐書, 肅宗按軍平凉, 鴻漸建朔方興復之謀, 且錄軍資器械儲廥上之. 肅宗喜曰, 靈武, 吾之關中, 卿乃吾蕭何也. 舊注云, 京師旣平, 以蕭華留守, 故比之蕭何. 錢箋云, 房琯自蜀奉冊留相肅宗, 故比之蕭相. 兩說互異, 當從朱注爲正.)

《독두시설》 이제 시를 살펴보면 앞에서 '곽상' '사도' '상서'를 언급하였는데 모두 실제로 당시의 공신들을 가리키고 있고, 뒤에서 장자방을 언급한 것도 장씨 성을 빌어 장호에게 맞추고 있다. 따라서 이 구절에서만 유독 소하로 두홍점을 비유하고 있다고 볼 수는 없다. 어찌 두보에게 두씨 집안과 관련된 전고가 달리 없었겠는가? 또 숙종이 두홍점을 소하에 비유한 것은 궁중에서 군신 간에 오간 말이므로, 당시 벌써 전파되어 두보가 시에 활용하였을 리는 없을 것이다. 소화가 남아서 지켰던 일과 소하가 남아서 지켰던 일은 똑같은 사안이므로, 주학령의 설을 따르는 것보다는 구주를 따르는 것이 좋을 듯하다.(今按詩, 上言郭相司徒尙書, 皆實指當時功臣, 卽下言張子房, 亦借張姓切張鎬, 不應此句獨以蕭何比杜鴻漸, 公豈別無杜家典故耶. 且肅宗以鴻漸爲蕭何, 乃禁中君臣話, 當時未必卽已傳播, 公遂用之入詩, 蕭華留守, 與蕭何留守正同, 似從朱說不如仍從舊注.)

30 幕下(막하): 군막. 張子房(장자방): 한 고조를 도와 한나라를 건국한 장양張良. 여기서는 장호張鎬를 비유한다.

《두시상주》에 인용된 주학령 주 장자방은 장호를 말한다. 지덕 2년 5월에 방관이 재상직을 파면당하자 장호로 대신하였다.(張子房謂張鎬. 至德二載五月, 琯罷相, 以鎬代之.)

《두공부초당시전》 다시 장호를 막부의 참모로 삼았기에 장자방에 비유하였다.《한서 · 고제기》에 "주상이 '군막에서 계책을 꾸미는 것은 내가 장자방만 못하구려'라고 말했다."라고 하였다.(復以張鎬爲幕府參謀, 故比之子房也. 高帝紀, 上曰, 運籌帷幄之中, 吾不如子房.)

31 張公(장공): 장호를 가리킨다. 江海客(강해객): 강호를 떠도는 나그네. 장호가 평민 출신임을 말한다.

《두시상주》에 인용된 《구당서》 장호는 풍채가 늠름하고 뜻이 커서 왕자와 패자의 거창한 책략에 대해 말하기를 좋아하였는데, 평민의 신분에서 좌습유에 임명되었다. 현종이 촉으로 행차할 때 도보로 뒤를 따랐다. 현종이 행재소로 파견하자 봉상현에 도착하여 의견을 개진하여 많은 도움을 주었기에 간의대부에 임명되었다. 얼마 뒤 방관을 대신하여 재상이 되었다.(張鎬風儀魁岸, 廓落有大志, 好談王伯大略, 自褐衣拜左拾遺. 玄宗幸蜀, 徒步扈從, 玄宗遣赴行在, 至鳳翔, 奏議多有弘益, 拜諫議大夫. 尋代房琯爲相.)

32 鬚眉蒼(수미창): 수염과 눈썹이 희끗희끗하다.

33 徵起(징기): 불러서 기용하다. 즉 왕명을 받고 벼슬에 나가는 것을 말한다. 風雲會(풍운회): 바람과 구름의 만남. 즉 군신 간의 만남을 비유한다.

34 扶顚(부전): 쓰러진 것을 부축하다. 즉 국운을 다시 일으킨 것을 말한다.

籌策(주책): 계책, 책략.

35 靑袍白馬(청포백마): 푸른 도포와 흰 말. 남조 양나라 때 반란을 일으켰던 후경侯景을 가리키는 말로, 안녹산을 비유한다.

《두시언해》 후경이 푸른 고삐를 맨 백마를 탔는데 그로써 안녹산을 비유하였다.(侯景乘靑絲轡白馬, 以比祿山.)

《두시상주》에 인용된 《남사南史 · 후경전》 그보다 앞서 대동 연간에 '푸른 실을 단 흰 말을 타고서 수양에서 오네'라는 동요가 있었다. 후경은 와양에서 패하고 나서 비단을 요구했는데, 조정에서 푸른 베를 주자 모두 도포로 만들었다. 빛깔은 푸른색을 숭상하였다. 후경은 흰 말을 타고 푸른 실로 고삐를 만들어 동요처럼 하고자 하였다.(先是大同中童謠曰, 靑絲白馬壽陽來. 景渦陽之敗, 求錦, 朝廷給以靑布, 悉用爲袍. 采色尙靑. 景乘白馬, 靑絲爲轡, 欲以應謠.)

36 後漢今周(후한금주): 후한과 지금의 주나라. '주周'는 주나라 선왕宣王이 나라를 중흥시킨 것을 두고 한 말이다. 이에 대해서는 무왕武王의 주나라와 우문씨宇文氏의 북주北周라는 설이 있다. 여기서는 당나라를 비유한다.

《구가집주두시》 조차공 주 '후한'은 동경에 도읍을 정했던 한나라이고, '금주'는 우문씨가 세운 북주다. (북주의) 유신은 〈제왕비서〉에서 "옛날에 동경은 이미 한나라가 다시 받아들인 것이고, 지금 주나라의 역법은 풍도가 중흥한 것이다."라고 하였는데, 이것은 바로 다시 창성한 것을 기뻐한다는 뜻이다. 만약 성왕成王이 700년간 유지하리라고 점쳤던 주나라라고 한다면 '금주' 두 자에 출처가 없게 된다.(後漢, 則東京之漢. 今周, 則宇文之周. 庾信於齊王碑序云, 昔東京旣稱炎漢再受, 今周曆卽是酆都中興. 此乃喜再昌之義. 若以爲卜年卜世之周, 則於今周字無出.)

《두시언해》 주 선왕과 후한 광무제 모두 중흥을 이루었기에 이로써 숙종을 비유하였다.(周宣王漢光武皆中興, 故比肅宗.)

#**《두시상주》** 이 단락에서는 호종하던 이들이 은덕을 지나치게 누리는 것을 한탄하면서 재상 자리에 적임자를 얻어 태평성대를 이루기를 희망하는 내용을 담고 있다.(此嘆扈從者濫恩, 望宰相得人以致太平.)

《두억》 당시 작위에 봉하는 일이 지나치게 많았다. 심지어는 관직으로 공로를 포상하느라 백지 임명장을 주었으니, 응모하여 입대한 자들이 모두 금어대와 자의를 입기까지 하였기에 두보가 실로 이를 통탄한 것이다. 그래서 먼저 '용과 봉황을 따른다'고 하여 그들이 임금의 총애를 빙자한 것을 명확하게 언급하였고, 또 '황제의 덕을 보았다'는 말로 거듭 설명하였다. 이른바 (《좌전·성공成公 2년》에서의) '임금이 제정하신 것이니 신하가 무슨 힘이 있으랴?'라는 말이니, 이것이 두보가 그 대체를 안 부분으로 사실에서 벗어난 말이 아니다. 신하가 이 뜻을 잘 안다면 비록 공적이 천하를 뒤덮는다 해도 교만하지 않을 것이다. 두보는 장호를 극히 칭찬하여 '쓰러진 것을 일으켰다' '책략이 뛰어나다'는 말을 하였는데, 사람들은 이를 의심한다. 내가 역사를 살펴보니, 지덕 2년 4월에 방관을 파직하고 장호를 재상에 임명하였다. 이듬해 2월에 사사명이 흉험하여 권한을 줄 수 없다고 논하고, 다시 허숙기가 거짓이 많아 난이 닥치면 변심할 것이라고 논한 일 때문에 천자가 불쾌히 여겼고, 또 내관을 섬기지 않았기에 재상에서 파면되었다. 얼마 뒤 사사명이 정말로 반기를 들고, 허숙기가 사사명에게 투항하였으니, 그는 이처럼 일을 정확하게 간파하였던 것이다. 장안과 낙양을 수복한 것도 모두가 장호를 재상에 임용한 시기였으니, 곧 재상의 공이었다.(當時封爵太濫, 甚至以官賞功, 給空名告身, 凡應募入軍者一切衣金紫, 公實痛之. 故先言攀龍附鳳, 明謂其憑藉寵靈, 而又以蒙帝力申言之, 所謂君之制也, 臣何力之有焉, 此公識大體處, 非事外語也. 人臣明此義, 雖功蓋天下而不驕矣. 公極稱張鎬, 有扶顚籌策語, 而人疑之. 余考史, 至德二載四月, 罷房琯而相鎬. 至次年二月, 因論史思明凶險不可假威權, 又論許叔冀多詐, 臨難必變, 上不喜, 且不事中要, 故罷相. 已而思明果反, 而叔冀果降思明, 其料事之審如此. 至收復兩京, 俱在相鎬之日, 卽宰相之功也.)

37 寸地尺天(촌지척천): 한 치의 땅과 한 자의 하늘. 천하의 모든 장소를 가리킨다. 이 구절은 모든 지역에서 조공을 바친 것을 말한다.

38 奇祥異瑞(기상이서): 기이하고 상서로운 공물들을 가리킨다.

39 白環(백환): 흰 옥고리. 귀한 공물을 가리킨다.

《두시상주》에 인용된 《죽서기년竹書紀年》 순이 임금에 오른 뒤 9년

되던 해에 서왕모가 조알하러 와 백환과 옥결을 바쳤다.(帝舜九年, 西王母來朝, 獻白環玉玦.)

40 銀甕(은옹): 은으로 만든 항아리. 귀한 공물을 가리킨다.

《두시상주》에 인용된 《서응도瑞應圖》 왕이 연회를 열되 취한 데까지 이르지 않고, 형벌이 적절하면 은항아리가 나온다.(王者宴不及醉, 刑罰中, 則銀甕出焉.)

《두시언해》 은항아리도 역시 상서로운 물건이다.(銀甕, 亦瑞物.)

41 隱士(은사): 은자. 이필李泌을 가리킨다고 보는 설이 있다. 紫芝曲(자지곡): 자줏빛 지초의 노래. 상산사호商山四皓가 어지러운 진나라를 개탄하며 불렀다고 한다.

《두시언해》 상산사호가 진나라를 피해 상산에 은거하여 자지곡을 지었으니, 이 구절은 은사들이 이제 벼슬에 나가야 한다는 것을 말한다.(四皓避秦, 隱商山, 作紫芝曲, 此言今當出仕也.)

《두시전주》 은사는 이필을 말한다. 숙종이 즉위한 지 8, 9일이 지나 이필이 영무에서 알현하고 현종과 숙종 두 부자 사이를 화해시키다가 장양제와 이보국의 미움을 샀다. 현종이 동쪽으로 행차하고 며칠 지나 이필이 계속해서 산으로 돌아가겠다고 요청하자, 결국 형산으로 돌아갈 것을 허락하였다. 두보가 상산사호로 이필을 비유한 것은 그가 보필을 잘했다는 공로를 드러내는 것일 뿐만 아니라, 숙종의 태자로서의 명분을 바로잡은 것일 게다.(隱士, 謂李泌也. 肅宗卽位八九日, 泌謁見于靈武, 調護玄肅父子之間, 爲張良娣李輔國所惡. 及上皇東行有日, 泌求歸山不已, 乃聽歸衡山. 公以四皓擬泌, 不獨著其羽翼之功, 蓋亦以正肅宗爲太子之名也.)

《두공부초당시전》에 인용된 황보밀皇甫謐의 《고사전高士傳》 진나라 때 도덕이 사라지고 유학을 축출하자, 사호는 물러나 노래하기를, "아득히 높은 산, 깊은 골짜기 구불구불. 화사한 자지초면 허기를 달랠 수 있으리. 요순시대 아득히 멀거늘 내 어디에 귀의할까? 화려한 수레는 근심만 크구나. 부귀한 몸으로 남을 두려워하느니 차라리 가난하고 천한 신세라도 마음 내키는 대로 사는 것이 나으리라." 하고는 함께 상락으로 들어가 지폐산에 은거하였다. 진나라가 망하고 한 고조가 그들을 불렀지만 찾아가지 않은 채 종남산으로 깊이 들어가 뜻을 꺾을 수 없었다.(秦世, 道滅德消, 坑黜儒術, 四皓退而作歌曰, 莫莫高山, 深谷逶迤. 曄曄紫芝, 可以療飢. 唐虞世遠, 吾將何歸. 駟馬高蓋, 其憂甚大. 富貴之畏人兮, 不如貧賤之肆志. 乃共入商洛隱地肺山. 秦滅, 漢高帝徵之, 不至, 深入終南山, 不能屈也.)

42 解(해): 할 수 있다. '角'으로 된 판본도 있다. 淸河頌(청하송): '河淸頌'으로 된 판본도 있다.

《**두시언해**》 포조가 〈하청송〉을 지었다. 지덕 2년에 황하가 맑아졌으니, 이 구절은 문재가 있는 이라면 마땅히 송가를 지어야 한다는 것을 말한다.(鮑照作河淸頌. 至德二年, 黃河淸, 此言有文者, 宜作頌也.)

《**구가집주두시**》 **조차공 주** 두보가 시에서 이 말을 한 것은 그해에 경사를 수복해서인데, 7월에 남주에서 관하와 황하가 합쳐지며 30 리에 걸쳐 얼음처럼 맑았으니 아마도 경사를 수복한 길조로 실제 있었던 일일 것이다.(公詩言此者, 是歲旣收京, 而於七月嵐州, 合關河黃河, 三十里淸如氷, 蓋收京之祥, 實事也.)

43 望望(망망): 무척 바라는 모양.

《**두시상주**》 사서에 의하면, 건원 2년 봄에 가뭄이 들었다고 한다. 그래서 농부들이 비가 오기를 바란다는 구절이 있는 것이다.(按史, 乾元二年春旱, 故有田家望雨之句.)

44 布穀(포곡): 뻐꾸기. 씨 뿌릴 때를 알리는 새이다. 種(종): 씨를 뿌리다.

《**두시상주**》《이아》에 '시구알국'이라는 말이 있는데, 주에 "요즈음에 말하는 포곡이다. 강동 사람들은 '획곡'이라고 부른다."라고 하였다. 《금경》에서는 "명구와 대승은 포곡이다. 농사가 막 시작되었을 때 이 새가 뽕나무 밭을 날면 오곡을 파종할 수 있다고 한다."라고 하였다.(爾雅, 鳲鳩鴶鵴. 注, 今之布穀也. 江東人呼爲獲穀. 禽經, 鳴鳩戴勝, 布穀也. 農事方起, 此鳥飛於桑間, 云五穀可布種也.)

45 淇上(기상): 기숫가.

《**보주두시**》**에 인용된 조씨**晁氏 **주** 당시 사사명의 잔당들이 소탕되지 않아 위주와 상주 등지에 여전히 군대를 주둔시키고 있었다. 그래서 '기숫가의 건아들'이라는 구절이 있는 것이다.(時思明餘黨未殄, 故衛

相等州, 尙留兵屯, 故有淇上健兒之句.)

《두공부시집집주》 기수는 위 지역의 위주에 있는데, 상주와 맞닿아 있다. 따라서 기슭가의 건아는 업성을 포위하고 있던 군인들을 가리킨다.(淇水, 在衛地衛州, 與相州相隣. 淇上健兒, 指圍鄴之兵.)

46 城南(성남): 장안성 남쪽.

《두시상주》 '성남'은 장안성 남쪽을 말한다.(城南, 謂長安城南.)

[淇上 2구]

《두억》 '건아들이 돌아옴에 게으름 부리지 말라'는 것은 성공을 재촉하는 말이다. '그리움에 젖은 아낙네들이 근심 속에 꿈을 꾼다'는 것은 〈동산〉시의 '아낙네가 집에서 탄식한다'는 말에서 유래한 것으로, 집을 그리는 지극한 정으로 감동시켜 그들이 파죽지세를 타기를 바라는 뜻을 담고 있다.(健兒歸莫懶, 速其成功也. 思婦愁夢, 從東山詩婦歎于室脫來, 蓋以思家之至情動之, 欲其乘破竹之勢也.)

47 挽天河(만천하): 은하수를 끌어오다. 무기를 씻기 위해 은하수 물을 끌어오겠다는 비유적 표현이다.

48 淨洗甲兵(정세갑병): 무기를 깨끗이 씻다. 즉 전쟁이 끝나는 것을 비유한다.

《두시상주》에 인용된 《설원說苑》 (주나라) 무왕이 (은나라) 주왕을 정벌하는데 바람이 멈추더니 뒤이어 큰 비가 내렸다. 산의생이 "이는 요사스런 징조가 아닐까요?"라고 하자 무왕이 "아니오. 하늘이 무기를 씻어 주려는 것이오."라고 하였다.(武王伐紂, 風霽而乘以大雨. 散宜生曰, 此非妖與. 王曰, 非也, 天洗兵也.)

#**《두시상주》** 마지막 단락에서는 상서로운 징조가 번갈아 나타나는 것을 적어서 제때에 공적을 거둠으로써 민심을 안정시키고자 하는 마음을 담고 있다. 장원은 주에서 "앞의 여섯 구절은 이미 일어난 일을 송축하였고, 뒤의 여섯 구절은 앞으로 그렇게 되기를 기도하는 것이다."라고 하였다.(末記禎符迭見, 欲及時收功, 以慰民心也. 張遠注, 前六, 頌其已然. 後六, 禱其將然.)

##**《독두심해》** 당시 안경서가 포위를 당하고 관군의 사기가 높아졌기에

두보는 동도에서 〈세병행〉을 지어 그 기세를 고무한 것이니, 모두가 기쁨과 소망을 담은 노래다. 총괄해서 말하면 여섯 개의 운자를 쓴 단락 네 개로 지었는데, 장법이 잘 다듬어져 있다. 앞의 두 단락은 장수에 초점을 맞추고 있다. 장수에게 전권을 맡겼으니 이제 반군을 깨끗이 쓸어버린 공적이 곧 보고될 것이라는 말이다. 뒤의 두 단락은 재상에 초점을 맞추고 있다. 훌륭한 재상이 등용되었으니 국가를 평화롭게 다스릴 운명이 다시 열릴 것이라는 말이다. 이는 본래 주학령이 말한 바 '중흥의 대업은 전적으로 장수와 재상의 자리에 적임자를 얻는 데 달려 있기에 앞에서 홀로 삭방을 맡았다고 하고, 뒤에서 다시 장자방을 기용하였다고 한 것이 시의 핵심이다'라는 것이다. 그 설이 가장 정확하다. 세부적으로 설명하면 첫 단락은 역시 전체를 총체적으로 이끌고 있다. 먼저 업성에서 승리를 거두고 반군이 토벌되리라는 말을 함으로써 미리 기뻐하고 있다. '늘 천자의 의장을 생각한다' '피리로 〈관산월〉을 불다' '병사들 앞에서 바람에 쓰러지다'는 등의 구절이 곧 치세를 도모하는 말의 본격적인 밑바탕이다. 그 흐름은 곧장 뒤의 편폭까지 꿰뚫는다. 다음 단락에서야 여러 장수들에게 공을 돌리고 있다. 장수 자리에 이처럼 적임자를 얻은 것을 보았으니, 장차 백성들이 옛 직업을 받아들이고, 관리들이 반열을 찾은 것을 경축하며, 군주가 편안히 은혜와 효도를 베풀 수 있게 되는 것이 모두 장차 보게 될 반군 몰락의 여파다. 이것이 바로 작품 첫머리의 의미에 근거하여 거듭 천명하는 것이다. 셋째 단락에서는 의론을 제기하고 있는데, 먼저 지나친 은총을 억제해야 한다는 말로 재상을 임명하고 현자를 찾는 일을 환기시키고 있다. 어진 재상에게 오래 맡기면 남은 잔당은 평정할 거리도 못 되고 흥성을 다시 이루기도 어렵지 않다는 것이다. 이 모두가 군주가 정치를 도모하는 마음에 달려 있으니, 바로 '늘 천자의 의장을 생각한다'는 말과 서로 호응한다. 마지막 단락에서는 순전히 태평성대에 생각을 기울이며 마음 가득 소망하는 말로, '한나라' '주나라'란 말과 긴밀히 이어진다. 아래로 결말의 '기상' 4구에 이르러서는 다시 업성을 포위한 사건으로 돌아가면서 멀리 발단과 호응한다. 경고하기도 하고 축원하기도 하면서 다시 전체 맥락의 결말을 짓고 있다.(時慶緖圍困, 官軍勢張, 公在東都, 作洗兵馬, 以鼓舞其氣, 皆忻喜願望之詞. 統言之, 六韻四段, 章法整齊. 前二段, 注意將. 任將專, 則現在廓淸之功立奏. 後二段, 注意相. 良相進, 則國家治平之運復開. 此本朱氏鶴齡所謂中興大業, 全在將相得人. 前云獨任朔方, 後云復用子房, 爲一詩眼目. 其說最爲的當矣. 細繹之, 則首段仍是全局總冒. 先言鄴卽捷, 賊卽淸, 以預爲欣動. 而常思仙仗笛月兵風等句, 便是圖治張本. 其神直貫後幅也. 至次段, 纔是歸功諸將. 見將帥得人如此, 行且人安舊業, 官慶隨班, 君得從容以全慈孝, 皆將見之寇盡之餘, 此卽篇首意而申之. 第三段, 乃出議論, 先以濫恩宜抑, 引起任相需賢. 賢相久任, 則餘寇不足平, 盛業不難再. 是皆本於人君圖治之心, 正與常思仙仗相應. 末段, 純作注想太平, 滿心滿願語, 緊承後漢今周說. 下至結處淇上四句, 又兜轉圍鄴之事, 遙應發端. 警之祝之, 仍是全局總收也.)

(**김만원**)

27. 新安吏

신안의 관리

客行新安道[1] 喧呼聞點兵[2] 借問新安吏 縣小更無丁[3]
府帖昨夜下[4] 次選中男行[5] 中男絶短小 何以守王城[6]
肥男有母送 瘦男獨伶俜[7] 白水暮東流[8] 青山猶哭聲[9]
莫自使眼枯[10] 收汝淚縱橫 眼枯卽見骨[11] 天地終無情[12]
我軍取相州[13] 日夕望其平 豈意賊難料[14] 歸軍星散營[15]
就糧近故壘[16] 練卒依舊京[17] 掘壕不到水[18] 牧馬役亦輕[19]
況乃王師順[20] 撫養甚分明[21] 送行勿泣血[22] 僕射如父兄[23]

나그네 신안의 길을 가자니
시끄럽게 점호하는 소리 들리네.
신안의 관리에게 묻기를
"고을이 작아 장정이 더는 없는가요?"
"관부의 군첩이 어젯밤 내려와
이차적으로 중남을 선발하여 보냅니다."
중남은 너무도 작고 어리거늘
어떻게 왕성을 지킬 수 있으리오!

살찐 남아는 제 어미가 전송을 하나
야윈 남아는 홀로 외롭기만 하네.
흰 강물은 저물녘 동쪽으로 흘러갔어도
푸른 산은 여전히 통곡 소리 들리네.
눈이 말라붙도록 울지를 마오

그대 종횡으로 흐르는 눈물 좀 거두시오.
눈물 다 말라붙고 뼈까지 드러난다 해도
하늘과 땅은 종내 무정할 뿐이라오.

우리 군대가 상주를 취한다 하기에
조석으로 그곳이 평정되기를 바랐거늘,
어찌 생각이나 했으랴, 반군의 동태 예상키 어려워
군사들 별처럼 흩어져 본 진영으로 돌아가 버렸다네.
양식 보급은 옛 보루 가까운 곳이요
병사 훈련도 낙양 부근이라네.
해자는 물이 나올 정도로 깊이 파지 않고
말을 사육하는 일 또한 가볍다네.
더구나 왕의 군대는 정의로운 군대가 아닌가
분명 잘 돌보아 줄 것일세.
보내는 사람이여, 피눈물 흘리지 마시오
대장군은 부형같이 인자한 분이라오.

건원 2년 봄 아홉 절도사의 연합군으로 이루어진 관군이 업성鄴城에서 사사명史思明의 반군에게 패하고 뿔뿔이 흩어지자, 조정은 병력을 보충하기 위해 낙양 부근에서 장정들을 무차별 징발하였다. 당시 낙양을 방문하였다가 임지인 화주華州로 돌아가던 두보는 낙양 부근 신안新安에서 징발된 병사들과 전송하는 가족들의 이별 장면을 보게 되었다. 살아 돌아오지 못할 길을 가는 병사들과 그 죽음의 길로 어린 것을 보내는 가족들의 비탄과 통곡 소리가 산하에 가득하다. 그러나 목 놓아 운다 한들 무슨 소용이랴, 하늘과 땅은 그저 무정하기만 한 것을. 백성을 돌봐야 하는 천자의 조정은 종내 무정하기만 한 것을. 이미 군대가 떠난 뒤에도 자리를 뜨지 못하고 울고 있는 가족들에게 두보가 다가가 따뜻이 위로한다. "관군의 대장이 부형같이 인자한 분이라 어린 병사들을 잘 돌봐줄 것이니 너무 상심하지 마십시오." 작자 원주에 "경사를 수복한 후에 지었다. 비록 두 경사를 다 수복하였으나 반군은 여전히 가득 넘치고 있다.(收京後作. 雖收兩京, 賊猶充斥.)"고 하였다. 두보의 현실주의 시편의 백미로 알려진 '삼리삼별三吏三別'의 첫 작품이다.

《보주두시》 **왕심보王深父의 설** 건원 2년 곽자의 등 아홉 절도사의 군대가 안경서를 업성에서 포위하고 있었다. 당시 원수를 임명하지 않고서 환관 어조은을 관군용선위사로 삼았는데 관군은 결국 성 아래에서 붕괴되고 모든 절도사들은 각기 자기의 본진으로 돌아갔다. 곽자의는 하양을 보호하고 있다가 동경을 남아 지키라는 조서를 받게 되었다. 이 시는 대개 병사로 나가게 된 일을 슬퍼한 것이다.(乾元二年, 郭子儀等九節度之師圍安慶緒于鄴, 時不立元帥, 以中官魚朝恩爲觀軍容宣慰使, 師遂潰於城下, 諸節度各還本鎭. 子儀保河陽, 詔留守東都, 此詩蓋哀出兵之役.)

《보주두시》 〈신안리〉에서 〈무가별〉까지는 분명 건원 2년에 지은 것이다. 지금 〈무가별〉의 '오년 동안 골짜기에 버려두었다'의 구절로 따져보면 안녹산이 천보 14년에 반란을 일으켜서 건원 2년까지 이르면 곧 5년이 된다.(新安吏至無家別當是乾元二年作, 今以無家別五年委溝谿之句論之, 祿山以天寶十四載叛, 至乾元二年, 乃五年.)

《두시상주》 살펴보건대, 이 작품 이하 여섯 수의 시는 상주에서 군대가 패배한 일을 많이 언급하고 있으니, 곧 건원 2년 동도에서 화주로 돌아가던 시기에 길을 지나다가 느끼는 바가 있어 지은 것이다. 전겸익은 화주에서 동도로 가는 때라고 하였는데 잘못이다. 사씨가 말하기를 "〈신안리〉로부터 〈무가별〉까지는 대개 당시 업성의 군대가 패한 것을 기록한 것인데, 조정에서는 병사를 징발하여 보내는 일에 더욱 급하게 매달렸으니 죄수를 변방으로 보내 수자리하게 하던 진나라라 할지라도 이보다는 더하지 않았을 것이다."라고 말하였다. 《당서》에 "신안은 수대에 설치한 현이다. 정관 2년에 하남부에 소속되었다."라는 기록이 있다. 《구역지》에 "신안현에는 두 고을이 있다."라는 기록이 있다. 황생은 "모든 편에 스스로 시의 제목을 지었으니, 스스로 이름을 붙인 의미를 길이 갖게 되었다. 육조 시대 시인들의 '의악부'는 실제의 일이 없으면서도 부화한 문사만으로 글을 지은 것이니 모두 헛된 말이요 진실된 감정이 아니다."라고 하였다.(按, 此下六詩, 多言相州師潰事, 乃乾元二年自東都回華州時, 經歷道途, 有感而作. 錢氏以爲自華州之東都時, 誤矣. 師氏曰, 從新安吏以下至無家別, 蓋紀當時鄴師之敗, 朝廷調兵益急, 雖秦之謫戍, 無以加也. 唐書, 新安, 隋縣. 貞觀二年, 屬河南府. 九域志, 縣有兩鄉. 黃生曰, 諸篇自製詩題, 有千古自命意. 六朝人擬樂府, 無實事而撰浮詞, 皆妄語不情.)

주 석

1 客(객): 여기서는 두보 자신을 가리킨다.

2 喧呼(훤호): 시끄럽게 떠들다. 시끄럽게 부르다. 點兵(점병): 병사들을 점호하다. 이 구절은 징발된 병사들을 점호하느라고 떠들썩한 장면을 적은 것이다.

3 無丁(무정): 장정이 없다. 이 구절은 현이 작은데다가 그나마 장정들은 이미 모두 군역에 나가 있어서 다시 징발할 만한 장정들이 없지 않느냐는 것으로, 두보가 신안의 관리에게 묻는 말이다.

《두억》 '현이 작아 장정이 없다'는 것은 남은 장정이 없다는 말이다. 이 구절은 관리에게 묻는 말이다.(縣小無丁, 言無餘丁也, 此問吏語.)

4 府帖(부첩): 관부에서 발부한 군첩. 여기서는 병사 징집과 관련된 문서를 가리킨다. '帖'을 '符'로 쓴 판본도 있다. 夜(야): '日'로 된 판본도

있다.

5 次選(차선): 이차적으로 선발하다. 中男(중남): 18세 이상 23세 미만의 남자를 가리킨다.

《**신당서 · 식화지**食貨志》 15세 이하를 '소'라고 하였고, 20세 이하를 '중'이라 하였는데, 천보 3년에 백성 중 18세 이상을 '중남'으로, 23세 이상을 '성정'으로 바꾸었다.(十五以下爲小, 二十以下爲中, 天寶三載, 更民十八以上爲中男, 二十三以上成丁.)

[府帖 2구] 이 두 구절은 신안의 관리가 두보의 질문에 답한 말이다.

《두억》 이것은 신안의 관리가 대답한 말이다. 군첩이 어젯밤에 하달되었는데, 다음날 아침에 벌써 장정들을 점고하고 출발을 재촉하니 급박하기가 짝이 없다.(此吏答語, 帖以昨夜下, 次早已點丁催行, 急之極也.)

6 王城(왕성): 동도 낙양을 가리킨다.

《두시상주》 당의 동도는 주의 왕성이었으니, 지금은 하남부이다.(唐之東都, 卽周之王城, 今爲河南府.)

[中男 2구]

《**두억**》 키가 작고 어리다는 것은 아직 정이 되지 않았다는 것이니, 대개 키 크고 나이 많은 사람은 벌써 징집되어 끌려가서 전쟁에서 죽었기 때문일 것이다.(短小是不成丁者, 蓋長大者早已點行而陣亡矣.)

#《**두시상주**》 '점병' 뒤로부터 한때의 묻고 답하는 말을 기록하였다. 나그네가 길을 간다는 것은 공 자신을 가리키는 말이다. 《두억》에서 "'차문' 2구는 공이 묻는 말이요, '부첩' 2구는 관리가 대답하는 말이요, '중남' 2구는 공이 탄식하는 말이다."라고 하였다.(從點兵後, 記一時問答之詞. 客行, 公自謂. 杜臆, 借問二句, 公問詞. 府帖二句, 吏答詞. 中男二句, 公歎詞.)

7 伶俜(영빙): 홀로 있어 의시할 곳이 없는 모양.

8 白水(백수): 맑은 물.

9 猶(유): '聞'으로 된 판본도 있다.

[肥男 4구]

《**두억**》 또 작고 어린 사람 중에서 살찐 사람과 마른 사람, 어미가 있는 이와 없는 이, 전송해 주는 사람이 있는 자와 없는 자를 나누어

냈으니, 이는 필시 실제 모습이라, 이렇게까지 묘사해 냈으니 얼마나 세심한 것이냐! 이제 마른 남자가 우니, 살찐 남자도 울고, 살찐 남자의 어미도 울고, 함께 가는 사람들, 함께 보내는 사람들이 운다. 우는 이들이 많아 마치 통곡 소리가 산수로부터 나오는 듯하니 산도 울고 물도 울었다. 저녁이 되어 울며 이별한 이들은 이미 헤어져 떠나갔고 흰 강물 또한 동쪽으로 흘러갔는데, 오직 청산만 남아 여전히 통곡 소리를 안고 있는 듯하다. 산기운이 푸르고 산색이 어둑하여 마치 남은 슬픔이 있는 듯하다. '곡'자를 한 번 썼을 뿐이지만 오히려 '청산'에 붙여서 수많은 곡성을 묶어 냈으니 그 필력이 얼마나 뛰어나고, 그 함축이 얼마나 뛰어난가.(又就短小中分出肥瘦, 有母無母, 有送無送, 此必眞景, 而描寫到此, 何等細心. 此時瘦男哭, 肥男亦哭, 肥男之母哭, 同行同送者哭, 哭者衆, 宛若聲從山水出, 而山哭, 水亦哭矣. 至暮, 則哭別者已分手去矣, 白水亦東流, 獨靑山在, 而猶帶哭聲, 蓋氣靑色慘, 若有餘哀也. 止着一哭字, 猶屬靑山, 而包括許多哭聲, 何等筆力, 何等蘊藉.)

10 眼枯(안고): 눈이 말라붙다. 계속해서 울어 마침내 눈물이 말라 버린다는 말이다.

《**두시상주**》 '눈이 마르다'는 것은 눈물이 말라 버린다는 말이다.《한비자》에 "변화가 초산 아래에서 통곡을 하였는데, 눈물이 다 말라버리자 뒤이어 피가 흘러 나왔다."라는 말이 있다.(眼枯, 淚竭也. 韓非子, 卞和哭於楚山之下, 泣盡而繼之以血.)

11 卽(즉): '却'으로 된 판본도 있다. 見骨(현골): 뼈가 보이다. 너무 울어서 눈물이 말라붙고 속뼈가 드러날 정도가 된다는 말이다.

12 天地(천지) 구: 조정의 무정함을 비유한 말이다.

[莫自 4구]

《**두억**》 또 곡하는 사람에게 말하기를 "눈물이 다하면 눈이 필시 말라붙게 될 것이니, 눈이 말라붙도록 울지 말고 잠시 눈물을 거두시오. 설사 눈이 말라붙고 뼈가 드러나도록 운다고 해도 천지는 끝내 무정하기만 해 당신이 벗어나는 것을 허용치 않을 것이니 눈물은 무익할 뿐이오." 하였다. 대개 하급관리는 관의 명을 따르고, 현은 부의 명을 따르고, 부는 조정의 명을 따르는 것인데, 조정이 바야흐로 위급한 처지라, 형세가 너그럽게 봐주기 어려운 것이니 진짜로 무정한 것은 아니다. 조정이라 하지 않고 '천지'라고 말한 것은 피해서 쓴 말이며, 또한 허물을 임금에게 돌아가지 않도록 하기 위한 것이다.(又語哭者云, 淚盡眼必枯, 莫自使眼枯, 且收汝淚, 就使哭得眼枯見骨, 天地到底無情, 不容汝脫去, 淚無益也. 蓋吏聽官, 縣聽府, 府聽朝廷, 朝廷方急, 勢難寬縱, 非眞無情. 不言朝廷言天地, 諱之也, 且無令歸咎君上也.)

#《**두시상주**》 이 단락에서는 떠남에 임하여 슬퍼하며 동정하는 말을 하고 있다. 흰 강물이 흘러간다는 것은 떠나는 사람을 비유한 것이요, 청산이 통곡한다는 것은 남아 있는 사람을 가리킨 것이다.(此於臨行時作悲憫之語. 白水流, 比行者. 青山哭, 指居者.)

13 取(취): '至' 혹은 '收'로 된 판본도 있다. 相州(상주): 업성을 가리킨다.

14 賊難料(적난료): 반군의 상황을 예측하기가 어렵다는 말이다.

15 歸軍(귀군): 업성 전투에서 돌아온 아홉 절도사의 군대를 가리킨다. 星散營(성산영): 별처럼 뿔뿔이 진영으로 흩어지다. 아홉 절도사의 군대가 뿔뿔히 흩어져 자기 진영으로 되돌아간 일을 가리킨다.

[豈意 2구]

《**두시경전**》 군대가 흩어져 각기 자기 진영으로 돌아갔다는 말이다. 《자치통감》에 "아홉 절도사의 군대가 업성을 포위하였다. 겨울에서 봄으로 가는 시기에 안경서 쪽은 식량이 바닥이 나게 되어 성은 곧 함락될 것으로 보였다. 그러나 아홉 절도사의 군대는 원수가 없는데다가 성이 오랫동안 함락되지 않자 상하가 분열되기에 이르렀다. 사사명이 위주로부터 병사를 이끌고 업성으로 와서는 매일 성 아래에서 노략질하였으므로 절도사의 연합군은 식량이 모자라게 되어 의욕을 상실했다. 3월에 안양 황하 북쪽에서 전투를 하였는데 큰 바람이 불어 한낮인데도 어두워졌다. 관군은 흩어져 남쪽으로 향했고, 반군은 흩어져 북쪽으로 향하였다. 곽자의는 삭방군으로 하양교를 끊어 동경을 보호하였으며, 남북으로 두 성곽을 쌓아서 지켰다."라고 기록하고 있다.(言軍散各歸其營也. 通鑑, 九節度圍鄴, 自冬涉春, 慶緒食盡, 克在朝夕, 而諸軍既無統帥, 城久不下, 上下解體. 思明自魏州引兵趣鄴, 日於城下抄掠, 諸軍乏食思潰. 三月, 戰於安陽河北, 大風晝晦, 官軍潰而南, 賊潰而北. 子儀

以朔方軍斷河陽橋保東京, 築南北兩城而守之.)

16 就糧(취량): 군량을 취하다. 군량이 있는 곳으로 가다. 故壘(고루): 옛 보루. 이전에 안녹산 군대를 방어하던 보루로 보기도 한다. 이 구절은 곽자의 군대에 군량이 넉넉하다는 말이다.

《두시상주》에 인용된 노원창 주 당시 곽자의는 아직도 군량 6, 7만 석을 보유하고 있었다. 그래서 '취량'이라고 한 것이다.(時子儀尙有軍糧六七萬石, 故曰就糧.)

《두공부초당시전》 이 구절 이하는 모두 곽자의가 사졸들을 잘 돌보는 것을 찬미한 것이다. 옛 보루는 이전에 안녹산을 막던 보루로서 단지 수리만 한 것이다.(自此以下, 皆美子儀善撫士卒也. 故壘, 卽舊禦祿山之壘, 但修完之.)

《두시경전》 식량이 부족한 것이 아님을 보여 준다.(見非缺食.)

17 舊京(구경): 동도 낙양을 가리킨다.

《두시경전》 바로 동도를 말하는 것으로 전쟁터에 가까이 있는 것이 아님을 보여 준다.(卽東都也, 見非臨陣.)

[就糧 2구]

《두억》 또 위로하여 말하기를 "옛 보루는 아직 있고 동도는 의지할 만하여, 고루를 본거지로 삼아 수자리를 하며 지키는 것이다."라고 하였다. 또 '군량을 보급한다'라고 말하였으니 양식이 없을까 걱정하지 말 것을 드러내었다. 반군을 치러간다고 하지 않고 '병사들을 훈련한다'고 해서 싸울 때는 아직 멀었음을 드러내었다.(又慰之云, 故壘尙在, 舊京可依, 本於故壘戍守, 而云就糧, 見不憂無食, 不云討賊, 而云練卒, 見去戰期尙遠.)

18 掘壕(굴호): 성 아래에 해자를 파는 것을 가리킨다. 不到水(부도수): 물이 나올 정도로 깊이 파는 것은 아니라는 말이다.

《두시상주》 '壕'는 성 아래의 해자를 가리킨다.(壕, 城下池也.)

19 牧(목): '看'으로 된 판본도 있다.

《두공부초당시전》 말을 기르는 일도 백성들을 심하게 괴롭혀 그 재물을 바닥나게 할 정도는 아니라는 말이다.(謂牧馬役不甚困民以竭其財也.)

[就糧 4구]

《구가집주두시》 이 부분은 곽자의가 하양을 보호하고 천자의 명을 받아 동경을 유수한 일을 말한 것이다.(此言子儀保河陽, 詔留守東都.)

20 王師(왕사): 관군을 가리킨다. 順(순): 천리를 따르다. 정의의 편이라는 말이다.

21 撫養(무양): 사졸들을 잘 보살핀다는 말이다.

[況乃 2구]

《두공부초당시전》 곽자의가 통솔하는 병사들은 모두 법도에 따라 움직이고 호령이 매우 분명하니 여러 장수들의 병사들이 흉악하고 난폭하여 통제하기 어려운 것과는 다르다는 말이다.(謂子儀所掌之兵, 皆動循法制, 而號令甚分明, 非若諸將之兵, 桀驁難制也.)

22 泣血(읍혈): 피눈물을 흘리다. '垂泣'으로 된 판본도 있다.

23 僕射(복야): 관명. 여기서는 곽자의를 가리킨다.

《두시상주》에 인용된《통전》 당제에는 좌우의 두 복야가 있었는데 본래 상서령의 다음이었다. 상서령을 폐한 뒤로 복야가 재상이 되었다. 개원 원년에 좌우 승상으로 바꾸었다. 종2품에 속한다. 천보 원년에 옛 제도로 다시 돌아갔다.(唐左右二僕射, 本副尙書令, 自尙書令廢, 僕射爲宰相. 開元元年, 改爲左右丞相, 從二品. 天寶元年, 復舊.)

《두시경전》《곽자의전》에 "지덕 2년 5월 곽자의가 휼수에서 패하고는 대궐에 이르러 죄를 청하니, 사도로부터 좌복야로 강등되었다."라고 하였다. 구주에서 곽자의는 건원 초에 이미 중서령의 지위에 올랐는데, 여기서 다시 복야라고 칭한 것은 상주의 패배에 근거하여 그가 처음 폄적되었던 관직을 말한 것이니 이 역시 춘추의 필법이다. 〈세병마〉에서는 그를 지목하여 '곽상'이라고 하였다.(郭子儀傳, 至德二載五月, 子儀敗於潏水, 詣闕請貶, 從司徒降爲左僕射. 舊注, 汾陽在乾元初已進位中書令, 此復稱僕射者, 本相州之潰, 擧其初貶之官, 亦春秋書法也. 洗兵馬, 則目之曰郭相.)

#《두시상주》 이 단락은 전송하러 나온 이들을 위해 위로의 말을 한 것이다. 앞의 군대가 패하여 흩어져 버렸는데 뒤의 군대가 이어 나아가니 사람들이 두려워할 것을 염려하였다. 그래서 '양식을 보급한다'고 말하

여 식량이 있음을 드러내었고, '병졸을 훈련시킨다'고 하여 전장에 임해 있는 것이 아니라는 것이요, 해자를 파고 말을 돌본다는 말로 일이 위험하지 않음을 드러냈다. 또한 관군은 정의의 군대이므로 반군을 제압하고 승리할 수 있으며, 사졸들을 잘 길러 주니 보살핌을 잘 받게 될 것이라고 하였다. 간곡해서 마음을 움직일 정도로 자세히 말하고 있다.(此爲送行者作寬慰之語. 前軍潰散, 後軍繼行, 恐人心惶懼, 曰就糧, 見有食也, 曰練卒, 非臨陣也, 曰掘壕牧馬, 見役無險也. 且師順則可制勝, 撫養則能優恤, 俱說得愷至動情.)

##《독두심해》 세 단락으로 나뉜다. 첫 단락에서는 그 일을 서술하였고, 중간에서는 그 고통스러움을 서술하였고, 마지막에서는 그 원인을 규명하였다. 먼저 측은지심으로써 그 임금을 움직이고, 후에 은혜로써 그 장정들을 권하였다. 어진 중에 의로움을 행하였으니 이것이 어찌 아무나 할 수 있는 것이랴.(分三段. 首敍其事, 中述其苦, 末原其由. 先以惻隱動其君上, 後以恩誼勸其丁男. 義行於仁之中, 此豈尋常家數.)

(**김성곤**)

28. 潼關吏
동관의 관리

士卒何草草[1] 築城潼關道 大城鐵不如[2] 小城萬丈餘[3]
借問潼關吏 修關還備胡[4] 要我下馬行[5] 爲我指山隅[6]
連雲列戰格[7] 飛鳥不能踰[8] 胡來但自守[9] 豈復憂西都[10]
丈人視要處[11] 窄狹容單車[12] 艱難奮長戟[13] 萬古用一夫[14]
哀哉桃林戰[15] 百萬化爲魚[16] 請囑防關將[17] 愼勿學哥舒[18]

병사들은 어찌 그리도 고생스럽게
동관 길에서 성을 쌓는가.
큰 성의 견고함은 강철도 그만 못하고
작은 성의 높이는 만 장이 넘는다네.

동관의 관리에게 묻노니
"관문을 수리하고 다시 오랑캐를 막는가?"
나를 맞아 말에서 내려 걷게 하고는
나를 위해 산모퉁이를 가리킨다.
"구름에 닿도록 전투용 목책을 늘어놓았으니,
날아가는 새들도 넘을 수 없을 정도이고요.

오랑캐가 올 때 나만 스스로 지키기만 한다면
어찌 다시 장안을 걱정하겠습니까?
어르신, 요해처를 보세요
좁아서 한 대의 수레만을 용납할 뿐이죠.
재난이 닥치면 긴 창을 휘두르며

자고로 한 사나이만을 썼답니다."

"슬프다, 도림에서의 싸움이여
백만의 군사가 죽어서 물고기가 되었다네.
청컨대 관문을 지키는 장수에게 부탁해서
삼가 가서한을 배우지 말도록 하시게나."

건원 2년 낙양에서 화주로 돌아가는 길에 석호촌을 지나 동관潼關에 이르렀을 때에 지은 것이다. 동관은 화주 화음현 동북쪽에 있는데, 예전부터 도림새로 알려진 군사적 요충지로서 낙양에서 장안으로 들어가는 길목에 해당된다. 업성鄴城에서의 패전 이후 당 조정은 낙양이 다시 반군에게 함락되고 그 영향이 장안에까지 미치게 될까 우려하여 동관에 성을 축조하여 수비하고자 했던 것이다. 두보는 이곳을 지나면서 천보 15년 가서한의 실책을 떠올리게 된다. 이곳 수비를 맡았던 가서한은 관문을 버려두고 출병하여 영보현 서쪽 들판에 주둔한 결과 반군의 역공으로 수만의 병사가 황하에 떨어져 죽는 등 철저히 궤멸당했다. 이에 두보는 관문 수비를 맡은 장령들이 경솔히 관문을 나서서 과거의 잘못을 반복해서는 안 된다는 점을 명확히 인식할 수 있기를 바랐으니, 이 점이 바로 시의 주제가 된다.

시 전체가 대화체로 구성되어 있어 읽는 이로 하여금 생생한 현장감을 느낄 수 있게 한다. '삼리', '삼별'에 속하는 기타 작품들이 주로 전란에 시달리는 백성들의 참상을 그려 내고 있는 것과는 달리, 이 시는 적을 막는 데 있어서 요새지를 잘 활용할 것을 주장하는 내용으로 이루어져 있는 것도 색다른 부분이다. 지덕 2년에 지어진 것으로 보는 견해도 있다.

《두시상주》 이것은 상주에서 크게 패하였기 때문에 동관을 수축하여 반군에 대비한 것이다. 《옹록》에 "동관은 화주 화음현 동북에 있는데, 관문의 서쪽 일 리 되는 곳에 동수가 있어 이름 한 것이다."라고 하였다. 전겸익의 전箋에 "예전에 가서한의 군대가 싸움에 패하자 기병을 이끌고 황하를 가로질러 본영으로 돌아오면서 동진에 이르러 흩어진 군졸을 수습했는데, 곧 관문 서쪽의 동수다."라고 하였다. 살펴보건대, 동관은 진 함곡관의 서쪽에 있다.(此因相州大敗, 故修潼關以備寇. 雍錄, 潼關在華州華陰縣東北, 關西一里有潼水, 因以爲名. 錢箋, 前哥舒翰軍敗, 引騎絶河還營至潼津, 收散卒, 卽關西之潼水也. 按, 潼關在秦函谷關之西.)

《두시상주》〈신안리新安吏〉 제하題下 주 살펴보건대, 이 시(〈신안리〉) 이하 6편의 시들(삼리삼별)은 대부분 상주에서 군대가 무너진 일을 말하고 있으니, 곧 건원 2년 낙양에서 화주로 돌아갈 때 길을 지나며 감개가 있어 지은 것이다. 전겸익은 화주에서 낙양으로 갈 때라고 했는데 잘못이다.(按此下六詩多言相州師潰事, 乃乾元二年自東都回華州時, 經歷道途, 有感而作. 錢氏以爲自華州之東都時, 誤矣.)

《보주두시》 가서한이 천보 15년 6월 동관에서 막아내지 못하여 경사가 마침내 함락되었다. 지금 시에서 '관문을 수리하고 또 오랑캐를 막는다'고 했으니, 마땅히 지덕 2년 경사를 수복한 뒤에 쓴 시이다. 또 이르기를 '나를 맞이하여 말에서 내려 걷게 한다'고 했으니, 필시 경사로 돌아갈 때에 지은 것이리라.(哥舒翰天寶十五載六月潼關失守, 京師遂陷. 今詩云, 修關還備胡, 當是至德二載收京後詩. 又云, 要我下馬行, 必歸京時作.)

주석

1 士卒(사졸): 병졸. 군졸. 동관에서 성을 쌓는 군사들을 일컫는다. 草草(초초): 고생스럽게 일하는 모습.

《두시상주》《시경·소아小雅·항백巷伯》의 '勞人草草'의 주에 "'초초'

는 고생스럽게 일하는 모습이다."라고 하였다.(詩曰, 勞人草草. 注, 草草, 勞苦貌.)

2 大城(대성): 커다란 성. 鐵不如(철불여): 강철도 그만 못하다. 강철의 견고함도 커다란 성벽의 견고한 정도에는 미치지 못한다는 뜻이다.

3 小城(소성): 작은 성. 萬丈餘(만장여): 만 길이 넘는다.

[大城 2구] 상하 두 구에 각각 보이는 '大城'과 '小城'에 대하여는 다음의 견해들이 있다. 첫째, 크고 작은 두 부류의 성에 대한 각각의 개별적인 묘사로 보는 견해인데, 《두시상주》가 이에 해당한다. 둘째, 상하 두 구에 보이는 견고함과 높음을 형용하는 말이 소성과 대성 양자에 모두 적용된다는 견해인데, 《두공부시집집주》, 《독두시설》이 이에 해당한다.

《두시상주》 강철도 그만 못하다는 것은 그것의 견고함을 말한 것이다. 만 길이 넘는다고 한 것은 그것의 높음을 말한 것이다.(鐵不如, 言其堅. 萬丈餘, 言其高.)

《독두시설》 〈동관리〉에, '큰 성의 견고함은 강철도 그만 못하고, 작은 성의 높이는 만 장이 넘는다'라고 한 것에 대하여 《두시상주》에서는, "강철도 그만 못하다는 것은 그것의 견고함을 말한 것이다. 만 길이 넘는다고 한 것은 그것의 높음을 말한 것이다. 작은 성이 산을 타고 있어 그 높음이 더욱 드러난다."라고 하였다. 지금 내가 살펴보건대, 이 부분은 호문인데, 큰 성이 어찌 높지 않겠으며 작은 성이라고 어찌 견고하지 않겠는가? 《두시상주》에서 나누어서 풀이하고 있는 것은 옳지 않다.(潼關吏云, 大城鐵不如, 小城萬丈餘. 注, 鐵不如, 言其堅. 萬丈餘, 言其高. 小城跨山, 故尤見其高. 今按此是互言, 大城何嘗不高, 小城何嘗不堅. 注分解, 非是.)

《두공부시집집주》 성이 산 위에 있어서 만 길이 넘는다고 하였다. 윗 구는 견고함을 말하고, 아랫 구는 높음을 말하여, 그 의미를 상호 드러내준다.(城在山上, 故曰萬丈餘. 上語言堅, 下語言高, 其義互見.)

《보주두시》 동관은 화주 화음현에 있다. 황하가 용문으로부터 남쪽으로 흘러 화산에 부딪쳐 동쪽으로 방향을 바꾸어 동관이라 이름하였다. 천보 14년 안녹산이 반란을 일으키자 하서절도사 가서한에게 조서를 내려 왕태자전봉 병마원수로 삼고, 그로 하여금 군졸 20만을 거느리고 동관을 지키게 하였다. 다음 해 6월 가서한이 반군에게 패하여 관문을 지키지 못하다가 지금 다시 성을 쌓았기에 말한 것이다.(潼關在華州華陰縣. 河水自龍門南流激華山而東, 故名潼關. 天寶十四載, 祿山反, 詔河西節度使哥舒翰爲王太子前鋒兵馬元帥, 令率衆二十萬守潼關. 明年六月翰爲賊所敗, 關門不守. 今復築城, 故云.)

#《두시상주》 이 단락에서는 동관을 수축한 일을 서술하였다.(此敍修築潼關.)

4 修關(수관): 관문을 수리하다. 동관을 정비한다는 뜻이다. '築城'으로 된 판본도 있다. 還(환): 다시. 또. 備胡(비호): 오랑캐에 대한 방비를 하다.

5 要(요): 맞이하다. 我(아): 나. 두보를 가리킨다. 下馬行(하마행): 말을 내려서 걸어가다.

6 爲我(위아): 나를 위하여. 指山隅(지산우): 산모퉁이를 가리키다.

7 連雲(연운): 구름에 잇닿다. 높은 모습을 말한다. 列(열): 벌여 두다. 格(격): 장애물로서 전시에 방어용으로 사용되는 목책 등을 가리킨다. 이 구절부터 '萬古'구까지 관리가 대답하는 말이다.

《두시상주》 '전격'은 곧 전시에 쓰는 목책으로 적을 막는 것이다.(戰格, 卽戰柵, 所以捍敵者.)

8 不能踰(불능유): 넘을 수 없다. 새도 날아서 넘어갈 수 없을 정도로 험고함을 말한다.

#《두시상주》 이 단락은 관문 형세의 험고함을 적고 있다. '수관' 1구는 두보가 묻는 말이다. '연운' 아래는 관리가 대답하는 말이다.(此記關勢之險. 修關一句, 公問詞. 連雲以下, 吏答詞.)

9 胡來(호래): 반군이 내습한다는 뜻이다. 但自守(단자수): 다만 스스로 지키다.

10 西都(서도): 장안을 가리킨다.

11 丈人(장인): 어르신. 동관의 관리가 두보를 가리켜 한 말이다. '丈'이 '大'로 된 판본도 있다. 要處(요처): 요해처. 적을 지키기에 중요한 장소를 뜻한다.

12 窄狹(착협): 좁다. '窄'이 '穿'으로 된 판본도 있다. 容單車(용단거): 오직 한 대의 수레만을 용납하다. 관문이 좁다는 뜻이다.

《두시상주》《사기 · 회음후열전淮陰侯列傳》에, "수레는 나란히 하여 갈 수 없고, (기병은) 열을 지을 수 없다."라고 하였는데, 이른바 단거이다.(韓信傳, 車不得方軌, 不得成列. 所謂單車也.)

13 艱難(간난): 어려운 시절에. 奮長戟(분장극): 긴 창을 떨치다.

14 萬古(만고): 오랜 세월. '萬'이 '千'으로 된 판본도 있다. 用一夫(용일부): 한 사람을 쓰다. 이 구절은 예전부터 한결같이 오직 한 명의 사람을 써서 막아왔다는 뜻이다.

《두시상주》 이 단락은 관문이 험고하여 지켜 낼 수 있음을 말하였다. 단거를 용납한다 함은 저쪽에서 공격할 수 없다는 것이다. 한 사람을 쓴다는 것은 이쪽에서 막아내기에 충분하다는 것이다.(此言關險可守. 容單車, 彼不能攻. 用一夫, 此足以拒.)

15 桃林戰(도림전): 도림에서의 전쟁. 천보 15년 가서한이 영보에서 패전한 일을 가리킨다. 도림은 관새의 이름으로 동관에서 동쪽으로 영보 일대에 이르는 골짜기다. 이 구절 이하는 다시 두보가 관리에게 답하는 말이다.

《두시상주》《삼진기》에, "도림새는 장안 동쪽 400리에 있다."라고 하였다. 《원화군현지》에, "도림새는 영보현으로부터 서쪽으로 동관까지가 모두 해당한다."라고 하였다. 염약거는 "《통전》에 의하면, 동관은 곧 《좌전》에 나오는 도림새로서 진나라의 함곡관과 같다. 그 땅은 한 홍농군 홍농현에 있으니, 곧 지금의 섬서 영보현 지역이다. 무제 원정 3년 신안현으로 옮겼다. 헌제 때에 조조가 동관에서 마초를 깨뜨렸다고 하는데, 이는 바로 옮겨 설치한 곳이다. 예전에는 당대에 비로소 그 곳에 관문을 세웠다고 하였는데, 잘못이다."라고 말하였다.(三秦記, 桃林塞, 在長安東四百里. 元和郡縣志, 桃林塞, 自靈寶縣以西至潼關皆是. 閻若璩曰, 通典, 潼關, 卽左氏桃林塞, 若秦之函谷關. 其地在漢弘農郡弘農縣, 卽今陝西靈寶縣界. 武帝元鼎三年, 徙于新安縣界. 獻帝時, 曹操破馬超於潼關, 乃移置者. 舊謂唐始於其地立關, 非也.)

16 百萬(백만): 가서한 군대를 가리킨다. 化爲魚(화위어): 물에 빠져 죽은

것을 비유적으로 표현한 것이다.

17 囑(촉): 부탁하다. 防關將(방관장): 관문을 방어하는 장수.

18 哥舒(가서): 가서한哥舒翰. 이 구절은 가서한의 패전에서 교훈을 찾으라는 뜻이다.

《두시상주》《가서한전》에, "가서한이 병사를 이끌고 관문을 나서서 영보현의 서쪽 들에 주둔하였는데, 적에게 밀려서 자기들끼리 서로 밟아 황하에 떨어져 죽은 자가 수만 명이었다."라고 하였다.(哥舒翰傳, 翰率兵出關, 次靈寶縣之西原, 爲賊所乘, 自相踐蹂, 墮黃河死者數萬人.)

《구가집주두시》 조차공 주 평탄하면 싸우기에 유리하고, 험난하면 지키기에 이롭다. 자중하여 험난한 요새를 지키는 것은 예전의 훌륭한 병법이다. 가서한은 임금의 명령에 쫓겨 경솔하게 동관을 떠나서 싸웠기 때문에 패한 것이다. 도림은 가서한이 나아가 싸운 장소를 바로 말한 것이다. 동관은 당대에 화주의 화음에 있었다. 도림은 당대에 곧 섬주의 영보다. 《가서한전》을 살펴보건대, 임금이 사자를 시켜 전쟁을 독촉하니 가서한이 곤경에 처하여 벗어날 길을 알지 못하다가 6월 군사를 이끌고 동쪽으로 향하였다. 통곡하며 동관을 나와서 영보의 서쪽 들에 주둔하여 반군의 장수 최건우와 싸웠다. 관문으로부터 70리 길은 험하고 비좁았으며 그 남쪽은 산과 황하로 막혀 있었기에 이미 적에게 밀리는 형편이었다. 이때 군졸들 간에 서로 싸우고 또 갑옷을 버리고 내빼다 황하에 빠져 죽은 자가 열에 한두 명 꼴이었다. 그래서 물고기가 되었다는 비유가 있게 된 것이다.(易則利戰, 險則利守. 持重守險, 古之良法. 哥舒翰逼於君命, 輕去潼關而戰, 故敗. 桃林正言翰進戰之所. 蓋潼關於唐在華州之華陰, 桃林於唐乃陝州之靈寶. 按, 哥舒翰傳, 帝使使者督戰, 翰窘不知所出, 六月引師而東, 慟哭出關, 次靈寶西原, 與賊將崔乾祐戰, 由關門七十里道險隘, 其南薄山阻河, 旣爲賊所乘, 是時軍自相鬪, 又棄甲而奔, 陷河死者十一二, 故有爲魚之喩.)

《보주두시》에 인용된 사씨師氏 주 지금 숙종이 이미 두 경사를 수복하였으나, 만약 다시 현명한 장수를 선발하지 않는다면, 일의 성패는 가늠할 수 없다. 그래서 삼가 조심하여 배우지 말라는 구절이 두보에게 있는 것이다.(今肅宗旣收復兩京, 儻不更選賢將, 事之成敗, 未可知也. 故甫有愼勿學之句.)

#《두시상주》 마지막 단락은 곧 관리에게 답하는 말로서, 관문을 지키는 일은 적임자를 얻는 것이 중요함을 드러내고 있다.(末乃答吏之詞, 見守關貴乎得人也.)

##《두시상주》에 인용된 노원창盧元昌 설 안녹산이 반란을 일으킨 초기에 가서한은 동관을 지키고 있었는데, 반년 남짓 버티는 사이에 반군이 양주, 등주 사이에 공격을 해 왔지만 끝내 감히 동관을 엿보지는 못하였으니, 관문 수비가 가져온 분명한 효과였다. 당시 이광필, 곽자의 또한 이러한 주장을 견지하였다. 안녹산이 이를 괴로워하여 엄장嚴莊에게 일러 말하기를, "지금 동관을 지키고 있어 병사들이 나아갈 수 없다."라고 하였으니, 이렇다면 관문을 지키고만 있어도 반군은 앉아서 괴롭게 만들 수 있다는 것이다. 만약 양국충의 상주가 행해지지 아니하고 환관의 명이 촉급하지 않아서 성벽을 견고히 하고 단단히 지켰더라면 장안은 보전되어 탈이 없었을 것이다. 이 시의 눈은 '胡來但自守' 한 구절에 있으며, '修關還備胡'라고 한 것은 머리가 그을리고 이마가 문드러진 후에서야 '굴뚝을 굽히고 땔나무를 옮기는' 계책을 사용한 것을 탄식한 것이다.(祿山初反, 哥舒翰守潼關, 相持半載餘, 賊兵衝突襄鄧間, 卒不敢窺關, 則守之明效也. 時李郭亦持此議, 祿山苦之, 謂嚴莊曰, 今守潼關, 兵不能進. 是守關而賊可坐困. 向使國忠之奏不行, 中使之命不促, 堅壁固守, 長安可保無恙. 此詩眼目, 在胡來但自守一句, 其云, 修關還備胡, 是歎焦頭爛額後, 爲曲突徙薪計也.)

《독두심해》〈동관리〉는 별도로 하나의 예가 된다. 앞과 뒤의 시에서 모두 사졸의 징발을 말하였는데, 여기서는 홀로 군역에 대한 독려를 말하였다. 이 시는 또 유독 정면으로 알리는 말인데, 이곳이 경사를 지키는 요충지이기 때문이다. 처음 4구는 축성의 완고함을 일반적인 표현으로 개괄하였다. 가운데 12구는 문답한 말을 상술한 것으로 표정과 목소리가 모두 살아 있으니, 이는 그 말을 빌려 그가 하는 일을 고무한 것이다.

마지막 4구는 작자의 경계의 말이다. 이른바 은나라 거울이 멀지 않다는 것으로 아울러 훗날 수비하는 자의 뜻을 굳건히 하고자 한 것이다. 뜻의 중점은 축성을 감독하는 이를 일깨우는 데에 있다. 《두시천杜詩闡》은 가서한이 반년 동안 버틴 것이 수비의 분명한 효과이며 양국충이 싸움을 재촉함으로 말미암아 패하였다고 하여 마침내 이 시의 '但自守' 한 마디 말을 따내어 시안으로 삼았는데, 이 구절이 이렇게 풀이할 수 없음을 알지 못한 것이다. 바로 축성은 의당 견고해야 된다는 것을 다그쳤을 따름이다. 또한 이때 동관은 전의 일과는 다르다. 전에는 도적이 바짝 쳐들어와 관문을 지켰었고, 지금은 업성이 무너져 수축하여 방비하는 것이다. 바로 사전의 방비이니 도적은 여기로부터 아직 멀다. 시는 바로 성을 수축하는 일을 말하고 있어 지키는 것과 관련이 없다. 가서한을 배우지 마라고 한 것은 앞으로 의당 패배를 교훈으로 삼아 가볍게 행동하지 말아야 한다는 말이다. 대개 본론 뒤의 여론으로, 본론에 해당하는 글이 아니다. 노원창은 경중을 알지 못하였으니 시끄러운 객이 주인의 자리를 빼앗는 것이다. 하물며 그의 견해대로 한다면 무릇 곤경에 처한 시절에 그저 수비만을 의논하고 싸움은 따지지 않아 날로 쪼그라들 것이니, 어찌 통론이라 하겠는가?(潼關吏別爲一例. 前後俱言抽點, 此獨言督役. 詩亦獨爲正告之語. 以此係京師要衝故也. 起四句, 虛籠築城之完固. 中十二句, 詳述問答之語, 神情聲口俱活. 蓋借其言以鼓舞其所事也. 末四句, 乃作者戒詞. 所謂殷鑒不遠, 并以堅後日守者之志也. 意重在警督築者. 杜闡以哥舒相持半載爲守之明效, 由國忠促戰而敗, 遂摘此詩但自守一語爲眼目. 不知此句不如是解. 正以鞭緊築城之宜固耳. 且此日之潼關, 與前事異. 前以寇偪以守關, 此因鄴潰而修備. 乃先事之防, 寇之離此尙遠也. 詩正言修築事, 與守無涉. 其曰勿學哥舒, 謂將來宜懲其敗, 勿輕擧耳. 蓋題後餘論, 非正文也. 盧氏不識輕重, 無乃喧客奪主. 況如其說, 則凡偪處之日, 單議守不議戰, 且日蹙矣, 豈通論哉.)

(이남종)

29. 石壕吏

석호의 관리

暮投石壕村[1] 有吏夜捉人[2] 老翁踰牆走[3] 老婦出看門[4]
吏呼一何怒[5] 婦啼一何苦 聽婦前致詞[6] 三男鄴城戍[7]
一男附書至[8] 二男新戰死[9] 存者且偸生[10] 死者長已矣[11]
室中更無人 惟有乳下孫[12] 有孫母未去[13] 出入無完裙[14]
老嫗力雖衰 請從吏夜歸 急應河陽役[15] 猶得備晨炊[16]
夜久語聲絶 如聞泣幽咽[17] 天明登前途 獨與老翁別

저물어 석호촌에 묵었는데
관리가 한밤중 사람을 잡으러 왔네.
영감은 담장 넘어 달아나고
할멈이 나가서 문을 지키네.

관리의 호령은 어찌 그리 사납고
할멈의 울음소리는 어찌 그리 서럽던지.
할멈이 나가서 하는 말을 들어보니
"세 아들이 업성에 수자리 나갔는데,
한 아들이 부쳐온 편지에
두 아들 최근 싸움에서 죽었답니다.
남은 사람은 구차하게나마 살 수 있겠지만
죽은 사람은 아주 끝난 것이지요.

집에는 다른 사람이라곤 없고
오직 젖먹이 손주녀석뿐.

손주가 있어 어미는 떠나지 못했지만
외출할 때 입을 마땅한 옷 한 벌 없습니다.
늙은 이 몸 힘은 비록 쇠하였어도
나으리를 따라 밤도와 가기를 청하오니,
서둘러 하양의 부역에 응한다면
그런대로 새벽밥은 지을 수 있을 거외다."

밤 깊어 말소리는 끊겼으나
숨 죽여 오열하는 소리 들리는 듯
날 밝아 길 떠날 적에는
오직 영감과 작별하였네.

이 시는 건원 2년 두보가 낙양에서 화주로 가는 도중 석호촌에서 하룻밤 머물며 지은 것이다. 석호촌에 관해서는 여러 가지 설이 있으나 여기서는 섬주陝州의 석호진石壕鎭이라는 설을 따른다. 이 시는 저녁 무렵 석호촌에 도착한 시인이 다음날 아침 길을 떠나기 전까지 목격한 상황을 노래한 것인데, 당시 전란의 와중에서 일반 백성들이 겪는 부역의 고충을 한 할멈의 육성을 통해 생생하게 전달하고 있다. 특히 시는 '관리가 한밤중 사람을 잡으러 왔다'는 한 구의 내용을 중심으로 전반부는 관리가 들이닥칠 때의 상황을 묘사하였고 중반은 관리의 심문에 대하여 할멈이 응대한 내용을 실었으며 마지막 부분은 일이 종결된 결과를 보여 주고 있어, 치밀한 구성을 통해 한 편의 드라마를 보는 듯한 느낌을 준다. 또한 시에 등장하는 할멈을 담력과 지력을 겸비한 여장부로 보는 주석가도 있다. 이 시는 고체시이면서도 매 4구마다 환운하고 있어 격률상 정제된 모습을 보여 준다.

《보주두시》 '서둘러 하양의 부역에 응한다면'이라는 구절을 보건대, 틀림없이 건원 2년 아홉 절도사의 군대가 궤멸당하고 곽자의가 황하의 다리를 끊어 남은 군대로 동경을 보호할 때의 작품이다. 양권도는 지덕 2년에 편재하였으나 잘못이다.(觀急應河陽役之句, 當是乾元二年, 九節度之師潰, 子儀斷河橋, 以餘衆保東京時作, 而梁權道編在至德二載, 非.)

주 석

1 投(투): 투숙하다. 여기서는 두보가 여행 중에 하룻밤 기숙하는 것이다. 石壕村(석호촌): 지명. 구체적인 위치에 관해서는 여러 설이 있으나, 여기서는 섬주陝州의 석호진石壕鎭이라는 설을 따른다.

《두시상주》에 인용된 왕응린王應麟 설 석호는 아마도 섬주 섬현의 석호진일 것이다.(石壕, 蓋陝州陝縣之石壕鎭也.)

《두시상주》 전겸익의 전에서 변환卞圜의 말을 인용하여 석호는 섬주 동쪽의 수자리로 신안의 서쪽에 있다고 하면서, 석호는 곧 석효石崤라고 하였다. 살펴보건대 석효는 홍농 면지의 서북쪽에 있었는데, 정관 8년 효현을 안양성으로 옮겨 협성 서쪽 40리 되는 곳에 있었다. 그러므로 석호를 석효라고 하는 것은 잘못된 것이다. 채몽필은 석호는 빈주 의록현에 있다고 하였는데 더욱 근거가 없는 것이며, 또한 동도로부터 왕래하던 길은 아니다.(錢箋, 卞圜曰, 石壕, 陝東戍, 其地在新安西. 石壕, 卽石崤也. 按, 崤在弘農澠池西北, 貞觀八年, 移崤縣於安陽城, 在硤城西四十里. 謂石壕卽石崤, 誤矣. 夢弼云, 石壕, 在邠州宜祿縣. 尤爲無稽, 且非自東都往來道也.)

2 捉(착): 붙잡다. 이 구는 관리가 부역에 내보낼 백성들을 잡으러 나온 것을 말한다.

3 踰牆走(유장주): 담을 넘어 달아나다. 부역에 나가지 않기 위해 달아난 것이다.

4 看門(간문): 나가서 문을 지키다. '門看', 혹은 '門首'로 된 판본도 있다.

《두시상주》 문을 본다는 것은 문을 지킨다는 뜻이다.(看門, 守門也.)

#《두시상주》 첫 단락에서는 부역에 내몰리는 고충을 서술하였다.(首敍征役驅迫之苦.)

5 一何(일하): 어찌 그리. '一'은 어세를 강조하는 역할을 한다.

6 前致詞(전치사): 나가서 말을 하다. 이 이하는 할멈이 관리에게 자기 집안의 사정을 아뢰는 것이다.

7 鄴城(업성): 지명. 당시 반군과 치열한 전투가 벌어졌던 곳이다.

《두시상주》에 인용된《구당서》 무덕 2년 위군으로 상주를 설치하였다. 천보 원년 업군으로 바꾸었다. 건원 원년 다시 상주로 하였다가, 2년에 다시 업성으로 하였다.(武德二年, 以魏郡置相州. 天寶元年, 改爲鄴郡. 乾元元年, 復爲相州. 二年, 又爲鄴城.)

《두공부초당시전》 당시에 곽자의와 아홉 절도사가 상주에서 안경서를 포위하였는데, 일사불란하게 통제가 되지 않아서 결국 아홉 절도사의 군대가 모두 패하여 돌아갔다. 업성의 수자리라는 것은 장정을 징발하여 안경서를 포위한 일을 말하는 것이다.(時郭子儀九節度, 圍安慶緖于相州, 節制不一, 故九節度之兵, 皆敗而還. 鄴城戍, 謂抽丁圍安慶緖也.)

8 附書至(부서지): 편지를 보내 오다. '至'는 '到'로 된 판본도 있다.

9 新戰死(신전사): 최근 싸움에서 사망하다.

《두시상주》 최근 싸움에서 사망했다는 것은 업성에서의 패배를 가리킨다.(新戰死, 指鄴城之敗.)

10 存者(존자): 산 사람. '存'은 '在'로 된 판본도 있다. 且(차): 그럭저럭. '是'로 된 판본도 있다. 偸生(투생): 구차하게 살다. 목숨을 부지하며 살아가다.

11 長已(장이): 영원히 끝나다.

#《두시상주》 두 번째 단락은 할멈이 관리에게 하소연하는 말을 빠짐없이 서술한 것이다. 공은 아마 그 집에서 유숙하였을 것이다. '삼남' 이하는 행역 나간 자의 참상을 말하였다.(二段, 備述老婦訴吏之詞, 公蓋宿於其家也. 三男以下, 言行者之慘.)

12 惟(유): 다만. '所'로 된 판본도 있다. 乳下孫(유하손): 젖먹이 손자.

13 有孫(유손): '孫有'로 된 판본도 있다.

14 入(입): '更'으로 된 판본도 있다. 無完裙(무완군): 제대로 된 치마가 없다.

[有孫 2구] 이 구절은 '孫母未便出, 見吏無完裙'으로 된 판본도 있다.

15 河陽(하양): 지명.

《두시상주》《당서》에 "하양현은 맹주에 속하였는데, 지금은 맹현으로 바뀌었다."라고 하였다. 춘추에 "천왕이 하양에서 사냥을 했다."라는 기록이 있는데, 바로 이곳이다. 주무왕이 맹진에서 제후들과 회합을 하였다는 것도 바로 이곳이다. 곽자의의 군대가 패하고 나서 도우후 장용제의 계책을 써서 하양을 수비하였다. 7월에는 이광필로 교체되었다.(唐書, 河陽縣, 屬孟州, 今改爲孟縣. 按春秋, 天王狩於河陽, 卽此地. 周武王會諸侯於孟津, 亦卽其地. 子儀兵旣潰, 用都虞侯張用濟策, 守河陽. 七月, 李光弼代.)

16 晨炊(신취): 새벽밥을 짓다.

《보주두시》에 인용된 사씨師氏 설 당시에 세 절도사가 이곳에 주둔하고서 안경서의 군대를 방어하다가 패하였다. 징발할 장정이 없었기에 할멈이 하양의 부역에 나가서 밥을 짓겠다고 자청한 것이다.(時三節度, 屯兵於此, 以禦慶緖兵, 敗, 無丁可抽, 故老嫗請赴河陽之役, 以供炊爨而已.)

#《두시상주》 '실중' 이하는 집에 남은 자들의 고충을 말하였다. 신안의 관리가 백성을 몰아 동도를 지키게 하였다면, 석호의 관리는 백성을 몰아 하양을 수비하도록 하였다.(室中以下, 言居者之苦. 新安吏, 驅民守東都. 石壕吏, 驅民守河陽也.)

17 幽咽(유열): 울음을 참아 흐느끼는 소리. 이것은 시어머니를 떠나보낸 뒤 며느리가 우는 울음소리다.

#《두시상주》 마지막에서는 영감이 몰래 돌아온 정황으로 결말을 맺고 있다. 할멈이 관리를 따라 관청에 하소연하러 갔기에 며느리의 울음소리가 난 것이다. 관리가 할멈을 데리고 밤에 떠났기 때문에 그 남편이 새벽에 돌아온 것이다. 길을 떠나며 헤어진다는 것은 두보가 그와 작별한다는 것이지, 할멈과 영감이 작별하는 것이 아니다.(末結老翁潛歸之狀. 婦隨吏訴官, 故其媳泣聲. 吏驅婦夜去, 故其夫曉回. 前途別, 乃公與

之別, 非婦與翁別也.)

##《두시상주》 예전에는 형제가 있어야 비로소 한 사람을 보내 종군시켰는데, 지금은 장정들을 모두 잡아가고 노약자에게까지 미치고 있다. 시에서 세 아들이 수자리 나가 두 아들은 죽고, 손주는 이제 갓난아기인데 며느리는 치마도 없고, 영감은 담을 넘고 할멈은 밤에 길을 떠났다고 하였다. 한 집안 식구 중에 부자와 형제, 조손과 고부 모두 참혹함이 여기에 이르렀으니 백성들이 살기 어려움이 극에 달했다 할 것이다. 당시 당나라의 운명 역시 급급하였도다.(古者有兄弟, 始遣一人從軍. 今驅盡壯丁, 及於老弱. 詩云三男戍, 二男死, 孫方乳, 媳無裙, 翁踰牆, 婦夜往, 一家之中, 父子兄弟祖孫姑息, 慘酷至此, 民不聊生極矣. 當時唐祚亦岌岌乎哉.)

《두억》 이 작품은 쉽게 이해가 되지만 그러나 언외의 뜻을 사람들이 다 이해하지는 못하고 있다. 이 할멈이야말로 여중 장부인데, 지금까지 알아보는 사람이 없다. 관리가 밤중에 사람을 잡으러 나오자 영감은 달아나고 이 할멈이 문에 나간 데서 그 담력과 지력을 볼 수 있는데, 흉중에 이미 계산이 있었던 것이다. 영감이 도망한 것은 바로 할멈이 시킨 것이다. 관리의 호령은 진실이지만, 할멈의 울음은 반은 꾸민 것이며 앞에 나와서 하는 말도 모두 진실이 아닐 것이다. 세 아들 중에 두 아들을 잃고, 살아남은 자는 구차하게 살기를 바래 감히 돌아오지 못하고, 집에는 오직 젖먹이 손자만이 있으며 그 어미는 아들이 애처로워 아직 떠나지 못했으나 제대로 된 치마조차 없어 당신을 따라갈 수 없다. 차라리 이 늙은 몸이 하양으로 따라가서 밥이라도 지으라면 사양치 않겠소. 관리는 비록 화가 났으나 이 지경에까지 이르자 마음이 누그러졌다. 영감이 있다는 것을 모르는 것은 아니나, 할멈이라도 데리고 가서 상관에게 보고를 하고, 반드시 할멈을 대신해서 이야기 해 주고 할멈을 돌아가도록 놓아 줄 것이다. 새벽밥을 준비한다는 것은 그냥 해 본 말이라는 것을 관리는 모르고 있다. 이런 이야기들은 밤이 깊어서야 비로소 끊어졌는데, 새벽에 떠날 때가 되어서는 영감과만 작별을 하였으니 할멈이 밤에 떠난 것이다. 영감은 스스로 면제되리라는 것을 알았기에 감히 나와서 손님과 작별하였던 것이다. 밤에 잡으러 와서 밤에 떠나니 얼마나 급한 것인가. 이 할멈은 경황 중에도 지략이 화살처럼 빠르고, 용기가 맹분孟賁, 하육夏育과 같으며, 언변이 장의張儀와 소진蘇秦같으니, 그 남편을 보존하고 또한 불쌍한 손자를 편안케 할 수 있었다. 공이 이를 상세히 서술해 놓았으니 이미 암묵 중에 알고 있었던 것이다. 그런데 또한 종성鍾惺은 이 작품만을 빼놓았고, 유신옹은 한 마디 말도 하지 않았으니, 그들이 이해를 못했다는 것을 알 수 있다. 두보의 시가 어찌 쉽게 읽히겠는가.(此首易解, 而言外意人未盡解, 此老婦蓋女中丈夫, 至今無人識得. 吏夜捉人, 老翁走, 此婦出門, 便見膽略, 而胸中已有成算. 老翁之逃, 婦教之也. 吏呼則眞, 而婦啼一半粧假, 前致辭未必盡眞也. 三男亡其兩男, 存者偸生而不敢歸, 家下止一乳孫, 母戀子故未去. 然無完裙, 不堪偕汝去, 寧使老婦隨至河陽執炊, 不敢辭也. 吏雖怒, 而到此亦心軟矣. 非不知有老翁在, 而姑帶老婦以覆上官, 必且代婦致辭而縱之使歸, 所云備晨炊, 設詞也, 吏不知也. 此語夜久始絶, 至晨行而獨與翁別, 則婦夜去矣. 翁亦自知可免, 故敢出而別客也. 夜捉夜去, 何其急也. 此婦當倉卒之際, 而智如鏃矢, 勇如賁育, 辯似儀秦, 旣全其夫, 又安其孤幼, 而公詳述之, 已默會到此矣. 而伯敬獨遺此首, 須溪不下一語, 知其懵然也. 杜詩豈易讀哉.)

《독두심해》 도입부는 맹호가 사람을 덮치는 듯한 기세가 있다. 앞에서는 담장을 넘어 달아났다고 했고 뒤에는 영감과 작별을 했다고 했으니, 분명히 이 영감은 그 할멈이 숨긴 것이다. 아마 영감이 숨지 않았다면 늙었다고 해도 면할 수 없었을 것인데, 할멈이 나가 응하여 그 몸이 오히려 벗어날 수가 있었다. 힘이 쇠하여 밥이나 준비하겠다고 말하면서 슬픔을 토로하거나 면해 줄 것은 바라지 않았으니, 그 담력과 지략이 모두 범인이 미칠 바가 아니다. 이러한 뜻은 《두억》에서 말하였으나 자세하지는 않다. 그들이 겪은 참상에 대해서는 더군다나 말이 필요 없을 것이다.(起有猛虎攫人之勢. 前云踰牆去, 後云與翁別, 明係此翁爲此婦所匿. 蓋翁不匿, 則老亦不免. 婦出應, 則身猶可脫也. 偏云力衰備炊, 偏不告哀祈免, 其膽智具不可及. 此意杜臆語焉而不詳. 至所事之慘苦, 更不待言.)

(**박홍준**)

30. 新婚別

신혼의 이별

兎絲附蓬麻[1] 引蔓故不長[2] 嫁女與征夫[3] 不如棄路傍
結髮爲妻子[4] 席不煖君牀[5] 暮婚晨告別 無乃太怱忙[6]
君行雖不遠[7] 守邊赴河陽[8] 妾身未分明[9] 何以拜姑嫜[10]
父母養我時 日夜令我藏[11] 生女有所歸[12] 雞狗亦得將[13]
君今生死地[14] 沈痛迫中腸[15] 誓欲隨君去[16] 形勢反蒼黃[17]
勿爲新婚念[18] 努力事戎行[19] 婦人在軍中 兵氣恐不揚[20]
自嗟貧家女 久致羅襦裳[21] 羅襦不復施[22] 對君洗紅粧
仰視百鳥飛 大小必雙翔 人事多錯迕[23] 與君永相望[24]

토사가 쑥과 삼에 붙어서 사니
넝쿨을 늘려도 길 수 없는 법.
딸을 출정하는 사람에게 시집보냄은
길가에 버리는 것보다 못하답니다.

머리 묶고 아내가 되었지만
그대의 침상 자리 따뜻할 새도 없이
저녁에 혼인하고 새벽에 이별을 고하니
너무나 총총한 게 아닌가요?
그대 가시는 길 비록 멀지 않다 하나
변방을 지키러 하양에 가야 할 판.
첩의 신분 아직 분명하지 않으니
어떻게 시부모님께 절을 올려야 하나요?

부모님 나를 기르실 적에
밤낮으로 나를 집에 있게 하셨지만,
딸을 낳으면 시집을 가는 법
닭과 개도 가지고 가지요.
그대 이제 생사가 걸린 곳에 가시니
침통함이 창자 속까지 밀어닥쳐요.
맹세코 그대를 따라 가고자 하나
그러면 사정이 도리어 어렵게 되겠지요.

신혼이라 괘념치 마시고
힘써 군대 일을 보십시오.
아녀자가 군대에 있으면
병사들의 사기 떨치지 못할 것입니다.
스스로 한탄하거니와 가난한 집의 딸이
오랜만에 비단 옷을 장만했지만,
비단 옷 다시는 입지 못하고
그대 보는 앞에서 붉은 화장을 지우게 되었습니다.

고개 들어 뭇 새들 나는 것 보니
크나 작으나 반드시 쌍쌍이 날갯짓을 합니다.
인간사 어긋나는 일이 많지만
그대와 길이 서로 바라보겠습니다.

이 시는 두보의 대표적인 사회시로 꼽히는 '삼리삼별三吏三別' 시의 하나이다. 결혼 다음날 신랑이 출정하게 되어 생이별을 하는 신혼부부를 보고서, 신부의 말을 빌려 그 비극을 그려 냈다.

신부는 처음 원망의 말을 쏟아내다가 다시 지아비를 격려하는 말을 하였고 마지막에 지아비에 대한 자신의 충정忠貞의 뜻을 보이고 아울러 부부가 영원히 서로 잊지 말기를 다짐한다. 한편으로는 원망하면서도 한편으로는 격려하는 모습에서 현숙한 심성을 가진 신부가 지아비와 생이별하는 참혹한 현실을 만나 갈등하는 심리가 핍진하게 드러난다. 그리고 독자들에게 이러한 가정 비극을 만든 전란의 원인이 무엇이었는지 깊이 생각하게 한다.

저작 시기는 건원 2년이다.

> 《**보주두시**》 시에서 '변방을 지키러 하양에 간다'고 하였으니 응당 건원 2년에 지은 것이다.(詩云, 守邊赴河陽, 當是乾元二年作.)

주 석

1 兎絲(토사): 일년생 기생만초寄生蔓草. 실같이 가는 줄기로 다른 나무에 붙어서 생장한다. 흔히 출가한 여자를 비유한다. 附蓬麻(부봉마): 쑥과 삼에 붙다. 여기서는 좋은 사람에게 시집가서 의지하고 살 수 없음을 비유한다.

> 《**문선 · 고시십구수**古詩十九首》 그대와 갓 결혼하니 토사가 여라에 의지한 듯하다.(與君爲新婚, 兎絲附女蘿.)

2 故(고): 본디. '固'로 된 판본도 있다.

[兎絲 2구] 기생 식물인 토사가 키가 작은 쑥과 삼에 붙었기 때문에 넝쿨을 길게 늘일 수가 없다는 것은 출정하는 사람에게 시집가면 백년해로하기 힘들다는 사실을 비유한다.

> 《**구가집주두시**》 **조차공 주** 토사는 의당 소나무나 잣나무에 붙어야 하는데, 도리어 쑥과 삼에 붙었으니, 적당한 곳을 얻지 못한 것이다.(兎絲當附松柏, 而乃附蓬麻, 爲不得其所矣.)

3 征夫(정부): 출정하는 사내. 먼 길 가는 사람.

#《두시상주》에 인용된 황생 주 이 이하 세 시(〈신혼별〉, 〈수로별垂老別〉, 〈무가별無家別〉)의 제명題名이 서로 비슷한데, 유독 신혼 부인의 경우는 서두에서 말을 만들기가 어렵다. 그래서 특별히 비흥의 수법으로 시작하였다.(此下三題相似, 獨新婚之婦, 起難設辭, 故特用比興發端.)

4 結髮(결발): 머리를 묶다. 고대의 예제禮制에 의하면, 여자 나이 15살이 되면 머리를 묶고 비녀를 꽂아 성인이 되었다. 妻子(처자): 처. 번황樊晃본에는 '君妻'로 되어 있다.

《문선 · 시사수詩四首》'結髮爲夫婦'의 이선李善 주 '결발'은 처음으로 성인이 되는 것이니, 남자 나이 20살 여자 나이 15살 때에 비녀 꽂고 갓을 써서 의식을 치루는 것을 말한다.(結髮, 始成人也, 謂男年二十女年十五時, 取笄冠爲義也.)

5 席不(석불) 구: 침상의 자리에 누워서 따뜻해질 겨를도 없다는 뜻이다.

《두시언해》 자리가 따뜻하지 않다는 것은 시간이 오래되지 않았음을 말한다.(席不暖, 言未久也.)

6 匆忙(총망): 다급하다.

7 雖(수): '旣'로 된 판본도 있다.

8 赴(부): '戌'로 된 판본도 있다. 河陽(하양): 하남성河南省 맹현孟縣. 당시 곽자의가 지키고 있었다.

《구가집주두시》 조차공 주 하양은 맹주의 현이다. 동도는 지금의 서경이다. 곽자의가 당초 하양을 지켰는데, 조칙을 받아 동도의 유수가 되었다. 얼마 뒤에 곽자의는 소환되고 반군 사사명이 다시 동경을 함락하였다. 이에 하양의 전투가 있었으니, 구주에서 하양이 동도라고 한 것은 큰 잘못이다.(河陽, 孟州之縣, 東都, 今西京也. 郭子儀初保河陽, 而被詔留守東都, 未幾子儀召還, 賊思明復陷東京, 於是有河陽之戰, 舊注, 河陽東都也, 大誤.)

9 妾身(첩신) 구: '신身'은 신분을 뜻한다. 결혼한 지 얼마 되지 않아 아직 정식으로 며느리 신분이 되지 못했다는 뜻이다.

10 姑嫜(고장): 시어머니와 시아버지.

[妾身 2구]

《두공부초당시전》 부인이 시집가서 삼 개월이 되어 가묘에 알리고 분묘墳墓를 찾은 뒤에야 비로소 혼례가 성립하였다고 한다. 혼례가 이미 분명해진 연후에야 시부모라고 부르는 명분이 바로 선다. 그런데 지금은 아직 혼례가 성립되지 않았는데 헤어지게 되었다. 그래서 '첩의 신분이 아직 분명하지 않으니 어떻게 시부모께 절을 올리나'라고 한 것이다. '장'은 시어머니의 지아비다.(婦人嫁三月, 已告廟上墳, 始謂之成婚. 婚禮旣明白, 然後稱謂姑嫜之名正也. 今未成婚而別, 故曰妾身未分明, 何以拜姑嫜, 嫜, 姑之夫也.)

#《두시상주》 이 단락은 갓 결혼하여 이별을 아쉬워하는 것을 서술하였는데, 말에 수줍어하는 뜻을 담고 있다.(此敍初婚惜別, 語意含羞.)

11 日(일): '月'로 된 판본도 있다. 藏(장): 외출하지 않는 것을 뜻한다. 이 구절은 부모가 자신을 깊은 규방 안에서 키웠음을 말한다.

12 歸(귀): 시집가는 것을 뜻한다.

《두시상주》에 인용된 《곡량전穀梁傳》 부인의 도리는 시집가는 것을 '귀'라고 한다.(婦人之義, 謂嫁曰歸.)

13 雞狗(계구) 구: '장將'은 '거느리다'의 뜻이다. 닭과 개를 가지고 가는 것을 말한다. '狗'가 '犬'으로 된 판본이 있다. '得'이 '相'으로 된 판본이 있다. 이 구는 시집갈 때 닭과 개도 또한 거느리고 간다는 뜻인데, 이렇게 하는 이유는 시집살이를 오래도록 잘하기 위해서이다. 이 구의 풀이에는 이설이 있어서, '將'을 '따르다'의 뜻으로 보고 '지아비가 어떤 사람이든 그를 따라야 한다'로 풀이하기도 한다.

《두공부초당시전》 여자가 시집갈 때에 닭과 개 같은 자질구레한 것까지도 또한 가지고 갈 수 있다는 것이니, 아끼는 것이 없음을 말한다.(女子之嫁, 雖雞狗瑣細之物, 亦得將行, 言無所吝也.)

《두시상주》 시집갈 때 닭과 개를 데리고 가는 것은 시가의 살림을 오래도록 잘 꾸려 가려는 것이다.(嫁時將雞狗以往, 欲爲室家久長計也.)

《독두시설》 속어에 '닭에게 시집가면 닭을 따르고, 개에게 시집가면 개를 따른다'는 말이 있는데, 어쩌면 당시에 이미 그런 말이 있었을 것이다. 공의 시에 본래 속어를 쓴 것이 있는데, 이 시도 어쩌면 또한 이런 예일 것이다. '장'은 '수隨'자의 뜻이니, 뒤의 시 〈송왕십오판관부시환검중득개자送王十五判官扶侍還黔中得開字〉의 '대고동정장자회(조대고가 동으로 갔다가 아들 따라서 돌아왔다)'의 '장'자와 같다.(俗有嫁鷄隨鷄, 嫁狗隨狗語, 或當時已云, 公詩固有用俗語者, 此或亦是. 將卽隨字意, 猶後詩大姑東征將子回之將.)

14 今生死地(금생사지): 판본에 따라서 '今死生地', '今往死地', '生往死地'로 되어 있다.

15 迫中腸(박중장): 창자 속까지 아픔이 밀어닥친다는 뜻이다.

16 誓(서): 발어사로 볼 수도 있다. 去(거): '往'으로 된 판본도 있다.

17 形勢(형세) 구: 상황이 도리어 어려워질 것이기 때문에 따라갈 수 없음을 말한다. '창황蒼黃'은 '倉皇' 또는 '蒼皇'과 같고, '황급하다' 또는 '어렵다'의 뜻이다. 이를 '바뀌다'의 뜻으로 보아 이 구를 '자기가 따라가면 상황이 도리어 원하는 것과 달라져서 군대에 좋지 않은 결과를 줄 것이다'로 풀이할 수도 있다.

《두공부초당시전》 행역이 급함을 말한다.(謂行役之急也.)

《두시상주》 〈북산이문〉에 '이리저리 바꾼다'라는 말이 있다.(北山移文, 蒼黃反覆.)

#**《두시상주》** 이 단락은 앞뒤의 정황을 생각한 것으로 말의 뜻이 아주 참담하다.(此憶前後情事, 詞旨慘切.)

18 爲(위): 위하여. 때문에. '改'로 된 판본도 있다.

19 戎行(융항): 군대의 대오. 군대를 뜻한다.

20 兵氣(병기): 군대의 사기.

[婦人 **2구]** 이릉李陵의 고사를 암용暗用한 것이다.

《두시상주》에 인용된 《한서 · 이릉李陵전》 "우리 군대의 사기가 조금 쇠퇴하여 고취되지 않는 것은 무엇 때문이냐? 군중에 아마 여자가 있나 보다."라고 말하고 찾아서 모두 베어 죽였다.(我士氣少衰而鼓不起者, 何也. 軍中豈有女子乎. 搜得, 皆斬之.)

21 久致(구치): 오랜 시간이 지나서 겨우 만들었다는 뜻이다. 羅襦裳(나유상): 엷은 비단으로 만든, 짧은 웃옷과 치마. '羅'가 '此'로 된 판본도 있다. '襦'는 길이가 짧은 웃옷이다.

《설문》 '유'는 짧은 웃옷이다.(襦, 短衣也.)

22 施(시): 몸 위에 걸치다. 옷을 입는 것을 뜻한다.

[羅襦 2구]

《두시언해》 지아비가 없기 때문에 복식을 꾸미지 않으려 함을 말한다.(言夫不在, 故不欲美服飾也.)

#《두시상주》 위의 두 단락은 부부가 이별하게 되어 시름이 만 가지이니, 이는 인정에서 나온 것이다. 이 한 단락은 그 지아비를 면려하고 또 스스로를 면려하였으니 바로 예의에 머문 것이다.(上二段, 夫婦分離, 愁緖萬端, 此發乎人情者也. 此一段, 旣勉其夫, 且復自勵, 乃止乎禮義者也.)

23 事(사): '生'으로 된 판본도 있다. 錯迕(착오): 어긋나고 잘못되다. 사람의 뜻대로 되지 않음을 뜻한다.

24 相望(상망): 서로 생각하는 것을 뜻한다. 이 구에는 남편에 대한 굳건한 다짐이 있다.

《두시경전》 부부가 함께 살기를 끝내 바라고 있다.(終望夫婦相聚也.)

#《두시상주》 끝에서 비유의 뜻으로 시를 마치며, 부부가 함께 살기를 끝내 바라고 있다.(末用比意收, 終望夫婦之相聚也.)

##《두억》 처음 4구는 진정한 악부로 《시경》의 시상 일으키는 법이다. '저녁에 결혼하고 아침에 이별을 고한다'가 이 시의 중심이다. 전편이 모두 부인의 말로서 공이 그 마음을 헤아려 말한 것이다.(起來四句, 是眞樂府, 是三百篇興起法. 暮婚晨告別, 是詩柄. 一篇都是婦人語, 而公揣摩以發之.)

《독두심해》 〈신혼별〉은 보내는 이의 글이다. 비유체로 시작하여 비유체로 끝맺었다.(新婚別, 送者之詞也. 比體起, 比體結.)

(이영주)

31. 垂老別

늘그막의 이별

四郊未寧靜[1]　垂老不得安[2]　子孫陣亡盡[3]　焉用身獨完
投杖出門去　同行爲辛酸[4]　幸有牙齒存[5]　所悲骨髓乾[6]
男兒既介胄[7]　長揖別上官[8]　老妻臥路啼　歲暮衣裳單[9]
孰知是死別[10]　且復傷其寒[11]　此去必不歸　還聞勸加餐[12]
土門壁甚堅[13]　杏園度亦難[14]　勢異鄴城下[15]　縱死時猶寬[16]
人生有離合[17]　豈擇衰老端[18]　憶昔少壯日　遲迴竟長嘆[19]
萬國盡征戍[20]　烽火被岡巒[21]　積屍草木腥　流血川原丹
何鄕爲樂土　安敢尙盤桓[22]　棄絶蓬室居[23]　塌然摧肺肝[24]

사방 교외가 안정되지 않으니
늘그막에도 편안할 수 없구나.
아들과 손자 군대에서 다 죽었는데
이 몸 홀로 온전한들 무엇하리요?

지팡이 던지고 문을 나서니
동행하는 이들 나를 위해 가슴 아파한다.
다행히 치아는 남아 있지만
슬프게도 골수는 말랐구나.
남아가 기왕에 갑옷 입고 투구를 썼으니
길게 읍하며 상관과 이별해야 하리라.

늙은 아내는 길에 누워 우는데
세모에 옷은 홑겹이라,

이것이 사별인지 누가 알랴마는
다시 아내 추운 것이 가슴 아프고,
이번에 가면 필시 돌아오지 못할 텐데
또 식사 많이 하라 권하는 소리 듣는다.

토문은 성벽이 매우 견고하고
행원은 건너기가 또한 어려우니,
업성 아래와는 형세가 달라
죽더라도 때는 오히려 늦춰지리라.
인생에는 헤어짐과 만남이 있는 법
어찌 노쇠한 때를 고른 것이겠는가?
지난 젊은 날들을 생각하면서
망설이다 결국 길게 탄식하노라.

만국이 다 출정하여 수자리하니
봉화가 산등성이를 뒤덮었다.
쌓인 주검으로 초목은 비리고
흐르는 피로 하천과 들판이 붉으니,
어느 곳이 즐거운 땅이겠는가?
어찌 감히 아직도 머뭇거릴 수 있겠는가?
내 살던 쑥대 집 버리고 떠나는데
덜컥 폐와 간이 꺾이는구나.

이 시는 늘그막에 아들 손자까지 전쟁터에서 잃고 어쩔 수 없이 전쟁터로 나서는 노인의 형상을 그려 내었다. 서술 방식은 상황에 대한 묘사가 아니라 노인이 직접 자신의 심사를 말하는 형식을 취하고 있다. 당나라 군대가 업성에서 반군에게 대패하자 다급해진 당 조정은 반군이 서쪽으로 계속 진격해 오는 것을 막기 위하여 낙양 일대 도처에서 군사를 징집하였는데 노인이라고 예외는 없었다. 이 작품은 바로 이때 종군하게 된 노인이 늙은 아내와 영이별하고 정든 고향을 떠나야 하는 괴로운 심경을 써낸 것이다. 늘그막에 분연히 군대에 나가려는 노인의 모습을 묘사한 것으로 보는 견해(《두시상주》와 《두억》)도 있으나 옳지 않다.

저작연대에 대해서는 이설이 있으나 '삼리' '삼별'의 다른 작품과 같이 건원 2년으로 본다.

《보주두시》 건원 3년 안경서는 사사명에게 피살되고 사사명은 하남으로부터 네 갈래 길로 나누어 변주에서 회합하였다. 이로부터 동경과 정주, 활주 등이 이어서 함락되니 방어하는 것이 더욱 급박해졌다. 이 작품은 그해 겨울 늦게 지은 것이 분명하다. 양권도는 지덕 2년에 편재하였는데, 잘못이다.(乾元三年, 安慶緖爲史思明所殺, 而思明自河南分爲四道, 會于汴, 自是東京與鄭滑等州相繼陷沒, 而防守愈急. 此當是其年冬晚作. 梁權道編在至德二載, 非.)

《두시언해》 이 작품은 두보가 이별하는 사람의 마음을 대신하여 지은 것이며, 아래 작품 〈무가별無家別〉도 같다.(此篇甫代別者之意而作, 下篇同.)

《독두심해》 〈수로별〉은 길 떠나는 이의 말이다. 〈석호리〉의 아내는 지혜로써 그 남편을 벗어나게 했고, 〈수로별〉의 노인은 분개함으로써 그 집을 버렸는데 그 고통스러움은 같다.(垂老別, 行者之詞也. 石壕之婦, 以智脫其夫. 垂老之翁, 以憤捨其家. 其爲苦則均.)

주 석

1 四郊(사교): 사방 교외.

2 垂老(수로): 늘그막. '老'는 '死'로 된 판본도 있다.

3 陣(진): 군대의 진영.

#《두시상주》 전편이 모두 노인의 말이다. 첫 단락은 늘그막에 전쟁에 나가게 되어 탄식하는 것이다.(通篇皆作老人語, 首爲垂老從戎而歎也.)

4 同行(동행): 함께 길 가는 사람. 辛酸(신산): 가슴아파하다.

5 存(존): 남아 있다. '好'로 된 판본도 있다.

6 骨髓乾(골수간): 골수가 마르다. '髓'는 '肉'으로 된 판본도 있다.

7 介胄(개주): 갑옷을 걸치고 투구를 쓰다.

8 長揖(장읍): 길게 읍揖하다. '읍'은 두 손을 맞잡고 위로 들었다가 밑으로 내리며 하는 인사를 말한다.

《두시상주》에 인용된 《한서 · 주아부전周亞夫傳》 아부가 병기를 들고 읍하며 말하기를 "갑옷을 입고 투구를 쓴 군사는 절하지 않습니다."라고 하였다.(亞夫持兵揖曰, 介胄之士不拜.)

#《두시상주》 이 단락은 문을 나설 때 강개하여 앞으로 나아가는 모습을 서술하였으니 바로 동행하는 이들에게 답한 것이다.(此敍出門時慷慨前往之狀, 乃答同行者.)

9 衣裳單(의상단): 옷이 홑겹이다. 이 구절은 세모의 추운 날씨에 늙은 아내가 옷이 없어 여름 홑옷을 입고 있음을 말하고 있다.

10 孰知(숙지): 누가 알 것인가? '숙'을 '숙熟'으로 보아 '분명히 알다'로 번역할 수도 있다.

11 傷其寒(상기한): 아내가 추운 것을 가슴 아파하다.

12 勸加餐(권가찬): 식사 많이 하라고 권하다.

〈고시십구수 · 행행중행행行行重行行〉 그만두고 더 이상 말하지 마세요. 식사나 많이 하도록 노력하세요.(棄捐勿復道, 努力加餐飯.)

#《두시상주》 이 단락은 이별할 때에 부부가 헤어지기 아쉬워하는 정을 서술하였으니 바로 그 아내에 대한 것이다. 남편은 아내가 추워하는 것을 가슴 아파하고, 아내는 남편이 밥을 많이 먹으라고 권하고 있는데 모두 영이별의 말이다.(此敍臨別時夫婦繾綣之情, 乃對其妻者. 夫傷妻寒, 妻勸夫餐, 皆永訣之詞.)

13 土門(토문): 관關 이름. 지세가 험준하여 당시 당나라 군대의 주요 방어

지역이었다.

《두시상주》에 인용된 《당서》 진주 획록현에 토문관이 있는데 바로 옛날의 정형관이다.(鎭州獲鹿縣有土門關, 卽舊井陘關.)

14 杏園(행원): 진鎭 이름. 이곳에 옛날 황하 나루터가 있어 행원도杏園渡라고 하였다.

《두시상주》《구역지》에 "형주 급현에 행원진이 있다."라고 하였다. 《구당서》에 "곽자의가 행원으로부터 황하를 건너 위주를 포위했다"고 하였다. 주학령 주에 "당시 곽자의, 이광필이 서로 이어 하양을 지켰는데 토문, 행원은 모두 하북에 있었으므로 반드시 엄하게 방비해야 했다. 옛 주는 오류가 심하다."라고 하였다.(九域志, 衡州汲縣有杏園鎭. 舊唐書, 郭子儀自杏園渡河圍衛州. 朱注, 時子儀光弼相繼守河陽, 土門杏園皆在河北, 故須嚴備. 舊注謬極.)

[土門 2구]

《독두심해》 토문, 행원은 모두 소재지가 분명하지 않다. 대체로 모두 하양에서 멀리 떨어지지는 않은 것 같다. 역시 황하 이남의 땅이 분명하다.(土門杏園, 俱未詳所在. 大約皆去河陽不遠. 亦當是河以南地.)

15 鄴城下(업성하): 업성 아래. 업성 아래에서의 전투를 가리킨다.

16 猶(유): 오히려. '獨'으로 된 판본도 있다. 寬(관): 늦추다.

[土門 4구]

《두시상주》에 인용된 노원창 주 업성의 전투는 반군이 주인이고 아군이 객이었다. 토문, 행원을 지키는 것은 아군이 주인이고 반군이 객이다. 수고로움과 편안함이 달랐으므로 형세가 다르다고 말한 것이다.(鄴城之役, 賊爲主, 我爲客. 土門杏園之守, 我爲主, 賊爲客也. 勞逸不同, 故曰勢異.)

17 離合(이합): 헤어짐과 만남.

18 衰老端(쇠로단): 노쇠한 때. '단'은 끝의 의미다. '老'는 '盛'으로 된 판본도 있다.

19 遲迴(지회): 망설이다. 배회하다. 머뭇거리다.

《두시상주》 포조의 시 '임로독지회'의 주에 "장선이 '지회는 가지 못하는 모양이다'고 하였다."라고 하였다.(鮑照詩, 臨路獨遲迴. 注, 張銑曰, 遲迴, 不行貌.)

[人生 4구]

《두시상주》에 인용된 장원張遠의 주 헤어짐과 만남의 일을 어찌 노쇠하다고 해서 벗어나겠는가마는 다만 몸이 젊지 않으니 자기도 모르게 망설이는 것이다.(離合之端豈因衰老而免, 特身非少壯, 不覺遲迴耳.)

#《두시상주》 이 단락은 아내를 위로하면서 아울러 자신을 위로하는 말이다. 위 4구는 이번에 가면 사망에까지는 이르지 않을 것이라고 말하고 아래 4구는 헤어짐과 만남은 정해진 운명이 아닌 것이 없다고 말하였다.(此慰妻而兼爲自解之詞. 上四, 言此行不至死亡. 下四, 言離合莫非定數.)

20 征戍(정수): 출정하여 국경을 수비하다. '東征'으로 된 판본도 있다.

21 被(피): 덮다. 岡巒(강만): 연이어진 산등성이.

22 盤桓(반환): 머뭇거리고 떠나지 못하는 모양. 뜻을 결정하지 못하고 머뭇거리는 모양.

《두시상주》《주역》'반환리거정'의 주에 "'반환'은 나아가기 어려워하는 모양이다."라고 하였다.(易, 盤桓利居貞, 注, 盤桓, 難進之貌.)

23 蓬室(봉실): 가난한 사람이 사는 초라한 집을 말한다.

24 塌然(탑연): 실망한 모양. 움푹 꺼지는 모양. 摧(최): 꺾다. 슬퍼하다. 肺肝(폐간): 폐와 간. 속마음을 비유한다.

《두시언해》 '탑'은 꺾이어 무너지는 모양이다.(塌, 摧頹貌.)

#《두시상주》 이 단락은 난리를 슬퍼하여 자신을 분발시키는 말을 격동적으로 한 것이다. 난리를 만나 죽는 것보다 반군을 토벌하다 죽는 것이 낫다고 말하였으니 의연히 적에게 적개심을 불태우고 왕실에 충성을 다하려는 뜻이 있다. 앞에서는 망설이다 길게 탄식한다고 말하여 나이 많다는 이유로 아직 자신에게 미련을 보였는데 여기서는 어찌 감히 머뭇거릴 수 있겠는가라고 말하여 더 이상 몸이나 집을 염두에 두지 않았다.(此傷亂而激爲奮身之語. 言與其遭亂而死, 不如討賊而亡, 毅然有敵愾勤王之義. 前云遲迴長歎, 尙以年邁自憐, 此云安敢盤桓, 不復以身家爲念矣.)

##《두억》 '남아가 기왕에 갑옷 입고 투구를 썼으니 길게 읍하여 상관과 이별을 해야겠다'라 하였으니 지극한 고통 가운데서도 또한 씩씩한 말을

집어넣어 비로소 생동감이 있게 되었다. '늙은 아내가 길에 누워 운다'는 것은 마치 배우가 등장한 듯하니, 멀리 길을 떠날 때는 필시 옷자락을 잡으며 이별을 통곡하는 처자가 있어야 정취가 있는 법이다. '또 다시 아내 추운 것을 가슴 아파하는' 사람은 남편인데 '옷이 홑겹'인 데서 비롯된 것이다. 음식을 많이 먹을 것을 권한 사람은 아내이며, 그렇기 때문에 아래에 '죽더라도 때는 오히려 늦춰지겠지'라는 말이 있는 것이다. 종성鍾惺은 단순히 위 2구에 주목하려 하였지 이것까지는 보지 못하였다. '어느 곳이 즐거운 땅이겠는가? 어찌 감히 아직도 주저할 수 있겠는가?'는 천하가 온통 난리 속이라 죽음을 피할 곳이 없으므로 집에 연연해 할 것은 없지만 왕의 일을 하다 죽으면 죽어서 그 마땅한 바를 얻게 되니 죽음을 무릅쓰고 가야지 어찌 감히 머뭇거릴 수 있겠는가라는 말이다. 또한 왕을 위하여 충성을 다하는 대의를 드러낸 것이다.(男兒旣介胄, 長揖別上官, 極苦痛中, 又入壯語, 才有生色. 老妻臥路啼, 如優人登場, 當遠行時, 必有妻子牽衣哭別, 才有情致. 且復傷其寒者夫也, 根衣裳單來. 勸加飡者妻也, 故下有縱死時猶寬之語. 鍾欲單存上二句, 見不到此. 何鄉爲樂土, 安敢尙盤桓, 天下盡亂, 無處逃死, 家不足戀也. 然死于王事, 死得其所, 拚死而往, 安敢盤桓. 又發勤王之大義.)

《독두심해》 모두 3 단락이다. 첫 단락(제1-8구)은 집을 나서는 것을 서술하였는데 곧바로 일으키는 방법을 사용하여 처음 시작하면서부터 바로 시제를 언급하였다. '자손' 2구는 〈석호리〉의 가운데 16구에 해당한다. 가운데 단락(제9-24구)은 아내와의 이별을 서술하였다. 갑자기 영이별을 하는데 문득 서로 위로하고 문득 스스로 분발하여 천 번 굽고 백 번 꺾이었다. 마지막 단락(제25-32구)은 또 해설하여 이해를 시키면서 실망하여 풀이 죽은 말을 하고 있는데 '깨끗한 땅이 한 치도 없다'고 말하는 것과 같으니 더욱 비통함을 더하였다.(凡三段. 首段敍出門, 用直起法, 開首卽點. 子孫二句, 抵石壕中十六句. 中段敍別妻. 忽而永訣, 忽而相慰, 忽而自奮, 千曲百折. 末段又推開解譬, 作死心塌地語, 猶云無一寸乾淨地, 愈益悲痛.)

(이석형)

32. 無家別

헤어질 가족조차 없다

寂寞天寶後[1] 園廬但蒿藜[2] 我里百餘家[3] 世亂各東西
存者無消息 死者爲塵泥[4] 賤子因陣敗[5] 歸來尋舊蹊[6]
久行見空巷[7] 日瘦氣慘淒[8] 但對狐與狸 豎毛怒我啼[9]
四鄰何所有[10] 一二老寡妻 宿鳥戀本枝[11] 安辭且窮棲[12]
方春獨荷鋤[13] 日暮還灌畦[14] 縣吏知我至[15] 召令習鼓鞞[16]
雖從本州役[17] 內顧無所攜[18] 近行止一身 遠去終轉迷[19]
家鄉既盪盡[20] 遠近理亦齊[21] 永痛長病母 五年委溝溪[22]
生我不得力[23] 終身兩酸嘶[24] 人生無家別 何以爲蒸黎[25]

쓸쓸하다 천보 이후로는
전원과 집은 쑥과 명아주뿐.
우리 마을 백여 가구
세상이 어지럽자 각자 동서로 흩어졌다.
살아 있는 사람은 소식이 없고
죽은 자는 흙먼지가 되었건만,
미천한 몸 전투에서 패하여
돌아와 옛 길을 찾았다.

한참을 가도 텅 빈 골목만 보이니
해가 빛을 잃어 기상이 참담한데,
마주하는 건 여우와 이리뿐
털을 곧추세운 채 내게 성내며 울어댄다.

사방 이웃에 무엇이 남았나?
늙은 과부 한둘뿐.
깃드는 새는 옛 가지를 그리워하는 법
어찌 잠시 가난한 생활을 한다고 마다하리오?
봄을 맞아 홀로 괭이를 메고
저녁이 되면 다시 밭에 물을 댄다.
마을 관리가 내가 온 것을 알고는
나를 불러 북을 익히게 한다.

비록 고향에서 행역을 하게 되었지만
안을 돌아봐도 이별할 사람이 없다.
가까운 데 가도 홀몸이지만
멀리 간다면 결국 더욱 헤맬 터,
고향 식구들 다 사라진 바에야
먼 곳이나 가까운 곳이나 이치상 매한가지.
영원토록 가슴 아픈 것은 어머니가 오래 앓으시다가
5년이나 골짜기에 버려진 것이라.
나를 낳고 도움을 받지 못하셨으니
죽을 때까지 둘이 슬피 울게 되었다.
사람이 살아감에 헤어질 가족조차 없다면
어떻게 사람이라 할 수 있으리오?

이 시는 건원 2년에 지어진 것으로 추정된다. 두보는 현종 천보 연간의 전란을 겪은 뒤 고향으로 돌아온 군인의 목소리를 빌려 당시의 어지러운 사회상과 일반 백성의 비참한 생활상을 반영하고 있다.

군인은 비록 고향에 돌아오긴 하지만 편안한 여생을 보내지 못 하고 다시 부역에 동원된다. 게다가 자신이 전쟁에 동원된 동안 모친이 병마에 시달리다가 세상을 떴음에도 장례를 제대로 치러 드리지 못 한 데 대한 불효자로서의 회한을 토로하면서, 가족이 한 명도 남지 않은 비애를 애절하게 표현하고 있다. 전쟁의 폐해를 절실하게 노래한 두보의 대표작 가운데 하나로 꼽힌다.

《보주두시》 건원 2년 작품이다. 양권도는 지덕 2년에 지은 것으로 편재하였다. 그러나 시에서 "영원토록 가슴 아픈 것은 어머니가 오래 앓으시다가 5년이나 골짜기에 버려진 것"이라고 한 것은 아마도 천보 14년 을미년 안녹산이 반란을 일으켰을 때 군역을 나갔다가 건원 2년 기해년까지가 5년이라는 말일 것이다. 또 "미천한 몸 전투에서 패했다"고 한 것은 바로 아홉 절도사의 군대가 상주에서 무너진 것을 가리키는 말일 것이다.(乾元二年作. 梁權道編在至德二載, 而詩云, 永痛長病母, 五年委溝溪, 殆謂天寶十四載乙未祿山反時調役, 至乾元二年己亥爲五年. 又曰, 賤子因陣敗, 正指九節度之師潰相州而言.)

《두공부초당시전》 두보가 '무가'라고 한 것은 아마도 헤어져 가계를 꾸릴 수 없다는 것을 말하는 것일 게다.(甫言無家者, 蓋言離別不成家計爾.)

주 석

1 寂寞(적막): 쓸쓸하다. 전란으로 황폐한 것을 말한다.

《독두시설》 이제 살펴보면, 천보 후라는 말은 지덕과 건원 때를 말한다. 안녹산이 천보 14년에 반란을 일으키자 이듬해 7월에 숙종이 영무에서 즉위하여 연호를 지덕이라고 고쳤다. 그해 정월에 가서한이 동관에서 패하고, 안녹산이 경사를 함락할 때까지는 징병이 아직 급하지 않은 때였다. 아홉 절도사의 군대가 업성에서 패하면서 징병이 비로소 다급해졌다. 그래서 천보 말이라 하지 않고 천보 뒤라고 한 것이다.(今按天寶後, 是言至德乾元之時. 祿山反在天寶十四載, 至明年七月, 肅宗卽位靈武, 改元至德, 是年正月, 哥舒翰敗于潼關, 祿山陷京, 徵調猶未急也. 至九節度之師潰于鄴城, 調兵始急, 故不曰天寶末, 而曰天寶後.)

2 蒿藜(호려): 쑥과 명아주. 이 구절은 고향집이 황폐해진 것을 말한다.

《구가집주두시》 반란이 일어나 뜰과 집이 망가졌다는 뜻이다.(喪亂, 園廬殘破也.)

3 百(백): '萬'으로 된 판본도 있다.

4 爲(위): '委'로 된 판본도 있다.

5 賤子(천자): 미천한 사람. 자신에 대한 비칭卑稱.

《두시언해》 '천자'는 가족과 헤어진 사람 자신을 말한다.(賤子, 別者自謂.)

6 舊蹊(구혜): 옛 길. 즉 고향집을 가리킨다. '舊'는 '故'로 된 판본도 있다.

《두시상주》 '패해서 돌아왔다'는 것은 업성 전투에서의 패배를 말한다.(敗歸, 謂鄴城之敗.)

#**《두시상주》** 시 전체가 군역에 참가한 사람의 말을 대신하고 있다. 첫 단락에서는 난리 뒤에 고향에 돌아간 것을 말하였는데, 경관과 심경을 함께 서술하고 있다.(通章代爲征人之語. 首言亂後歸鄕, 景情並敍.)

7 巷(항): '室'로 된 판본도 있다.

8 日瘦(일수): 해가 빛을 잃다. 慘悽(참처): 참담하고 처량하다.

《두시상주》 '일수'구는 해가 빛을 잃어 분위기가 처참해지는 것을 말한다.(日瘦, 謂日色無光, 氣象慘悽.)

9 豎毛(수모): 털을 곧추세우다. 성난 모양을 비유한다.

[但對 2구]

《구가집주두시》 (이상 두 구절은) 농토와 마을이 황폐해지고 인적이 드물어 오직 여우와 이리만 있다는 것을 말한다.(言田里荒蕪, 人跡罕少, 惟狐狸爾.)

10 四鄰(사린): 사방 이웃.

《구가집주두시》 '사린'은 살고 있던 곳의 가까운 이웃을 뜻한다.(四

鄰, 所居之鄰近也.)

[四鄰 2구]

《구가집주두시》 사람들이 대부분 군역에 나갔다가 죽어서 살고 있는 사람이라곤 과부들뿐이라는 말이다.(人多死于征役, 所居者惟寡婦爾.)

11 宿鳥(숙조): 깃들려는 새. 이 구절은 고향 떠난 사람이 고향을 그리워하는 것을 비유한다.

《두시언해》 이는 수자리하는 군인이 고향을 그리워하는 것이 새가 옛 나뭇가지를 그리워하는 것과 같다는 말이다.(此言戍卒思鄉土, 猶鳥戀故枝也.)

12 安辭(안사): 어찌 사양하리오? 가난하더라도 고향에서 사는 것이 좋다는 말이다.

《구가집주두시》 사람이 정리상 고향을 그리워하는 것은 깃드는 새가 본래의 가지를 그리워하는 것과 같으니, 비록 가난하게 산다 해도 어찌 감히 마다하겠는가? 사람은 인정상 고향 땅에 안주하고 싶어 한다는 것을 말한다. 당 태종이 태원의 원로들에게 말하길 "날아가던 새도 고향을 지날 때는 머뭇거리기 마련이거늘, 하물며 어렸을 때 놀던 고향임에야 말할 나위가 있겠소?"라고 하였다.(人情之戀故鄉, 如宿鳥之戀本枝也. 雖窮棲, 且安敢辭. 言人情之安土也. 唐太宗謂太原父老曰, 飛鳥過故鄉, 猶躑躅, 況少小所游之鄉里乎.)

13 荷鋤(하서): 호미를 짊어지다.

14 灌畦(관휴): 밭에 물을 대다. 농사 짓는 것을 말한다.

15 吏(리): '令'으로 된 판본도 있다.

16 習鼓鞞(습고비): 북을 익히다. 즉 전투에 대비하도록 훈련시키는 것을 말한다.

《두공부초당시전》 '鞞'는 '鼙'와 같다. 전쟁에서 사용하는 북이다.(鞞與鼙同, 戰鼓也.)

#《두시상주》 이 단락은 사실을 적은 것으로 돌아와 보니 가족이 없다는 것을 말하고 있다. 앞의 6구는 고향이 황폐해진 상황을 말하고 있고, 아래 6구는 잠시 돌아왔다가 곧 부역을 하게 되는 고통을 말하고 있다.(此段敍事, 言歸而無家也. 上六, 說故里荒凉之狀, 下六, 說暫歸旋役之

苦.)

17 本州役(본주역): 고향에서의 부역.

18 無所攜(무소휴): 헤어질 사람이 없다. 즉 가족이 없다는 말이다.

《두시상주》 '무소휴'는 헤어질 사람이 없다는 말이다.(無所攜, 無與離別者.)

19 轉(전): 더욱.

《두시상주》 '종전미'는 정처 없이 떠돈다는 말이다.(終轉迷, 言往無定所.)

20 盪盡(탕진): 다 없어지다. 즉 가족들이 죽은 것을 말한다.

21 理亦齊(이역제): 이치상 같다. 즉 식구들이 없는 바에야 타향이나 고향이나 쓸쓸하기는 마찬가지라는 뜻이다.

22 五年(오년): 5년 동안. 委溝溪(위구계): 도랑과 시내에 버려두다. 모친의 무덤을 돌보지 못하는 것을 말한다.

《두시전주》 천보 14년 안녹산이 범양에서 반란을 일으킨 뒤로 이때까지가 딱 5년이다.(天寶十四載, 祿山反范陽, 至此恰五年.)

23 不得力(부득력): 힘을 얻지 못하다. 어머니가 자식의 효도를 받지 못한 것을 말한다.

24 兩酸嘶(양산시): 둘이서 슬피 울다. 모자가 함께 슬픔에 잠기는 것을 말한다.

《두시상주》 '양산시'는 모자가 한을 품게 되었다는 것을 말한다.(兩酸嘶, 謂母子飮恨.)

25 爲烝黎(위증려): 사람이 되겠는가? 사람이라 할 수 없음을 말한다.

《두시상주》 '위증려'구는 사람이라 칠 수 없다는 것을 말한다.(爲烝黎, 不得比於人數也.)

[永痛 6구]

《두시언해》 이는 어머니를 봉양할 수 없음을 가슴 아파하는 것이다.(此傷不得養母.)

#《두시상주》 이 단락은 감정을 서술하고 있는데, 다시 가족 없이 헤어지는 것을 말하고 있다. 앞의 6구는 홀몸이 의지할 데가 없다는 것을 마음

아파하고 있고, 뒤의 6구는 모친이 돌아가셔서 뵐 수 없는 것을 가슴 아파하고 있다. …… 두보의 시에는 몇 구절을 겹쳐 써서 시상을 열고 닫은 표현들이 있다. 예를 들면, '고향에서 일을 하게 되었다'는 것은 다행스럽게 여기는 것이지만, '안으로 헤어질 사람이 없다'는 것은 마음 아파하는 것이다. 홀몸으로 가까운 곳을 가는 것은 멀리 떠나는 것에 비할 바가 아니니, 다시 고향에서의 행역을 다행스럽게 여기는 것이다. 고향 식구들 다 없어졌으니 먼 곳이나 가까운 곳이나 마찬가지가 되었기에, 고향에 있는 것 역시 가슴 아픈 일이 되고 말았다. 말의 뜻이 점점 비통해지고 있다.(此段敍情, 言無家又別也. 上六, 傷隻身之莫依. 下六, 痛親亡之不見. …… 杜詩有數句疊用開闔者, 如云從役本州, 幸之也. 內無所攜, 傷之也. 隻身近行, 非比遠去, 又以本州爲幸矣. 家鄕旣盡, 遠近齊等, 卽在本州亦傷矣. 語意輾轉悲痛.)

《두시상주》에 인용된 황생黃生 주 시에서 '집 안을 돌아본다'고 한 것은 아내가 없다는 것을 말하고, '영원히 고통스럽다'고 한 것은 모친이 안 계신 것을 말한다. 모친이 돌아가시고 아내가 떠났다는 데서 가족이 없는 참담함이 자세히 표현되어 있다.(詩言內顧, 無妻也, 言永痛, 無母也. 母亡妻去, 曲盡無家之慘.)

##《두시상주》 앞 시(〈수로별〉)에서는 나라에 보답하고자 하는 충성으로 끝맺음을 하였고, 마지막 이 시에서는 모친을 그리워하는 효심으로 끝맺음을 하고 있어, 모두가 인륜과 관련이 있다.(上章結出報國之忠, 此章結出思親之孝, 俱有關於大倫.)

《독두심해》 〈무가별〉도 행역 나간 사람의 말이다. 작품 전체가 하나의 조각일 뿐이다. 처음 8구에서는 가족이 없는 이유를 되새기고 있다. '구행' 6구는 온 마을에 집이 없는 경관을 묘사하고 있다. '숙조'에서부터 비로소 자기 얘기로 들어갔지만 도리어 '別'자에서는 배제하였다. 돌아오고 나서 가족은 없지만 잠시 생업에 종사하고 있다는 것을 말하고 있다. '현리' 4구는 제목을 끌어들이고 있다. '근행' 8구는 본인이 가족이 없는 사정을 말하고 있다. 앞의 4구는 지극히 곡진하여 멀리 떠나는 것이 가까운 곳으로 가는 것보다 본래 힘들지만, 결국 가족이 없으니 원근을 따질 필요가 없다는 것을 말하고 있다. 뒤집어 한층 더 나아가 의사를 드러낸 것이다. 예전에는 이를 이해하지 못했다. 마지막 2구는 제목을 제기함으로써 결말을 짓고 있다. '어떻게 백성이라 할 수 있으리오?'라는 말로 시 6수(삼리삼별)의 총결로 삼을 수 있다. 그 말을 뒤집어서 따진다면, 바로 "어떻게 백성들의 윗사람이라고 할 수 있으리오?"라고 말할 수 있을 것이다.(無家別, 亦行者之詞也. 通首只是一片. 起八句, 追敍無家之由. 久行六句, 合里無家之景. 宿鳥以下, 始入自己, 反踢別字. 言旣歸來, 雖無家, 且理生業耳. 縣吏四句, 引題. 近行八句, 本身無家之情. 其前四極曲, 言遠去固艱於近行, 然總是無家, 亦不論遠近矣. 翻進一層作意. 舊未得解. 末二, 以點作結. 何以爲蒸黎, 可作六篇總結. 反其言以相質, 直可云, 何以爲民上.)

(**김만원**)

33. 佳人
미인

絶代有佳人[1]　幽居在空谷[2]　自云良家子[3]　零落依草木
關中昔喪亂[4]　兄弟遭殺戮　官高何足論[5]　不得收骨肉[6]
世情惡衰歇[7]　萬事隨轉燭[8]　夫壻輕薄兒[9]　新人美如玉[10]
合昏尙知時[11]　鴛鴦不獨宿[12]　但見新人笑　那聞舊人哭[13]
在山泉水淸[14]　出山泉水濁[15]　侍婢賣珠廻[16]　牽蘿補茅屋[17]
摘花不揷髮[18]　采柏動盈掬[19]　天寒翠袖薄　日暮倚修竹[20]

절세미인이 있어
텅 빈 골짜기 깊숙이 사네.
스스로 말하길 "양가집 여식이었는데
신세가 몰락하여 초목에 의지하고 있답니다.
옛날 장안 땅에 난이 일어나
오라비들이 살육을 당했으니,
관직이 높은 것 말할 게 뭐 있나요?
골육조차 거두지 못 하거늘.

세상인심이란 쇠약해지는 것을 싫어하고
세상만사는 바람에 흔들리는 촛불과도 같은 법.
남편은 경박한 사람이거늘
새로 맞은 여인은 옥처럼 아름답네요.
무궁화도 오히려 때를 알고
원앙새는 홀로 자지 않는답니다.

단지 새 여인 미소만 보일진대
옛 여인의 통곡소리가 어찌 귀에 들리겠나요?

산에 있을 땐 샘물이 맑지만
산을 나서면 샘물이 흐려지지요.
몸종은 구슬을 팔아 돌아와서
덩굴을 끌어다 초가집을 수리합니다.
꽃을 꺾어도 머리에 꽂지 않고
측백나무 잎을 따면 번번이 한 움큼 가득합니다."
날이 추워도 비취 소매 얇기만 한데
해 저물 녘 긴 대나무에 기대네.

이 시는 두보가 건원 2년 가을 진주秦州에 있을 때 지은 것이다.

시에서 등장하는 미인은 두보 자신의 투사체라고 할 수 있다. 두보는 난세의 미인을 통해 자신의 처지와 의지를 기탁한 것이다. 남편에게 버림받고 아무도 없는 쓸쓸한 골짜기에서 거처하는 여인은 세상에서 인정받지 못한 두보 자신을 기탁한 것이고, 몸단장에 신경 쓰지 않는 여인의 모습은 세속적인 격식이나 허식을 초월하고자 하는 두보 자신의 모습을 투영한 것이며, 측백나무 잎을 손에 쥐는 여인의 모습은 세속적인 욕심을 초월하여 고고하게 지조를 지키고자 하는 두보 자신의 꿋꿋한 의지를 반영한 것이다.

《보주두시》 이 시가 건원 2년 진주에서 지은 작품이라는 것은 두보 스스로 말했다. 역시 관중에서 난리가 일어난 뒤 노신들이 죽은 것을 슬퍼하기 위한 것이다.(此詩乾元二年在秦州作, 甫自謂也. 亦以傷關中亂後, 老臣凋喪也.)

주 석

1 絶代(절대): 한 시대에 견줄 만한 이가 없다. 절세.

《두시상주》 당나라 사람들은 태종 이세민李世民의 휘를 피하여 '세'를 '대'로 바꿔서 썼다.(唐人避太宗諱, 故改世爲代.)

2 幽居(유거): 깊숙한 곳에 살다. 또는 외딴 거처. 空(공): '山'으로 된 판본도 있다.

[絶代 2구]

《두공부초당시전》《시경·소아小雅·백구白駒》에 "하얀 망아지가 저기 텅 빈 골짜기에 있네."라는 구절이 있는데, 현인이 텅 빈 골짜기에 은거하는 것을 말한다. 이제 한 미인이 남편에게 버림받아 텅 빈 골짜기에서 숨어 살고 있으니, 제자리를 잃은 것을 말하는 것일 게다.(詩, 皎皎白駒, 在彼空谷, 言賢人隱於空谷. 今有一佳人, 爲夫所棄, 幽居于空谷, 蓋言失所也.)

3 自云(자운): 스스로 말하다. '자운' 이하는 여인의 말에 해당한다. 여인의 화법에 해당하는 부분에 대해서는 설이 분분하나, '채백采柏' 구까지 보는 것이 가장 자연스러울 듯하다. 零落(영락): 시들다. 즉 신세가 몰락한 것을 뜻한다.

4 關中(관중): 당시 도읍지였던 장안 일대를 가리킨다. 亂(난): '敗'로 된 판본도 있다. 이 구절은 안녹산의 난을 가리킨다.

《두시상주》《한서·고제기》에 "회왕은 장군들에게 먼저 관중 땅에 들어가 평정하는 이가 다스리도록 하겠다고 약조하였다."라는 기록이 있는데, 안사고 주에 "함곡관 서쪽 일대를 통틀어 관중이라고 한다."라고 하였다.(漢書高帝紀, 懷王與諸將約, 先入定關中者王之. 顏注, 自函谷關以西, 總名關中.)

《두공부초당시전》 안녹산의 난을 경험한 것을 말한다.(謂經祿山之亂也.)

5 官高(관고): 오라비와 남동생의 관직이 높은 것을 말한다.

6 骨肉(골육): 가족. 이 구절은 가족이 없어 의지할 데가 없는 것을 말한다.

[官高 2구] 골육의 관직이 높아도 가족을 돌보지 못한 것을 말한다. 한편으로는 자신들의 시신조차 거두지 못하는 것으로 보는 설도 있다.

《두시언해》 오라비와 남동생이 난을 만나 가족을 거두지 못하기에 자신이 의지할 데가 없음을 한탄한다는 말이다.(言兄弟遭亂, 不得收親戚, 自恨其無所依也.)

#《두시상주》 첫 단락은 미인이 난을 만나 신세가 몰락하여 의지할 데가 없어진 것을 말하고 있다. '자운' 두 자는 아래 단락까지 이어진다. '관직이 높다'는 말은 '양가집 여식'이라는 말과 호응한다.(首言佳人遭亂, 致零落失依. 自云二字, 幷貫下段. 官高應良家子.)

7 衰歇(쇠헐): 쇠약해지다. 나이가 들어 용모가 추해지는 것을 말한다.

《두공부초당시전》 화사했던 미모가 바랜 것을 말한다.(言華落色衰也.)

8 轉燭(전촉): 바람에 흔들리는 촛불.

《두시언해》 '전촉'은 촛불 그림자가 바람을 따라 움직이는 것으로 세태가 무상함을 비유한다.(轉燭, 燭影隨風而轉, 比世態不常也.)

9 夫壻(부서): 남편.

10 美(미): '已'로 된 판본도 있다.

11 合昏(합혼): 무궁화나무.

《두시상주》 주처의《풍토기》에 "합혼은 무궁화나무로 꽃잎을 아침에 폈다가 저녁에 오무린다"는 기록이 있고,《본초》에서는 "합환은 곧 야합이다. 인가에서는 정원에 많이 심는데, 일명 '합혼'이라고도 한다." 라는 기록이 있다.(周處風土記, 合昏, 槿也, 華晨舒而昏合. 本草, 合歡, 卽夜合也, 人家多植庭除間, 一名合昏.)

12 鴛鴦(원앙): 원앙새.

《구가집주두시》의《두시보유杜詩補遺》에 인용된《고금주古今注》 원앙은 오리 종류다. 암수가 서로 떨어지는 적이 없다. 사람이 그중 한 마리를 잡으면 다른 한 마리는 그리워하다가 죽는다. 그래서 그것을 '필조'라고도 한다.(鴛鴦, 鳧類也. 雌雄未嘗相離, 人得其一, 一思而死, 故謂之匹鳥.)

[合昏 2구]

《두공부초당시전》 이는 미인이 스스로 원망하는 말들이다. 무궁화나무와 원앙새조차도 때를 알고 짝을 사랑하는데 사람으로서 그만 못해서야 되겠는가? 남편의 경박함을 깊이 풍자하기 위한 것이다.(此佳人自怨之辭. 合昏之木, 鴛鴦之鳥, 尙且知時戀匹, 可以人而不如之乎. 所以深刺夫壻之輕薄者也.)

《보주두시》에 인용된 조차공 주 미인이 스스로 원망하는 말로서 사물에는 합침이 있고 짝이 있거늘 사람은 그만도 못 하다는 것을 말한다.(佳人自怨之辭, 言物之有合有偶, 而人之不若也.)

13 那(나): 어찌.

#《두시상주》 둘째 단락은 형제를 잃고 그로 인해 남편에게 버림을 받은 것을 말하고 있다. 앞의 네 구절은 세상사에 개탄하여 마음이 상한 것이요, 뒤의 네 구절은 사물에 기탁하여 감흥을 일으킨 것이다.(次言兄弟旣喪, 因見棄於夫. 上四慨世傷心, 下四託物興感.)

14 在山(재산): 산에서 지내다.

15 出山(출산): 산을 나서다.

[在山 2구] 샘물이 산에 있으면 맑다가 산을 벗어나면 더러워지듯이 정절을 지키는 것이 깨끗하고 절조를 꺾는 것이 더러운 것을 비유한다. 이에 대해서는 여러 가지 이설이 있다.

《두시상주》 이는 정절을 지키는 것이 깨끗하고 절조를 꺾는 것이 더러운 것임을 말한다. 혹은 새 사람과 예전 사람을 청탁으로 보기도 하고, 혹은 이전의 아름다움과 이후의 초췌함을 청탁으로 보기도 하며, 혹은 집에서 지내던 때와 밖으로 쫓겨난 것을 청탁으로 보기도 하나, 모두 적절치 않다.(此謂守貞淸而改節濁也. 或以新人舊人爲淸濁, 或以前華後憔爲淸濁, 或以在家棄外爲淸濁, 皆未當.)

16 賣珠(매주): 구슬을 팔다. 생활비를 마련하는 것을 말한다.

《두공부초당시전》 구슬을 파는 것은 조석으로 먹거리를 제공하기 위한 것이다.(賣珠, 所以供朝夕也.)

17 牽蘿(견라): 덩굴을 끌어오다. 초가집 지붕을 수리하기 위해 덩굴을 구하는 것을 말한다.

《두시상주》 덩굴을 끌어다 집을 수리한다는 것은 거처가 몸을 보호하지 못한다는 극단적 표현으로, 초사에서 "마름으로 웃옷을 만들고 부용을 모아 치마를 만든다."라고 한 말과 같은 경우다. 혹은 덩굴로는 비바람을 막지 못 한다고 의심하기도 하지만, 지나친 천착이다. 일설에서는 덩굴이 집에 가득 뻗어 있기에 빈 곳에 덩굴을 끌어다가 보수해서 푸른 색이 집에 넘치게 하는 것으로, 바로 〈진주잡시〉 제13수의 '문을 마주하고 덩굴이 기와를 덮고 있다'는 뜻이며, 결국 산속 거처의 고요한 운치라고 하는데, 이러한 설도 통한다.(牽蘿補屋, 甚言居不庇身, 猶楚辭製芰荷以爲衣, 集芙蓉以爲裳. 或疑蘿不能蔽風雨, 太泥. 一說藤蘿蔓屋, 其空缺處牽蘿補之, 使青翠滿屋, 卽對門藤蓋瓦之意, 乃山居幽致. 此說亦通.)

[侍婢 2구]

《구가집주두시》 조차공 주 몸종에게 구슬을 팔게 하고, 다시 그녀에게 덩굴을 끌어다가 초가집을 보수하게 하였으니 텅 빈 골짜기에 사람이 없었던 것이다. 초가집이라도 망가진 곳이 생기면 즉시 보수하였으니 집을 관리하는 것이 이처럼 부지런하고 조심스러웠던 것이다.(侍婢既賣珠, 又使之牽蘿以補茅屋, 空谷寂矣. 茅屋有缺, 尙卽補之, 其治家勤謹如此.)

18 髮(발): '髻' 혹은 '鬢'으로 된 판본도 있다.

《보주두시》에 인용된 두수가杜修可 **주** 미녀가 몸단장에 신경 쓰지 않는 것을 말하고자 함이다.(以言其不事裝飾也.)

19 柏(백): 측백나무 잎. 또는 측백나무 가지. 動(동): 걸핏하면, 그때마다. 盈掬(영국): 두 손을 채우다. 한 움큼의 양을 말한다. '掬'은 '握'으로 된 판본도 있다.

《두공부초당시전》 마음가짐이 전일한 것을 말한다.(言秉心專也.)

[摘花 2구]

《두시언해》 몸단장을 하지 않고 절조가 측백나무처럼 변함이 없다는 것을 말한다.(言不事容飾, 而節操如柏之不變也.)

20 修竹(수죽): 키 큰 대나무. 이 구절은 앞 구절과 마찬가지로 지조를 비유한다.

《두시언해》 대나무에 기댄다는 것 역시 측백나무 잎을 딴다는 뜻과 같다.(倚竹, 亦採柏之意.)

[天寒 2구]

《구가집주두시》 조차공 주 앞의 구절은 날씨가 이미 추워졌는데도 비취 소매가 여전히 얇다는 뜻인데, 또한 옷이 없고 몸단장에 마음을 두지 않는다는 뜻을 말하는 듯하다. 아래 구절은 그리운 이가 멀리 있다는 뜻이다. 형제가 죽임을 당하고 남편은 경박하니 어찌 마음에 슬픔이 일지 않겠는가?(上句則天色已寒, 而翠袖尙薄. 又似言其無衣, 且無心於服飾矣. 下句則其所思者遠矣. 蓋兄弟殺戮, 夫婿輕薄, 豈不感慨於懷哉.)

《두공부초당시전》 이 시에서 단지 측백나무 잎을 따고 대나무에 기댄다는 것을 말거리로 삼은 것은 아마도 측백나무와 대나무가 엄동설한에도 지조를 바꾸지 않아서일 게다. 비록 남편에게 버림받았다 해도 절조를 지킴으로써 시종 변치 않겠다고 맹세하는 것은 현자와 군자가 비록 임금에게 쫓겨나도 자신의 지조를 지켜 끝까지 변절하지 않는 것과 같은 것이다. 이것이 충신과 정절녀가 되는 이유다.(是詩特以采栢倚竹爲言者, 蓋栢與竹歲寒不改其操, 雖爲夫所棄, 誓以節自守, 始終不變, 亦猶賢人君子, 雖見逐於君, 而吾操守終無改易. 此其所以爲忠臣貞婦者也.

#《두시상주》 마지막 단락은 아녀자가 비록 버림을 받았지만 끝까지 정절을 지킬 줄 아는 것에 대해 말하고 있다. 앞의 네 구절은 '텅 빈 골짜기 깊숙이 숨어 산다'는 구절과 호응하고, 아래의 네 구절은 '신세가 몰락하여 초목에 의지하고 있다'는 구절과 호응한다. 이 단락에는 직접적인 서술 속에 비유가 숨어 있다. '산천'은 순결을 지키며 몸을 더럽히지 않는 것을 비유하고, '채백'은 정조를 지키려는 마음이 변치 않는 것을 비유한다. '초가집을 보수한다'는 말은 집이 누추하다는 것이고, '머리에 꽂지 않는다'는 말은 용모가 초췌하다는 것이며, '비취 소매'와 '대나무에 기댄다'는 말은 적막하고 무료하다는 것이다.(末言婦雖見棄, 終能貞節自操. 上四, 應幽居在空谷, 下四, 應零落依草木. 此段賦中有比. 山泉, 比守潔不汚. 採柏, 比貞心不改. 補茅屋, 室之陋也. 不插髮, 容之悴也. 翠袖倚竹, 寂寞無聊也.)

##《두시상주》 생각하건대, 천보 때 난이 일어난 뒤 틀림없이 실제로

이러한 사람이 있었기에 그 사정을 곡진하게 묘사하였을 것이다. 옛 주석가들은 버림받은 아낙에 기탁하여 쫓겨난 신하를 비유함으로써 신진세력이 날뛰고 나이 먹은 신하들이 몰락한 것을 가슴 아파하여 지었다고 하지만, 아마도 근거 없이 시를 지었다면 이처럼 생동감 있고 간절하지는 못했을 것이다.(按, 天寶亂後, 當是實有是人, 故形容曲盡其情. 舊謂託棄婦以比逐臣, 傷新進猖狂, 老成凋謝而作, 恐懸空撰意, 不能淋漓愷至如此.)

《**두억**》 '자운' 두 자는 '출산천수탁'까지 관계하는데 모두 미인의 말을 대신하고 있다. '시비' 이하 6구는 미인의 행위를 서술한 것으로 단아하고도 고요하며 적적하고 무료한 광경이 눈에 선하다. 무릇 미인의 일에 대해 감흥하는 바가 있기에 두보가 이를 빌어 자신의 사정을 묘사한 것이다. 매우 귀중한 물건을 지니고 있어도 자신을 돌보기에는 부족하기에 '구슬을 판다' '초가집을 보수한다'고 말한 것이지, 실제 있었던 일은 아니다. 종성이 "권문세가가 갑자기 가난해졌을 때의 진짜 모습이다." 라고 한 것은 웃음이 나올 말이다. 부인이 비록 어리석다 해도 이 지경에까지 이르지는 않았을 것이다.(自云二字, 直管到出山泉水濁, 皆代佳人語. 侍婢以下六句, 乃敍述佳人行徑, 而端莊靜一, 凄寂無聊光景, 宛然在目. 大抵佳人事必有所感, 而公遂借以寫自己情事. 有至貴之物在身, 而不足以自庇, 故云賣珠補茅屋, 非實事也. 鍾云, 故家暴貧眞境, 可發一笑. 婦人雖愚, 必不至此.)

《**독두심해**》 구조오의 《두시상주》에 따라 세 단락으로 나눈다. '텅 빈 골짜기 깊숙이 산다'는 말은 시 전체를 이끄는데 필치와 품격이 고상하다. 이 단락에서는 친족의 도움을 얻지 못한 것에 대해 서술하고 있다. '양가자'라는 세 자를 제시하여 출신이 당당함을 드러냈다. 둘째 단락에서는 남편에게 버림받은 이유를 서술하고 있다. 마지막 단락에서는 순결을 지키겠다고 맹세하는 지조를 찬미하고 있다. '산에 있을 때는 깨끗하다' '산을 나서니 더럽다'고 한 것은 곧은 선비의 마음이요, 남을 감화시키는 사람의 말이라 할 만하다.(依仇本分三段, 幽居在空谷一句領一篇, 筆高品高. 此段敍不得宗黨之力. 提出良家子三字, 見其出身正大. 中段敍

見棄其夫之由. 末段美其潔淸自矢之操. 在山淸, 出山濁, 可謂貞士之心, 化人之舌矣.)

《두공부초당시전》 두보의 이 시 역시 미인으로 현자를 비유하고 있다. 임금과 신하의 관계는 남편과 아내의 관계와 같다. 임금이 젊은 신진세력을 등용하면 반드시 나이든 신하들을 멀리하기 마련이듯이, 남편은 새 부인에게 빠지면 틀림없이 본부인을 멀리하게 된다. 이는 필연적인 이치다. 두보는 임금과 신하에 기탁하여 이 작품을 지었지 단지 미인에 대한 작품으로만 지은 것은 아니니, 독자들은 이를 잘 이해해야 할 것이다.(甫之此詩, 亦以佳人喩賢者. 君之於臣, 亦猶夫之於婦也. 君用新進少年, 必至於疏棄舊臣, 夫淫於新婚, 必至於離絶舊室. 此必然之理也. 甫寓意於君臣, 而有此作, 非獨爲佳人之什, 讀者可以意會也.)

(**김만원**)

34. 夢李白二首

꿈에 만난 이백 2수

死別已呑聲[1]	生別常惻惻[2]	江南瘴癘地[3]	逐客無消息[4]
故人入我夢[5]	明我長相憶[6]	君今在羅網[7]	何以有羽翼[8]
恐非平生魂[9]	路遠不可測[10]	魂來楓林青[11]	魂返關塞黑[12]
落月滿屋梁	猶疑照顏色[13]	水深波浪濶	無使蛟龍得[14]

사별이라면 통곡 소리 삼키고 말았을 것을
생이별이니 항상 마음 슬퍼라.
강남은 지독한 더위로 병드는 땅
쫓겨난 나그네 아무런 소식도 없네.

친구가 내 꿈을 찾아왔나니
내 그대를 늘 생각함을 안 것이라.
그대 지금 그물에 걸려 있거늘
어떻게 날개를 얻으셨는가.
살아 있는 혼이 아닌 듯하건만
길이 멀어 헤아릴 수가 없구나.

혼백은 푸른 단풍 숲에서 와서
어두운 관문을 지나 돌아갔는데,
기운 달이 대들보에 가득하여
여전히 그대 얼굴을 비추고 있는 듯.
물 깊고 파도 광활하니
부디 교룡에게 잡히지 마시옵기를.

이 시는 건원 원년 영왕永王 이인李璘의 난에 연좌되어 야랑으로 유배를 간 이백의 처지를 근심하다가 꿈속에서 이백을 만난 후에 그의 처지를 동정하여 지은 것이다. 이듬해 이백은 백제성에서 사면을 받고 유배에서 풀려났으나 두보는 아직까지 그 사실을 모르고 있었다. 저작 시기는 두보가 진주에 머물던 건원 2년 무렵으로 보인다. 이백에 대한 두보의 깊은 우정을 감동적으로 그려 낸 작품으로 그리운 사람을 만나지 못해 전전반측하다가 꿈속에서 비로소 해후하여 사랑을 나누는 연인들의 시처럼 이 시의 구절구절마다 깊은 감성이 용출한다.

《두시상주》 양권도는 옛 순서에 의거하여 건원 2년 진주에서 지은 시 중에 편재하였다. 노원창 주에 "이백의 연보를 고찰해 보면 건원 원년에 야랑으로 유배되었고, 건원 2년에 도중에 황제의 은혜를 입어 석방되어 돌아오게 되었다. 이백의 〈기왕명부〉에 '작년에 야랑의 길로 좌천되어 갔더니, 금년에는 무산의 남쪽에서 석방의 명을 받았다' 고 하였는데, 이백이 무산에서 한양으로 내려와 강하를 거쳐 다시 심양 등지에서 노닌 것은 대개 건원 2년일 것이다. 공이 진주에 객거할 당시가 바로 이 시기다. 시 중에서 '관새', '강남' 등의 말을 보면 알 수 있다."라고 하였다. 증공의 〈이백집서〉에 "이백이 여산에서 은거하였는데, 영왕 이인이 그를 억지로 불러들였다. 이인이 패하게 되자, 이백은 연좌되어 심양의 옥에 갇혔다가 석방되었다. 건원 원년에 끝내 이인의 일에 말려 야랑으로 멀리 유배되었다."라고 적고 있다.(梁權道依舊次編在乾元二年秦州詩中. 盧注, 考白年譜, 乾元元年流夜郎, 二年, 半道承恩放還. 白寄王明府詩云, 去年左遷夜郎道, 今年敕放巫山陽. 其自巫山下漢陽, 過江夏而復遊潯陽等處, 蓋在二年. 公客秦州, 正其時也. 觀詩中關塞江南等字, 可見. 曾鞏李白集序, 白臥廬山, 永王璘迫致之. 璘敗, 白坐繫潯陽獄, 得釋. 乾元元年, 終以汙璘事長流夜郎.)

주 석

1 已(이): 끝내다. 그치다. 呑聲(탄성): 소리를 죽여 우는 것을 가리킨다. 죽어 이별하게 된 경우라면 한번 소리 죽여 울고 나면 그뿐이라는 말이다.

2 惻惻(측측): 슬퍼하는 모습.

[死別 2구]

《**두공부초당시전**》 사별은 소리를 삼키고 한을 품는 것에 지나지 않으니 한때의 생각일 뿐이다. 생이별은 아직도 서로 만날 기약이 있으니 생각하지 않을 때가 없다. 고로 마음이 항상 슬픈 것이다.(死別不過呑聲飮恨, 一時之思也. 生別尙有相見之期, 無時而不思, 故在心常惻怛然.)

3 江南(강남): 여기서는 이백이 영왕 이인의 일에 연좌되어 죄를 받고 있는 곳을 가리킨다. 瘴癘(장려): 남방의 고온 다습한 더위에 의해 생기는 질병.

4 逐客(축객): 쫓겨난 나그네. 여기서는 야랑으로 유배를 떠나게 된 이백을 가리킨다. '遠客'으로 된 판본도 있다.

#《**두시상주**》 첫 단락에서는 꿈을 꾸게 된 연유를 서술하고 있다. 독한 더위가 있는 땅에서 소식이 없으니 생사를 점치기 어려워 마음이 항상 슬픈 것이다.(首敍致夢之由. 瘴地而無消息, 恐死生難定, 故心常惻惻.)

5 故人(고인): 이백을 가리킨다.

6 明(명): 분명히 알다. 이 구절은 두보가 늘 그리워함을 이백이 분명히 알고 있기에 꿈에 나타났다는 말이다. '분명하다'의 뜻으로 보아 두보 자신이 이백을 늘 그리워하는 사실이 분명함을 말한 것으로 이해하기도 한다. 長(장): '常'으로 된 판본도 있다.

7 羅網(나망): 그물. 법망. 이백이 영왕 이인의 일에 연좌되어 죄를 받게 된 것을 가리킨다.

8 何以(하이): 무슨 방도로. 어떻게 해서. '以'를 '似'로 쓴 판본도 있다. 有羽翼(유우익): 날개가 생기다. 이백이 죄인의 몸이니 어떻게 자유롭게 이곳까지 올 수 있겠냐는 말이다.

[君今 2구]

《**두시상주**》 '군금' 2구는 옛 판본에서는 '관새흑' 다음에 두었다.

지금 황생본을 따라서 이곳으로 옮기는데, (이렇게 해야) 두 단락에서 어기가 비로소 순통해진다.(君今二句, 舊在關塞黑之下, 今從黃生本移在此處, 于兩段語氣方順.)

9 平生(평생): 평소. 평상시. 이 구절은 꿈에 찾아든 모습이 살아 있는 이백의 혼이 아닐지도 모른다는 말이다.

10 路遠(노원): 길이 멀다. '遠'을 '迷'로 쓴 판본도 있다. 이 구절은 길이 멀어 생사를 알 수 없다는 말이다.

#《두시상주》 이 단락에서는 꿈속에서 서로 만나게 된 마음을 적은 것이다. 이백이 심양 옥에 갇혔으므로 '나망'이라고 말하였다. 평소 살아 있는 모습이 아닌 듯하다는 것은 그가 옥사했을지도 모른다는 것이다.(此述夢中相接之情. 白繫潯陽, 故云羅網. 恐非平生, 疑其死於獄也.)

11 楓林(풍림): 단풍 숲. 여기서는 이백이 있는 강남 지역을 가리킨다. '林'을 '葉'으로 쓴 판본도 있다.

《두공부초당시전》 초 땅 강안에는 단풍이 많았다. 이 구절은 이백의 혼이 남쪽 초 땅으로부터 왔다는 말이다.(楚岸多楓, 謂白魂自南楚而來也.)

12 魂(혼): '夢'으로 된 판본도 있다. 關塞(관새): 관문. 여기서는 두보가 머물고 있는 지역의 관문을 가리킨다.

《두공부초당시전》 '관새'는 동주를 가리킨다. 두보는 당시 동곡에 거하고 있었다. 이백의 혼백이 동곡으로부터 돌아간다는 말이다.(關塞指同州, 甫時居同谷. 謂白魂自同谷而返也.)

[魂來 2구]

《구가집주두시》 조차공 주 이백은 남쪽으로 귀양을 갔으니 그가 지나온 곳이 바로 단풍 숲이다. 진주秦州에서 공과 서로 만났으니 그가 떠나갈 때에 또한 관문을 지나게 되는 것이다.(白謫在南, 其所經歷乃楓林也. 在秦與公相見, 故其去又歷關塞也.)

13 猶疑(유의): 오히려 의심하다. 여전히 의심하다. 照(조): '見'으로 된 판본도 있다. 顔色(안색): 얼굴 모습. 이백의 얼굴을 가리킨다. 이 구절은 꿈을 깬 뒤에도 이백이 아직도 곁에 있는 듯하다는 말이다.

14 無使(무사) 구: 물에 빠져서 죽는 일이 없기를 바란다는 말이다.

[水深 2구]

《두공부초당시전》 대개 남해는 바람과 파도가 험하여 이백이 익사하는 화를 입을까 걱정한다는 말이다.(蓋言南海風濤之險, 恐白罹淪溺之患也.)

#《두시상주》 마지막에서는 꿈에서 깨어난 뒤에 그리운 마음을 적었다. '풍림'은 이백이 있는 곳이요, '관새'는 공이 거처하는 곳이다. 물이 깊고 파도가 드넓어 이백이 익사할까 또한 염려한 것이다.(末記覺後相思之意. 楓林白所在, 關塞公所居. 水深浪濶, 又恐死於溺也.)

##《독두심해》 첫 작품은 곳곳에서 뒤집어서 쓰고 있다. 처음 4구는 '반세反勢'인데 꿈을 말하면서 먼저 이별을 말하였으니 이는 정법定法이다. 중간 8구는 '정면正面'인데 오히려 순전히 혼란스럽게 하는 방식(의진疑陣)을 쓰고 있다. 구절마다 그가 나타난 것을 즐거워하면서도 구절마다 그것이 진짜가 아닌가 의심하고 있다. 마지막 4구는 꿈에서 깬 뒤이다. 꿈속에 만난 사람은 아득해졌건만 그 혼이 아직도 있다고 애써 말하면서 정성스레 재삼 부탁하는 것이니, 이 모두가 의외의 기이함을 드러내었다. 종래에 이별을 말하는 자들은 사별로써 생이별을 위로하거나 사별로써 생이별을 견주거나 했다. 이 작품은 반대로 사별이라면 그것으로 끝인데 생이별이니 항상 슬프다고 했으니 역시 번법翻法이다. '꿈에 찾아온 것'은 내가 상대를 그리워한 것인데, 여기서는 뜻밖에도 상대가 혼령으로 찾아온 것이라고 했으니 이 역시 번법이다.(首章處處翻寫. 起四, 反勢也. 說夢先說離, 此是定法. 中八, 正面也. 卻純用疑陣. 句句喜其見, 句句疑其非. 末四, 覺後也. 夢中人杳然矣, 偏說其神猶在, 偏與丁寧囑咐, 此皆意外出奇. 從來說別離者, 或以死別寬生別, 或以死別況生別. 此反云, 死則已矣, 生常惻惻, 亦是翻法. 入夢, 我憶彼也, 此竟云彼魂來, 亦是翻法.)

其二

浮雲終日行　遊子久不至[1]　三夜頻夢君　情親見君意[2]
告歸常局促[3]　苦道來不易[4]　江湖多風波[5]　舟楫恐失墜[6]
出門搔白首[7]　若負平生志[8]　冠蓋滿京華[9]　斯人獨顦顇[10]
孰云網恢恢[11]　將老身反累[12]　千秋萬歲名　寂寞身後事[13]

뜬구름 진종일 흘러가고
나그네는 오래토록 돌아오지 않네.
사흘 밤을 자주 그대 꿈을 꾸니
친근한 정으로 그대의 뜻을 보여 주시네.

돌아간다고 고할 적에는 항시 초조해 하시며
괴로이 말씀하시길, "오기가 쉽지 않구료,
강호에 풍파 많아
배 뒤집힐까 두렵다오."
문을 나서시며 흰 머리를 긁적이시는데
평생의 큰 뜻을 저버리신 듯 하였네.

고관들 경사에 가득한데
이 사람만 홀로 초췌하다네.
하늘 그물 넓디넓다 뉘 말하는가
늙어감에 몸은 오히려 죄에 매이게 되었나니.
천추만세의 이름이여
적막하여라 몸 죽은 뒤 일이려니!

주 석

1 遊子(유자): 나그네. 여기서는 이백을 가리킨다.

[浮雲 2구]

《두공부초당시전》 뜬구름은 참소하는 신하를 가리키며, 나그네는 이백을 가리킨다. 그런데 이백이 쫓겨나고 다시 소환되지 못한 것은 진실로 참소하는 신하들이 임금을 가렸기 때문이다.(浮雲指讒臣也, 遊子指李白也. 然白見逐不復召還, 良由讒臣蒙蔽於君也.)

《두시상주》 이백의 〈송우인送友人〉시에 '뜬구름은 나그네의 마음이요'라는 구절이 있는데, 이 시의 첫 부분에서 바로 이 말을 인용하였다.(太白詩, 浮雲遊子意. 此章起首卽用其語.)

2 情親(정친): 정이 친근하다. 이백의 정이 친근함을 말한 것이다. 君意(군의): 이백이 평소에 지니던 뜻을 가리킨다.

《두시상주》 '정'과 '의'는 모두 이백에게 해당한 말이다. '정'은 꿈을 꿀 때를 두고 한 말이요, '의'는 평소에 대하여 한 말이다.(情意皆屬李, 情就夢時言, 意就平日言.)

《구가집주두시》 조차공 주 그 몸이 비록 이르지는 못해도 삼일 밤을 꿈에 찾아오니 이는 정이 친근한 까닭이다.(其身雖不至, 而三夜入夢, 斯爲情親矣.)

#《두시상주》 첫 단락은 꿈을 자주 꾼다는 것으로부터 시작하였다.(首從頻夢敍起.)

3 告歸(고귀): 돌아갈 것을 고하다. 이백이 꿈에서 두보에게 작별을 고한다는 말이다. 局促(국촉): 바쁘고 불안한 모습. 안절부절하는 모습.

4 苦道(고도): 괴롭게 말하다.

[告歸 2구]

《두시언해》 꿈속에서 작별을 고할 때에 그 모습이 안절부절하여 기를 펴지 못하는 것이다.(夢中告別之際, 其形神局促不伸也.)

5 江湖(강호): 강과 호수. 여기서는 강과 호수가 많은, 이백이 있는 강남 지역을 가리킨다. 多風波(다풍파): '秋多風'으로 된 판본도 있다.

6 舟楫(주즙): 배와 노. 배를 말한다. 失墜(실추): 떨어뜨리거나 잃어버리다. 여기서는 배의 노를 잃어버리거나 배가 뒤집힌다는 말이다.

[告歸 4구]

《두시상주》 꿈속에서 이백이 한 말을 들은 것이다.(夢聞其言.)

7 搔白首(소백수): 하얗게 센 머리를 긁적이다. 이백이 번뇌가 많음을 표현한 말이다.

《시 · 패풍邶風 · 정녀靜女》 사랑하건만 만나지 못해, 머리를 긁적이며 머뭇거리누나.(愛而不見, 搔首踟躕.)

8 若(약): '苦'로 쓴 판본도 있다. 負平生志(부평생지): 평생에 간직하였던 뜻을 저버리다. 이백이 자신이 품었던 큰 뜻에 대한 기대를 스스로 저버렸다는 말이다.

[出門 2구]

《두시상주》 '出門' 2구는 꿈에 이백의 모습을 본 것이다.(出門二句, 夢見其形.)

#《두시상주》 이 단락에서는 꿈속에서의 (이백의) 심사를 대신 서술한 것이다. 황망하고 비분한 정황을 곡진히 묘사하였다.(此代述夢中心事, 曲盡倉皇悲憤情狀.)

9 冠蓋(관개): 관원의 모자와 관원이 타는 수레. 관리들을 가리킨다.

10 斯人(사인): 이 사람. 이백을 가리킨다. 顦顇(초췌): 초췌하다. '憔悴'와 통한다.

[冠蓋 2구]

《두공부초당시전》 사대부들이 비록 많으나 단지 봉록과 지위를 훔치기만 할 뿐 이백의 재주 있음만 못하다는 말이다. 그래서 이 사람을 초췌하게 만들어서는 안 된다고 탄식하며 애석해 한 것이다.(言士大夫雖多, 徒竊祿位而已, 不若李白之才, 故歎惜斯人不宜使之憔悴也.)

11 網(망): 천망天網. 하늘의 법망. 恢恢(회회): 넓고 넓은 모습.

《노자》 하늘의 그물은 넓고 넓어서 성글어도 새는 법이 없다.(天網恢恢, 疏而不漏.)

12 身(신): '才'로 된 판본도 있다. 反(반): 오히려. 累(누): 결박되다. 죄인이 되었다는 말이다. 이 구절은 이백이 재주가 있음에도 불구하고 오히려 늙은 나이에 죄인의 몸이 되었다는 말이다.

[孰云 2구]

《구가집주두시》 조차공 주 이것은 공이 이백을 동정한 말이다.(此公憫白之辭也.)

13 身後(신후): 몸이 죽은 뒤.

[千秋 2구]

《두공부초당시전》 살아서 쓰이지 못하고 죽은 후에나 이름이 있게 됨은 적막한 곳에 버려지는 것에 불과하니 과연 무슨 이로움이 있겠는가라고 두보가 탄식하여 말한 것이다.(甫歎曰, 生不見用, 身後有名, 不過委之寂寞之鄕, 果何益哉.)

《두시상주》에 인용된 《진서晉書·문원전文苑傳》 장한은 마음 내키는 대로 유유자적하며 당세에 이름을 구하지 않았다. 어떤 이가 그에게 "한 시절을 마음껏 즐길기만 할 뿐 죽은 뒤 이름을 구하지 않아서야 어찌되겠습니까?" 하였다. 장한이 대답하기를 "설사 내가 죽은 뒤에 이름을 얻는다 해도 지금 당장의 술 한 잔만 못한 것이다."라고 하였다.(張翰任心自適, 不求當世, 或謂之曰, 卿乃可縱適一時, 獨不爲身後名耶. 答曰, 使我有身後名, 不如卽時一盃酒.)

#《두시상주》 이 단락에서는 이백이 당한 역경을 슬퍼하며 불만스러운 마음을 깊이 표현하고 있다. 몸이 묶여 있어도 이름이 전하니, 그 굽히고 펼침이 또한 서로 족히 위안이 될 만하다. 단지 그 사귐의 정을 슬퍼하여 가슴이 아프고 콧날이 찡하도록 말한 것이니 장래를 믿지 않고 목전의 일을 슬퍼한 것이다.(此傷其遭遇坎軻, 深致不平之意. 身累名傳, 其屈伸亦足相慰, 但惻惻交情說到痛心酸鼻, 不是信將來, 還是悼目前也.)

##《독두심해》 두 번째 작품은 순전히 유배를 가게 된 것에 대한 개탄이다. 이백 때문인가, 자신 때문인가? 같은 소리로 함께 통곡한 것이다. 시작하는 작법을 보면 (제1수의) 전반 12구를 묶어서 4구로 표현하였고, 중간 8구에서는 이백의 말을 서술하고 이백의 마음을 헤아렸다. 이백의 말을 서술하여 이르기를 '국촉', '풍파'라 하였는데, 이는 은근히 (제1수의) '무사교룡득'의 구절로부터 나온 것이다. 이백의 마음을 헤아려 이르기를 '부지', '초췌'라 했은즉, 두보 자신이 걱정스러운 마음을 품은 것으로

서, 그 정이 글에 드러나고 있다. 마지막 4구는 이른바 피차 함께 곡하는 것이다. 그 몸이 환난을 당하지만 이름을 길게 할 수 있다는 말도 이미 (피차의 궁핍한 처지를) 위로하기 위한 고충의 말일 터인데, 게다가 지금 또 그런 이름 역시 적막하다고 말하고 있다. 이 노인네가 붓을 댄 이후로 줄곧 후대의 사람들이 몸을 돌릴 곳이 없게 되었다.(次章, 純是遷謫之慨. 爲彼耶, 爲我耶, 同聲一哭. 起法簇前十二句爲四句. 中八, 述其語, 揣其情. 述語而曰, 局促風波, 暗從無使蛟龍得來. 揣情而曰, 負志顚頹, 則予懷耿耿, 情見乎辭矣. 末四, 則所謂彼我同聲者也. 厄其身而永其名, 已是慰勞苦語. 今且云名亦寂寞. 此老下筆後, 直使來者沒處轉身.)

###《독두심해》 꿈꾸기 전의 처량하고 슬픈 심정에서 시작하여 꿈에서 깬 뒤의 감개에서 끝을 냈다. 이것은 두 편으로써 시작과 끝을 삼은 것이다. '꿈에 찾아와' '나의 그리움을 알아주고', '자주 꿈을 꾸어' '그대의 뜻을 보게 되었다'. 전편에서는 몽경夢境의 몽롱함을 적었고, 후편에서는 몽어夢語의 친절함을 적었다. 이것은 두 편으로써 층차를 삼았다.(始於夢前淒惻, 卒於夢後之感慨, 此以兩篇爲起訖也. 入夢, 明我憶. 頻夢, 見君意.. 前寫夢境迷離, 後寫夢語親切. 此以兩篇爲層次也.)

(**김성곤**)

35. 鳳凰臺
봉황대

亭亭鳳凰臺[1] 北對西康州[2] 西伯今寂寞[3] 鳳聲亦悠悠[4]
山峻路絶蹤 石林氣高浮[5] 安得萬丈梯 爲君上上頭[6]
恐有無母雛 飢寒日啾啾[7] 我能剖心血[8] 飮啄慰孤愁
心以當竹實 炯然無外求[9] 血以當醴泉[10] 豈徒比清流
所重王者瑞[11] 敢辭微命休[12] 坐看綵翮長[13] 擧意八極周[14]
自天銜瑞圖[15] 飛下十二樓[16] 圖以奉至尊[17] 鳳以垂鴻猷[18]
再光中興業 一洗蒼生憂 深衷正爲此[19] 羣盜何淹留[20]

우뚝하니 봉황대
북쪽으로 서강주를 마주하는데,
서백은 이제 세상에 없고
봉황 소리 또한 아득하구나.
산이 험하여 길에 발자취가 끊겼고
바위 숲에 기운이 높이 떠 있으니,
어떻게 만 길 사다리를 얻어
임금을 위해 꼭대기에 오를 수 있을까?

염려스럽기는 어미 없는 봉황 새끼가
배고프고 추워서 날마다 우는 것이라.
내 심장과 피를 가를 수 있나니
마시고 쪼면서 외로운 시름을 덜게 되리라.
심장으로 대나무 열매를 대신하면

번쩍거려 밖에서 구할 것 없고,
피로 달콤한 샘물을 대신할진대
어찌 한갓 맑은 물에 견주리오?

소중한 것은 왕 된 자의 상서로움이거늘
감히 미천한 목숨이 죽는 것을 사양하겠는가?
아름다운 날개가 자라는 것을 보게 되리니
팔극을 주유하리라 생각해 본다.
하늘로부터 상서로운 그림을 물고서
십이루로 날아 내려,
그림을 지존에게 바치고
봉황으로 원대한 도리를 드리울지니,
중흥의 업적을 다시금 빛내고
백성들의 근심을 말끔히 씻을 것이라.
깊은 충심은 바로 이 때문이니
도적들이 어찌 오래 머물 수 있으리오?

이 시는 두보가 건원 2년 진주秦州에서 동곡현同谷縣으로 가며 지은 기행시紀行詩 가운데 한 수다. 원주原注에 "산이 험준하여 사람들이 정상에 오르지 못한다.(山峻, 人不至高頂.)"라고 하였다. 봉황대는 봉황산에 있다.

봉황은 제왕의 상서로운 징표로 태평성대에 출현하는 새로 여겼다. 두보는 봉황대에서 굶주린 봉황 새끼를 황제에 비유하여 봉황 새끼가 잘 자라 당나라의 중흥을 이루기를 바라는 심정을 담고 있다. 봉황 새끼는 광숙왕 이숙을 비유하는 말로 그가 잘 자라 황실을 부흥시키기를 바란 것이다. 그래서 마지막에 반군들이 하루빨리 소멸되기를 바라는 소망을 담았다.

《보주두시》 건원 2년 동곡에 갔을 때 지었다.(乾元二年, 赴同谷時作.)

《두시상주》 장연의 주에 "진 땅에 봉황대가 있는데, 본래는 서백에게서 비롯되었지만 후인들이 농옥이 피리를 불었다는 설을 잘못 전하였다."라고 하였다. 《수경주》에 "봉계수는 위로 광업군에서 탁수濁水를 잇는다. 남쪽으로 봉계를 지나면 가운데에 짝을 지어 높이 솟은 바위가 두 개 있는데, 그 형상이 마치 궐문처럼 생겼다. 한나라 때 봉황이 그 위에 머물렀기에 봉황대라고 하였다. 북쪽으로 군에서 3리 떨어져 있고, 물은 봉황대 아래에서 나온다."라고 하였다. 《방여승람》에서는 "봉황대는 동곡현 남동쪽 10리 되는 곳에 있고, 산허리에 폭포가 있는데 병기천이라고 한다. 천보 연간에 가서한이 글자를 새긴 일이 있다."라고 하였다.(張綖注, 秦地有鳳凰臺, 本因西伯, 後人謬傳弄玉吹簫之說. 水經注, 鳳溪水上承蜀(濁의 오자)水於廣業郡, 南逕鳳溪, 中有二石雙高, 其形若闕, 漢世有鳳凰棲其上, 故謂之鳳凰臺. 北去郡三里, 水出臺下. 方輿勝覽, 鳳凰臺在同谷東南十里, 山腰有瀑布, 名迸璣泉. 天寶間, 哥舒翰有題刻.)

주석

1 亭亭(정정): 우뚝 솟은 모양.

2 西康州(서강주): 지명.

《두시상주》 《당서》에 "무덕 초 동곡현을 서강주에 설치하였다가 정관 중에 폐지하였다."라고 하였다. '서강'이라고 한 것은 영남 땅의 강주와 구별하기 위해서이다.(唐書, 武德初, 以同谷置西康州, 貞觀中廢. 謂之西康者, 別於嶺南之康州也.)

3 西伯(서백): 주周 문왕文王 희창姬昌을 가리킨다.

《두시상주》에 인용된 〈은본기殷本紀〉 주왕이 희창에게 정벌을 전담할 수 있는 권한을 허락하고 서백으로 삼았다.(紂賜昌得專征伐, 爲西伯.)

4 鳳聲(봉성): 봉황 울음소리.

《두시상주》에 인용된 《도경圖經》 기산은 일명 천주산이라고도 한다. 문왕 때 봉황이 기산에서 울었기에 '봉황퇴'라고도 불렀다.(岐山, 一名天柱山. 文王時, 鳳鳴岐山, 亦呼爲鳳凰堆.)

[西伯 2구]

《두공부초당시전》 문왕 7년 하늘의 명을 받자 기산에서 봉황이 울었고 왕도가 일어났다. 문왕이 죽은 뒤 봉황의 울음소리가 또한 그치고 들리지 않았다. 이 시에서는 뜻을 기탁하여 당세의 현자들이 등용되지 못하는 것을 마음 아파하고 있다. 대개 봉황이라고 하는 영물은 도가 있으면 나타나고 도가 없으면 숨으니, 현자가 세상에 나오고 숨는 이치를 비유한다. 그래서 시의 아래 글에서는 봉황 새끼가 그 위에 있다고 생각하고, 굶주리고 목마를까 염려가 되어 음식을 주고 싶어 하였으니, 그것이 세상에 상서로운 조짐이 되기를 바란 것이다.(文王七年, 受天命, 鳳鳴于岐嶽, 而興王道. 自文王旣沒, 鳳聲亦息而不聞. 是詩寓意, 傷當世賢者不進. 蓋鳳之爲物, 有道則見, 無道則隱, 喩賢者出處之道也. 故詩下文以思鳳有雛在上, 恐其飢渴, 欲有以飮食之, 庶其爲瑞於世也.)

5 氣高浮(기고부): 기운이 높이 떠 있다.

6 上(상): 오르다. '居'로 된 판본도 있다. 上頭(상두): 꼭대기.

#《두시상주》 첫 단락에서는 봉황대를 읊었는데, 봉황이 떠나 봉황대가 텅 빈 것을 마음 아파하고 있다. 노원창 주에 "당시 이필이 오래도록 형산에 돌아가 있어 동궁 좌우에 도와줄 사람이 없기에, 두보는 기리계綺里季의 공적을 본받고자 했으나 그럴 수 없었다. 그래서 '어떻게 만 길 사다리를 얻어 임금을 위해 꼭대기에 오를 수 있을까?'라고 한 것이다." 라고 하였다.(首咏鳳凰臺, 傷鳳去臺空也. 盧注, 當時李泌久歸衡山, 春宮左右無人調護, 公欲效綺里之功而不可得, 故曰, 安得萬丈梯, 爲君上上頭.)

7 啾啾(추추): 봉황이 우는 소리. '啁啾'로 된 판본도 있다.

8 心血(심혈): 심장과 피. '血'은 '出'로 된 판본도 있다.

9 炯然(형연): 심장이 빛난다는 말이다. 無(무): '忘'으로 된 판본도 있다.

[心以 2구] 자신의 심장으로 대나무 열매를 대신하는 것은 광명정대하여 다른 의도가 없다는 것을 말한다.

10 醴泉(예천): 맛 좋고 달콤한 샘물.

[心以 4구] 봉황 새끼에게 자신의 심장과 피를 음식으로 주겠다는 것을 말한다.

《구가집주두시》 조차공 주 《장자》에 "봉황은 대나무 열매가 아니면 먹지를 않고, 달콤한 샘물이 아니면 마시지 않는다."라고 하였다. 새끼가 높은 산 위에 있어 두 먹거리를 구할 수 없기에, 두보가 심장으로 대나무 열매를, 심장의 피로 달콤한 샘물을 대신하고자 한 것이다. '떳떳하니 달리 추구하는 것을 잊는다'는 것은 심장을 잘라 주는 진심은 단지 봉황이 상서로운 동물이기 때문에 새끼의 굶주림을 불쌍히 여겨 먹이려는 것이지, 달리 의도하는 바가 없다는 점을 두보 스스로 말한 것이다.(莊子曰, 鳳非竹實不食, 非醴泉不飮. 雛在高山之上, 而二物未可得, 故公欲以心當竹實, 以心中之血比醴泉. 炯然忘外求, 公自言其剖心之實, 止爲鳳乃嘉瑞, 憫其雛之飢而飼之, 別無所圖也.)

#《두시상주》 둘째 단락에서는 봉황의 새끼를 통해 뜻을 기탁하고 있다. 노원창 주에 "숙종이 장양제의 참언을 들어 건녕왕 이담을 제거하고 다시 광평왕 이숙을 흔들고자 했다. 이숙의 모친인 오씨는 아들을 낳고 죽었기에 '어미 없는 새끼'라고 한 것이다. 심장을 열고 피를 쏟는다고 하였으니, 충성을 바쳐 그를 보호하고자 한 것이다."라고 하였다.(此託鳳雛以寓意. 盧注, 肅宗聽張良娣之譖, 旣去建寧王倓, 又欲動搖廣平王俶. 俶母吳氏, 生子而亡, 故云無母雛. 披心瀝血, 欲獻忠肝以保護之耳.)

11 王者瑞(왕자서): 왕 된 자의 상서로움. 왕업의 흥성을 상징하는 봉황을 가리킨다.

《구가집주두시》 설창서薛蒼舒 주 《춘추원명포》에 "주 성왕 때 훌륭한 정치가 베풀어져 봉황이 날아와 정원에서 춤을 추자, 성왕이 금을 당겨 '봉황이 궁정을 날거늘 내 무슨 덕이 있어 영물을 감동시켰을까?'라고 노래하였다."라는 기록이 보인다. 《서응도》에서는 "봉황은 왕 된 자의 상서로운 징표다."라고 하였다.(春秋元命苞, 周成王時大治, 鳳凰來舞

於庭, 成王乃援琴而歌, 鳳凰翔兮於紫庭, 余何德兮以感靈. 瑞應圖曰, 鳳凰, 王者之嘉瑞.)

《구가집주두시》 조차공 주 《춘추원명포》의 기록에 의하면, 봉황이 문왕의 도읍에서 노닐어 무왕이 봉서鳳書의 기록을 받았다고 한다. 이제 두보는 고사에 근거해서 말한 것일 뿐이다. 설창서는 오히려 성왕 때의 일을 인용하고 있는데 옳지 않다. 《좌전》 서문에 "기린과 봉황 등 다섯 가지 영물은 왕 된 자의 상서로운 징표다."라고 하였다.(據春秋元命苞曰, 鳳凰游文王之都, 故武王受鳳書之紀. 今公據古而言耳. 薛却引成王時事, 非是. 左傳序, 麟鳳五靈, 王者之嘉瑞.)

12 微命(미명): 미천한 목숨. 休(휴): 쉬다. 죽는 것을 말한다. 이 구절은 봉황을 위해서라면 자신의 목숨도 가벼이 여길 수 있다는 것을 말한다.

[所重 2구]

《두공부초당시전》 높은 산에 어미 없는 새끼새는 봉황 새끼다. 왕 된 자는 천지 만물의 부모이고, 현자는 그에게 의지하여 양육되니, 당시 훌륭한 왕이 없으면 현인은 굶주려도 녹을 먹지 않는다는 것을 기탁하여 말하고 있다. 그래서 '굶주리고 추워서 날마다 우는 것이다.' 두보는 심장을 쪼개어 대나무 열매로 삼고, 심장에서 흐르는 피로 달콤한 샘물로 삼아 이 왕 된 자의 상서로운 징표를 위로하고, 그 새끼를 불쌍히 여겨 위로한 것이니, 비록 미천한 몸이긴 하지만 아낄 바가 아니라는 것이다.(高山無母雛, 乃鳳子也. 寓言王者爲天地萬物父母, 賢者賴之以養, 時無明王, 則賢人飢而不食其祿. 是以飢寒日啾啾. 甫欲剖心以當竹實, 以心之流血以當醴泉, 慰此王者之嘉瑞, 憫其雛而問之, 雖微軀不足恤也.)

《두시언해》 '왕자서'는 봉황을 가리킨다. 두보는 봉황의 새끼가 굶어 죽을까 염려되어 심장의 피를 마시게 하려고 자신의 몸을 아끼지 않는 것이다.(王者瑞指鳳. 甫恐鳳雛之飢死, 欲以心飮之, 而不愛微軀也.)

13 坐看(좌간): 곧 보게 되다. 綵翮(채핵): 아름다운 날개. 長(장): 자라다. '擧'로 된 판본도 있다.

《구가집주두시》 조차공 주 봉황의 깃털이 다섯 가지 채색을 갖추고 있기에 '채핵'이라 말한 것이다.(鳳凰羽, 具五采, 故謂之綵翮.)

14 擧意(거의): 생각해 보다. '擧'는 '縱'으로 된 판본도 있다. 八極(팔극): 팔방의 끝. 천하.

15 瑞圖(서도): 상서로운 그림. '圖讖'으로 된 판본도 있다.

《두시상주》에 인용된 《춘추원명포春秋元命苞》 황제가 현호와 낙수가를 노닐 때 봉황이 그림을 물고서 황제 앞에 놓자 황제가 재배하고 그림을 받았다.(黃帝游玄扈洛水之上, 鳳凰銜圖置帝前, 帝再拜受圖.)

16 十二樓(십이루): 12곳의 누각. 선인들이 사는 곳이다.

《두시상주》 《한서·교사지》에 "방사들 말에 황제 때 5성 12루를 지어 집기에서 신인들을 기다렸다는 얘기가 있다."라고 하였다. 《십주기》에서는 "곤륜산에 황금을 쌓아 천용성을 지었는데 성 위에 금대 5곳, 옥루 12곳을 두었다."라고 하였다.(漢郊祀志, 方士言, 黃帝時, 爲五城十二樓, 以候神人於執期. 十洲記, 崑崙, 積金爲天墉城, 城上安金臺五所, 玉樓十二所.)

《두시언해》 '십이루'는 신선이 사는 곳이다.(十二樓, 仙人所居.)

17 奉(봉): '獻'으로 된 판본도 있다. 至尊(지존): 천자.

18 鴻猷(홍유): 원대한 도리. 대업.

《구가집주두시》 조차공 주 봉황이 찾아오는 것은 세상에 원대한 도리를 드리우기 위함이니, 봉황이 함부로 내려와 모이지 않는다는 것을 말한다.(鳳凰之來, 所以垂世之大猷, 言其不妄下集也.)

《두시상주》에 인용된 유경숙劉敬叔의 《이원異苑》 진나라 융안 때 봉황이 유목의 정원에 모이자 위수가 그에게 "그대는 필히 원대한 뜻을 도울 것입니다."라고 하였다.(晉隆安中, 鳳凰集劉穆之庭, 韋藪謂曰, 子必協贊鴻猷)

19 正(정): '止'로 된 판본도 있다.

20 羣盜(군도): 도적 떼. 안녹산과 사사명의 반군을 가리킨다. 淹留(엄류): 오래 머물다.

[再光 4구]

《두공부초당시전》 이와 같으면 온 세상이 평화로울 것이니 도적들이 다시 날뛸 수 있겠는가? 이는 두보가 봉황에 감응하여 현인을 만나서 태평성대의 결실을 이룰 것을 생각한 것이다.(如是, 則四海淸平, 羣盜

復尙縱橫乎. 此甫所以感鳳, 而思見賢人, 以致治平之效也.)

#《두시상주》 마지막 단락에서는 다급히 새끼를 찾으려는 뜻을 거듭 밝힘으로써 이를 빌려 태평성대를 이루고자 하는 내용을 담고 있다. '왕자'라고 하고, '서도'라고 하였으니 모두가 왕업을 일으키는 조짐인 것이다. '지존'이라고 하고, '홍유'라고 하였으니 중흥의 사업을 분명하게 말한 것이다. '깊은 충심이 여기에 있다'는 말은 위로 '심혈'과 호응하고, '도적들이 어떻게 머물겠냐?'는 말은 안녹산과 사사명이 자멸할 것이라는 뜻이다.(此申明急於求雛之意, 欲藉此以致太平也. 曰王者, 曰瑞圖, 皆興王之兆. 曰至尊, 曰鴻猷, 則明說中興事業矣. 深衷在此, 應上心血. 羣盜何留, 安史自滅矣.)

##《두시상주》 두보시를 해석하는 이들은 시 속에 본래 기탁의 뜻이 담긴 말이 없는데도 필히 시사를 가져다가 붙여서 천착의 잘못을 범하기도 하고, 시 속에 본래 기탁하고자 하는 뜻이 있는데도 필히 미묘한 의미가 담긴 말들을 없애려 하며 왜곡을 교정한다고 말하기도 한다. 택주 사람 진총재는 모두가 호승지심에서 비롯된 잘못이라고 하였으니, 진실로 옳은 말이다. 이 시는 풍자를 담고 있는 것이 분명하니, 아마도 경물을 빌려 뜻을 기탁하였을 것이다. 노원창의 주에 유독 취할 점이 있다.(解杜者, 詩中本無寓言, 而必欲傅會時事, 失於穿鑿, 詩中本有寓意, 而必欲抹殺微詞, 謂之矯枉. 澤州陳冢宰謂皆好勝之過, 良是. 此章託諷顯然, 蓋借景以寓意, 于盧注獨有取焉.)

《독두심해》 처음 8구는 입안 부분이다. '서백' 2구는 작품 전체의 명맥에 해당한다. 여기서 봉황대는 기산에서 봉황이 울던 곳이 아니라, 두보가 난시 산 이름 때문에 봉황 울음소리를 연상하였고, 봉황 울음소리 때문에 서백을 생각해 낸 것이다. 우선 태평성대를 바라는 마음을 여기에서 이끌어냈다. '산준' 4구는 사람들이 정상에 오르지 못한다는 데서 착상하였다. 그 이후로는 기발한 정서가 넘치는데, 모두가 여기에서 파생하고 있다. 중간의 12구는 봉황의 자질을 양성하여 원대한 도리를 돕는 도구로 삼고자 하였고, 결국 뒤 단락의 장본이 된다. 뒤의 8구는 감흥을 다 일으켜 분위기가 무르익고 흥겨운 언어들을 쓰고 있다. 다시 중흥을 빛내는 말로 귀결하면서 깊은 충심을 피력하였으니 비로소 유감이 없게 되었다. 결말에서 다시 냉정하고 준엄한 분위기를 띠고 있으니, 도적들이 이 말을 듣는다면 의당 맥없이 기가 꺾이고 말 것이다. 요컨대 중간과 마지막의 두 단락은 모두가 상상 속의 산물로 단지 '공유'라는 두 글자로 이끌어 내고 있다. 그러나 '공유' 두 자는 오히려 '어떻게 꼭대기에 오를 수 있을까?'라는 말에서 도출되었으니, 그 뿌리는 '봉황 울음소리 아득하다'는 말에서 생겨난 것이다.(起八, 立案. 西伯二句, 爲一篇命脈. 玆臺非岐山鳴處, 公特因臺名想到鳳聲, 因鳳聲想到西伯. 先將注想太平之意, 於此逗出. 山峻四句, 從人不至頂落想. 以下奇情橫溢, 都從此蹴起. 中十二, 欲養成鳳質, 爲䴔鶄鴻猷之具. 乃後段張本. 後八, 作盡興酣暢語. 歸結到再光中興, 而深衷披露, 始無遺憾矣. 結又冷雋, 使羣盜聞之, 當廢然消沮. 要之, 中後兩段, 悉是空中樓閣, 只用恐有二字領起. 而恐有二字, 卻從安得上上頭引出, 其根則從鳳聲悠悠生出也.)

(**김만원**)

36. 乾元中寓居同谷縣作歌七首

건원 연간에 동곡현에 우거하며 지은 노래 7수

有客有客字子美[1]　白頭亂髮垂過耳[2]
歲拾橡栗隨狙公[3]　天寒日暮山谷裏
中原無書歸不得[4]　手脚凍皴皮肉死[5]
嗚呼一歌兮歌已哀[6]　悲風爲我從天來

객이 있으니, 자미라 이름 하는 객이 있으니
백두난발이 귀를 덮었거늘,
세모에 저공을 따라 산밤을 주우며
추운 날 해 저물녘 산골짜기에 있구나.
중원에선 편지 없어 돌아가지 못하고
손발은 얼어 터져 살과 피부가 죽어간다.
오호라 첫 노래여, 노래 이미 슬프니
슬픈 바람이 날 위해 하늘에서 불어온다.

이 연작시는 건원 2년 11월에 지은 작품이다. 건원 2년 7월 기근에 쫓겨 화주에서 진주로 이주한 두보는 약 3개월 남짓 여러 곳을 찾아다니며 거처를 물색한다. 그러던 중 진주 서남쪽 성현成縣 동곡이 살기 좋다는 말을 듣고 이주를 결심한다. 진주를 떠나며 지은 시 〈발진주發秦州〉에서 "밥이 없어 낙원을 물으며, 옷이 없어 남쪽 고을을 그리노라.(無食問樂土, 無衣思南州)"라고 했듯이 두보는 동곡이 이상적인 낙원이 되길 바랐다. 하지만 1개월 남짓한 길고 신산한 여정을 걸어서 마침내 도착한 동곡은 낙원은커녕 의식주의 기본적인 생활조차 어려운 절망의 땅이었다. 주변으로부터 아무런 도움도 받지 못하여 생활은 진주에 있을 때보다 더욱 어려웠다. 이 연작시는 이 당시 생활의 어려움으로부터 오는 괴로운 심정을 적은 것으로, 먹을 것을 찾아 눈 덮인 겨울 산을 헤매는 모습, 멀리 떨어져 있는 동생들에 대한 애끊는 그리움, 자신의 남루한 삶의 모습에 대한 끝없는 회한 등이 핍진하게 그려져 있다. 장단구를 쓴 가행체歌行體지만 일곱 수 모두 제 6구까지 같은 운으로 압운하고 7, 8구에서 환운하는 독특한 가행체 양식을 보여 주고 있다.

> **《보주두시》** 공은 건원 2년 12월 동곡에 이르렀고, 그 12월에 촉에 들어갔으니 동곡에 머무른 것은 겨우 1개월뿐이다.(公乾元二年十二月至同谷, 以十二月入蜀, 寓居同谷, 才一月耳.)
>
> **《두시상주》에 인용된 《두억》** 동곡현은 당대에는 성주에 속했다. …… 명대에 이르러서는 주를 바꿔 현으로 하였다. 지금 지방지에 의거하면 성현에 두보의 옛 거처가 있다고 하는데, 〈기찬상인寄贊上人〉 시의 '호혈'이나 '용홍'을 인용하여 증명하였는데, 그 거처가 응당 서지촌 서쪽이었을 것이다. 하지만 공의 시에는 서지에서 살았다고 말하지는 않았다.(同谷縣, 唐屬成州, …… 明則改州爲縣. 考今志, 成縣有杜甫故居, 注引虎穴龍澄('泓'의 잘못)詩爲證, 其居當在西枝村之西, 然公詩却未云居西枝也.)
>
> **《두시상주》에 인용된 《구역지九域志》** 진주에서 서남쪽으로 성주까지는 265리다.(秦州, 西南至成州二百六十五里.)

주 석

1 有客(유객): 동곡에 잠시 우거하기에 두보 자신을 '객'이라고 한 것이다. **《두시상주》에 인용된 왕수 주** 우거하였으므로 자칭하여 '객이 있다' 한 것이다.(以寓居, 故自稱有客.)

2 亂髮(난발): 헝클어진 머리칼. '亂'을 '短'으로 쓴 판본도 있다. 垂過耳(수과이): 머리칼이 늘어져 귀를 덮었다. '過'를 '兩'으로 쓴 판본도

있다.

3 歲(세): 세모. 橡栗(상률): 도토리. 狙公(저공): 원숭이를 부리는 사람. '狙'는 원숭이의 일종이다.

《누시상주》《딩시》에 의하면 두보는 진주에 객거할 적에 땔감을 지어 나르고 도토리를 주워서 자급하였다고 했는데 지금 동곡에서도 역시 그러하였다.(唐書, 甫客秦州, 負薪採橡栗自給. 今在同谷亦然.)

《두시경전》《장자》에 "저공이 '서'를 주었다"는 구절이 있는데, '서'는 바로 도토리이다. '저공'은 원숭이를 기르는 사람이다.(莊子, 狙公賦芧. 芧卽橡子, 狙公謂畜狙之人.)

4 無書(무서): 편지가 없다. '書'를 '主'로 쓴 판본도 있다.

5 凍皴(동준): 피부가 얼어 터진 것을 뜻한다.

《두시상주》에 인용된 《설문해자》 '준'은 피부가 가늘게 일어난 것이다.(皴, 皮細起也.)

6 一歌(일가): 첫 번째 노래.

#《두시상주》 이 시는 자신의 처지를 서술하는 것으로 말을 시작하였다. 늘그막에 추운 산에 몸을 맡기니 먹을 것도 입을 것도 없어 거의 몸도 보전할 수 없는 지경이 되었다. 그래서 느끼는 바 있어 탄식을 발한 것이다. 슬픈 바람이 하늘로부터 불어오니 마치 나그네의 근심을 돕는 듯하다. 처음 두 구는 전체적인 대의요, 중간 네 구는 일을 서술한 것이요, 마지막 두 구는 감개하여 슬피 노래한 것이다. 일곱 수가 모두 같은 격식이다.(此章從自敍說起. 垂老之年, 寒山寄迹, 無食無衣, 幾於身不自保, 所以感而發嘆也. 悲風天來, 若助旅人之愁矣. 首二領意, 中四敍事, 末二感慨悲歌. 七首同格.)

《독두심해》 일곱 수는 모두 신세와 난리에 대한 느낌이다. 옛 주석을 두루 열람하니 뒤 3수는 복잡하여 순서가 없는 듯하다. 두보의 연작시는 그 장법이 가장 엄밀한 바 이 노래만이 어찌 강구하지 않았겠는가? 반복하여 살펴보고서야 비로소 그것이 딱 들어맞음에 감탄하게 되었다. 대개 곤궁하고 늙어 나그네 신세가 된 것이 일곱 시의 종지라 하겠다. 그래서 수미의 두 시로 서로 호응하게 하고, 나머지는 모두 첫 수에서 발원하였으니 조목조목 아래에서 풀이하자면 다음과 같다. 처음 노래는 모든 노래의 강령이다. 첫 구는 '객'자를 분명히 지적하였다. '백두'와 '육사'는 이른바 전체 국면의 종지로서 마지막 시에 남아 호응하게 하였다. 그 '습상률'은 두 번째 노래의 집안 살림이다. '천한'과 '산곡'은 다섯 번째 노래에서의 떠돌며 우거함이다. '중원무서'는 세 번째, 네 번째 노래에서의 동생과 누이이다. '귀부득'은 여섯 번째 노래의 난리를 만난 것이다. 결구에서 유독 한번에 '애'와 '비'자를 썼은즉 이후의 모든 노래에서는 다시 '비애'를 쓰지 않았으면서도 소리마다 슬프다. 고로 이 첫 노래가 모든 노래의 강령이라 말하는 것이다.(七首皆身世亂離之感. 偏閱舊注, 疑後三首複雜不倫. 杜氏連章詩, 最嚴章法, 此歌何獨不講. 及反覆觀之, 始歎其絲絲入扣也. 蓋窮老作客, 乃七詩之宗旨, 故以首尾兩章作關照, 餘皆發源首章, 條疏於左. 一歌, 諸歌之總萃也. 首句, 點淸客字. 白頭肉死, 所謂通局宗旨, 留在末章應之. 其拾橡栗, 則二歌之家計也. 天寒山谷, 則五歌之流寓也. 中原無書, 則三歌四歌之弟妹也. 歸不得, 則六歌之値亂也. 結獨逗一哀字悲字, 則以後諸歌, 不復言悲哀, 而聲聲悲哀矣. 故曰諸歌之總萃也.)

其二

長鑱長鑱白木柄[1]　　我生託子以爲命[2]
黃獨無苗山雪盛[3]　　短衣數挽不掩脛[4]
此時與子空歸來[5]　　男呻女吟四壁靜[6]
嗚呼二歌兮歌始放　　閭里爲我色惆悵[7]

삽이여, 흰 나무 자루의 삽이여!
내 삶이 그대를 의지하여 목숨을 부지하는구나.

산에는 눈이 가득 황독은 싹도 보이잖고
짧은 옷 자꾸 끌어당겨도 정강이를 덮지 못하네.
지금 그대와 빈손으로 돌아오니
아들 딸 신음 소리에 사방 벽은 고요하기만 하네.
오호라 두 번째 노래여, 노래를 부르기 시작하매
마을 사람들 나로 인해 안색이 슬프구나.

주 석

1 長鑱(장참): 삽의 일종.

《두시상주》에 인용된《설문해자》 '참'은 날카롭다는 뜻이다. 오 지역 사람들은 '이철'이라고 말한다.(鑱, 銳也. 吳人云犁鐵.)

2 託子(탁자): 그대에게 의탁하다. 여기서 '자'는 '장참'을 가리킨다.

《두시상주》 보습을 그대라고 부르는 것은《모시》에서 대나무 껍질을 그대라고 부른 것과 같다.(呼鑱爲子, 猶毛詩呼籜爲汝.)

3 黃獨(황독): 식물명. 토란의 일종. '獨'을 '精'으로 쓴 판본도 있다.

《두시상주》 황독은 모양이 토란과 같아서 육질이 희고 껍질이 노랗다. 덩굴로 자라며, 잎은 나마와 같다. 양梁, 한漢 지역 사람들은 쪄서 먹는데, 강동에서는 '토우'라고 부른다.(黃獨, 狀如芋子, 肉白皮黃, 蔓延生, 葉似蘿摩, 梁漢人蒸食之, 江東謂之土芋.)

4 數挽(삭만): 자주 당기다. 脛(경): 정강이.

5 與子(여자): 그대와 함께. 여기서 '자'는 '장참'을 가리킨다. 空(공): '同'으로 쓴 판본도 있다.

6 四壁靜(사벽정): 네 벽이 고요하다. 이 구절은 아이들의 신음 소리만 들린다는 말이다.

《두시경전》에 인용된 장진張溍 설 신음한다 해 놓고 다시 고요하다고 말한 것은 신음 소리 외에는 아무것도 없고, 따로 들리는 소리도 없음을 말한 것이다.(旣曰呻吟, 又曰靜, 言除呻吟外, 別無所有, 別無所聞也.)

《**두시상주**》 신음이 잦아들자 사방 벽이 고요해졌다는 것이니 묘사가 처절하다.(呻吟旣息, 四壁悄然, 寫得悽絶.)

7 閭里(여리): 마을. 마을 사람. '閭'는 '隣'으로 쓴 판본도 있다.

《**두공부초당시전**》 소리를 발하여 노래하자 마을 사람들이 듣고는 그로 인하여 슬퍼하였으니 하물며 친척과 친구들은 어떠했겠냐는 말이다.(謂放聲以歌, 閭里聞之, 爲之惆悵, 況親戚故舊乎.)

#《**두시상주**》 앞 시에서는 자기 스스로 춥고 배고픔을 탄식하였고, 이 시에서는 절통한 마음으로 처자식을 아울러 언급하고 있다. 목숨을 삽에 의탁한다는 이 한 마디가 처참하기 그지없다. 도토리는 이미 다 없어져서 다시 황독을 캐는 것이니 바로 삶을 영위할 계책이 없는 것이다. 눈이 산에 가득하니 찾을 만한 황독의 싹이 없게 된 것이고, 바람이 옷을 날리니 당겨서 무릎을 덮고자 한 것이다. 아들딸이 신음하는 것은 굶주림과 추위가 함께 몰려온 때문이다. 앞 시에 슬픈 바람이라 말한 것은 하늘이 부추기는 슬픔 때문인데, 여기서 마을이라고 말하였으니 사람들이 불쌍하게 여긴 것이다. 앞뒤의 시에서는 '유객'으로 '제'와 '매'에 대를 이루어 골육의 정을 적었다. 중간에서 유독 '장참'을 가지고 짝하여 말한 것은 대개 이것에 의지하여 목숨을 부지하고 있으니 한 집안의 골육 정도로 그치는 것이 아니다.(上章自嘆凍餒, 此幷痛及妻孥也. 命託長鑱, 一語慘絶. 橡栗已空, 又掘黃獨, 直是資生無計. 雪滿山, 故無苗可尋. 風吹衣, 故挽以掩膝. 男女呻吟, 飢寒並迫也. 前曰悲風, 天助之哀. 此曰閭里, 則人爲之憫矣. 前後章, 以有客對弟妹, 敍骨肉之情也. 中間獨將長鑱配言, 蓋託此爲命, 不啻一家至親.)

《**독두심해**》 두 번째 노래는 집안 형편을 슬퍼한 것이다. '산밤을 줍는' 일을 거듭 밝힌 것이다. 온 집안이 의지하고 있는 것이 단지 '긴 보습' 하나일 뿐인데, 또 다시 빈손으로 돌아오게 되니 신음 소리가 어찌 그치겠는가! 신음이라 했으니 귀에 가득 시끄러운 소리가 들렸을 것인데 오히려 고요할 '정'자 하나를 써서 더욱 묘미가 있게 되었다. '네 벽이 고요하다는 것'은 텅 비어서 아무 것도 없는 것이다. '여리'에는 서로 구휼해 주는 도의가 있으니 필시 집안 형편과 관련하여 언급한 것이다.

(二歌, 悲家計也. 申拾橡栗. 一家倚仗, 祗靠長鑱. 仍復空歸, 呻吟曷已. 呻吟則盈耳嘈嘈矣, 卻下一靜字愈妙. 四壁靜者, 空無所有也. 閭里有相賙卹之義, 故必於家計言之.)

其三

有弟有弟在遠方[1]　　三人各瘦何人强[2]
生別展轉不相見[3]　　胡塵暗天道路長[4]
東飛駕鵝後鶖鶬[5]　　安得送我置汝傍[6]
嗚呼三歌兮歌三發　　汝歸何處收兄骨[7]

동생들아, 먼 곳에 있는 동생들아
세 사람이 모두 수척하리니 뉘 강건하리.
살아 이별한 후 이리저리 떠돌아 만날 길 없나니
오랑캐 먼지에 하늘 어둑하고 길은 멀기만 하구나.
동으로 들거위 날고 무수리 뒤따르는데
어찌해야 나를 너희들 곁으로 보내줄 수 있는가.
오호라 셋째 노래여, 노래를 세 번째 부르나니
너희들 고향에 돌아온들 어디서 형의 뼈를 거두겠는가.

주 석

1 有弟(유제): 두보에게는 영穎, 관觀, 풍豊, 점占이라는 네 아우가 있었다. 在遠方(재원방): '各一方'으로 된 판본도 있다.
2 三人(삼인): 두보의 아우들 중 '영', '관', '풍' 세 사람을 말한 것이다.

'점'은 당시 두보와 함께 있었다.

[有弟 2구]

《두시상주》에 인용된 조차공 주 공의 네 명의 아우는 영, 관, 풍, 점이다. 영, 관, 풍은 각기 다른 군에 있었고 점만이 공을 따라 촉으로 들어갔다. 후에 〈사제점귀초당검교료시차시舍弟占歸草堂檢校聊示此詩〉라는 시가 있다.(公四弟, 曰潁, 曰觀, 曰豊, 曰占. 潁觀豊各在他郡, 惟占從公入蜀, 後有舍弟占歸草堂詩.)

3 生別(생별): 생이별하다. 展轉(전전): 이리저리 옮겨 다니다. 혹은 잠을 못 이루고 전전반측하다.

4 胡塵(호진): 오랑캐가 일으킨 먼지. 안녹산의 반란을 가리킨다.

《두공부초당시전》 오랑캐 먼지는 안녹산의 반란을 말한 것이다.(胡塵謂祿山之亂也.)

5 駕鵝(가아): 들거위. 鶖鶬(추창): 무수리. 황새나 두루미와 비슷한 새.

《두시상주》에 인용된 《광지廣志》 '가아'는 들거위다.(駕鵝, 野鵝也.)

《두시상주》에 인용된 《비아埤雅》 '추'는 성질이 탐욕스럽고 포악하며 모습이 학과 비슷한데 크다. 긴 목에다 붉은 눈을 가지고 있으며 사람과 다투기를 잘하며 뱀을 잘 먹는다.(鶖, 性貪惡, 狀如鶴而大, 長頸赤目, 善與人鬪, 好啗蛇.)

《두시경전》에 인용된 《물류상감지物類相感志》 현창은 학의 종류로 그 색이 푸르기 때문에 창이라고 한 것이다.(玄鶬, 鶴類, 以其色蒼, 故曰鶬.)

6 汝傍(여방): 너희들 곁. 두보의 동생들을 두고 한 말이다.

[東飛 2구]

《두시경전》 두 구절은 단지 길이 막혀 떨어져 있으니 나는 새에게서 날개를 빌리고 싶다는 말일 뿐이니 새 이름에 구애될 필요가 없다.(二句特言道路阻絶, 欲假翼飛鳥耳, 鳥名不必泥.)

7 收兄骨(수형골): 형의 뼈를 거두다. '收'를 '取'로 쓴 판본도 있다.

#《두시상주》 이 시는 형제가 각기 다른 하늘에 흩어져 있음을 탄식한 것이다. 살아 이별하고 이리저리 떠돈다는 것은 동도로부터 장안으로 가고 또 진주에서 동곡으로 갔음이다. 오랑캐 먼지가 하늘을 어둑하게 한다는 말로 생이별의 원인을 거듭 말하였다. 동생들이 동쪽에 있으므로

동쪽으로 날아가고자 한 것이며, 처음에는 생이별을 생각했다가 끝에서는 사별을 걱정하게 되었기에 뼈를 거둔다는 말을 하게 된 것이다.(此章嘆兄弟各天也. 生別展轉, 自東都而長安, 又自秦隴而同谷. 胡塵暗天, 申言生別之故. 弟在東方, 因欲東飛而去也. 始念生離, 終恐死別, 故有收骨之語.)

《독두심해》 세 번째 노래는 여러 동생들을 슬퍼한 것이니 중원에서 편지가 없는 것을 거듭 진술한 내용 중 첫 번째다. '들거위'와 '무수리'는 모두 날개를 나란히 하여 좇아 난다는 뜻이다. 새들이 무리지어 좇아 날아가는데 자기만 홀로 날고 있다는 것이니 그래서 감정이 일게 된 것이다. 옛 주석에서는 좋은 새와 악한 새로 구별하고 있는데 참으로 쓸데없는 일이다. 결어에서는 다시 한층 뒤집어 나아갔으니, 너희나 나나 모두가 이리저리 떠돈다고 말하지 마라, 너희들이 비록 고향에 돌아온다고 해도 나는 마침내 어디로 가 있을지 알지 못하겠다는 것이니 말이 더욱 슬프다.(三歌, 悲諸弟也. 申中原無書之一. 駕鵝鶖鶬, 總是連翩飛逐之意. 鳥群逐而己孤飛, 所以興也. 舊注好鳥惡鳥之別, 殊屬多事. 結語又翻進一層, 莫說各自漂流也, 汝縱得歸故鄉, 我究不知何適, 語更悽惋.)

其四

有妹有妹在鍾離[1] 良人早歿諸孤癡[2]
長淮浪高蛟龍怒[3] 十年不見來何時[4]
扁舟欲往箭滿眼[5] 杳杳南國多旌旗[6]
嗚呼四歌兮歌四奏 林猿爲我啼淸晝[7]

누이여, 종리에 사는 누이여!
남편은 일찍 죽고 여러 자식들 어리구나.

긴 회수 물결 높음은 교룡이 노했음이런가
십 년을 보지 못하였으니 어느 때나 오려나.
편주로 가려 해도 화살이 눈앞에 가득하고
아득한 남국에는 깃발만 많구나.
오호라 넷째 노래여, 노래를 네 번째 부르니
숲의 원숭이 날 위해 맑은 대낮에 우는구나.

주 석

1 鍾離(종리): 옛 현의 이름. 지금의 안휘성 봉양현鳳陽縣 동북쪽에 있다.

《두시상주》 《구당서》에 "호주는 회남도에 속하는데, 천보 원년에 종리군으로 바뀌었다가 건원 원년에 다시 호주라 하였다."라는 기록이 있다. 《신당서 · 지리지》에는 "호주 종리군에는 종리현이 있으니 춘추 시기에 종리자의 나라다."라고 하였다. 생각건대 공의 시 〈원일기위씨매元日寄韋氏妹〉의 '근래 위씨에게 시집간 동생 소식을 들으니 멀리 종리에 있다네'라는 구절이 바로 이곳을 가리킨다.(舊唐書, 濠州, 屬淮南道, 天寶元年, 改鍾離郡, 乾元元年, 復爲濠州. 新唐書地理志, 濠州鍾離郡有鍾離縣, 春秋時爲鍾離子國. 按, 公詩有近聞韋氏妹, 遠在漢鍾離, 卽指此處.)

2 良人(양인): 남편. 諸孤(제고): 여러 고아들. 남편이 죽었으므로 자식들을 가리켜 한 말이다. 癡(치): 아이들이 아직 어려서 아무것도 모른다는 말이다.

《두시경전》 공에게는 〈원일기위씨매元日寄韋氏妹(지덕 2년 원일에 위씨에게 시집간 누이에게 편지하다)〉라는 시가 있는데, 이 당시에는 이미 과부로 살고 있었다.(公有元日寄韋氏妹詩, 時已嫠居矣.)

3 長淮(장회): 회수淮水를 가리킨다. 누이가 살고 있는 종리현이 회수 남쪽에 있기 때문에 한 말이다.

《구가집주두시》 조차공 주 호주는 지금 회남서로에 속하므로 장회라고 말한 것이다. 파도가 높고 교룡이 노한다는 것은 시인이 그 길의 험난함을 묘사한 것이다.(濠州, 今屬淮南西路, 故以長淮言之. 浪高蛟龍怒, 詩人狀其路之險難也.)

4 來何時(내하시): 어느 때나 오려나. '時'를 '遲'로 쓴 판본도 있다.

5 箭滿眼(전만안): 화살이 눈앞에 가득하다. 전쟁이 일어났다는 말이다.

6 杳杳(묘묘): 아득히 먼 모습. 多旌旗(다정기): 군대 깃발이 많다. 전쟁이 일어났다는 말이다.

[扁舟 2구]

《두공부초당시전》《자치통감》에 의하면 건원 2년 8월 을사일에 양주 장군 강초원과 장가연이 양주를 근거지로 해서 난을 일으켰다.(按資治通鑑, 乾元二年八月乙巳, 襄州將康楚元張嘉延, 據州作亂.)

7 林猿(임원): 숲 원숭이. '竹林'으로 된 판본도 있다.

《독두심해》 '죽림'으로 쓴 것도 있으나 틀린 것이다.(一作竹林, 非也.)

《두시상주》에 인용된 주학령 주 원숭이는 대부분 밤에 우는데 지금은 대낮에 운다고 했으니 그 슬픔을 극하게 표현한 것이다.(猿多夜啼, 今啼淸晝, 極言其悲也.)

#《두시상주》 이 시는 오라비와 누이동생이 각기 다른 곳에 있음을 탄식한 것이다. 과부가 되어 객지에 살고 있으니 고아들이 의지하기 어렵다. '십년' 구는 누이가 올 수가 없음이요, '편주' 구는 공이 갈 수가 없음이다. '교룡' 구는 길이 험하여 가로막힌 것이요, '정기' 구는 시절이 위태로움을 걱정한 것이다. 원숭이가 대낮에 운다는 것은 하늘과 사람만이 감동하는 것이 아니니 짐승의 정 또한 근심을 나누려는 것 같다는 것이다.(此章嘆兄妹異地也. 嫠婦客居, 孤兒難倚. 十年, 妹不能來. 扁舟, 公不得往. 蛟龍, 防路之險. 旌旗, 患時之危. 猿啼淸晝, 不特天人感動, 卽物情亦若分憂矣.)

《독두심해》 넷째 노래는 과부가 된 누이동생을 슬퍼한 것으로 '중원에서는 편지가 없는' 것을 거듭 말한 것 중의 두 번째다. '만안' 앞에 '전'자를 붙였으니 절묘하다. 곁어에 '제'자 하나를 썼으니 곧 아녀자의 모습과 딱 들어맞아 절로 누이동생을 그리워한 표현이 되니 남동생을 그리워하는 데 옮겨 쓸 수는 없다.(四歌, 悲寡妹也. 申中原無書之二. 滿眼上着一箭

字, 雋絶. 結語下一啼字, 便映切兒女子態. 自是憶妹, 不得移之憶弟矣.)

其五

四山多風溪水急[1]　　寒雨颯颯枯樹濕[2]
黃蒿古城雲不開[3]　　白狐跳梁黃狐立[4]
我生何爲在窮谷[5]　　中夜起坐萬感集[6]
嗚呼五歌兮歌正長　　魂招不來歸故鄉[7]

사방 산에는 바람 많고 골짜기 물이 급한데
찬 비 주룩주룩 마른 나무를 적신다.
누런 쑥 덮인 옛 성에 구름 걷히지 않고
흰 여우 뛰어다니고 누런 여우 서 있다.
나는 무엇 하러 깊은 골짜기에 있는가
한밤중 일어나 앉으니 만감이 모여든다.
오호라 다섯째 노래여, 노래가 막 길어지는데
혼은 불러도 오지 않나니 고향에 돌아갔음이런가.

주 석

1 四山(사산): 사방의 산.
2 寒雨(한우): 찬 비. '雨'가 '風'으로 된 판본도 있다. 颯颯(삽삽): 비가 쏟아지는 소리를 형용한 말. 枯樹(고수): 마른 나무. '樹枝'로 쓴 판본도 있다.
3 黃蒿(황호): 누렇게 마른 쑥. 古城(고성): 옛 성. 여기서는 동곡을 가리

킨다. 雲不開(운불개): 구름이 걷히지 않다.

《두공부초당시전》 동곡은 옛날 백마지곡이다. 양한에는 무도군에 속하였고, 당 천보 원년에 동곡이라고 이름을 바꾸었다. 그 성에 온통 누런 쑥이 나 있으니 옛 성이라고 한 것이다.(同谷乃古白馬之谷, 二漢屬武都郡, 唐天寶元年, 更名同谷. 其城皆生黃蒿, 故云古城.)

4 白狐(백호): 흰 여우. '白'은 '玄'으로 된 판본도 있다. 跳梁(도량): 뛰어 돌아다니다.

《두시경전》 사람이 없음을 말한 것이다.(言無人也.)

5 我生(아생): 나의 삶. 나의 생애. 窮谷(궁곡): 깊은 골짜기. 동곡을 가리킨다.

6 中夜(중야): 한밤중.

7 歸故鄕(귀고향): 고향으로 돌아가다. 이 구절은 자신의 혼을 불러도 오지 않는 것은 너무나 고향이 그리운 나머지 혼이 이미 고향으로 돌아갔기 때문이라는 말이다. 혼이 육체를 떠났기 때문에 그 혼을 불러 고향에 함께 돌아갈 수 없음을 말한 것으로 보는 설도 있다.

《두시상주》 '초혼' 구는 두 가지 설이 있다. 《두억》에서는 "혼이 육체를 떠나서 불러와 함께 고향에 돌아갈 수 없음을 말한 것이다."라고 하였으니 이것은 순서를 따른 자연스러운 해석이다. 호하객은 "몸이 타향에 있으나 혼은 고향에 돌아가 버렸으므로 오히려 불러도 오지 않는 것 같다는 말이다."라고 했으니 이렇게 보자면 도치구가 된다. 뒤의 설에 따르면 옛 것을 뒤집어 새로운 것을 드러내게 되니 말이 더욱 기경하다.(招魂句, 有兩說. 杜臆謂, 魂離形體, 不能招來使之同歸故鄕. 此順解也. 胡夏客謂, 身在他鄕, 而魂歸故鄕, 反若招之不來者. 此倒句也. 依後說, 翻古出新, 語尤奇警.)

《두시경전》 혼을 불러 함께 고향에 돌아가고자 하였으나 놀란 혼이 거의 흩어져 불러도 오지 않는다는 말이다.(言欲招魂同歸故鄕, 而驚魂欲散, 故招之不來也.)

#《두시상주》 이 시는 동곡의 겨울 풍경을 읊은 것이다. 이 노래는 갑자기 격조를 바꾸어 그렸다. 산은 어둡고 물은 거세고 비가 퍼붓고 바람이 미친 듯 분다. 황량한 성은 낮인데도 어둑하고 들 여우들이 떼를 지어

울부짖으니 돌연 빈 골짜기에서 외롭고 위태로워 만감이 교차함을 느끼게 된다. 혼을 불러도 오지 않는 것은 혼이 놀라서 흩어지려 했기 때문이다. 죽은 후에 뼈를 거두는 것과 살아서 혼을 부르는 것은 사는 것이나 죽는 것이나 모두 스스로 확신할 수 없음을 보여 준다.(此章咏同谷冬景也. 此歌忽然變調, 寫得山昏水惡, 雨驟風狂, 荒城晝冥, 野狐群嘯, 頓覺空谷孤危, 而萬感交迫, 招魂不來, 魂驚欲散也. 收骨於死後, 招魂於生前, 見存亡總不能自必矣.)

《**독두심해**》 다섯째 노래는 떠돌이 삶을 슬퍼한 것으로 제1수의 '천한산곡'을 거듭 설명한 것이다. 옛 주석에서는 동곡을 읊은 것이라고 데면데면 말하고 있으나 아니다. 이 일곱 수의 연작시는 모두가 두보 자신의 신상의 일을 쓴 것이다. 위 네 구는 확실히 골짜기의 외로운 성을 묘사한 것으로 슬프고 쓸쓸함이 사람을 두렵게 한다. 결어는 떠돌며 사는 것에 딱 들어맞는다. 옛날에는 혼을 부른다고 했는데 지금은 혼은 불러도 오지 않는다고 했으니 뒤집어 활용함이 더욱 심오하다.(五歌, 悲流寓也. 申天寒山谷. 舊注泛言詠同谷, 非也. 七詩總是貼身寫. 上四, 確是谷裏孤城, 慘悽怕人. 結語, 恰好切合流寓. 古曰招魂, 今曰魂招不來, 翻用更深.)

其六

南有龍兮在山湫[1]　　古木巃嵸枝相樛[2]
木葉黃落龍正蟄[3]　　蝮蛇東來水上遊[4]
我行怪此安敢出[5]　　拔劍欲斬且復休
嗚呼六歌兮歌思遲[6]　　溪壑爲我迴春姿[7]

남쪽에 용이 있으니, 산속 연못에 있구나
고목은 얼기설기 가지가 늘어졌는데,
나뭇잎 누렇게 져 용은 막 숨어들고

살무사 동쪽에서 와서 물 위를 노니네.
내 거닐다 이것이 어찌 감히 나왔나 괴이쩍어
검을 빼 베려다가 다시 그만두었네.
오호라 여섯째 노래여, 노래의 뜻은 더디기만 한데
골짜기엔 날 위해 봄의 자태 돌아오는가.

주석

1 山湫(산추): 산속에 있는 연못. 동곡에 있는 만장담萬丈潭을 말한다.

《두시상주》에 인용된 《두시박의杜詩博議》 동곡의 만장담에는 용이 살고 있으니, 여기서는 이것을 빌어 흥을 일으킨 것이다.(同谷萬丈潭有龍, 此借以起興.)

2 巃嵷(농종): 수목이 높게 자라 군집하여 있는 모양. 산이 높은 모양을 가리키는 것으로 보기도 한다. 樛(규): 나뭇가지가 아래로 늘어져 굽어지다.

《두시상주》 '농종'은 나뭇가지가 얽혀서 가지런하지 않은 모습이다.(巃嵷, 楂枒貌.)

《두시상주》 '규'는 가지가 굽어져 아래로 쳐진 모양이다.(樛, 枝曲下垂貌.)

3 蟄(칩): 숨다.

《두공부초당시전》 용이 숨었다는 것은 천자가 권세를 잃었음을 비유한다.(龍蟄, 喻天子失勢也.)

4 蝮蛇(복사): 살무사.

《두공부초당시전》 살무사가 동쪽에서 왔다는 것은 안녹산이 산동으로부터 와서 참람하게도 장안에서 황제의 위를 차지한 것을 비유한 것이다.(蝮蛇東來, 喻祿山從山東來, 僭卽尊位於涇渭之上也.)

《보주두시》 남쪽에 용이 있다는 것은 현종이 남내에 있다는 것을 비유한다. 나뭇잎이 누렇게 떨어져 용이 막 숨었다는 것은 현종이 몽진

함을 비유한 것이고, 살무사가 동쪽으로부터 온다는 것은 사사명이 위주를 함락함을 말한 것으로 안녹산이 산동에서 왔음을 비유한 것은 아니다. 이 당시에 안녹산은 죽은 지 오래다.(南有龍, 喻玄宗在南內. 木葉黃落龍正蟄, 喻玄宗蒙塵. 蝮蛇東來, 謂史思明陷魏州, 非喻祿山從山東來, 是時祿山死久矣.)

5 安敢出(안감출): 어찌 감히 나올 수 있으랴. '出'의 주체를 살무사로 볼 수도 있고, 두보 자신으로 볼 수도 있다. 두보 자신으로 볼 경우에는 살무사가 무서워서 나갈 수가 없다는 말이 된다.

6 歌思遲(가사지): 시상이 빨리 떠오르지 않는다. 노래를 부르며 이런 저런 생각을 한다는 말로 볼 수도 있다. '怨遲遲'로 된 판본도 있다.

7 迴春姿(회춘자): 봄의 자태를 회복하다. 봄이 돌아온 듯하다는 말이다.

[嗚呼 2구]

《두시상주》에 인용된 오견사吳見思 **설** 앞의 다섯 노래에서 뜻이 모두 다했으므로 이곳에서 부득불 더디게 된 것이다. 더디게 되니 조용히 완곡하게 변하게 되고 골짜기 역시 봄이 돌아온 듯하다. 궁하면 반드시 변하게 되는 것은 하늘의 도이다.(前五歌, 意俱竭, 此則不得不遲. 遲則從容婉轉, 谿壑亦若回春. 窮而必變, 天之道也.)

《두공부초당시전》 원숭이는 그래도 유정지물이다. 골짜기 같은 경우 지각이 있는 것도 아니고 감정이 있는 것도 아닌데 지금 두보를 위해 봄 자태의 아름다움을 회복하여 가을 경치의 애처로움을 바꾼다고 하였으니, 두보가 용이 숨고 뱀이 노는 것을 슬퍼하였음을 족히 알 수 있다. 시절의 어지러움이 심한데 그것을 구할 힘이 없음을 탄식한 것이다.(猿尚爲有情之物, 乃若溪壑, 旣非有知, 又非有情, 今爲之回春姿之姸, 變秋色之慘, 足見甫之悲傷龍蟄而蛇遊, 時之亂甚矣, 歎無力以救之也.)

#**《두시상주》** 이 시는 동곡의 용추를 읊은 것이다. 오래된 나무들이 높게 모여 자라고 나무들이 연못을 덮었다. 신룡은 숨고 살무사가 멋대로 노닌다. 이것은 양기가 미미하고 음기가 승한 형상이다. 검을 빼려다가 그만둔 것은 죽이려 해도 다 죽일 수가 없기 때문이다. 골짜기에 봄이 돌아온 것은 아마도 양기가 자라고 음기가 소멸되어 가까운 날에 조화가 회복되기를 바란 것이니 자신의 신세에 대하여 슬퍼한 바가 크다.《역》

의 전은 잠룡으로써 군자를 비유하였고, 채염은 포악하고 사나온 것이 살무사와 같다고 하였으니 이것이 군자와 소인의 구별됨이다. 때가 아직 중동인데도 봄이 돌아왔다고 말한 것은 날씨가 맑고 화창하여 봄 날씨 같다는 것일 뿐이다.(此章咏同谷龍湫也. 古木巃嵷, 樹覆湫潭, 神龍蟄伏, 而蝮蛇肆行, 此陽微陰勝之象. 拔劍且休, 誅之不勝誅也. 溪壑迴春, 蓋望陽長陰消, 回造化於指日, 其所慨於身世者, 大矣. 易傳以潛龍比君子, 蔡琰謂暴猛如虺蛇, 此君子小人之別也. 時在仲冬, 而曰春迴者, 天氣晴和有似春意耳.)

《두억》 앞에서 괴로움을 말함이 이미 다하여 여기서 새로 말을 시작하였는데, 앞에서는 급하게 말하였지만 여기서는 조금 느긋해졌으니 그 체세體勢가 응당 이와 같아야 한다. 산에 용추가 있기에 이로 인하여 감흥을 일으켰으니, 대저 용으로써 임금을 비유하고 살무사로써 소인 혹은 난적을 비유한 것으로 실제 일은 아니다. 아마도 이 시절에는 뱀이든 용이든 모두 칩거하였을 것이다. 말구에 대하여 유씨는 황제의 수레가 정상적인 상태로 돌아오기를 바란 것이라 하였으나 문리상 맞지 않는다. 대개 애통이 지극하게 되니 무정한 골짜기가 오히려 그를 불쌍히 여겨 특별히 봄의 자태를 돌아오게 한 것일 게다. 이 시는 느긋한 가락에 속하지만 그 슬픔이 더욱 드러나고 있다. 동파는 말하기를 "이것은 명황을 위하여 지은 것이다. 명황이 지덕 2년에 촉으로부터 이르러 흥경궁에 거하였는데, 그곳을 남내라고 하였다. 이듬해 연호를 바꾸어 건원이라 하였다. 당시 지영공주가 궁중을 왕래하였는데 이보국이 몰래 그 틈을 타 이간질하였으므로 상원 2년에 황제는 서내로 옮겨지게 되었다."라고 하였다. (以前說苦已盡, 此說開去, 前說得急, 此稍緩, 體勢自當如此. 山有龍湫, 因之起興, 大抵以龍比君, 而蝮蛇以比小人或亂賊, 非實事也. 蓋此時蛇龍俱蟄矣. 末句劉謂願車駕反正, 於文理不協. 蓋哀痛之極, 溪壑無情, 猶將憐之而特回春姿. 此屬緩調, 而愈見其悲. 東坡云, 此爲明皇作. 明皇以至德二年至自蜀, 居興慶宮, 謂之南內. 明年改元乾元. 時持盈公主往來宮中, 李輔國陰候其隙間之, 故上元二年, 帝遷西內.)

《두시상주》에 인용된 왕도준王道俊《두시박의杜詩博議》 전후의 여섯 편은 모두 정처 없이 떠도는 감회를 자술한 것인바, 이 작품만이 시사를 비판한 것일 수는 없다. 이 시는 아마도 동곡의 만장담의 용을 읊은 것일 게다. 용이 숨고 살무사가 와서 논다는 것은 어쩌면 용과 뱀이 섞여 있음을 슬퍼한 것이고 처음부터 분명하게 가리키는 것이 있는 것은 아닐 것이다. 고인의 시문을 보면 용에게서 비유를 취함이 늘 같지 않으니 오로지 천자의 상징만을 가리키는 것은 아니었다. 곽지달은 소동파의 주석을 인용하여 "이 시에서 남쪽에 용이 있다는 것은 현종이 남내에 있는 것을 비유한다."라고 하였는데 동파에게는 필시 이런 말이 없을 것이다.(前後六章, 皆自敍流離之感, 不應此章獨譏時事. 此蓋詠同谷萬丈潭之龍也. 龍蟄而蝮蛇來遊, 或自傷龍蛇之混, 初無指切. 古人詩文, 取喩於龍者不一, 未嘗專指爲九五之象. 郭知達引蘇注云, 此詩南有龍, 喩明皇在南內. 東坡必無是言.)

《독두심해》 여섯 번째 노래는 난리를 만났음을 슬퍼한 것으로 제1수의 '귀부득'을 다시 설명한 것이다. 위소주에서는 용으로써 명황이 남내에 있음을 비유한 것이라고 했고, 《두시박의》에서 이를 비판하여 단지 만장담의 용을 읊은 것이라고 했다. 내가 생각하기에 현종과 숙종 부자와 연관시키는 것은 이치상 맞지 않지만, 용의 연못만을 범범하게 읊었다는 것은 더욱 관련 없는 말이다. 일곱 노래 모두가 신세에 대한 감회이니 어찌 세상을 슬퍼한 시 한 수가 없을 수 있겠는가. 난리를 당한 것이 바로 객이 된 이유인 것인바, 황제를 감히 지적해서 말을 할 수 없으니 남쪽 연못의 용을 빌어서 비유를 삼은 것이다. 용이 산속 연못에 있음은 임금이 액운을 당하고 있음이다. 가지가 늘어지고 용이 숨었음은 전쟁이 요란하다는 것이다. 살무사가 동에서 왔다는 것은 사사명의 무리가 쳐들어옴이다. 내가 어떻게 감히 나갈 수 있느냐고 했음은 멀리 피난을 온 까닭이다. 베어 버리고자 했으나 그만둔 것은 내 힘으로는 죽일 수 없음이다. 이것들 모두가 '돌아가지 못함'의 원인인 것이다. 각 편마다 결구에서는 대부분 슬픔을 말하였는데, 여기서만은 '골짜기에 봄이 돌아왔다'고 한 것은 난리에 염증이 나서 태평성세를 희망한 것이다. 이렇게 보면 말 하나도 허튼 게 없는 것이다.(六歌, 悲値亂也, 申歸不得. 僞蘇注

以龍喩明皇在南內, 愽議非之, 謂詠萬丈潭之龍. 愚按, 牽扯玄肅父子, 固爲不倫, 泛咏龍湫, 更沒交涉. 七歌總是身世之感, 何容無慨世一詩. 値亂乃作客之由也, 不敢斥言五位, 故借南湫之龍爲比. 龍在山湫, 君當厄運也. 枝樛龍蟄, 干戈森擾也. 蝮蛇東來, 史孼寇逼也. 我安敢出, 所以遠避也. 欲斬且休, 力不能殄也. 是皆歸不得之故也. 各首結句多說悲, 此獨言溪壑迴春, 爲厭亂故, 指望太平也. 如此看, 無一語落空矣.)

其七

男兒生不成名身已老　　三年飢走荒山道[1]
長安卿相多少年[2]　　富貴應須致身早[3]
山中儒生舊相識[4]　　但話宿昔傷懷抱[5]
嗚呼七歌兮悄終曲[6]　　仰視皇天白日速[7]

남아로 태어나 이름도 이루지 못한 채 몸은 벌써 늙어
삼년을 황량한 산길에서 주린 채 내달렸네.
장안의 경상은 대부분 젊은이들이 많으니
부귀하려면 응당 일찌감치 벼슬해야 하는 법.
산중의 유생 중에 옛 친구 있어
다만 지난 이야기 하며 가슴 아파하는구나.
오호라 일곱째 노래여, 쓸쓸히 노래를 마치나니
우러러본 하늘엔 밝은 해만 빠르구나.

주 석

1 三年(삼년) 구: 지덕 2년 4월 장안을 탈출하여 봉상으로 갈 때부터 건원 2년 겨울 이곳 동곡에서 생활하기까지의 약 3년에 걸친 나그네 생활을 가리켜 한 말이다. '三'은 '十'으로 된 판본도 있다.

《구가집주두시》 조차공 주 정유 지덕 2년부터 기해 건원 2년까지 3년이 된다.(自丁酉至德二載至己亥乾元二年爲三年也.)

2 卿相(경상): 공경과 재상.

3 致身(치신): 벼슬길에 나서다. 이 구절은 부귀공명을 이루기 위해서는 젊어서부터 일찌감치 벼슬해야 한다는 말이다.

《두공부초당시전》 숙종이 중흥에 등용한 사람들은 모두 후생이요, 신진들이었다. 곽자의 같은 훈구대신도 오히려 천자의 눈에 벗어났으니 다른 사람들이야 알 만하다.(肅宗中興所用, 皆後生晚進之人, 勳舊如郭子儀尙見齟齬, 其它可知也.)

4 山中(산중): 동곡을 가리킨다. 舊相識(구상식): 예부터 아는 사람. 이 구절은 동곡에서 이전에 알고 지낸 친구를 만났다는 말이다.

《독두심해》 당시에 또 옛 친구로서 동곡에 우거하고 있는 자가 있었다는 것이다. 두보 만년의 시 〈장사송이십일함〉에서 "그대와 서강주에서 난리를 피하였지."라고 한 것이 한 증거다. 서강은 바로 동곡이다.(時亦有舊交寓同谷者. 晚年長沙送李十一銜云, 與子避地西康州, 亦一證也. 西康卽同谷.)

5 宿昔(숙석): 옛날.

《구가집주두시》 조차공 주 '숙석'은 지난날을 가리킨다.(宿昔者, 往日之謂也.)

6 悄(초): 근심하다. 쓸쓸하다.

7 白日速(백일속): 해가 빠르다. 세월이 빨리 지난다는 말이다.

《두공부초당시전》 두보는 일월이 가버리고 세월이 나와 함께 머물지 않음을 슬퍼한 것이다. 이른바 백거이 〈호가행浩歌行〉의 '부귀는 오지 않고 젊은 시절은 간다'는 말이다.(甫傷日月逝矣歲不我與. 所謂富貴不來年少去, 是也.)

《구가집주두시》 조차공 주 마지막 구에서는 또 새로운 뜻으로 변하였으니, 이로써 일곱 노래의 뜻을 종결하였다. 대개 이것은 하루의 노래인 바, 첫 노래부터 시작하여 일곱째 노래에 이르러 노래 소리가 다하였고 해도 저물게 되었다.(末句又變新意, 以終七歌之義, 蓋此一日之歌也. 自一歌至七歌, 歌聲既窮, 而日晩暮矣.)

#《두시상주》 이 시는 또 자탄으로써 맺었으니 대개 늙고 가난한 채 정처 없이 떠도는 감회가 깊어졌음에서다. 공경과 재상이 젊은이들이라는 말은 반대로 첫 구절에 조응하고, 산중에서 옛날을 이야기하는 것은 둘째 구에 호응한다. 하늘 해가 빠르게 진다는 말은 저녁 빛이 사라지는 것을 붙잡을 수 없음을 탄식한 것이다. 첫 시와 마지막 시가 모두 하늘을 언급하는 것으로 맺고 있으니 아마도 궁하게 되면 하늘을 부르게 된다는 뜻일 것이다. 삼 년 동안 산길을 달렸다는 것은 지덕 2년부터 건원 2년까지를 언급한 것으로, 봉상으로 도망치고, 화주로 폄적되고, 진주에 객거하고, 동곡으로 옮긴 일이다.(此章仍以自嘆作結, 蓋窮老流離之感深矣. 卿相少年, 反照首句. 山中話昔, 回應次句. 皇天日速, 嘆不能挽暮景之衰頹也. 首尾兩章, 俱結到天, 蓋窮則呼天之意耳. 三年走山, 謂自至德二載至乾元二年, 奔鳳翔, 貶華州, 客秦隴, 遷同谷也.)

《독두심해》 일곱째 노래는 또 늙고 가난한 채 나그네로 떠도는 감회로 맺었으니 첫 시의 '백두난발', '얼어 터져 죽어가는 살'과 서로 호응한다. 이것이 수결收結하는 체이다. 결어에는 급급하게 자신의 그림자를 돌아보는 뜻이 있다. 공의 당시 나이는 48세, 걱정이 많은 자는 쉬 늙는 법, 다시 출세할 희망도 없었다.(七歌, 仍收到窮老作客之感, 與首章白頭亂髮凍皴肉死相呼應. 是爲收結之體. 結語有汲汲顧影之意. 公時年四十八, 多愁者易老, 無復出頭之望矣.)

(김성곤)

37. 劍門
검문

惟天有設險[1] 劍門天下壯[2] 連山抱西南 石角皆北向[3]
兩崖崇墉倚[4] 刻畫城郭狀[5] 一夫怒臨關[6] 百萬未可傍[7]
珠玉走中原[8] 岷峨氣悽愴[9] 三皇五帝前 雞犬各相放[10]
後王尚柔遠[11] 職貢道已喪[12] 至今英雄人[13] 高視見霸王[14]
幷呑與割據[15] 極力不相讓[16] 吾將罪眞宰[17] 意欲鏟疊嶂[18]
恐此復偶然[19] 臨風默惆悵[20]

하늘이 설치한 험한 곳 있으니
검문은 천하에 웅장하다.
연이은 산은 서남쪽을 안고
바위 모서리는 모두 북쪽을 향하고 있다.
두 벼랑은 높은 성벽이 서로 기댄 듯
성곽의 모습을 새겨 만들었으니,
한 사내가 노하여 관문에 임하면
백만 인이 가까이 갈 수가 없었다.

주옥이 중원으로 달려가니
민산과 아미산의 기색이 처참하다.
삼황오제 이전에는
닭과 개를 각각 풀어 놓았다.
후대의 왕은 먼 곳을 회유하는 것을 숭상하였지만
공물 때문에 도를 이미 상실했다.

오늘까지 영웅들이
오만하게 패자와 왕자를 보고
병탄하고 할거하여
힘을 다하며 서로 양보하지 않았다.
나는 장차 조물주에게 죄를 물어
첩첩의 산을 깎아 버리고 싶다.
이런 일이 또 우연히 일어날까 두려워
바람을 맞으며 말없이 슬퍼한다.

이 시는 건원 2년 12월 동곡을 출발하여 성도로 갈 때 쓴 12편의 기행시 중 제10수다. 군벌이 촉 지역의 험준한 지형을 믿고 할거할까 걱정한 시인이 촉 지방을 다스리는 사람을 조정에서 신중하게 선발하고 공물을 가혹하게 징수하는 일이 없어야 함을 말하였다.

검문은 관명關名으로, 지금의 사천성 검문현 동북쪽에 있다.

《보주두시》 《당서 · 지리지》를 살펴보면 검문현은 검주에 있었다. 건원 2년에 지은 것이다.(按唐志, 劍門縣在劍州. 乾元二年作.)

《두시상주》 《구당서》에서 "검주 검문현에 있는 대검산은 바로 양산이다. 그 북쪽 30리에 소검산이 있다. 대검산에는 각도 30리가 있다."라고 하였다. 《일통지》에서 "대검산은 보녕부 검주 북쪽 25리에 있는데 촉이 의지하여 바깥 문으로 삼는 것이다. 그 산은 깎아지른 벽이 중간에 끊어지고 양쪽 벼랑이 우뚝 솟아, 문이 열린 듯하고 검을 꽂은 듯하여 또 검문산이라고도 한다."라고 하였다.(舊唐書, 劍州劍門縣界大劍山, 卽梁山也, 其北三十里有小劍山. 大劍山有閣道三十里. 一統志, 大劍山, 在保寧府劍州北二十五里, 蜀所恃爲外戶. 其山峭壁中

斷，兩崖相嶔，如門之闢，如劍之植，故又名劍門山.）

주 석

1 有設險(유설험): 험한 곳을 설치한 것이 있다.

2 劍門(검문): 관 이름. '門'이 '閣'으로 된 판본도 있다. 天下壯(천하장): 천하에 장대하다. 천하의 장관이다.

3 石角(석각): 바위 모서리.

《구가집주두시》 검산 위의 돌이 모두 북쪽으로 향해 있어서 절하여 엎드린 모습 같다.(劒山上石，皆北向，如拜伏狀.)

[連山 2구] '석각' 구에 대해서 검문의 형세가 중원에 귀의하는 듯함을 말한다는 설과 중원에 대적하는 형세임을 말한다는 설이 있다.

《두공부초당시전》 이것은 지형이 비록 험하여도 중원으로 달리는 것이 자연의 형세임을 말한다. 검문을 살펴보면 비록 서남쪽을 안고 있어도 바위의 모서리는 북쪽을 향하니 그렇다면 안쪽을 향하는 도리가 있는 것이다.(此言地形雖險，而趨中原，自然之勢. 觀劒門，雖抱西南而石角北向，則有面內之義也.)

《두억》 '연이은 산은 서남쪽을 안고 바위 모서리는 모두 북쪽을 향하다'라는 구는 지형상 절로 조정에 귀의하여 속국이 되는 곳이라는 사실에 근거하여 병탄과 할거는 모두 하늘의 뜻에 위배되는 것임을 보여준다.(連山抱西南，石角皆北向，據地形自應內屬，見幷呑割據，皆違天者.)

《독두심해》 모서리가 북을 향했다는 것은 뚜렷이 우리와 대적함을 보여 준다.(角北向，見顯與我敵.)，

4 崇墉倚(숭용의): 높은 성벽처럼 의지하다.

《시·주송周頌·양사良耜》 그 높기가 성벽 같다.(其崇如墉.)

《두시상주》 '숭용'은 그 절벽이 서 있음을 형상한다.(崇墉，象其壁立.)

5 刻畫(각획): 새기다. 여기서는 모양을 이루는 것을 뜻한다.

《두공부초당시전》 성곽이 산에 의지하여 험고險固한 것이 마치 새겨 놓은 것 같음을 말한다.(謂城郭依山以爲固，如刻畫然.)

《두시상주》 '성곽' 구는 그것이 길게 뻗어 있음을 형상한다.(城郭，

象其長亘.)

6 一夫(일부): 한 사내. '夫' 가 '人'으로 된 판본도 있다. 怒(노): 분발하는 것을 뜻한다.

7 傍(방): 다가가다. 가까이 하다. '仰'으로 된 판본도 있다.

《두시상주》 '미가방'은 사람이 감히 가까이 가지 못한다는 것이다.(未可傍, 人不敢近也.)

#《두시상주》 이 단락은 검문의 형세가 험하여 나라를 지킬 수 있음을 말한다.(此言劍門勢險, 可以守國.)

8 珠玉(주옥): '玉帛'으로 된 판본도 있다. 走(주): 달리다. 이 구는 주옥이 중원으로 급히 수송되는 것을 뜻한다.

《두시상주》 전에 옛사람의 수권을 보니, 이 구 위에 '강과 산이 정화精華를 쌓아서 천부에 보물이 나오다'라는 2구가 있고, 비로소 주옥 구로 이어졌다.(往見舊人手卷, 此句之上, 有川嶽儲精英, 天府興寶藏二句, 方接以珠玉云云.)

9 岷峨(민아): 민산과 아미산. 모두 촉에 있다.

《구가집주두시》 조차공 주 민산은 성도의 서쪽에 있으니 청성산이 이것이다. 아산은 성도의 서남쪽에 있으니 아미산이 이것이다.(岷山在成都之西, 青城山是也. 峨山在成都之西南, 峨眉山是也.)

10 各(각): '莫'으로 된 판본도 있다. 相(상): '自'로 된 판본도 있다.

《구가집주두시》 조차공 주 닭과 개를 서로 풀어 놓고 거두어들이지 않는다는 것은 그들이 섞이고 통하여 피차의 사이가 없으니 또 어찌 지역을 나누어 한계를 짓겠느냐는 말이다.(雞與犬相放不收, 言其混同通達, 無彼此之間, 又豈分疆界爲限隔哉.)

11 柔遠(유원): 먼 나라를 회유하다. 먼 곳에 사는 사람을 위무慰撫하다.

《서 · 순전舜典》 먼 나라를 위무하고서 가까운 나라를 위무하다.(柔遠能邇.)

12 職貢(직공): 직무를 두고 공물을 제정하다.

《주례 · 하관夏官》 그 직무를 제정하되 각각 그 능한 바로써 하고 그 공물을 제정하되 각각 그 가진 바로써 한다.(制其職, 各以其所能, 制其貢, 各以其所有.)

[後王 2구] 후대의 왕이 먼 나라를 위무하였는데, 공물을 걷는 것으로 인하여 위무하는 도를 상실하게 되었다는 뜻이다. 후대의 왕이 위무책을 숭상하다 보니 지역을 지키는 이들이 공물을 바치지 않아 직공의 도를 상실하게 되었다는 뜻으로 풀이하기도 한다. 또 직공을 수행하다 보니 상고시대의 순박한 도를 상실하게 되었다는 뜻으로 풀이하는 설도 있다.

《구가집주두시》 조차공 주 후대의 왕이 용납해 주고 처벌하지 않아서 지키는 이로 하여금 발호하여 직공을 없앨 수 있게 하였다. 저 발호한 자는 본래 제압할 수 없는 것인데, 공은 짐짓 후대의 왕이 먼 나라를 회유하는 것을 숭상한 때문이라고 칭탁하고 왕자가 힘이 쇠약해져서 그를 제압할 수 없게 되었다는 사실을 감히 가리켜 말하지 않았던 것이다.(惟後王函容, 不加誅伐, 故使守者得以跋扈而廢職貢也. 彼跋扈者自不可制, 公姑託以後王尙柔遠, 而不敢斥言王者削弱而不能制之矣.)

《두시경전》 촉 땅이 상고시대에는 본래 중국과 통하지 않았는데, 진나라가 금우도金牛道를 열고나서 먼 나라를 위무하는 일을 힘쓰자 직공이 정비되어 순박한 도를 상실하게 되었고 그래서 촉이 마침내 사변이 많은 나라가 되었음을 말한다.(言蜀地當上古之世, 本與中國不通, 自秦開金牛, 務以柔遠, 職貢修而淳朴道喪, 蜀所以遂爲多事之國.)

#**《두시상주》** 이하 두 단락은 검문을 대하고서 고금의 일을 저울질하여 논한 것이다. 이 단락은 그 부세를 기술하였으니 촉나라 사람들이 가렴주구에 고생할 것을 두려워한 것이다. 백성들이 수탈에 괴로워서 시름과 원한이 맺히니 산이 처참한 기운을 머금은 것이다. 닭과 개를 풀어 놓았다는 것은 중국과 아직 통하지 않았다는 것이다. 직공을 숭상하니 주옥을 거두어들이게 되었다. 도가 상실했다는 것은 먼 나라를 위무하는 원 취지를 잃게 되었음을 말한다. 살펴보건대, '주옥' 구는 돌연히 이어져 돌올한 듯하다. 그러나 자세히 문세를 완미해 보면 응당 먼저 촉 땅의 출산물이 기이함을 말한 뒤에 처참한 까닭을 말해야 한다. 아래 글에서는 먼저 삼황오제를 이야기하고 뒤에서 직공으로 도가 상실된 것을 말하였다. 위와 아래의 4구가 각각 한 번 열고 한 번 닫으며 말해야 비로소 억양돈좌의 맛이 드러난다.(下二條, 對劍門而衡論古今. 此段記

其財賦, 恐蜀人困於誅求也. 民苦須索, 故愁怨結而山含悽愴. 雖大放, 中國未通. 尙職貢, 珠玉是徵矣. 道喪, 謂失柔遠本意.. 按, 珠玉句, 突接似乎陡健, 但細玩文氣, 當先言蜀產之奇, 而後言悽愴之故. 下文先言三皇五帝, 而後言職貢道喪. 上下四句, 各一開一闔說, 方見抑揚頓挫之致.)

13 至今(지금): 오늘까지. 오늘에 이르다. '今'이 '令'으로 된 판본도 있다.

14 高視(고시): 오만하게 보다. 위세를 부리는 모습이다. 覇王(패왕): 패자覇者가 되고 왕자王者가 되다.

《두공부초당시전》 공손술이나 유비의 무리를 말한다.(謂公孫述劉備之徒也.)

《두시경전》 패자가 된 것은 공손술 무리 같은 경우이고 왕자가 된 것은 후한 선주 같은 경우다.(覇如公孫述輩, 王如後漢先主.)

15 幷呑(병탄): 촉으로부터 나아가서 다른 지역을 합병하는 것을 뜻한다. 割據(할거): 촉 땅을 취하여 다른 지역과 대치하는 것을 뜻한다.

16 不相讓(불상양): 서로 양보하지 않다. 서로 지지 않다. 서로 대항하는 것을 뜻한다.

[至今 4구]

《구가집주두시》 조차공 주 제압할 수 없어서 직공을 수행하지 않게 되어 마침내 영웅으로 하여금 패자와 왕자는 다만 오만하게 보기만 하면 될 수 있음을 알게 하였다. 이에 병탄하거나 혹은 할거하는 일을 모두 힘을 다하여 하고 조금도 양보하지 않았다.(惟其不能制, 而不修職貢, 遂使英雄者見覇王特在高視之間可以爲之. 於是幷呑或割據, 皆極力爲之, 而不少讓.)

17 罪眞宰(죄진재): 조물주를 문죄問罪하다. 조물주에게 죄를 묻다.

18 鏟(산): 깎다. 산을 깎아내는 것을 말한다. 疊嶂(첩장): 중첩된 산.

19 此(차): 영웅이 병탄하고 할거하는 일을 가리킨다.

《두시언해》 '차'자는 위의 병탄하고 할거하는 일을 가리킨다.(此字, 指上幷呑割據之事.)

《두시경전》 할거하는 일이 우연히 다시 있을까 두려워한다는 말이다. 뒤에 단자장, 서지도, 최간, 양자림 무리들이 과연 험지에 웅거하여 난을 일으켰다.(言割據之事恐偶然復有之也, 後段子璋徐知道崔旰楊子

琳之徒，果據險爲亂.)

20 默(묵): '黯'으로 된 판본도 있다.

[恐此 2구]

《두공부초당시전》 숙종이 중원을 아직 평정하지 못한 날에 우연히 다시 할거의 화를 만드는 이가 있을까 두려워서 이 때문에 바람을 맞으며 슬퍼하고 말없이 나라를 염려한 것이다.(恐當肅宗中原未平之日，偶復有爲割像('據'의 오자)之禍者，是以臨風惆悵，而默爲國家之慮也.)

#**《두시상주》** 마지막 단락에서는 그 지세의 빼어남을 말하였으니 촉나라 사람이 전쟁에 휘말릴까 두려워한 것이다. 병탄한 자는 왕자이니 한나라 광무제 같은 이가 이런 사람이다. 할거한 자는 패자이니 공손술 같은 이가 이런 사람이다. 예로부터 중첩된 산을 따라 험요한 곳에 의지한 경우가 많으니 이런 일이 다시 있을까 두려워하였다. 그래서 바람을 맞으며 슬퍼한 것이다.(末段言其形勝，恐蜀人罹於戰爭也. 幷呑者王，如漢光武是也. 割據者霸，如公孫述是也. 從古多因疊嶂憑險，恐此復有其事，故臨風而生悵.)

##**《두시상주》** 머리 단락에서 검문을 형용하여 시제의 뜻을 이미 다하였다. 아래에서 또 달리 의론을 개진하여 삼황시대로부터 오늘까지 수천 년의 치란과 흥망을 포괄하여 거론하였으니 진실로 대단한 경세제민의 글이다. 이 시와 〈녹두산〉은 모두 동시에 지은 것이다. 아래 시(〈녹두산〉)는 3단락에 각 8구이니 이 시의 구성도 또한 의당 서로 비슷할 것인데, 가운데 단락이 단지 6구에 그치니 단연코 탈루가 있음이 분명하다.(首條形容劍門，題意已盡. 下面又另開議論，自三皇至今，包擧數千年治亂興亡，眞絶大經濟文字. 此詩與鹿頭山，皆同時之作. 下章三段各八句，此章格局亦宜相似，中段止六句，斷屬脫漏無疑.)

《독두심해》 구조오 주에서 '전에 옛사람의 수권을 보니 주옥 위에 이 2구(川嶽儲精英，天府興寶藏)가 있다'고 하였다. 지금 살펴보건대 두시는 4구로 뜻을 바꾸는 경우가 많은데 이 단락만 유독 2구가 빠져 있다. 또 이를 넣어서 한 번 읽어 보면 문세가 더욱 유창하다. 구씨가 두찬杜撰한 것이 아니다. 탈간임을 의심할 게 없다.(仇注, 往見舊人手卷, 珠玉上有此二句. 今按, 杜詩多四句轉意, 此段獨闕兩句, 且得此一提, 文氣愈暢. 仇氏非僞撰也, 脫簡無疑.)

《**독두심해**》〈검문〉과 〈녹두산〉 편은 모두 달리 의론을 세운 글이다. 종래의 주석가들이 편 머리의 8구를 반대로 보아서 마침내 그 단락의 어의가 분명하지 않게 하였고 아울러 전편의 기맥이 관통되지 않았다. 이에 특별히 그것을 바로잡는다. 머리와 꼬리 각 8구는 모두 지세가 험하여 군사를 발동하기 쉽다는 것으로 논지를 세웠다. 중간의 8구는 바로 후대의 왕이 먼 나라를 위무하는 일이 마땅함을 잃었다는 사실을 깊이 논의한 것이다. 그런즉 험요함을 믿은 것은 저쪽이나, 원한을 만든 것은 여전히 우리 쪽에 있는 것이다. 두 머리 부분은 주인 가운데 손이고, 가운데 배 부분은 손 가운데 주인이다. 서남쪽을 안았다는 것은 곡진하게 그를 지켜줌을 보여 주고, 모서리가 북을 향했다는 것은 뚜렷이 우리와 대적함을 보여 주어서, 편말의 '중첩된 산을 깎고 싶다'는 말의 뿌리가 된다. 그런데 옛 주석에 안을 향하는 도리라고 한 것은 무슨 말이냐? '노하여 관에 임하다'고 한 것과 '가까이 다가갈 수 없다'고 한 것은 험요한 곳을 지키는 것이 근심할 만함을 보여 주어, 편말의 '영웅이 오만하게 보다'는 말의 뿌리가 된다. 그런데 옛 주석에 중원이 이를 의지한다고 한 것은 무슨 말이냐? '천악' 4구는 그 이익이 욕심낼 만하지만 이익을 다 가지면 원망하게 됨을 말한다. '삼황' 4구는 옛 풍조는 기량氣量이 컸는데 말세의 법이 가렴주구하였음을 말하니 이것이 바로 원한을 만든 뿌리이다. '지금' 4구는 저들이 험요한 곳을 지켰던 이전의 일을 보고서 본받을까 두려워한 것이다. 중첩된 산을 깎겠다는 것은 그것이 남쪽을 안고 모서리가 북쪽을 향한 것을 미워한 것이다. 또 우연히 그러할까 두렵다는 것은 위무하여 다스리는 사람에게 깊이 경계시킨 것이니, 그 방법은 직공을 너그럽게 하는 데에 달려 있을 뿐이다.(劍門與鹿頭篇, 皆別立議論之文. 從來注家於篇首八句反看了, 遂令本段語意不明, 幷通篇氣脈不貫. 玆特正之. 首尾各八句, 俱以地險易動立論. 中間八句, 乃深論後王柔遠之失宜. 則恃險者在彼, 而結怨者仍在我矣. 兩頭, 主中賓, 中

腹，賓中主也. 抱西南，見曲爲彼護，角北向，見顯與我敵，爲篇末欲鏟疊嶂之根，舊以爲面內之義，何耶. 怒臨關，未可傍，見扼險可虞，爲篇末英雄高視之根，舊以爲中原賴之，何耶. 川嶽四句，言彼利可欲，而盡利則怨. 三皇四句，言古風闊達，而末法誅求，是則結怨之根也. 至今四句，恐彼見扼險之已事而欲效之，鏟疊嶂，惡其抱南角北也. 恐復偶然，深致戒於撫馭之人，道在寬其職貢而耳.)

(이영주)

38. 戲題王宰畫山水圖歌

왕재가 그린 산수도에 장난삼아 쓴 노래

十日畫一水　　五日畫一石

能事不受相促迫[1]　　王宰始肯留眞跡[2]

壯哉崑崙方壺圖[3]　　卦君高堂之素壁[4]

巴陵洞庭日本東[5]　　赤岸水與銀河通[6]

中有雲氣隨飛龍　　舟人漁子入浦漵[7]

山木盡亞洪濤風[8]　　尤工遠勢古莫比[9]

咫尺應須論萬里[10]　　焉得并州快剪刀[11]

剪取吳松半江水[12]

열흘에 물 하나 그리고

닷새에 돌 하나 그린다.

능한 일에 독촉을 받지 않고서야

왕재는 비로소 진적을 남기려 한다네.

웅장하구나, 곤륜과 방호의 그림

그대의 높은 당 흰 벽에 걸렸네.

파릉과 동정에서 일본의 동쪽까지

붉은 언덕의 강물이 은하와 통한다.

그 가운데 구름 기운이 나는 용을 따르고

뱃사공 어부가 포구에 드는데,

산의 나무는 모두 큰 파도 바람에 눌렸구나.

특히 먼 곳의 형세를 잘 그려서 예로부터 견줄 자 없으니 지척에서 응당 만 리를 논해야 하리.
어떻게 하면 병주의 잘 드는 가위를 얻어서
오송 강물 반을 잘라 가질까?

상원 원년 성도에 있을 때 지은 시다. 왕재는 촉 사람으로 산수를 잘 그린 화가인데, 아마도 이 시는 그의 부탁으로 지었을 것이다.

이 시는 과장과 비유의 수법으로 왕재 산수화의 기묘함을 묘사하고 화가의 투철한 작가 정신과 탁월한 예술 기교를 찬미하면서, 그 속에 두보의 예술관을 담고 있다. 구상이 기발하고 상상이 기이하며 운필運筆이 생동적이어서 당대唐代 제화시 중 걸작으로 꼽힌다.

시제에서 '장난삼아' 지었다고 한 것은, 마지막 2구를 염두에 두고 한 말이지만 시 전체에 보이는 과장적인 표현에서도 '희작戱作'의 느낌이 있다.

《보주두시》 《화단》에서 왕재의 산수 수목은 형상 밖에서 나왔다고 하였다. 양권도는 상원 원년 성도에서 지었다고 하였다. 만약 이구李觀가 "공이 뜻을 기탁하여 영왕 이린이 반란을 일으켜 오송강이 그 때문에 끊겼는데 당시 이광필이 병주에 있어서 그를 오게 하여 평정하고자 함을 말하였다."라고 한 것과 같다면 지덕 2년이니 옛 편차와 다르게 된다. 사서를 살펴보건대 상원 원년에 유전이 반란하여 윤주, 승주, 소주를 함락하였으니 바로 오송강 있는 곳이다. 혹 공이 이 일에 뜻을 기탁했을지 모르겠다.(畫斷, 王宰畫山水樹木出於象外. 梁權道謂上元元年成都作. 若如泰伯之說云, 公託意言永王璘反, 吳松江爲之阻絶, 時李光弼在幷州, 欲得李來平之, 至德二年, 與舊次不同. 按史, 上元元年, 劉展反陷潤州昇州蘇州, 乃吳松江, 或者公託意以此.)

《두시상주》 양씨는 상원 원년 성도 시 안에 편재하였다. 장언원의

《역대명화기歷代名畫記》에서 “왕재는 촉 사람이고 촉의 산을 많이 그렸는데 정교하면서 공활하고 높고 가파르다.”라고 하였다.(梁氏編在上元元年成都詩內. 張彦遠名畫記, 王宰, 蜀中人, 多畫蜀山, 玲瓏嵌空, 巉嵯巧峭.)

주 석

1 能事(능사): 능한 일. 여기서는 그림을 가리킨다. 促迫(촉박): 재촉하는 것을 뜻한다. '迫'이 '逼'으로 된 판본도 있다.

2 眞跡(진적): 화가 본인이 직접 그린 작품을 뜻한다.

3 崑崙(곤륜): 산 이름. 方壺(방호): 산 이름이다. '壺'가 '丈'으로 된 판본도 있다.

《두시상주》에 인용된 《습유기拾遺記》 '삼호'는 바다에 있는 세 산이다. 첫째를 방호라 하니 바로 방장이다. 둘째를 '봉호'라 하니 바로 봉래이다. 셋째를 '영호'라 하니 바로 영주다. 모습이 병처럼 생겨서 위는 넓고 가운데는 좁고 아래는 모가 났다.(三壺, 海中三山也. 一曰方壺, 則方丈, 二曰蓬壺, 則蓬萊也, 三曰瀛壺, 則瀛州也, 形如壺器, 上廣, 中狹, 下方.)

《구가집주두시》 조차공 주 이 그림은 응당 강산의 모습을 광활하게 그렸을 것이다. 그래서 바로 곤륜과 방호산의 그림이라 함으로써 그것을 형용하였다.(此圖應畫江山之勢濶遠, 故直以爲崑崙與方壺山之圖形容之.)

《독두심해》 곤륜은 서쪽 끝에 있고 방호는 바다 동쪽에 있다.(崑崙在西極, 方壺在海東.)

4 挂(괘): 걸다.

《두시상주》 '흰 벽에 걸었다'는 것은 이른바 진적을 남겼다는 것이다.(掛素壁, 所謂留眞蹟也.)

#**《두시상주》** 머리 단락에서 왕재의 그림을 찬양하였다. 오문 김씨(김성탄金聖歎)가 말하기를 “재촉을 받지 않고서야 비로소 여유롭게 능사를 다한다고 하였으니 여기에서 왕재의 품격을 볼 수 있고 또한 주인이

지음임을 볼 수 있다."라고 하였다. 《두억》에서는 "곤륜과 방호의 이야기는 서쪽 끝과 동쪽 끝을 들어서 그 원경을 형상한 것이지 실제로 이 두 산을 그린 것은 아니다. 아래 글의 일본과 은하도 또한 바로 이 뜻이다."라고 하였다.(首贊王宰圖畫. 吳門金氏曰, 不受促迫, 方得從容盡其能事, 此見王宰品格, 亦見主人知音. 杜臆, 崑崙方壺, 擧極西極東以狀其遠景, 非眞畫此兩山也. 下文日本銀河亦卽此意.)

5 日本(일본): 지명.

《두시상주》에 인용된 《당서·외국전外國傳》 일본국이란 왜국의 별종이다. 해가 그 나라 가에 있기 때문에 일본이라 이름하였다.(日本國者, 倭國之別種也, 以其日在國邊, 故名日本.)

6 赤岸(적안): 붉은빛을 내는 강 언덕. 실제의 지명으로 보기도 하고 신화 속의 지명으로 보기도 하나 취하지 않는다. '赤'이 '南'으로 된 판본도 있다.

《두시상주》 '적안'과 '은하'의 이야기는 물과 하늘이 같은 색임을 말한다.(赤岸銀河, 言水天一色.)

《두시상주》에 인용된 《남연주기南兗州記》 과보산 동쪽 5리에 적안산이 있는데 남으로 장강 가운데에 임하였다.(瓜步山東五里有赤岸山, 南臨江中.)

《두억》 가운데에서 '파릉'과 '동정'을 들었는데 동으로는 일본의 동쪽까지 다하고 서로는 적수의 서쪽까지 다하여서, 바로 은하와 통한다. ……살펴보건대, 《산해경·대황경》에서 서해 밖에 적수가 있다 하였고, 주에서 곤륜산에서 발원한다고 하였다. 적수가 있으면 적안도 있을 것이다. 다른 주에서 과보산 동쪽 강의 적안을 들어서 근거로 삼은 것은 아주 잘못이다.(中擧巴陵洞庭, 而東極於日本之東, 西極於赤水之西, 而直與銀河通 …… 按, 山海大荒經, 西海之外有赤水, 注云, 源出崑崙. 有赤水則有赤岸, 注引瓜步東江赤岸爲據, 謬甚.)

《독두심해》 예전에는 《남연주기》의 "과보산 동쪽 5리에 적안산이 있는데 남으로 장강 가운데에 임하였다."라는 말을 인용하였다. 살펴보건대 '적안'이 반드시 특정 소재를 가리키는 것은 아니다.(舊引南兗州記, 瓜步山東五里有赤岸山, 南臨江中. 按, 赤岸, 不必專指所在.)

7 浦漵(포서): 포구.

8 亞(아): 누르다. '帶'로 된 판본도 있다.

《두시상주》 《설문》에서 "'아'는 버금이다."라고 하였다. 《광운》에서 "'아'는 나아가다."라고 하였으니 서로 의지하는 것이다. 주학령 주에서 "바람의 기세가 파도를 솟아나게 하여 산의 나무가 모두 그 때문에 낮게 된 것이다."라고 하였다.(說文, 亞, 次也. 廣韻, 亞, 就也,相依也. 朱注, 風勢湧濤, 山木盡爲之低亞.)

#**《두시상주》** 이 단락은 그림 속의 산수를 적은 것이다. 곤륜과 방호에서 산이 이미 서쪽에서 동쪽으로 이동했으므로, 파릉과 일본은 물이 또한 서쪽에서 동쪽으로 이동한 것이다. 그리고 그 수세가 호한하여 은하수와 통하고 구름과 용이 일어났으며, 또 바람 파도가 격탕하여 고기잡이배가 피하고 산수가 흔들리는 것을 보았으니 진실로 가히 상관이라 말할 만하다.(此記圖中山水. 崑崙方壺, 山旣自西而東, 故巴陵日本, 水亦自西而東. 且其水勢浩瀚, 銀漢通而雲龍起, 又見風濤激蕩, 漁舟避而山水搖, 眞可謂壯觀矣.)

9 遠勢(원세): 원경을 뜻한다.

10 論(논): 논하다. '千'으로 된 판본도 있고 '行'으로 된 판본도 있다. 이 구절은 지척의 좁은 그림 속에 만 리의 넓은 경관이 표현되어 있다는 뜻이다.

《두공부초당시전》에 인용된 《남사南史》 제 무제의 손자인 비는 자가 문환이다. 부채 위에 산수를 그렸는데 지척 사이에서 바로 먼 만 리가 느껴졌다.(齊武帝孫賁, 字文煥, 扇上圖山水, 咫尺之內, 便覺萬里爲遙.)

11 焉(언): 어디에서. 어떻게. 幷州(병주): 지금의 산서성山西省에 있는 지명. 예전에 병주에서 나온 가위는 예리하기로 유명하였다. 剪刀(전도): 물건을 자르는 도구. 가위.

12 吳松(오송): 오 땅의 송강. '松'이 '淞'으로 된 판본도 있다.

《구가집주두시》 조차공 주 오 땅의 송강을 말한다.(言吳地之松江也.)

《두시상주》에 인용된 《오군지吳郡志》 송강은 군 남쪽 45리에 있다. 〈우공〉의 삼강 중 하나다.(松江在郡南四十五里, 禹貢三江之一.)

[焉得 2구] 왕재가 그린 산수도가 너무 좋아 그것을 잘라서 가져가고 싶다는 뜻이다. 이와 달리 그림이 너무도 핍진하여 실제의 산수를 잘라서 그림 속에 넣어놓은 것 같음을 말한다고 보는 설도 있는데, 이 설을 따를 경우 "어떻게 병주의 잘 드는 가위를 얻어서 오송 강물 반을 잘라 넣었을까?"라고 풀이된다.

《두공부시집집주》 이하의 〈나부산인여갈편羅浮山人與葛篇〉 시의 "상수 속의 한 자 하늘을 자르고 싶으니 오 땅의 아가씨는 가위가 무디다고 말하지 말라."는 두보의 이 시구에 근거한 것이다.(李賀與葛篇, 欲剪湘中一尺天, 吳娥莫道吳刀澁, 本此.)

#《두시상주》 마지막 단락에서 그림을 보는 이야기로 결말을 삼았으니, 대개 완상하며 차마 그만두지 못한 것이다. 《두억》에서 "왕씨의 그림이 신묘하여 다만 지척으로 만 리를 다하였으니, 전면의 허다한 경상이 모두 한 구 속에 포괄되어 있다."라고 하였고, 또 "이 시는 전편의 착상에 모두 장난하는 뜻이 있는데 마무리하는 말에서 특히 장난의 뜻이 심하다. 그래서 '희제'라고 하였다."라고 말하였다. 공이 젊었을 때 오월에 노닐었다. 그래서 그림을 보고 송강에까지 생각이 미친 것이다. 황학은 "상원 원년에 유전이 윤주, 승주, 소주 세 주를 함락하여 그래서 오송에 뜻을 기탁하였다."라고 하였는데, 그의 설은 큰 천착이다.(末將看畫作結, 蓋玩賞不忍釋也. 杜臆, 王畫神妙, 只咫尺萬里盡之, 前面許多景象皆包在一句中. 又曰, 此詩通篇設想, 俱有戲意, 而收語尤戲之甚, 故云戲題. 公少遊吳越, 故對畫而思及松江. 黃鶴謂上元元年, 劉展陷潤昇蘇三州, 故託意於吳松, 其說大鑿.)

##《독두심해》 머리 6구는 시제를 내놓은 것이다. 인품이 높으면 화품도 절로 높은 법이어서 먼저 화품을 추숭하고, 다음으로 그림 이름에 귀착하였으니 상류를 다투는 법을 얻었다. 가운데 5구는 그림을 서술하는 본문이니, 바로 위에서 말한 '장재'이고 아래에서 말한 '원세'이다. 본시 물의 형세를 그리면서 아울러 바람의 형세도 띠어 필묵이 생동한다. 마지막 4구는 영탄하여 앞의 글을 맺었다. '언득'은 '어디에서 얻었나'

라고 말하는 것과 같아서 장래를 기다리는 말이 아니다. 이것은 또 필묵의 솜씨가 아니라 진실로 날카로운 가위를 얻어 강물을 잘라 온 것이라는 말이니, 시가 이에 이르러서는 또한 연파 한 조각이 되었다.(首六句出題, 品高則畫自高, 故先推畫品, 次落圖名, 得爭上流法. 中五句, 敍畫正文, 卽上所謂壯哉, 下所謂遠勢也. 本寫水勢, 兼帶風勢, 筆墨生動. 末四, 咏歎以束前文. 焉得, 猶云何處得來, 非有待將來之辭. 言此非復筆墨之技, 眞是覓得快剪, 剪來江水也. 詩至此, 亦化作煙波一片矣.)

(**이영주**)

39. 茅屋爲秋風所破歌

초가집이 가을바람에 부서져 부르는 노래

八月秋高風怒號　卷我屋上三重茅
茅飛渡江灑江郊[1]　高者掛罥長林梢[2]
下者飄轉沉塘坳[3]　南村群童欺我老無力
忍能對面爲盜賊[4]　公然抱茅入竹去
脣焦口燥呼不得[5]　歸來倚仗自嘆息
俄頃風定雲墨色[6]　秋天漠漠向昏黑[7]
布衾多年冷似鐵[8]　嬌兒惡臥踏裏裂[9]
牀頭屋漏無乾處[10]　雨脚如麻未斷絶[11]
自經喪亂少睡眠　長夜沾濕何由徹[12]
安得廣廈千萬間[13]　大庇天下寒士俱歡顔[14]
風雨不動安如山　嗚呼何時眼前突兀見此屋[15]
吾廬獨破受凍死亦足[16]

팔월 가을 하늘 높은데 바람이 울부짖더니
우리 지붕 위 세 겹 띠를 말아가 버렸네.
띠는 날아 강을 건너 들판에 흩뿌려져
높은 것은 긴 나무 끝에 걸리고
낮은 것은 굴러다니다 연못에 가라앉았네.

남촌의 아이들 내 늙어 힘없다 깔보고는
모질게도 이렇게 면전에서 도적질을 하여
공공연히 띠를 안고 대숲으로 들어가네.

입술이 타고 입이 말라 소리도 못 지르고
돌아와 지팡이 기대어 스스로 탄식할 뿐이라네.

잠시 후 바람은 멎고 구름이 먹빛이더니
가을 하늘 어둑어둑 캄캄해져 가네.
무명 이불 오래 되어 차갑기가 쇠 같은데
아들놈이 험히 자다 밟아 안이 다 터졌다네.
침상 머리는 지붕이 새어 마른 곳이 없는데
삼대 같은 빗발은 끊어지지 않는구나.
전란을 겪으면서부터 잠도 적어졌는데
비에 젖어 이 긴 밤을 어찌 새우려나.

어찌하면 넓은 집 천만 칸을 얻어
천하의 가난한 선비들을 크게 감싸 안아, 모두 기쁜 얼굴 되어
비바람에도 요동하지 않고 산처럼 편안케 할 수 있으랴.
오호라, 어느 때나 눈앞에 이런 저택이 우뚝 나타날까
내 집이야 홀로 부서져 얼어 죽는다 해도 족하련만!

상원 2년 가을 완화계 초당에서 지은 것으로 추정된다. 가을날 불어온 대풍에 초가집 지붕이 날아가 버리니 두보 가족들은 지붕이 새는 집에서 비를 맞으며 추위 속에 밤새우게 된다. 이 참담한 상황에서 두보는 자신과 가족이 겪는 쓰린 아픔을 호소하면서도 아울러 자신처럼 고통 받고 있는 천하의 불우한 사람들을 동정하고 있다.

시는 네 단락으로 나뉜다. 첫째 단락에서는 광풍이 지붕 이엉을 휩쓸어간 상황을 묘사하였고, 둘째 단락에서는 이웃 마을 아이들이 땅에 떨어

진 이엉을 갖고 도망하는 것을 보면서도 어쩔 수 없는 자신의 무기력한 상황을 묘사하였다. 셋째 단락에서는 지붕이 날아가 비가 새는 밤에 겪은 신산한 아픔을 묘사하였고, 넷째 단락에서는 자신의 불우함을 넘어 온 세상의 가난한 선비들의 위태로운 삶에 대해 염려하였다. 자신의 불우한 입장에 대해 서술하는 전반 세 단락에서는 침울한 정조로 일관하다가 천하의 가난한 선비들을 동정하는 마지막 단락에서는 감정이 파도처럼 격앙되고 있어 이른바 '침울돈좌'의 두시 풍격을 잘 보여 주는 명작이라 할 수 있다. 《두시상주》에서는 이 시 앞에 있는 〈남수위풍우소발탄柟樹爲風雨所拔歎〉에 대한 주석에서 주학령주를 인용하여 이 시를 〈남수위풍우소발탄〉과 함께 상원 2년 성도에서 지은 시로 보았다.

> **《보주두시》** 당조는 천보의 난리로부터 백성들이 그 살 곳을 얻지 못한 자가 심히 많았는데, 공은 초가집이 가을바람에 파손됨으로 인해 마침내 넓은 집 천만 칸의 의지처를 생각하였으니 그 우국우민의 생각이 지극하다.(唐自天寶之亂, 民不得其居處者甚多, 公因茅屋爲秋風所破, 遂思廣厦千萬間之庇, 其爲憂國憂民之念至矣.)
>
> **《두시상주》에 인용된 주학령 주** 초당본은 이 시 〈남수위풍우소발탄柟樹爲風雨所拔歎〉을 〈모옥위추풍소파가〉와 함께 상원 2년 성도에서 지은 시로 편입하고 있는데, 지금 이를 따른다. 황학은 영태 원년 3월 대풍에 나무가 뽑힌 역사적 사건에 근거하여 이 시를 그 당시에 지은 것으로 보고 있는데 너무 얽매였다.(考草堂本, 此與茅屋歌俱編入上元二年成都詩內, 今從之. 黃鶴據史永泰元年三月, 大風拔木, 謂此詩作於其時, 太泥.)

주 석

1 灑(쇄): 흩뿌리다. '滿'으로 된 판본도 있다.

2 掛罥(괘견): 걸리다. 林梢(임초): 나무 끝. 견

3 飄轉(표전): 바람에 불려 이리저리 굴러다니다. 塘坳(당요): 연못.

#《두시상주》 이 단락은 바람이 거세어 집이 파손된 것을 적었다.(此記風狂而屋破也.)

4 忍(인): 모질게. 잔인하게. 能(능): 이와 같이. 이처럼.

5 脣焦口燥(순초구조): 입술이 타고 입이 마르다. 呼不得(호부득): 부를 수가 없다.

#《두시상주》 이 단락은 못된 어린 것들이 능멸하는 모습을 탄식한 것이다.(此嘆惡少陵侮之狀.)

6 俄頃(아경): 잠깐 동안. 잠시.

7 漠漠(막막): 어둑한 모양.

8 布衾(포금): 무명 이불. 冷似鐵(냉사철): 쇠처럼 차갑다.

9 嬌兒(교아): 사랑스러운 아들. 惡臥(악와): 거칠게 눕다. 잠버릇이 거칠다는 말이다. 踏裏裂(답리열): 이불을 발로 밟아서 속이 터졌다는 말이다.

10 牀頭(상두): 침상 머리. '牀牀'으로 된 판본도 있다.

11 雨脚(우각): 빗발. 빗줄기.

12 徹(철): 밤을 새다.

《두시상주》 '철'은 '철효', 즉 밤을 새고 새벽까지 이른다는 뜻이다.(徹, 乃徹曉, 卽達旦意.)

#《두시상주》 이 단락은 밤비가 들이치는 고통을 속상해 한 것이다. 제3구에서 환운하였다.(此傷夜雨侵迫之苦. 在第三句換韻.)

13 廣厦(광하): 넓은 큰 집.

14 大庇(대비): 크게 감싸다. 크게 보호하다.

15 突兀(돌올): 높이 우뚝 솟은 모양.

16 獨破(독파): 홀로 파손되다. '破'를 '壞'로 쓴 판본도 있다.

《두시상주》에 인용된 주학령 주 우뚝 이 집을 보겠느냐는 것은 바로 넓은 집 천만 칸을 말한다.(突兀見此屋, 卽廣厦千萬間也.)

#《두시상주》 마지막에서는 편안한 거처로부터 인정으로 확대하여 세상 사람은 모두 나의 동포요, 세상 만물은 모두 나와 동류라는 큰 뜻이 있다. 이 단락 역시 두 가지 운으로 환운하였다.(末從安居推及人情, 大有

民胞物與之意. 此亦兩韻轉換.)

##《독두심해》 처음 다섯 구는 파제를 다하였다. 필세 역시 회오리바람이 불어와 모조리 휩쓸어 가버린 듯하다. '남촌' 5구는 막 지붕이 파손되어 참을 수 없는 상황을 적은 것으로 필력이 종횡무진이다. 단구로 줄여 끝나니 암울한 느낌이다. '아경' 8구는 지붕이 파손된 후의 잡다한 일을 서술하였다. 바람이 멎고 비가 이어져 갑자기 상황이 바뀌어 어둡고 습한 풍경이 눈에 가득하니 붓마다 생동감이 넘친다. '자경상란'은 또 평소의 고생을 끌어들여 이 밤을 꼬박 새는 일에 번거로움과 어려움을 보탠다. 마지막 5구는 기이한 정을 뒤집어 내었으니 꼬리를 세우고 뿔을 가는 듯 뽐내는 형세를 하고 있다. 송나라 유학자가 이르기를 '남과 내가 하나 되고 물과 내가 함께 하는 경지를 마음에 품었다'고 하였는데, 나 같으면 '거리낌 없고 호방한 본색'이라고 할 것이다. 맺는 부분에서도 여전히 일필로 돌려 버렸으니 또 다시 바람처럼 표홀하다. 〈남수위풍우소발탄〉은 높고 반듯하며 〈모옥위풍우소파가〉는 기이하고 도도하다. 전자는 뽑힌 후에 그 공을 추모하여 애석해 한 것이고 후자는 파손된 후에 그 고통을 구극하여 높이 내세운 것인바, 그 우열을 따질 수 없다. (起五句完題, 筆亦如飄風之來, 疾捲了當. 南村五句, 述初破不可耐之狀, 筆力恣橫. 單句縮住黯然. 俄頃八句, 述破後拉雜事, 停風接雨, 忽變一境, 滿眼黑濕, 筆筆寫生. 自經喪亂, 又帶入平時苦趣, 令此夜徹曉, 加倍煩難. 末五句, 翻出奇情, 作矯尾厲角之勢. 宋儒曰, 包與爲懷. 吾則曰, 狂豪本色. 結仍一筆兜轉, 又復飄忽如風. 柟樹篇峻整, 茅屋篇奇奡. 彼從拔後追美其功而惜之, 此從破後究極其苦而矯之. 不可軒輕.)

(**김성곤**)

40. 百憂集行
온갖 근심의 노래

憶年十五心尙孩[1]　健如黃犢走復來[2]
庭前八月梨棗熟　一日上樹能千迴
卽今倏忽已五十[3]　坐臥只多少行立
强將笑語供主人[4]　悲見生涯百憂集
入門依舊四壁空　老妻睹我顔色同[5]
癡兒不知父子禮　叫怒索飯啼門東[6]

열다섯 살, 마음 아직 어린아이였을 적 생각하노라니
건장하기가 왔다갔다 날뛰는 누런 송아지 같았지.
뜰 앞 팔월 배와 대추가 익어 가면
하루 동안 나무에 천 번도 오를 수 있었다네.

지금 홀연 벌써 오십
앉고 눕는 일만 많을 뿐 걷고 일어서는 일 적구나.
억지로 웃음 띤 말씀을 주인께 올리나니
삶에 온갖 근심 모여듦을 슬피 보노라.

문을 들어서면 여전히 네 벽은 비어 있고
늙은 아내 나를 바라보는데 얼굴빛이 나와 한가지라.
철부지 아이는 부자의 예도 모르는지
성내 소리 지르며 밥 달라 문 동쪽에서 울고 있구나.

상원 2년 성도 초당에 머물 때 지은 것으로 추정된다. 건강하고 행복했던 소년 시절을 추억하고 가난과 병마가 갈마드는 현실에 대한 깊은 수심을 적었다. 첫 단락에서 묘사하고 있는 천진난만한 모습은 두보의 소년 시기 생애를 재구성하는 데 매우 유용한 자료로 쓰인다. 펄펄 날뛰는 송아지처럼 건강하고 씩씩한 소년 두보, 가을날 뜰 앞에 익어가는 배와 대추를 따기 위해 수도 없이 나무에 오르락내리락 했던 개구쟁이 두보의 모습이 잘 그려져 있다. 물론 첫 단락에서 묘사하고 있는 소년 두보의 모습은 과거일 뿐이다. 그것은 병약하고 무기력한 늙은 두보의 현재를 더욱 슬프게 드러낸다. 날뛰던 송아지 같던 소년은 이제 앉고 눕는 일이 대부분인 늙고 병든 노인으로 바뀌었다. 그리고 그 곁에서는 똑같이 수심에 겨운 얼굴로 자신을 바라보는 늙은 아내와 부엌문을 부여잡고 밥 달라고 울부짖는 철부지 아이들이 있다. 하는 수 없이 붓을 들어 생계의 도움을 청하는 편지를 쓰는 데, 그 글을 다시 읽어 보니 언사가 비굴하기 그지없다. 깊은 탄식이 절로 흘러나온다. 내 삶이 어찌 이리 가엾은가!

《두시상주》에 인용된 황학 주 시에서 "지금 홀연 벌써 오십"이라고 했으니 상원 2년 신축년에 지은 것이 분명하다. 공은 임자년에 났으니 이 해에 이르면 꼭 오십이 된다. 공은 건원 2년 12월에 성도에 이르렀는데 이 시기에 배면이 성도윤이었다. 상원 원년 3월에 경조윤 이약유가 성도윤이 되었다. 이약유는 후에 국정이라는 이름을 하사 받았다. 상원 2년 3월에 최광원이 성도윤이 되어 고적과 함께 단자장을 토벌하였다. 당시 화경정이 동촉을 크게 약탈하니 천자가 대노하여 고적으로 하여금 최광원을 대신하게 하였다. 이 해 11월에 최광원이 죽었고 12월에 엄무가 성도윤이 되었으니 고적이 최광원을 대신하여 성도에 머문 것은 1, 2개월일 뿐이다. 아마도 성도부윤 대리에 지나지 않았을 것이다. 공은 평소 고적과 친하였으니 어떻게 억지로 웃음 띤 말을 올린다고 했겠는가. 주인은 틀림없이 최광원을 가리킨다. 사서에 따르면 최광원은 무식하고 제멋대로였다고 했으니 의당 공과는 맞지 않았을 것이다.(詩云, 只今倏忽已五十, 當是上元二年辛丑作. 公生於壬子, 至是年恰五十. 又云, 公以乾元二年十二月至成都, 是時裴冕爲尹. 上元元年三月, 以京兆尹李若幽尹成都, 若幽後賜名國楨. 二年三月, 以崔光遠尹成都, 與高適共討段子璋. 時花驚定大掠東蜀, 天子怒, 以高適代光遠. 是年十一月光遠卒. 十二月除嚴武尹成都, 則適代光遠在成都, 才一二月耳. 意止是攝尹也. 公素與適善, 豈强供笑語者. 主人當指光遠, 史云光遠無學任氣, 宜與公不相合也.)

주 석

1 年(연): '昔'으로 된 판본도 있다.

《구가집주두시》 조차공 주 '해'는 손잡아 이끌어 주는 어린 아이이다. 열다섯이면 학문에 뜻을 둘 때이지만 마음만은 어린아이를 면하지 못하였으므로 '아직도 어린아이다'라고 한 것이다.(孩者, 可提之童也. 十五乃志學之時, 心未免於孩, 故云尙孩.)

2 黃犢(황독): 누런 송아지.

#《두시상주》 첫 단락에서는 소년 시절 득의양양한 모습을 적었다.(首敍少年得意之狀.)

3 卽今(즉금)구: '卽今年纔五六十'으로 된 판본도 있다.

《구가집주두시》 조차공 주 공은 임자년 선천 원년에 태어났으니 이 해에 이르면 50세가 된다.(公生於壬子先天元年, 至此則五十歲也.)

4 强(강): 억지로. 笑語(소어): 웃으며 말하다. 主人(주인): 이 부분에 대해서는 주석이 분분해서 당시 성도윤으로 있던 최광원崔光遠을 가리키는 것으로 보기도 하고, 두보가 살고 있는 땅의 주인을 가리키는 것으로 보기도 하고, 고적이나 왕잠 등 당시 두보가 도움을 청했던 많은 인사들을 가리킨다고 보기도 한다.

《두시상주》에 인용된 황학 주 주인은 의당 최광원을 가리키는 것이다. 사서에서는 최광원이 무식하고 제멋대로였다고 했으니 의당 공과는 맞지 않았을 것이다.(主人當指光遠, 史云光遠無學任氣, 宜與公不相合也.)

《구가집주두시》 조차공 주 주인은 아마도 〈복거〉시에서 말한 '주인위 복림당유'의 주인일 것이니 어찌 땅 주인이 아니겠는가. 학자들은 많이들 성도부윤이라 함부로 지적하였으니 틀린 것이다.(主人, 蓋卜居詩所謂主人爲卜林塘幽之主人, 豈地主者乎. 學者多妄指以爲府尹, 非也.)

《독두심해》 황학은 여러 면으로 고구하여 '주인'은 성도윤, 이약유, 최광원의 무리라고 하였다. 내 생각에는 이렇다. 공이 성도에서 이약유, 최광원과는 주고받은 글이 없으니 어떻게 억지로 주장할 수 있겠는가. 또한 이 시는 대체로 촉으로 들어온 이래의 낙막한 정황을 슬퍼한 것이다. 초당에 거하다가 얼마 있지 않아 촉주로, 신진으로, 청성으로 갔으며 또 일찍이 팽주의 고적에게, 당흥의 왕잠에게 편지를 썼다. 무릇 명을 기다리는 바이면 모두가 주인인 것이다. 무릇 얼굴을 대하여 이야기한 것이나 편지에 쓴 것이 모두 웃음 띤 말인 것이다. 어떻게 이렇게 융통성이 없는가.(黃鶴多方攷核, 謂主人是成都尹李若幽崔光遠輩. 愚按, 公在成都, 與李崔曾無往還之文, 何得强派. 且此詩是總慨入蜀以來落莫之況. 居草堂席不及暖, 之蜀州, 之新津, 之青城, 又嘗簡彭州高適唐興王潛. 凡所待命, 皆主人也. 凡面談簡寄, 皆笑語也. 奚沾沾膠柱爲.)

#《두시상주》 이 단락에서는 몸이 늙어 처세에 서투름을 탄식하였다. 주인에게 웃으며 말을 한다는 것은 길이 궁한 나그네의 모습을 말한 것으로 극히 괴롭다.(此歎身老拙於逢世. 笑語供主人, 說窮途作客之態, 最苦.)

5 顔色同(안색동): 안색이 같다. 두보 자신의 수심에 찬 안색과 똑같다는 말이다.

《두시상주》 안색이 같다는 것은 모두 근심스러운 얼굴을 하고 있다는 것이다.(顔色同, 各帶憂色也.)

6 啼門東(제문동): 문 동쪽에서 운다. 부엌이 문 동쪽에 있기 때문에 쓴 표현이라는 설이 있다.

《두시상주》에 인용된 《만수시화漫叟詩話》 《예기》에 따르면 부엌문은 동쪽에 있다. 그러므로 문 동쪽에서 운다고 한 것은 일부러 운을 좇아서 쓴 것이 아니다.(記, 庖廚之門在東. 故曰啼門東, 非强趁韻也.)

#《두시상주》 이 단락은 가난하여 집안을 돌볼 수 없음을 탄식한 것이다. 밥을 찾아 문 동쪽에서 운다는 것은 굶주려서 먹을 것을 가리지 않는

정황을 말한 것으로 참담하기 이를 데 없다.(此歎貧窶不能顧家. 索飯啼門東, 說飢不擇食之情, 最慘.)

(**김성곤**)

41. 枯椶

마른 종려나무

蜀門多椶櫚[1] 高者十八九[2] 其皮割剝甚[3] 雖衆亦易朽
徒布如雲葉 青青歲寒後 交橫集斧斤 凋喪先蒲柳[4]
傷時苦軍乏[5] 一物官盡取 嗟爾江漢人[6] 生成復何有[7]
有同枯椶木 使我沉嘆久[8] 死者卽已休 生者何自守[9]
啾啾黃雀啄[10] 側見寒蓬走[11] 念爾形影乾[12] 摧殘沒藜莠[13]

촉문에 종려가 많은데
높이 자란 것이 열에 여덟아홉.
그 껍질 심하게 벗겨져
많기는 하지만 역시 쉬이 썩는다.
그저 구름 같은 잎을 펴고서
추워진 후에도 푸르렀는데
도끼가 마구 모여드니
포류보다 먼저 시들게 되네.

슬프다! 이 시절 심히 군수품이 모자라
하나의 물건도 남김없이 관에서 가져감이.
아아! 너희 강한 지역 사람에게
물품이 또 무엇이 남아 있겠나?
마른 종려나무와 같아
나를 깊이 탄식케 함 오래로다.
죽은 것은 이제 그만이겠지만

산 것은 어떻게 스스로를 지켜 낼까?

재잘재잘 노란 참새가 쪼아대는데
곁에는 추위에 쑥대가 굴러감이 보인다.
생각건대 너희는 모습이 말라가
훼손되어 명아주와 강아지풀에 묻히고 말겠지.

말라 죽은 종려를 보고 가렴주구에 시달리는 백성들의 참상을 읊은 시로 상원 2년 가을 성도에서 지은 작품이다. 종려의 껍질로 새끼줄을 만들면 천 년이 지나도록 썩지 않는다고 한다. 당시 중원의 전란이 아직 멎지 않았었고, 두보가 머물고 있던 촉 지역에는 단자장의 반란과 같은 번진할거의 국면이 출현하였다, 게다가 토번의 빈번한 침입은 서부지역 백성들에 대한 요역과 부세의 부담을 가중시켰다. 새끼줄의 재료로 부족한 전시 물자에 충당할 수 있었던 종려는 백성들로부터 거두어들이는 여러 품목 들 중의 하나였다. 껍질이 벗겨져 고사에 이른 종려로부터 시인은 가혹한 수탈로 헐벗을 대로 헐벗어 생사의 기로에 놓여있는 백성들을 떠올린다. 그리고 이와 같이 깊이 탄식하여마지 않은 시를 지어냈다. 백성들을 살려 달라는 애타는 부르짖음이 행간에서 울려 나오고 있다. 같은 시기 〈병든 귤나무病橘〉 등과 함께 영물시의 명편으로 꼽힌다.

《두시상주》 황학의 주에 "상원 2년 촉에 단자장의 변란이 있었다 그래서 시에서 '이때에 몹시도 군량이 모자람을 슬퍼한다'라고 하였다."라고 하였다. 《광지》에 "'종'은 일명 '병려'이며, 모습은 '포규'와 같고 잎은 있으나 가지가 없다."라고 하였다. 진장기의 《본초》에 "그 껍질로 새끼줄을 만드는데 물에 넣어 천 년이 지나도 썩지 않는다."라고 하였다.(鶴曰, 上元二年, 蜀有段子璋之變, 故詩云傷時苦軍乏. 廣志, 椶, 一名栟櫚, 狀如蒲葵, 有葉無枝. 陳藏器本草, 其皮作繩, 入水千年不爛.)

《보주두시》에 인용된 왕수 주 이 시는 백성들이 무거운 세수에 곤란을 당하는 상황을 슬퍼한 것이다.(此詩傷民困於重斂也.)

주 석

1 蜀門(촉문): 산 이름. 검문산劍門山이라고 한다. 촉 땅을 말한다. 椶櫚(종려): 종려나무.

2 十八九(십팔구): 열 가운데 여덟이나 아홉.

3 割剝(할박): 벗기다.

4 蒲柳(포류): 수양水楊. 가을이 되면 곧바로 시드는 나무다.

《두시상주》에 인용된 《세설》 고열의 머리칼이 일찍 셌다. 임금이 그 까닭을 물으니 대답하기를 '송백의 자태는 서리를 맞고도 여전히 무성하지만 포류의 자질이라 가을이 되기 전에 잎이 집니다."라고 하였다.(顧悅之髮早白, 帝問其故, 對曰, 松柏之姿, 經霜猶茂, 蒲柳之質, 望秋先零.)

《두시상주》에 인용된 《설문》 양류가 곧 '포'다.(楊柳, 卽蒲.)

#**《두시상주》** 첫 단락에서는 종려나무가 말라죽은 까닭을 썼다. 종려나무는 본디 추위를 견디지만 도끼로 껍질이 벗겨졌기 때문에 포류보다 먼저 시들은 것이다.(首敍椶枯之故. 椶本耐寒, 但爲斧斤所剝, 故先蒲柳而凋零耳.)

5 軍乏(군핍): 군수물자가 모자라다.

《두시상주》에 인용된 《제서齊書·고제기高帝紀》 당시 군진의 상황 미비하여, 이에 종려나무의 껍질을 짜서 마구를 마련하였다.(時軍容寡闕, 乃編椶皮爲馬具.)

6 江漢(강한): 장강과 한수 일대로 파촉 땅을 가리킨다.

7 生成(생성): 종려와 같이 땅이 낳아 주고[生] 인력으로 이루어 낸[成] 물건.

8 沉嘆(침탄): 깊이 탄식하다.

9 何自守(하자수): 어떻게 스스로를 지켜낼까? '自'가 '能'으로 된 판본도 있다.

#《두시상주》 이 단락은 마른 종려나무를 보고서 백성들을 생각한 것이다. 전쟁이 일어나 부세가 무거워지니 백성들을 토색질함이 종려나무의 껍질을 벗기는 것과 같다. 이것이 탄식한 본래의 뜻이다. 강한은 파촉을 가리킨다. '생성'은 물건을 이른다. '생'과 '사'는 사람에 견준 것이다. (此見枯椶而念生民. 軍興賦重, 剝民等於剝椶, 此嗟歎本意. 江漢, 指巴蜀, 生成, 謂物. 生死, 比人.)

10 啾啾(추추): 새가 우는 소리. 啄(탁): 쪼다. 모이를 쪼아 먹다. '啅'으로 된 판본도 있다.

11 寒蓬(한봉): 추위 속의 쑥대. 겨울철의 마른 풀을 뜻한다.

12 爾(이): 너희. 종려를 가리킨다. 形影乾(형영간): 형체와 그림자가 마르다. '枯形影'으로 된 판본도 있다.

13 摧殘(최잔): 훼손하다. 沒(몰): 묻히다. 藜莠(여유): 명아주와 강아지풀. 들풀을 뜻한다.

#《두시상주》 하나의 결어에 감개가 많다. 참새가 종려의 털을 쪼아대니 쑥대가 굴러가듯 표산하여, 끝내 형체가 흩어지고 그림자가 없어져 명아주와 강아지풀에 묻혀 버릴 뿐인 것이다.(一結語多感慨. 雀啄椶毛, 飄如蓬走, 究竟形銷影滅, 埋沒藜莠耳.)

##《두시상주》 〈고종〉은 백성들이 무거운 세금에 괴로워하는 것을 슬퍼한 것이다.(枯椶, 傷民困於重斂也.)

《독두심해》 〈고종〉은 '비'이면서 '부'이다. 군사비용을 징발하느라 부세가 많아짐에 백성들을 위하여 살려 달라고 청한 것이다. '상시고군핍, 일물관진취'가 시 전체의 눈에 해당한다. 전 8구에서는 먼저 그것이 말라죽은 것을 서술하였고, 가운데 8구에서는 본론으로 들어가 말라죽은 까닭을 밝혔으며, 뒤 4구에서는 그것이 말라죽은 것에 대하여 개탄하고 있다. 껍질이 벗겨져 썩기 쉽다는 것은 (〈병귤病橘〉시에서의) '살

뜻이 적다少生意'와 같은 뜻이며 또한 백성들의 궁핍함을 비유하고 있다. '포엽'은 일필을 느슨히 한 것이고 '집근'은 일필을 긴장되게 한 것이다. '상시' 이하는 궁핍한 백성들의 일에 명확히 들어간 것이다. '한 가지 물건이라도 다 가져갔다'에 해당되는 것은 범위가 넓다. 사람이 마른 종려와 같다는 것은 비유를 명확히 하여 제목을 돌아본 것이다. '벌써 그만이다'와 '어떻게 지켜 낼까?'는 슬퍼한 것이면서 또한 바란 것이다. '재잘재잘' 이하는 수렴하여 본제로 돌아간 것이다. '참새가 쫀다'와 '추위 속의 쑥대'는 다시 한 차례의 흥을 활용하였으니 매우 생동적이다. 이는 대체로 참새가 모이는 곳에 쑥은 보이되 종려는 보이지 않는다는 말일 것이다. 예전에는 구름과 같았는데 지금은 강아지풀에 묻혀 있으니 시들어 없어진 것을 곧바로 알 수 있다.(枯椶, 比而賦也. 軍興賦繁, 爲民請命焉. 傷時苦軍乏, 一物官盡取, 一詩之眼. 前八, 先敍其枯. 中八, 入事, 明所以枯之故. 後四, 就其枯而慨之. 皮剝易朽, 與少生意同旨, 亦比民窮也. 布葉, 寬一筆. 集斤, 緊一筆. 傷時以下, 顯入窮民. 一物盡取, 所該者廣. 人同枯椶, 明比以顧題. 已休何守, 傷之亦望之也. 啾啾以下, 收還本題. 雀啄寒蓬, 再用一興, 活甚. 蓋謂雀所集處, 見蓬不見椶矣. 向也如雲, 今也沒莠, 凋喪立見.)

(**이남종**)

42. 遭田父泥飮美嚴中丞
농부를 만나 붙들려 술을 마시는데 엄중승을 칭송하다

步屧隨春風[1] 村村自花柳 田翁逼社日[2] 邀我嘗春酒[3]
酒酣誇新尹[4] 畜眼未見有[5] 回頭指大男[6] 渠是弓弩手[7]
名在飛騎籍[8] 長番歲時久[9] 前日放營農[10] 辛苦救衰朽[11]
差科死則已[12] 誓不擧家走[13] 今年大作社[14] 拾遺能往否[15]
叫婦開大瓶 盆中爲吾取[16] 感此氣揚揚[17] 須知風化首[18]
語多雖雜亂 說尹終在口[19] 朝來偶然出 自卯將及酉[20]
久客惜人情[21] 如何拒鄰叟[22] 高聲索果栗 欲起時被肘[23]
指揮過無禮[24] 未覺村野醜 月出遮我留[25] 仍嗔問升斗[26]

봄바람 따라 느긋하게 걷노라니
고을마다 절로 꽃과 버들 무성한데,
농부가 제를 지내는 날이 가깝자
나를 불러 봄 술을 맛보인다.

술기운 무르익자 새 사또를 칭송하기를
"제 눈으로 일찍이 보지 못한 분입니다"라고 하더니,
고개 돌려 장남을 가리키며
"저 아이는 궁수랍니다.
이름이 비기군 명부에 올라 있어
장기 복무로 오랜 세월을 보냈는데,
며칠 전 풀려나 농사를 짓게 되어
고생으로 지친 이 늙은이를 구했답니다.

요역과 납세는 죽어야 그만둘 것이나
맹세코 가족들을 데리고 달아나지는 않을 겁니다"라고 한다.

"올해 토지신에게 제사를 크게 지낼텐데
습유께서는 머무실 수 있는지요?"
아내를 불러 큰 병을 열더니
날 위해 동이에서 술을 뜬다.
이처럼 의기양양한 모습에 감동하였으니
모름지기 교화의 으뜸함을 알아야 하리라.
말은 많아 어수선하긴 해도
사또에 대한 얘기가 시종 입에 오른다.

아침에 우연히 집을 나섰다가
묘시에서 유시까지 이르려 하는데,
오랜 객지생활에 사람의 정이 소중하거늘
어찌 이웃 노인을 거절할 수 있으랴?
목소리 높여 과일과 밤을 가져오라 하면서
일어나려 하면 그때마다 팔을 끌어당긴다.
손을 휘저어 지나치게 무례한 듯하지만
시골노인 추하다는 생각이 안 든다.
달이 떠도 나를 막아서며 더 있으라 하고는
여전히 성을 내며 얼마나 드셨냐고 묻는다.

이 시는 두보가 보응寶應 원년에 성도成都에서 지은 것으로 추정된다.

이 시는 두보가 농부와 어울려 술을 마시다가 엄무嚴武를 칭송하는 농부의 말을 듣고 느낀 감회를 읊은 것이다. 두보가 이웃 농부와 신분의 격차를 초월하여 기탄없이 대화를 주고받는 장면 속에서 두보의 인정을 엿볼 수 있다. 또 이 시는 일견 엄무에 대한 송덕시 같지만, 작은 은덕에 크게 감동하는 농부의 말에서 현실을 고발하는 면도 있어 엄무에 대한 권계시로도 볼 수 있을 듯하다.

제목에서 '이음泥飮'은 농부에게 붙들려 못 이긴 채 술을 마신 것을 뜻한다. '술에 진창 취한다'는 뜻으로 보는 설도 있으나 부자연스러워 보인다. '엄중승'은 엄무嚴武를 가리킨다. '중승'은 관리의 비행을 규찰하고 탄핵하는 업무를 관장하는 기관인 어사대御史臺에서 어사대부御史大夫 다음 가는 직책인 어사중승御史中丞의 약칭이다.

> 《보주두시》 《구당서 · 엄무전》을 살펴보면 "장안을 수복하고 나서 엄무를 경조소윤에 임명하고 어사중승을 겸직케 하였다. 사사명이 군대를 동원하자, 임지에 가지 못하고 면주자사로 나가면서 검남동천 절도사와 어사중승을 겸직하였다. 동천절도사는 치소가 재주에 있는데, 상황(현종)이 조칙을 내려 동천과 서천 두 곳을 합쳐 한 도로 만들고, 그를 성도윤에 임명하며 어사대부를 겸직케 하였다."라고 하였다. 이제 '엄중승'이라 한 것으로 보아, 이 시는 어사대부가 되기 전에 지은 것이다. 두보에게는 '엄중승', '엄대부', '엄시랑', '엄정공'에게 주는 시가 있는데, 선후를 변별할 수 있다. 두보의 〈설한說旱〉을 고찰해 보면 "이제 촉은 전년 10월부터 비가 내리지 않아 올해 2월 기우제를 지내지 않는 때까지 계속되었다."라고 하였는데, 이 〈설한〉은 곧 보응 원년 2월에 엄무에게 올린 것이다. 주에서 "처음에 어사중승 엄공은 검남의 절도사를 맡았다."라고 하였고, 또 이 〈설한〉에서 다시 "관내의 동천과 서천 두 곳에 각각 사자를 한 명씩 파견하십시오."라고 하였으니, 그 당시에는 단지 양천을 총괄하는 절도사였을 것이다. 이 시는 보응 원년 봄에 제사를 지내며 지은 것이 분명하다. 이른바

'泥飮'이라는 말은 진흙탕 속에서 술을 마셨다는 말이 아니라, 진창 취했다는 말일 뿐이다. 그렇지 않다면 아마도 〈설한〉을 올린 뒤에 곧 비가 왔을지도 모른다. 양권도는 광덕 2년에 편재했는데 잘못이다. 하물며 시에서 "습유께서는 머무실 수 있는지요?"라고 하였으니, 참모가 되기 전이다. 상소문을 올려 참모에 임명된 것은 광덕 2년 봄과 여름 사이였다.(按舊史嚴武傳, 旣收長安, 以武爲京兆少尹, 兼御史中丞. 以史思明阻兵, 不之官, 出爲綿州刺史, 兼劍南東川節度使, 兼御史中丞. 東川節度治梓州, 上皇詔合兩川爲一道, 拜成都尹, 兼御史大夫. 今曰嚴中丞, 則是未爲大夫時所作. 蓋公有與嚴中丞嚴大夫嚴侍郎嚴鄭公, 先後可辨也. 考公說早(旱의 오자)云, 今蜀自十月不雨, 抵建卯非雩之時, 則是說乃寶應元年二月上嚴公. 注云, 初中丞嚴公節制劍南. 此說中又云, 管內東西兩川, 各遣一使, 則其時但是節制兩川. 此詩當是寶應元年春社作, 所謂泥飮者, 非飮於泥淖之中, 乃其醉如泥耳. 不然, 或是上旱說後便雨. 梁權道編在廣德二年, 非. 況詩云, 拾遺能住否, 則是未爲參謀時, 奏爲參謀, 在二年冬(연자衍字로 추정됨)春夏間也.)

《두시상주》 완곡하게 무언가 요구하는 것을 말할 때 '泥'라고 한다. '飮'은 억지로 머물게 해서 술을 마시게 했다는 말로, 시에서 말한 '일어나려 하면 그때마다 팔을 끌어당긴다'는 것이다. 《두억》에 "'중승을 칭송한다'라 함은 농부의 말을 가리키는 것이지, 두보가 그를 칭찬했다는 것은 아니다."라고 하였다. 황학은 "이 시는 보응 원년 봄 토지신에게 제를 지낼 때 지은 것이 분명하다. 시에서 '습유께서는 머무실 수 있는지요?'라고 하였으니, 참모가 되기 전이다. 만약 광덕 2년이라면 의당 상주하여 참모가 되었을 것이다."라고 하였다.(柔言索物曰, 泥. 飮, 謂强留使飮, 卽詩所云欲起時被肘也. 杜臆, 美中丞, 指田父之言, 非公美之也. 鶴曰, 此當是寶應元年春社作. 詩云, 拾遺能住否, 是未爲參謀時也. 若在廣德二年, 當奏爲參謀矣.)

《독두심해》 살펴보건대, 당대에 어사대부로 중승, 대원 등의 직책이 있었는데, 대부는 그 통칭이다. 이제 두보의 시에 의하면 엄무는 어사중승의 신분으로 촉을 진수하였으나, 《구당서》나 《신당서》에서는 모두 '어사대부'라고 하였다. 그래서 주석가들에게 '중승'을 말한다느니, '대부'를 말한다느니 하는 논변이 있으나, 내 생각으로는 불필요하다고 본다.(按, 唐御史大夫, 有中丞·臺院等職, 大夫其統號也. 今據公詩, 嚴武以御史中丞鎭蜀, 而二史俱云御史大夫. 注家遂有稱中丞稱大夫之辯. 愚謂不必.)

주 석

1 步屧(보섭): 짚신을 신고 걷다. 천천히 걷는 것을 뜻한다.

《**두시상주**》 왕우칭은 "'섭'은 짚신이다."라고 하였다. 《송서》에 "원찬은 단양윤을 지낼 때, 일찍이 백양나무 자란 교외에서 천천히 거닐다가 사대부를 만나면 그를 불러 함께 거나하게 술을 마셨다."라고 하였다.(王禹偁曰, 屧, 草履也. 宋書, 袁粲爲丹陽尹, 嘗步屧白楊郊野, 遇士大夫, 便呼, 與酣飮.)

2 社日(사일): 토지신에게 제사 지내는 날을 말한다. 봄에 지내는 제사와 가을에 지내는 제사가 있는데, 여기서는 전자를 가리킨다.

《**구가집주두시**》 '사'는 제사다. 농사를 기원하는 것으로, 봄에 풍년을 빌고 가을에는 수확에 보답한다. 그래서 일년에 봄과 가을 두 차례의 제사가 있다.(社, 祭也. 以祈農事, 春祈秋報, 故歲有春秋二社.)

《**두시상주**》 《예기・월령》에 "길일을 골라 백성들에게 토지신께 제사를 올리게 한다."라고 하였는데, 정현의 주에 "토지신에게 제사를 지내 농사가 잘 되기를 기원하는 것이다. '원일'은 춘분에 가까운 전후의 무일을 말한다. '원'은 길하다는 뜻이다."라고 하였다.(月令, 擇元日, 命民社, 鄭注, 祀社, 以祈農祥. 元日, 謂近春分前後戊日. 元, 吉也.)

3 邀(요): 초대하다. 嘗(상): 맛보다.

#《**두시상주**》 (첫 단락은) 농부가 초청하여 술을 마시게 된 경위를 적고 있다.(記田父邀飮之由.)

4 新尹(신윤): 새 부윤府尹. 새로 부임한 엄무를 가리킨다.

5 畜眼(축안): 자기 눈에 대한 겸칭. 이 구절은 농부가 엄무에 대해 살아

생전 처음 보는 훌륭한 분이라고 칭송하는 말이다.

6 大男(대남): 장남. 농부의 맏아들을 가리킨다.

7 渠(거): 3인칭 대명사. 농부의 아들을 가리킨다. 弓弩手(궁노수): 궁수. 즉 병졸을 말한다.

《**두시언해**》 '궁노수'는 병졸을 말한다.(弓弩手, 言兵卒也.)

8 飛騎籍(비기적): 비기의 명부.

《**구가집주두시**》 '비기'는 군대 이름이다.(飛騎, 軍名.)

《**두시상주**》《신당서·병지》에 "재주가 뛰어나고 용맹한 이를 뽑아 분대장으로 삼고 쇠뇌를 익히게 했다."라고 하였고, 또 "우림군 비기 역시 쇠뇌를 익혔다."라고 하였다.(新書兵志, 擇材勇者爲番頭, 習弩射, 又有羽林軍飛騎, 亦習弩.)

9 長番(장번): 교대자 없이 오래도록 병역에 복무하는 것을 말한다.

《**구가집주두시**》 '장번'은 오래도록 당직에 있다는 뜻으로, 교대가 없다는 말이다.(長番, 猶長在直, 言無更代.)

《**두시상주**》**에 인용된 장원**張遠 **주** 옛날에는 군인 1만 5,000명이 6교대로 나뉘어 차례에 따라 번갈아 근무하였다. 이제 '장번'이라고 한 것은 오래 병적에 있어 교대 근무가 없다는 뜻이다.(舊兵一萬五千, 分爲六番, 以次更代, 今曰長番. 長在籍, 無更代也.)

10 放營農(방영농): 병역에서 면제시켜 농사를 짓게 한다는 말이다.

《**보주두시**》**에 인용된 왕수 주** '방영농'은 돌아가서 농사짓는 것을 뜻한다.(放營農, 歸耕也.)

11 辛苦(신고): 주체를 농부로 볼 수도 있고, 아들로 볼 수도 있다. 衰朽(쇠후): 쇠약하다. 농부 자신을 가리킨다.

12 差科(채과): 요역徭役과 세금. 즉 부역賦役과 뜻이 같다. '채'는 요역을, '과'는 납세를 뜻한다. 이 구절은 요역과 납세는 꼭 이행하겠다는 뜻을 담고 있다.

《**두시상주**》 잡다한 요역과 세금은 장기 복무 외의 것이다.(雜色差科, 在長番之外者.)

#《**두시상주**》 이 단락은 농부가 엄무를 칭송하는 내용으로, 일을 기록하면서 아울러 말을 서술하고 있다. 풀려나 농사일로 부친을 구하게 하였으

니, 윗사람이 어진 마음을 아랫사람에게 베푼 것이고, 요역과 세금을 피하지 않았으니, 아랫사람이 신의로써 윗사람에게 보답하는 것이다.(此田父頌美嚴公, 敍事而兼述言. 放農救親, 上以仁逮下, 差科不避, 下以義報上也.)

13 擧家走(거가주): 가족을 다 거느리고 도주하다.

14 作社(작사): 토지신에게 제사를 지내다. 농사가 잘 되기를 비는 것이다.

15 拾遺(습유): 관직 이름. 문하성門下省 소속 좌습유와 중서성中書省 소속 우습유가 있었는데, 여기서는 좌습유를 지낸 두보를 두고 한 말이다.

16 盆(분): 술동이.

《독두시설》 이제 살펴보건대, '분'은 술을 빚는 그릇이고, '병'은 술을 담는 것이다.(今按, 盆是釀酒者, 甁是盛酒者.)

17 揚揚(양양): 득의한 모양.

18 風化首: 교화의 으뜸. 교화의 중요함을 뜻하는 말로, 여기서는 엄무의 치적을 가리킨다.

《두시경전》 백성에 대한 사랑인 풍화의 으뜸이라는 말이다.(言愛民爲風化之首.)

《두시언해》 '풍화'는 교화를 뜻한다. 이 구절은 새 사또의 교화를 알 수 있다는 말이다.(風化, 猶敎化也. 此言可知新尹之風化也.)

19 終在口(종재구): 끝까지 입에 오르다. 엄무에 대한 칭송이 입에서 끊이지 않는 것을 뜻한다.

#《두시상주》 이 단락은 농부가 두보를 간곡하게 붙들어 술을 마시는 내용으로, 말을 적으면서 아울러 일을 서술하고 있다. 그의 마음 속 정성에 감동받아 교화의 유래에 대해 근본을 따지면서, 여전히 새 사또에게 미덕을 돌리고 있다.(此田父款留公飮, 述言而兼敍事. 感其意氣之慇, 而推本風化之自, 仍歸美於新尹也.)

20 自卯(자묘) 구: 두보가 외출하여 농부와 보낸 시간대를 가리키는 말로, 묘시에서 유시까지는 아침 6시경부터 저녁 6시경까지를 말한다.

21 久客(구객) 구: 오랜 객지생활로 인정이 그리운 것을 말한다.

《두시상주》에 인용된 장원張遠 **주** '구객석인정'은 객지생활을 오래해서 두터운 인정이 더욱 소중하다는 것을 말한다.(久客惜人情, 言客久, 而人情之厚更爲可惜.)

22 鄰叟(인수): 이웃의 노인. 두보가 만난 농부를 가리킨다.

23 被肘(피주): 팔을 붙잡히다. 농부에게 붙들리는 척 함께 술을 들게 된 정황을 말한다.

《구가집주두시》 누차 팔이 끌어당겨진 것을 말한다.(言屢爲掣肘.)

《보주두시》 소씨는 "공문거(후한 공융孔融)가 마을 사람에게 가서 술을 마시다가 야심해져서 돌아갔다. 집사람이 그가 지체한 것을 꾸짖자, '수레를 타려고 했으나 자꾸 팔을 붙잡혔습니다'라고 하였다. 두보는 일세의 위인으로 조어가 매우 오묘하니 가슴에 큰 학문이 없으면 그의 시를 읽을 수 없다."라고 하였고, 사씨는 "두보가 오랫동안 객지생활을 하면서 이웃노인과 늘 이와 같이 지냈다는 것을 알 수 있다."라고 하였다.(蘇曰, 孔文擧就里人飮, 夜深而歸, 家人責其遲, 曰欲命駕, 數數被肘. 工部一世偉人, 造語深得要妙, 胸中無國子監者, 不可讀其詩. 師曰, 足知甫久客, 與隣叟無一日不如此也.)

24 指揮(지휘): 거침없이 이리저리 손을 휘젓는 동작을 말한다.

《보주두시》에 인용된 왕수 주 행동거지에 법도가 없어 예법을 따질 수 없다는 말이다.(擧止無度, 不可責禮法也.)

25 遮我留(차아류): 나를 막아서며 머물게 하다. 두보에게 가지 말라고 만류하는 것을 말한다.

26 嗔(진): 화내다. 問升斗(문승두): 되와 말을 묻다. 즉 두보가 얼마나 마셨냐고, 혹은 얼마나 마실 거냐고 묻는 말에 농부가 화를 내는 것을 뜻한다.

《보주두시》에 인용된 소蘇씨 주 하희는 《춘추경》으로 세상에 이름이 알려졌으나, 여러 차례 왕명을 내려도 벼슬에 오르지 않았다. 술을 좋아하여 매번 마실 때면 양을 묻지 않고 다 마셨다. 취중에 오히려 품평을 잘하여 사람들이 모두 그의 주량에 탄복하였다.(何憙以春秋知名海內, 累詔不仕, 嗜酒, 每飮, 不問升斗俱盡, 醉中猶長褒貶, 人皆欽服其量.)

《보주두시》 황희 주 진 육납은 환온에게 "명공께서 근자에 술을 석 되 마신다고 하셨는데, 저는 그저 두 되를 마시면 됩니다. 이제 술이

한 말 있는 것은 술잔과 구기에 술이 남도록 준비해서입니다."라고 하였다.(晉陸納謂桓溫曰, 明公近云, 飮酒三升, 納正可二升. 今有一斗, 以備杯酌餘瀝.)

《두시택풍당비해》 되와 말을 묻는 것은 주량의 고하를 비교하는 것이다.(曰問斗升者, 較酒量之淺深也.)

#《두시상주》 이 단락은 붙잡혀 술을 마시게 된 전과정을 소상히 서술하고 있는데, 농부의 진솔한 정감을 엿볼 수 있다. 《두억》에 "두보가 시에서 '농부가 초대하면 언제나 찾아갔다'고 한 말을 이 시에서 증명할 수 있다. 그가 시골사람의 말투와 투박한 기상을 묘사한 것이 마치 그림을 보듯이 또렷하다."라고 하였다.(此詳敍泥飮始末, 見田父眞率情晛. 杜臆, 公詩田父邀皆去, 此章可證. 其寫出村人口角, 樸野氣象, 儼然如畫.)

##《두시상주》에 인용된 노원창盧元昌 주 촉은 상황이 경사로 돌아간 뒤 검남을 두 절도로 나눴는데, 백성들은 요역으로 지쳐 있었다. 서산의 삼성 또한 수루가 많아, 촉의 백성 중에 군적에 오른 이들이 평안한 때가 없었다. 상원 3년 단자장이 반란을 일으켜 장졸들의 약탈이 심했다. 촉의 백성들은 약탈로 고통을 받은데다가 병사들 때문에도 고역을 치렀다. 두보의 〈고종〉시 등을 읽어 보면, "이때에 몹시도 군량이 모자라는데, 한 가지 물건이라도 관청에서 다 가져가 마음 아프다. 슬프다 너희 강한 지역의 사람이여, 경작한 물건이 또 무엇이 있겠는가?"라는 말이 있다. 촉의 백성들이 장기 복무가 끝나지 않고 부역이 그치지 않았으니, 어찌 농사를 짓고 토지신에게 제사를 올릴 수 있었겠는가? 엄무가 촉을 진수하며 동천과 서천을 함께 다스리면서, 촉의 백성들이 비로소 다소나마 숨통을 틀 수 있었다. 두보는 그해에 〈한설〉이란 글에서 "엄무가 부임한 뒤로 각 고을의 정사와 피폐된 풍속을 바로잡는 데 이미 착수하였다."라고 하였다. 이 시와 맞추어 보면, 엄무의 정사가 정교하고 능력이 있어 촉의 백성들이 편안해졌다는 것을 대략 알 수 있다. 또 본전에 두보가 완화리에 거주하면서 시골사람들과 서로 친하게 지냈다고 적고 있다. 이 시에서 "나를 불러 봄 술을 맛보게 해 준다."라고 하고, 다시

"습유께서는 머무실 수 있는지요?"라고 하였으며, 또 "날 위해 동이에서 술을 뜬다." "일어나려 하면 수시로 팔을 끌어당긴다."라고 하였으니, 친하게 지냈던 상황을 가히 상상해 볼 수 있다.(蜀自上皇還京後, 分劍南爲兩節度, 百姓罷於調遣. 西山三城, 又列戍焉, 蜀民籍爲軍者, 無寧歲矣. 上元三年, 段子璋反, 將士大掠. 蜀民既苦寇, 又苦兵. 讀公枯椶等詩曰, 傷時苦軍乏, 一物官盡取, 嗟爾江漢人, 生成亦何有. 蜀民長番不已, 差科不息, 安得營農而作社乎. 嚴武鎭蜀, 兩川兼攝, 蜀民始稍甦息. 公是年說旱云, 自中丞下車, 軍郡之政, 罷弊之俗, 已下手開濟矣. 合之此詩, 嚴吏治精能, 蜀民休息, 大略可見. 又本傳載公住浣花里, 好與田畯野老相狎蕩. 此詩既曰, 邀我嘗春酒, 再曰拾遺能住否, 又曰盆中爲吾取, 欲起時被肘, 狎蕩之態, 又可想見矣.)

《구가집주두시》 조차공 주 이 시에서는 속어를 많이 사용하고 있다. 예를 들어 '弓弩手'나 '差科', '長番' 등과 같은 표현들이 그러하다. '천천히 거닌다'는 말은 (남조南朝) 유송劉宋 사람 원찬의 고사와 관련이 있다. '크게 제사를 지낸다'는 말은《좌전》의 '자산이 크게 토지신에게 제사를 지냈다'는 말을 바꿔서 표현한 것이다. '의기양양하다'는 말은《안자전》의 '그의 마부가 의기양양하였다'에서 따온 것이다. '말은 많아 어수선하다'라는 말은 도연명 〈음주시〉의 '노인이 말이 어수선하고 술을 따를 때 순서가 없다'에서 따온 것이다. '달이 떠도 나를 막아서며 더 있으라 한다'는《한서·고조본기》의 '삼로 동공이 한왕을 막아서고 유세하였다'는 말을 사용한 것이다. '肘'자는《사기》의 '위위자가 수레 위에서 한강자를 팔꿈치로 쳤다'는 말을 사용한 것이다.(此篇多使俗語, 如弓弩手, 如差科, 如長番等字, 是也. 步屧字, 則宋袁粲事. 大作社, 變左傳子產大爲社也. 氣揚揚字, 晏子傳其御者意氣揚揚. 語多雖雜亂, 陶淵明飮酒詩, 父老雜亂言, 觴酌失行次. 月出遮我留, 使漢祖紀, 三老董公, 遮說漢王. 肘字, 使史記, 魏威子肘韓康子於車上.)

《독두심해》 첫 4구는 쌍관법을 이용하여 시골의 경관을 묘사하면서 동시에 정치적 교화를 담고 있으니 그 기묘함을 알 수 있다. 다음 10구는 술이 거나하여 사또를 자랑하는 것으로 출발점을 삼고 있는데, 핵심을 짚은 것이 간결하고 포괄적이다. 아래에서는 장기 근무를 풀어 주는 한 가지 일만 서술하였지만 잘못된 정치가 순식간에 일소되었음을 알 수 있다. 죽어도 달아나지 않겠다고 맹서하였으니 진심어린 말을 하는 것으로 맺음을 한 것이다. 윗사람이 감화시키고 아랫사람이 호응한 것으로 내용과 형식을 다 잘 갖췄다. 또 다음 8구에서는 '크게 토지신에게 제사를 지낸다'는 말로 포괄하기 시작하였다. '붙들려 술을 마시는 것'은 한 집에서 일어난 일이지만, 즐거움을 누리는 것은 온 경내에 두루 퍼진다는 것을 보여 준다. '아내를 부른다'는 두 마디는 읽기만 하면 마치 그 목소리를 직접 듣는 듯하다. 이 아래로는 붙들려 술을 마시는 일에 대해 서술하면서 다시 정치적 교화와 합치시켜 '사또에 대한 얘기가 입에 오른다'는 말로 결말을 지었으니, 앞뒤로 핵심 내용을 환기시켜 준다. 마지막 10구는 세 층으로 나누어 시상을 마무리하면서 호응을 시키니 '조래' 4구로 이 시의 첫머리를 거둬들이고, '고성' 4구로 '붙들려 술을 마신다'는 말을 거둬들였으며, '월출' 4구로 엄무에 대한 칭송을 맺었으니, 한 방울의 물도 새지 않는 것처럼 빈틈이 없다. '되와 말을 묻는다'는 표현에 대해 옛 주에서는 "술의 수량을 묻는 것이다."라고 풀이하였으나, 내 생각으로는 얼마나 생산했는지를 묻는 말이다. 이처럼 훌륭한 관리가 있으니 말거리로 삼을 필요도 없고 먹을 것이 없을까 걱정하지 않아도 된다는 것을 알 수 있다. 우리 오늘 그저 마음을 터놓고 실컷 술이나 마시면 그만이라는 뜻이다.(起四句雙關, 是村景, 是政化, 其妙可思. 次十句, 以酒酣誇尹作提, 點眼簡括. 以下節述放番一事, 而弊政頓除可知. 誓死不走, 以輸誠語作束. 上感下應, 得情得體. 又次八句, 以大作社籠起, 見泥飮者在一家, 而歡樂者遍境內矣. 叫婦二字一讀, 如聞其聲. 此下敍泥飮, 仍拍合政化, 以說尹在口作束. 前後醒眼. 末十句, 分三層收應. 以朝來四句收篇首. 以高聲四句收泥飮, 以月出二句收美嚴, 滴水不漏. 問升斗, 舊云, 問酒數, 吾謂是問生產也. 見有此好官, 不須記掛口料, 不怕沒飯喫. 吾曹今日, 只管開懷痛飮耳.)

(김만원)

43. 桃竹杖引贈章留後

도죽 지팡이의 노래 — 장유후께 드리다

江心磻石生桃竹[1] 蒼波噴浸尺度足[2]
斬根削皮如紫玉[3] 江妃水仙惜不得[4]
梓潼使君開一束[5] 滿堂賓客皆嘆息
憐我老病贈兩莖[6] 出入爪甲鏗有聲[7]
老夫復欲東南征[8] 乘濤鼓枻白帝城[9]
路幽必爲鬼神奪[10] 拔劍或與蛟龍爭[11]
重爲告曰[12]
杖兮杖兮爾之生也甚正直 愼勿見水踴躍學變化爲龍
使我不得爾之扶持 滅跡於君山湖上之靑峰[13]
噫風塵澒洞兮豺虎咬人[14] 忽失雙杖兮吾將曷從[15]

강 가운데 너럭바위에 도죽이 나니
푸른 물결 솟아 적셔 치수가 넉넉하네.
뿌리를 베어 껍질을 깎으니 자옥 같아
강비와 수선도 몹시 애지중지하리라.
재동의 사군이 한 묶음을 펼치니
집에 가득한 손님들 모두가 감탄하네.

내가 늙고 병들을 가엾이 여겨 두 자루를 주시니
들며 날 때 손톱에 닿아 쟁그렁 소리가 울린다네.
늙은이가 다시 동남쪽으로 먼 길을 떠나
물결 타고 뱃전을 두드리며 백제성에 가려는데,

길이 유심하여 필시 귀신에 뺏기게 되면
칼을 빼서 혹여 교룡과도 싸울 거네.

다시 고하여 이르노라:
지팡이여! 지팡이여! 네 생김새가 심히도 바르고 곧으니
삼가 물 보고 뛰어올라 변화하여 용이 되는 것을 배워서,
나로 하여금 너의 부축을 얻지 못해
군산 호수 위 푸른 봉우리에서 자취가 사라지게 하지 마라.
아아! 바람 먼지 세차고 승냥이와 호랑이가 사람을 무니
홀연 두 지팡이를 잃게 되면 내 장차 어디로 가리요.

《보주두시》에 의하면 광덕 원년 재주에서 지은 작품이다. 도죽장은 도죽으로 만든 지팡이다. 도죽은 대나무의 일종으로 마디가 촘촘하고 속이 메워져 있으며 결이 굳고 몸체가 가늘어 지팡이를 만드는 고급의 재료로 알려져 있다. 재주 자사 장이가 두보에게 도죽 지팡이 두 개를 선물하자 이에 감사하는 뜻으로 이 시를 지었다. 대체로 지팡이에게 말하는 형식을 빌려 장이를 깨우치는 말을 전한 것이다. 두 개의 지팡이가 엄무와 장이를 함께 가리킨다는 설도 있다.

《보주두시》 양권도는 보응 원년 재주 시 안에 편재하였다. 지금 살펴보건대 시에서 "늙은이가 다시 동남쪽으로 먼 길을 떠나려 한다."라고 하고 또 "군산 호수 위 푸른 봉우리에서 자취가 없어진다."라고 하였으니 이것은 당시 형악으로 내려가려고 한 것이다. 광덕 원년에 두보는 재주에 있었는데 역시 '응당 배를 수리하여, 길게 휘파람 불며 형문으로 내려가야 한다'라고 한 시(〈춘일재주등루春日梓州登樓〉)가 있

다. 뒤에 비록 결행하지는 않았지만 이해 가을 낭주에 들어갔다. 다음 해에 엄무가 다시 촉을 다스리게 되자 다시 성도로 돌아왔다. 이 시는 마땅히 광덕 원년에 지어진 것이다. 대체로 보응 원년 재주에서 지낸 것은 한 달이 다 되지 않는다. 설사 성도로 돌아가서 가족을 데리고 재차 재주로 갔다고 해도 또 외지에 있었던 경우가 많았다. 시에 또 "홀연 두 지팡이를 잃게 되면, 내 장차 어디로 가리요."라고 하였는데, 이는 아마도 엄무와 장이를 가리키는 듯하다. 이때에 엄무는 이미 소환되었고 두보는 또 장이를 버려두고 동남으로 내려가고자 하였다. 그래서 '지팡이 두 개를 잃는다'고 한 것이다. 양권도와 같이 보응 원년에 편재한다면 이 해 장이는 아직 재주에 자사로 부임하지 않은 상태였다.(梁權道編在寶應元年梓州詩內. 今考詩云, 老夫復欲東南征, 又云, 滅跡於君山湖上之靑峯, 則是其時欲下荊岳. 廣德元年, 公在梓州, 亦有詩云, 應須理舟楫, 長嘯下荊門. 後雖不果, 然是年秋入閬州. 明年以嚴武再鎭蜀, 復歸成都. 此詩當在廣德元年作. 盖寶應元年處梓不滿月, 雖歸成都迎家再往梓, 又多在外邑. 詩又云, 忽去[失의 잘못임]雙杖吾將曷從, 盖喩嚴武章彝也. 是時武已召還, 而公又欲舍彝下東南, 故云失雙杖. 若梁編在寶應元年, 則是年章彝未刺梓州.)

《**두시상주**》 황학은 광덕 원년 겨울의 작품으로 편재하였다.《이아》〈석초〉에 "대나무 가운데 4촌마다 마디가 있는 것을 '도지'라 한다"라고 하였다.《상서 · 고명》의 "부중멸석"에 대한 소에 "곧 도지죽이다"라고 하였다. 대개지의《죽보》에 "'도지'의 껍질은 붉으며 엮어서 짜면 매끄럽고 견고하여 자리로 삼을 수 있다."라고 하였다. 양웅의 〈촉도부〉에 "공절도지"라 하였고, 목화의 〈해부〉에 "도지운당"이라 하였다. 좌사의 〈촉도부〉 "영수도지"에 대한 주에 "'도지'는 대나무 종류로 점강현에서 나며 지팡이를 만들 수 있다."라고 하였다.《원화군현지》에 "합주 동랑산에 도지죽이 나온다."라고 하였다. 동파의 〈발도죽장인후〉에 "도죽은 잎이 종려나무와 같고 줄기는 대나무와 같다. 마디가 촘촘하고 속이 메워져 있으며 결이 굳고 몸체가 가늘다. 이는 대체로 천연 그대로의 지팡이로서 파주와 유주 사이에서 나온다. 곽박에게 〈도장찬〉이 있고 자미에게 〈도죽가〉가 있다."라고 하였다. 《두억》에 "도죽은 곧 종죽이다. 천동에 지금까지 있다."라고 하였다.(黃鶴編在廣德元年冬作. 爾雅釋草竹四寸有節曰桃枝. 書顧命, 敷重篾席. 疏, 卽桃枝竹. 戴凱之竹譜, 桃枝皮赤, 編之滑勁可爲席. 揚雄蜀都賦, 笻節桃枝. 木華海賦, 桃枝篔簹. 左思蜀都賦, 靈壽桃枝. 注, 桃枝, 竹屬, 出墊江縣, 可以爲杖. 元和郡縣志, 合州銅梁山出桃枝竹. 東坡跋桃竹杖引後, 桃竹, 葉如椶, 身如竹, 密節而實中, 犀理瘦骨, 蓋天成拄杖也, 出巴渝間. 郭璞有桃杖贊, 子美有桃竹歌. 杜臆, 桃竹卽椶竹, 川東至今有之.)

《보주두시》 왕수는 "장유후에게 기증한 것이다."라고 하였다. 소식은 "유자후의 시에 '성대했던 시절이 한 번 가면 귀한 것이 천한 것으로 돌아가니, 도생과 포규부채가 어찌 늘 있을 수 있겠는가?' 하였는데 '도생'이 어떤 물건인지 알 수 없었다. 우연히 《방언》에 '簟(대자리)을 송, 위 지역에서는 笙이라 한다'는 내용을 보고서 비로소 '도생'이 도죽으로 자리를 만든 것임을 깨달았다."라고 하였다.(洙曰, 贈章留後. 蘇曰, 柳子厚詩云, 盛時一失貴反賤, 桃笙葵扇安可常, 不知桃笙爲何物. 偶閱方言, 簟, 宋魏之間謂笙, 方悟桃笙以桃竹爲簟也.)

주석

1 江心(강심): 강물 한가운데. '心'이 '上'으로 된 판본도 있다. 磻石(반석): 반석, 너럭바위. 桃竹(도죽): 대나무의 일종. 재질이 견고하여 지팡이나 자리의 재료로 쓰인다.

2 噴浸(분침): 물을 뿜어서 스미게 하다. 물결에 닿아 적셔진다는 말이다. 尺度(척도): 치수. 足(족): 충분하다.

3 斬根削皮(참근삭피): 뿌리를 자르고 껍질을 벗기다. 紫玉(자옥): 자주빛이 나는 보옥.

4 江妃(강비): 전설 중의 신녀神女. 水仙(수선): 황하의 신인 풍이馮夷, 수신水神. 惜不得(석부득): 몹시 애지중지하다. 강비나 수선도 도죽으로 만들어진 이 지팡이들을 아주 귀하게 여겼을 것이라는 말이다.

《두시상주》《열선전》에 "강비 두 여인이 한수 물가로 나와 노닐다가 정교보를 만나자 패옥을 풀어 주었다."라고 하였다. 왕일의 《초사》 주에 "풍이는 물에 사는 선인이다."라고 하였다.(列仙傳, 江妃二女, 出遊漢江湄, 逢鄭交甫, 解佩與之. 王逸, 楚辭注, 馮夷, 水仙人也.)

《보주두시》에 인용된 왕수 주 《강부》의 "풍이가 물결에 기대어 오만스레 바라보고, 강비가 찡그린 눈으로 곁눈질하네."에 대한 주에서 "풍이는 수선이다."라고 하였다.(江賦, 馮夷倚浪以傲睨, 江妃含嚬而瞟眇. 注, 馮夷, 水仙也.)

5 梓潼使君(재동사군): 재주자사 장이를 가리킨다. '君'이 '者'로 된 판본도 있다. 開一束(개일속): 한 묶음을 펼치다.

《보주두시》 재주는 재동군이다. 동쪽으로 재림에 기대어 있고 서쪽으로 동수를 베고 누웠기에 그렇게 이름을 붙였다. 당시 장이는 재주의 자사로 있었다. 그래서 왕수가 "이 시는 장유후에게 기증한 것이다."라고 하였다.(梓州爲梓潼郡, 以東倚梓林西枕潼水, 故名. 時章彝爲梓刺史, 故王內翰云, 此詩贈章留後.)

#**《두시상주》** 첫 단락에서는 아름다운 대나무지팡이가 장공이 준 것임을 말하였다. 반석에서 자랐다고 하였으니 바탕이 견고한 것이다. 푸른 물결에 적셔졌다고 하였으니 몸이 매끄러운 것이다. 치수가 충분하다 하였으니 길이가 알맞은 것이다. 자줏빛이 나는 보옥과 같다 하였으니 광택이 사랑할 만한 것이다.(首言竹杖之美, 贈自章公. 生磻石, 則質堅. 浸蒼波, 則體潤. 尺度足, 長短適宜. 如紫玉, 光澤可玩.)

6 兩莖(양경): 두 줄기. 대나무 지팡이 두 개를 뜻한다.

7 出入(출입): 들며나며. 외출을 뜻한다. 爪甲(조갑): 손톱. 鏗有聲(갱유성): 쟁그렁 소리가 나다. 출입할 적에 손톱에 닿게 되면 금속성의 소리가 난다는 말이다.

《두시상주》에 인용된 장원張遠 주 《은일전》에 "곽휴에게 지팡이 하나가 있는데 색이 주사로 물들인 것 같았고 두드리면 소리가 났다. 밤이 되면 빛이 나서 열 걸음 범위를 비춰 주어 그것을 짚고 높은 곳에 오르거나 험한 곳에 가더라도 발을 헛디디는 법이 없었다."라고 하였다.(隱逸傳, 郭休有一拄杖, 色如朱染, 叩之有聲, 遇夜則光照十步, 持之登高涉險, 未嘗失足.)

8 東南征(동남정): 동남쪽으로 가다. 두보는 이때 삼협을 벗어나 오초지역으로 가려는 뜻이 있었다.

9 乘濤(승도): 파도를 타다. 물길로 배를 타고 간다는 말이다. 鼓枻(고예): 뱃전을 두드리다. '枻'가 '棹'로 된 판본도 있다. 白帝城(백제성): 구당협瞿塘峽 입구 장강 북쪽 언덕에 있는 성. 서한 말 공손술公孫述이 촉 땅을 점거하여 이 산에 성을 쌓고 자신을 백제로 칭하고 성을 백제성으로 불렀다. 공손술 사후에 사람들이 사당을 세우고 그의 유상을 모셨다.

《두시상주》 초사의 "漁父鼓枻而去"에 대한 주에 "'鼓枻'는 뱃전을 두드려 소리를 내는 것이다."라고 하였다.(楚辭, 漁父鼓枻而去. 注, 鼓枻, 鼓舷鳴也.)

《보주두시》에 인용된 왕수 주 백제성은 어복현에 있으며 공손술의 상이 있다.(白帝城在魚腹, 有公孫述像也.)

[老夫 2구]

《두시경전》 당시 삼협을 내려가고자 하는 뜻이 있었다.(時有下峽之志.)

10 路幽(노유): 길이 유심하다. 두보가 동남쪽을 향해 가는 물길이 험난할 것이라는 말이다. 爲鬼神奪(위귀신탈): 귀신에게 빼앗기다. 대지팡이를 귀신에게 빼앗기는 상황에 처해질 것이라는 말이다.

11 拔劍(발검): 칼을 뽑다. '劍'이 '杖'으로 된 판본도 있다. 與蛟龍爭(여교룡쟁): 교룡과 싸우다. 교룡은 물속에 사는 용이다.

#《두시상주》 이 단락은 대지팡이를 얻은 것을 기뻐하고 깊이 애호한 것이다. 금속의 소리가 난다고 하여 그것이 단단함을 밝혔다. 동남쪽으로 간다는 것은 장차 오초지역으로 가려는 것이다. 검을 뽑아 지팡이를 호위한다고 한 부분은 담대자우가 검을 뽑아 구슬을 부쉈던 일을 쓴 것이다.(此喜得竹杖而深加愛護. 鏗有聲, 明其堅勁. 東南征, 將適吳楚

也. 拔劍衛杖, 用澹臺子羽拔劍碎璧事.)

12 重爲告曰(중위고왈) 거듭 ~에게 ~ 라고 말하노라. 아래의 대지팡이한테 이르는 말을 이끌고 있다.

[杖兮] 3구

《보주두시》에 인용된 석씨石氏 주 지팡이의 물성이 기왕에 바르고 곧은 모습을 받았으니 마땅히 바르고 곧음으로 나를 보좌해야 할 것이며 용으로 변화되어 가버리는 일은 없어야 된다는 말이다.(杖爲物, 旣稟正直之姿, 當以正直輔吾, 無爲化龍而去.)

《구가집주두시》 조차공 주 공이 거듭 이야기한 말을 볼 때에, 바르고 곧은 것을 찬미하고 용이 되는 것을 배우는 것을 경계하고 있으니 장유후에게 바란 바가 가히 충후하다고 할 수 있을 것이다.(觀公重告之辭, 以正直美之, 以學爲龍戒之, 其所望於章留後, 可謂忠矣.)

13 滅跡(멸적): 자취를 없애다. 사라지다. 지팡이가 사라진다는 말이다. 君山(군산): 산 이름. 동정호 안에 있다.

《두시상주》 《박물지》에 "군산은 동정호의 산으로, 요임금의 두 딸이 살았는데 상부인이라고 한다."라고 하였다. 《수경주》에 "군산에 암석 굴혈이 있어 밑으로 오의 포산과 통하는데, 곽박郭璞이 말한 '파릉지도'라는 것이다. 이 산은 상군이 노닌 곳이었기에 군산이라 한다."라고 하였다.(博物志, 君山, 洞庭湖山也, 帝之二女居之, 曰湘夫人. 水經注, 君山有石穴, 潛通吳之包山, 郭景純所謂巴陵地道者也. 是山湘君之所遊處, 故曰君山.)

14 澒洞(홍동): 물살이 세찬 모습. 여기서는 세상이 안정되지 않아 혼돈스런 상태를 뜻한다. '澒'을 '鴻'으로 쓴 판본도 있다. 豺虎咬人(시호교인): 승냥이 호랑이가 사람을 물다. 도적이 사람을 해치는 것을 비유적으로 표현한 것이다. 《두시상주》에서는 '咬'를 마땅히 '齩'로 써야 된다고 하였다.

《보주두시》에 인용된 왕수 주 당시 도적이 사람을 해치는 것이 마치 승냥이와 호랑이 같다는 말이다.(時盜賊害人如豺虎.)

《두시상주》 《전한서 · 식화지》에 "지치고 여윈 사내들과 노인들이 자식을 바꿔 그 뼈를 씹었다"라고 하였다. 《육서정와》에 "일반 사람들이 '咬'라고 쓰는데 잘못이다. '齩'는 음이 요이고, '咬'는 음이 교이다." 라고 하였다.(前漢食貨志, 罷夫羸老, 易子而齩其骨. 六書正譌, 俗作咬, 非. 齩音五考切, 咬音居肴切.)

15 吾將曷從(오장갈종): 나는 장차 어디를 따를 것인가? 대지팡이를 잃게 되면 어느 곳도 갈 수 없게 된다는 말이다.

《보주두시》에 인용된 사씨師氏 **주** 두보의 생각은 대략 "천하가 아직 평정되지 않은 상태에서 그래도 이 지팡이에 의지하여 노쇠한 몸을 지탱하며 멀리 타향에서 떠돌며 지낼 텐데, 만약 지팡이 둘을 잃는다면 나는 장차 무엇을 따르게 될까?"라는 것이다.(甫意若曰, 天下未平, 尙賴此杖, 扶持衰老, 流寓遠鄕. 苟失雙杖, 吾將曷從.)

《두시상주》 《신선전》에 "호공이 비장방을 돌려보낼 적에 대지팡이 한 개를 주면서, '이것을 타면 꼭 집에 돌아가게 될 것이다'라고 하였다. 비장방이 지팡이를 타자 홀연 잠에 든 듯했는데 곧 집에 도착하였다. 대지팡이를 갈피에 던지고서 바라보니 바로 푸른 용이었다."라고 하였다. 양덕주는 "이것은 풍성의 검이 연진에서 뛰어나온 것을 겸하여 쓰고 있다. 거의 비바람이 몰아쳐 어둑하고 천지가 혼돈스런 느낌이니 기이하도다."라고 하였다.(神仙傳, 壺公遣費長房歸, 以一竹杖與之曰, 騎此當還家中矣. 長房騎杖, 忽然如眠, 便到家, 以竹杖投葛陂中, 視之乃青龍耳. 楊德周曰, 此兼用豐城之劍躍出延津, 幾於風雨晦冥, 天地澒洞, 異哉.)

#**《두시상주》** 이 단락은 대나무지팡이의 기이함을 보고서 그것이 변화하여 가버릴까 염려하여 다시 간곡히 축원한 말이다. 오견사의 《두시논문》에 "말을 중복하여 윗글을 맺은 것은 초사에서 '난왈'과 같다. '풍진'은 난리를 말하고, '시호'는 도적을 비유한다. 쇠약해진 사람을 부축하고 환난을 피하는 것이 모두 이 지팡이에 의지하고 있음을 보여 준다. 결어는 감개한 것으로 의미가 특히 기이하고 분방하다."라고 하였다.(此見竹杖靈奇, 恐其變化而去, 故復爲丁寧祝告之詞. 吳論, 重復其語以結上文, 猶楚辭亂曰之類. 風塵, 言亂離. 豺虎, 比寇盜. 見扶衰避患, 皆藉此杖. 結語感慨, 意特奇縱.)

##《두시상주》에 인용된 주학령 주 이 시는 대체로 대나무 지팡이를 빌려 장유후를 규풍한 것이다. 도약하여 용이 되는 것을 경계하고서 또 홀연 두 개의 지팡이를 잃게 될 것을 두려워하였으니 그 은미한 뜻을 볼 수 있다.(此詩蓋借竹杖規諷章留後也. 旣以踴躍爲龍戒之, 又以忽失雙杖危之, 其微旨可見.)

《독두심해》 전반부는 두 개의 운을 쓰고 있는데, 하나는 지팡이의 내원을 말하였고, 하나는 선물을 받은 것에 대한 감사이니, 모두 서사에 속한다. 뒤 단락은 지팡이에게 말하는 형식을 빌려 장이에게 말한 것이다. 사람들은 뒤 단락이 빼어난 것을 알지만 그 뿌리가 이미 '강비수선' 구절에 숨어 있고 그 실마리가 다시 '귀신에게 빼앗기고' '교룡과 싸운다'는 구절에서 이끌려 나온 것임을 알지 못하고 있다. 오견사의《두시논문》에 "'중고'는 초사의 '난왈'과 같은 것이다."라고 하였다. 내 생각으로 '네가 생긴 것이 바르고 곧다'고 한 것은 '강비수선' 위의 몇 마디 말에 응한다. '물을 보고' '자취를 없앤다'고 한 것은 '귀신'과 '교룡' 위의 몇 마디 말에 응한다. 전후를 합하여 살펴보건대, 글이 기이하게 하고자 하여 먼저 무딘 말을 붙여 두어서는 안 되며 기이하게 하고자 하는 부분에서 또 본지에서 벗어나는 말을 하는 것도 안 됨을 알 수 있다. '풍진''시호'라고 말한 것은 또 토번의 침입 등 시사문제를 암시한 것이다. 또 '백제' '군산'이라 한 것은 협곡을 나서고자 하는 평소의 뜻을 나타낸 것이니 곧 이어서 〈장적오초유별장사군유후겸막부제공將適吳楚留別章使君留後兼幕府諸公〉가 있는 것이다. 장사군과 함께 산사에 노닐면서 지은 시 〈산사山寺〉에 '곤궁한 사졸은 정갈한 처소를 잃고, 고상한 사람은 앙화의 뿌리를 염려한다'라 하였으니, 장이에게 신복하지 않으려는 마음이 있었던 듯하다. 여기서 '변화하여 용이 되는 것은 삼가 배우지 마시게'라 하였으니 풍자하는 뜻이 완전히 동일하다.(前幅兩韻, 一原杖, 一感贈, 皆屬敘事. 後段借告杖以告章. 人知後段之奇, 而不知其根已伏於江妃水仙之句, 其緖再引於鬼神奪而蛟龍爭之句. 吳論云, 重告, 猶楚辭亂曰之類. 愚按, 爾生正直, 應江妃水仙以上等語. 見水滅跡, 應鬼神蛟龍以上等語. 合前後觀之, 可知文欲出奇, 先着呆語不得. 而出奇之處, 又離宗不得.

其云風塵豺虎，又映蕃寇時事．而曰白帝君山，則出峽之素志也．隨有將適吳楚留別章使君詩．同遊山寺詩云，窮子失淨處，高人憂禍胎．章似有不臣心迹，此云愼勿學變化爲龍，諷意正同．）

（이남종）

44. 閬山歌
낭산의 노래

閬州城東靈山白[1] 閬州城北玉臺碧[2]
松浮欲盡不盡雲[3] 江動將崩未崩石[4]
那知根無鬼神會[5] 已覺氣與嵩華敵[6]
中原格鬪且未歸[7] 應結茅齋著青壁[8]

낭주성 동쪽으로 영산이 하얗고
낭주성 북쪽으로 옥대가 파랗다네.
소나무엔 다할 듯 다하지 않는 구름이 떠 있고
강에는 무너질 듯 무너지지 않는 돌이 움직이네.
산 밑에 귀신의 모임이 없음을 어찌 알겠나?
기운이 숭산 화산과 필적함을 벌써 깨달았다네.
중원에서 싸움이 벌어져 잠시 돌아가지 못하니
응당 초가 얽어 푸른 벽에 붙여야 되겠네.

낭주의 치소는 지금의 사천성 낭중현으로 재주 동북쪽에 위치한다. 낭산은 시에 보이는 영산과 옥대산 등 낭주성 치소 근처의 산을 두루 일컫는 말이다. 두보가 처음 낭주를 찾은 것은 광덕 원년 가을 친구 방관의 죽음을 조문하기 위해서였다. 겨울 늦게 재주로 돌아갔다가 이듬해인 광덕 2년 봄 다시 낭주를 찾은 것은 낭주 왕자사의 초청에 따른 것이라고 한다. 이때에 가솔을 대동하였으니 이참에 촉 지역을 떠나려 했던 것으로 보인다. 하지만 3월 중순경 엄무가 다시 촉을 진수하게 되었다는 소식을 듣고서 성도 초당으로 돌아온다. 이 시는 그 도중에 지은 시로서 〈낭수가〉와 함께 이 시기 산수감흥을 읊은 시편 가운데 대표작이다.

수련에서는 낭주 명산의 방위와 특징을 적었다. 영산은 일명 선혈산으로 낭주성 동북쪽 10리에 있다. 옛날 촉왕 별령鱉靈이 이곳에 오른 적이 있는데, 이로부터 영산靈山이라 불렀다고 한다. 산의 동남쪽 모퉁이에 옥녀의 다듬잇돌이 있다. 옥대산은 성 북쪽 7리에 있는데 정상에 등왕滕王 이원영이 세운 옥대관玉臺觀이 있다. 두보에게 따로 〈옥대관〉시가 있다. 함련에서 산 위의 소나무와 산 아래를 흐르는 강물을 말하였다. 구름과 돌을 묘사하면서 '부'자는 다하지 않는 모습을 썼고, '동'자는 무너져 내릴 듯한 형세를 그려 냈는데 '다할 듯 다하지 않는' '무너질 듯 무너지지 않는' 등의 표현은 동태묘사의 백미다. 경련에서는 함련과는 반대로 출구에서 먼저 산 아래 강물과 닿은 산뿌리의 돌에 대하여 쓰고 대구에서 산 위의 기운에 대하여 묘사하였다. 특히 대구는 낭주 산의 신령함에서 중원의 숭산과 화산을 기억해 내면서 미련의 '중원에 돌아가지 못하는' 당시 형편에 대한 술회로 넘어가는 과도이다. 푸른 벽인 듯 그림 같은 낭주 산 산허리에 잠시 초가를 짓고자 하는 마음을 냈다. 포기룡의 말대로 중원이 아직 전란이 멎지 않았기에 타방을 떠돌며 '돌아가지 못하고 있는 이가 남에게 받는 조롱에 대해 그저 해명한 것일 따름이다.' '착청벽著青壁'의 '착'자가 묘하다. 제목을 통해 가행체임을 밝혔고 측성자로 압운하는 등 고시에 틀림없으나 정련된 대구와 기구 압운 등 율시의 특징도 아울러 지니고 있다. 호하객胡夏客이 이 시를 가리켜 요체율시와 비슷하다고 한 것은 이런 사정 때문일 것이다.

> **《보주두시》** 뒤의 작품인 〈낭수가〉에서 '다시 봄이 모래톱으로부터 돌아온다'고 하였으니, 마땅히 이 시와 같이 광덕 2년 초봄에 지은 것이다.(以後篇閬水歌云, 更復春從沙際歸, 當與此詩同是廣德二年初春之時作.)

《구가집주두시》 조차공 주 봄 정월 재주에서 가솔을 이끌고 다시 낭중으로 갔다. 3월 중순경 엄무가 다시 촉을 진수하게 되었다는 소식을 듣고서 마침내 낭중을 떠나 성도로 돌아왔는데 그 도중에 지은 시이다.(春正月, 自梓州挈家再往閬中. 三月之半, 聞嚴武再鎭蜀, 遂離閬歸成都, 途中所作之詩.)

《두시상주》 황학은 광덕 2년 낭주시 안에 편재하였다. 아래의 시(〈낭수가〉)도 같은 시기의 작품이다. 《두억》에 "낭주는 곧 지금의 낭중현으로 보녕부의 속현이다."라고 하였다.(黃鶴編在廣德二年閬州詩內, 下首同時作. 杜臆, 閬州卽今閬中縣, 屬保寧府附郭者.)

주 석

1 閬州(낭주): 사천성 보녕부 낭중현. 재동梓潼 남쪽에 있다. 靈山(영산): 낭중현 동북쪽에 있는 산으로 선혈산이라고도 한다. '靈'이 '雪'로 되어 있는 판본이 있으나, 구조오는 잘못이라고 하였다.

《두시상주》 《당서》에 "낭주 낭중현에 영산이 있다."라고 하였다. 《두시전주杜詩錢注》에서는 "《환우기》에 '영산은 일명 선혈산이라고도 하며 낭중현 동북쪽 10리에 있다."라고 하였고, 《여지도》에 "영산의 봉우리에는 잡다한 나무가 많다. 옛날 촉왕 별령이 이곳에 올랐기에 영산이라 이름하였다. 산의 동남쪽 모퉁이에 옥녀의 다듬이돌이 있다."라고 하였다.(唐書, 閬州閬中縣有靈山. 錢箋, 寰宇記, 靈山, 一名仙穴山, 在閬中縣東北十里. 輿地圖云, 靈山峰多雜樹, 昔蜀王鼈靈登此, 因名靈山. 山東南隅有玉女搗練石.)

2 玉臺(옥대): 낭주성 북쪽에 있는 산. '臺'가 '壺'로 되어 있는 판본도 있다.

《두시상주》에 인용된 《여지기승》 옥대산은 낭주성 북쪽 7리에 있다.(玉臺山在閬州城北七里.)

《보주두시》 황희 주 옥대에 대해 《구역지》에 "유로들이 이야기를 전해 왔다."라고 하였고, 《당서》에 "등왕이 일찍이 이곳에서 노닐고 쉬었다."라고 하였다.(玉臺則九域志云, 故老相傳. 唐史, 滕王嘗於此

遊憩.)

[閬州 2구]

《보주두시》에 인용된 왕수 주 영산과 옥대는 모두 낭산의 경관이다.(靈山玉臺, 皆閬山景也.)

3 欲盡不盡雲(욕진부진운): 다하려 하나 다하지 않는 구름. 바람에 날려 흘러가면서도 계속 그 자리를 채우고 있는 구름을 가리킨다. 이 구절은 산 위의 구름 위로 소나무가 뻗어 있는 모습을 형용한 것이다.

4 江(강): 가릉강嘉陵江. 動(동): 돌이 움직이는 듯한 모습을 나타낸다. 강물이 바위를 진동시킨다는 뜻으로 볼 수도 있다. 將崩未崩石(장붕미붕석): 무너질 듯 무너지지 않는 암석. '未'가 '已'로 된 판본도 있다.

《구가집주두시》 조차공 주 '미붕석'은 구본이 옳다. '이붕석'으로 된 것은 잘못이다. 대체로 '없어질 듯 없어지지 않는다' '무너질 듯 무너지지 않는다'고 해야만 비로소 말의 맥락이 이루어진다. 이미 무너져 버렸다면 어찌 다시 움직일 수 있겠는가? 하물며 아래에 '기운이 숭산 화산과 필적함을 벌써 깨달았다'는 구절이 있음에랴?(未崩石, 舊本正. 作已崩石, 非. 蓋欲盡不盡將崩未崩, 方成語脉. 已崩矣, 豈復能動邪. 況下有已覺氣與嵩華敵也.)

5 那知(나지): 어찌 알겠는가? 根(근): 뿌리. 여기서는 산의 밑 부분을 가리킨다. 鬼神會(귀신회): 귀신들의 회합.

6 已覺(이각): 이미 깨달아 알고 있다. 氣與嵩華敵(기여숭화적): 산의 기운이 숭산이나 화산과 같이 높은 산에 필적하다. 낭산의 드높은 기상을 읊은 것이다.

《두시상주》에 인용된 《두억》 《지리지地理志》에 "낭중은 산이 사방으로 군을 둘러싸고 있는데 신선이 노닌 자취가 많다."라고 하였으니 귀신들이 모여 있음을 알 만하다.(地志, 閬中山四合於郡, 多仙聖遊跡, 則鬼神之會可知.)

[那知 2구]

《두시상주》 숭산은 중악이고, 화산은 서악이다.(嵩山, 中嶽. 華山, 西嶽.)

《보주두시》 조차공는 "이 부분은 영산과 옥대를 말한 것이다."라고 하였다. 사씨는 "오악 중에서 서악이 화산, 중악이 숭산이다. 무릇 명산대천은 귀신이 지켜 주는 것이다. 이 산이 비록 오악에는 들지 못하지만 이곳에 귀신이 모이지 않았으리라는 것을 어찌 알겠는가?"라고 하였다.(趙曰, 此言靈山玉臺也. 師曰, 五岳, 西曰華山, 中曰嵩山. 凡名山大川鬼神之所扶持. 此山雖不與五岳之數, 安知鬼神不會於是.)

7 中原(중원): 낙양지방. 格鬪(격투): 싸우다. 且(차): 우선, 잠시. 중원에서의 싸움은 곧 지난 해 광덕 원년 토번이 10월 경사와 빈주를 함락하고 봉천과 무공을 노략질하자 임금이 섬주陝州로 피난한 일과 12월 송주, 나주, 보주의 3개 주를 함락한 일 등을 가리키는 것으로 보인다.

8 結茅齋(결모재): 초가를 엮다. 모재는 띠풀로 지붕을 이은 집을 뜻한다. '結'이 '著'으로 된 판본도 있다. 著青壁(착청벽): 푸른 벽에 붙이다. '청벽'은 낭산을 가리킨다. '著'이 '向' 또는 '看'으로 된 판본도 있다.

《**보주두시**》 격투는 토번이 경사를 범한 것을 말한다. 중원이 편치 않았기 때문에 돌아가고자 하는 생각을 잠시 멈추었다. 푸른 벽을 본다고 한 것은 낭산이 푸른 벽과 같기 때문이다.(格鬪謂吐蕃犯京師, 中原未寧, 故歸意且止. 看青壁, 以閬山如壁之青也.)

#《**두시상주**》 이 시는 낭산의 승경을 읊었다. 위 6구에서 경치를 서술했고, 아래 2구에서 정감을 서술했다. 영산과 옥대는 낭주 근처 산 이름이다. 구름이 산 위에 있고 돌이 산 아래에 있다. '부'자는 다하지 않는 모습을 썼고, '동'자는 무너져 내릴 듯한 형세를 그려냈다. 돌부리가 아래에 서려있으니 곧 귀신이 비호하는 바이고, 구름기운이 위에 닿아 있으니 숭산 화산과 더불어 같이 높은 것이다. 그 아래에 오두막을 엮어두면 그런대로 난을 피할 만하다. 호하객은 "이 시가는 요체율시와 비슷하다."라고 하였다.(此詠閬山之勝. 上六敍景, 下二述情. 靈山玉臺, 近閬山名. 雲在山上, 石在山下, 浮字寫不盡之態, 動字摹欲落之勢. 石根下盤, 乃鬼神所護, 雲氣上際, 與嵩華並高, 結廬其下, 聊堪避亂矣. 胡夏客曰, 此歌似拗體律詩.)

《**독두심해**》 두 노래(〈낭산가〉와 〈낭수가〉)는 낭중의 승경을 기록한 것이며, 또한 돌아가지 못하는 이가 남에게 받는 조롱에 대해 그저 해명한 것일 따름이다. 첫 연은 '산'자를 들어 밝히고 있다. '소나무와 구름', '강과 암석'은 그곳 경물을 아름답게 여긴 것이다. "어찌 알겠나?"라든가 "벌써 깨달았다."라고 한 것은 그곳 형세를 장대하게 여긴 것이다. 결어에서는 그곳 선경이 은둔할 만함을 감탄한 것으로 꼭 집을 짓겠다는 것은 아니다. 소나무와 구름의 묘사가 표묘하며, 강과 암석의 묘사가 영롱하다. "어찌 그것이 없음을 알겠는가?"라고 한 데서 바로 그것이 있음을 드러낸다. 숭산과 화산을 들어 견주어 표현한 것은 중원에 아직껏 돌아가지 못하고 있는 사실과 아귀가 딱 맞는다.(二歌誌閩中之勝, 亦聊爲不歸者解嘲耳. 起聯提明山字. 松雲江石, 美其景物. 那知已覺, 壯其形勢. 結語歎其仙境可隱, 非果欲結茅也. 松雲寫得縹緲, 江石寫得玲瓏. 那知其無, 正見其有. 擧嵩華相形, 恰與中原未歸合縫.)

(이남종)

45. 閬水歌

낭수의 노래

嘉陵江色何所似[1]　　石黛碧玉相因依[2]
正憐日破浪花出[3]　　更復春從沙際歸[4]
巴童蕩槳欹側過[5]　　水雞銜魚來去飛[6]
閬中勝事可腸斷[7]　　閬州城南天下稀[8]

가릉의 강색은 무엇과 같은가?
석대와 벽옥이 나란히 늘어선 듯.
햇살이 파도를 부수며 나오는 모습 정말 아름다운데
봄이 다시 모래톱에서 돌아오는구나.
파땅의 아이들 상앗대 치며 기우뚱 지나가고
수계는 물고기 물고 왔다 갔다.
낭중의 아름다운 경관 정말 애간장을 끊어지게 하니
낭주 성 남쪽은 정말 천하에 드문 경치로구나.

이 시는 낭주 강물의 봄날 경치를 노래한 것으로 저작 시기는 광덕 2년이다. 본래 가릉강은 낭주 서북쪽 가릉곡에서 출발하여 낭주에 이르러 삼 면을 휘돌아 지나가는데 특히 낭주성 남쪽을 지날 때 금병산錦屛山을 마주하고 있어서 더욱 멋진 경관을 연출한다고 한다. 이 당시 두보는 낭주의 여러 명승을 유람하며 낭주 산수의 아름다움을 읊은 명편을 남겼는데, 이 작품은 〈낭산가〉와 함께 그중에서도 가장 빼어난 작품에 든다. 어지러운 시절에 가족들을 데리고 유랑을 하는 처지에서도 자연의 아름다움에 흠뻑 빠져 그것을 즐기는 이러한 시편에서 두보시의 또 다른 청신함을 느낄 수 있다.

《**보주두시**》〈낭산가〉와 마찬가지로 광덕 2년에 지은 것이다.(與閬山歌同, 廣德二年作.)

《**두시상주**》**에 인용된**《**두억**》 강물의 수원은 섬서 봉현 가릉곡에서 출발하는데, 광원 소화를 거쳐 검주를 지나 보녕부에 이른다. 이를 일러 낭수, 파수, 유수, 한수라고 하는데, 모두 이 강의 다른 이름이다.(江源出陝西鳳縣嘉陵谷, 經廣元昭化過劍州, 至保寧府, 其曰閬水巴水渝水漢水, 皆此江之異名.)

주석

1 江色(강색): '山水', '江水'로 된 판본도 있다.

《**두시상주**》《환우기》에 "가릉수는 일명 서한수라고 하고 낭중수라고도 한다."라고 하였다. 전겸익의 전에 "《수경주》에 '한수는 또 남쪽으로 낭중현 동쪽을 지나고, 낭수는 낭양현을 나와 동으로 현의 남쪽을 경유하고, 또 동으로 한수로 들어간다'고 하였고,《주지도》에 '강물이 진주 가릉에서 나오기에 가릉이라 이름하며, 낭중을 지나 낭중수라고 하며 낭수라고도 하고 유수라고도 한다'고 하였다."라고 하였다. 누약은 "가릉강은 낭주 서북쪽에 이르러 굽어져 남쪽으로 내려가며 가로 흘러 동쪽으로 갔다가 다시 굽어져 북쪽으로 흘러간다. 낭주성 3면이 모두 강물이기에 또한 낭중이라고 부른다. 지세가 평평하고 강물의 흐름이 느린데 성의 남쪽이 바로 멋진 곳으로서, 맞은편이 바로 금병산이다."라고 하였다.(寰宇記, 嘉陵水, 一名西漢水, 又名閬中水. 錢箋, 水經注, 漢水又南逕閬中縣東, 閬水出閬陽縣, 而東逕其縣南, 又東注漢水. 周地圖云, 水源出秦州嘉陵, 因名嘉陵, 經閬中, 卽閬中水, 亦曰閬江, 又曰渝水. 樓鑰曰, 嘉陵江, 至閬州西北, 折而南趨, 橫流而東, 復折而北, 州城三面皆水, 故亦謂之閬中, 地勢平闊, 江流舒緩, 城南正當佳處, 對面卽錦屛山.)

2 石黛(석대): 옛날 여인들이 눈썹을 그릴 때 사용하던 청흑색의 안료.

碧玉(벽옥): 청록색을 띤 옥. 이 구에서 석대와 벽옥은 모두 강물의 푸른 빛깔을 형용한 것이다.

《두시경전》 《육서고》에서 "석대는 청흑색이고 눈썹 그리는 먹으로 사용한다."라고 하였다. 《설문해자》에서 "벽은 돌 가운데 푸르고 아름다운 것이다."라고 하였다. 물이 얕은 곳은 푸른 옥돌과 같고, 깊은 곳은 석대와 같음을 말한 것이다.(六書故, 黛, 青黑色, 用爲畫眉墨. 說文, 碧, 石之青美者. 言水淺處如碧, 深處如黛也.)

3 浪花(낭화): 파도. '閬山'으로 된 판본도 있다.

《두억》 강물이 광활하여 해가 강 가운데서 올라오는 것이 보이기에 '일파랑화출'이라고 하였다.(江闊, 見日從江中起, 故云日破浪花出.)

4 沙際(사제): 모래톱 혹은 강가 모래밭.

《구가집주두시》 조차공 주 '춘종사제귀'는 곧 어느 곳인들 봄이 아니겠는가마는 마침 눈에 보이는 것이 성 남쪽 모래톱 화초가 아름다운 곳이기에 모래톱에서 돌아온다고 한 것이다. 이 구절의 뜻은 대개 비창費昶의 잡사(〈화소기실춘단유소사和蕭記室春旦有所思〉)에 있는 "물은 복사꽃 좇아 흘러가고, 봄은 버들을 따라 돌아온다."라는 것과 같다.(春從沙際歸, 則何處無春, 而眼中所見, 城南之沙際花草明媚, 爲自沙際回歸. 句意蓋如費昶雜詞, 水逐桃花去, 春隨楊柳歸.)

5 巴童(파동): 파유巴渝의 아이. 파유는 촉의 옛 지명이다. 낭주 역시 촉 지역에 해당한다. 蕩槳(탕장): 상앗대를 치다. 欹側(기측): 기울어지다. 한쪽으로 쏠리다. 이 구는 물살이 빠른 곳을 바라보며 경치를 묘사한 것이다.

6 水雞(수계): 물새의 이름. '雞'는 '鳥'로 된 판본도 있다.

《두시상주》에 인용된 주학령 주 일찍이 한 촉지방의 선비에게 들으니 수계는 그 모습이 수탉과 비슷한데 꼬리가 짧으며 논 가운데 잘 머문다고 한다. 지금 사천 사람들은 이것을 수계옹이라고 부른다.(嘗聞一蜀士云, 水雞, 其狀如雄雞而短尾, 好宿水田中, 今川人呼爲水雞翁.)

《보주두시》에 인용된 사고 주 물고기가 많다는 말이다.(蓋言魚多也.)

7 勝事(승사): 아름다운 경관. 腸斷(장단): 장이 끊어지는 듯 아프다. 낭수의 경치가 너무 아름다워 마음이 아프다는 것이다.

8 天下稀(천하희): 천하에 드물다.

《두시상주》 《방여승람》에서 "금병산은 성 남쪽 3리에 있다."라고 하였다. 풍충서의 글에서는 "낭주군은 양주梁州, 양주洋州, 재주, 익주가 만나는 곳에 있어서 다섯 성 열 두 누각의 빼어난 경치가 있다."라고 하였다. 사씨는 "성 남쪽의 금병산은 아름답게 수놓은 비단 병풍 같아서 천하제일이라고 불리기에 '천하에서 드물다'고 말한 것이다."라고 하였다.(方輿勝覽, 錦屛山, 在城南三里. 馮忠恕記云, 閬之爲郡, 當梁洋梓益之衝, 有五城十二樓之勝槪. 師氏曰, 城南屛山, 錯繡如錦屛, 號爲天下第一, 故曰天下稀.)

#《두시상주》 이 작품은 낭수의 빼어난 경치를 노래했는데 또한 제 6구에서 경과 정으로 나뉜다. 강물이 먹빛과 푸른빛을 겸하였으니 청색과 녹색이 가히 사랑스럽다. 해가 낭중에서 떠올라 강물을 비춰 아름다움을 더하고, 봄은 모래톱으로 돌아와 물에 반사되어 그 고움을 배가 시킨다. 상앗대가 기울어진 것은 강물의 흐름이 급한 것이다. 새가 오고 가는 것은 강의 물결이 잔잔한 것이다. 장이 끊어진다고 한 것은 중원으로 아직 돌아가지 못했기 때문이고, 천하에 드물다고 한 것은 빼어난 경관이 즐길 만하다는 것이다. 장연의 주에 "공이 멀리 떠돌아다닐 때에도 산수의 즐거움을 잃어버리지 않았으니 또한 곤궁함에 처해서도 형통함을 익히 알 수 있다."라고 하였다. 《두억》은 "낭중의 승사로 위 글을 총결하고 가슴이 아플 지경이라고 칭송하여 말한 것은, (〈봉배정부마위곡이수奉陪鄭駙馬韋曲二首〉에서) 위곡의 꽃을 찬양하여 사람을 미치게 한다고 말한 것과 같다."라고 하였다.(此詠閬水之勝, 亦在六句分別景情. 水兼黛碧, 淸綠可愛也. 日出閬中, 照水加麗, 春回沙際, 映水倍姸. 槳欹側, 江流急也. 鳥來去, 江波靜也. 腸可斷, 中原未歸. 天下稀, 勝地堪玩. 張綖注, 公當遠離之時, 而不失山水之樂, 亦足見其處困而亨矣. 杜臆, 閬中勝事, 總結上文, 而贊云可腸斷, 猶贊韋曲之花, 而曰惱殺人也.)

《독두심해》 첫 구는 질문이고 다음 구는 대답이다. '석대'와 '벽옥'은 물을 묘사하는 정필을 이미 다한 것이다. '일출'과 '춘귀'는 색이 잘 드러나는 곳으로부터 쓴 것이고, '파동'과 '수계'는 또한 점철한 곳에서부터 쓴 것이다. 모두 '홍염법'이다. 결미에서는 말로 다 형용할 수 없는 찬탄을 하고 있다. 낭중에 대한 깊은 사랑을 담은 두 구절은 마치 옛 가요와 흡사하다.(首句問, 次句答. 石黛碧玉, 寫水正筆已竟. 日出春歸, 從生色處寫. 巴童水雞, 又從點綴處寫. 都是烘染法, 結有贊不容口之致. 苦愛閬中二句, 似舊歌謠.)

(**박홍준**)

46. 草堂

초당

昔我去草堂　蠻夷塞成都[1]　今我歸草堂　成都適無虞[2]

請陳初亂時[3]　反覆乃須臾[4]　大將赴朝廷[5]　群小起異圖[6]

中宵斬白馬[7]　盟歃氣已粗[8]　西取邛南兵[9]　北斷劍閣隅[10]

布衣數十人　亦擁專城居[11]　其勢不兩大[12]　始聞蕃漢殊[13]

西卒却倒戈[14]　賊臣互相誅[15]　焉知肘腋禍[16]　自及梟獍徒[17]

義士皆痛憤[18]　紀綱亂相踰[19]　一國實三公[20]　萬人欲爲魚[21]

唱和作威福[22]　孰肯辨無辜[23]　眼前列杻械[24]　背後吹笙竽[25]

談笑行殺戮[26]　濺血滿長衢[27]　到今用鉞地[28]　風雨聞號呼

鬼妾與鬼馬[29]　色悲充爾娛[30]　國家法令在[31]　此又足驚吁[32]

賤子且奔走[33]　三年望東吳[34]　弧矢暗江海[35]　難爲遊五湖[36]

不忍竟舍此[37]　復來薙榛蕪[38]　入門四松在　步屧萬竹疏[39]

舊犬喜我歸　低徊入衣裾[40]　鄰里喜我歸　沽酒攜胡蘆[41]

大官喜我來[42]　遣騎問所須[43]　城郭喜我來[44]　賓客隘村墟[45]

天下尙未寧　健兒勝腐儒[46]　飄搖風塵際[47]　何地置老夫[48]

於時見疣贅[49]　骨髓幸未枯　飮啄愧殘生[50]　食薇不敢餘[51]

예전에 초당을 떠날 때는

오랑캐가 성도에 가득하더니,

이제 초당에 돌아오니

성도에 때마침 우환이 없구나.

처음 어지러워졌을 때를 진술해 보자면

세상이 뒤집히는 것 아주 순식간이었으니,
대장이 조정으로 가고 나자
여러 소인배들이 모반을 일으켰다.
한밤중에 백마를 잡아
맹세의 피를 마시는 기세 매우 대단했고,
서쪽으로는 공주 남쪽의 군사를 취하고
북쪽으로는 검각의 모퉁이를 끊었다.
평민들 수십 명이
또한 성의 태수를 옹호하였는바,
그 형세가 둘 다 클 수는 없어
처음부터 번족과 한족이 다르다는 말 들었지.
서쪽의 병졸이 도리어 창을 돌리고
적신들이 서로 죽였으니,
어찌 팔꿈치와 겨드랑이의 화가
절로 배은망덕한 무리에 미칠 것을 알았으리오.

뜻있는 사람들이 모두 마음 아파하고 분개한 바는
기강이 어지러워져 서로 법도를 어긴 것이니,
한나라에 실로 군주가 셋이 되고
만인은 물고기 신세가 될 참이었다.
서로 어울려 전횡을 일삼으니
누가 무고한 이를 가려낼 것이랴.
눈앞에는 족쇄와 수갑을 늘어놓고
등 뒤에서는 생황과 피리를 불었다.

담소하며 살육을 자행해
뿌려진 피가 대로에 가득했던 탓에,
지금도 도끼를 휘두른 곳에서는
비바람에 통곡 소리 들려온다.
귀신의 첩과 귀신의 말
안색도 슬프게 그들의 노리개감으로 충당되었으니,
나라에는 법령이 있는 것이거늘
이런 짓은 또한 놀라 탄식할 만하다.

천한 이 몸이 또 분주히 나니며
삼 년 동안 동오로 가고자 했지만,
활과 화살이 강과 바다를 어둡게 하니
오호를 노닐기가 어렵게 되었다.
차마 끝내 이곳을 버리지 못하고
다시 와 덤불과 잡초를 베어 냈다.
문에 들어서니 네 그루 소나무 그대로이고
거닐어 보니 그 많던 대나무 성글어졌다.
키우던 개가 내 돌아온 것에 즐거워
맴돌다 옷자락으로 파고들고,
이웃들도 내 돌아온 것에 즐거워
술을 받아 표주박에 들고 온다.
높은 관리께서는 내 온 것에 즐거워
기병을 보내 필요한 것을 물어보고,
성안 사람들도 내 온 것에 즐거워

손님들이 마을을 메운다.

천하가 아직 평온하지 못하여
건아가 썩어빠진 유생보다 나으니,
풍진의 시절에 떠다니니
늙은이를 어디에 둘 것인가.
이 시절에 혹처럼 쓸모없는 꼴을 보게 되었으니

골수는 그나마 아직 말라붙지 않았거늘,
마시고 쪼는 여생이 부끄러워
고사리를 먹으며 다른 일은 감히 바라지 않는다.

이 시는 광덕 2년 성도 초당에 돌아와 서지도徐知道의 반란으로 초당을 떠났던 때를 회상하며 지은 것이다. 당시 두보는 조정으로 들어가는 엄무嚴武를 전송하느라 면주綿州까지 갔다가 서지도의 반란군을 피해 재주梓州로 갔었다. 광덕 2년 3월에 엄무가 성도로 돌아오자 그는 가족들과 함께 낭주閬州에서 성도로 돌아왔다. 이 시에서는 먼저 서지도가 반란을 일으킨 자초지종과 잔당들에 의한 백성의 고초를 서술했다. 이런 내용은 사서史書에 자세하게 기록되어 있지 않은 것이어서 '시사詩史'로 일컬어지는 두보 시의 특징이 잘 나타난다. 이어서 반란이 진압되고 엄무가 다시 촉에 진주하여 초당으로 돌아온 뒤의 즐거움을 서술했는데, 한편으로는 나라가 어려운 시절에 보탬이 되지 못했다는 두보의 자괴감도 엿볼 수 있다.

《**보주두시**》 마땅히 광덕 2년에 재주와 낭주로부터 성도로 돌아와 엄무에게 의탁할 때 지은 것이다. 그래서 "천한 이 몸이 또 분주히 다니며 삼 년 동안 동오로 가고자 했지만, …… 차마 끝내 이곳을 버리지 못하고 다시 와 덤불과 잡초를 베어 냈다."라는 구절이 있는 것이다. 만약 이것이 최간의 난을 피할 때라면 어찌 3년이 지나서야 돌아왔겠는가. 양권도는 왕씨의 주석을 믿고 영태 원년에 편차하였으나 옳지 않다.(當是廣德二年, 自梓閬歸成都依嚴武時作. 故有賤子且奔走三年望東吳不忍竟舍此復來薙榛蕪之句, 若是避崔旰之亂, 何至涉三年而始歸. 梁權道信王注, 而編在永泰元年, 非也.)

《두시전주》 보응 원년 4월 엄무가 입조하고 7월에 검남사천절도사 서지도가 반란을 일으켰다가 8월에 죽임을 당했다. 공은 가족을 데리고 난을 피하여 재주로 갔다. 광덕 2년 엄무가 검남에 진주하자 공은 다시 성도 초당으로 돌아왔다.(寶應元年四月, 嚴武入朝, 七月劍南四川節度使徐知道反, 八月伏誅. 公攜家避亂往梓州. 廣德二年, 武鎭劍南, 公復還成都草堂.)

《구가집주두시》 조차공 주 채백세는 이 시를 이 해 광덕 2년 갑신년 늦봄에 지은 것으로 보았다. 대체로 두 해 전인 보응 원년 임인년 4월 대종이 즉위하자 성도윤 엄무가 들어가 태자빈객이 되었고, 이성의 산릉 일 때문에 엄무를 교도사로 삼았다. 6월에 병부시랑으로 서천절도사가 되었는데, 부임하기 전인 7월에 검남서천병마사 서지도가 반란을 일으켜 엄무가 들어오지 못하도록 하자 성도가 크게 어지러워졌다. 달리 오랑캐의 일은 없었다. 아마도 서지도가 오랑캐 군대를 끌어들인 것이리라. 아래에서 '처음부터 번족과 한족이 다르다는 말 들었지'라 하고 또 '서쪽의 병졸이 도리어 창을 돌리고'라 한 데서 알 수 있다.(蔡伯世以此詩爲今歲廣德二年甲辰春晩所作, 蓋前二年寶應元年壬寅四月代宗卽位, 成都尹嚴武入爲太子賓客, 二聖山陵以武爲橋道使. 六月, 以兵部侍郎爲西川節度使, 未到, 而七月劍南西川兵馬使徐知道反, 拒武不能進, 成都大亂. 別無蠻夷事. 豈徐知道引蕃兵來耶. 下云始聞蕃漢殊, 又云西卒却倒戈, 可見矣.)

주 석

1 蠻夷(만이): 오랑캐. 여기서는 강족羌族을 가리킨다. 서지도가 강족을 규합하여 반란을 일으키고 성도를 장악했다. 塞(색): 가득 메우다. 成(성): '此'로 된 판본도 있다.

2 適(적): 마침. 無虞(무우): 우환이 없다. 무사태평하다.

#《두시상주》 성도의 치란으로 인해 초당을 떠났다 돌아오니, 네 구가 전편의 시의를 이끌며 시작한다.(以成都治亂, 爲草堂去來, 四句領起全意.)

《두시상주》에 인용된 노원창盧元昌 **주** 서지도는 오랑캐가 아니라 오랑캐를 규합하여 난을 일으켰던 것뿐이다.(知道非蠻夷, 乃糾集蠻夷爲亂耳.)

3 請陳(청진): 청하여 진술하다.

4 反覆(반복): 세상이 뒤집히다. 난리가 나다. 須臾(수유): 순식간. '斯須'로 된 판본도 있다.

5 大將(대장): 검남절도사 엄무를 말한다.

6 群小(군소): 여러 소인배들. 異圖(이도): 모반하려는 의도

《시·패풍邶風**·백주**柏舟**》** 여러 소인배들의 미움을 샀네.(慍於群小.)

7 中宵(중소): 한밤중. 斬白馬(참백마): 백마를 죽이다. 맹세할 때 백마를 잡는 것을 가리킨다.

《두시상주》에 인용된 《사기·소진전蘇秦傳**》** 원수가에 모여 인질을 교환하고 백마를 잡아 동맹을 맺었다.(會於洹水之上, 通質, 刳白馬而盟.)

8 盟歃(맹삽): 동맹을 맺고 희생의 피를 마시다. 粗(조): 거칠다. 대단하다.

《두시상주》에 인용된 《춘추곡량전春秋穀梁傳**》** 제환공이 예를 갖춰 회맹한 것이 열한 차례였으나 희생의 피를 마신 동맹은 없었다.(齊桓公衣裳之會十一, 未嘗有歃血之盟.)

9 邛南(공남): 공주邛州의 남쪽. 성도의 서쪽에 있는 공주에는 주로 강족들이 살고 있었다.

《두시상주》에 인용된 노원창盧元昌 **주** 공의 〈상엄무양천설上嚴武兩川

說〉에 "만약 남쪽 오랑캐가 침략하면, 공아의 자제가 단독으로 제압할 수 없습니다."라고 했다. '공남병'이란 바로 공주와 아주의 자제다.(公上嚴武兩川說云, 脫南蠻侵掠, 邛雅子弟不能獨制. 邛南兵, 卽邛雅子弟也.)

10 隅(우): 모퉁이.

《두시전주》 '단검각'은 서지도가 병사를 데리고 요충지를 지킨 것이다.(斷劍閣, 知道以兵守要害也.)

11 擁(옹): 옹호하다. 專城(전성): 한 성을 다스리는 태수太守.

《두시상주》에 인용된 악부 《나부행羅敷行》 나이 마흔에 태수가 되었습니다.(四十專城居.)

《구가집주두시》 조차공 주 서지도가 마침내 태수가 되자 수십 명의 평민들이 그를 지지한 것을 가리키는 듯하다. 공에게 본디 본주가 있어 '바로 양자림과 백정절의 무리'라 하였다. 이때 두 사람은 필시 평민이었을 것이다. 3년 뒤인 영태 원년 을사년에 양자림과 백정절은 각기 부장으로 함께 최간의 난을 토벌했는데, 이는 별도의 사건으로 대개 두공이 주에서 다만 양자림과 백정절의 무리라 하면 될 것을 앞에 다시 '바로'라는 말을 썼다. 시를 지은 것이 3년 뒤라서 이때는 두 사람이 이미 부장副將이 되었기에 '바로'라는 말을 두어 그것을 밝힌 것이다. 그가 "또한 성을 다스리는 태수를 옹호했다"고 말한 것은 죄상을 묻는 말로서, 뜻이 '역' 한 글자에 있다.(似指徐知道遂爲守, 而數十布衣擁扶之. 公自有本注謂卽楊子琳栢正節之徒. 是時, 二人必白衣而已. 後三年, 乃永泰元年乙巳, 楊子琳栢正節各以牙將同討崔旰之亂, 自別一事, 蓋杜公注直云楊子琳栢正節之徒可也, 而上更有卽字. 作詩在後三年, 是時二人已爲牙將, 乃著卽字明之. 其言亦擁專城居, 罪之辭也, 義在一亦字矣.)

[포의 2구]

"포의 수십 인이 자사를 차지하다"로 보기도 한다.

12 兩大(양대): 양자가 모두 크다.

《두시상주》에 인용된 《좌전左傳·장공莊公 22년》 사물은 양자가 다 클 수 없는 법이다.(物莫能兩大.)

13 蕃漢(번한): 번족蕃族과 한족漢族. 여기서는 강족의 군사와 서지도 휘하의 당군唐軍을 가리킨다.

14 西卒(서졸): 서쪽의 병졸. 강족의 군사를 말한다. 倒戈(도과): 창을 돌려 아군을 공격하다.

《두시상주》에 인용된 《서·무성武成》 앞장 선 무리들이 창을 돌리기에 뒤를 공격해 패배시켰다.(前徒倒戈, 攻於後以北.)

15 賊臣(적신): 난신. 반란을 일으킨 신하. 互相誅(호상주): 서로 죽이다. 서지도는 부장 이충후李忠厚에게 피살되었다.

16 肘腋禍(주액화): 주액은 팔꿈치와 겨드랑이. 가까운 곳에서 일어나는 화를 말한다.

《두시상주》에 인용된 《전국책戰國策》 조나라가 위나라에 앙갚음을 하고 지백을 멸망시켰으니 화가 가까운 곳에서 일어났다.(趙報魏, 滅智伯, 禍起肘腋.)

17 自及(자급): 저절로 미치다. 梟獍(효경): 효는 올빼미로 자라서 어미를 잡아먹는다 하며, 경은 못된 짐승으로 자라서 아비를 잡아먹는다고 한다. 모두 배은망덕하거나 악독한 사람을 비유한다. '獍'은 '鏡'으로 된 판본도 있다.

#《두시상주》 아래 두 단락은 예전에 초당을 떠났다는 두 구절을 거듭 밝힌 것이다. 이 단락에서는 서지도가 난을 일으켰으나 설쳐대다가 스스로 패했음을 말했다.(下兩段, 申明昔去草堂二句. 此段言知道作亂, 勢橫而自敗.)

《두시전주》 이 시에서 '대장이 조정으로 가니 소인배가 모반을 일으켰다'고 한 것은 엄무가 조정으로 소환되자 서지도가 마침내 반란을 일으켰다는 말이다. '서쪽으로는 공주의 남쪽을 취하여' 세력을 끌어들였고, '북쪽으로는 검각을 단절해' 원군을 막았으니, 이는 반군의 계략이다. '포의'는 역도를 따른 자다. '전성'은 반군으로서 자사가 된 것이다. '번족의 군대'는 촉에 가까운 강족 오랑캐다. '한병'은 서지도의 군사다. '서졸'은 바로 부장 이충후다.(此詩云, 大將赴朝廷, 群小起異圖, 謂嚴武入朝, 而知道反也. 西取邛南, 以連聲勢, 北斷劍閣, 以絶援師, 此賊謀也. 布衣,

乃從逆者. 專城, 僞爲刺史者. 蕃兵, 近蜀羌夷. 漢兵, 知道軍士. 西卒, 卽部將李忠厚也.)

《두공부시집집주》 서지도는 당나라 군사를 이끌고 강족 오랑캐를 위협해 끌어들여 함께 반란을 일으켰으나 반군의 무리가 우두머리를 다투고 강족 군사가 따르지 않자 이충후가 이틈에 그를 살해하였으니 이른바 세력은 양쪽이 다 클 수 없고, 오랑캐 장수는 생각이 달라 창을 돌려 서로 죽였다는 것이다.(知道統領漢兵, 脅誘羌夷共反, 而賊徒爭長, 羌兵不附, 李忠厚因而殺之, 所謂勢不兩大, 番將殊情, 倒戈而相誅也.)

18 義士(의사): 뜻있는 사람. 痛憤(통분): 마음아파하고 분개하다.

19 紀綱(기강): 규율과 법도. 踰(유): 법도를 어기다.

20 三公(삼공): 세 군주.

《두시상주》에 인용된 《좌전 · 희공僖公 **5년》** 한나라에 군주가 셋이니 나는 누구를 따라야 할까?(一國三公, 吾誰適從.)

21 爲魚(위어): 물고기 신세가 되다.

《두시상주》에 인용된 《사기 · 항우본기項羽本紀**》** 지금 남은 막 칼과 도마가 되고, 우리는 어육이 되었습니다.(今人方爲刀俎, 吾爲魚肉.)

《두시상주》에 인용된 《후한서 · 광무제본기光武帝本紀**》** 물꼬를 터 물을 흘려보내면 백만의 군사를 모두 물고기로 만들 수 있다.(決水灌之, 百萬之衆皆可使爲魚.)

22 唱和(창화): 서로 어울리다. 作威福(작위복): 벌을 주거나 복을 내리다. 권한을 남용하여 전횡한다는 뜻이다.

《두시상주》에 인용된 《서 · 홍범洪範**》** 신하에게는 복을 내리거나 벌을 줄 권한이 없다.(臣無有作福作威.)

23 肯(긍): ~할 수 있다. '能'으로 된 판본도 있다. 辨(변): 가려내다. 無辜(무고): 무고한 백성. 列(열): '引'으로 된 판본도 있다.

24 杻械(뉴계): 족쇄와 수갑. 형구刑具를 가리킨다.

25 笙竽(생우): 생황과 피리. 잔치를 벌이는 모습을 말한다.

26 殺戮(살육): 사람을 마구 죽임.

《두시상주》에 인용된 《수서隋書 **· 양소전**楊素傳**》** 양소가 장군이 되어

적을 앞에 두고 잘못이 있는 사람을 찾아 죽였는데, 많게는 백 명에 이르러 흐른 피가 앞에 가득해도 태연히 담소했다.(楊素爲將, 臨敵求人過失而斬之, 多至百人, 流血盈前, 談笑自若.)

27 濺(천): 뿌리다. '流'로 된 판본도 있다. 長衢(장구): 큰 길.

28 用鉞(용월): 도끼를 휘두르다. 군법을 집행한다는 뜻이다.

29 鬼妾(귀첩): '鬼'는 '人'으로 된 판본도 있다.

30 色悲(색비): 안색이 슬프다. 充(충): 충당하다.

《두시상주》에 인용된 《두억杜臆》 '색비'는 첩과 말을 겸하여 말한 것이다.(色悲, 兼妾馬言.)

[鬼妾 2구]

《두시상주》에 인용된 조차공 주 이미 그 주인을 죽이고 빼앗았기에 귀신의 첩, 귀신의 말이라 한 것이니, 흉노가 죽은 사람의 아내를 귀신의 아내라 한 것과 같다.(已殺其主而奪之, 故謂之鬼妾鬼馬, 如匈奴以亡者之妻爲鬼妻也.)

《두억》 귀신의 첩을 말과 잇달아 언급하였으니 안색이 슬픈 것이 귀신의 첩뿐은 아니라는 얘기다. 나는 공에게 깊은 뜻이 있었다고 생각한다. 공이 말을 읊을 때면 반드시 그 주인을 위하는 덕성을 말하였으니, 이를테면 "사람과 더불어 한 마음으로 큰 공을 이룬다."(〈고도호총마행高都護驄馬行〉)라고 하였고, "사람과 더불어 함께 살고 또한 함께 죽는다."(〈제벽상위언화마가題壁上韋偃畫馬歌〉)라고 하였다. 그러하니 그 주인을 죽이고 그 말을 타면 말이 옛 주인을 생각하며 필시 정을 잊을 수 없을 터라 공의 마음 깊은 곳으로부터의 체득이 이에 이른 것이니, 지극한 정성이 사물의 본성을 꿰뚫을 수 있는 까닭이 또한 이에 다름아니다. 당시에 주인을 배반하고 반란을 일으킨 자가 바로 말의 죄인이다.(鬼妾連馬言之, 則色悲者不獨鬼妾矣. 余謂公有深意: 公才賦馬, 必發其爲主之德, 如云: '與人一心成大功'; 云: '與人同生亦同死'. 則殺其主而乘其馬, 馬思舊主, 定不能忘情, 公之深心體認到此, 卽至誠所以能盡物之性亦不外是; 而當時背主倡亂者, 乃馬之罪人也.)

31 國家(국가) 구: 나라에는 엄연히 법이 있는데도 반란군이 이를 무시하고 사람을 죽이고 부녀자를 강탈했다는 말이다.

《두억》 반란 주모자를 주살하라는 하나의 큰 문구를 제시한 것이니, 또한 이 노인의 역할이 드러난다.(提出誅亂一箇大題目, 亦見此老作用.)

32 驚吁(경우): 놀라 탄식하다.

#《두시상주》 이 단락에서는 적의 무리가 난리를 틈타 살인을 즐기고 백성에게 잔악하게 굴었음을 말했다. '의사'는 당시에 적을 토벌하자는 의견을 제기한 사람이다. '삼공'은 이충후와 같은 무리다. 역적을 주살한다는 이름을 빌어 재앙이 일반 백성에게까지 이르렀던 까닭에 "누가 무고한 백성을 가려낼 것인가?"라고 했던 것이다. 마구잡이식 살인으로 억울하게 죽어서가 아니라 원한을 품은 자가 많았으므로 "비바람에 울부짖는다."라고 한 것이다. 앞의 난리가 진정되기도 전에 뒤의 환란이 가중된 까닭에 "또 놀라 탄식할 만하다."라고 한 것이다.(此段言賊徒乘亂, 好殺而殘民. 義士, 當時倡議討亂者. 三公, 與李忠厚同輩者. 借名誅逆, 殃及平民, 故曰孰辨無辜. 濫殺非命, 含冤者多, 故曰風雨號呼. 前亂未寧, 後患加甚, 故曰又足驚吁.)

《두공부시집집주》 이충후는 서지도를 죽인 뒤에 군대를 풀어 무고한 사람에게 피해를 입혀 지난날 화경정의 일과 같았기에 그 일을 상세히 기술하고 놀라 탄식한 것이다. 앞에서는 '적신'이라 하고 '효경'이라 하였으니 대악하다 하여 죽인 것이다. 여기서는 '기강'이라 하고, '법령'이라 했으니 대의로써 놀라게 한 것이다.(忠厚旣殺知道, 縱兵殘害無辜, 如往時花敬定之事, 故又備述其事而驚歎之. 前曰賊臣, 曰梟獍, 誅以大惡也. 此曰綱紀, 曰法令, 驚以大義也.)

33 賤子(천자): 천한 사람. 두보가 자신을 겸칭한 것이다.

34 東吳(동오): 동쪽에 있는 오 지방. 두보가 청년 시절에 만유漫遊했던 곳이다.

35 弧矢(호시): 활과 화살. 전란을 가리킨다. 暗(암): 어둡게 하다.

36 五湖(오호): 오월吳越 지역의 다섯 호수.

《두시상주》에 인용된《사기정의史記正義》 오호는 능호, 유호, 막호, 공호, 서호로서 모두 태호 동쪽 기슭의 다섯 물굽이다. 우번이 말하기를

"태호는 동쪽으로 송강과 통하고 남쪽으로 유삽계와 통하며, 서쪽으로 형계와 통하고, 북쪽으로 격계와 통하고 동남쪽으로 구계와 통해 모두 다섯 개의 길이니 별도로 오호라 부른다."라고 하였다.(五湖者, 菱湖游湖莫湖貢湖胥湖皆大湖東岸五灣. 虞翻曰, 太湖, 東通松江, 南通柤霅溪, 西通荊溪, 北通滆溪, 東南通韭溪, 凡五道, 別謂之五湖.)

37 舍(사): 버리다.

《두시상주》에 인용된 《예기》 내 여기를 버리고 어디로 가겠는가.(吾舍此何適矣.)

38 薙(치): 깎다. 풀을 베다. 榛蕪(진무): 덤불과 잡초.

39 步屧(보섭): 걷다. '屧'이 '堞'으로 된 판본도 있다.

40 低徊(저회): 배회하다. 맴돌다. 衣裾(의거): 옷자락. 옛날 판본에는 '衣'가 '我'로 되어 있다.

[入門 4구]

《두시상주》에 인용된 《두억》 네 그루 소나무는 공이 애지중지하던 것이어서 나중에 특별히 〈네 그루 소나무(四松)〉를 노래한 시가 있다. 공이 초당을 떠나면서 보살펴 달라고 부탁한 이가 있었던 까닭에 기르던 개가 무사했던 것이다.(四松, 公所鍾愛者, 故後有特詠四松詩. 公去草堂, 有托之看守者, 故舊犬無恙.)

41 沽酒(고주): 술을 사다. 攜胡蘆(휴호로): 표주박을 가지고 오다. '提榼壺'로 된 판본도 있다.

《두시상주》에 인용된 《세설신어 · 간오簡傲》 육사형이 처음 낙양에 가서 유도진을 찾아뵈었는데, 유도진은 술을 좋아해 인사를 마치자마자 다른 말 할 것도 없이 이렇게만 물었다. "동오에는 자루가 긴 호리병이 있다던데, 그대는 종자를 가져오셨소?"(陸士衡初入洛, 詣劉道眞, 劉性嗜酒, 禮畢初無他言, 惟問 : "東吳有長柄壺盧, 卿得種來否.")

《두시상주》에 인용된 주학령 주 '호로'는 술을 담는 것이다. '호'는 옛날에 '壺'와 통했다.(胡盧以貯酒. 胡古與壺通.)

42 大官(대관): 높은 관리. 喜(희): '知'로 된 판본도 있다.

《두시상주》 엄무를 말한다.(謂嚴武.)

43 所須(소수): 필요한 것. '所'가 '我'로 된 판본도 있다.

44 城郭(성곽): 여기서는 성도成都성 안 사람들을 가리킨다.

《두시상주》 주민을 가리켜 한 말이다.(指居人言.)

45 隘(애): 좁다. '溢'로 된 판본도 있다. 村墟(촌허): 마을.

[大官 4구]

《두공부시집집주》 유극장劉克莊의 《후촌시화》에 "두보의 〈초당〉시 '대관희아래' 4운은 그 체재가 대체로 〈목란시〉의 '아버지 어머니 내 온다는 말 듣고 성곽을 나서 부여잡았네. 언니는 동생이 온다는 말 듣고 창가에서 붉은 화장을 고치네. 어린 동생은 누나가 온다는 말 듣고 칼을 쓱쓱 갈아 돼지와 양에게 가네'를 썼다."라고 하였다.(劉後村詩話, 子美草堂, 大官喜我來四韻, 其體蓋用木蘭詩, 爺娘聞我來, 出郭相扶將. 阿姊聞妹來, 當戶理紅妝. 小弟聞姊來, 磨刀霍霍向豬羊.)

#《두시상주》 이 단락은 지금 초당으로 돌아왔다는 앞 두 구를 거듭 설명한 것이다. 위 여덟 구에서는 동쪽으로 유람하지 못하고 다시 서촉으로 돌아왔다고 하였다. 아래 여덟 구에서는 오래 헤어졌다가 갑자기 돌아와 일시에 모두가 기뻐했다고 하였다. 공이 성도를 떠나 재주와 낭주 사이를 오간 것이 도합 3년이었다.(此一段, 申上今歸草堂二句. 上八, 言不能東遊, 仍還西蜀. 下八, 言久別乍歸, 一時共喜. 公去成都, 往來梓閬間, 凡三年.)

46 健兒(건아): 병사. 腐儒(부유): 세상물정 모르는 유생.

《두시상주》에 인용된 《사기 · 경포전黥布傳》 나라를 다스리는 데 어찌 썩어빠진 유생을 쓰겠는가.(治天下安用腐儒爲.)

[健兒 구]

《두억》 ('건아' 구는)난세를 실제로 겪은 데서 나온 말이라 마음이 아프다.(亂世實歷語, 可傷.)

47 飄颻(표요): 바람이 부는 모양. '飄飄'로 된 판본도 있다.

48 置(치): 몸을 맡기다. '致'로 된 판본도 있다.

49 於時(어시): 이때. 見(견): '是'로 된 판본도 있다. 疣贅(우췌): 사마귀. 혹. 쓸모없는 것을 가리킨다.

[於時 구]

《두억》 바로 '썩어빠진 유생'이란 시어로 인해 그 의미가 충족되었다.

(正因腐儒語而足其意.)

50 飮啄(음탁): 마시고 쪼다. 愧(괴): 부끄럽다. 殘生(잔생): 여생. 《구가집주두시》 한 번 '마시고 쪼다'는 것은 날짐승에 자신을 비유한 것이다.(一飮啄, 以禽鳥自比.)

51 薇(미): 고사리. 餘(여): 분에 넘치다.

#《두시상주》 이는 돌아온 후에 신세를 한탄한 것이다. 세상의 난리가 아직 끝나지 않아 몸을 맡길 곳이 없는 터에 초당이라도 얻어 여생을 보내니 이밖에 다시 다른 무엇을 구하겠느냐는 것이다.(此旣歸之後, 慨嘆身世也. 世亂未休, 託身無地, 得草堂以養餘年, 此外更無他望矣.)

《두시상주》에 인용된 《두억》 '혹'은 '썩어빠진 유생'을 이어받은 것으로, 남자가 세상에 쓸모가 없어지면 한 번 마시고 먹을 때마다 이미 이 여생이 부끄러워 고사리 먹는 것도 과분하다는 말이다.(贅疣承腐儒, 言士旣無用於世, 則一飮一啄, 已愧此殘生, 而薇蕨有餘矣.)

##《두시경전》 초당을 떠났다 돌아온 것을 위주로 서천의 일시적인 혼란 상황을 서술하며 아울러 천하를 끌고 들어갔는데, 자초지종을 펼쳐 진술함에 아주 철저하게 하였으니 어찌 시사詩史라 않겠는가?(以草堂去來爲主, 而敍西川一時寇亂情形, 幷帶入天下, 鋪陳終始, 暢極淋漓, 豈非詩史.)

《독두심해》 서지도의 일은 어떤 사서에도 실리지 않았으니, 이 시가 사서의 보완이 될 수 있을 것이며, 고아하고 질박한 정취가 가득 차 흘러넘친다.(徐知道事, 史俱不載, 此詩可作史補, 而古質之趣, 流衍洋溢.)

(김준연)

47. 丹靑引贈曹將軍霸

단청의 노래 — 조패 장군에게 드리다

將軍魏武之子孫[1] 於今爲庶爲淸門[2]
英雄割據雖已矣[3] 文彩風流今尙存[4]
學書初學衛夫人[5] 但恨無過王右軍[6]
丹靑不知老將至[7] 富貴於我如浮雲[8]
開元之中常引見[9] 承恩數上南熏殿[10]
凌煙功臣少顔色[11] 將軍下筆開生面[12]
良相頭上進賢冠[13] 猛將腰間大羽箭[14]
褒公鄂公毛髮動[15] 英姿颯爽猶酣戰[16]
先帝御馬玉花驄[17] 畫工如山貌不同[18]
是日牽來赤墀下[19] 逈立閶闔生長風[20]
詔謂將軍拂絹素[21] 意匠慘澹經營中[22]
須臾九重眞龍出[23] 一洗萬古凡馬空[24]
玉花却在御榻上 榻上庭前屹相向[25]
至尊含笑催賜金 圉人太僕皆惆悵[26]
弟子韓幹早入室[27] 亦能畫馬窮殊相[28]
幹惟畫肉不畫骨 忍使驊騮氣凋喪[29]
將軍畫善蓋有神[30] 偶逢佳士亦寫眞[31]
卽今飄泊干戈際[32] 屢貌尋常行路人[33]
途窮反遭俗眼白[34] 世上未有如公貧[35]
但看古來盛名下 終日坎壈纏其身[36]

장군은 위나라 무제의 자손이건만
지금은 서인이 되어 청빈한 가문이십니다.
영웅의 할거가 비록 끝나긴 했지만
문채와 풍류는 지금도 아직 남아 있습니다.
서예를 배우면서 처음에 위부인을 본받았지만
우군장군 왕희지를 능가하지 못 하는 것이 못내 아쉬웠고,
단청을 그리면서 노년이 찾아오는 줄 몰랐으니
부귀를 당신에게 뜬 구름 같은 것으로 여기셨습니다.

개원 연간에 늘 부름을 받아 알현하며
성은을 입어 남훈전을 자주 올랐습니다.
능연각의 공신들 색깔이 바랬으니
장군이 붓을 대어 생기가 되살아났지요.
훌륭한 재상의 머리에는 진현관,
용맹한 장수의 허리에는 큰 화살.
포공과 악공의 머리카락이 살아 움직이니
영웅의 자세 씩씩하여 여전히 한창 싸우는 듯합니다.

선제의 어마 옥화총
화공은 산처럼 많으나 그린 것이 실물과 닮지 않아,
이 날 붉은 섬돌 아래에 끌어다 놓았는데
궁문에 우뚝 서 거센 바람이 일어납니다.
조서를 내려 장군에게 비단에 그리라 하여
생각을 펼쳐 고심해서 구상을 하시니,
순간 구중궁궐에 진짜 용이 나타나

만고의 평범한 말들을 다 쓸어버렸습니다.

옥화마가 도리어 황제의 용상 위에 있어
용상 위와 마당 앞에서 우뚝하니 서로 마주하였습니다.
지존께서 웃으며 금을 하사하라 재촉하니
어인과 태복이 모두 경탄에 잠겼습니다.
제자 한간이 일찌감치 입실의 경지에 올라
그 역시 말을 잘 그려 색다른 형상을 다 펼쳤지만,
한간은 오로지 살만 그리고 뼈는 그리지 못 해
화류마의 기상을 시들게 하였습니다.

장군의 그림이 좋은 것은 대개 정신을 담아서이니
어쩌다 훌륭한 선비를 만나면 역시 참모습을 담으셨건만,
이제는 전쟁 중에 방랑하는 신세라서
여러 차례 평범한 길손을 그리셨습니다.
길이 막혀 도리어 속인들의 멸시를 받으니
세상에 공처럼 가난한 사람도 없을 터.
하지만 보아하니 예로부터 성대한 명성에는
언제나 가난이 온몸을 감쌌답니다.

이 시는 두보가 광덕 2년 성도成都에 돌아갔을 때 지은 것이다. 처음에는 조패 장군의 가계에 대한 서술로 시작하여, 뛰어난 그림 솜씨를 발휘하여 능연각凌煙閣의 공신들 초상화를 그린 데 대해 칭송하고, 이어서 말을 그리는 솜씨 또한 타의 추종을 불허한다는 점을 서술하였다. 그러나 조패

는 전쟁 중에 몰락한 신세가 되어 세간의 멸시까지 당하며 가난한 삶을 살아야 했다. 두보는 한때 명성을 떨치던 조패 장군의 몰락한 신세를 개탄하면서, 은연중 자신의 처지를 기탁한 것으로 보인다. 이 시는 두보의 제화시題畫詩 중에서도 걸작으로 꼽힌다.

'단청인'의 '인'은 노래를 뜻한다. 조패는 삼국 위나라 무제 조조曹操의 증손자인 조모曹髦의 후손으로 좌무위장군左武威將軍에 올랐다가 현종 말년에 죄를 지어 서인으로 신분이 강등당했는데, 사서史書에 전기가 없어 알려진 바는 많지 않다.

《보주두시》 '단청'은 조장군이 그림에 뛰어나다는 점을 말하려는 것이다. …… 이 시에서 '전쟁 중에 방랑하는 신세'라고 하였으니, 분명 조패는 관내의 난리를 만나 촉으로 들어갔을 것이다. 양권도는 "보응 원년 재주에서 지었다."라고 하였지만, 두보에게는 〈녹사참군 위풍의 저택에서 조장군의 말 그림을 보고 부른 노래(韋諷錄事宅觀曹將軍畫馬圖歌)〉가 있는데, 광덕 2년 성도에서 지은 것이다. 만약 보응 원년에 먼저 이 시를 지어 조패에게 주었다면, 뒤의 시에서 필시 이를 언급하였을 것이다. 아마도 그것 역시 광덕 2년에 지었을 것이다.(丹青, 以言曹將軍之能畫也. …… 此詩云, 漂泊干戈際, 當是霸遭關內之亂而入蜀. 梁權道云, 寶應元年梓州作, 然公有韋諷宅觀曹將軍畫馬詩, 在廣德二年成都作. 若寶應元年, 先有此詩與霸, 則後詩必及之. 意其亦廣德二年作.)

《독두심해》에 인용된 《명화기名畫記》 조패는 조모의 후손이다. 조모는 위나라 때 그림으로 칭송받았고, 조패는 개원 연간에 이미 명성을 얻었다. 천보 말엽에 매번 어명으로 어마와 공신을 그렸고, 관직은 좌무위장군에까지 올랐다.(曹霸, 曹髦之後, 髦畫稱於魏代, 霸在開元中已得名. 天寶末, 每詔畫御馬及功臣, 官至左武威將軍.)

주 석

1 魏武(위무): 위魏나라 무제武帝 조조曹操.

2 淸門(청문): 청빈한 가문.

《두시상주》《좌전》에 "삼후(우虞나라, 하夏나라, 상商나라)의 성씨가 지금은 서인이 되었다"는 말이 있다. 현종 말년에 조패는 죄를 지어 신분이 강등당해 서인이 되었다.(左傳, 三后之姓, 於今爲庶. 明皇末年, 霸得罪, 削籍爲庶人.)

3 英雄割據(영웅할거): 조조가 재상에 오르고 위왕에 봉해져 하북 땅을 관할한 것을 말한다. 雖(수): '皆'로 된 판본도 있다.

《두시언해》 조조가 하북 땅을 할거한 것을 가리킨다.(指曹操割據河北也.)

《두시상주》에 인용된 신함광申涵光 설 두보는 소열제와 무후(제갈량諸葛亮)를 모두 대단히 추존하였는데, 여기서 위 무제에 대해 단지 '할거가 끝났다'는 한 마디 말로 가볍게 서술하였으니, 정통성과 비정통성에 대한 분명한 시각차를 보여 준다.(公於昭烈武侯, 皆極推尊, 此於魏武, 只以割據已矣一語輕述, 便見正閏低昂.)

4 今(금): '猶'로 된 판본도 있다.

[英雄 2구]

《구가집주두시》 조차공 주 '영웅할거'와 '문채풍류' 모두 조조에 대한 말이다. 조조의 경우 비록 그의 아들인 조비曹丕에 이르러 황제에 즉위하였지만, 본래는 할거였다.(英雄割據, 文彩風流, 皆以言曹公. 公雖至其子丕卽帝位, 然本割據.)

5 衛夫人(위부인): 진晉나라 때 서예에 조예가 깊었던 여음태수汝陰太守 이구李矩의 아내. '衛'를 이름으로 보는 설도 있다.

《두시진주》《시법요록》에 "고혼이 예로부터 서예에 뛰어난 사람들의 명단을 전했는데, 채옹은 신인에게 전수받아 그것을 최원과 딸 문희에게 전수했고, 문희는 이를 종요에게 전수했으며, 종요는 이를 위부인에게 전수했고, 위부인은 이를 왕희지에게 전수했다."라고 하였다. 장회관의 《서단》에서는 "위부인은 이름이 삭이고 자가 무의로, 정위 위전衛展의 여동생이자 위항衛恒의 조카딸이며, 여음태수 이구의 아내다. 예서에 특히 뛰어났는데, 종요를 본받았고 우군장군 왕희지가 일찍이 그녀를 스승으로 섬겼다. 영화 5년에 죽었다. 아들인 이극李克은 중서랑을 지냈는데, 그 역시 서예에 뛰어났다."라고 하였다.(書法要錄, 牟欣傳古來能書人名, 蔡邕授於神人, 而傳之崔瑗及女文姬, 文姬傳之鍾繇, 鍾繇傳之衛夫人, 衛夫人傳之王羲之. 張懷瓘書斷, 衛夫人, 名鑠, 字茂猗, 廷尉展之女弟, 恒之從女, 汝陰太守李矩之妻也. 隸書尤善, 規矩鍾公, 右軍常師之. 永和五年卒. 子克爲中書郎, 亦工書.)

6 無(무): '未'로 된 판본도 있다. 王右軍(왕우군): 진晉나라 때 서예의 대가인 왕희지王羲之. '우군'은 벼슬 이름인 우군장군右軍將軍의 준말.

《두시상주》《서사회요》에 "왕광은 왕도王導의 종제로 위세와 내외종간이다. 그래서 위부인에게서 채옹의 서법을 얻어 아들인 왕희지에게 전수하였다."라고 하였고, 《진서》에 "왕희지는 자가 일소로 비서랑으로 처음 벼슬을 시작하였고, 뒤에 우군장군에 올랐다,"라고 하였으며, 《서단》에서는 "전서, 주서, 팔분, 예서, 장초, 비백, 행서, 초서를 통상 '팔체'라고 하는데, 오직 왕희지만이 다 뛰어났다."라고 하였다.(書史會要, 王曠, 導從弟, 與衛世爲中表, 故得蔡邕書法於衛夫人, 授子羲之. 晉書, 王羲之, 字逸少, 起家秘書郎, 後爲右軍將軍. 書斷, 篆籒八分隸書章草飛白行書草書, 通謂之八體, 惟王右軍兼工.)

《보주두시》에 인용된 왕수王洙 주 왕희지는 예서를 잘 써 고금에 가장 뛰어난 서예가였다. 일전에 왕희지는 한 노파에게 종이 부채에 글을 써 주며 "단지 왕우군의 글씨라고 말하고 백전을 달라고 하십시오."라고 하였다.(王羲之善隸書, 爲古今之冠. 初羲之爲老嫗書紙扇, 謂曰, 但言是王右軍書, 以求百錢.)

7 丹青(단청): 붉은 색과 푸른색의 물감을 뜻하는 말로, 아름다운 그림을 비유한다. 老將至(노장지): 노년이 찾아오다.

8 浮雲(부운): 덧없음을 비유하는 말.

《논어·술이》 의롭지 못하면서 부유하고 신분이 높아지는 것은 내게 뜬 구름과 같다.(不義而富且貴, 於我如浮雲.)

[丹靑 2구]

《두시상주》 두보는 시에서 '당서' '거식' '노장지' '여부운'을 사용하였는데, 이는 경전의 말을 잘 활용한 것이다.(公詩用當暑去食, 老將至, 如浮雲, 此善用經語者.)

#《두시상주》 첫째 단락은 조패의 가계와 그가 서화에 뛰어나다는 것을 서술하였다. '영웅할거'는 위나라 무제가 패업을 이룬 것을 말하고, '문채풍류'는 조조 부자와 비슷하다는 말이다. 《두억》에서는 "그가 서예를 포기하고 그림에 공을 들였으니, 같이 잘 하는 것보다는 차라리 하나만 뛰어난 것이 나아서이다. '단청' 2구는 그가 힘을 집중해서 쏟으면서 의지가 분산되지 않은 것을 말한다."라고 하였다.(首敍曹霸家世及書畫能事. 英雄割據, 謂魏武霸業. 文采風流, 似孟德父子. 杜臆, 其舍書而工畫, 同能不如獨勝也. 丹青二句, 言其用力精而志不分.)

9 開元(개원): 현종 때 연호. 中(중): '年'으로 된 판본도 있다.

10 南熏殿(남훈전): 당나라 때 전각 이름.

《두시상주》 남훈전은 옛 노래 '남풍이 향기롭다'에서 뜻을 취하였다. 《장안지》에 "남내 흥경궁 안의 정전을 흥경전이라고 하는데, 앞에 영주문이 있고, 안쪽에 남훈전이 있으며, 북쪽에 용지가 있다."라고 하였다.(南薰殿, 取古歌南風之薰兮. 長安志, 南內興慶宮內正殿曰興慶殿, 前有瀛洲門, 內有南薰殿, 北有龍池.)

11 凌煙(능연): 전각 이름. 少顔色(소안색): 그림의 색깔이 바랜 것을 뜻한다.

《두시상주》《신당서》에 "정관 17년 2월에 능연각에 공신을 그렸다."라고 하였고, 《양경신기兩京新記》에 "태극궁 안에 능연각은 응음전 남쪽에 있고, 공신각은 능연각 남쪽에 있다."라고 하였으며, 《오대회요》에 "능연각은 서내 삼청전 옆에 있는데, 초상화는 모두 북쪽을 향해 있다. 누각에는 칸막이가 있는데, 칸막이 안쪽으로 북쪽 면에는 공적이 높은 재상을 그려 놓았고, 남쪽 면에는 공적이 높은 제후들을 그렸으며, 칸막이 바깥쪽으로는 차례대로 공신들을 그리고 찬문을 적어 놓았다."라고 하였다.(唐書, 貞觀十七年二月, 圖功臣於凌烟閣. 兩京記, 太極宮中, 有凌烟閣在凝陰殿南, 功臣閣在凌烟閣南. 五代會要, 凌烟閣在西內三清殿側, 畫像皆北向, 閣有隔, 隔內北面寫功高宰輔, 南面寫功高侯王, 隔外次第圖畫功臣, 題贊.)

12 下筆(하필): 붓을 대다. 조장군이 다시 그림을 그린 것을 말한다. 開生面(개생면): 살아 있는 듯한 모습이 다시 드러난 것을 뜻한다.

《구가집주두시》 조차공 주 정관 연간에 태종이 이정 등 24명을 능연각에 그렸는데, 개원 때에 이르러 색깔이 흐릿해지자 조장군이 다시 그렸다. 그래서 이렇게 말한 것이다.(貞觀中, 太宗畫李靖等二十四人於凌煙閣, 至開元時, 顔色已暗, 而曹將軍爲之畫, 故云.)

13 進賢冠(진현관): 관복에 갖추어 쓰던 예모禮帽의 일종.

《두시상주》《후한서·여복지》에 "진현관은 옛날에 검은 삼베로 만든 모자로서 선비들의 복장이었다."라고 하였고, 《신당서·백관지》에 "조복에는 모두 진현관을 쓴다."라고 하였으며, 《구당서》에서는 "무덕 연간에는 관제상 작변, 원유, 진현, 무변, 해치 등 여러 모자가 있었다."라고 하였다.(後漢輿服志, 進賢冠, 古緇布冠也, 文儒者之服. 唐書百官, 朝服皆進賢冠. 舊書, 武德中, 制有爵弁遠遊進賢武弁獬豸諸冠.)

14 大羽箭(대우전): 깃털을 박은 큰 화살.

《두시상주》에 인용된 《유양잡조酉陽雜俎》 태종은 깃털이 네 개 꽂힌 크고 긴 화살을 사용하기 좋아하였는데, 일찍이 한 번 쏘아서 궁문을 꿰뚫은 적이 있다.(太宗好用四羽大笴長箭, 嘗一抉射, 洞門闔.)

15 褒公鄂公(포공악공): 당나라 때 사람인 울지경덕尉遲敬德과 단지현段志玄. 포공은 울지경덕의 봉호이고, 악공은 단지현의 봉호다.

《두시상주》에 인용된 《구당서》 능연각에 그려진 공신은 이정 등 24명인데, 개부의동삼사 악국공 울지경덕이 일곱 번째이고, 고 보국대장군 양주도독 포국공 충장공 단지현이 열 번째다.(凌烟功臣李靖等二十四人, 開府儀同三司鄂國公尉遲敬德第七, 故輔國大將軍揚州都督褒國忠壯公段志元(玄의 避諱字)第十.)

16 颯爽(삽상): 씩씩한 모양. '颯颯'으로 된 판본도 있다. 猶(유): 여전히. '來'로 된 판본도 있다. 酣戰(감전): 한창 싸움이 벌어지는 것을 뜻하는 말. 이 구는 그림 속 공신들의 기상이 생생하다는 말이다.

#《두시상주》 이 단락은 조장군이 초상화를 잘 그린 것을 적고 있다. '소안색'은 옛 흔적이 사라져 간다는 뜻이고, '개생면'은 새로운 형상을 다시 그려낸다는 뜻이다. 황생黃生은 주에서 "공신에 대해 단지 포국공과

악국공만 말하였지만, 두 사람을 거론함으로써 나머지 사람들도 보여 주고 있으니, 이들을 그린 것이 더욱 생동감이 있었을 것이라고 상상해 볼 수 있다"라고 하였다.(此記其善於寫眞. 少顏色, 舊跡將滅, 開生面, 新像重摹也. 黃注, 於功臣但言褒鄂, 擧二公以見其餘, 想畫此尤生動耳.)

17 先帝(선제): 현종을 가리킨다. 御(어): '天'으로 된 판본도 있다. 玉花驄(옥화총): 현종이 타던 말의 이름.

《구가집주두시》 조차공 주 옥화총은 선제의 말이다. 화가의 솜씨가 정교하여 그 참모습을 다 그려 냈다는 뜻이다.(玉花驄, 先帝之馬也. 畫手精妙, 盡得其眞.)

《두시경전》에 인용된 《명황잡록明皇雜錄》 현종이 타던 말에는 옥화총과 조야백이 있었다.(上所乘馬有玉花驄照夜白.)

18 如山(여산): 매우 많은 것을 뜻한다. 貌不同(막부동): 그림이 실물과 다르다. 《두시상주》에서는 '貌'에 대해 "'막'과 '각'의 반절음(莫角反)"이라고 하였다.

《두시경전》 모사한 것이 다르다는 말이다.(謂傳寫不同也.)

19 赤墀(적지): 전각과 섬돌 사이에 있는 붉은 색의 공터를 가리키는 말.

20 迥立(형립): 우뚝 서다. '迥'은 '敻'으로 된 판본도 있다. 閶闔(창합): 문 이름. 生長風(생장풍): 말의 자태가 매우 빼어남을 비유한다.

《구가집주두시》 조차공 주 천자가 있는 궁궐의 대문이다. 이선은 《문선》에 주를 달아 "자미궁의 대문을 '창합'이라고 한다."라고 하였다. 말 위로 바람이 이는 것은 말이 신령스럽고 빼어나기 때문이라는 말이다.(天門也. 李善文選注, 有紫微宮門, 名曰閶闔, 言馬之上而生風, 以其神駿.)

21 絹素(견소): 비단과 명주.

22 意匠(의장): 마음 씀, 구상. 《두시언해》에서는 뜻이 가는 내로 그림을 그리는 것으로 풀이하기도 하였다. 經營(경영): 화법의 일종으로 그림을 구상하는 것을 뜻한다.

《두시언해》 '의장'은 정해진 규칙이 없이 뜻이 가는 대로 솜씨를 발휘하는 것을 말한다.(意匠, 謂無規矩而以意爲匠.)

《두시상주》에 인용된 《역대화품歷代畫品》 그림에는 여섯 가지 화법이 있는데, 다섯 번째를 '배치를 경영하는 것'이라고 한다.(畫有六法, 五曰經營位置.)

23 須臾(수유): 순식간. 九重(구중): 아홉 개의 궁문. 천자의 거처가 매우 깊은 것을 비유한다. 眞龍(진룡): 실제 용. 여기서는 그림 속의 말을 비유한다.

《두시상주》《초사》에 "임금의 대문은 아홉 겹을 쓴다."라고 하였는데, 주에 "천자는 아홉 개의 대문을 가지는데, 관문, 원교문, 근교문, 성문, 고문, 치문, 응문, 고문, 노문이라고 한다."라고 하였다.(楚辭, 君之門以九重, 注, 天子有九門, 謂關門遠郊門近郊門城門皐門雉門應門庫門路門也.)

《두시상주》에 인용된 후한 왕충王充의 《논형論衡》 초나라 섭공은 용을 좋아하여 담장이나 그릇에 모두 용을 그려 넣었다. 진짜 용이 이 소문을 듣고서는 거기로 내려왔다.(楚葉公好龍, 牆壁盂樽皆畫龍, 眞龍聞而下之.)

24 凡馬(범마): 평범한 말, 보통 말. 이 구절은 조장군의 그림 때문에 다른 그림들이 모두 빛을 잃었다는 말이다.

#《두시상주》 이 단락은 조장군의 말 그림이 신비스럽고 빼어나다는 것을 적고 있다. '생장풍'은 어마가 날아 움직이는 듯하다는 말이고, '진룡출'은 말 그림이 빼어나고 사실적이라는 것을 말한다. 《두억》에 "'형립생풍'이란 말에서 이미 어마의 정신을 다 표현하였고, '참담경영'이란 말에서 다시 훌륭한 화가가 고심한 모습을 표출해 냈다."라고 하였다.(此記其畫馬神駿. 生長風, 御馬飛動, 眞龍出, 畫馬工肖也. 杜臆, 逈立生風, 已奪天馬之神, 而慘澹經營, 又撰出良工心苦.)

25 屹相向(흘상향): 우뚝한 모습으로 서로 마주하다.

[玉花 2구]

《두시언해》 말 그림이 용상 위에 있어 마당의 말과 서로 짝을 이루었다는 말이다.(言畫馬在榻上, 與庭馬相對也.)

26 圉人太僕(어인태복): 말을 관리하는 벼슬인 어인과 태복. 이 구절은 어인과 태복이 경탄할 정도로 조장군이 그림을 잘 그린 것을 말한다.

《두시상주》 신함광은 "'어인'과 '태복'이 모두 경탄한다는 말은 조장군의 그림이 진짜와 흡사하다는 것에 놀라워하는 것이지, 그가 금을 하사받은 것을 시기하는 것은 아니다."라고 하였다. 《주례》에 "어인은 말을 키우고 방목하는 일을 관장하면서 어사의 통제를 받는다."라고 하였고, 《한서 · 백관공경표百官公卿表》에서는 "태복은 진나라 때 관직으로 거마를 관장한다."라고 하였다. 주학령 주에서는 "태복은 말을 관리하는 벼슬이고, 어인은 마구간에서 허드렛일을 하는 사람이다."라고 하였다.(申涵光曰, 圉人太僕皆惆悵, 訝其畫之似眞耳, 非妬其賜金也. 周禮, 圉人掌養馬芻牧之事, 以役圉師. 漢書百官表, 太僕, 秦官, 掌輿馬. 朱注, 太僕, 馬官, 圉人, 廝養也.)

[至尊 2구]

《두시언해》 어인은 말을 키우는 일을 관장하고, 태복은 수레를 관장하기에, 모두 말을 그려서 도리어 상을 받은 것에 감탄해 하는 것이다.(圉人掌養馬, 太僕掌車駕, 皆嘆畵馬之反得賞賜也.)

27 韓幹(한간): 당나라 때 화가로서 조패의 제자. 入室(입실): 방에 들어가다. 매우 높은 경지를 비유한다.

《보주두시》에 인용된 소蘇씨 설 한간은 말을 잘 그렸고 대량 사람이다. 우승 왕유가 그의 그림을 보고 칭찬하여 관직이 태부시승에 올랐다. 특히 안장을 얹은 말을 잘 그렸다. 처음에는 조패를 스승으로 섬겼다가 뒤에 오직 두보와 가깝게 지냈지만, 두보는 단지 한간이 말을 너무 통통하게 그린다고 여겨 끝내는 살을 그렸다고 비아냥거렸다.(韓幹善畫馬, 大梁人. 右丞王維見其畫, 遂推奬之, 官至太府寺丞. 尤工鞍馬, 初師曹霸, 於後則獨善子美. 子美徒以幹畫馬肥大, 遂有畫肉之誚.)

《두시상주》에 인용된 양웅揚雄의 《법언法言》 만약 공자의 문하생이 부를 썼다면, 가의는 승당의 경지이고 사마상여司馬相如는 입실의 경지였을 것이다.(如孔子之門用賦也, 則賈誼升堂, 相如入室矣.)

28 相(상): '狀'으로 된 판본도 있다.

29 驊騮(화류): 꽃무늬가 있는 말. 옥화총을 가리킨다.

《두시상주》에 인용된 《한서 · 지리지地理志》 조보는 말을 다루고 조련하는 일을 잘 하였는데, 화류와 녹이 네 마리를 구해 목왕에게 총애를 받았다.(造父善馭習馬, 得驊騮綠耳之乘, 幸於穆王.)

#《두시상주》 이 단락에서는 말 그림이 귀중하여 대가 가운데서도 미칠 수 있는 사람이 없다는 것을 거듭 말하고 있다. 용상 위의 말 그림과 마당 앞의 어마가 서로 호응하기에 '흘상향'이라고 말한 것이다.《두억》에서는 "서 있을 때는 '형'이라고 말하였고, 서로 향했을 때는 '흘'이라고 말한 것이니, 말의 골격이 빼어나다는 것을 알 수 있다. 또 한간을 끌어다 한번 전환하고서야 의경이 충족되고 기운이 온전해졌다. 한간이 입실의 경지라서 특이한 형상을 다 그려 냈으니, 범상한 솜씨가 아니다. 다만 손님(한간)을 통해 주인(조패)을 형용하였기에 말에 억양이 담긴 것일 뿐이다.(此申言畫馬貴重, 名手無能及者. 榻上畫馬, 庭前御馬, 彼此交映, 故云, 屹相向. 杜臆, 於立曰逈, 於相向曰屹, 便見馬骨之奇. 又得韓幹一轉, 然後意足而氣完, 幹能入室窮殊相, 亦非凡手, 特借賓形主, 故語帶抑揚耳.)

30 畵(화): '盡'으로 된 판본도 있다. 善(선): '妙'로 된 판본도 있다. 有神(유신): 정신을 담다. 그림의 경지가 매우 높은 것을 말한다.

《두시상주》에 인용된 설창서薛蒼舒 주 고개지는 채색화를 잘 그렸는데, 매번 사람을 그려 완성하고 나서도 몇 년씩 눈동자를 그리지 않곤 하였다. 남들이 그 이유를 물으면 "육신의 아름다움은 본래 오묘한 것과는 무관하고, 생동감 있게 그리는 것은 바로 눈동자에 달려 있답니다."라고 대답하였다.(顧愷之善丹靑, 每畫人成, 或數年不點目睛, 人問其故, 答曰, 四體姸媸, 本無關於妙處, 傳神寫照, 正在阿堵中.)

31 偶(우): '必'로 된 판본도 있다.

32 飄泊(표박): 이리저리 떠돌아다니다. 干戈(간과): 방패와 창. 전쟁을 비유한다.

33 行路人(행로인): 행인. 두보 자신을 가리키는 말로 보기도 한다.

《독두심해》 아마도 당시에 조패가 두보를 위해 초상화를 그려 주었을 것이다.(疑當時曹爲公寫照.)

34 途窮(도궁): 길이 막히다.

《문선》 안연지顔延之 〈오군영五君詠·완적阮籍〉의 이선李善 주에 인용된《위씨춘추魏氏春秋》 완적은 때로 마음 내키는 대로 혼자 수레를 몰곤 하였는데, 길을 따라 가지는 않았다. 그러다가 수레가 더 이상 나가지 못하게 되면, 번번이 통곡을 하고 되돌아오곤 하였다.(籍時率意獨駕, 不由徑路. 車跡所窮, 輒慟哭而返.)

《구가집주두시》 알아주는 사람이 드물다는 말이다.(言識者蓋寡耳.)

35 世上(세상) 구: '他富至今我徒貧'으로 된 판본도 있다.

36 坎壈(감람): 불우한 모양. 혹은 실의에 잠긴 모양.

《두공부초당시전》에 인용된 《초사》 왕일 주 '감람'은 불우한 모양이다.(坎壈, 不遇貌.)

《두시언해》 한편으로는 실의에 잠긴 모양으로 풀이하기도 한다.(一云失志貌.)

#《두시상주》 이 단락에서는 다시 곳곳에서 초상화를 그린 것을 말하면서 장군의 불우를 개탄하고 있다. 훌륭한 인사를 그리지 않고 범인을 그렸으니, 이미 신세가 몰락한 것이다. 하물며 속인들에게 백안시를 당했으니, 곤궁함이 더욱 심해진 것이다. 그래서 결어에서는 무한한 감개를 담고 있다.(此又言隨地寫眞, 慨將軍之不遇. 不寫佳士, 而寫常人, 已落魄矣. 況遭俗眼之白, 窮益甚矣. 故結語含無限感傷.)

《두억》 대개 성대한 명성에도 궁핍함이 온몸을 감싸는 것은 예로부터 늘 그러했거늘, 어찌 장군의 경우야 의심할 것 무엇 있으랴? 나는 이 시가 두보가 조패를 통해 자신을 묘사한 것으로 도연명의 〈도화원기〉와 서로 비슷하다고 생각한다. 두보의 〈막상의행〉을 읽으면 내 말이 헛소리가 아니라는 것을 알 수 있을 것이다. 공은 사람들과 만날 때 말이 서로 통하기만 하면 아름다운 시를 기증했으니, 이 또한 길손을 묘사한 것에 해당한다.(蓋盛名之下, 坎壈纏身, 自古皆然, 何疑於將軍哉. 余謂此詩公借曹以自狀, 與淵明之記桃源相似, 讀公莫相疑行, 而知余言之不妄. 公於邂逅間一言契合, 輒贈佳詩, 是亦貌路人者.)

##《독두심해》 처음 4구는 두 층차로 억양을 이루어 아래 네 단락에 기반을 마련해 준다. '어금위서'는 마지막 단락의 '표박'과 '도궁'까지 조응하고, '문채상존'은 중간의 세 단락에서 황명을 받들어 그림을 그린

것과 조응하고 있다. '학서' 2구는 곁들여 쓴 내용이고, '단청' 2구가 본론적인 내용이다. 중간의 세 단락은 예전의 전성기를 추억하는 것이고, 마지막 단락은 오늘의 쇠퇴한 모습을 한탄하는 것이다. 자세히 분석해서 말하자면, '개원' 8구는 조서를 받들어 다시 공신을 그린 것을 서술하였는데, 4구는 총설이고, 4구는 나누어 묘사하고 뽑아서 묘사한 것이다. '선제' 8구는 조서를 받들어 옥화총을 그린 것을 서술하였는데, 2구는 배경 설명이고, 2구는 실제 말 얘기이며, 2구는 그리는 모습이고, 2구는 그림이 절묘하다는 내용이다. '옥화' 8구는 다시 말 그림에 대해 거듭 칭송한 것이다. 용상 위의 것은 그림으로 그린 말이고, 마당 앞의 것은 끌려온 말이다. 살아 있는 말을 그린 것이 뛰어난데, 또 한간을 보조로 삼았으니 한간을 폄하하는 것이 아니라 시제를 떠받치는 필법이다. 세 단락 가운데 사람에 대한 얘기는 간략하고 말 얘기가 자세하니, 내용을 서로 섞어서 전개하였다. 이상은 그의 전성기를 총괄하여 말함으로써 작품 앞의 '문채풍류' 구와 호응한다. 마지막 단락에서 '화선' 구는 총체적인 필치로 앞의 내용을 결속하는 것이다. '가사' 구는 보충적으로 묘사하여 아래의 묘사를 이끌고 있다. 장군의 그림이 단지 앞의 두 가지 항목(공신과 말)에 그치지 않는다는 것을 알아야 하기에, 훌륭한 선비를 그리는 말로 보충하였다. 앞에서 단지 조서를 받들어 창작한 것을 나열하여 서술한 것이 바로 여기의 '누막심상'과 서로 조응한다. 지금과 옛날이 때가 다르고, 시끄럽고 고요함이 갑자기 판이해진 것을 보게 되는 것, 이것이 바로 조장군에게 불우함을 달래는 시를 드리는 본 취지이다. 마지막 연에서는 다시 해설하고 비유하는 말을 펼쳐 더욱 심도 있게 강개한 분위기를 담았다. 이 단락에서는 그의 쇠퇴기를 적나라하게 말하였으니, 작품 첫머리의 '어금위서'와 호응한다. 두보의 마음씀과 작법이 대개 이와 같다. 두보가 그림을 묘사한 것이 뛰어나다는 사실에 대해서는 전인들이 이미 상세하게 논하였다.(起四句, 兩層抑揚, 總爲下文四段作地. 於今爲庶, 照到末段漂泊途窮. 文彩尙存, 照起中三段奉詔作畫. 而學書二句乃陪筆, 丹靑二句乃點筆也. 中三段, 是追昔之盛. 末一段, 是歎今之衰. 析言之, 則開元八句, 敍奉詔重畫功臣. 四總提, 四分寫抽寫

也. 先帝八句, 敍奉詔畫玉花驄, 二襯筆, 二生馬, 二畫態, 二畫妙也. 玉花八句, 再就畫馬申讚. 榻上是貌得者, 庭前是牽來者. 寫生出色, 又以韓幹作襯, 非貶韓, 乃尊題法也. 而三段中人略馬詳, 章法相間. 以上總言其盛, 應篇首文彩風流句. 末段, 畫善句, 總筆束前. 佳士句, 補筆引下. 須知將軍畫不止前二項, 故以寫佳士補之. 其前只鋪排奉詔所作者, 正與此處屢貌尋常相照耀. 見今昔異時, 喧寂頓判, 此即贈曹感遇本旨也. 結聯又推開作解譬語, 而寄慨轉深. 此段極言其衰, 與篇首於今爲庶應, 其命意作法蓋如此. 至於摹寫丹靑之絶特, 前人論之詳矣.)

(**김만원**)

48. 除草
풀을 뽑다

草有害於人 曾何生阻修[1] 其毒甚蜂蠆[2] 其多彌道周[3]
淸晨步前林 江色未散憂[4] 芒刺在我眼[5] 焉能待高秋
霜露一霑凝[6] 蕙葉亦難留 荷鋤先童稚[7] 日入仍討求[8]
轉致水中央[9] 豈無雙釣舟 頑根易滋蔓[10] 敢使依舊丘[11]
自玆藩籬曠[12] 更覺松竹幽 芟夷不可闕[13] 疾惡信如讎

사람을 해치는 풀이 있나니
어찌 험하고 먼 곳에서만 나랴.
그 독은 벌과 전갈보다 심한데
길가를 가득 채웠구나.
맑은 새벽 앞 숲을 거닐 제
강가 풍경에도 근심을 떨칠 수 없네.
가시가 내 눈에 들어 있는 듯하니
어떻게 가을까지 기다릴 수 있으랴.

서리 이슬이 한번 적셔 엉기면
혜초 잎 또한 남기 어려울 것이라.
호미를 메고 아이들을 앞서나니
해 저물어도 여전히 잡초를 찾아 뽑는다네.
이것들을 물 가운데로 옮김에
어찌 내게 쌍 낚싯배가 없으랴.
뿌리가 질겨 쉬 무성하게 자라는 놈들이니

옛 언덕에 기대 살게 할 수 있겠는가.

이로부터 울타리가 훤하여
소나무 대나무가 더욱 그윽하구나.
잡초 제거는 빼놓을 수 없는 일
악은 진실로 원수처럼 미워해야 하느니.

이 시는 영태 원년 봄에 지었다. 원주에 "섬초를 뽑았다. '蕣'은 음이 '潛'으로 산부추다.(去蕣草也. 蕣音潛, 山韭.)"라는 설명이 있다. 아이들을 데리고 초당 부근에 가득 자란 독초를 뽑으면서 느낀 감회를 적었다. 마지막 구절에서 '악을 원수처럼 미워한다(疾惡如讎)'는 말을 덧붙임으로써 제초라는 단순한 행위에 간악한 무리의 제거라는 비유적 의미를 담고자 한 작자의 심정이 살짝 드러나고 있다. 그리고 이렇게 비유적으로 시를 읽게 되면 '가을까지 기다리지 않겠다'는 급박한 말이나 뽑아낸 독초를 배로 실어 물에 버려 다시는 자리 잡지 못하게 하는 단호한 행위도 모두 간악한 무리에 대한 두보의 통절한 미움의 반영으로 이해할 수도 있을 것이다. 저작 시기를 대력 원년으로 보는 경우도 있으나 여기서는 《두시상주》의 편차를 좇아 영태 원년 작품으로 보았다.

《보주두시》 시의 뜻을 자세히 음미하면 소인이 중다하니 제거함이 마땅하다는 것을 비유하였다고 말할 수 있겠으나 역시 잡초를 제거하는 일을 가지고 자신의 뜻을 써낸 것이다. 그래서 진실로 악을 원수처럼 미워한다는 구절이 있는 것이다. 이후의 작품을 가지고 살펴보건대 대력 원년 기주에 있을 때 지은 것이 분명하다. 양권도는 영태 원년 운안시 안에 편재하였다.(詳味詩意, 雖曰喩小人之衆多, 所宜芟除, 亦是用除草以寫意, 故有疾惡信如讎之句, 以後篇考之, 當是大歷元年在

夔州作. 梁權道編在永泰元年雲安詩內.)

《두시상주》 시에서 '울타리', '송죽'을 말하였으니 의당 초당에서 지은 시이다. 주학령이 영태 원년 성도시 안에 편재한 것을 따른다. 《익부방물찬》에 "'심마'는 검주 이남 지역 곳곳에 있다. 그 잎사귀를 건드리면 벌이 사람을 쏘는 듯한데 오줌을 부으면 바로 풀린다. 줄기에 가시가 있고 잎은 푸르거나 자색이며 풍종을 치료하는 데 좋다."라고 하였는데, 두보시를 살펴보니 '섬'으로 쓰는 것이 맞다. 이실이 말하기를 "섬초의 잎은 모시풀과 같은데, 사천 사람들은 '섬마'라고 부른다. 털가시가 사람을 쏘므로 '학마'라고 부르기도 한다. '학'은 음이 '학' 또는 '석'이며 독하게 쏜다는 뜻이다."라고 하였다.(詩云藩籬松竹, 當是草堂詩. 依朱氏編在永泰元年成都詩內. 益部方物贊, 㷛麻, 自劍以南, 處處有之, 或觸其葉, 如蜂螫人, 以尿灌之卽解. 莖有刺, 葉或青或紫, 善治風腫. 考杜詩, 當作薟. 李實曰, 薟葉如苧麻, 川人名曰薟麻, 毛刺蠚人, 亦曰蠚麻. 蠚音謔, 又音釋, 毒螫也.)

주 석

1 阻修(조수): 험하고 먼 곳.

[草有 2구]

《보주두시》에 인용된 왕수 주 독초가 꼭 험하고 먼 곳에서만 자라는 것이 아니니 비록 평지일지라도 역시 존재한다는 말이다.(言草之毒者不必生於阻修之處, 雖平夷之地, 亦有之也.)

《구가집주두시》 조차공 주 이 시는 악한 것을 제거한다는 뜻을 위주로 하여 섬초가 해로움을 미워한 것이다. 그것이 가까운 평지까지 쭉 번져 자랐음을 말한다.(此主除惡之義, 以惡薟草之爲害也. 言其直生平地近處.)

2 蜂蠆(봉채): 벌과 전갈.

《구가집주두시》 조차공 주 벌과 전갈을 말한 것은 섬초는 온통 가시가 있어서 건드리면 사람을 쏠 수가 있기 때문이다.(蜂蠆, 薟上皆芒刺, 觸之能螫人.)

3 道周(도주): 길가.

《보주두시》에 인용된 왕수 주 '도주'는 길 양쪽 곁을 말한다.(道周, 道兩旁也.)

《구가집주두시》 조차공 주 '길가에 가득하다'는 것은 섬초가 가장 무성하게 자라기 때문이다.(彌道周, 蔹最蔓生.)

4 江色(강색): 강 풍경. 이 구절은 강가의 아름다운 풍경을 보아도 독초 때문에 근심스런 마음을 씻을 수가 없다는 말이다.

5 芒刺(망자): 가시.

#**《두시상주》** 이 단락은 독초의 해를 말하였다. 장연의 주에 "이 풀이 길가에 퍼져 있다는 것은 악인이 가득 요로를 차지하고 있음을 비유한 것이다."라고 하였다.(此言毒草之害. 綖注, 此草遍於道周, 比惡人充滿當路也.)

6 霜露(상로): 서리와 이슬. '露'를 '雪'로 쓴 판본도 있다. 霑凝(점응): 적셔 엉기다. '凝'을 '衣'로 쓴 판본도 있다.

[霜露 2구]

《두시상주》에 인용된 조차공 주 서리가 내린 후에 없애게 되면 혜초 잎과 섬초 중에 어느 것이 아름답고 악한 것인지 구분이 없게 될 것이다. 그래서 제초를 서두르지 않을 수 없는 것이다.(待霜至而後除, 則蕙葉與蔹草美惡無辨矣. 故去之不可不早.)

7 先童稚(선동치): 아이들을 앞서다.

《두시상주》 '선동치'는 자신이 솔선한다는 뜻이다.(先童稚, 身率先也.)

8 討求(토구): 찾다.

9 轉致(전치) 구: 뽑은 잡초를 강물 가운데로 옮긴다는 말이다.

[轉致 2구]

《두시상주》에 인용된 안수晏殊 설 《주례》에 "체인은 제초를 관장한다. 물로 없애는 거나 불로 없앤다."라고 했는데 낚싯배에 실어서 처리하는 것이 물로 없애는 것이다.(周禮, 薙人, 掌殺草. 有水火之化, 以釣舟載而置之. 此水化也.)

10 滋蔓(자만): 무성하게 번식하다.

11 舊丘(구구): 옛 언덕. 잡초가 원래 자라던 곳을 가리킨다.

#《두시상주》 이 단락은 빨리 잡초의 뿌리를 제거하고자 한 것이다. 장연 주에 "이는 소인을 물리침을 비유한 것이니 같이 중원에 있을 수 없다는 뜻이 담겨 있다."라고 하였다.(此欲亟除其根. 綖注, 此喩屏去小人, 有不與同中國意.)

12 自茲(자자): 이로부터. '茲'를 '移'로 쓴 판본도 있다.

13 芟夷(삼이): 잡초를 제거하다.

#《두시상주》 마지막에서는 우언의 본의를 지적하였다. 사씨가 말하기를 "소인이 없어지면 군자의 도가 자라나나니, 이는 독초가 뽑히니 송죽이 맑아지는 것과 같다."라고 하였다. 장연의 주에 "유종원이 〈포사자설〉을 지었는데 글 끝에 가서야 비로소 '가혹한 정치가 호랑이보다 사납다'는 한 구절을 말했으니 바로 이 격식을 습용한 것이다."라고 하였다.(末點寓言本意. 師氏曰, 小人旣去, 則君子道長, 如惡草芟而松竹淸也. 張綖注, 柳子厚作捕蛇者說, 至篇末方說出苛政猛於虎一句, 襲用此格也.)

##《두시상주》에 인용된 신함광申涵光 설 "가시가 눈 속에 있으니 어찌 가을까지 기다릴 수 있으랴."라는 구절은 기상이 늠연한 바, 간사한 자들을 제거함은 마땅히 맹금이 먹이를 공격하는 듯해야 하니 조금이라도 지체하면 변고가 생기는 것이다. 적당히 조정하자는 주장은 자신을 망치게 되고 나라를 망치게 하니 이른바 "눈서리가 한번 내려 엉기면, 혜초 또한 남기 어렵다."라는 것이다. "뿌리가 질겨 쉬 무성하게 자라는 놈들이니, 옛 언덕 자리에 기대 살게 할 수 있겠는가?"라고 했으니, 악을 제거함에는 철저히 없앨 것을 힘써야 하는바, 재삼 뜻을 분명히 밝혔다. 소릉은 일생동안 소인의 해악을 목도하였으므로 이처럼 통절하게 미워한 것이다. 마지막에서는 딱 한 마디로 지적하여 설파하였으니 주장하는 뜻이 많아지면 외려 천박해진다.(芒刺在我眼, 焉能待高秋, 丰裁凜然, 除姦當如鷙鳥擊物, 少遲則生變矣. 調停之說, 誤身誤國, 所云霜雪一沾凝, 蕙草亦難留也. 頑根易滋蔓, 敢使依舊丘, 去惡務盡, 三致意焉. 少陵一生, 目睹小人之害, 故痛恨如此, 末只一語點破, 正意多則反淺.)

《**독두심해**》 제초를 빌어 간신을 제거함을 비유하였다. 처음 4구는 총령이다. '증하' 구는 어찌 일찍이 요원한 곳에만 다 있었겠느냐, 가까운 곳에도 역시 있다는 말이다. '독이 벌과 전갈보다 심하다'는 것은 신속하게 제거함을 귀히 여긴다는 뜻을 이끌며, '많아서 길가에 가득하다'는 것은 철저하게 제거함을 귀히 여긴다는 뜻을 이끈다. 중간의 12구는 한 단락이지만 두 층위로 분리하여 봐야 한다. 앞 6구는 제거의 신속함을 말한 것이고, 뒤 6구는 제거의 철저함을 말한 것이다. 마지막 4구는 눈이 한번 시원해졌음을 느낀 것이며, 신속함과 철저함은 '삼이' 2구 안에 함께 수렴되어 있다. 마지막에서 '질악여수' 네 글자를 써서 본의를 대략 드러내었다. 신함광이 말한 주장하는 뜻이 많아지면 오히려 천박해진다고 한 것이 바로 이것이다.(借除草以喻除奸也. 起四句總領. 曾何生阻修者, 言何嘗盡在遼遠, 雖肘腋間亦有之. 毒甚蜂蠆, 領去之貴速. 多彌道周, 領去之貴盡. 中間十二句, 一段分兩層看, 前六, 言去之速, 後六, 言去之盡. 末四句, 覺眼中一爽, 速與盡兼收在芟夷二句中. 結出疾惡如讎四字, 略露本意. 申涵光謂正意多則反淺者是也.)

(**김성곤**)

49. 負薪行
땔나무 지는 노래

夔州處女髮半華[1]　四十五十無夫家[2]
更遭喪亂嫁不售[3]　一生抱恨長咨嗟[4]
土風坐男使女立[5]　男當門戶女出入[6]
十有八九負薪歸[7]　賣薪得錢應供給[8]
至老雙鬟只垂頸[9]　野花山葉銀釵並[10]
筋力登危集市門[11]　死生射利兼鹽井[12]
面妝首飾雜啼痕　地褊衣寒困石根[13]
若道巫山女粗醜[14]　何得北有昭君村[15]

기주의 처녀들은 머리가 반백 되고
마흔 쉰 먹도록 남편이 없다.
잇달아 난리를 만나니 시집갈 수 없어
한평생 한을 안은 채 늘 탄식이다.

이곳의 풍습은 남자는 앉고 여자는 서며
남자는 집을 보고 여자가 드나드는데,
십중팔구는 땔나무 지고 돌아와
땔나무 팔고 돈 받아 생필품을 마련한다.
늙도록 양쪽 쪽진 머리를 다만 목덜미에 늘어뜨리고
들의 꽃과 산의 나뭇잎을 은비녀와 함께 꽂는다.
힘껏 산에 올랐다가 시장에 모이고
죽기 살기로 이득을 보려 염정을 겸하네.

얼굴 화장에 머리 장식에 눈물 자국이 뒤섞인 것은
땅 외지고 입은 옷 추운데 산기슭에서 고생하기 때문.
만약 무산의 여인이 거칠고 추하다 한다면
어찌 북쪽에 왕소군의 마을이 있겠는가?

이 시는 대력 원년 두보가 기주에 이르러 지은 것이다. 두보는 기주의 여인들이 나이가 들어도 결혼하지 못하고 땔감을 지는 등의 고된 노동을 하는 것을 목도하고, 그들의 어렵고 고달픈 생활에 동정을 표했다. 아울러 이와 같은 하층 부녀자들을 업신여기는 위정자들의 행태도 넌지시 비판했다. 땔감을 지고 와서 장에 내다파는 것으로 부족해 염정까지 건사하는 강인한 생활력을 가지고 있는 기주 여인들이지만, 얼굴 화장하고 은비녀를 꽂은 모습에서는 여전히 여인으로서의 아름다움을 잃지 않으려는 애틋함이 느껴진다.

《**두시상주**》 황학의 주에 "이것과 다음 시(〈最能行〉)는 마땅히 대력 원년 갓 기주에 도착했을 때 그곳의 습속을 보고 지은 것이다."라고 했다.(鶴注, 此及下章, 當是大曆元年, 初至夔州時, 見其習俗而作.)

주 석

1 處女(처녀): 시집가지 않은 여자. 半華(반화): 반쯤 희끗희끗해지다. 반백이다.

2 無夫家(무부가): 시댁이 없다. 시집가지 않았다는 뜻이다.

3 更(경): 잇달아. 계속해서. '갱'으로 읽어 '게다가'의 뜻으로 보기도 한다. 喪亂(상란): 난리. 嫁不售(가불수): '售'는 여자가 시집간다는 뜻이므로, 시집가려고 노력해도 시집갈 수 없다는 의미다. 장정들이 군대에 징집되어 결혼 적령기의 남자가 줄어들면서 가난한 처녀들이

결혼하지 못하는 상황을 말하는 것이다.

《두시상주》에 인용된 《두억》 대개 남자가 전사하여 장가든 이가 없는 것이다.(蓋男子陣亡, 無娶者.)

4 長咨嗟(장자차): 늘 탄식하다. '長'이 '堪'으로 된 판본도 있다.

#**《두시상주》** 이것은 기주 여인들이 때를 놓치고 시집가지 못하는 것을 마음 아파한 것이다.(此傷夔女之愆期不嫁者.)

5 土風(토풍): 현지의 풍속. 坐男使女立(좌남사녀립): 남자는 앉고 여자는 서게 하다. 남존여비의 풍습을 말한다.

6 男當門戶(남당문호): 남자가 문을 지키다. 남자가 가정주부처럼 집안일을 돌보는 것을 가리킨다. '男'이 '應'으로 된 판본도 있다.

[土風 2구]

《보주두시》에 인용된 노魯씨 주 삼협의 백성들은 남자가 상녀商女를 위해서 집을 보고, 저자의 가게에서 좌판을 벌이고 길에서 이고 지는 것은 모두 부녀자다.(峽民, 男爲商女, 當門戶, 坐肆於市壥, 擔負於道路者, 皆是婦人也.)

7 十有八九(십유팔구): 십중팔구. 아주 흔하게 보는 광경임을 말한다. '有'가 '猶'로 된 판본도 있다.

《독두심해》 삼협의 여인들은 노고가 많은데 그 가운데 또 늙도록 시집가지 못하는 사람이 있었던 것이다. 따라서 시에서 풍토를 서술한 부분은 전체적으로 말한 것이고 앞뒤는 남편이 없는 경우로, 또한 노고를 면치 못한다고 하였으니 대체로 그것을 마음 아파한 것이다. 만약 십중팔구가 모두 남편이 없는 여인이라고 여긴다면 이치에 맞지 않는다.(峽女多勞苦, 就中且有老而未嫁者. 故篇中述風土處則統言, 而前後則謂無夫者亦不免, 蓋傷之也. 若認十有八九皆無夫之女, 則礙理矣.)

8 應供給(응공급): 생활에 필요한 돈과 물품을 대다. '應'이 '當'으로 된 판본도 있다.

9 雙鬟(쌍환): 두 개의 고리 모양으로 만든 머리형. 이는 주로 젊은 여자들의 머리형인데 기주의 여인들은 나이가 먹도록 결혼하지 못하는 경우가 많아 다들 이런 머리형을 한다는 말이다. '鬟'이 '環'으로 된 판본도 있다. 垂頸(수경): 목덜미에 늘어뜨리다.

10 銀釵(은채): 은비녀. 並(병): 아우르다. 여기서는 은비녀와 함께 꽂는다는 뜻이다. 일설에는 꽃과 나뭇잎으로 비녀를 대신한다고 풀이하기도 한다.

11 筋力(근력): 있는 힘껏. 登危(등위): 높은 곳에 오르다. 높은 산에 올라 나무하는 것을 말한다. 市門(시문): 시장의 문. 예전에는 시장에 문이 있어 시간에 맞춰 열었다. 여기서는 바로 시장을 가리킨다.

12 死生(사생): 죽기 살기로. 목숨을 내놓고. 射利(석리): 이익을 꾀하다. 鹽井(염정): 소금이 나는 우물.

#《두시상주》 이것은 기주 여인의 괴로움을 갖추어 서술한 것이다.(此備敍夔女之苦.)

《두시상주》에 인용된《두억》 높은 곳에 올라 나무를 하고 장터에 가 돈을 벌어 한 가정의 살림을 꾸리면서 또 생사를 돌보지 않고 아울러 염정의 일까지 짊어지니 그 노고가 극심하다. 그러나 들의 꽃과 산의 나뭇잎을 은비녀에 견주었으니, 당사자들은 으레 그러려니 하고 그 고통을 망각한 것이라 이것이 더욱 슬프다.(登危采薪, 集市賣錢, 以供給一家, 且不顧死生, 而兼負鹽井, 其勞苦極矣. 然野花山葉, 比於銀釵, 則當之者以爲固然而忘其苦矣, 此尤可悲也.)

13 地褊(지편): 땅이 편협하다. 외지고 좁은 것을 말한다. 石根(석근): 산기슭.

14 若道(약도): 만약 ~라고 한다면. 巫山(무산): 지금의 사천성 무산현에 있다. 여기서는 기주 일대를 가리킨다. 粗醜(조추): 거칠고 추하다.

15 北(북): '此'로 된 판본도 있다. 昭君村(소군촌): 왕소군이 나고 자란 마을.

《전주두시》《환우기》에 "귀주 흥산현에 왕소군의 집이 있고 바로 이 마을 사람이었던 까닭에 소군의 현이라 한다. 마을은 무협과 인접하고 향계가 마을 경내에 있으니 곧 왕소군이 노닐던 곳이다."라고 했다.(寰宇記, 歸州興山縣, 有王昭君宅, 卽此邑人也, 故曰昭君之縣. 村連巫峽, 香溪在邑界, 卽昭君所遊.)

#《두시상주》 이것은 그들의 모습이 초췌한 것을 보고 가여워하는 말을

한 것이다.(此見其形容困悴而爲憫惜之辭.)

《두시상주》에 인용된 황학 주 〈부신행〉은 기주의 여인을 언급한 까닭에 왕소군의 마을로 매듭지었다.(負薪行, 言夔州之女, 故以昭君村結之.)

##**《두억》** 다음의 〈최능행〉과 더불어 모두 기주의 풍속이 각박한 것으로 인하여 지은 것인데, 왕소군의 마을과 굴원의 저택으로 매듭지어 다시 기주 사람들을 변호했으니, 문인의 장난스런 필치란 것이 이와 같다.(與下最能行俱因夔州風俗薄惡而發, 結之以昭君村屈原宅, 又爲夔人解嘲, 文人之遊戲筆端者如此.)

《독두심해》 처음 4구는 늙은 여인이 때를 놓친 것을 마음 아파한 것이니 시제보다 앞선다. 다음 4구는 협중의 현지 풍습을 지적해 낸 것이니 이는 시제를 가리키는 것이다. 이것은 오히려 전체적인 말이지 딱히 시집가지 않은 사람만 가리키는 것이 아니다. '지로' 4구는 다시 남편 없는 자를 이어받아서 말하였다. 곧 이득을 꾀하는 어려움을 서술하면서 염정을 덧붙여 말한 것이다. 뒤 4구는 구조오의 이른바 '모습이 초췌한 것을 보고 가여워 하는 말을 한 것'이다. 굳이 단락을 나눌 필요가 없으니, 다음 시편도 이를 모방했다.(起四句, 傷老女之失時, 在題前. 次四句, 指出峽中土風, 是點題. 此卻統說, 不專指未嫁者. 至老四句, 復承無夫者言. 就述射利之苦, 鹽井帶說. 後四句, 仇氏所謂形容困悴而爲憫惜之詞也. 不必分段, 下篇倣此.)

(**김준연**)

50. 古柏行

오랜 측백나무의 노래

孔明廟前有老柏[1]　　柯如青銅根如石[2]
霜皮溜雨四十圍[3]　　黛色參天二千尺[4]
雲來氣接巫峽長[5]　　月出寒通雪山白[6]
君臣已與時際會[7]　　樹木猶爲人愛惜
憶昨路繞錦亭東[8]　　先主武侯同閟宮[9]
崔嵬枝幹郊原古[10]　　窈窕丹青戶牖空[11]
落落盤踞雖得地[12]　　冥冥孤高多烈風[13]
扶持自是神明力[14]　　正直元因造化功
大廈如傾要梁棟[15]　　萬牛回首丘山重[16]
不露文章世已驚　　未辭剪伐誰能送[17]
苦心豈免容螻蟻[18]　　香葉終經宿鸞鳳[19]
志士幽人莫怨嗟[20]　　古來材大難爲用[21]

제갈공명 사당 앞에 늙은 측백나무
가지는 청동 같고 뿌리는 돌 같구나.
서리 맞은 껍질은 비에 젖은 듯 마흔 아름
눈썹먹 빛으로 하늘에 닿을 듯 이천 자.
구름이 오면 기운은 기나긴 무협까지 닿고
달이 뜨면 한기는 흰 설산으로 통하네.
군주와 신하 이미 제때에 만났으니
나무는 아직도 사람들의 사랑을 받는다네.

생각해 보니 지난날 금정 동쪽으로 길 돌아갈 때
선주와 제갈무후가 깊은 사당에 함께 있었지.
우뚝 솟은 가지와 줄기가 있는 교외 들판은 예스럽고
그윽하게 단청한 문은 텅 비었었네.
우뚝하니 서린 모습 비록 터를 얻었지만
아득히 홀로 높아 거센 바람이 잦구나.
도움 받아 버티는 것은 당연히 신명의 힘
바르고 곧은 모습 원래 조화옹의 공력 때문이라네.

큰 건물이 기울면 동량이 필요한데
만 마리 소 고개 돌리는 것은 산처럼 무거워서라.
문채를 드러내지 않아도 세상이 이미 놀랐거니와
벌목을 사양치 않지만 누가 옮길 수 있으랴?
속이 쓰다고 어찌 개미를 물리칠 수 있으랴마는
향그러운 잎새에 끝내 난새와 봉황이 깃들 터.
지사여 은자여 원망치 마소
예로부터 재목이 크면 쓰이기 어려웠다오.

이 시는 대력 원년 두보가 기주에 우거할 때 지은 것으로, 기주에 있는 제갈량의 사당을 방문하여 그곳에 있는 측백나무를 보고서 느낀 감회를 담고 있다. 두보는 기주의 사당에서 성도에 있는 유비와 제갈공명의 사당을 떠올리며 지난 세월을 돌이켜보고, 아울러 오랜 세월 풍파를 견뎌온 측백나무에서 자신의 모습을 연상하였을 것이다. 큰 재목이 사람들에게 쓰이기 어려운 것처럼 자신도 큰 그릇이기에 뜻을 이루지 못 했지만, 예로부터 위대한 성인도 같은 처지에 놓인 적이 있다는 사실을 스스로 위안거리로 삼고 있다.

《구가집주두시》 조차공 주 제갈공명은 촉나라 재상을 지냈는데, 성도에는 선주(유비)의 사당이 있고 제갈무후(제갈량)의 사당은 그곳에 붙어 있는 반면, 기주는 선주의 사당과 제갈무후의 사당이 각각 따로 떨어져 있다. 이제 측백나무를 읊조리면서 오로지 제갈공명의 사당만 언급하였을 뿐이니, 어찌 기주의 측백나무가 아니겠는가? 두보의 시집을 보면 그가 기주에 있을 때 여러 번 제갈공명의 사당을 읊은 시를 지었다. 〈기주십절〉에서 "제갈무후의 사당을 잊을 수 없나니, 그 안에 있는 송백이 하늘에 닿을 듯 높다네."라고 하였으니 이 절구로 증명하면, 이는 기주에서 지은 시가 분명하다.(孔明爲蜀相, 成都則先主廟, 而武侯祠堂附焉, 夔州則先主廟武侯廟各別. 今咏柏, 專是孔明廟而已, 豈非夔州柏乎. 公詩集中, 其在夔也, 屢有孔明廟詩. 于夔州十絶云, 武侯祠堂不可忘, 中有松柏參天長, 以絶句證之, 則此乃夔州之詩明矣.)

《보주두시》 이 시에서 비록 성도에 있는 제갈공명의 사당을 직접 말하고 있기는 하지만, 시에서 "지난날 생각하면 도중에 금정 동쪽을 돌았다."라고 하였으므로 성도에서 지은 것이 아니다. 아마도 대력 원년 기주에 도착해 선주와 제갈무후의 사당을 보고서 결국 금정에서 보았던 일을 돌이켜 떠올리며 지은 것일 게다. 옛 편집본과 양권도 모두 상원 원년 작품으로 여겼지만, 아마도 시에서 한 말을 잘 몰라서 하는 말일 것이다. 오직 조차공만이 주에서 "이는 성도의 선주 사당의 측백나무를 떠올리며 말한 것이다."라고 하였다. 아마도 두보가 근자에 성도를 떠나 기주에 왔기에 '어제 일을 떠올린다'고 말할 수밖에 없었을 것이다.(此詩雖指成都孔明廟而言, 而詩云, 憶昨路繞錦亭東, 則不在成都作. 豈非大曆元年至夔, 見先主武侯廟, 遂追憶錦亭所見而成. 舊編幷梁權道, 俱以爲上元元年, 殆未詳詩中語也. 惟趙注云, 此乃

追言成都先主廟之柏. 蓋公近自離成都而來夔, 故止可言憶昨.)

《두시상주》에 인용된 전황田況**의 《고백기**古柏記**》** (측백나무는) 당나라 말엽 시든 뒤에 왕씨(전촉前蜀)와 맹씨(후촉後蜀)의 두 나라를 거치면서 더 더욱 심하게 병들고 말았다. 그러나 사당에 있는 나무이기에 감히 베는 자는 없었다. 송나라 건덕 정묘년(967) 한여름에 시들었던 가지가 다시 살아나 날로 더욱 무성해졌다. 구경하는 이들이 감탄해하며 꽃이 피고 시들고 하는 변화가 당시 정치의 안정 여부와 맞물린다고 생각하였다. 삼국시대로부터 지금까지 8백 년이 넘는다.(自唐季凋瘁, 歷王孟二國, 蠹槁尤甚. 然以祠中樹無敢伐者. 宋乾德丁卯歲仲夏, 枯柯復生, 日益敷茂. 觀者歎聳, 以爲榮枯之變應時治亂. 自三分迄今, 八百餘年矣.)

《두시상주》 명나라 말엽에 촉 지방이 장헌충의 반란을 겪는 바람에 성도의 오래된 측백나무는 이제 더 이상 남아 있지 않다.(明季蜀經張獻忠之亂, 成都老柏, 今不復存.)

주 석

1 孔明(공명): 삼국 촉나라 승상 제갈량. 前(전): '堦'로 된 판본도 있다. **《독두심해》에 인용된 《성도기**成都記**》** 선주의 사당 서쪽 정원이 바로 제갈무후의 사당이다. 사당 앞에는 커다란 측백나무가 두 그루 있는데, 사람들은 제갈무후가 손수 심은 것이라고 한다.(先主廟西院, 卽武侯廟. 廟前有雙大柏, 人云諸葛手植.)

2 如石(여석): 돌 같다. 뿌리가 매우 튼튼함을 말한다.

3 霜(상): '蒼'으로 된 판본도 있다. 雨(우): '水'로 된 판본도 있다. 圍(위): 아름. 혹은 두 뼘으로 보는 설도 있다.

4 黛色(대색): 눈썹먹 색깔. 검은 빛을 띤 것을 말한다. 參天(참천): 하늘에 닿다. 측백나무의 키가 매우 큰 것을 말한다.

[霜皮 2구]

《보주두시》에 인용된 진정민陳正敏 **설** 한림학사 심괄沈括은 두보의 이 구절을 깎아내리며 '사십위'라고 말하면서 '이천척'을 짝지은 것이 너무 가늘고 길다고 하였는데, 두보의 의도가 단지 그 빛깔을 말하는 데 그친 것이라는 사실을 모르는 소리다. 이는 그 푸른 모습이 창연하여 올려다보면 높고 아득해서 2천 자에 이르기에 거의 하늘에 닿는다는 말과 같다. 만약 이렇게 그의 허물을 찾는다면 2천 자도 사실 하늘에 닿기에는 부족하고, 《시경 · 대아 · 숭고崧高》에서 '높이 하늘에 닿는다'는 말은 더욱 엉터리 말이 될 것이다. 시를 제대로 논하는 이는 진정 그래서는 안 된다.(沈內翰譏子美此句, 以謂四十圍配二千尺爲太細長, 不知子美之意, 但言其色而已, 猶言其翠色蒼然, 仰視高遠, 有至於二千尺, 而幾於參天也. 若如此求其疵, 則二千尺固未足以參天, 而詩謂峻極於天者, 更爲妄語. 善論詩者, 正不應爾.)

《두공부시집집주》 '사십위'와 '이천척'은 모두 상상을 통해 만든 말로 실제 상황은 아니다.(四十圍, 二千尺, 皆假象爲詞, 非有故實.)

5 巫峽(무협): 장강 협곡인 삼협三峽 가운데 하나.

《두시상주》에 인용된 《의도산천기宜都山川記》 파 지역 동부의 삼협 가운데 무협이 가장 길다.(巴東三峽, 巫峽長.)

[雲來 2구] 무협의 구름이 흘러오면 측백나무의 기운이 구름에 닿고, 설산의 달이 뜨면 흑백나무의 한기도 그와 통한다는 말이다. 이 두 구절은 원래 '樹木' 구 뒤에 있었는데, 구조오는 유신옹의 판본을 따라 앞으로 옮겼다.

《보주두시》에 인용된 조차공 주 무협은 기주 아래 있기에 무협의 구름이 오면 측백나무의 기운이 그것과 닿게 되고, 설산은 기주의 서쪽에 있기에 설산의 달이 뜨면 측백나무의 한기와 서로 통한다는 말로, 모두가 측백나무가 높고 크다는 점을 말한 것이다.(巫峽在夔之下, 巫峽之雲來, 而柏之氣與接, 雪山在夔之西, 雪山之月出, 而柏之寒與通, 皆言其高大者也.)

6 月(월): '日'로 된 판본도 있다.

7 君臣(군신): 군주와 신하. 여기서는 유비와 제갈량을 가리킨다.

《구가집주두시》 촉나라 선주는 "내게 제갈공명이 있는 것은 마치 물고기가 물을 만난 것과 같소."라고 하였다(蜀先主, 孤之有孔明, 如魚

之有水也.)

#《두시상주》 첫 단락은 기주의 측백나무를 읊으면서 군신 간의 만남으로 끝을 맺었다. '구리'는 줄기의 푸름을 비유한 말이고, '돌'은 뿌리의 견고함을 비유한 말이다. '상피류우'는 빛깔이 희끗희끗하면서도 윤기가 돈다는 뜻이다. '사십위' '이천척'은 측백나무가 높고 큰 것을 형용한 것이다. '기접무협'과 '한통설산'은 바로 높고 크다는 점을 따라 나무가 높고 음삼한 기상을 상상한 것이다. '군신제회'는 바로 아래의 선주와 제갈무후를 이끌어 낸다. 무협은 동쪽에 있으면서 가깝고, 설산은 서쪽에 있으면서 멀다.(首咏夔州柏, 而以君臣際會結之. 銅比幹之青, 石比根之堅, 霜皮溜雨, 色蒼白而潤澤也. 四十圍, 二千尺, 形容柏之高大也. 氣接巫峽, 寒通雪山, 正從高大處, 想見其聳峙陰森氣象耳. 君臣際會, 即起下先主武侯. 巫峽在東而近, 雪山在西而遠.)

8 錦亭(금정): 정자 이름. '亭'은 '城'으로 된 판본도 있다.

《두시상주》 사당은 금성의 서쪽에 있어 '성동'이라고 말할 수 없으므로 의당 '정동'이라고 하는 것이 맞다. 주학령은 주에서 "엄무에게 금강의 야정을 읊어서 두보에게 부친 시가 있기에 '금정'이라고 한 것이다."라고 하였다.(廟在錦城之西, 不當言城東, 當以亭東爲正. 朱注, 嚴武有寄題杜二錦江野亭詩, 故曰錦亭.)

9 閟宮(비궁): 조용하고 깊은 건물. 즉 신묘神廟를 뜻한다.

10 崔嵬(최외): 높은 모양.

[崔嵬 2구]

《구가집주두시》 조차공 주 '교원고'는 선주 사당의 측백나무가 평지에 있으면서 오래되었다는 뜻이다. 아래 구절은 사물에 감응하여 옛일을 애도한 것으로 조용하고 깊숙한 곳에 단청을 칠한 지게문과 창문만 남아 있고 사람은 없다는 말이다.(郊原古, 則先主廟柏在平地而古也. 下句感物弔古, 言窈窕深邃, 所施丹青之戶牖徒存, 而無人也.)

11 窈窕(요조): 깊숙한 모양. 丹青(단청): 단사丹砂와 청호青䨼. 염료染料의 일종으로 결국 그림이나 색칠을 뜻한다.

12 落落(낙락): 빼어난 모양, 높은 모양. 盤踞(반거): 서리다. 터를 잡은

것을 뜻한다.

13 冥冥(명명): 높은 모양.

14 扶持(부지): 도움을 받아 버티다.

[憶昨 8구] 이 8구에 대해 구조오는 전체가 성도의 측백나무를 회상한 내용으로 본 반면, 주학령 등은 앞의 4구는 성도의 측백나무를 회상한 것이고, 뒤의 4구는 기주의 측백나무를 읊은 것으로 보고 있는데, 주학령 등의 설이 타당해 보인다.

#《두시상주》 이 단락은 성도의 측백나무를 읊으면서 신명의 힘과 조화옹의 공으로 끝을 맺었다. '교원고'는 예스러운 운치가 있다는 뜻이다. '호유공'은 텅 비어 사람이 없다는 말이다. 이 측백나무가 아래로 비록 적당한 땅을 얻었지만 위로 바람의 침식을 받았다. 그런데도 지금껏 생존하며 별탈이 없었던 것은 아마도 신명의 가호 때문이고, 조화옹이 영기를 모아 주었기 때문일 것이다.(此咏成都柏, 而以神力化功結之. 郊原古, 有古致也. 戶牖空, 虛無人也. 此柏下雖得地, 而上受風侵, 至今長存無恙者, 蓋以神明呵護, 爲造化鍾靈耳.)

《두공부시집집주》 조차공은 8구 모두 성도의 측백나무를 말한 것이라고 하였으나 틀린 말인 듯하다.(次公謂八句皆言成都之柏, 恐非.)

15 大廈(대하): 큰 건물. 국가를 비유한다.

《구가집주두시》 조차공 주 '대하'는 국가를 비유하기 위한 말이고, '여경'은 어려움이 많다는 것을 말하며, 동량에 측백나무를 쓴다는 것은 인재를 비유한다.(大廈以比國家, 如傾以言多難, 梁棟以柏喩人材.)

16 萬牛(만우): 만 마리 소. 이 구절은 만 마리 소가 끌 수 없을 정도로 무겁다는 말이다.

17 剪伐(전벌): 베어 내다.

[不露 2구]

《구가집주두시》 조차공 주 측백나무가 문채를 안으로 지니고 있기에 '문채를 드러내지 않는데도 사람들이 이미 그 높고 큰 모습에 놀라워한다'고 말한 것이다. 아래 구절은 아마도 자신을 비유한 말일 것이다. 몸이 썩어 문드러져 죽는 것도 꺼리지 않고 그릇으로 쓰이는 것을 받아들이지만, 누가 그것을 운반할 수 있겠는가라는 말이다.(柏木有文采, 具在其中, 故云不露文章, 人已訝其高大. 下句蓋自況. 其不憚虆軀捐身, 以應器使. 然誰能送致之乎.)

18 螻蟻(누의): 개미. 소인배를 비유한다고 보는 설도 있다.

19 香(향): '密'로 된 판본도 있다. 終(종): '曾'으로 된 판본도 있다. 經(경): '驚'으로 된 판본도 있다.

[苦心 2구]

《구가집주두시》 조차공 주 측백나무의 열매와 잎은 그 맛이 쓰기에 측백나무 속도 역시 쓰다. 속이 비록 쓰지만 개미들이 뚫고 들어오는 것을 막을 수는 없기에 이로써 소인들이 능멸하는 것을 비유하였다. 아래 구절은 아마도 두보 스스로 결국 원앙과 난새를 벗으로 맞이하게 될 것을 비유한 것이리라. 사승의 《후한서》에 "방저가 모친상을 당해 송백을 심자 난새가 그 위에 깃들었다."라는 말이 있다.(柏實與葉其味苦, 故柏心亦苦. 心雖苦矣, 而不免螻蟻之所穿, 以況小人之見淩也. 下句豈非公自況其終接鴛鸞之侶乎. 謝承後漢書曰, 方儲遭母憂, 種松柏, 鸞棲其上.)

20 幽人(유인): 은자. 嗟(차): '傷'으로 된 판본도 있다.

21 難爲(난위): '皆難'으로 된 판본도 있다.

《구가집주두시》 조차공 주 왕충의 《논형 · 효력편》에 "누군가 산에서 땔나무를 베는데 가볍고 작은 나무는 묶을 수 있었지만, 열 아름이 넘는 큰 목재의 경우는 그것을 끌어도 움직이지 못하고 그것을 밀어도 옮기지 못 하였다. 그래서 그것을 산림 속에 내버려 두고 묶어 놓았던 작은 목재를 거두는 데 그쳤다. 이로써 논하건대 지혜와 능력이 위대한 자는 마치 열 아름이 넘는 목재와 같다. 사람의 힘으로 천거할 수가 없으니 이는 마치 땔나무 하는 사람이 밀지도 끌지도 못 하는 것과 같다. 공자가 여러 곳을 돌아다녔어도 그를 붙잡아 두는 곳이 없었던 것은 성인으로서 무능해서가 아니라 도가 커서 실현하기가 어려워 사람들이 기용하지 못했던 것이다. 따라서 공자는 산속의 거목과 같은 존재다."라고 하였다. 《논형》에서 이와 같이 말하였으니, 두보가 말한 재목이 크면 쓰이기 어렵다는 것은 아마도 여기서 유래했을 것이다.(王充論

衡効力篇云, 或伐薪于山, 輕小之木, 合能束之, 至于大木十圍以上, 引之不能動, 推之不能移, 則委之于山林, 收所束之小木而已. 由斯以論知能之大者, 其猶十圍以上木也. 人力不能擧薦, 其猶薪者不能推引也. 孔子周流, 無所留止, 非聖才不能, 道大難行, 人不能用也. 故夫孔子, 山中巨木之類也. 論衡之語如此, 公所謂材大難爲用, 豈不出于此乎.)

#《**두시상주**》 이 단락은 측백나무를 읊으면서 감개를 기탁하고 재목이 커서 쓰기 어렵다는 말로 끝을 맺었다. 세상을 구제하는 큰 임무는 반드시 큰 재목이 필요하고, 불세출의 큰 재목은 반드시 크게 기용해야 한다. 기용되면 세상에 명성을 떨치는 종신이 되고, 기용되지 않으면 지사나 은자가 된다. 이 마지막 단락은 대의를 기탁하여 밝혔다. '대하' 4구는 아래 '재목이 커서 쓰기 어렵다'는 말을 은연중 유도하고 있다. '용누의'는 붉은 속이 이미 다 없어진 것을 마음 아파하는 말이고, '숙란봉'은 남은 향기를 잡을 수 있는 것을 기뻐하는 말이다. 직설적 표현 속에 모두 비유의 뜻을 담고 있다.(此從咏柏寄慨, 而以材大難用結之. 濟世大任, 必須大材, 間世大材, 須是大用, 能用則爲宗臣名世, 不用則爲志士幽人. 此末段託喩大意, 大廈四句, 伏下材大難用. 容螻蟻, 傷其赤心已盡, 宿鸞鳳, 喜其餘芳可挹. 賦中皆有比義.)

##《**두억**》 두보가 평생 제갈공명을 극찬한 것은 아마도 속으로 그에게 견주려는 생각이었을 것이다. 제갈공명은 재능이 뛰어난데도 능력을 다 발휘하지 못 하였다. 두보는 일찍이 자신을 직과 설에 비유한 적이 있는데, 재능이 제갈공명과 비슷한데도 자신을 등용해 주는 사람이 없었다. 따라서 작품 말미에 재목이 커서 쓰이기 어렵다는 말로 끝을 맺었는데, 이것이 시를 지은 본 취지로 측백나무에서 감흥을 일으킨 것이다. 그렇지 않다면 사당 앞의 측백나무가 어찌 동량에 쓸 재목이겠는가?(公生平極贊孔明, 蓋竊比之思. 孔明才大, 而不盡其用. 公嘗自比稷契, 才似孔明而人莫之用. 故篇終結出材大難用, 此作詩本意, 發興於柏耳. 不然, 廟前之柏, 豈梁棟之需哉.)

《**독두심해**》 첫 단락은 직설적으로 시작하는 방식을 썼고, 기주의 측백나무를 정면으로 서술한 부분이다. 앞의 4구는 사실을 서술하였고, 뒤의 4구는 영탄에 해당한다. '군신' 2구에서 이미 마지막 단락의 내용을 드러내고 있고, '한통설산'에서는 성도에 관한 내용을 공교롭게 이끌어 내고 있다. 가운데 단락은 옛날을 추억하고 현재를 생각하면서 저것으로 이것을 형용하였기에 글의 흐름에 변화가 생겼다. 의당 주학령의 주대로 앞의 4구는 성도 얘기로, 뒤의 4구는 현재 있는 곳으로 보아야 할 것이다. 주학령은 "성도 사당의 측백나무는 교외의 평지에 있기에 오래도록 살아남을 수 있었다. 그러나 이 나무가 높은 산에 터를 잡고 있는데도 거센 바람이 흔들어대지 못하는 것은 실로 신명과 조화옹의 힘 덕택이다."라고 하였다. 내 생각에는 이처럼 말을 해야 아래 글이 비로소 잘 연결된다. 마지막 단락에서는 오랜 측백나무를 읊은 것을 통해 기개에 대한 자부심을 드러내면서 암암리에 '군신제회'와 반대되는 내용을 담고 있다. '불로문장'은 품격 높게 묘사한 것이고, '미사전벌'은 생각을 곡진하게 묘사한 것이다. 본래 속인들에게 뽐내지 않지만 영명한 풍채가 절로 드러나고, 결코 속세와 인연을 끊은 것은 아니지만 도움받아 나아가기가 어렵다는 것을 말한다. '용루의'는 모함을 받는 것이 무슨 해가 되겠느냐는 뜻이고, '숙난봉'은 덕이 빛난다는 뜻으로 모두가 지사와 은자를 위해 묘사한 것이다. 결어에서 이 시의 본 취지를 토로하였는데, '재대' 두 자는 여전히 '고백'과 관련이 있다.(首段, 用直起法, 是夔柏正文. 四實拈, 四詠歎. 君臣二句, 已逗着末段. 寒通雪山, 恰好引出成都. 中段, 追昔撫今, 以彼形此, 文勢搖擺. 當依朱注四成都, 四本地看. 朱言, 成都廟柏, 在郊原平地, 故可久存. 若此之盤距高山, 而烈風莫撼者, 誠得於神明造化之功耳. 愚按, 須如此說, 下文纔好接連. 末段, 因詠古柏, 顯出自負氣槪, 暗與君臣際會反對. 不露文章, 寫得身分高. 未辭剪伐, 寫得意思曲. 言本不炫俗, 而英采自露, 並非絶俗, 而扶進自難. 容螻蟻, 媒蘖何傷. 宿鸞鳳, 德輝交映, 俱爲志士幽人寫照. 結語一吐本旨, 而材大兩字, 仍與古柏雙關.)

(**김만원**)

51. 壯遊

장년의 유력

往者十四五[1]　出遊翰墨場[2]　斯文崔魏徒[3]　以我似班揚[4]
七齡思卽壯[5]　開口詠鳳皇[6]　九齡書大字[7]　有作成一囊[8]
性豪業嗜酒[9]　嫉惡懷剛腸[10]　脫落小時輩[11]　結交皆老蒼[12]
飮酣視八極[13]　俗物多茫茫[14]　東下姑蘇臺[15]　已具浮海航[16]
到今有遺恨[17]　不得窮扶桑[18]　王謝風流遠[19]　闔閭丘墓荒[20]
劍池石壁仄[21]　長洲芰荷香[22]　嵯峨閶門北[23]　淸廟映迴塘[24]
每趨吳太伯[25]　撫事淚浪浪[26]　蒸魚聞匕首[27]　除道哂要章[28]
枕戈憶勾踐[29]　渡浙想秦皇[30]　越女天下白[31]　鑒湖五月涼[32]
剡溪蘊秀異[33]　欲罷不能忘[34]　歸帆拂天姥[35]　中歲貢舊鄕[36]
氣劘屈賈壘[37]　目短曹劉牆[38]　忤下考功第[39]　獨辭京尹堂[40]
放蕩齊趙間[41]　裘馬頗淸狂[42]　春歌叢臺上[43]　冬獵靑丘旁[44]
呼鷹皂櫪林[45]　逐獸雲雪岡[46]　射飛曾縱鞚[47]　引臂落鶖鶬[48]
蘇侯據鞍喜[49]　忽如攜葛彊[50]　快意八九年[51]　西歸到咸陽[52]
許與必詞伯[53]　賞遊實賢王[54]　曳裾置醴地[55]　奏賦入明光[56]
天子廢食召[57]　羣公會軒裳[58]　脫身無所愛[59]　痛飮信行藏[60]
黑貂寧免敝[61]　斑鬢兀稱觴[62]　杜曲晚耆舊[64]　四郊多白楊[64]
坐深鄕黨敬[65]　日覺死生忙[66]　朱門任傾奪[67]　赤族迭罹殃[68]
國馬竭粟豆[69]　官雞輸稻粱[70]　擧隅見煩費[71]　引古惜興亡[72]
河朔風塵起[73]　岷山行幸長[74]　兩宮各警蹕[75]　萬里遙相望[76]
崆峒殺氣黑[77]　少海旌旗黃[78]　禹功亦命子[79]　涿鹿親戎行[80]
翠華擁吳岳[81]　貔虎噉豺狼[82]　爪牙一不中[83]　胡兵更陸梁[84]

大軍載草草[85] 凋瘵滿膏肓[86] 備員竊補袞[87] 憂憤心飛揚[88]
上感九廟焚[89] 下憫萬民瘡[90] 斯時伏青蒲[91] 廷諍守御牀[92]
君辱敢愛死[93] 赫怒幸無傷[94] 聖哲體仁恕[95] 宇縣復小康[96]
哭廟灰燼中[97] 鼻酸朝未央[98] 小臣議論絶[99] 老病客殊方[100]
鬱鬱苦不展[101] 羽翮困低昂[102] 秋風動哀壑[103] 碧蕙捐微芳[104]
之推避賞從[105] 漁父濯滄浪[106] 榮華敵勳業[107] 歲暮有嚴霜[108]
吾觀鴟夷子[109] 才格出尋常[110] 羣凶逆未定[111] 側佇英俊翔[112]

지난날 내 나이 열너댓에
한묵의 마당에 나가 노닐었네.
문인 가운데 최상 위계심 무리가
내 글을 반고 양웅 같다고 하였더라.
나이 일곱에 생각이 바로 씩씩하여
입을 열면 봉황을 읊었지.
나이 아홉에 큰 글자를 썼고,
지은 글이 한 자루 되었더라.
성품이 호탕하여 술 즐기기 일로 삼고,
악을 미워하여 굳센 마음 품었다.
젊은 시절 어울리던 무리를 무시하여
교제 맺은 이는 모두 노인들.
술에 거나하여 팔극을 보니
속물들 매우 하잘 것 없더라.

동쪽으로 고소대에 내려가
바다에 띄울 배 이미 갖추어 놓았건만,

지금도 남은 한은
부상까지 가 보지 못한 것.
왕융과 사안의 풍류 아득하고
합려의 호구 무덤 황량하였어라.
검지에 석벽이 비스듬하였고
장주에는 마름 연이 향기로왔지.
높고 높은 창문의 북쪽이여
청묘는 구불구불 못에 비쳤네.
오태백에게 갈 때마다
옛일 어루만지며 눈물 흘렸다.
찐 물고기에 비수 이야기 듣고
길 쓸던 일 생각하니 태수가 우습구나.
창을 베고 잔 구천이 생각나고
절강을 건넌 진시황이 떠오르네.
월나라 여자는 천하에 예쁘고
감호는 오월에도 서늘하였다.
섬계에는 빼어난 경치 숨어 있어
잊을래야 잊을 수 없네.

배 타고 천모산 스쳐 돌아가
중년에 고향에서 공거에 뽑혔네.
기세는 굴원 가생의 보루를 깎아내리고
눈은 조식 유정의 담장 낮게 보았지.
시험관의 뜻 거슬러 낙방하여서

홀로 경사의 청당廳堂을 떠났네.
제나라 조나라 사이에서 멋대로 노닐 제
살진 말 가벼운 갖옷에 아무런 거리낌 없었네.
봄에는 총대에서 노래 불렀고
겨울에는 청구에서 사냥했다네.
조력림에서 매를 부르고
운설강에서 짐승을 쫓았지.
나는 새 활로 쏘며 고삐 놓아 치달리며
팔을 뻗어 무수리 왜가리 떨어뜨렸다네.
소후가 안장에 기대 기뻐하며
문득 갈강을 거느린 듯하였다네.
통쾌하게 팔구 년 지내다가
서쪽 함양으로 돌아갔다네.
사귀는 이들 반드시 문호들이었고
노니는 자들은 실로 어진 왕들이었다.
단술 차린 곳에서 옷자락을 끌다가
〈삼대례부三大禮賦〉 올려서 명광전에 들었지.
천자께서는 밥도 거른 채 나를 부르셨고
여러 공경들 수레와 의상 갖춰 모였다네.
몸을 빼 벼슬하지 않아도 아까울 것 없었고
통음하며 나아감과 물러남을 초월하였지.
검은 담비 갖옷 어이 해지지 않았으랴만
희끗희끗한 머리로 우뚝 앉아 잔을 들었네.

두릉의 노인들 시들어가니
사방 교외에 백양나무 많아졌다네.
그리하여 마을에서 깊이 존경 받으며
날이 갈수록 죽음 다가오는 줄 느꼈지.
권세가들 제멋대로 쟁탈만 일삼다가
멸족과 재앙이 갈마들었지.
나라의 말이 곡식을 거덜내고
관가의 닭에 양식을 갖다바쳤어.
한두 가지 예만 들어도 낭비를 알 수 있는 법
옛일을 끌어 지금을 증험하니 흥망이 애통하여라.

하북에서 풍진이 일어나
민산으로 멀리 행차하였네.
두 황제 각각 벽제하면서
만 리 떨어져 서로 바라보았네.
공동산에는 살기가 시커멓고
소해에는 깃발이 황색이었다네.
우임금이 공업을 또한 아들에게 명하였고
탁록에서 직접 군사를 거느렸지.
푸른 수레덮개 오악을 에워쌌고
추호가 승냥이 이리 씹을 듯하였으나,
발톱과 이빨이 하나도 듣지 않아서
오랑캐 병사는 더욱 날뛰었지.
대군이 다시 허둥대니

병고가 고황에 가득 찼네.
외람되이 좌습유에 충원되어
시름과 울분으로 가슴이 들끓었다네.
위로는 구묘의 재앙을 슬퍼하고
아래로는 만민의 고통을 연민하였지.
그때 청포 자리에 엎드려
조정에서 극간하며 보좌를 지켰지.
군주가 욕을 보니 신하가 어이 죽음을 아끼랴
격노를 만났지만 다행히 다치지는 않았네.
성철하신 분 어진 마음 몸소 행하시어
온 세상 다시 소강을 이루었네.
잿더미 속에서 구묘에 곡하고
미앙궁에서 조회할 제 코가 시렸네.

하찮은 신하는 의론할 길이 끊기고
늙고 병든 몸으로 타향을 떠돈다네.
울울함 괴롭게도 펼 수 없고
날갯죽지는 오르내리기에 힘이 부치네.
가을 바람 슬픈 골짜기에 부니
푸른 혜초 은은한 향기를 잃었구나.
개자추는 종자들에게 주는 상을 마다하였고
어부는 창랑에서 씻었다네.
영화는 공훈에 대등해야 하는 법
세모에 찬 서리 내리리라.

내 치이자 범려를 보니
재능과 품격이 보통을 넘는구나.
군흉의 반역 아직 가라앉지 않았으니
영준들 날아오르길 몸 기울여 기다리노라.

만년에 사천 지역을 떠돌다가 기주에 이르러 대력 원년 삶의 역정을 회고하면서 지었다. 기억할 수 있는 일곱 살 무렵부터 지금까지 삶의 행적을 되짚어 보고, 마지막에는 바람을 피력하였다. 어릴 때부터 큰 뜻을 품고 학업과 수양에 정진하였으며, 선배들과 교유하면서 문장의 대가로 성장하였다. 사마천의 자취를 따라 동남의 오월 지역을 유람하면서 춘추시대와 진시황의 유적을 답사하였다. 고향에 돌아와 중년에 공생이 되어 낙양으로 가서 과거에 응시하였지만 낙방하고 다시 제조齊趙 지역을 유람하면서 호연지기를 길렀다. 시원스레 10년 가까이 지내다가 장안으로 들어가 문재를 인정 받아 권세가 문호들과 어울리면서 황제의 부름도 받았다. 〈삼대례부三大禮賦〉를 바쳐 영광스러운 시절도 있었다. 세월은 흘러 점점 늙어 가고 나라도 어지러워졌다. 안사의 난이 일어나 현종은 촉으로 피난 가고 숙종이 즉위하자, 두보는 숙종에게 달려가서 좌습유에 임명되었다. 방관을 변호하다가 숙종의 노여움을 사서 화주 사공으로 축출되자 벼슬을 버리고 유랑길에 올라 사천을 전전하였다. 이제 늘그막에 몸은 병들었으며 이루어 놓은 공적도 없다. 저 출중한 재능과 품격을 지녔던 범려가 부럽지만, 자신은 아직 반란이 가라앉지 않은 가운데 인재들이 나타나기만을 갈망한다. 시인의 인생이 동탕하는 물결 위의 조각배처럼 파노라마 영상으로 흘러간다. 시로 쓴 자서전이다.

《**보주두시**》 시에서 "울울히 타향에 떠돌았다."라고 하였으니 기주에 있었음이 분명하다. 공은 기주 시에서 '수방'이란 말을 많이 썼다.

또 '군흉'이라고 하였으니 최간 무리를 가리킴이 틀림없다. 이 시는 대력 원년에 지었다.(詩云, 鬱鬱客殊方, 當是在夔州. 公在夔詩, 多言殊方. 又云羣兇, 當是指崔旰輩. 此詩作於大曆元年.)

《보주두시》에 인용된 사씨 주 이 시는 장년의 겪은 자취를 서술하였다.(此篇敍壯年經遊之迹.)

《구가집주두시》 조차공 주 이 시는 56운으로서 8단락이다. "왕석십사오"부터 "속물도망망"까지 14구가 한 단락이며, 학문과 성품을 말하였다. "동하고소대"부터 "욕파불능망"까지 20구가 한 단락으로 오월 유람을 서술하였다. "귀범불천모"부터 "독사경윤당" 6구가 한 단락으로서 오월에서 장안으로 돌아와 과거에 응시한 일을 서술하였다. "방탕제조간"부터 "홀여휴갈강"까지 10구가 한 단락으로 낙제하고서 제조 지역을 유람한 일을 서술하였다. "쾌의팔구년"부터 "상유식현왕" 4구가 한 단락으로 제조 지역에서 장안으로 돌아와 교유한 일을 서술하였다. "예거치례지"부터 "인고석홍망" 18구가 한 단락으로서 〈삼대례부〉를 바쳐 벼슬을 얻고, 장안에서 당시 정치의 득실을 본 일을 서술하였다. "하삭풍진기"부터 "조채만고맹"까지 14구가 한 단락으로 안녹산이 반란을 일으키고, 명황이 촉으로 몽진하였으며, 숙종이 즉위하여 군대를 동원하였으나 관병이 패한 일을 서술하였다. "비원절보곤"부터 "산비조미앙"까지 12구가 한 단락으로 행재소에서 습유에 임명되어 시사를 진술한 일을 서술하였다. "소신의론절"부터 "측저영준상"까지 14구가 한 단락으로 시사를 진술하였다가 바깥으로 떠돌게 되었으며, 지금은 초 지역에서 한가함을 즐기는 일을 서술하였다. 공의 평생의 진퇴가 이 시에 자세하지만, 사관이 전을 지을 때, 당시에 묘지명을 지을 때, 후인들이 문집의 서문을 지을 때 모두 이 시를 참고하여 쓰지 못하였으니 매우 애석하다.(此篇五十六韻, 乃八段. 自往昔十四五至俗物都茫茫十四句是一段, 敍其爲學爲性之事. 自東下姑蘇臺至欲罷不能忘二十句一段, 敍其游吳越之事. 自歸帆拂天姥至獨辭京尹堂六句一段, 敍其自吳越回長安赴省擧之事. 自

放蕩齊趙間至忽如攜葛强十句一段, 敍其旣下第而游齊趙之事. 自快意八九年至賞遊寔賢王四句一段, 敍其自齊趙回長安交友之事. 自曳裾置醴地至引古惜興亡十八句一段, 敍其獻三大禮賦得官在長安見時政得失之事. 自河朔風塵起至凋瘵滿膏盲十四句一段, 敍祿山反, 明皇幸蜀, 肅宗卽位用兵而官兵敗之事. 自備員竊補袞至酸鼻朝未央十二句一段, 敍其在行在拜拾遺言事之事. 自小臣議論絶至側佇英俊翔, 十四句一段, 敍其以言事而出流落於外, 今則楚地而樂閒曠之事. 公平生出處詳於此篇, 史官爲傳, 當時爲墓誌, 後人爲集序, 皆不能考此以書之, 甚可惜也.)

《**두공부초당시전**》 이 시는 장년에 겪은 자취를 서술하였다. '동하고소대'부터 '섬계온수이'까지는 오초 지역의 여행을 말하였고, '방탕제조간'부터 '홀여휴갈강'까지는 제조 지역의 여행을 말하였다. 《당서》를 살펴보건대 두보는 젊어서 자부하였으나 떨치지 못하고 오초 지역을 여행하였고, 다시 고향에서 진사과에 급제하지 못하고서는 결국 제조 지역을 여행하였다. 무릇 8, 9년 지난 후에 다시 경사로 돌아갔다.(此篇敍壯年經遊之迹. 自東下姑蘇臺至剡溪蘊秀異, 謂遊吳楚之地. 自放蕩齊趙間至忽如携葛强, 謂遊齊趙之地. 按唐書, 甫少負不自振, 客遊吳楚, 還自舊鄕以進士擧不中第, 遂遊齊趙間. 凡八九年復歸京師也.)

《**두시상주**》 위의 시(〈석유昔遊〉)에서는 "옛날 고적 이백과 함께 저물녘에 선보대에 올랐다."라고 하였으므로 '석유'를 집어 제목으로 삼았고, 이 시에서는 "지난날 내 나이 열너댓에 한묵의 마당에 나가 놀았다."라고 하였으니 '왕유'를 집어서 제목으로 삼아야 한다. 장년의 유력으로 시를 지으려고 하였다면 왜 수미에서 노년과 소년 시절의 일을 아울러 언급하였을까. '장'자는 잘못 쓴 듯하다.(上章, 昔者與高李, 晩登單父台, 故拈昔遊爲題, 此章, 往者十四五, 出遊翰墨場, 當拈往遊爲題. 若作壯年之遊, 何以首尾兼及老少事耶. 壯字疑誤.)

주 석

1 往者(왕자): 지난날. 과거. '者'는 '昔'으로 된 판본도 있다. 十四五(십사오): 열너댓 살.

《두공부초당시전》 두보는 개원 원년 계축년에 태어났다. 여기서 '열너댓'이라고 하였으니 바로 병인년 정묘년 무렵이다.(甫生於開元元年之癸丑. 此云十四五, 則丙寅丁卯年間也.)

2 出遊(출유): 바깥세상으로 나가다. 翰墨場(한묵장): 문단. 문인들의 세계.

3 斯文(사문): 여기서는 선비, 문인을 가리킨다. 崔魏(최위): 최상崔尙과 위계심魏啓心. 원주에 "정주자사 최상, 예주자사 위계심(崔鄭州尙, 魏豫州啓心)"이라고 하였다.

《두시상주》《당과명기》에 "최상은 구시 2년 진사에 발탁되었다."라고 하였고,《당회요》에 "신룡 3년, 재응관악과에 위계심이 급제하였다."라고 하였다.(唐科名記, 崔尙, 擢久視二年進士. 會要, 神龍三年, 才膺管樂科, 魏啓心及第.)

4 似(사): 비슷하다. 견주다. '比'로 된 판본도 있다. 班揚(반양): 반고班固와 양웅揚雄.

《두공부초당시전》 최상과 위계심이 두보의 문장이 반고 양웅과 비슷하다고 여겼음을 말한다.(謂崔魏以甫文似班固揚雄者也.)

5 七齡(칠령): 일곱 살.

《두공부초당시전》 개원 7년 기미년에 해당한다.(當開元七年己未也.)

6 鳳皇(봉황): 봉황鳳凰.

7 九齡(구령): 아홉 살. 大字(대자): 큰 글자.

《두공부초당시전》 개원 9년 신유년에 해당한다.(當開元九年辛酉也.)

8 成一囊(성일낭): 자루 하나가 차다. 작품 원고가 자루 하나에 가득 찼다는 뜻이다.

9 業(업): 일삼다. '벌써'의 뜻으로 보기도 한다.

10 嫉惡(질악): 악을 미워하다. 剛腸(강장): 강직한 기질.

11 脫落(탈락): 무시하다. '落'은 '略'으로 된 판본도 있다. 小時輩(소시

배): 젊은 시절 어울리던 무리.

12 老蒼(노창): 노인.

13 飮酣(음감): 술을 마시고 거나해지다. 八極(팔극): 팔방의 끝.

14 俗物(속물): 세속의 용렬한 사람. 저속한 물건. 茫茫(망망): 흐릿한 모양. 하잘것없는 모양.

#**《두시상주》** 먼저 소년 시절의 유력을 서술하였다. 공은 나면서부터 남달라 호매불기하였으니, 그 점을 자서에 드러내었다.(先敍少年之遊. 公生而穎異, 豪邁不羈, 於自敍見之.)

15 東下(동하): 동쪽으로 내려가다. 姑蘇臺(고소대): 옛날 오왕 합려가 세운 누대.

《두시상주》에 인용된 《월절서越絶書》 합려가 고소대를 세우면서 3년간 재목을 모으고, 5년 만에 완성하였다. 높아서 300리까지 보였다.(闔閭起姑蘇臺, 三年聚材, 五年乃成, 高見三百里.)

16 浮海航(부해항): 바다에 띄우는 배.

17 遺恨(유한): 남은 한. 여한.

18 窮(궁): 끝까지 가다. 扶桑(부상): 해가 뜨는 곳.

19 王謝(왕사): 왕씨와 사씨. 왕융王戎과 사안謝安.

《구가집주두시》 왕융과 사안이다.(王戎謝安.)

《구가집주두시》 조차공 주 '왕'은 여러 왕씨들이요, '사'는 여러 사씨들이다. 특정하여 가리킴이 아니다. 유우석의 (〈오의항烏衣巷〉) 시에 "옛날 왕씨 사씨 집 앞의 제비가 보통 백성들의 집에 날아든다."라고 한 말이 그 예다.(王則諸王, 謝則諸謝, 不專指也. 劉禹錫詩, 舊來王謝堂前燕, 飛入尋常百姓家, 是已.)

《두시상주》 왕융과 사안 등으로서, 동진의 명족이다. 장원 주에 "유신의 문장에 '풍류는 바로 왕방과 사조'라고 하였다."라고 하였다.(王戎謝安輩, 乃東晉名族. 張注, 庾信文, 風流則王昉謝朓.)

《독두심해》 왕씨와 사씨는 동진 때 남쪽으로 건너 온 명족이다.(王謝, 東晉時南渡名族.)

20 闔閭(합려): 춘추시대 오나라의 왕. 丘墓(구묘): 호구의 무덤, 즉 합려의 무덤.

《두시상주》에 인용된《월절서》 합려의 무덤은 오현 창문 밖에 있으며, 반영검과 어장검으로 장사 지냈다. 장사 지낸 지 사흘 만에 백호가 그 위에 웅크리고 앉아서 '호구'라고 부른다.(闔閭塚在吳縣閶門外, 葬以盤郢魚腸之劍. 葬三日, 白虎踞其上, 號曰虎丘.)

21 劍池(검지): 호구에 있는 못. 仄(측): 비스듬하다. 기울다.

《두시상주》에 인용된《일통지》 호구산은 해용봉이라고도 한다. 위에 검지, 천인석, 생공설법대가 있다. 검지는 호구에 있다. 못가에 석벽이 있고, 높이가 여러 길이다.(虎丘山, 一名海湧峰, 上有劍池千人石生公說法臺. 劍池, 在虎丘, 池上有石壁, 高數丈.)

22 長洲(장주): 장주원長洲苑. 강소성 소주蘇州 일대. 장주원은 오원吳苑 또는 무원茂苑이라고도 한다. 장강의 물과 섬을 이용하여 조성하였다. 芰荷(기하): 마름잎과 연잎.

《두시상주》에 인용된《오군도경吳郡圖經》 장주원은 현의 서남쪽 70리에 있다.(長洲苑, 在縣西南七十里.)

23 嵯峨(차아): 우뚝 높이 솟은 모양. 閶門(창문): 소주蘇州 고성古城의 서문.

《두시상주》에 인용된《오월춘추吳越春秋》 합려는 서쪽으로 초나라를 부수려고 하였다. 초나라는 서북쪽에 있었으므로 창문을 세워 천기를 통하게 하고, 다시 이름을 파초문이라고 하였다.(闔閭欲西破楚, 楚在西北, 故立閶門以通天氣, 復名破楚門.)

24 淸廟(청묘): 태묘太廟, 즉 제왕의 종묘. 오태백의 사당을 가리킨다. 주나라 문왕의 사당이라고 하는 설도 있다. 迴塘(회당): 둘레가 구불구불한 못. '迴'는 '池'로 된 판본도 있다.

《구가집주두시》 청묘는 문왕의 사당이다.(淸廟, 文王之廟.)

《구가집주두시》에 인용된 두전杜田의《보유補遺》 청묘는 문왕의 사당이 아니라 오나라 문황제 손화의 사당이다. 아들 손호가 손화를 이장하고 명릉이라고 불렀다. 또 오군의 단양을 떼서 오흥군을 만들고 태수를 두어 사시에 제사를 모시게 하였다. 침당을 세우고 청명이라고 불렀다.(淸廟, 非文王之廟, 乃吳文皇帝孫和廟也. 子皓改葬和, 號明陵. 又分吳郡丹陽爲吳興郡, 置太守, 四時奉祠, 立寢堂, 號淸明.)

《구가집주두시》 조차공 주 오는 태백의 나라다. 문왕은 태백의 형(아우의 잘못)의 아들이니 오나라에 사당이 있을 수 없다.(吳者, 太伯之國. 文王, 太伯之兄子, 不容有廟于吳.)

《두시상주》 《오군지》에 "태백의 사당은 동한 영흥 2년에 태수 미표가 창문 밖에 세웠다."라고 하였다. 《사기》의 주(집해集解)에 "태백의 무덤은 오현 북쪽 매리취에 있으며, 성에서 10리 거리다."라고 하였다. 그 사당은 창문 밖에 있으니 바로 무덤과 가깝다. 옛 주에는 손호의 아버지 화의 사당이라고 지목하였는데 매우 잘못이다. 《월절서》에서 "양중당은 현에서 26리 거리다."라고 하였다.(吳郡志, 太伯廟, 東漢永興二年, 太守麋豹建於閶門外. 史記注, 太伯冢, 在吳縣北梅里聚, 去城十里. 其廟在閶門外, 正與冢相近. 舊注指孫晧父和之廟, 謬甚. 越絶書, 洋中塘, 去縣二十六里.)

25 趨(추): 향하다. 달려가다. 吳太伯(오태백): 춘추시대 오나라의 시조. 희姬 성이며, 고공단보古公亶父의 장자다. 태왕太王 고공단보가 셋째아들 계력季歷과 그의 아들 창昌(주나라 문왕)에게 자리를 물려주려 하자 태백과 중옹仲雍은 아우에게 양위하고 형만荊蠻으로 망명하였다.

《구가집주두시》 오태백과 아우 중옹은 모두 주나라 태왕의 아들이다. 왕계력이 어질고 성스러운 아들 창이 있어 태왕은 계력을 왕위에 세워 창에게 미치게 하고자 하였다. 이에 태백과 중옹 두 사람은 형만으로 달아나 문신하고 단발하여 쓰일 수 없음을 보여 계력을 피하였다. 계력이 과연 왕위에 오르니 이가 왕계이고, 창은 태자가 되었다. 태백이 형초로 달아나 스스로 구오라고 부르니 형만이 그를 의롭게 여기고 귀의하였다.(吳太伯弟仲雍, 皆周太王之子. 王季歷賢而有聖子昌, 太王欲立季歷以及昌. 於是太伯仲雍二人奔荊蠻, 文身斷髮, 示不可用, 避季歷. 季歷果立, 是爲王季, 而昌爲太子. 太伯之犇荊楚, 自號勾吳, 荊蠻義之, 從而歸之.)

26 撫事(무사): 옛일을 추념하다. 시사時事를 생각하다. 浪浪(낭랑): 흐르는 모양.

[每趨 2구]

《두공부초당시전》 두보가 옛일을 생각하며 눈물을 떨구는 것은 대개 옛날을 그리워하기 때문이다.(甫撫循前事而垂淚, 蓋懷古也.)

《두억》 태백은 양위하였지만 세상 사람들은 다투기를 좋아하니 그래서 옛일을 생각하며 눈물을 떨군다.(泰伯讓而世好爭, 所以撫事而墮淚.)

27 蒸魚(증어): 물고기를 찌다. 찐 물고기. 匕首(비수): 비수. 단검.

《사기 · 자객열전刺客列傳》 4월 병자일에 희광姬光은 갑사를 굴실에 숨겨 놓고, 술을 차려 왕요를 청하였다. 왕요는 궁에서 희광의 집까지 병사를 배치하였으며, 문호와 계단의 좌우에는 모두 왕요의 친척이었다. 곁에서 모시고 선 사람들은 모두 긴 창을 들었다. 술자리가 무르익자 공자 광은 발이 아프다고 속이고 굴실로 들어가 전제에게 구운 물고기의 배에 비수를 감추어 바치라고 하였다. 왕 앞에 이르러 전제는 고기를 가르면서 비수로 왕요를 찌르니 왕요는 바로 죽었다. 왕요의 좌우도 전제를 죽였고, 왕의 부하들이 소요를 일으켰다. 공자 광이 매복시킨 갑사를 불러 왕요의 무리를 쳐서 모두 죽이고, 드디어 스스로 왕이 되니 이 사람이 합려다.(四月丙子, 光伏甲士於窟室中, 而具酒請王僚. 王僚使兵陳自宮至光之家, 門戶階陛左右, 皆王僚之親戚也. 夾立侍, 皆持長鈹. 酒旣酣, 公子光詳爲足疾, 入窟室中, 使專諸置匕首魚炙之腹中而進之. 旣至王前, 專諸擘魚, 因以匕首刺王僚, 王僚立死. 左右亦殺專諸, 王人擾亂. 公子光出其伏甲以攻王僚之徒, 盡滅之, 遂自立爲王, 是爲闔閭.)

28 除道(제도): 길을 트다. 길을 쓸다. 哂(신): 웃다. 비웃다. 要章(요장): 허리에 차는 인장. '要'는 '腰(요)'와 같다. 여기서는 태수의 관인을 말한다. 이 구는 회계 태수 주매신을 비웃는다는 뜻이다. 주매신이 태수로 부임할 때 백성들이 길을 쓸었고, 그 가운데는 가난하다고 주매신을 버린 그의 전처도 있었다. 주매신은 전처를 데리고 가서 밥을 먹여 주었고, 얼마 후 전처는 결국 자결하였다.

《한서 · 주매신전朱買臣傳》 애초 주매신이 면직되고 명령을 기다리고 있을 때, 회계 태수의 관저를 지키는 이에게 얹혀 먹고 살았다. 태수에 임명되자 주매신은 옛날 옷을 입고 인수를 품고 걸어서 군의 관저로 들어갔다. 상계할 때라서 회계의 서리들이 막 무리들과 마시면서 주매신을 거들떠보지도 않았다. 주매신이 입실하니 관저 지키는 이가 그와 함께 밥을 먹었다. 배불리 먹고 인수를 슬쩍 보여 주니 관저 지키는 이가 이상히 여겨 인수를 앞으로 당겨 인장을 보니 회계 태수의 인장이었다. …… 회계에서는 태수(주매신)가 온다는 소식을 듣고 백성을 동원하여 길을 쓸고, 현리들이 모두 전송하고 맞이하여 수레가 100여 승이었다. 오군의 경내에 들어서서 길을 쓰는 옛 아내와 그의 남편을 보았다. 주매신은 수레를 멈추고 그 부부를 불러서 뒷수레에 태워 태수의 관사로 데리고 가서 후원에 살게 하고, 밥을 먹여 주었다. 한 달이 지나 옛 아내가 스스로 목을 매어 죽으니 주매신은 그 남편에게 돈을 주어 장사 지내게 하였다.(初, 買臣免, 待詔, 常從會稽守邸者寄居飯食. 拜爲太守, 買臣衣故衣, 懷其印綬, 步歸郡邸. 直上計時, 會稽吏方相與羣飲, 不視買臣, 買臣入室中, 守邸與共食, 食且飽, 少見其綬. 守邸怪之, 前引其綬, 視其印, 會稽太守章也. …… 會稽聞太守且至, 發民除道, 縣吏並送迎, 車百餘乘. 入吳界, 見其故妻妻夫治道. 買臣駐車, 呼令後車載其夫妻, 到太守舍, 置園中, 給食之. 居一月, 妻自經死, 買臣乞其夫錢, 令葬.)

[除道 2구] '진황' 구 아래에 배치된 판본도 있다.

《두시상주》 2구는 옛 판본에는 '진황' 구 아래에 있었다.(二句, 舊在秦皇之下.)

29 枕戈(침과): 창을 베고 자다. 적을 죽여 나라에 보답하려는 뜻이 매우 절실함을 말한다. 勾踐(구천): 춘추시대 월나라의 왕.

《구가집주두시》 월왕 구천은 윤상의 아들이다. 회계의 치욕에서 빠져나와 나라로 돌아와서 몸을 괴롭히며 노심초사하여 "너는 회계의 치욕을 잊었느냐?"라고 말하곤 하였다. 나갈 때는 쓸개를 맛보고, 잘 때는 창을 베고 잤다.(越王勾踐, 允常之子. 旣逃會稽之恥, 反國苦身焦思曰, 汝忘會稽之恥耶. 出則嘗膽, 臥則枕戈.)

《두공부시집집주》 "창을 베고 아침을 기다린다"는 말은 유곤의 말이다. 여기서 그의 말을 차용하였다.(枕戈待旦, 此劉琨語, 乃借用之.)

30 浙(절): 절강浙江, 즉 전당강錢塘江. 秦皇(진황): 진시황.

《사기 · 진시황본기》 37년 10월 계축일에 시황은 유람을 나섰다. …… 장강에 배를 띄워 내려가 적가를 보고 해저를 건넜다. 단양을 지나 전당에 이르러서 절강을 굽어보니 물결이 사나워 서쪽으로 120리를 가서 강폭이 좁은 곳에서 건넜다.(三十七年十月癸丑, 始皇出游. …… 浮江下, 觀籍柯, 渡海渚. 過丹陽, 至錢唐. 臨浙江, 水波惡, 乃西百二十里從狹中渡.)

31 越女(월녀): 월나라 여자. 서시西施를 가리킨다. 天下白(천하백): 천하에서 희다. 세상에서 가장 희다, 예쁘다는 뜻이다.

이백李白 〈월녀〉 시 옥 같은 얼굴 야계의 처녀, 푸른 눈썹 붉은 분 화장 꾸몄네. 한 켤레 금빛 신발, 두 발은 서리처럼 희다네.(玉面耶溪女, 青蛾紅粉妝. 一雙金齒屐, 兩足白如霜.)

《구가집주두시》 조차공 주 '천하백'은 그 용모가 지극히 아름다움을 말한다.(天下白, 言其色至美.)

《두공부초당시전》 '월녀'는 서시를 말한다.(越女, 謂西施也.)

32 鑒湖(감호): 지금의 경호鏡湖. 소흥紹興에 있다.

《구가집주두시》 조차공 주 '오월량'은 경호에서는 더위를 모른다는 말이다.(五月涼, 言湖間不知有暑氣.)

《두공부초당시전》 '경호'는 지금 회계 동문 밖에 있으며, 그 호수의 물이 거울처럼 맑음을 말한다.(鏡湖在今會稽東門外, 謂其湖水明如鏡也.)

《두시상주》에 인용된 임방任昉의 《술이기述異記》 경호는 헌원씨가 거울을 주조한 곳이라고 세상에 전하며, 호수는 이 때문에 이름이 붙었다. 헌원씨가 거울을 간 돌이 지금도 남아 있으며, 돌 주변은 항상 깨끗하여 넝쿨풀이 자라지 않는다.(鏡湖, 世傳軒轅氏鑄鏡, 湖因得名. 今軒轅磨鏡石尙存, 石畔常潔, 不生蔓草.)

33 剡溪(섬계): 절강성 승현嵊縣에 있는 강. 조아강曹娥江의 상류. 蘊(온): 쌓다. 모으다. 秀異(수이): 우수하고 특출하다.

《구가집주두시》 진송시대에 명사들이 이 지역에서 많이 나왔다.(晉宋間, 名士多起於此.)

《두공부초당시전》 진나라 대규가 그때 섬현에 살고 있었다. 왕휘지가 눈 오는 밤에 배를 타고 섬현으로 갔다. 문에 이르기 전에 흥이 사라져 돌아왔다.(晋戴逵時在剡, 王徽之雪夜乘舟詣之, 未及造門, 興盡而反.)

《두시상주》《구역지》에 "월주 동남쪽 280리에 섬현이 있고, 현에 섬계가 있다."라고 하였다. 《일통지》에 "섬계는 승현의 치소 남쪽에 있다."라고 하였다.(九域志, 越州東南二百八十里有剡縣, 縣有剡溪. 一統志, 剡溪, 在嵊縣縣治南.)

34 欲罷(욕파): 그만두려고 하다.

《구가집주두시》 조차공 주 '욕파불능망'에서 위 4자는 안연의 말이다. 섬계가 빼어나고 기이하여 버리고 갈 수 없음을 말한다. 섬계는 월주의 기경이요, 천하의 승경이다. 그러므로 빼어나고 기이한 기상을 품고 있다. 옛주에서는 인물이 빼어나고 기이함을 품고 있다고 오인하여 말하였으니 옳지 않다.(欲罷不能忘, 上四字, 顔淵之語, 言愛剡溪之秀異, 不能捨去. 剡溪, 越州之奇, 天下之勝景, 故蘊蓄秀異之氣. 舊注誤認說人物之蘊秀異, 非是.)

#**《두시상주》** 이 단락에서는 오월 지역의 유력을 서술하였다. '요장' 이상은 오문의 고적이며, '침과' 이하는 월중의 승경이다.(此敍吳越之遊. 要章以上, 吳門古跡, 枕戈以下, 越中勝境.)

35 歸帆(귀범): 돌아가는 배. 天姥(천모): 천모산.

《두공부초당시전》 '천모'는 산이름으로서 지금 섬현 남쪽 80리에 있다. …… 살펴보건대 시집에 〈봉증태상경장게이십운奉贈太常張卿垍二十韻〉 시에서 "월로 가서는 공연스레 미끄러져 넘어졌다."라고 하였으니 아마도 이때이리라.(天姥, 山名, 在今剡縣南八十里. …… 按, 集中有贈太常張垍曰, 適越空顚躓, 蓋此時也.)

《두시상주》《오월군국지》에 "천모봉은 괄창산과 이어 있다."라고 하였고, 백거이의《옥주산기》에 "동남 지역의 산수는 월이 머리이고, 섬이 얼굴이며, 옥주산과 천무산이 미목이다."라고 하였다.(吳越郡國志, 天姥峰, 與括蒼山相連 白居易, 沃州山記, 東南山水, 越爲首, 剡爲面, 沃州天姥爲眉目.)

36 中歲(중세): 중년. 貢舊鄕(공구향): 고향의 향공鄕貢에 뽑히다. '구향'은 낙양을 가리킨다. 두보는 하남 공현鞏縣 사람이며, 공현은 낙양에 가깝다. '구향'은 장안을 가리킨다고 보기도 한다.

《독두심해》 '구향'은 동경을 말한다.(舊鄕, 謂東京.)

《**두시경전**》 동경을 말한다. 공은 하남성 공현에 살았다.(謂東京也. 公居河南鞏縣.)

[歸帆 2구]

《**구가집주두시**》 **조차공 주** 윗 구는 월주를 갓 떠나 섬계를 버리고 갔음을 말한다. …… '구향'은 장안을 가리킨다. 그가 향공이 된 것은 이 해이다. 이 시구는 (《구가집주두시》의)첫째 작품(〈봉증위좌승장이십이운奉贈韋左丞丈二十二韻〉)에서 말한 "저는 예전 어린 나이에 일찍이 국도를 관광하는 빈객으로 뽑혔습니다."라는 내용이다.(上句, 初離越州捨剡溪而行. …… 舊鄉, 指長安. 其得貢在此年, 句則首篇所謂甫昔少年日, 早充觀國賓.)

《**두공부초당시전**》 두보는 월에서 돌아와 향리에서 선발된 인재로서 경사에 추천되었다.(甫自越而歸, 以鄉擧貢于京師也.)

37 氣劘(기마): 기세가 ……을 깎다. 서로 대등함을 말한다. 屈賈(굴가): 굴원屈原과 가의賈誼. 壘(루): 진루. 보루. 여기서는 문학적 성취를 말한다. 이 구는 두보의 기상이 굴원 가의와 대적할 만함을 말한다.

《**두공부초당시전**》 '마'는 깎다는 뜻이다. 굴원과 가의는 옛날의 부 잘 짓는 사람이다. 두보는 부로써 자부하였으므로 그 기세가 굴원과 가의의 보루를 깎을 수 있다고 말하려는 것이다. 과거의 답안 문장으로써 군사가 보루를 세워 싸움에 비유함은 승부가 있기 때문이다.(劘, …… 削也. 屈原賈誼, 昔之能賦者也. 甫以賦自恃, 將謂其氣可以削劘屈賈之壘, 蓋以程文喩軍壘之戰, 有勝負故也.)

38 目短(목단): 낮게 보다. 만만하게 보다. '目'은 '日'로 된 판본도 있다. 曹劉(조류): 조식曹植과 유정劉楨. 牆(장): 담장. 여기서는 문학적 성취를 말한다.

《**두공부초당시전**》 조식과 유정은 옛날의 시 잘 짓는 사람이다. 두보는 시로써 자부하였으므로 그 눈으로 조식과 유정의 담장을 가까이 넘볼 수 있다고 말하려는 것이다.(曹植劉楨, 昔之能詩者也. 甫以詩自高, 將謂其目可以近窺曹劉之墻.)

《**논어 · 자장**》 자공이 말하였다. "궁궐의 담장에 비유하자면 저의 담장은 어깨 높이라 집안의 아름다움을 엿볼 수 있습니다. 스승님의 담장은 여러 길이라 문으로 들어가지 않으면 종묘의 아름다움과 백관의 융성함을 볼 수 없습니다."(子貢曰, 譬之宮牆, 賜之牆也及肩, 闚見室家之好. 夫子之牆數仞, 不得其門而入, 不見宗廟之美, 百官之富.)

《두억》 낮은 담장은 어깨 높이 담장이라는 말이다.(短牆, 猶云及肩之牆.)

[氣劘 2구]

《구가집주두시》《한서·가산전》의 찬 "賈山自下劘上(가산은 아래에서 위를 깎았다)" 구에 대해 맹강은 "'마'는 잘라냄을 말한다."라고 하였고, 소림은 "'마'는 …… 갈다라는 뜻이다."라고 하였다. 굴원과 가의의 보루라고 하여 전루에 비유하였고, "사의 담장은 어깨 높이다."라고 하였으니 조자건과 유공간의 문장을 낮게 본다고 말하는 것이다.(賈山傳贊, 賈山自下劘上. 孟康曰, 劘, 謂剴切之也. 蘇林曰, 劘, …… 摩勵也. 屈原賈誼壘, 喻戰壘, 賜之墻也及肩, 故曰短曹子建劉公幹文章也.)

《구가집주두시》 조차공 주 문장에는 싸워서 이기는 일이 있으므로 전루에 비유하였다.《좌전》 선공宣公 12년, 진나라 허백이 "전투를 일으키는 자는 깃발을 휘두르고 적의 보루를 압박하고 돌아온다고 나는 들었다."라고 하였고, 지금 '마'자를 쓴 것은《한서·가산전》에서 나왔으며, 그 뜻은 같다. '장'은 그 쌓은 바의 고하를 말하니 '목단'은 조식과 유정이 축적한 바를 볼 수 있다는 말이다.(以文章有戰勝之事, 比之戰壘. 左傳宣十二年, 晉許伯曰, 吾聞致師者御靡旌摩壘而還, 今用劘字, 出賈山傳, 其義一也. 檣言其所藏之高下, 目短之言可窺見曹劉之蘊.)

39 忤下(오하): 상관의 뜻을 거슬러 과거에 떨어지다. '하'는 낙제하다는 뜻이다. 考功第(고공제): 고공이 관장하는 시험. 고공은 이부吏部 소속으로 관리의 고과를 담당하는 직책이다.

《신당서·선거지選擧志》 해마다 중동에 주와 현, 홍문관弘文館 숭문관崇文館과 국자감國子監에서 학업을 이룬 자를 뽑아 상서성에 보낸다. 홍문관 숭문관 국자감을 거치지 않고 과거에 선발된 자를 향공이라고 부르며, 모두 문서를 품고 주와 현에 자신이 직접 보고한다. …… 상서성에 도착하면 모두 이름을 알려 도착하였음을 보고하고, 교유하는 사람과 보증인 및 주소를 호부에서 모아서 검열한 후 고공원외랑에게 이관하여 시험을 치른다.(每歲仲冬, 州縣館監擧其成者送之尙書省, 而擧選不繇館學者, 謂之鄕貢, 皆懷牒自列于州縣. …… 旣至省, 皆疏名列到, 結款通保及所居, 始由戶部集閱, 而關于考功員外郎試之.)

《두공부초당시전》 두보가 고공랑의 뜻을 거슬러 쫓겨났음을 처음 말한 것이다. 당나라 무덕 초기에는 고공랑에게 진사 선발을 감독하게 하였다. 개원 26년 무인년 봄에 이르러 고공랑의 지위가 낮다고 여겨 예부로 이관하여 춘관 시랑이 주관하게 하였다. 두보가 고공의 시험에 낙제한 것은 개원 25년 이전이 틀림없다. 살펴보건대 시집에 〈봉증선우경조이십운奉贈鮮于京兆二十韻〉 시가 있고, 그 시에서 "조조와 같을 수가 없었고, 아아 극선에게도 뒤쳐졌습니다."라고 한바, 시의 뜻이 대략 같다.(甫以首言忤考功意而見黜也. 唐武德初, 以考功郎監試貢擧進士. 至開元二十六年戊寅春, 以考功郎輕, 徙禮部以春官侍郎主之. 甫下考功第, 當在開元二十五年前也. 按, 集有贈鮮于, 不得同晁錯, 吁嗟後郤詵, 詩意略同.)

40 辭(사): 떠나다. 京尹堂(경윤당): 경조윤의 관서, 즉 경사에 있는 관서. 여기서는 상서성을 말한다. 두보는 낙양에서 과거를 보았다.

《한서 · 지리지》 경조윤은 옛날 진나라의 내사다. 고조 원년에 새국에 소속시켰다가 2년에 다시 위남군으로 하였으며, 9년에 폐지하고 다시 내사라고 하였다. 무제 건원 6년에 우내사를 분리하였다가 태초 원년에 다시 경조윤이라고 하였다.(京兆尹, 故秦內史, 高帝元年屬塞國, 二年更爲渭南郡, 九年罷, 復爲內史. 武帝建元六年分爲右內史, 太初元年更爲京兆尹.)

《독두심해》 살펴보건대 여기서는 낙제하여 상서성을 떠났음을 말한다.(按, 此言不第而辭省堂也.)

41 齊趙(제조): 제나라 조나라 지역. 지금의 산동 하북 일대.

《두공부초당시전》 시집을 살펴보건대 두보가 기주에서 지은 시 〈상후원산각〉에서 "옛날 나는 산동을 노닐었으매 동악 남쪽에서 놀던 일 생각나네. 가을 끝에 일관봉에 서서 고개 들어 팔황을 바라보았네."라고 하였으니 아마 이때이리라. 두보의 아버지 한이 연주사마를 지낸

적이 있고, 두보의 글에 〈등연주성루〉 시가 있으니 바로 그곳이다.(按集, 甫在夔有上後園山脚詩, 昔我遊山東, 憶戲東嶽陽. 窮秋立日觀, 矯首望八荒, 蓋謂此時也. 甫之父閑嘗爲兗州司馬, 甫之文又有登兗州城樓詩, 是也.)

42 裘馬(구마): 갖옷과 말. 호화로운 생활을 말한다. 淸狂(청광): 구속없이 자유롭게 지내다. 이 구는 호화롭게 자유로이 살았다는 말이다.

《논어 · 옹야》 적이 제나라에 가서는 살진 말을 타고 가벼운 갖옷을 입었다.(赤之適齊也, 乘肥馬, 衣輕裘.)

청 조익趙翼《**구북시화**甌北詩話 · **두소릉시**杜少陵詩》 시인 가운데 궁핍하기로는 두소릉만큼 궁핍한 이도 없다. 그가 오월 지역을 여행하고 제조 지역을 여행할 때는 젊은이의 호쾌한 마음으로 살진 말을 타고 가벼운 갖옷을 입고 자유로이 구속이 없었으니 참으로 아직 곤액을 당하지는 않았던 것이다.(詩人之窮, 莫窮於少陵. 當其遊吳越, 遊齊趙, 少年快意, 裘馬淸狂, 固尙未困阨.)

43 春歌(춘가): 봄에 노래하다. 叢臺(총대): 누대 이름. 전국시대 조나라가 한단邯鄲에 지었다. 여러 누대를 연이어 지었으므로 총대라고 불렀다.

《**한서 · 고후본기**高后本紀》 '元年, …… 夏五月丙申, 趙王宮叢臺災' **조의 안사고 주**: 연이어 모여 하나가 아니므로 '총대'라고 부른다. 아마 본래 육국 시절 조왕의 옛 누대였을 것이며, 한단성 안에 있다.(連聚非一, 故名叢臺. 蓋本六國時趙王故臺也, 在邯鄲城中.)

《**두공부초당시전**》 총대는 옛날 조나라 왕의 누대다. 높이는 삼천척이며, 지금 형주 한단성 안에 있다.(叢臺, 故趙王臺也. 高三千尺, 在今邢州邯鄲城中.)

44 冬獵(동렵): 겨울에 사냥하다. 靑丘(청구): 지명. 지금의 산동성 광요현廣饒縣 북쪽.

《**두시상주**》**에 인용된** 《**환우기**寰宇記》 청구는 청주 천승현에 있다. 제나라 경공이 여기서 사냥을 하였다.(靑丘在靑州千乘縣. 齊景公田於此.)

45 呼鷹(호응): 매를 부르다. 즉 매 사냥을 하다. 皀櫪林(조력림): 제나라의 지명. '皀'는 '紫'로 된 판본도 있다.

《두공부초당시전》 (조력림은) 제나라 땅이다.(齊地.)

46 雲雪岡(운설강): 제나라의 지명.

《두공부초당시전》 (운설강은) 역시 제나라 땅이다.(亦齊地也.)

47 射飛(석비): 화살로 나는 새를 쏘다. 縱鞚(종공): 고삐 또는 재갈을 풀다. 말을 빨리 달린다는 뜻이다.

《두시상주》 '종공'은 고삐를 놓아 빨리 달린다는 뜻이다.(縱鞚, 放轡疾馳也.)

48 引臂(인비): 팔을 뻗다. 팔을 들다. '引'은 '跋'로 된 판본도 있다. 鶖鶬(추창): 무수리와 왜가리.

《두공부초당시전》 '추'는 …… 독추다. '창'은 미괄이다. 또 구두조九頭鳥라고도 하며, 모두 불길한 새다.(鶖, …… 禿鶖也. 鶬, …… 麋鴰也. 又云九頭, 皆惡鳥也.)

《두시상주》《비아》에서 "'추'는 성질이 탐악스럽고, 모양은 학 같으나 크며, 목이 길고 눈이 붉으며, 사람과 잘 싸우고, 뱀을 잡아먹기를 좋아한다."라고 하였다. 《시경·소아·어조지십魚藻之什·백화白華》에 "유추재량"이라고 하였고, 이에 대해 모장은 "'추'는 독추다."라고 하였다. 양항이 말하였다. "'창'에는 두 종류가 있다. 《열자》에서 '왜가리 두 마리 푸른 구름 위에 나란하다'고 하였고, 사마상여의 〈자허부子虛賦〉에서 '왜가리 쌍으로 내려오고, 현학이 더하네'라고 하였고, 《물류상감지》에서 '현창은 다리가 길고 무리지어 날며, 서리가 내릴 때면 반드시 먼저 운다'고 한 바 이는 아마 학 종류인 듯하다. 그 색이 푸르기 때문에 창이라고 하며, 이것이 한 종류다. 곽박郭璞의 〈강부〉에서 말한 '기이한 왜가리 머리가 아홉 개'라는 새와 공자가 〈하상지가〉를 인용하여 말한 '왜가리여, 재두루미여, 안으로 말린 터럭 해졌구나. 한 몸에 아홉 꼬리가 길다네'라는 새는 요물 새로서 또 다른 한 종류다."(埤雅, 鶖, 性貪惡, 狀如鶴而大, 長頸赤目, 善與人鬪, 好啗蛇. 詩, 有鶖在梁, 毛萇曰, 鶖, 禿鶖. 楊恒曰, 鶬有二種. 列子, 連雙鶬於青雲之上, 相如賦, 雙鶬下, 玄鶴加, 物類相感志, 玄鶬, 長足, 群飛, 天將霜必先鳴, 此蓋鶴類, 以其色蒼, 故曰鶬, 此一種也. 若江賦所云奇鶬九頭, 孔子引河上之歌曰, 鶬兮鴰兮, 逆毛衰兮, 一身九尾長兮, 此則妖鳥, 別爲一種.)

49 蘇侯(소후): 소원명蘇源明이며, 사업司業과 비서소감秘書少監을 지냈고, 두보와 사이가 좋았다. 광덕 2년에 죽었다. 원주에 "감문주조 소예다(監門胄曹蘇預)"라고 하였다. 據鞍(거안): 안장에 기대다.

《두시경전》 살펴보건대 소예는 소원명이다. 〈회구〉 시의 자주에 "공의 이전 이름은 예이다. 어휘를 피하기 위하여 이름을 원명으로 바꾸었다." 라고 하였다.(按, 預卽源明也. 懷舊詩自註, 公前名預, 緣避御諱, 改名源明.)

50 攜(휴): 데리다. 葛彊(갈강): 산간山簡이 아끼던 부하 장수.

[蘇侯 2구] 자신은 갈강에, 소후는 산간에 비유하였다. 또는 소후는 갈강에, 자신은 산간에 비유하였다고 보기도 한다.

《두공부초당시전》 두보는 갈강을 소후에 비겼다. 당시 소후는 두보와 함께 사냥하였다. 진나라 산간이 양양을 다스릴 때 나들이 나가면 자주 습씨의 못으로 갔다가 번번이 취하여 돌아왔다. 당시 아이들의 노래에 이런 말이 있었다. "산간 공은 어디로 가시는가, 고양의 못으로 간다네. 시시로 말을 탈 수는 있지만 백로 깃 장식한 모자를 거꾸로 쓴다네. 채찍 들어 갈강에게 묻네, 병주 소년과 비교하여 내가 어떠냐고." 갈강은 집이 병주에 있었으며, 산간이 아끼던 장수이었다.(甫以葛强比蘇侯. 時蘇侯與甫同獵也. 晉山簡鎭襄陽, 每出遊多之習氏池上, 輒醉而歸. 時有兒童歌曰, 山公出何許, 往至高陽池. 時時能騎馬, 倒著白接籬. 擧鞭問葛强, 何如幷州兒. 彊家在幷州, 簡愛將也.)

《집천가주두공부시》 당시 소예는 공과 함께 사냥을 하였으므로 공은 갈강으로써 비유하였다.(時蘇侯與公同獵, 故公以葛彊爲比.)

#《두시상주》 이 단락에서는 제나라 조나라 지역의 유력을 서술하였다. '귀범'은 오월에서 하남으로 돌아왔음을 말한다. '방탕'은 장안에서 제나라 조나라 지역으로 갔음을 말한다. 향공으로 상경한 때는 개원 23년이며, 이때 공의 나이는 24세였다. 그러므로 '중세'라고 하였다. '구향'은 하남을 가리킨다. 공은 하남 공현에 살았다. '기마루'는 맞서고 싶다는 뜻이며, '목단장'은 굽어보겠다는 뜻이다.(此敍齊趙之遊. 歸帆, 自吳越而返河南. 放蕩, 自長安而往齊趙. 鄕貢上京, 在開元二十三年, 時公年二十四矣, 故云中歲. 舊鄕, 指河南, 公居河南鞏縣也. 氣摩壘, 欲相敵.

目短牆, 欲俯視.)

51 快意(쾌의): 하고 싶은 대로 하다.

52 西歸(서귀): 서쪽으로 돌아가다. 경사 장안長安으로 돌아갔다는 뜻이다. 咸陽(함양): 장안을 말한다.

《두공부초당시전》 두보는 젊어서 오·월·제·조를 두루 유람하고 다시 장안으로 돌아갔다. …… 《관중기》를 살펴보니 효공이 도읍한 함양은 지금의 위성이며, 위수 북쪽에 있다. 시황이 도읍한 함양은 지금 성 남쪽의 대성이다. 함양이라는 이름은, 산의 남쪽을 '양'이라고 하고, 물의 북쪽도 '양'이라고 하는바, 그 땅은 위수의 북쪽에 있고 또 구종산 등 여러 산의 남쪽에 있어서이다. 그래서 함양이라고 하는 것이다.(甫少歷遊吳越齊趙, 復歸長安也. …… 按關中記, 孝公都咸陽, 今渭城是也, 在渭北. 始皇都咸陽, 今城南大城是也. 名咸陽者, 山南曰陽, 水北亦曰陽. 其地在渭水之北, 又在九嵕諸山之南, 故曰咸陽.)

53 許與(허여): 교제하다. 칭찬하다. 詞伯(사백): 문호文豪. 잠참, 고적, 정건 등을 가리킨다.

《두공부초당시전》 사백은 문인의 우두머리로서 이옹·왕한 같은 자를 말한다. 모두가 그가 재능이 있다고 추대하였다.(詞伯, 乃詞人之長, 謂如李邕王翰之儔, 咸推許其有才也.)

《독두심해》 잠참과 고적 같은 이들이다.(如岑參高適輩.)

《두시경전》 잠참과 정건 등을 가리킨다.(指岑參鄭虔輩.)

54 賞遊(상유): 관상 유람하다. '賞'은 '貴'로 된 판본도 있다. 賢王(현왕): 어진 군왕. 여양왕 이진李璡 등을 말한다.

《두공부초당시전》 여양왕 이진과 사이좋게 지낸 일 등을 말한다. 시집을 살펴보니 여양왕 이진을 슬퍼한 〈증태자태사여양군왕진贈太子太師汝陽郡王璡〉 시에 "만년에 단술 차리기 힘써서 신공申公, 백생白生 같은 손님 맞이하였지."라고 하였고, 또 이진에게 준 시 〈증특진여양왕이십이운贈特進汝陽王二十二韻〉에서 "회왕 문하의 손 되어 끝내 손등에게 부끄럽지 않았네."라고 한 것이 이 일이다.(謂如與汝陽王璡相善也. 按集有哀汝陽王璡曰, 晚年務置醴, 門引申白賓. 又贈王璡曰, 淮王門下客, 終不愧孫登, 是也.)

55 曳裾(예거): 옷깃을 끌다. 권세가의 식객 노릇함을 말한다. 置醴地(치례지): 단술을 차린 곳. 즉 현자를 존경하는 곳이라는 뜻이다. 서한西漢 초원왕楚元王 유교劉交가 신공申公·백생白生·목생穆生 등을 예우하였다. 목생은 술을 즐기지 않아 모일 때마다 초원왕은 그를 위하여 단술을 차렸다.

《**한서·초원왕전**楚元王傳》 애초에 원왕이 신공 등을 예우하였다. 목생은 술을 즐기지 않아 원왕은 술을 차릴 때마다 항상 목생을 위하여 단술을 마련하였다.(初, 元王敬禮申公等, 穆生不耆酒, 元王每置酒, 常爲穆生設醴.)

56 奏賦(주부): 부를 올리다. 〈삼대례부〉를 올린 일을 말한다. 明光(명광): 명광전明光殿.

《**두공부초당시전**》 '명광'은 궁전 이름이다. 《신당서》에 천보 13년 〈삼대례부〉를 바쳤다고 하였다. 〈현종기〉를 고찰해 보니, (현종은) 13년 정월 병오일에 화청궁으로부터 돌아왔고, 3월 임신일에 태청궁에 나아가 제를 올리고, '성조현원황제'라는 존호를 올렸으며, 교묘를 올려 삼대례를 행한 적은 없다. 10년 봄 정월 을유일 그믐부터 임진일까지 태청궁에 나아가 제를 올렸고, 계사일에는 태묘에서 제향하였으며, 갑오일에는 남교에서 제를 올렸으니 두보가 〈삼대례부〉를 올린 때는 천보 10년이다. 《삼보황도》에 "명광궁은 왕성 안 계궁 가까이에 있다"고 하였다.(明光, 宮名. 新唐書, 天寶十三載, 甫三上大禮賦. 攷玄宗紀, 十三載正月丙午, 至自華清, 三月壬申, 朝獻太清宮, 上聖祖玄元皇帝號, 未嘗郊廟行三大禮. 十載春正月乙酉朔壬辰朝獻大清宮, 癸巳享太廟, 甲午有事于南郊, 則甫奏賦當在十載也. 三輔皇圖, 明光宮, 王城內近桂宮.)

《**두시상주**》 한나라 태초 4년에 명광전을 세웠다.(漢太初四年, 起明光殿.)

57 天子(천자): 현종을 가리킨다. 廢食(폐식): 밥을 먹지 않다. 밥조차 먹지 않고 자신을 부를 정도로 중시 받았다는 말이다.

58 軒裳(헌상): 수레와 의복. 관위官位와 작록爵祿. 고관대작高官大爵.

[天子 2구] 현종이 밥조차 거르고 자신을 부르고, 고관대작들이 모여서 자신을 만날 정도로 인정받았다는 뜻이다.

《두공부초당시전》 '헌상'은 수레와 관잠 의복을 말한다. 두보가 〈삼대례부〉를 바치니 황제가 기특히 여겨 집현원에서 대기하게 하고, 재상에게 시험을 보게 하여 하서위를 주었으나 받지 않으니 우위솔부주조로 바꾸어 임명하였다. 시집을 살펴보니 〈막상의행〉 시에서 "봉래궁에서 〈삼대례부〉 바친 일 기억하거니와 하루아침에 명성이 빛나 나도 놀랐네. 집현원 학사들 담장처럼 둘러서서 중서성 당중에서 글 쓰는 나를 보았지."라고 하였다. 그 시구가 바로 이 일이다.(軒裳, 謂軒車簪裳也. 甫奏三賦, 帝奇之, 待制集賢院, 宰相試文章, 授河西尉, 不拜, 改右衛率府胄曹. 按集有莫相疑行詩曰, 憶獻三賦蓬萊宮, 自怪一日聲烜赫. 集賢學士如堵牆, 觀我落筆中書堂, 是也.)

59 脫身(탈신): 몸을 빼내다. 벼슬을 내렸으나 받지 않았음을 말한다. 愛(애): 아깝다. '受'로 된 판본도 있다.

60 痛飮(통음): 마음껏 마시다. 信(신): 맡기다. 行藏(행장): 출처出處 또는 행지行止. 세상에 나아가고 물러나는 것.

[脫身 2구]

《두공부초당시전》 당시 벼슬을 사양하고 방자하게 술을 낙으로 삼았다. 시집을 살펴보니 〈관정후희증官定後戲贈〉 시에서 "하서위를 맡지 않음은 처량하게 허리 굽혀야 하기 때문이지. 늙은이 분주히 뛰어다니기 두렵거니와 솔부는 그런대로 한가롭다."라고 하였으니 바로 이 말이다.(時辭官放恣以酒爲樂也. 按集有官定戲贈曰, 不作河西尉, 淒涼爲折腰. 老夫怕趨走, 率府且逍遙, 是也.)

61 黑貂(흑초): 검은 담비 가죽으로 만든 옷. 寧(영): 어찌. '不'로 된 판본도 있다. 敝(폐): 해지다.

《두공부초당시전》 '초'는 쥐 종류다. 당시 빈곤하여 옷이 다 헤어졌음을 말한다.《전국책》을 보니, 소진이 이충에게 유세하니 이충은 진나라 흑초 갖옷과 황금 백일을 주어 진나라로 보냈고, 소진은 글 열 편을 올려 유세하였으나 시행되지 않고, 검은 담비 갖옷이 헤졌다.(貂, …… 鼠屬, 謂貧困於時而衣遂弊也. 戰國策, 蘇秦說李充, 充送秦黑貂之裘, 黃金百鎰, 以入於秦, 書十上而說, 不行, 黑貂之裘弊.)

62 斑鬢(반빈): 희끗희끗한 머리칼. 兀(올): 높이. 우뚝. 멍한 모습으로

볼 수도 있다. 稱觴(칭상): 잔을 들다. 잔을 들어 축수하다로 보기도 한다.

《두시택풍당비해杜詩澤風堂批解》 실의하였다는 말이다.(失意語.)

《두공부초당시전》 '반빈'은 머리칼이 반백임을 말한다. 우뚝 앉아 술잔을 들어서 스스로를 달랜다.(斑鬢, 謂髮半白. 兀坐擧酒觴以自遣也.)

《두억》 "희끗희끗한 머리로 우뚝 앉아 잔을 들었다."라고 하였으니 이것도 옛사람이 축수하였다는 증거의 하나다. 그러나 전하는 시문이 없음은 왜인가?(斑鬢兀稱觴, 此亦古人慶壽之一證, 然無詩文傳世, 何也.)

《두시경전》 자신이 연로하여 자제들이 잔을 바쳐 축수하는 일이 있음을 말한다.(言己年老, 故有子弟稱觴也.)

63 杜曲(두곡): 두보가 사는 마을. 두릉杜陵. 또는 장안에 있는 두보의 집으로 보기도 한다. 晩(만): '挽' 또는 '換'으로 된 판본도 있다. 耆舊(기구): 원로. 노인.

《두공부초당시전》 두보는 집이 두곡에 있었다.(甫家于杜曲.)

《집천가주두공부시》에 인용된 채몽필 주 두곡은 장안에 있으며, 공의 집이다.(杜曲, 在長安, 公之家也.)

64 四郊(사교): 사방의 교외. 白楊(백양): 백양나무. 무덤가에 많이 심는다.

《보주두시》에 인용된 왕수 주 죽은 사람이 많음을 말한다.(言死者衆也.)

《두공부초당시전》 '백양'은 무덤가의 나무다. 이밀의 시에 "사방 교외에 무엇이 있는가, 백양나무와 높은 무덤"이라고 하였다.(白楊, 乃墳上之木也. …… 李密詩, 四郊何所有, 白楊與高塚.)

65 坐深(좌심): '좌'는 '그리하여', '심'은 '깊이'라는 의미다. 이 구는 노인들이 많이 죽어 자신이 마을에서 존경 받는 처지가 되었다는 뜻이다. 또는 '좌심'을 자리가 깊다, 즉 상석에 앉았다고 풀기도 한다. 상석은 바깥에서 보면 안쪽 깊은 곳이다. 鄕黨(향당): 마을. 가향.

66 日(일): '自'로 된 판본도 있다. 死生忙(사생망): 죽을 날이 빨리 다가옴을 말한다. 또는 죽고 삶에 일이 많음을 말한다.

[杜曲 4구]

《구가집주두시》 조차공 주 두곡의 노인들이 모두 귀신이 되었으므로 사방 교외 무덤가에 백양나무가 많고, 그리하여 공은 향리에서 다시 어른이 되었음을 말한다. 그러므로 상석에 앉아서 날마다 눈앞의 산 사람 죽은 사람의 일이 바쁨을 다만 느낀다고 말하였다.(言杜曲晚年耆舊, 皆爲鬼錄, 故在四郊多墓上之白楊, 則公在鄕里更爲長上. 故曰, 坐深而日但覺眼前死者生者之事忙.)

《두공부초당시전》 마을의 노인 중에 죽는 자가 날로 많아져 이제 다시 두보를 어른으로 추대하였기 때문임을 말한다.(謂鄕曲故老, 死者日多, 今復推甫爲長上故也.)

《두시상주》 두곡은 공의 고향이다. 원로들이 점차 사망하여 자신이 자리의 윗줄에 앉아서 삶과 죽음의 길이 닥쳐옴을 날로 느낀다. 밖에서 안을 보면 지위 높은 사람의 자리가 깊다.(杜曲, 公故里, 耆舊漸已喪亡, 則己之坐居上列者, 日覺生死路迫矣. 從外視內, 位上者坐深.)

67 朱門(주문): 권세가. 任(임): 함부로. 마음대로. '務'로 된 판본도 있다. 傾奪(경탈): 경쟁하다. 쟁탈하다.

68 赤族(적족): 일족을 멸하다. 罹殃(이앙): 재앙을 당하다.

[朱門 2구]

《구가집주두시》 조차공 주 두 구의 전체 뜻은 대신들이 화를 자초하였음을 말한다.(兩句通義, 言大臣之取禍.)

《두공부초당시전》 '주문'은 권세가들이다. '적족'은 삼족을 멸한다는 뜻이다. 현종 말년에 악인들을 신임하여 권세가들이 모두 권력을 다투어 서로 빼앗고 족멸하기를 일삼았다.(朱門, 權貴也. 赤族, 誅三族也. 玄宗末年, 信任非人, 權貴爭權, 互相傾奪赤族者, 比比皆是.)

《독두심해》 이임보와 양국충이 조정의 인사들을 무너뜨린 일을 말한다.(謂林甫國忠傾陷朝士.)

69 國馬(국마): 나라에서 기르는 말. 현종이 기르는 춤추는 말을 뜻한다. 粟豆(속두): 곡식.

《주례周禮·고공기考工記·주인輈人》의 '國馬之輈' 구의 정현鄭玄 주 '국마'는 종마, 융마, 제마, 도마를 말한다.(國馬, 謂種馬戎馬齊馬道馬.)

《두공부초당시전》 이때 태평한 날이 오래되어 황제는 방자하고 사치하여 춤추는 말에게 무늬비단옷을 입히고, 곡식을 먹였다.(是時, 太平日久, 帝侈心自恣, 舞馬衣文采, 飼以粟豆.)

《두시경전》 현종이 기르던 춤추는 말을 말한다.(謂玄宗所養舞馬.)

70 官雞(관계): 관가에서 기르는 투계鬪鷄. 輸(수): 주다. 稻粱(도량): 곡물.

《두공부초당시전》 이때 오방에서 투계를 바쳤으며, 또 투계사가 있었다. 백성들은 곡식을 수납하여 닭을 공양하였다.(是時, 五坊有供奉鬪鷄, 又有鬪鷄使. 百姓輸納稻粱以供養鷄也.)

《두시경전》 '관계'는 투계를 말한다.(官鷄, 謂鬪鷄也.)

71 擧隅(거우): 한 가지 예를 들다. 한 가지를 예로 들어 다른 것을 알게 하다. 煩費(번비): 대량으로 소비하다.

《논어 · 술이述而》 한 모퉁이를 예로 들었는데 세 모퉁이를 들어 반응하지 않으면 되풀이 설명하지 않았다.(擧一隅, 不以三隅反, 則不復也.)

《두공부초당시전》 두보는 다만 한 가지 예를 들었을 뿐이나 당시의 대량 소비를 알 수 있음이 충분히 드러난다.(甫但擧一隅, 足見當日煩費可知也.)

72 引古(인고): 옛일을 인용하다. 興亡(흥망): 흥성과 쇠망. 여기서는 쇠망만을 말한다.

《두공부초당시전》 옛날 일을 끌어 오늘을 증험하니 흥망의 이치가 매우 애통하다.(援古以驗今, 則興亡之理, 可痛惜也.)

#《두시상주》 이 단락에서는 장안의 유람을 말하였다. 공이 제나라 조나라 지역을 노닌 때는 개원 25년이며, 다시 장안에 간 때는 천보 5년이니 9년 사이이다. '사백'은 잠참 정건 무리를 가리킨다. 현왕이 단술을 차렸다는 것은 여양왕 이진을 가리킨다. 공이 《삼대례부》를 바친 것은 천보 10년의 일로서 황제가 기특히 여겨 집현전에서 대조하게 하고, 재상에게 문장을 시험하라고 명하였다. 하서위에 발탁하였으나 받지 않았으니 이는 '천자' '군공'과 만났을 때다. '탈신'은 관리의 명부에 들지 않았음을 말한다. '신행장'은 득실을 천명에 맡겼음을 말하고, '흑초' 6구는 곤궁하게 늙어 감을 자탄하는 내용이다. '주문' 6구에는 조정

의 일에 개탄함이 있다. 쟁탈하다가 재앙을 만났다는 말은 이임보가 높은 신하를 죽이고 내쫓은 일, 양국충이 왕진을 모함한 일 등을 말한다. 채몽필이 말하였다. "춤추는 말이 무늬 놓은 채색 옷을 입고, 곡식을 먹이며, 오방에 투계가 있어 백성들이 곡식을 바쳐 공양하였으니 이는 모두 명황이 사치를 부려 방자하였던 것이다. 이 한 가지 예를 들어 당시의 대량 소비를 알 수 있으니 그러므로 옛날을 이끌어 지금을 아파하며 흥망에 대한 근심이 있다."(此敍長安之遊, 公遊齊趙, 在開元二十五年, 其再赴咸京, 在天寶五載, 時相去九年矣. 詞伯, 指岑參鄭虔輩. 賢王置醴, 指汝陽王璡也. 公獻三大禮賦在天寶十載, 帝奇之, 使待詔集賢院, 命宰相試文章, 擢河西尉, 不拜, 此見天子群公時也. 脫身, 言不與仕籍. 信行藏, 謂得失任之於命, 黑貂六句, 自歎窮老. 朱門六句, 有慨朝事. 傾奪罹殃, 如林甫之誅逐貴臣, 國忠之構陷王璡是也. 夢弼曰, 舞馬衣文采, 飼以豆粟. 五坊有鬪雞, 民輸稻粱以供養, 此皆明皇侈心自恣也. 擧此一隅, 則當時煩費可知, 故嘗引古傷今, 而有興亡之慮焉.)

73 河朔(하삭): 하북河北. 황하의 북쪽 지역. 風塵(풍진): 안녹산의 난을 말한다.

《**구가집주두시**》 안녹산이 하삭에서 기병하였다.(祿山起河朔.)

《**두공부초당시전**》 안녹산이 틈을 타서 범양에서 난을 일으켰음을 말한다.(謂祿山承隙而反于范陽也.)

《**두시상주**》 '하삭'은 하북 땅이다.(河朔, 河北地.)

74 岷山(민산): 사천에 있는 산. 사천 지역을 말한다. 行幸(행행): 제왕의 출행. 여기서는 현종의 사천 피난을 말한다. 長(장): 멀다. 현종이 멀리 사천까지 갔다는 뜻이다.

《**두공부초당시전**》 현종이 서쪽으로 달아나 촉으로 행차한 일을 말한다. '민산'은 촉의 명산이다. '장'은 멀다는 뜻이다.(謂玄宗西走幸蜀也. 岷山, 蜀之名山. 長, 遠也.)

75 兩宮(양궁): 현종과 숙종을 말한다. 警蹕(경필): 제왕이 출입할 때 호위병이 도로를 경계하고 통행을 제한하는 일.

《**두공부초당시전**》 '양궁'은 숙종과 현종을 말한다.(兩宮謂肅與玄也.)

《한서 · 문삼왕전文三王傳》“出稱警, 入稱蹕”구의 주 ‘경’은 엄숙하게 하는 일이고, ‘필’은 행인을 제지하는 일이다.(警, 戒肅也. 蹕, 止行人也.)

76 萬里(만리): 이 구는 현종과 숙종이 각각 촉과 영무靈武에 멀리 떨어져 있다는 뜻이다.

[兩宮 2구]

《독두심해》 상황은 성도에 있고, 숙종은 영무에 있다.(上皇在成都, 肅宗在靈武.)

[河朔 4구]

《구가집주두시》조차공 주 전쟁 발발을 ‘풍진’이라고 한다. 천보 14년 11월, 안녹산이 반란을 일으켜 하북의 여러 고을을 무너뜨리고, 또 동경을 무너뜨렸다. 15년 6월, 동관을 무너뜨리니 경사에서 크게 놀라 직접 출정하겠다고 명령하고, 촉으로 행차하였다. 그러므로 “하삭에서 풍진이 일어나서 민산으로 멀리 행차하였다.”라고 하였다. 7월에 황태자를 천하병마원수로 삼아 북으로 군사를 모으며 영무에 이르렀다. 배면 등이 태자를 받들어 제위에 오르니 이가 숙종이다. 연호를 지덕으로 바꾸고, 황제를 태상천제로 높였다. 태상은 촉에 있고, 숙종은 영무에 있으니 이른바 “두 궁궐에서 각각 벽제하고, 만 리에 멀리 서로 바라본다”는 상황이다.(兵興, 謂之風塵. 天寶十四載十一月, 祿山反陷河北諸郡, 又陷東京. 十五載六月, 陷潼關, 京師大駭, 詔親征, 遂幸蜀. 故曰, 河朔風塵起, 岷山行幸長. 七月, 以皇太子爲天下兵馬元帥, 北收兵至靈武, 裴冕等奉太子卽皇帝位, 是爲肅宗, 改元至德, 尊皇帝曰太上天帝. 太上在蜀, 肅宗在靈武, 所謂兩宮各警蹕, 萬里遙相望.)

77 崆峒(공동): 공동산. 공동산은 숙종이 머물렀던 영무, 봉상, 평량平涼 등 여러 곳에 있다. 토번이 침략한 서산西山으로 보는 견해도 있다. 殺氣黑(살기흑): 살기가 시커멓게 가득 서렸다는 뜻이다. ‘살기’는 반군을 토벌하기 위해 사방에서 모인 협조 세력으로 본다. 또는 서산을 침략한 토번으로 보기도 한다.

《두공부초당시전》 토번이 서산을 노략질하였음을 말한다.(謂吐蕃寇於西山也.)

《독두심해》 협력자를 말한다.(謂助順者.)

《두시경전》 숙종이 평량에 이르러 병사를 모아 중흥하였음을 말한다.(謂肅宗至平涼收兵興復.)

78 少海(소해): 태자를 뜻하는 말이다. 태자는 숙종으로 보기도 하고, 대종으로 보기도 한다. 안녹산이 장악하고 있던 동쪽 지역으로 보기도 한다. 또한 발해渤海의 이명으로 보아 안녹산이 장악하고 있던 동쪽 지역으로 풀이하기도 한다. 旌旗黃(정기황): 황색 깃발은 천자가 사용한다. 태자가 천자가 되었다고 보기도 하고, 안녹산이 범양으로 돌아가 천자의 기치를 사용하였다고 보기도 한다.

《두시경전》《동궁고사》에 태자는 소해에 비긴다고 하였으니 이 구는 당연히 영무의 숙종 즉위를 가리킨다. 그러므로 '정기황'이라고 하였다.《통감》에 천보 15년 7월 태자가 영무에서 즉위하였다고 하였다. 2구는 주학령 주에서는 동쪽과 서쪽에서 모두 군사를 동원한 일을 가리킨다고 하였으니 참으로 혼동하였다. 포기룡의 주에서는 '소해'는 광평왕을 가리킨다고 여겼으나 역시 아니다. 영무에 있을 때, 광평왕은 아직 태자로 책봉되지 않았다.(東宮故事, 太子比少海, 句當指靈武卽位, 故曰旌旗黃. 通鑑, 天寶十五載七月, 太子卽位於靈武. 二句, 朱注, 謂指東西皆用兵, 固混. 浦注, 卽以少海指廣平, 亦非. 在靈武時, 廣平尙未立爲太子也.)

《두공부초당시전》 안녹산이 범양으로 돌아갔음을 말한다.(謂祿山返於范陽也.)

《두시상주》 '정기황'은 천자의 기치를 참용함을 말한다.(旌旗黃, 僭用天子旗幟也.)

《회남자·지형훈墬型訓》 구주 밖에 팔인이 있으며, 또한 사방 천 리이다. 동북방부터는 대택이라고 하며, 무통이라고 한다. 동방은 대저라고 하고, 소해라고 한다.(九州之外, 乃有八殥, 亦方千里. 自東北方曰大澤, 曰無通, 東方曰大渚, 曰少海.)

송宋 섭정규葉廷珪《해록쇄사海錄碎事·제왕帝王》 천자는 대해에 비기고, 태자는 소해에 비긴다.(天子比大海, 太子比少海.)

[崆峒 2구]

《구가집주두시》에 인용된 두전杜田《주두시보유정류注杜詩補遺正謬》 《동궁고사》에 "천자는 대해에 비유하고, 태자는 소해에 비유한다."라고 하였다. 《산해경》에 "무고지산이 있어 남쪽으로 유해를 바라본다."라고 하였고, 곽박의 주에 "'유해'는 소해다."라고 하였다. 《회남자》에 "구주 밖에 팔인이 있고, 또한 인택이라고도 한다. 동방은 태청이라고 하고 소해라고도 한다."라고 하였다. 혹자는 숙종의 태자 광평왕이 원수가 되었음을 말하므로 소해라고 하였다. 시의 뜻을 자세히 보니 아닌 듯하다. 공동산은 서쪽에 있고, 소해는 동쪽에 있다. "하북에서 풍진이 일어나 민산으로 멀리 행차하였다."라고 하였으니 동서남북이 모두 편안치 않은 것이다.(東宮故事, 天子比大海, 太子爲少海. 山海經, 無皐之山, 南望幼海. 郭璞注, 幼海, 少海也. 淮南子, 九州之外, 乃有八寅, 亦曰寅澤. 東方曰太淸, 曰少海. 或謂肅宗太子廣平王爲元帥, 故云少海. 詳觀詩意, 恐非是. 崆峒在西, 少海在東. 河朔風塵起, 岷山行幸長, 則東西南北皆不寧也.)

《구가집주두시》 조차공 주 상구는 숙종 행재소의 병사를 가리키고, 하구는 광평왕 이숙이 천하병마원수가 되었음을 가리킨다. 숙종은 초기에 평량으로 갔다가 어디로 가야 할지 몰랐다. 배면과 두홍점이 영무에서 기병하기를 권하여 다시 평량을 지나갔다. 지덕 2년 2월, 봉상에 머물렀으므로 '공동'이라고 말하였다. 윤8월에 광평왕 이숙을 천하병마원수로 삼았으므로 '소해'라고 말하였다. '공동'은 산 이름이다. 악사의 《환우기》에 우임금의 영역 안에 산 이름이 공동인 것은 셋이 있으며, 모두 위 〈세병마〉 시의 주에 보인다. 이제 여기서 "공동살기흑"이라고 하였으니 안정군의 공동산을 중심으로 말한 것이다. 경주와 원주는 붙어 있다. 《신당서·지리지》를 보면 '경주 보정군', '원주 평량군'이 있고, 원화 4년에 원주 평량현을 나누어 행위주라고 하였으며, 원주 평고현 아래의 주注에 '공동산'이 있다. 악사의 《환우기》도 그러하다. 또 경주 보정현에도 '공동'이 기재되어 있으며, "계두산이라고도 한다"고 하였다. 대개 경주와 원주는 붙어 있고, 위주가 그 가운데 있으니 공동산 일대의 지역이다. 그러므로 지금 "공동살기흑"이라고 하여 안정군의 공동산을 중심으로 말하였다. 숙종은 영무에서 기병한 후 봉상에 머물렀으니 모두 농우도의 땅이다. 두전은 상하 문맥을 따지지 않았다.(上句, 指肅宗行在之兵, 下句, 指廣平王俶爲天下兵馬元帥之兵. 蓋肅宗初年, 幸平涼, 未知所適. 裴冕杜鴻漸勸之靈武起兵, 再過平涼. 至德二載二月, 次鳳翔, 則用崆峒言之. 閏八月, 以廣平王俶爲天下兵馬元帥, 則用少海言之. 崆峒山名. 樂史, 寰宇記, 禹跡之內, 山名崆峒者三, 並見上洗兵馬注. 今此云崆峒殺氣黑, 則主安定崆峒言之. 蓋涇與原相接. 按唐志, 涇州安定郡, 原州平涼郡. 元和四年, 分原州平涼縣, 名之曰行渭州, 而於原州平高縣之下注有崆峒山. 樂史寰宇記亦然. 又於涇州保定縣亦載有崆峒, 一名笄頭山. 大抵涇原相接, 渭在其中, 則崆峒一帶之地. 故今云崆峒殺氣黑, 主安定崆峒言之也. 肅宗自靈武起兵後, 次於鳳翔, 皆隴右一道之地矣. 杜田殊不考上下文之義.)

79 禹功(우공): 우임금의 공적. 命子(명자): 자식에게 전하다. 우임금은 선양하지 않고, 아들 계啓에게 자리를 물려주었다. 현종이 태자 숙종을 천하병마원수로 삼아 군사 지휘를 명하였음을 말한다. 숙종이 대종에게 군사 지휘를 명하였다고 보기도 한다.

《두공부초당시전》 요임금이 순임금에게 물려주고, 순임금이 우임금에게 물려주었고, (우임금은) 아들 계에게 물려주었음을 말한다. 계는 감의 들에서 유호와 싸운 적이 있으므로 현종이 숙종에게 반군을 평정하라고 명하였음을 비유한다.(謂堯傳之舜, 舜傳之禹, 則命其子啓. 啓嘗與有扈戰于甘之野, 喩玄宗命肅宗以平賊也.)

《두시상주》 《좌전》에 "유자가 '아름답도다 우의 공업이여, 명덕이 길구나'라고 하였다."라는 구절이 있다. '명자'는 자식에게 전한다는 뜻이다.(左傳, 劉子曰, 美哉禹功, 明德遠矣. 命子, 卽傳子也.)

《독두심해》 숙종은 태자 광평왕을 천하병마원수로 삼아 두 경사를 수복하려고 하였다.(肅宗以太子廣平王爲天下兵馬元帥, 規復兩京.)

80 涿鹿(탁록): 지금의 하북성河北省 탁록현涿鹿縣 남쪽. 산 이름이라고도 한다. 戎行(융항): 대오. 군대. 군사軍事. 이 구는 숙종이 직접 군사를 지휘하였음을 말한다. 또는 대종이 태자로서 천하병마원수가 되어 직접 군사를 지휘하였음을 말한다고 보기도 한다.

《장자·도척盜蹠》 그러나 황제는 덕을 이룰 수 없어 치우와 탁록의 들에서 싸워 피가 백 리에 흘렀다.(然而黃帝不能致德, 與蚩尤戰於涿鹿

之野, 流血百里.)

《두공부초당시전》 '탁록'은 고을 이름이다. …… '융항'은 군사 대오이다. 옛날 황제와 치우가 탁록의 들에서 싸웠으므로 숙종의 친정을 비유한다.(涿鹿, 郡名也. …… 戎行, 兵伍也. 昔黃帝與蚩尤戰于涿鹿之野, 以喩肅宗親征也.)

《두시경전》 안녹산을 치우에 비유하였다. 숙종이 광평왕 이숙을 천하병마원수로 삼았음을 말한다.(以蚩尤比祿山也. 謂肅宗以廣平王俶爲天下兵馬元帥.)

[禹功 2구]

《구가집주두시》에 인용된 두전杜田 《주두시보유정류注杜詩補遺正謬》 "우임금이 공업을 또한 아들에게 명하였다"는 계가 감의 들에서 유호와 싸운 일일 터, 바로 태자가 원수가 되었음을 가리킨다. "탁록에서 직접 병사를 거느렸다"는 황제가 탁록에서 치우와 싸운 일일 터, 바로 숙종의 친정을 가리킨다.(禹功亦命子, 蓋啓與有扈戰于甘之野, 正指太子爲元帥. 涿鹿親戎行, 蓋黃帝與蚩尤戰涿鹿, 卽指肅宗親征.)

《구가집주두시》 조차공 주 상구는 바로 위 '소해' 구를 받으니 명황이 숙종을 천하병마원수로 삼았고, 숙종에 이르러 또 천하병마원수를 광평왕 이숙에게 임명하였으니 이것이 이른바 또한 아들에게 명하였다는 뜻이다. '역명자'라는 글자는 순임금도 우에게 선양한 예를 따른 것이다. 하구에서는 또 숙종을 가리켜 말하였다. 황제가 치우와 탁록의 들에서 싸웠고, 숙종이 봉상에서 종친 부대를 직접 지휘하였으니 직접 군사를 지휘한 것이 된다.(上句正以承上少海之句, 蓋明皇以天下兵馬元帥命肅宗矣. 至肅宗, 又以天下兵馬元帥命廣平王俶, 此所謂亦命子也. 亦命子字, 挨傍舜亦以命禹. 下句又以指言肅宗, 蓋黃帝與蚩尤戰於涿鹿, 而肅宗親宗兵於鳳翔, 爲親戎行矣.)

81 翠華(취화): 천자의 의장 가운데 비취새 깃으로 장식한 깃발이나 수레덮개. 제왕 또는 제왕의 수레를 뜻한다. 吳岳(오악): 산 이름. 부풍, 농주 등지에 있다. 숙종이 머무른 영무 또는 봉상으로 본다. '吳'는 '英'으로 된 판본도 있다.

《구가집주두시》 '취화'는 천자의 우보(깃털을 엮어 만든 일산)이다.

(翠華, 天子羽葆.)

《두공부초당시전》 '취화'는 천자 깃발의 장식이다. 《정이》에서 "'오악'은 부풍에 있다."라고 하였다. 변환은 "농주에 있다"고 하였다.(翠華, 乃天子旌旗之飾也. 正異云, 吳岳在扶風. 卞圜云, 在隴州.)

《독두심해》 숙종은 봉상에 머물렀다.(肅宗留鳳翔.)

《두시경전》 숙종이 봉상에 이르렀음을 말한다. 《구당서》에 "지덕 2년에 견양군 오산을 서악으로 바꾸었다."라고 하였다.(謂肅宗至鳳翔. 舊唐書, 至德二年, 改汧陽郡吳山爲西岳.)

82 貙虎(추호): 맹수. 관군을 비유한다. '貙'는 '螭'로 된 판본도 있다. 噉(담): 씹다. 豺狼(시랑): 안녹산의 반군을 비유한다. 이 구는 숙종이 봉상에 이르자 각지에서 용맹한 군사들이 모여들어 추호 같은 관군이 승냥이 이리 같은 반군을 잡아먹을 듯한 기세였음을 말한다. 또한 '추호'가 '시랑'에게 잡아먹혔다고 보아 추호 같은 관군이 승냥이 이리 같은 반군에게 패하였다는 뜻으로 보기도 한다.

《구가집주두시》 조차공 주 관군이 반군을 삼킬 듯하였다는 말이다. (言天兵欲吞賊也.)

《두공부초당시전》 '이호'는 용맹한 관군을, '시랑'은 반군을 비유한다.(螭虎, 喩王師之勇, 豺狼, 比盜賊也.)

《두시상주》 《사기 · 주본기》에 주 무왕이 무리들에게 맹서하기를 "범처럼 곰처럼 승냥이처럼 이무기처럼"이라고 하였다. 후한 두독의 〈논도부〉에 "사납게 울부짖는 군대, 범 같고 이무기 같구나."라고 하였다. 하안의 〈도명〉에 "이 병기를 만들어 이무기 범을 베리라."라고 하였다. 이 문장들은 '이호' 2자의 유래다. 두예는 《좌전》 주에서 '이'를 산신의 짐승으로 여겼다. 지금 살펴보건대 교룡과 이무기는 참으로 승냥이 표범 이리를 먹을 수 없으니 이매 또한 어찌 맹수를 씹어 삼킬 수 있겠는가. 《열자》에 따르면 황제와 염제가 판천의 들에서 싸울 때 큰곰 작은곰 승냥이 추 범을 데리고 선봉으로 삼았다. 육전은 "범이 발가락이 다섯이면 추이다."라고 하였다. '추호'로 쓰는 것이 옳다.(史記, 周武王誓衆曰, 如虎如羆, 如豺如螭. 後漢杜篤論都賦, 虓怒之旅, 如虎如螭. 何晏刀銘, 用造斯器, 螭虎是斬. 此螭虎二字所自出. 杜預, 左傳注, 以螭爲山神

獸也. 今按, 蛟螭固不能食豺豹狼, 卽螭魅亦豈能呑噬猛獸. 據列子, 黃帝與炎帝戰於阪泉之野, 帥熊羆豺貙虎爲前驅. 陸佃曰, 虎五指爲貙. 當作貙虎爲是.)

《보주두시》 '이'와 '호'는 시랑이 보기에는 존귀한 존재이나 지금은 오히려 시랑에게 먹힌다고 하여 안녹산이 사대부와 주장들을 살육하였음을 비유한다.(螭與虎, 在豺狼視之爲尊, 而今反爲豺狼所噉, 喩祿山殺戮士夫及主將也.)

[翠華 2구]

《독두심해》에 인용된《통감》 주상이 봉상에 이르자 농우, 하서, 안서, 서역의 병사들이 모두 모였다.(上至鳳翔, 隴右河西安西西域之兵皆會.)

83 爪牙(조아): 발톱과 이빨. 용사. 무신. 여기서는 방관을 비유한다. 一不中(일부중): 한 사람도 (반군을) 당해 내지 못하다.

《두공부초당시전》 '중'은 …… 맞서다는 뜻이다. 장수는 나라의 발톱이자 이빨이다. 가서한이 장군이 되어 동관을 지켰으나 반군이 그를 격파하였다. 방관이 장수가 되어 반군과 싸우다가 진도사에서 반군에게 패하였다. 어찌 발톱과 이빨이 당해 내지 못함이 아니랴.(中, …… 當也. 將爲國之爪牙. 哥舒翰爲將, 守潼關, 賊攻破之. 房琯爲將, 與賊戰陳濤斜, 爲賊所敗, 豈非爪牙之不中耶.)

84 胡兵(호병): 안녹산의 반란군을 말한다. 陸梁(육량): 거침없이 날뛰다. 창궐하다.

《두공부초당시전》 안녹산이 날뛰어 순종하지 않고 참월하게 제위에 올랐다는 뜻이다.(是使祿山得以陸梁不順, 而僭卽帝位也.)

[爪牙 2구]

《독두심해》에 인용된《통감》 이필이 모인 병사들을 합쳐 동북을 막고 범양을 취하자고 건의하면서 서북의 병사들은 추위를 잘 견디므로 날랜 기세를 이용하면 반드시 이길 수 있지만, 봄에 따뜻하여 군사들이 피곤하여 돌아가면 반군이 와서 전쟁이 끝이 없으리라고 말하였다. 주상은 우원하다고 여겨 듣지 않았다.(李泌請以來會之衆並塞東北, 取范陽, 謂西北之兵性耐寒, 乘銳必克, 若春煖軍困而歸, 賊來, 戰爭未有涯也. 上以爲迂而不從.)

《**독두심해**》 2구에서는 과거사를 말하였다. 방관의 진도사 패배를 뜻한다.(二句追說, 謂房琯陳濤斜之敗.)

85 大軍(대군): 관군을 말한다. '大'는 '天'으로 된 판본도 있다. 載(재): 곧. 다시. 草草(초초): 허둥대는 모양. 고생하는 모양. 경솔하다.

《**두공부초당시전**》 안녹산이 뜻을 이루고 나서 관군은 더욱 위축되었다. '초초'는 고생하는 모양이다.(祿山旣得志, 官軍愈沮縮. 草草, 辛苦貌.)

86 凋瘵(조채): 시들다. 앓다. 滿膏肓(만고황): 상황이 매우 위태로움을 말한다.

《**보주두시**》**에 인용된 한**韓**씨 주** 백성들이 매우 지쳤음을 말한다.(謂民困疲之甚.)

《**두공부초당시전**》 곤궁과 질병이 심하여 고황에 든 병처럼 고치기 어려움을 말한다.(言困病之甚, 如病在膏肓, 爲難治也.)

《**좌전 · 성공10년**成公十年》 공(진晉나라 제후)이 병이 들어 진나라에 의원을 구하였다. 진백이 의원 원을 보내 치료하도록 하였다. 도착하기 전에 공이 꿈을 꾸니 병이 두 동자가 되었다. (하나가) 말하였다. "저 의원은 양의이니 나를 해칠까 두렵다. 어디로 도망가지?" 다른 한 동자가 말하였다. "황의 위, 고의 아래에 있으면 우리를 어쩌겠어!" 의원이 도착하여 말하였다. "질병은 치료할 수 없습니다. 황의 위, 고의 아래에 있어 처치할 수도 없고, 뚫어도 닿지 않으며, 약도 미치지 않으니 치료할 수 없습니다."(公疾病, 求醫于秦. 秦伯使醫緩爲之. 未至, 公夢疾爲二竪子, 曰, 彼, 良醫也, 懼傷我, 焉逃之. 其一曰, 居肓之上, 膏之下, 若我何. 醫至曰, 疾不可爲也, 在肓之上, 膏之下, 攻之不可, 達之不及, 藥不至焉, 不可爲也.)

[大軍 2구]

《**두시경전**》 곽자의의 청구 패전을 말한다.(謂郭子儀淸溝之敗.)

《**자치통감**資治通鑑 · **당기 35**唐紀三十五》 5월 계축일에 수충이 거짓으로 도망가자 곽자의는 모든 군사를 거느리고 추격하였다. 반적이 날랜 기병 구천 기로 장사진을 쳤다. 관군이 공격하니 수미가 양익으로 나뉘어 관군을 협공하여 관군은 크게 무너졌다. 판관 한액, 감군 손지고는 반군에게 잡히고, 군수품과 무기는 모두 버렸다. 곽자의는 물러나 무공을 지키고 안팎을 계엄하였다.(五月, 癸丑, 守忠僞遁, 子儀悉師逐之. 賊以驍騎九千爲長蛇陣, 官軍擊之, 首尾爲兩翼, 夾擊官軍, 官軍大潰. 判官韓液監軍孫知古皆爲賊所擒, 軍資器械盡棄之. 子儀退保武功, 中外戒嚴.)

87 備員(비원): 정원을 채우다. 임무를 맡다. 竊(절): 외람되이. 補袞(보곤): 제왕의 잘못을 간하여 바로잡다. 또 그 직책인 보궐補闕을 말한다. 당나라 때는 보궐을 보곤이라는 별칭으로 불렀다. 두보가 좌습유가 되어 직간하는 직책을 가졌음을 말한다. 방관이 전투에서 패하고도 여전히 재상의 지위에 있음을 나무란다고 보는 견해도 있으나 취하지 않는다.

《구가집주두시》 당시의 재상 방관이 패하였지만 직위에 충원되었음을 나무라는 것이다.(譏時相房琯雖敗, 然亦備員.)

《두시경전》 공은 당시 봉상에서 주상을 알현하고, 좌습유에 임명되었다.(公時謁上鳳翔, 拜左拾遺.)

홍매洪邁**《용재사필**容齋四筆 **· 관칭별명**官稱別名**》** 당나라 사람들은 관직의 명칭을 다른 이름으로 표방하기 좋아하였다. 이제 여기에 대략 밝혀서 아들과 조카 가운데 모르는 이들에게 보이노라. 태위는 장무, 사도는 오교, 사공은 공토, …… 간의는 대파 또는 대간이며, 보궐(지금의 사간)은 중간이며, 또 보곤이라고 하였다.(唐人好以它名標榜官稱, 今漫疏於此, 以示子姪之未能盡知者. 太尉爲掌武, 司徒爲五教, 司空爲空土, …… 諫議爲大坡大諫, 補闕(今司諫)爲中諫, 又曰補袞.)

88 憂憤(우분): 시름과 노여움.

《두공부초당시전》 마음은 나라를 위하여 시름하고 분노하니 끓어올라서 안정되지 않음을 말한다.(謂心中爲國憂憤, 飛揚而不定也.)

89 九廟(구묘): 제왕의 종묘. 옛날 제왕은 묘를 세워 조상의 제사를 지냈다. 처음에는 시조, 삼소三昭, 삼목三穆의 묘로서 모두 일곱이었다. 왕망王莽이 조묘祖廟를 다섯, 친묘親廟를 넷으로 늘려 모두 구묘가 되었다. 후에 역대 왕조는 모두 이 제도를 따랐다. 焚(분): '毁'로 된 판본도 있다.

90 萬民(만민): '蒼生'으로 된 판본도 있다. 瘡(창): 부스럼. 종기. 여기서는 질고를 의미한다.

91 斯時(사시): 그때. 당시. 靑蒲(청포): 부들. 부들로 짠 자리. 또는 청색으로 그어 구분한 곳. 천자의 내정을 가리킨다. 간언하는 신하는 여기에 엎드린다.

《두시상주》 《한서·사단전》에 원제가 태자를 바꾸려 하자 사단은 주상이 홀로 잔다는 말을 듣고 바로 침실로 들어가 청포에 엎드려 울며 간하였다고 하였다. (청포에 대해) 응소는 "푸른색으로 규획한 땅을 '청포'라고 한다. 황후가 아니면 여기에 이를 수가 없다."라고 하였고, 복건은 "푸른색으로 테두리를 두른 자리다."라고 하였으며, 맹강은 "푸른 부들로 자리를 짜서 땅을 덮는 데 쓴다."라고 하였다.(漢書史丹傳, 元帝欲易太子, 丹聞上獨寢, 直入臥內, 伏靑蒲上泣諫. 應劭曰, 以靑規地曰靑蒲, 非皇后不得至此. 服虔曰, 以靑緣蒲席也. 孟康曰, 以蒲靑爲席, 用蔽地也.)

《문선·천감 3년책수재문3天監三年策秀才文三》의 '日伏靑蒲' 구의 이주한李周翰 주 청포는 천자의 내정이다. 청색으로 규획하며, 간언하는 자가 그 위에 엎드린다.(靑蒲, 天子內庭也, 以靑色規之, 而諫者伏其上.)

92 廷諍(정쟁): 조정에서 황제에게 극력 간언하다. 守御牀(수어상): 황제의 주위를 지키다. '어상'은 황제의 보좌다.

《독두심해》 당시에 반드시 시폐를 극력 진술한 일이 있었을 터이나 더 이상 전하지 않아서 아쉽다. 글의 기세를 살펴보면 방관을 구한 일만 가리키지는 않는다.(時必有極陳時弊之事, 惜不復傳. 玩文氣, 不專指救房琯也.)

93 愛死(애사): 목숨을 소중히 여기다. 죽기를 꺼리다.

《사기·범저열전范睢列傳》 소왕이 조회에서 탄식하자 응후가 나아가 말하였다. "신이 듣기로 '주군이 근심하면 신하는 욕을 보고, 주군이 욕을 보면 신하는 죽는다'고 하였습니다. 지금 대왕께서 조회에서 근심하시니 신은 벌 받기를 청합니다."(昭王臨朝歎息, 應侯進曰, 臣聞主憂臣辱, 主辱臣死. 今大王中朝而憂, 臣敢請其罪.)

94 赫怒(혁노): 격노하다. 無傷(무상): 다치지 않다. 죄를 사면 받았다는 뜻이다.

《두시경전》에 인용된 《연보》 공은 방관을 구하려고 상소하였다가 주상이 노하여 삼사에게 심문하라고 명하였다. 재상 장호가 구원하여 사면되었다.(公疏救房琯, 上怒, 詔三司推問, 宰相張鎬救之獲免.)

[備員 8구]

《두공부초당시전》 두보는 다행히 좌습유에 충원되어 나라를 걱정하는 마음으로 위로는 구묘의 훼손을 아파하고, 아래로는 백성의 질고를 불쌍히 여겨 드디어 청포에 엎드리거나 어상을 지키며 간하면서 방관은 패하였지만 버려서는 안 된다고 여겼다. 두보는 군주의 시름과 모욕을 아파하여 충성을 다하여 간언하여 자신의 죽음을 아끼지 않았으나 천자가 격노하여 화주사공으로 내보내니 어찌겠는가. 다행히 목을 보전하여 다치지 않을 뿐이었다. …… 내가 사서를 고찰해 보니 지덕 원년 겨울에 방관은 진도사에서 패하였고, 재상에서 면직되었다. 지덕 2년 여름 두보는 상소하여 진언하였으나 황제는 노하여 삼사를 모아 심문하게 하였다. 재상 장호는 "두보에게 죄를 주면 언로를 막습니다."라고 하였고, 어사대부 위척은 "방관에 대한 두보의 논의는 간관의 대체를 잃지 않았습니다."라고 말하였다. 두보는 방관에 연좌되어 화주 사공이 되어 나갔다.(甫幸備員拾遺, 憂國之心, 上則感九廟之焚毁, 下則憫萬民之瘡痍, 遂伏靑蒲, 或守御床以諫, 謂房琯雖敗不能宜廢棄. 甫傷君憂辱, 盡忠以諫, 不愛其死, 奈何天子赫怒, 出甫爲華州司功, 幸保其首領, 無傷而已. …… 余考之史氏, 至德元載冬, 房琯敗陳濤斜, 免相. 二載夏, 甫上疏陳, 帝怒, 詔三司雜問, 宰相張鎬曰, 甫抵罪, 絶言者路. 御史大夫韋陟言, 甫論琯, 不失諫臣大體. 甫坐琯出爲華州司功.)

95 聖哲(성철): 제왕. 숙종을 말한다. 體(체): 체득하다. 실행하다.

《두공부초당시전》 여기서부터는 숙종의 경사 수복을 다시 서술하였다.(自此已下, 復敍肅宗收復京師也.)

96 宇縣(우현): 천하. 復(부): 다시. 小康(소강): 소강. 정교가 바르고 백성이 편안한 상황.

《사기 · 진시황본기秦始皇本紀》의 '宇縣之中' 구의 배인裴駰《집해集解》 '우'는 우주이며, '현'은 적현이다.(宇, 宇宙, 縣, 赤縣.)

97 灰燼(회진): 식은 재.

98 鼻酸(비산): 코가 시리다. 울다. 朝(조): 조회하다. 未央(미앙): 미앙

궁. 당나라 장안의 궁궐을 말한다.

《구가집주두시》 당시 천자는 경사를 수복하고, 먼저 소복하고 종묘에서 곡하였으며, 그 후에 조회를 받았다.(時天子收復京師, 先素服哭廟而後受朝.)

《구가집주두시》 조차공 주 공은 상소하여 방관은 재능이 있으니 버려서는 안 된다고 논하였다. 숙종은 노하여 방관을 빈주자사로 강등하고, 공을 화주사공으로 내보냈다. 그러므로 그 아래에 '청포 자리에 엎드렸다'와 '어상을 지켰다', '감히 죽음을 아끼랴'와 '격노하였다'는 시구가 있다.(公上疏, 論琯有才不宜廢免. 肅宗怒, 貶琯邠州刺史, 出公爲華州司功, 故其下有伏靑蒲守御牀, 敢愛死與赫怒之句.)

《보주두시》《구당서·숙종기》에 구묘가 반군들에게 타버려서 주상은 소복하고 묘에서 사흘간 곡하고, 대명궁에 들어가 거주하였다고 하였다.(舊史肅宗紀云, 九廟爲賊所焚, 上素服哭於廟三日, 入居大明宮.)

《두공부초당시전》 당시에 소복하고 종묘에서 곡하고, 미앙궁에서 군신을 조회하였다.(時素服哭廟, 朝羣臣於未央宮也.)

《독두심해》 임금이 경사로 돌아가고, 공도 조정으로 돌아갔다.(上還京, 公亦歸朝.)

#**《두시상주》** 이 단락에서는 봉상으로 달려간 일과 호종하여 경사로 돌아온 일을 서술하였다. '하삭' 구는 안녹산이 반란군을 일으켰음을 말한다. '민산' 구는 명황이 촉으로 행차하였음을 말한다. '양궁' 구와 '상망' 구는 현종 숙종 부자가 다른 땅에 있었음을 말한다. 주학령 주에서 "공동은 서쪽에 있고, 소해는 동쪽에 있으니 동서에 모두 전란이 있음을 말한다. 옛 주에서는 태자는 소해성에 속하므로 광평왕 이숙이 원수가 되었음을 가리킨다고 하였는데 아닌 듯하다."라고 하였다. '명자'는 상황의 선위를 뜻하고, '융항'은 숙종의 친정을 뜻한다. '취화'는 천자의 보우이고, '이호'는 영무의 여러 장수들이다. 노원창 주에서 "'일부중'은 진도사의 패배를 가리키고, '재초초'는 청구의 궤멸을 가리킨다."라고 하였다. '조채'는 백성의 힘이 지친 것이다. '비원' 이하에서는 좌습유 때의 시말을 자술하였다. 공은 상소하여 방관을 구하였으나 황제가 격노하였고, 장호의 힘으로 풀려났다. 그러므로 "격노를 만났지만 다행히 다치지

는 않았다."라고 하였다. '곡묘' 구에서는 나라가 난리 만났음을 아파하였다. '산비' 구에서는 자신이 벌을 받을까 두려워하였다.(此敍奔赴鳳翔, 及扈從還京事. 河朔, 謂祿山起兵. 岷山, 謂明皇幸蜀. 兩宮相望, 玄肅父子異地也. 朱注, 崆峒在西, 少海在東, 言東西皆用兵也. 舊注, 以太子屬少海星, 指廣平俶爲元帥, 恐非. 命子, 上皇禪位. 戎行, 肅宗親征. 翠華, 天子葆羽. 螭虎, 靈武諸將. 盧注, 一不中, 指陳濤斜之敗. 載草草, 指淸溝之潰. 凋瘵, 民力困疲也. 備員以下, 自述拾遺始末. 公疏救房琯, 帝怒不測, 賴張鎬營解, 故云赫怒幸無傷. 哭廟, 痛國遭亂. 酸鼻, 畏己罹罪.)

99 小臣(소신): 두보 자신을 말한다. 議論絶(의론절): 좌습유에서 면직되어 더 이상 간언할 수 없다는 뜻이다.

《독두심해》 입을 닫고 시사를 말하지 않는다는 말이다.(猶言絶口不談時事.)

100 殊方(수방): 타향. 기주를 말한다.

《독두심해》 진주에서 촉으로 기주로 갔다.(自秦州至蜀至夔.)

[小臣 2구]

《두공부초당시전》 '소신'은 두보 자신을 말한다. 황제(숙종)가 이미 경사를 수복하였으나 두보는 당시 배척되어 벼슬을 버리고 이리저리 다니다가 촉으로 들어가서 다시는 조정의 일을 의논할 수 없게 되었다.(小臣, 甫自謂也. 帝旣收復, 甫時已見斥棄官, 迤邐入蜀, 不復議論朝廷事矣.)

101 鬱鬱(울울): 침울한 모양. 시름과 분노에 빠진 모양. 苦(고): 참으로.

《두공부초당시전》 뜻을 얻지 못하였음을 말한다.(言不得志也.)

102 羽翮(우핵): 날개. 低昂(저앙): 오르내리다.

《두공부초당시전》 다시는 날아오를 수 없음을 말한다.(言無復飛騰也.)

103 秋風(추풍): 살기를 비유한다. 哀壑(애학): 처량한 골짜기.

104 碧蕙(벽혜): 푸른 혜초. 군자를 비유한다. 捐(연): 버리다. 없애다. '損'으로 된 판본도 있다. 微芳(미방): 은은한 향기. 시인 자신의 미덕을 비유한다.

[秋風 2구]

《두공부초당시전》 '추풍'은 살기이며, 엄형을 비유한다. '난혜'는 향초이며, 군자를 비유한다. 추풍이 푸른 혜초를 꺾어 향기를 버리게 하였다는 말은 군자가 쫓겨나 쓰이지 않음을 비유한다.(秋風, 殺氣也, 以喩嚴刑. 蘭蕙, 香草也, 以比君子. 秋風翦碧蕙, 使之捐棄芬芳, 喩君子見黜而不用也.)

[小臣 6구]

《구가집주두시》 조차공 주 의론이 끊김은 좌습유에서 파직되었기 때문이고, 타향으로 나갔다 함은 기주에 있음을 말한다. …… '울울'은 뜻을 얻지 못한 모양이다. "푸른 혜초 은은한 향기를 잃었다"는 가을에 나그네로 떠돎을 말한다.(議論絶, 以罷拾遺, 而出殊方, 言在夔州. …… 鬱鬱, 不得志之貌. 碧蕙捐微芳, 言客於秋時.)

105 之推(지추): 개지추介之推. 개자추介子推라고도 한다. 賞從(상종): (진문공이) 따라서 망명한 종자들에게 상을 주다. '종'은 종자從者다.

《두공부초당시전》 '종'은 …… 수행하다는 뜻이다. 두보의 뜻은 숙종을 따라 중흥을 이루어 오늘 수복하였으나 상이 자신에게는 오지 않았음을 말한다. 그러므로 개자추에 비유하였다.(從, …… 隨行也. 甫意謂隨肅宗中興, 今日收復, 賞不及己. 故比之介推也.)

《좌전 · 희공僖公 24년》 진나라 임금은 자신을 따라서 망명한 자들에게 상을 주었다. 개지추는 봉록을 말하지 않았으며, 봉록도 오지 않았다.(晉侯賞從亡者, 介之推不言祿, 祿亦弗及.)

106 滄浪(창랑): 강 이름.

《두공부초당시전》 '창랑'은 강 이름이며, 형주에 있다. 두보는 자신이 깨끗이 처신하여 물러났으니 어부와 같다고 여겼다.(滄浪, 水名, 在荊州. 甫自謂潔己而退, 如漁父也.)

굴원 〈어부사漁父詞〉: 창랑의 물이 맑으면 내 갓끈을 빨 수 있네.(滄浪之水清兮, 可以濯吾纓.)

[之推 2구]

《구가집주두시》 조차공 주 '지추'와 '어부'는 모두 자신을 비유한다. 개지추는 진문공을 따랐으나 귀국하여서는 상이 공로에 미치지 않았지만 또한 말하지 않았다. 후에 상을 피하여 산으로 들어갔다. 이 구는 공이 자신이 일찍이 호종하였다가 지금은 외방에 있음을 말한다. '어부' 구는 공이 자신에게 강해의 흥취가 있음을 말한다.(之推漁父, 皆以自比. 介之推從晉文公, 歸國賞不及, 亦不言, 後避賞入山. 此, 公言其嘗扈從而今在外也. 漁父, 公言其有江海之興.)

107 敵(적): 동등하다. 맞먹다.

108 歲暮(세모): 마지막, 말년을 뜻한다. 嚴霜(엄상): 재앙, 불행을 뜻한다.

《두공부초당시전》 저 공업을 세운 자들은 그 몸이 영화를 누리지만 겸손하지 못하니 만물이 서리 내리는 저녁을 맞듯이 이제 엄동설한의 근심이 있다.(彼有立功業者, 榮華其身, 不能謙損, 如萬物當霜暮, 斯有嚴雪之憂也.)

《두시상주》에 인용된 《두억》 영화가 공훈보다 많으면 선종하기가 어려우니 찬서리가 풀을 죽이는 것과 같다.(榮華勝於勳業, 鮮能令終, 如嚴霜之殺草.)

109 鴟夷子(치이자): 범려范蠡.

110 才格(재격): 재능과 품격.

《두시상주》 '재격'은 재능과 품격을 말한다.(才格, 謂才能品格.)

[吾觀 2구]

《두공부초당시전》 이 구절은 범려가 월나라를 패자로 만들고 나서 그 명성을 누리지 않고 오호에 배를 띄워 떠나고 치이자라고 불렀으니 그가 멀리 떠난 고상한 행동은 보통을 넘는 재능과 품격이다.(是以范蠡旣覇越, 不居盛名, 泛舟五湖, 號鴟夷子, 其高擧遠引, 乃出尋常之才格也.)

[榮華 4구]

《두시경전》 4구는 영화가 업적을 능가하면 선종할 수 있는 이가 드물기 때문에 오호로 멀리 떠난 범려를 배우고자 함을 말한다.(四句言榮華勝於功業, 罕有能令終者, 故欲學范蠡之高蹈五湖也.)

111 羣凶(군흉): 각지에 할거한 번진藩鎭을 가리킨다. 逆(역): 반란.

112 側佇(측저): 몸을 기울이고 기다리다. 갈망하다. 英俊(영준): 재능과 지혜가 뛰어난 사람.

[羣凶 2구]

《두공부초당시전》 지금 나라가 안정되지 않고 군흉이 아직도 설치니 어질고 유능한 이를 임용해야 하지만, 여전히 영준한 이들은 도피하여 떠나가게 만든다. 조정이 어진 이를 멀리함을 풍자함이런가.(今國家未定, 羣兇尚熾, 要當任賢使能, 乃俾英雋遁而去, 豈其所諷朝廷之疎賢也.)

《구가집주두시》 조차공 주 공훈이 모자라고 영화가 미미함을 스스로 슬퍼한다. 그러나 세월은 저물어 서리가 내릴 터이니 늘그막에 훈업에 힘써 영화를 얻을 수 없음을 슬퍼하였다. 부러운 것은 범려가 조각배를 타고 떠난 일이다. 범려가 멀리 떠난 고상한 행동은 보통을 넘는 재능과 품격이다. 마지막 구에서는 (바람을) 영준한 인물에 부쳤다. '소신의론절'부터 여기까지 14구가 한 단락으로서 간언한 일 때문에 외방을 떠돌아 지금은 초나라 땅에서 한가로이 즐기고 있음을 말한다.(自傷勳業之寡, 榮華之微, 然歲律云暮, 嚴霜必降, 傷其遲暮不能勵勳業, 以取榮華, 所慕者, 范蠡扁舟事而已. 蠡高擧遠引, 乃出尋常之才格. 末句則付之英俊矣. 通小臣議論絶, 至此十四句爲一段, 敍以言事而出流落於外, 今在楚地, 而樂閒曠之事也.)

#**《두시상주》** 이 단락에서는 폄관 이후 파촉에 오래 머무른 까닭을 서술하였다. '의론절'은 다시는 간언하지 못하고 늙어서 타향에 머무른다는 말로서 전체 단락을 이끈다. '울울' 2구는 나그네살이의 형편이다. '추풍' 2구는 나그네살이의 풍경이다. '지추' 구 이하는 자신을 슬퍼하며 아울러 세태를 개탄하니 바로 나그네살이의 감회다. 몸을 세상 밖에 맡겨서 개자추, 어부와 같으니 저 별안간의 영화를 어찌 부러워하랴. 반드시 범려 같은 사람을 얻어야 비로소 어지러운 시절을 구제할 수 있다. 노원창 주에서 치이자는 바로 이필을 생각한 것으로서 당시 이필은 형산으로 갔으므로 오호로 간 범려와 같다고 하였다.(此敍貶官以後, 久客巴蜀之故. 議論絶, 不復獻言矣, 老客殊方, 領起全段. 鬱鬱二句, 客居之況. 秋風二句, 客居之景. 之推以下, 傷己而兼以慨世, 乃客居之感. 托身世外, 等於之推漁父, 彼瞥眼榮華, 何足羨乎. 必得范蠡其人, 始可救亂而濟時也. 盧注, 謂鴟夷子乃思李泌, 時泌歸衡山, 猶范蠡之適五湖.)

##《독두심해》 이 시는 〈팔애시〉를 이을 수 있으니 스스로 지은 열전이다. 단락 구분은 전적으로 구조오를 따른다. 첫 단락은 소년 시절의 유력, 다음 단락은 오월 지역의 유력, 세 번째 단락은 제조 지역의 유력을 서술하였다. 이상은 모두 개원 시대다. 네 번째 단락은 장안의 유력을 서술하였으며, 이는 천보 연간이다. 다섯 번째 단락은 경사가 무너지고 봉상으로 달려간 일과 경사를 수복하고 황제를 따라서 입조한 일을 서술하였으며, 이는 숙종 초년이다. 마지막 단락은 벼슬을 떠난 이후 오랜 나그네 행적을 서술하였으며, 이는 숙종과 대종 두 조대다. 제1단에서는 세상이 안중에 없음은 어릴 때부터 그러하였다고 썼다. 제2단은 남쪽으로 장강과 회수 유역을 유람하고 회계산에 올라 우혈을 찾은 태사공의 사적으로부터 나왔다. 제3단은 또 유협의 기색과 닮았다. 제4단에서는 바로 감개하는 말로 들어갔다. 젊어서 늙은이들과 교유하였는데 이때에 이르러서는 노경이 자신의 몸으로 옮겨 왔다. 제5단에서는 나라의 사건을 아울러 말한바, 옛 주에서는 잘못이 많다. '공동살기'와 '소해정기'는 아래 두 연을 나누어 제기한다. 주학령 주에서는 이를 동서에 모두 병란이 일어났다는 뜻으로 여겼으니 혼동이 심하다. '명자' 구와 '융항' 구는 '소해' 구를 받아서 광평왕이 천하병마원수가 되었음을 바로 말한다. 구조오는 상황이 양위하고 숙종이 친정하였다는 뜻으로 여겼으니, 영무에서 즉위한 일은 위의 문장 '양궁만리' 구에서 이미 서술하였음을 몰랐던 것이다. 여기서 어찌 중복하여 언급하겠는가. 숙종은 결코 친정한 일이 없다고 한 말에 대하여 옛날에는 황제의 탁록의 군사를 끌어서 증거로 삼았으니 틀렸다. '오악' 구와 '이호' 구는 '공동' 구를 받아서 서쪽 지역의 병력이 봉상으로 와서 보였음을 분명히 말하였다. 구조오는 영무의 여러 장수들이라고 보았으니 오악이 봉상에 있음을 어이 듣지 못하였던가. '일부중' 구는 와서 모인 군사들을 직접 받아서 말하였다. 추위에 강한 신예의 사기를 동북 지역의 소굴을 소탕하는 힘으로 삼지 않으니 이는 본성을 어기고 시기를 놓치는 것이므로 '부중'이라고 말하였다. 노원창은 진도사의 패배라고 여겼지만, 이는 숙종이 봉상에 이르

기 전의 일이니 상련에서 어떻게 아래로 연결되겠는가. 제6단에서는 '소신' 2구가 좌습유에서 쫓겨나서 여러 해 동안 옮겨다닌 일을 모두 포괄하였으니 필력이 출중하다. '영화' 2구는 이 시 전체의 귀결로서 내가 세상에서 한 일을 보면 영화와 공업은 이미 비었고, 자신을 돌아보면 노년에 길이 버림받았으니 무한한 감개가 있다. '오관' 4구에서는 또 끝을 맺는 기세를 지었으니 집이 가난하면 이웃의 부를 바라본다는 속담처럼 무한한 기대가 있다. 단숨에 읽어 가면 망망창창하고 질탕호매하다. 유극장이 형가荊軻의 노래, 옹문의 금 연주에 비겼으니 참으로 그렇다.(此詩, 可續八哀, 是自爲列傳也. 分段全依仇本. 首段, 敍少年之遊, 次段敍吳越之遊, 三段, 敍齊趙之遊, 以上皆在開元時. 四段, 敍長安之遊, 此係天寶間. 五段, 敍京陷赴鳳翔, 及收京從入朝事, 此在肅宗初. 末段, 敍去官以後, 久客之跡, 此兼肅代兩朝. 第一段, 寫得目空一世, 自少而然. 第二段, 從太史公南游江淮, 上會稽, 探禹穴化出. 第三段, 又似游俠氣味. 第四段, 便入感慨語. 少也結交老蒼, 至是則老蒼之景移及己身矣. 第五段, 帶敍國故. 舊注多謬. 崆峒殺氣, 少海旌旗, 分提下兩聯也. 朱注, 謂是東西皆兵, 混甚. 命子, 戎行, 頂少海句, 正言廣平爲元帥耳. 仇謂上皇禪位, 肅宗親征, 不知靈武卽位事, 上文兩宮萬里句內業已敍過. 此何複及. 至肅宗並無親征事, 舊引黃帝涿鹿之師爲證, 誤矣. 吳岳螭虎, 頂崆峒句, 明言西師來會鳳翔耳. 仇以靈武諸將當之, 豈未聞吳岳在鳳翔耶. 一不中, 緊承來會之軍說. 不因其耐寒新銳之氣, 藉爲東北搗巢之資, 是謂違性而失時, 故曰不中. 盧氏乃指陳濤之敗, 此係肅宗未至鳳翔以前事, 於上聯如何接下. 第六段, 小臣二句, 穩括拾遺被黜, 數年遷播之事, 筆力過人. 榮華二句, 通篇結穴, 閱世則榮業已虛, 閱身則暮年永廢, 有無限感慨. 吾觀四句, 又作掉尾勢, 諺所謂家貧望隣富也, 有無限期待. 一氣讀去, 莽莽蒼蒼, 宕往豪邁. 劉克莊比之荊卿之歌, 雍門之琴, 信矣.)

《두시상주》에 인용된 유극장劉克莊 설 이 시는 56회 압운하였다. 오언고풍 가운데 비장한 시어가 특히 많으니 형가의 노래(〈역수가易水歌〉), 옹문자주雍門子周의 금, 고점리의 축이라도 음조 절주가 이보다는 질탕호방하지는 않으리라.(此詩押五十六韻, 在五言古風中, 尤多悲壯語, 雖

荊卿之歌, 雍門之琴, 高漸離之筑, 音調節奏不如是之跌宕豪放也.)

《두억》 이 시는 바로 공의 자서전으로서 그 행위는 대체로 이백과 비슷하다. 그러나 이백은 오로지 호방하지만, 공은 호방함 가운데 섬세함이 있다. 그의 오월제조 지역의 유력을 보니 장년의 시문은 많이 유실되었음을 알겠다. 후에 시율이 점차 섬세해져서 이전에 지은 작품을 스스로 버렸겠는가.(此乃公自爲傳, 其行徑大都似李太白. 然李一味豪放, 公卻豪中有細. 觀公吳越齊越之遊, 知其壯歲詩文遺逸多矣. 豈後來詩律轉細, 自棄前魚耶.)

《두시상주》에 인용된 왕사석 설 두보의 시집에 천보의 난리를 서술한 작품이 십수 편이지만 시어가 중복되지 않으니 그의 재능은 변화에 능하였던 것이다.(杜集中, 敍天寶亂離事, 凡十數見而語無重復, 其才思能善於變化.)

《두시경전》에 인용된 장약륙蔣弱六 설 뒤에서는 매우 처량하게 말하여 쓸쓸히 시드는 정조를 면하지 못하였다. 그러나 바로 열사는 만년에도 씩씩한 마음이 사라지지 않는다는 뜻이니 술이 얼큰하여 귀까지 뜨거워져 타호를 깨부수는 정경을 보는 듯하다. 제목이 묘하니 다만 앞의 반만 말하였다. 혹자는 전반에 일부러 과장한 면이 있다고 하지만, 이는 문인의 큰소리다. 모름지기 그 반면을 보아야 하니 피눈물이 열 말이다.(後文說到極凄涼處, 未免衰颯, 卻定是烈士暮年壯心不已之意, 想見酒酣耳熱, 擊碎唾壺時. 題目妙, 只說得上半截. 或謂前半不免有意誇張, 是文人大言. 要須看其反面, 有血淚十斗也.)

(이창숙)

52. 觀公孫大娘弟子舞劍器行並序

공손대낭 제자의 〈검기〉 춤을 보고 지은 노래

大曆二年十月十九日, 夔州別駕元持宅,[1] 見臨潁李十二娘舞劍器,[2] 壯其蔚跂.[3] 問其所師, 曰,[4] 余公孫大娘弟子也. 開元三載,[5] 余尙童稚, 記於郾城, 觀公孫氏舞劍器渾脫,[6] 瀏灕頓挫, 獨出冠時. 自高頭宜春梨園二伎坊內人,[7] 洎外供奉舞女,[8] 曉是舞者, 聖文神武皇帝初,[9] 公孫一人而已. 玉貌錦衣,[10] 況余白首, 今玆弟子, 亦匪盛顏, 旣辨其由來, 知波瀾莫二.[11] 撫事慷慨, 聊爲劍器行. 昔者吳人張旭,[12] 善草書書帖, 數嘗於鄴縣見公孫大娘舞西河劍器,[13] 自此草書長進. 豪蕩感激,[14] 卽公孫可知矣.

昔有佳人公孫氏[15] 一舞劍器動四方[16]
觀者如山色沮喪[17] 天地爲之久低昂[18]
㸌如羿射九日落[19] 矯如群帝驂龍翔[20]
來如雷霆收震怒[21] 罷如江海凝淸光[22]
絳脣珠袖兩寂寞[23] 晩有弟子傳芬芳[24]
臨潁美人在白帝[25] 妙舞此曲神揚揚[26]
與余問答旣有以[27] 感時撫事增惋傷[28]
先帝侍女八千人[29] 公孫劍器初第一[30]
五十年間似反掌[31] 風塵澒洞昏王室[32]
梨園弟子散如煙[33] 女樂餘姿映寒日[34]
金粟堆南木已拱[35] 瞿唐石城草蕭瑟[36]
玳筵急管曲復終[37] 樂極哀來月東出[38]
老夫不知其所往[39] 足繭荒山轉愁疾[40]

대력 2년 10월 19일, 기주 별가 원지의 집에서 임영 이십이낭의 〈검기〉 춤을 보니 그 웅혼한 자태가 장관이었다. 스승을 물으니 "저는 공손대낭의 제자입니다."라고 말하였다. 개원 3년 내가 아직 어릴 때 언성에서 공손씨의 〈검기〉, 〈혼탈〉 춤을 본 기억이 났다. 날렵하고 꺾는 자태가 특출하여 당시의 으뜸이었다. 궁정의 의춘원 이원 두 기방의 내인에서부터 궁 밖의 공봉 무녀에 이르기까지 이 춤에 밝은 사람은 성문신무황제 초에는 공손대낭 한 사람뿐이었다. 공손대낭은 그때 옥 같은 용모에 비단옷을 입었지만 어느덧 나는 흰머리가 되었고, 이제 제자 또한 젊은 얼굴이 아니다. 그 유래를 밝히고 보니 일맥상통하였다. 옛일을 추억하니 강개해져 〈검기행〉을 지었다. 옛날 오 사람 장욱은 초서 서첩을 잘 썼다. 업현에서 공손대낭의 〈서하검기〉 춤을 자주 보고서 이로부터 초서에 큰 진전을 이루어 필체가 호탕하고 격정적이니 공손대낭을 알 만하다.

옛날 가인 공손대낭이 있어
칼춤을 한 번 추어 사방을 울렸어라.
구경꾼 산처럼 모여 낯빛을 잃었고
하늘과 땅도 이 때문에 오래도록 출렁거렸지.
번쩍임은 후예가 아홉 해를 쏘아 떨어뜨리는 듯
솟아오름은 오방천세 용을 타고 나는 듯.
시작할 때는 천둥 번개 진노하듯
마칠 때는 강과 바다에 맑은 빛이 어리듯.

붉은 입술 구슬 소매 둘 다 적막하지만

만년에 제자 있어 향기를 전하였으니,
임영의 미인이 백제성에서
이 노래를 아리땁게 춤을 추어 정신이 휘날린다.
나와 묻고 대답한 데는 이미 그 까닭이 있었으니
시절에 감개하여 옛일 추억하니 슬픔이 더하노라.

선제 시녀 팔천 명
공손대낭 칼춤이 애초에 제일이었지.
오십 년 세월이 손바닥 뒤집듯
풍진이 가득하여 왕실도 어둑하다.
이원 제자들 연기처럼 흩어지고
여악의 남은 자태 차가운 해를 비춘다.

금속퇴 남쪽에 나무 벌써 아름드리
구당 석성에는 풀이 소슬하구나.
화려한 잔치에 빠른 곡조 또 끝나고
즐거움 다하고 슬픔 올 제 달은 동녘에 솟는다.
늙은이는 갈 곳을 몰라서
부르튼 발로 거친 산에서 더욱 시름겹노라.

《보주두시》 대력 2년 10월에 공은 동둔에 있었지만, 지금 서문에서 "기주별가 원지의 집에서 이십이낭의 〈검기〉 춤을 보았다."라고 하였으니 공은 부중을 잠시 나왔음을 알겠다.(大曆二年十月, 公雖在東屯, 而今序云夔州別駕元持宅, 見李十二娘舞劍器, 殆是公暫出府中也.)

주 석

1 別駕(별가): 지방관 자사刺史의 보좌관. 元持(원지): 인명. '持'는 '特'으로 된 판본도 있다.

2 劍器(검기): 옛날 무무武舞의 곡명. 칼춤. 무녀가 남장을 하고 맨손으로 추는 춤이라고도 한다.

3 蔚跂(울기): 웅혼하고 다채로운 자태. 여기서는 그런 춤사위를 말한다.
《**독두심해**》 '울기'는 그 광채가 찬란하고 발을 들어 높이 날 듯한 기세가 있음을 말한다.(蔚跂, 言其光彩鬱然, 而有擧足淩厲之勢.)

4 曰(왈): '答曰'로 된 판본도 있다.

5 開元三載(개원삼재): 개원 3년. 이 해에 두보는 4세였다. 두보가 공손대낭의 검무를 본 때는 개원 5년, 6세 때라고 하는 견해도 있다.
《**전주두시**》(개원 3년은) 5년이라고도 한다. 개원 5년에 공은 6세였다. 공은 7세에 생각이 씩씩하였으니 6세에 검무를 보는 것도 불가하지는 않은 듯하다. 시에서 "오십 년 세월이 손바닥 뒤집듯"이라고 하였으니 개원 5년부터 이 해까지 무릇 51년이다.(一作五載. 時公年六歲. 公七齡思卽壯. 六歲觀劍, 似無不可. 詩云五十年間似反掌, 自開元五年至是年, 凡五十一年.)

6 渾脫(혼탈): 춤 이름. 원래 동물의 전신 가죽으로 만든 자루로서 바람을 넣어 물에 띄우는 부구浮具나 액체를 담는 용기로 쓴다. 머리에 모자처럼 쓰기도 하며, 이것을 쓰고 추는 춤이나 무용대를 가리키기도 한다.

7 高頭(고두): 황제의 앞이라는 뜻으로 궁정을 가리킨다. 宜春(의춘): 의춘원宜春院. 개원 2년에 궁궐에 설치한 관기官妓의 거주처. 낙양에도 있었다. 梨園(이원): 현종이 설치한 궁중의 예인 교습소. 伎坊(기방): 교방敎坊. '伎'는 '敎'로 된 판본도 있다. 內人(내인): 의춘원과 이원의 여성 예인.

8 洎(계): ……에 이르기까지. 供奉舞女(공봉무녀): 황제에게 춤을 바치는 무녀. '舞女'가 없는 판본도 있다.

9 聖文神武皇帝(성문신무황제): 당 현종. 개원 27년 신료들이 올린 존호尊號이다.

10 玉貌錦衣(옥모금의): 공손대낭의 용모와 의복. 況余(황여): '況余'는 '恍余' 또는 '晩餘'가 되어야 한다는 견해가 있다.

[玉貌 2구] '옥모금의'는 두보가 어린 시절에 본 공손대낭을 묘사한 말이고, '백수'는 시인 자신을 말한다. 어린 시절에 본 공손대낭은 옥 같은 용모에 비단옷을 입은 미인이었지만 지금은 죽고 없으며, 대여섯 살 먹었던 자신도 지금은 흰머리 노인이 되었다는 뜻이다.

11 波瀾莫二(파란막이): '파란'은 연원淵源을 말한다. 공손대낭의 춤 솜씨가 제자 이십이낭에게 그대로 전수되었음을 뜻한다.

12 張旭(장욱): 당나라 때 초서草書의 대가. 음중팔선飮中八仙의 한 사람이다.

13 鄴縣(업현): 고을 이름. '鄴'은 '葉'으로 된 판본도 있다. 西河劍器(서하검기): 무곡 이름. 검무.

14 浩蕩感激(호탕감격): 장욱의 초서 필체가 호탕하고 감격스럽다는 뜻이다.

#《두시상주》 《당서》에 따르면 임영 언성 두 현은 모두 허주에 속한다. 단안절의 《악부잡록》에 "건무곡에 〈능대〉, 〈아련〉, 〈자지〉, 〈검기〉, 〈호선〉, 〈호등〉이 있고, 연무곡에 〈양주〉, 〈녹요〉, 〈소합향〉, 〈굴탁〉, 〈단원선〉, 〈감주〉 등이 있다."라고 하였다. 장이공의 《정자통》에 "〈검기〉는 옛 무무의 곡명이며, 그 춤은 기녀가 남자 복장을 입고 맨손으로 춤을 춘다. 《문헌통고·무부》에 보인다."라고 하였다. 이 시는 바로 무무를 가리켜 말한다. 혹자는 '검기'를 도검이라고 여기지만 잘못이다. 《통감》에 "중종이 근신들에게 연회를 베풀면서 각자 재주를 보여 즐기라고 명하자 장작대장 종진경은 〈혼탈〉을 추었다."라고 하였다. 호삼성의 주에 "《당서·오행지》에 장손무기가 검은 양털로 혼탈 전모를 만들었더니 사람들이 많이 따라서 만들면서 조공혼탈이라고 부르고, 꾸며서 춤으로 만들었다."라고 하였다. 최영흠의 《교방기》에 "우교방은 광택방에 있고, 좌교방은 연정방에 있다. 우교방에는 노래 잘 부르는 이가 많고, 좌교방에는 춤 잘 추는 이가 많다. 기녀가 의춘원에 들어가면 내인이라고 부른다. 또한 전두인이라고도 하니 항상 주상의 앞에 있기 때문이다."라고 하였다. 《옹록》에서 말하였다. "개원 2년 정월, 교방을 봉래궁 옆에

설치하고 주상이 직접 법곡을 가르쳐 이원제자라고 불렀다. 천보 초년에 동궁에 의춘북원을 설치하고 궁녀 수백 인을 이원제자로 삼았다. 이원은 광화문 북쪽에 있었다. 광화문은 금원 남면 서쪽의 제일문이다."《명황잡록》에서 말하였다. "주상은 본래 음률에 밝아 안녹산이 백옥소관을 바치자 이원에 진열하니 이때부터 음향이 인간세상과는 달랐다. 여러 공주와 괵국부인 이하가 다투어 귀비의 제자가 되었다. 곡조 전수를 마칠 때마다 모두 재물을 많이 바쳤다. 당시에 공손대낭이 민간의 곡조와 〈배장군만당세〉, 〈서하검기〉, 〈혼탈무〉를 잘하여 모두 그 시절의 으뜸이었다." 황생은 "이 서문은 석숭의 〈사귀인〉과는 파란이 다르지 않다."라고 말하였다. 신함광은 "시의 서문에 빠진 글자가 많다. '玉貌錦衣' 아래 어이하여 '況余白首'가 연결되는가. 끝에서는 장욱의 일을 인용하여 오히려 운치가 있다."라고 하였다. '況余'는 '恍余'이어야 한다. 어느덧 벌써 늙었다는 말이다. 이조의 《국사보》에 "장욱은 초서에서 필법을 터득한 후에 최막, 안진경에게 전수하였다. 장욱이 일찍이 '애초에 나는 공주의 가마꾼들이 길 다투는 것을 보고 필법의 뜻을 얻었고, 후에 공손씨의 〈검기〉 춤을 보고 그 정신을 얻었다."라고 하였다. 바로 이 시의 주석이다.(唐書, 臨潁郾城二縣, 俱屬許州. 段安節樂府雜錄, 健舞曲有稜大, 阿連, 柘枝, 劍器, 胡旋, 胡騰. 軟舞曲有涼州, 綠腰, 蘇合香, 屈拓, 團圓旋, 甘州等. 張爾公正字通云, 劍器, 古武舞之曲名, 其舞用女妓雄妝, 空手而舞, 見文獻通考舞部. 此詩正指武舞言, 或以劍器爲刀劍, 誤也. 通鑑, 中宗宴近臣, 令各效伎藝爲樂, 將作大匠宗晉卿舞渾脫. 胡三省注, 唐五行志, 長孫無忌以烏羊毛爲渾脫氈帽, 人多效之, 謂之趙公渾脫, 因演以爲舞. 崔令欽教坊記, 右教坊, 在光宅坊, 左教坊, 在延政坊. 右多善歌, 左多工舞. 妓女入宜春院, 謂之內人, 亦曰前頭人, 以常在上前也. 雍錄, 開元二年正月, 置教坊於蓬萊宮側, 上自教法曲, 謂之梨園弟子. 天寶初, 卽東宮置宜春北院, 命宮女數百人爲梨園弟子. 梨園, 在光化門北. 光化門者, 禁苑南面西頭第一門. 明皇雜錄, 上素曉音律, 安祿山獻白玉簫管, 陳於梨園, 自是音響不類人間, 諸公主及虢國以下, 競爲貴妃弟子. 每授曲之終, 皆廣有進奉, 時公孫大娘能爲里曲及裴將軍滿堂勢, 西河劍器渾脫舞,

姸妙皆冠絶於時. 黃生曰, 此序與石崇思歸引波瀾不異. 申涵光曰, 詩序太剝落, 玉貌錦衣下, 如何接況余白首. 末引張顚事, 却有致. 況余, 當是恍余, 言恍忽已老也. 李肇, 國史補, 張旭草書得筆法, 後傳崔邈顔眞卿. 旭嘗言, 始吾見公主擔夫爭路, 而得筆法之意, 後見公孫氏舞劍器, 而得其神. 正此註脚.)

《**독두심해**》 〈검기〉를 춤춘 이는 이십이낭이다. 춤을 보고 느낀 대상은 그의 스승 공손대낭이다. 공손대낭에게서 느낀 것은 명황에게서 느낀 것이다. 이로써 〈검기〉는 다만 기탁의 단서이며, 이십이낭 또한 흥을 일으킨 거리일 뿐임을 알겠다. 이 단락의 정경은 상중채방사의 잔치자리에서 이구년의 '홍두생남국' 노래를 듣고 온자리가 처연하게 모두 한탄하며 슬퍼한 것과 꼭 같다. 제목을 붙이는 방법을 보니 그 뜻이 있는 곳을 알겠다. 서문에서 공손대낭 제자 구와 성문신무황제 구는 작시의 눈이다. '옥모'라는 말로 공손대낭을 추억하고, '백수'라는 말로 지금의 나를 슬퍼하니 곁들여 붙인 이야깃거리이고, 옛일을 추억하며 강개한다는 말은 앞에서 말하였다. 끝에서는 장욱을 인용하여 그 춤의 신묘함을 드러냈으니 또 공의 시(〈우제偶題〉)에서 "여파기려위餘波綺麗爲"라고 부른 바이다.(舞劍器者, 李十二娘也. 觀舞而感者, 乃在其師公孫大娘也. 感公孫者, 感明皇也. 是知劍器特寄託之端. 李娘亦興起之藉. 此段情景, 正如湘中採訪使筵上. 聽李龜年唱紅豆生南國, 合坐凄然, 同一傷惋. 觀命題之法, 知其意之所存矣. 序中公孫大娘弟子句, 及聖文神武皇帝句, 爲作詩眼目. 玉貌, 憶公孫, 白首, 悲今我, 轉屬閒情襯貼, 而所謂撫事慷慨者, 則在前所云云也. 末引張顚以顯其舞之神妙. 又公詩所稱餘波綺麗爲者.)

《**구가집주두시**》 두보는 시로써 산문을 지어 서문에 돈좌 촉급한 의경이 많다. 이 서문에는 장욱의 초서를 인용하여 은연중에 그 정태를 자못 표현하니 공이 아니고서는 이런 묘치를 들을 수가 없다.(子美以詩爲散語, 故意多頓促. 此序引張顚草書, 隱暎頗達情態, 非公不聞此妙.)

15 公孫氏(공손씨): 공손대낭을 말한다.

16 劍器(검기): 춤 이름. 칼춤.

17 沮喪(저상): 대경실색하다.

18 低昂(저앙): 오르락내리락하다.

19 㸌(곽): 밝다. 환하다. 羿(예): 후예后羿. 고대의 신화에서 활을 잘 쏜 사람. 원래 태양이 열 개가 있어 초목이 마르고 사람이 살 수 없자 후예가 하나를 남기고 아홉을 활로 쏘아 떨어뜨렸다고 한다. 射(석): 쏘아 맞히다.

《회남자·본경훈本經訓》 요의 때에 이르러 열 개의 태양이 나란히 나타나 곡식을 태우고 초목을 죽여 백성들은 먹을 것이 없었다. …… 요가 예를 시켜 …… 위로 열 개의 태양을 쏘아 맞혔다. …… 만민이 모두 기뻐하여 요를 모셔 천자로 삼았다.(逮至堯之時, 十日並出, 焦禾稼, 殺草木, 而民無所食. …… 堯乃使羿 ……上射十日, …… 萬民皆喜, 置堯以爲天子.)

20 矯(교): 씩씩하다. 강건하다. 群帝(군제): 동방의 여러 천신天神. 또는 오방지제五方之帝. 驂龍(참룡): 용을 타다.

21 來(내): '末'로 된 판본도 있다. 收(수): 거두다. 또는 모으다, 집중하다라고 풀기도 한다. 雷霆(뇌정): 천둥과 번개.

22 罷(파): 파하다. 마치다.

[㸌如 4구]

《보주두시》에 인용된 왕수 주 모두 〈검기〉를 출 때 돌고 빠르고 느린 변화하는 자태를 말한다.(皆言舞劍器回旋疾徐變態也.)

#《두시상주》 공손대낭의 훌륭한 춤에서부터 서술을 시작하였다. '저상'은 놀라울 정도로 신기함을 말한다. '저앙'은 높낮이를 바꾼다는 말이다. 번쩍이며 아래로 내려올 때는 아홉 개의 태양이 동시에 떨어지는 듯하고, 힘차게 위로 올라갈 때는 용이 공중을 달리는 듯하다. 올 때는 순식간이라 번개는 지나갔으나 천둥은 아직 남은 듯하고, 마칠 때는 문득이라 강과 바다가 맑아서 물결이 잠깐 가라앉은 듯하다. 모두 춤사위를 세밀히 묘사하였다. 황생의 주에 "《교방기》를 보니 〈검기〉는 건무다. 그러므로 서문에서 '그 웅혼한 자태가 장관이었다'고 하고, 시에서 '곽여', '교여', '내여', '파여'로 형용하였다. 아래 1구가 더욱 묘하니 남장을 한 건아가 아님이 비로소 드러난다."(從公孫善舞敍起. 沮喪, 謂神奇可

駭. 低昻, 言高卑易位. 燿然下垂, 如九日並落, 矯然上騰, 如駕龍翔空. 其來忽然, 如雷霆過而響尙留, 其罷陡然, 如江海澄而波乍息. 皆細摹舞態也. 黃生注, 考敎坊記, 劍器, 乃健舞也, 故序云, 壯其蔚跂, 而詩以四如形容之. 下一句尤妙, 方見不是雄裝健兒.)

23 絳脣(강순): 붉은 입술. 즉 노래를 말한다. 珠袖(주수): 진주로 장식한 소매. 붉은 소매. 즉 춤을 말한다. 寂寞(적막): 쓸쓸하다. 공손대낭은 죽었음을 말한다.

《두공부초당시전》 공손대낭은 이미 죽었음을 말한다.(言公孫已沒也.)

24 弟子(제자): 공손대낭의 제자 이십이낭을 말한다. 傳芬芳(전분방): 향기를 전하다. 검무를 전수하였음을 말한다.

25 臨穎美人(임영미인): 임영 출신 이십이낭을 말한다. 白帝(백제): 백제성. 여기서는 기주를 말한다.

《두공부초당시전》 백제는 기주 어복현이다. 이십이낭은 공손대낭의 기예를 배워 이곳에 와서 노닐었다.(白帝, 夔州魚復縣. 李十二娘傳其術而來遊于此也.)

26 此曲(차곡): 무곡 〈검기〉를 말한다. 揚揚(양양): 휘날리다.

27 以(이): 까닭. 유래.

28 撫事(무사): 옛일을 추억하다. 惋傷(완상): 한탄하며 슬퍼하다.

29 先帝(선제): 현종玄宗을 말한다.

30 初(초): 본래, 원래. 또는 현종 즉위 초년을 말한다.

31 五十年間(오십년간): 두보가 공손대낭의 칼춤을 본 이후 다시 그 제자 이십이낭의 칼춤을 보기까지의 50년. 似反掌(사반장): 손바닥을 뒤집는 듯하다. 눈 깜짝할 사이에 세월이 흘렀다는 말이다.

32 風塵(풍진): 안녹산의 난을 말한다. 澒洞(홍동): 가득하여 끝이 없는 모양. 연속되는 모양. '洞'은 '傾'으로 된 판본도 있다.

《두공부초당시전》 안녹산과 사사명의 난을 가리켜 말한다.(指言祿山思明之亂也.)

33 梨園弟子(이원제자): 현종이 직접 가르친 여성 예인.

《보주두시》에 인용된 왕수 주 안녹산의 난에 이원제자와 잡기가 모두 흩어졌다.(祿山之亂, 梨園弟子及雜伎皆流散也.)

34 女樂(여악): 여성 예인. 餘姿(여자): 스승에게서 배운 춤의 자태. 이십이낭의 춤사위를 말한다. 寒日(한일): 차가운 해. 두보가 이십이낭의 검무를 본 때는 초겨울이다.

《두공부초당시전》 이십이낭을 가리켜 말한다. 두보는 10월 19일에 그를 보았다. 이 때문에 "차가운 해를 비춘다"고 말하였다.(指言李十二娘也. 甫十月十九日見之. 此所謂映寒日也.)

#《두시상주》 이 단락은 현종 대의 성쇠에 대한 감회다. '풍진'은 안녹산의 경사 함락을 말한다. '여자'는 이십이낭의 춤사위다.(此先朝盛衰之感. 風塵, 指祿山陷京. 餘姿, 卽臨潁舞態.)

35 金粟堆南(금속퇴남): 금속산의 남쪽. 현종의 무덤을 가리킨다. 木已拱(목이공): 나무가 이미 아름드리로 자랐다. 즉 세월이 많이 흘렀음을 말한다.

《두공부초당시전》 명황이 죽어서 무덤의 송백이 이미 아름드리가 되었음을 말한다. 금속퇴는 장안 명황의 태릉 북쪽에 있다. 《구당서》 본기에 현종이 친히 오릉을 참배하고 예종의 교릉에 이르러 금속산을 보고 꼭대기에 용이 서리고 봉황이 날아오르는 기세가 있음을 보고는 모시는 신하에게 내 천추 만세 후에 여기에 묻히리라고 말하였다고 한다.(謂明皇化去, 墓之松柏已拱矣. 金粟堆, 長安明皇泰陵之北. 唐舊書紀, 玄宗親拜五陵, 至睿宗橋陵見金粟山, 岡有龍盤鳳翥之勢, 謂侍臣曰, 吾千秋萬歲後, 宜葬此.)

36 瞿唐(구당): 구당협. 기주를 말한다. 石城(석성): 백제성을 말한다. 草(초): '暮'로 된 판본도 있다.

37 玳筵(대연): 성대한 잔치. 急管(급관): 빠른 관악기 소리.

38 樂極哀來(낙극애래): 즐거움이 다하고 슬픔이 오다. 흥진비래興盡悲來.

39 老夫(노부): 두보 자신을 말한다.

40 足繭(족견): 발이 부르트다. 愁疾(수질): 깊은 시름. 시름이 깊다. '疾'은 급격하고 맹렬하다는 뜻이다. 또는 시름으로 병이 들다라고 보기도 한다. '疾'은 '寂'으로 된 판본도 있다.

《두공부초당시전》 두보는 여기서 검무를 보고 다시 병란을 만나 떠날

지 머물지 결정하지 못하였다. 지금은 다만 거친 산에서 분주하느라 발이 누에고치처럼 부르텄다.(甫於此見舞劍, 復値兵亂, 去留未定, 今徒奔走荒山, 而足胝如繭也.)

#《두시상주》 이 단락은 잔치 자리에서 받은 만남과 헤어짐에 대한 감회이다. '금속'은 '선제'를 받고, '구당'은 '백제'를 받고, '낙극'은 '묘무'를 받고, '애래'는 '무사'를 받는다. 발은 부르터서 걸음이 느린데 오히려 시름은 매우 깊어 떠나려다가 차마 떠나지 못한다.(此當席聚散之感. 金粟, 承先帝. 瞿唐, 承白帝. 樂極, 承妙舞. 哀來, 承撫事. 足繭行遲, 反愁太疾, 臨去而不忍其去也.)

##《두시상주》에 인용된 유극장劉克莊 설 이 시와 〈비파행〉은 하나는 헌걸차게 적진으로 달려가는 장사 같고, 하나는 사랑과 미움으로 서로 너나하는 아녀자 같다. 두보에게는 건안 황초 연간의 기상이 있고, 백거이는 장경체를 벗어나지 못하였다.(此篇與琵琶行, 一如壯士軒昂赴敵場, 一如兒女恩怨相爾汝. 杜有建安黃初氣, 白未脫長慶體耳.)

《독두심해》 서문에서는 제자로부터 거꾸로 올라가 공손대낭에 이르렀고, 시에서는 공손대낭에서부터 순서대로 제자를 끌어내었다. 첫 8구에서 먼저 공손대낭의 묘한 〈검기〉 춤을 묘사하였다. 문득 엎드렸다가 문득 일어섰다 하여 그 춤사위를 그렸다. 문득 왔다가 문득 마친다고 하여 처음과 끝을 합하여 형용하였다. (첫 8구의) 끝구의 내용이 있어서 위 3구의 뛰어오른다는 표현이 더욱 분명해지고, 위 3구가 있어서 끝구에 보이는 편안함이 더욱 얻기 어려운 표현이 된다. 서문에서 말한 '울기'가 바로 이와 같다. '강순' 6구는 이십이낭에게 귀착되며, 이 시편에서 일을 서술한 곳이다. 춤의 묘함은 이미 공손대낭에게서 자세히 묘사하였고, 여기서는 다만 '신양양' 3자로 개괄하였으니 허와 실을 섞어 쓰는 법을 알겠다. '감시무사' 구는 작시의 본의를 이끌어 낸다. '선제' 6구는 지난 일에 대한 감회이니 이것이 본의다. 공손대낭을 말하여 여악에 통털어 미쳤고, 여악을 말하여 선제에 대해 깊이 감개하였다. 그러므로 하단에서는 끝내 '금속퇴'로 보완하여 연결하였다. 이 아래에서는 바로 한탄하고 슬퍼하는 감정을 묘사하여 1구는 선제에게 붙고, 1구는 자신에게 돌아간다. 화려한 잔치의 슬픔과 즐거움은 별가의 집을 곁들여 말한다. 끝 2구는 "이를 대하여 아스라하니 온갖 생각이 교차한다."라는 말이다. 가자니 갈 데가 없고 머무르자니 머무를 데가 없다. 작자와 독자가 모두 한 바탕 소리 내어 울고 싶다.(序從弟子逆推至公孫, 詩從公孫順拖出弟子. 首八句, 先寫公孫劍器之妙. 忽然而伏. 忽然而起, 狀其舞態也. 忽然而來, 忽然而罷, 總始末而形容也. 有末句, 益顯上三句之騰踔. 有上三句, 尤難末句之安閑. 序所謂蔚跂者, 正如此. 絳脣六句, 落到李娘, 爲篇中敍事處. 舞之妙, 已就公孫詳寫, 此只以神揚揚三字括之, 可識虛實互用之法. 感時撫事句, 逗出作詩本旨. 先帝六句, 往事之慨, 此本旨也. 言公孫而統及女樂, 言女樂, 卽是感深先帝. 故下段竟以金粟堆作輔接. 此下正寫惋傷之情. 一句着先帝, 一句收歸本身. 玳筵哀樂, 幷帶別駕宅. 結二語, 所謂對此茫茫, 百端交集, 行失其所往, 止失其所居. 作者讀者俱欲噭然一哭.)

《두억》 올 때는 우레와 번개가 진노를 거둔 듯하다는 말은 우레와 번개가 진노하여 커다랗게 울린 뒤에 우르렁거리며 멀리 달리면서 여전히 우레 소리가 남아 있으니 '수'자의 묘함을 알겠다. 싹 그쳐서 진노하더라도 기이하지 않다는 뜻이다. 마칠 때는 강과 바다에 맑은 빛이 어린 듯하다는 말에 대해 종성鍾惺은 "이 한 마디가 홀로 묘하다"고 하였으니 참으로 그렇다. 종성은 총평하여 말하였다. "제목은 공손대낭 제자이지만 서문과 시에서 감정과 사건은 모두 공손대낭에게 돌아가 절로 경건히 깊이 생각하게 된다." 나는 꼭 그렇지는 않다고 생각하니 종성은 감정과 사건이 모두 현종에게 돌아감을 모른다. 서문에서 "옛일을 추억하며 〈검기행〉을 지었다"고 한 몇 구는 그 뜻은 칼춤에 있지 않음을 알겠다. 시에서 "시절에 감개하여 옛일 추억하니 슬픔이 더한다."라고 하였으니 "오십여 년 세월이 손바닥 뒤집듯"이라는 몇 구가 시인이 시를 지은 본의다. 거친 산에 발이 부르텄다는 말은 이로부터 왔으니 사람을 더욱 숙연히 깊이 생각하게 만든다.(來如雷霆收震怒, 凡雷霆震怒, 轟然之後, 纍纍遠馳, 赫有餘怒, 故知收字之妙, 若轟然一聲, 闃然而止, 雖震怒不爲奇也.

罷如江海凝清光, 鍾云, 此一語獨妙, 信然. 鍾總評. 題是公孫大娘弟子, 而序與詩, 情事俱屬公孫氏, 便自穆然深思. 余謂未盡也, 不知情事俱屬玄宗, 故序云, 撫事慷慨, 聊爲劍器行. 知其意不在劍器也. 詩云, 感時撫事增惋傷, 則五十餘年似反掌數句, 乃其賦詩本旨. 足繭荒山, 從此而來, 尤使人穆然深思也.)

(**이창숙**)

53. 寫懷二首

감회를 쓴 시 2수

勞生共乾坤[1]　何處異風俗　冉冉自趨競[2]　行行見羈束[3]
無貴賤不悲　無富貧亦足　萬古一骸骨　隣家遞歌哭[4]
鄙夫到巫峽[5]　三歲如轉燭[6]　全命甘留滯　忘情任榮辱[7]
朝班及暮齒[8]　日給還脫粟[9]　編蓬石城東[10]　采藥山北谷[11]
用心霜雪間　不必條蔓綠　非關故安排[12]　曾是順幽獨[13]
達士如弦直　小人似鉤曲　曲直吾不知　負暄候樵牧[14]

수고로운 인생들이 천지를 함께하니
그 어딘들 풍속이 다르랴?
바삐 스스로 다투어 달리니
가고 가면서 얽매이게 된다.
귀한 자가 없다면 천한 자도 슬플 게 없고
부유한 자가 없다면 가난한 자도 만족할 터.
만고에 하나 같이 해골이 될 신세거늘
이웃집엔 노랫소리 곡소리가 번갈아 들린다.

비천한 사내가 무협에 와서
삼 년 동안 흔들리는 촛불 신세.
목숨을 보전하고자 머물러 사는 것 달게 받아들이니
이런저런 감정 잊고 영욕을 초월한다.
노년에야 조정의 벼슬 받아
매일 먹는 것이라곤 그저 거친 쌀.

돌 성 북쪽에 쑥대로 문을 엮고
산 북쪽 골짝에서 약을 캔다.
서리 눈 사이에서도 애를 써
가지 덩굴 푸른 때만이 아니니,
굳이 추이를 편하게 받아들여서가 아니라
조용히 혼자 지내는 성품에 순응해서라네.

통달한 선비는 활줄처럼 곧고
소인배는 갈고리처럼 굽었다지만
곧고 굽음은 내 알 바 아니니
햇볕이나 쬐면서 나무꾼 목동 돌아오기를 기다린다.

대력 2년 겨울 기주에서 쓴 2수의 연작시다. 제1수는 수고로운 인생살이가 어디에서나 마찬가지라는 사실을 전제로 하여 고단한 자신의 삶을 달관하겠다는 뜻을 피력하였고 제2수는 현세를 개탄하면서 질박했던 상고시대를 이상으로 내세우고 있다. 그러나 이는 모두 현실 상황에 대한 분개와 자신의 삶에 대한 역설일 뿐이다.

시 속에 언급된 그의 주장이 대부분 노장 사상에 근거를 두었고 말미에서 불교와 관련된 용어를 사용하고 있어 당시 그가 반유가적 태도를 취할 정도로 심사가 뒤틀려 있었음을 알 수 있다.

2수 모두 8구로 시상을 제기하고 12구로 본론을 서술하며 4구로 시상을 마무리하여 장법상 동일한 형태를 보인다.

《**보주두시**》 시에서 "비천한 사내가 무협에 와서 삼 년 동안 흔들리는 촛불 신세다."라고 하였다. 살펴보건대 공은 영태 원년에 운안에 와서 대력 원년에 기주 성곽으로 이주하였고 3년에 삼협을 내려갔으니, 이 시는 의당 대력 2년에 지은 것이다. 그래서 '3년'이라 한 것이다. 시는 또 말미에서 "햇볕이나 쬐면서 나무꾼 목동 돌아오기를 기다린다."라고 하였고 "세모에 해와 달이 빨리 간다."라고 하였으니 아마 2년 겨울일 것이다.(詩云, 鄙夫到巫峽, 三歲如轉燭. 按, 公永泰元年至雲安, 大曆元年移居夔州郭, 三年下峽, 此當是大曆二年作, 故云三歲. 詩又末云, 負暄候樵牧, 歲暮日月疾, 殆二年冬也.)

주 석

1 勞生(노생) 구: 수고로운 인생을 사는 사람들이 천지 어디나 마찬가지라는 뜻이다.

《**장자 · 대종사**大宗師》 저 자연이 육체로 나를 실어주고 삶으로 나를 수고롭게 한다.(夫大塊, 載我以形, 勞我以生.)

2 冉冉(염염): 바쁜 모양. 趨競(추경): 분주하게 경쟁하다.

3 行行(행행): 가고 가다. 사람의 여러 행위를 뜻한다는 설도 있다.

《**두공부초당시전**》 모든 행위가 다만 쉽게 구속되어 자유롭지 못함을 말한다.(謂凡百所行, 但易羈束不自由也.)

[冉冉 2구]

《**두시상주**》 사람이 다투어 달리면 구속을 받게 된다.(人競奔趨, 則受羈束矣.)

4 歌哭(가곡): 기뻐서 노래하고 슬퍼서 울다.

[無貴 2구]

완적 〈대인선생전大人先生傳〉 대저 귀한 자가 없으면 천한 자가 원망하지 않고 부유한 자가 없으면 가난한 자가 다투지 않아 각기 자신에 대해 만족하여 구하는 것이 없게 된다.(夫無貴則賤者不怨, 無富則貧者不爭, 各足于身而無所求也.)

#《**두시상주**》 이 장은 스스로에 대해 서술한 것으로 세상을 개탄하는 내용으로 말을 시작하였다. 온 천지 안에서 함께 명리를 향해 달리는데, 만약 달관할 수 있다면 궁달이나 생사를 모두 같이 볼 수 있으니 하필

이런 슬픔과 즐거움이 많겠느냐는 말이다.(此章自敍, 從慨世說起, 言乾坤之內, 共趨名利, 苟能達觀, 則窮達生死皆可一視, 何必多此哀樂乎.)

5 鄙夫(비부): 두보 자신을 가리킨다.

6 轉燭(전촉): 촛불이 바람에 따라 이리저리 움직이는 것으로 사람의 삶이 안정되지 못하거나 세상사가 변화하는 것을 말한다. 시간이 빨리 감을 뜻한다는 설도 있다.

두보 〈가인佳人〉 세상인심이란 영락함을 싫어하는데, 만사가 바람 따라 흔들리는 촛불 같다.(世情惡衰歇, 萬事隨轉燭.)

《보주두시》에 인용된 왕수 주 시간이 빨리 감을 말한다.(言光景之迅速也.)

7 忘情(망정): 희로애락의 감정을 버리는 것을 말한다.

8 朝班(조반): 조정의 반열. 벼슬한 것을 뜻한다. 이 구는 만년에 공부원외랑이 된 것을 말한다. 전에 좌습유 벼슬을 하였고 후에 공부원외랑을 한 시인이 노년이 되었음을 뜻한다는 설도 있지만, 좌습유 벼슬을 계속 유지한 것이 아니기 때문에 합당한 설이 아닌 것으로 보인다.

9 脫粟(탈속): 껍질만 벗기고 도정하지 않은 쌀. 현미玄米. 거친 음식을 뜻한다.

[朝班 2구] 공부원외랑이라는 이름뿐인 벼슬을 얻어 생계가 어려움을 말한다.

《구가집주두시》 조차공 주 공이 일찍이 좌습유가 되었고 지금은 상서공부원외랑이니 바로 조정 반열에 참여한 자다. 당시 나이가 56세이니 이른바 '모치'다. 두 벼슬이 먹고 사는 원천이거늘 날마다 먹는 것이 그저 껍질 벗긴 쌀로 지은 밥일 뿐이다.(公嘗爲左拾遺, 今爲尙書工部員外郎, 乃通籍於朝班者. 時年五十六, 所謂暮齒. 二者當奉養之原, 而日給還脫粟飯而已.)

10 編蓬(편봉): 쑥대를 엮어 문을 만들다. 띠 집을 지은 것을 뜻한다. 石城(석성): 기주성을 가리킨다.

《두시상주》 '석성'은 바로 기주성이다.(石城, 卽夔州城.)

[用心 2구] 약초를 캐는 일을 가을과 겨울에도 애써 하며 굳이 봄과 여름을

기다리지 않는다는 뜻이다.

11 北(북): '林으로 된 판본도 있다.

12 故(고): 의도적으로. 安排(안배): 편안하게 자연의 추이에 맡기다.

《장자 · 대종사》 편안히 추이에 맡기어 변화해 가면 곧 고요하게 하늘과 하나가 되는 경지에 들게 된다.(安排而去化, 乃入於寥天一.)

13 幽獨(유독): 조용히 혼자 살기를 좋아하는 성품을 뜻한다.

#《두시상주》 다음으로 기주에서 나그네 생활하는 상황을 서술하였다. '목숨을 보전하려 하고' '정을 잊었다'는 것은 처경에 따라 편안함을 말한다. '조반' 4구는 거처와 음식이 조악함을 말한다. '용심' 4구는 약초 캐는 일을 말한다. 오견사의 《두시논문》에서 "서리와 눈 사이에서 뿌리를 찾으니 반드시 가지와 넝쿨이 푸를 때에 하는 것이 아니다. 이 또한 추이를 편안히 받아들이려는 데에는 생각이 없고 다만 그 조용히 살려는 천성에 순응해서일 뿐이다."라고 하였다.(次敍客夔之況, 全命忘情, 言隨寓而安. 朝班四句, 言居食粗給. 用心四句, 卽指采藥事. 吳論, 尋根霜雪之間, 不必條蔓之綠, 此亦無意於安排, 但順其幽居之性而已.)

14 負暄(부훤): 햇볕을 쬐다. 《열자》에 보이는 송나라 농부의 고사에서 나온 말로 소박한 마음을 뜻한다.

《열자 · 양주楊朱》 옛날 송나라에 농부가 있었는데 언제나 해진 무명옷과 삼베옷을 입고서 근근이 겨울을 지냈다. 봄이 되어 농사일이 시작되면 스스로 햇볕을 쬐면서 천하에 넓은 집과 따스한 방이나 솜옷과 여우나 담비 갖옷이 있음을 알지 못하였다. 그가 그의 아내를 돌아보며 "따뜻한 햇볕을 쬐는 일을 사람들이 모르오. 이것을 임금님께 바치면 큰 상을 받을게오."라고 하였다.(昔者宋國有田夫, 常衣縕黂, 僅以過冬. 曁春東作, 自曝於日, 不知天下之有廣厦隩室綿纊狐狢. 顧謂其妻曰, 負日之暄, 人莫知者, 以獻吾君, 將有重賞.)

#《두시상주》 마지막에는 천운에 맡겨 자연스럽게 지내려는 뜻이 담겨 있다. 남과 곡직을 다투지 않겠다는 것은 다시 시작 부분에서 생을 달관하겠다는 뜻과 서로 호응한다.(末有任運自然之意. 不與人情競曲直, 仍與起處達生相應.)

##《독두심해》 첫 장은 세 단락으로 나뉜다. 시작하는 단락에서 세태가 사람을 바꿈을 말하였고 가운데 단락에서 그가 일삼는 것을 스스로 서술하였고 마지막에선 세속의 견해 밖에 초월하였다. '수고로운 삶', '어디가 다르랴' 하는 것은 온 세상이 모두 그렇다는 것이다. '바쁘다', '가고 간다'는 것이 이른바 수고로운 삶이다. '귀한 자가 없다'와 '부유한 자가 없다'는 뒤집어 한 말로 가령 사람의 처지에 궁달이 없다면 사람 또한 담담하게 잊고 살 것이라는 말이다. 그러나 같지 않으니 어찌하겠는가? 그래서 비록 다 같이 죽는 신세지만 상황을 만났을 때 노래하고 곡하는 것을 면하기 어렵다. '전촉'은 순식간이라는 말과 같다. 영욕을 초월하면 세태에 의해 바뀌지 않는다. 일찍이 조정 반열에서 점호하였지만 홀연 늙어 버려 겨우 껍질 벗긴 쌀이 공급되니, 오직 쑥대 지게를 엮고 약을 캐면서 그 타고난 삶을 온전히 할 뿐이라 하니 이것이 바로 영욕을 초월하는 것이다. '용심' 2구는 '채약'을 잇고, '비관' 2구는 '전명'과 '망정'을 총괄하여 맺는다. 마지막 4구는 전편을 마무리한다. '활줄 같이 곧다'는 것은 조용히 혼자 사는 성품을 따를 뿐 섭리를 편하게 받아들이지 않는 경우이고, '갈고리처럼 굽었다'는 것은 수고롭게 살며 다투어 달리다 구속되는 경우다. 곡직을 모두 모르는 것으로 해 두었으니 얼마나 쇄탈한가?(首章分三段, 起言世態之移人, 中自敘其所事, 末則超然於世俗見解之外矣. 勞生何異, 擧世皆是也. 冉冉行行, 所謂勞生也. 無貴無富, 反踢語, 言使遇無窮達, 則人亦淡忘. 而無如其不齊也, 是而雖歸同盡, 而當境之歌哭難免已. 轉燭, 猶言轉瞬. 任榮辱, 不爲世態所移也. 曾點朝班, 忽焉暮齒, 薄有脫粟之給, 惟編蓬采藥, 以全其天而已, 此正任榮辱處. 用心二句, 蒙采藥. 非關二句, 總束全命忘情. 末四收全篇, 如弦直, 順幽獨而不安排也, 似鉤曲, 勞生而趨競羈束也. 至曲直幷付之不知, 何其洒脫.)

其二

夜深坐南軒[1]　明月照我膝　驚風翻河漢[2]　梁棟日已出[3]
群生各一宿　飛動自儔匹　吾亦驅其兒　營營爲私實[4]
天寒行旅稀　歲暮日月疾　榮名忽中人[5]　世亂如蟣蝨[6]
古者三皇前[7]　滿腹志願畢　胡爲有結繩[8]　陷此膠與漆[9]
禍首燧人氏[10]　厲階董狐筆[11]　君看燈燭張　轉使飛蛾密
放神八極外[12]　俛仰俱蕭瑟[13]　終然契眞如[14]　得匪金仙術[15]

깊은 밤 남쪽 창가에 앉으니
밝은 달이 내 무릎을 비추는데,
사나운 바람이 은하를 뒤집을 듯하더니
들보와 마룻대에 해가 이미 떠올랐다.
뭇 생물 각기 하룻밤을 자고나서
날고 움직이며 절로 짝을 지으니,
내 또한 아이 시켜
바쁘게 살림살이 꾸린다.

날이 차니 행인이 드물고
세모라 해와 달이 달린다.
영예로운 명성 구하다 사람은 갑작스레 해를 입으니
서캐와 이처럼 어지러운 세상이어라.
옛날 삼황시대 전에는
배만 채우면 바라는 것 다 이루었는데,

어쩌자고 결승을 하여서
이 아교와 옻의 얽매임에 빠뜨렸는가?
화의 시작은 수인씨
재앙의 단서는 동호의 붓이라.
그대 보아라, 등불을 켜면
도리어 나방이 빽빽하게 몰려드는 것을.

팔극 밖에 마음을 두면
위아래 보이는 것이 모두 공허할 터,
마침내 진여와 들어맞게 되리니
이것이 금선의 묘술이 아니겠는가?

주 석

1 南軒(남헌): 남쪽 창가. 남쪽 마루.
《두시상주》에 인용된 《광운廣韻》 처마의 끝 부분이 '헌'이니, 긴 행랑에 창이 있는 것이다.(檐宇之末曰軒, 長廊之有窗者.)

2 飜河漢(번하한): 바람이 불어 은하수를 뒤집을 것 같다는 뜻이다.

3 日已出(일이출): '已出日'로 된 판본도 있다.

4 營營(영영): 쉬지 않고 애쓰는 모습, 바쁜 모습. 私實(사실): 시인 자신의 재물을 뜻한다. '實'은 재물이다. '實'이 '室'로 된 판본도 있다.
《두시상주》에 인용된 《국어·초어楚語》 '蓄聚聚實'의 주 '실實'은 재물이다.(實, 財也.)

#《두시상주》 둘째 장은 세상을 개탄한 것으로 자기 이야기로부터 서술했다. 아침과 저녁의 경물과 일을 서술하였으니, 바로 앞 장의 "수고로운 인생들이 천지를 함께 한다."라는 말의 뜻이다.(次章慨世, 從自敍說起. 述旦暮景事, 卽前章勞生共乾坤意.)

5 榮名(영명): 영예로운 이름. 세속의 명리를 뜻한다. 忽(홀): '惑'으로 된 판본도 있다. 中人(중인): 사람을 해치다.

6 如蟣蝨(여기슬): 사람 몸의 이가 여기저기 있는 것과 같이 어지럽다는 뜻이다. 다투는 것이 사소하다는 뜻으로 풀이하기도 한다.

《**구가집주두시**》 **조차공 주** 세상이 어지러운 것이 이가 분주히 움직이는 것 같다.(世之紛亂如蟣蝨之營營也.)

《**두시상주**》 '기슬'은 다투는 것이 사소한 것임을 말한다.(蟣蝨, 言所爭者小.)

7 三皇(삼황): 고대 전설상의 세 황제인 천황天皇, 지황地皇, 인황人皇. 이와 다른 설도 있다.

8 結繩(결승): 문자를 사용하여 일을 기록하게 된 것을 뜻한다.

9 膠與漆(교여칠): 아교와 옻. 여기서는 얽혀서 풀리지 않는 상황을 뜻한다.

《**장자 · 변무**駢拇》 갈고리와 먹줄, 곱자와 그림쇠에 의지하여 바로잡는 것은 그 본성을 손상시키는 것이며 노끈과 새끼, 아교와 옻에 의지하여 단단하게 하는 것은 그 덕을 해치는 것이다.(且夫待鉤繩規矩而正者, 是削其性者也, 待繩約膠漆而固者, 是侵其德者也.)

《**두시상주**》 '교칠'은 풀 수 없음을 말한다.(膠漆, 言不可解.)

10 燧人氏(수인씨): 사람에게 불을 피워 음식을 익혀 먹는 법을 가르쳤다는 전설상의 인물이다. 문자를 이용하여 정치하는 것이 그에 의하여 시작되었다고도 한다. 수인씨가 화의 시초가 되는 이유에 대해 구조오 등은 그가 음식에 대한 욕망을 알게 했기 때문이라 했고 포기룡은 문자를 이용하여 정치를 했기 때문이라 하였는데 앞의 '호위胡爲' 구와의 맥락을 고려하면 포기룡의 설이 옳은 듯하다.

《**구가집주두시**》 수인씨가 화식火食을 하여 다투어 욕심내는 마음이 생겨났고 동호가 직필하여 시비의 단서가 일어났다. 그래서 수인씨가 화의 시초가 되고 동호가 재앙의 단서가 된다.(燧人火化, 而爭欲之心生, 董狐直筆, 而是非之端起, 故以燧人爲禍首, 以董狐爲厲階.)

《**두시상주**》**에 인용된**《**제왕외기**帝王外紀》 수인씨가 처음으로 사람에게 익혀 먹는 것을 가르쳤다.(燧人氏始教人火食.)

《**독두심해**》**에 인용된**《**제왕외기**》 수인씨가 처음으로 결승을 이용하여 정치를 하였다.(燧人氏始作結繩之政.)

11 厲階(여계): 재앙의 단서. 董狐(동호): 춘추시대 진晉나라의 사관. 사실史實을 왜곡하지 않고 곧이곧대로 기록하였다.

[胡爲 4구] 사람들이 문자를 배우고서부터 교묘한 지혜가 생겨 갖가지 환난에 얽히게 되었고, 기사紀事하여 시비곡직을 따지게 되자 재앙이 생겨났다는 뜻이다.

#《두시상주》 다음으로 사람의 마음이 명리에 쫓기는 것을 탄식하였다. 영예로운 명성이 사람을 중독되게 하여 다투어 추구하다가 난을 키우게 되었던 것이다. 삼황 이전에는 본래 분별하지 않고 작위하지 않았는데 결승한 이후로 지혜와 기교가 날로 생겨남을 면할 수 없었다. 먹고 마시는 것을 추구하기 시작하자 탐욕스러운 사람이 이익을 추구하게 되었다. 그러므로 수인씨가 화의 시초가 된다. 명교를 내세우자 열사가 명예를 따랐다. 그러므로 동호가 재앙의 단서가 된다. 나방이 불에 달려든다는 것은 그 몸이 죽어도 상관하지 않음을 기롱한 것이다.(次歎人情之迫於名利者. 榮名中於人心, 此爭趨所以長亂. 若三皇以前, 本渾沌無爲, 自結繩以後, 不免智巧日生矣. 飮食起而貪夫殉利, 故燧人爲禍之首. 名敎立而烈士殉名, 故董狐爲亂之階. 飛蛾赴燭, 譏其滅身而不顧也.)

12 八極外(팔극외): 세상 밖. 세속을 초월한 경지를 뜻한다.

13 蕭瑟(소슬): 쓸쓸하다. 모든 것이 소멸하여 없는 상태를 뜻한다.

14 眞如(진여): 불가어佛家語. 영원히 존재하는 실체, 실상을 뜻한다. 이 구절이 '終契如往還'이라 된 판본도 있다.

15 得(득): '歸'로 된 판본도 있다. 金仙(금선): 부처의 별호別號다. '金'이 '合'으로 된 판본도 있다.

《두시상주》에 인용된 《석전釋典》 부처를 대각금선이라 부른다.(佛號大覺金仙.)

#《두시상주》 끝부분에는 달관하여 같이 변화하겠다는 뜻이 있다. 스스로 말하기를 명리에는 관심이 없고 오직 물외에 정신이 노니니 굽어보고 우러러 봄에 모두가 공허하여 능히 진여의 본성과 맞아 행여 부처의 묘술을 이룰 수 있으리라 하였다.(末有達觀齊化之意. 自言名利不足關

心, 唯神遊物外, 俯仰皆空, 能契眞如本性, 庶金仙之術可致也.)

##《독두심해》 이 장 또한 세 단락으로 나뉜다. 첫 단락은 현재의 경물과 일에서 시작하여 단서를 열었다. 가운데 단락은 지계가 시작된 것에 대해 돌이켜 허물하였으니 바로 분격해서 한 말이다. 끝에서는 진여는 움직이지 않는다는 설로 돌아갔다. 처음 4구는 밤 이야기로 새벽 이야기를 이끌어내었다. '뭇 생물'이 '날고 움직인다'는 말은 아래의 '아이를 시켜' '자신의 살림을 한다'는 말을 일으켰으니 바로 전편의 약을 캐는 따위의 일이다. '행려'와 '일월'은 새벽 경물을 빌려 시상을 전환하였다. 영예로운 명성이 사람을 해친다는 생각은 '자신의 살림'이라는 말에서 촉발된 것이다. '세란'자는 중요하지 않다. '서캐나 이와 같이 된 것은' 영예로운 명성 때문이다. 상고시대에는 배부르기만 하면 충분하였는데 지혜와 기교가 날로 생겨나고부터 세상 인정이 물들어 아교와 옻 같이 되어버렸다. 하물며 재앙의 단서인 기록이 분명해져서 답답한 상황이 날로 심해지고 명리를 쫓는 것이 더욱 어지러워졌으니 이는 촛불이 밝자 나방이 몰려드는 것 같아 도리어 밝음에 의하여 해를 입은 것이니 탓할 바는 촛불인 것이다. 옛 주에서 이를 잘못 이해하였다. 아래에서 바로 본뜻을 말하였으니, 오직 정신을 역외에 놓아야 몸과 마음이 탁 트여서 행위에 구속된 자는 모두 허무해져 버림을 깨닫는다. 진여와 맞으면 본성이 맑아져 여여하여 움직이지 않으니 이것이 바로 부처의 묘술이어서 막힌 것을 버리고 해탈을 얻을 수 있게 된다. 전편에서 '매일 먹는 것'에 '애를 쓴다'라고 하여 애오라지 분수를 편히 받아들였다. 여기서는 이렇게 '애를 쓰는 것'도 여전히 답답하게 막힌 것임을 말하여 전편의 뜻을 뒤집어 한 층 더 나아갔다. 그 대의를 요약하면 달관하여 운에 맡기는 마음으로 돌아가 그 맞닥뜨린 곤궁함을 위로하여 풀려는 것이다. 장연은 전편은 곤궁한 상황에 처하여도 형통한 것으로 보고 이 편은 성명聖明과 지혜를 버리는 것으로 보았는데 갑자기 성현을 이야기 하다 갑자기 노불을 이야기하여 순식간에 두 갈래로 나누어지게 되었으니 잘못이다.(此章, 亦分三段. 起就現前景事發端. 中段, 追咎智計之所始, 乃憤激之詞也. 末則歸於眞如不動之說. 起四, 以夜引曉, 群生飛動, 興下

句驅兒爲私, 卽前篇采藥等事. 行旅日月, 借曉景轉落. 榮名中人, 從私實觸起. 世亂字不重, 如蟣蝨, 爲榮名也. 上古得飽已足, 自智巧日生, 世味之沾染若膠漆矣. 況階之載記分明, 而沈悶日遠, 而趨競愈淆, 是猶燭明而蛾集, 反爲明者所害也, 所咎在燭. 舊注失之. 下乃吐出本旨. 惟放神域外, 身心廓然, 覺局於俯仰者, 俱成蕭瑟. 契眞如, 則本性瑩徹, 如如不動, 此乃金仙之術, 足以祛蔽錮而得解脫者. 前篇言日給用心, 聊且安分, 此言如是營營, 尙屬浞濃, 又就前意翻上一層也. 要其大旨, 總歸於達觀任運, 以慰解其所遇之窮. 張綖以前篇爲處困而亨, 此篇爲絶聖棄智, 忽聖賢, 忽老佛, 頃刻兩岐, 誤矣.)

###《두시상주》에 인용된 장연張綖 설** 전편에서는 곤궁한 상황에 처하여도 형통하였다 하니, 이는 성현의 큰 도다. 이 편에서는 성명聖明과 지혜를 버린다 하였으니 노장의 현묘한 담론이다. 전편은 평이하고 진실되게 말하였으니 자신이 겪은 일을 말한 것이요, 이 편에서는 거리낌 없이 마음대로 말했으니 세속에 분격하여 말한 것이다. 독자는 글로 인해 뜻을 오해하지 않아야 한다.(前篇處困而亨, 是聖賢大道, 此篇絶聖棄智, 是老莊玄談. 前篇說得平實, 是身歷之詞, 此篇說得放曠, 是憤俗之語, 觀者勿以辭害意, 可也.)

《독두심해》 오랫동안 기주에서 고생하였기에 달관하여 천운에 맡긴다는 말을 한 것으로 두 수가 같은 뜻이다.(久困於夔, 而發爲達觀任運之詞, 二詩同旨.)

(이영주)

54. 短歌行贈王郎司直

단가행 — 왕랑사직에게 드리다

王郎酒酣拔劍斫地歌莫哀[1] 我能拔爾抑塞磊落之奇才[2]
豫章翻風白日動[3] 鯨魚跋浪滄溟開[4]
且脫劍佩休徘徊[5] 西得諸侯棹錦水[6]
欲向何門趿珠履[7] 仲宣樓頭春色深[8]
青眼高歌望吾子[9] 眼中之人吾老矣[10]

왕랑이여, 술이 올라 칼 빼어 땅 찍으며 노래하는데 슬퍼하지 말게나
내 억눌려 막혀 있는 자네의 빼어난 재주를 발탁할 수 있으니.
예장 나무가 바람에 뒤집히니 밝은 해가 움직이고
고래가 물결을 밟아 바다가 열릴 것이니
잠시 차고 있는 칼 벗어 두고 배회도 멈추시게.

서쪽으로 제후를 알현하려 금수에 노 저어가
뉘 집 문을 향해가서 구슬 신을 신으려나.
중선루에 봄빛이 깊은데
좋은 눈빛으로 높이 노래 부르며 그대를 바라보네
사랑하는 이여, 나는 늙었다네.

이 시는 대력 3년 봄 강릉에서 지은 작품이다. 당시 왕씨 성의 청년이 성도의 권세가들 사이에 몸을 의탁하러 길을 떠나려던 참이었다. 이 시는 그를 전송한 송별시다. 단가행은 한漢 악부樂府의 가곡명으로 소리가 촉급한 것이 그 특징이라고 한다. '왕랑'의 '랑'은 젊은이에 대한 칭호이고 '사직'

은 관리에 대한 규찰과 탄핵을 담당하는 관직명이다. 시의 내용으로 보아 왕랑은 벼슬길에서 여의치 못했었고 바로 그러한 이유 때문에 강릉을 떠나 성도로 가고자 했던 것으로 보인다. 그는 자신의 송별을 위해 마련된 자리에서 주흥이 도저해졌고, 이에 칼을 뽑아 춤을 추며 땅을 찍고 슬피 노래 불렀다. 두보는 그런 왕랑에게 우선 '슬퍼하지 말라'고 권고한다. 이어서 현재 억눌려 뜻을 펼치지 못하고 있으나 뛰어난 재주를 지니고 있는 그를 발탁해 주겠노라는 말과 함께 예장나무와 고래에다 그의 재주를 견주었다. 반드시 중용될 것이니 강개하지 말라는 뜻이다. 아래 단락은 머지않아 이루어지게 될 왕랑의 득의를 상상하는 것으로 시작하였다. '중선루 머리'로 송별의 지점을 드러냈다. '봄빛이 깊어졌다' 하여 송별의 시점을 드러냈다. '좋은 눈빛으로' 격정과 강개를 담아 '높이 노래 부르며' 두보가 '왕랑에게 바란 바'는 그저 상상이 일찍 실현되었으면 하는 것이었다. 마지막 '사랑하는 이여, 나는 늙었다네.' 한 구절이 바로 두보가 가장 힘주어 부른 노래가 되었던 것이다. 왕랑에 대한 무한한 사랑과 연민, 기회를 놓친 자신에게서 교훈을 찾아보라는 권고, 발탁해 주겠다는 호언으로 안심시킨 바 있으나 어떠한 도움도 되어 줄 수 없음에 대한 회한, 실의의 인생으로 결론이 나고 있는 자기 생애에 대한 비탄, 이러한 복잡한 정감들이 이 구절 안에 얽혀 있다. 왕랑의 현재 모습이 자신의 지난 이력 가운데 한 토막이었기 때문일 것이다.

제 1, 2구는 11자구로 길어져 있지만 절주가 촉급하며, 제5, 10 두 구에서 단구압운單句押韻을 시도한 점은 고시 가운데 드물게 보이는 예가 된다. 작가의 격정과 강개어린 심사가 형식에 영향을 준 결과라 생각된다. 청淸 노세각盧世㴶이 "높이 솟아 빼어나며 질탕비량하다.(突兀橫絕, 跌宕悲涼.)"고 한 것은 이러한 특징을 두고 한 말일 것이다.

제목이 단가행短歌行으로만 된 판본도 있다. 이 경우 '贈王郎司直'은 후인의 주석으로 간주된다.

《두시상주》 주학령의 주에 "이 시의 '仲宣樓頭' 2구는 곧 형남에 있을 때에 지은 것이다. 여러 판본들이 보응 원년 성도 시 안에다 잘못 편입시켰으나 오직 초당본만은 대력 3년에 편재하였다. 매우 옳다."라고 하였다. …… 전겸익 전箋에 "〈장난삼아 친구에게 기증한 시戲贈友〉시에 '官有王司直'이라 했는데 바로 그 사람이다."라고 하였다.(朱注, 此詩仲宣樓頭二句, 乃在荊南時作. 諸本誤入寶應元年成都詩內, 獨草堂本, 編在大曆三年, 最是. …… 錢箋, 贈友詩, 官有王司直, 卽其人也.)

주 석

1 酒酣(주감): 술이 거나하게 취하다. 拔劍斫地(발검작지): 칼을 빼어 땅을 찍다. 歌(가): 노래하다. 술에 취하여 칼을 빼들어 땅을 찍으며 강개하여 노래한다는 말이다. 莫哀(막애): 슬퍼하지 말라. 두보가 왕랑에게 권하는 말이다.

《구가집주두시》 조차공 주 '주감발검작지가막애'는 대체로 《사기》에서 동방삭이 술에 거나하게 취하자 땅을 짚고 "세속 가운데 은둔하고자 하여 금마문에서 세상을 피하고 있네."라고 노래한 것에서 연유한다. 지금 '땅을 찍으며 노래하다'라 한 것은 '술에 거나하게 취하여 땅을 짚고 노래하였다'라 한 것을 본뜬 것이다. 그리고 후한 유원서가 원제에 대하여 아직 존호를 시행할 수 없음에 대하여 의논하려 하자 장공이 칼을 뽑아 땅을 치면서 말하기를 "의심을 하게 되면 공로가 있을 수 없다. (오늘 의논에 대하여) 둘이 있을 수 없다."라고 하였는데, 지금 '땅을 찍었다'라 한 것은 '칼을 뽑아 땅을 쳤다'에 의거한 것이다.(酒酣拔劍斫地歌莫哀, 蓋由史記東方朔酒酣據地歌曰, 陸沈於俗, 避世金馬門. 今云斫地歌, 依傍酒酣據地歌也. 後漢劉元緒將議元帝未可擧尊號, 而張卭拔劍擊地, 曰疑事無功, 不得有二. 今云斫地者, 依傍拔劍擊地也.)

2 拔(발): 선발, 즉 기용하다는 뜻인데, 두보가 왕랑이 기용될 수 있도록 추천하겠다는 말이다. 爾(이): 그대. 왕랑을 가리킨다. 抑塞(억색):

억눌려 막히다. 기량을 마음껏 펼쳐내지 못해 답답한 상태를 말한다. 磊落(뇌락): 보통과 달리 뛰어나게 훌륭함을 말한다. 奇才(기재): 기이한 재주. 이 구절은 남달리 훌륭한 재주를 지니고 있지만 펼칠 기회가 없어 답답해하는 왕랑을 추천을 통해 기용될 수 있게 해 주겠다는 말이다.

《구가집주두시》 조차공 주 보통과 달리 훌륭한 재주를 지니고 있으면서도 억눌려 막혀 있는 상황을 만난 것이다.(磊落奇才而遭抑塞也.)

《두시상주》 《후한서・곽태전》에 "선비들을 기용하였는데 모두 감식한 바와 같았다."라고 하였는데, 이 시에서 쓰인 '발'자의 근거다. 《사기》에 "공손앙은 나이가 비록 젊지만 기특한 재주를 지니고 있다."라고 하였다.(後漢郭泰傳, 振拔士人, 皆如所鑒. 此拔字所本. 史記, 公孫鞅年雖少, 有奇才.)

3 豫章(예장): 재질이 아름다운 것으로 유명하다. '章'이 '樟'으로 된 판본도 있다. 翻風(번풍): 바람에 불리어 뒤집히다. 白日動(백일동): 환하게 빛나는 태양이 움직이다. 아름다운 재질의 예장목이 바람을 받아 번드치면 환히 빛나는 태양이 따라 움직일 정도라는 말이다.

《두시상주》 육가의 《신어》에 "편, 남, 예, 장은 천하의 명목이다."라고 하였다.(陸賈新語, 楩枏豫章, 天下之名木.)

4 鯨魚(경어): 고래. 跋浪(발랑): 물결을 밟고 넘어가다. 滄溟(창명): 바닷물이 가득함을 형용하는 말로 흔히 큰 바다를 가리킨다.

《보주두시》에 인용된 조차공 주 커다란 물고기를 가지고 비유한 것이다. 최표의 〈고금주〉에 "'경'은 바다 고기로서 큰 것은 수천 리나 되고 작은 것은 천 길 정도로 물결을 치면 우레를 이루고 물을 뿜으면 비가 내리는 듯하다."라고 하였다.(以大魚比之. 崔豹古今注, 鯨, 海魚也, 大者數千里, 小者千丈, 鼓浪成雷, 噴沫如雨.)

《구가집주두시》 조차공 주 '발랑'에서 '발'은 '도약하여 벗어난다'는 뜻으로 '발호'의 '발'이나 '발마'의 '발'과 같다.(跋浪, 則跋跳而出, 如跋扈之跋, 跋馬之跋.)

5 且(차): 우선. 劍佩(탈검패): 차고 있는 칼. 칼과 패옥을 뜻한다는 설이 있다. 休徘徊(휴배회): 배회함을 그치도록 하라.

#《두시상주》 이 부분은 사직이 부르는 슬픈 노래를 위로하는 뜻이다. 거나하게 취하여 칼을 빼들고 부르는 노랫소리가 매우 애처로워 공이 그에게 슬퍼하지 말라고 권유하며 격려 진작하였다. '번풍'과 '발랑'구는 빼어난 재주를 지니고 있어 종당에는 크게 쓰일 것이니 어찌 꼭 칼을 잡고 슬피 노래할 것이 있느냐는 말이다. 노원창 주에 "첫구의 '가막애'는 왕랑의 노래를 가리킨다. 뒷부분의 '청안고가'는 공 스스로 부른 노래로서 곧 제목 안에서 말한 '단가'다. 분별해서 볼 필요가 있다."라고 하였다.(此慰司直哀歌之意. 醉酣拔劍, 歌聲甚哀, 公勸其莫哀, 而激厲振拔之. 翻風跋浪, 言奇才終當大用, 何須撫劍悲歌乎. 盧注, 首句歌莫哀, 王郎之歌. 後面靑眼高歌, 公自歌也. 卽題中所云短歌, 須見分別.)

6 西得諸侯(서득제후): 서쪽으로 가서 제후에게 간알하다. 몸을 의탁하고 지원을 얻기 위하여 촉 지역으로 떠나간다는 말이다. 棹錦水(도금수): 금수에서 노를 젓다. 금수는 성도의 금강이다.

《보주두시》에 인용된 왕수 주 금수는 촉 지역의 강이다.(錦水, 蜀江也.)

7 何門(하문): 어느 집 대문. 어느 가문. 趿(삽): 신다. 珠履(주리): 구슬로 장식한 신. 이 구절은 왕랑이 몸을 의탁하여 지원을 얻고자 하는 집이 어느 집이냐는 말이다. 몸을 의탁할 사람을 신중히 선택하라는 권고가 담겨 있다.

《구가집주두시》 춘신군의 식객이 3천이었는데 (상객은) 모두 구슬로 장식된 신을 신었다.(春申君客三千, 皆躡珠履.)

8 仲宣樓(중선루): 왕찬王粲이 올라가 부를 지었다고 하는 누대로 형주에 있었다. 이별했던 곳이다.

《두시상주》 주학령 주에 "《형주기》에 당양현의 성루로 왕중선이 올라서 부를 지었다고 하였다. 《일통지》에 중선루는 형주에 있는데 곧 당양현의 성루라고 하였다. 《방여승람》을 살펴보건대, 중선루는 형주부 성의 동남쪽 모퉁이에 있다. 이것은 곧 후량 시기 고계흥이 건립한 것인데, 혹 그것을 인용한 것은 잘못이다."라고 하였다.(朱注, 荊州記, 當陽縣城樓, 王仲宣登之而作賦. 《一統志》, 仲宣樓, 在荊州, 卽當陽縣城樓. 按方

輿勝覽, 仲宣樓, 在荊州府城東南隅. 此乃後梁時高季興所建, 或引之非也.)

《구가집주두시》 조차공 주 누대는 형주를 가리켜 말한 것이다. 왕찬은 자가 중선으로 형주에 온 뒤에 일찍이 누대에 올라 부를 지은 적이 있다. 지금 바로 형주루를 중선루라 하는 것은 양 원제의 (〈출강릉현환出江陵縣還〉) 시에서 '아침에 도양현에 나갔다가, 저녁에 중선루로 돌아온다'라 한 것이 처음이다. 이는 대체로 중선이 한 시대의 명인이었기에 그렇게 이름을 붙일 수가 있는 것으로 천자의 천록각을 자운각이라 부를 수 있는 것과 같다.(樓, 指言荊州. 王粲, 字仲宣, 自來荊嘗登樓作賦, 今直以荊州樓爲仲宣樓. 祖出梁元帝詩, 朝出屠羊縣, 夕返仲宣樓, 蓋以仲宣一世名人, 故得以名之, 猶天子之天祿閣, 可謂之子雲閣也.)

9 靑眼(청안): 상대에 대한 호감을 표시한다. 高歌(고가): 방가放歌, 즉 두보가 왕랑에 대한 고무와 격려의 뜻을 담아 소리 내서 노래한다는 말이다. 望吾子(망오자): 왕랑이 인정을 받아 재주를 펼칠 수 있기를 기대한다는 말이다. '吾子'는 남자 상호간에 사용하는 친근히 대하는 뜻을 갖는 호칭이다.

《의례儀禮 · 사관례士冠禮》의 "願吾子之敎之也"에 대한 정현鄭玄 주 '오자'는 상대를 친근히 대하는 말이다. '오'는 나이고, '자'는 남자에 대한 미칭이다.(吾子, 相親之辭. 吾, 我也. 子, 男子之美稱.)

《보주두시》에 인용된 왕수 주 완적은 능히 눈동자를 파랗게 또는 하얗게 하여 사람을 중시하기도 하고 경시하기도 하였다.(阮籍, 能爲靑白眼, 以重輕人.)

10 眼中之人(안중지인): 전부터 알고 지냈거나 그리운 사람. 왕랑을 가리킨다. 혹 두보를 가리키는 것으로 보기도 하지만 취하지 않는다. 吾老矣(오로의): 두보 자신이 늙었다는 말이다.

《구가집주두시》 조차공 주 안중의 사람이란 왕랑이 바로 나의 안중의 사람이라고 직접 가리킨 것으로, 그를 부르기를 "안중의 사람이여! 이제 나는 늙었다네."라고 하였다. …… '나는 늙었다'는 것은 공자의 말이다.(眼中之人, 直指王郎是我眼中之人, 而呼之曰, 眼中之人乎, 今吾老矣也. …… 吾老矣, 孔子之語.)

#《두시상주》 이 부분은 사직이 촉으로 가는 것을 송별하는 정회다. 왕랑은 서촉으로 가서 장차 제후의 문에 알현하려 하니, 지금 누대머리에서 시를 기증하여 송별하면서 눈빛을 집중하여 바라보며 소리 높이 노래 불러 오직 지기를 만나 노쇠한 사람인 나에게 위안이 되어 줄 것을 비라고 있다.(此送司直赴蜀之情. 王赴西蜀, 將謁侯門, 今樓頭贈別, 注眼高歌, 惟望知己遭逢, 以慰我衰老之人也.)

##《독두심해》 왕랑이 장차 서촉으로 가서 제후에게 간알하고자 하면서 거나하게 취하여 슬피 노래를 부르자, 공이 바로 술자리에서 이 시를 기증하였다. 상하 각 5구이며 운의 전환에 따라 분절된다. 위에서는 슬퍼하지 말라고 권하였고, 아래에서는 그가 지우를 입기를 바랐다. 수구의 '막애' 두 글자는 따로 떼어 읽는다. 칼로 찍으며 노래하니 애처로운 마음이 발하여 슬퍼하지 말라고 권한 것이다. 그대의 출중한 재주를 내가 능히 발탁할 수 있다고 한 것은 공이 능히 발탁할 수 있다는 것이 아니고, 그의 재주가 절로 발탁될 수 있는 조건을 갖추고 있기에 능히 그것을 터줄 수 있다는 말이다. 환히 빛나는 해와 너른 바다는 당시의 세력가들을 나타낸다. 환히 빛나는 해가 그 때문에 움직이고 너른 바다가 그 때문에 열리니 바로 그가 꼭 발탁될 수 있는 곳이다. 배회는 곧 슬피 노래하는 모습이다. '벗어놓아라' '말아라' 하는 것은 곧 '슬퍼하지 말라'의 의미로서 거듭 말하여 권면한 것이다. '서득' 2구는 촉으로 가는 것을 적시한다. '금수에 노 젓는다'는 빼어난 재주를 지닌 사람이 격탕시킴에 금수 또한 그 때문에 뛰어오른다는 것이다. '어느 문으로 향할 것인가'는 장소를 가려서 밟기를 면려한 것이다. '중선'구는 장소와 시간을 직시하고 있다. 왕랑에게는 슬퍼하지 말라고 권하고 자신은 높이 소리 내어 노래하여 기대한다고 하였으니, 환히 살아 움직이는 듯하다. 결미에서는 또 한 마디 말로 고무 격려하여 '눈 속의 사람'이라 하고 자신에게 있어서는 늙어서 쓸데가 없을 뿐이라고 하였으니 곧바로 생동감이 느껴진다. 이와 같이 노래해야만 비로소 한창 시절의 청년에 어울릴 수 있는 것이다. 노세각은 "높이 솟아 빼어나며

질탕비량하다."라고 하였다.(王郎將遊西蜀, 干諸侯, 酒酣哀歌, 公乃當筵贈此也. 上下各五句, 依轉韻截. 上勸其莫哀, 下望其知遇. 首句莫哀二字另讀, 斫劍而歌, 哀情發矣, 故勸之莫哀也. 爾才絶奇, 我能拔之也, 非公能拔之也, 其才自挾振拔之具, 故能決之也. 白日滄溟, 喩當時之有勢力者. 白日爲動, 滄溟爲開, 正其必能見拔處. 徘徊, 卽哀歌之態. 曰脫曰休, 卽莫哀意, 重言以勸之也. 西得二句, 點赴蜀. 棹錦水, 奇才激盪, 錦水且爲之騰躍也. 向何門, 勖其擇地而蹈也. 仲宣句, 點地點時. 在王則勸之莫哀, 在我則高歌以望. 照耀生動. 結又以單詞鼓勵之, 以爲眼中之人, 如吾者則老而無所用耳, 言下躍然. 如此歌纔配副得英年人. 盧世㴶曰, 突兀橫絶, 跌宕悲凉.)

(이남종)

55. 遣遇

시름을 풀다

磬折辭主人[1] 開帆駕洪濤 春水滿南國 朱崖雲日高[2]
舟子廢寢食 飄風爭所操[3] 我行匪利涉[4] 謝爾從者勞[5]
石間采蕨女 鬻市輸官曹[6] 丈夫死百役[7] 暮返空村號
聞見事略同 刻剝及錐刀[8] 貴人豈不仁 視汝如莠蒿[9]
索錢多門戶[10] 喪亂紛嗷嗷[11] 奈何黠吏徒[12] 漁奪成逋逃[13]
自喜遂生理[14] 花時甘縕袍[15]

허리 굽혀 주인에게 작별하고
돛을 펴서 큰 파도를 몰아가는데
봄물은 남국에 가득하고
붉은 벼랑에 구름 낀 해가 높다.
선부船夫가 침식을 폐하고
회오리 바람에 다투어 배를 조종한다.
내 행정이 순탄하지 못한 처지라
그대 선부의 노고에 감사한다.

돌 사이에서 고사리 캐는 여인
저자에 내다 팔아 관청에 세금 내는데,
자아비가 갖가지 부역으로 죽어
저녁에 빈 마을로 돌아가면 통곡을 한다지.
듣고 본 일 대충 비슷하니
수탈이 추도錐刀에까지 미친다.

귀하신 분들이 어찌 어질지 않으랴만
너희들 보기를 가라지나 쑥처럼 여기는구나.
돈 내놓으라는 일 많으니
난리에 어지러이 통곡한다.
어쩌랴, 교활한 관리들이
싹쓸이하여 백성들을 도망가게 하였으니.
내 스스로야 살아가는 것을 기뻐하는 터라
꽃 피는 시절에 솜옷도 달가워한다.

대력 4년 악양岳陽에서 담주潭州로 가는 도중에 지은 시이다. 고사리를 캐서 팔아 세금을 내야 하는 과부의 비참한 상황을 목도하고 시인 자신의 어려운 형편은 이에 비해 아무 것도 아니라고 자위하는 내용이다. 수탈하는 관청에 대한 분노와 고초를 겪는 인민에 대한 동정심을 직설적으로 드러낸 이 시는 시인이 만년에도 한결같이 나라와 백성을 걱정하고 있었다는 사실을 잘 알려 준다.

시제인 '견우遣遇'는 '만난 상황에 대해 마음을 풀다'는 뜻이다.

《보주두시》 시에서 "돛을 펴서 큰 파도를 몰다."라고 하였는데, 물길을 거슬러 올라가며 쓴 시임을 알 수 있으니 의당 대력 4년 봄 악양에서 담주로 가며 쓴 것이다. 그래서 "봄물이 남국에 가득하다."라고 한 것이다.(詩云, 開帆駕洪濤, 見其爲上水而作, 當是大曆四年春自岳之潭作. 故又曰春水滿南國.)

《두시상주》에 인용된 황생 주 시제에서 '견우'라고 한 것은 비록 바람 파도의 험한 상황을 만났으나 그래도 끝내 살아갈 수 있으니 원정과 부역에 몰려서 죽고 헤어지는 슬픔을 겪는 것과는 다르니,

이 일로 스스로 마음을 푼다는 것을 말한다.(題曰遣遇, 謂雖遇風濤之險, 猶得遂其生理, 不若迫於征役者, 有死亡離散之悲, 故以此自遣也.)

주 석

1 磬折(경절): 경쇠 모양으로 허리를 굽혀 절하다. 공손한 모습이다. 主人(주인): 당시 두보가 만났던 그 지역의 사람일 것이다.

《**두시상주**》 '주인'은 중도에서 만난 사람이다.(主人, 中途所遇者.)

2 朱崖(주애): 붉은빛이 나는 벼랑. 지명이라는 설도 있다. 雲日(운일): 구름이 낀 태양.

《**두시상주**》《상중기》에서 "붉은 벼랑이 아침노을 같다."라고 하였는데 '주애'는 바로 이것을 가리킨다.(湘中記, 赤崖若朝霞, 朱崖正指此.)

《**구가집주두시**》 '주애'는 남해의 지명이다.(朱崖, 南海地名.)

3 飄風(표풍): 회오리바람. 이 시에서는 심한 바람을 뜻한다. 이 구는 회오리바람과 다투며 배를 모는 것을 뜻한다.

《**구가집주두시**》 바람을 타고 간 것이다. 《이아》에 "회오리바람이 '표'이다."라고 하였다.(乘風而行. 爾雅, 回風爲飄.)

《**두시택풍당비해**》 바람이 선부가 모는 것과 다툰다는 것이니 위태로움을 말한다.(風爭舟子所爭, 言其危也.)

4 利涉(이섭): 건너기가 이롭다. 이 구는 이번 뱃길 여행이 순조롭지 않다는 말이다.

《**주역 · 수괘需卦**》 큰 시내를 건너는 데 이롭다.(利涉大川.)

5 從者(종자): 앞의 '주자舟子'를 말한다.

《**두시상주**》 '종자'는 배를 모는 사람을 가리킨다.(從者, 指操舟之人.)

#《**두시상주**》 이 단락은 배를 타고 갈 때의 경물과 일을 서술하였다.(此敍舟行景事.)

6 鬻市(육시): 저자에서 팔다. '市'가 '茱'로 된 판본도 있다. 輸(수): 세금 내는 것을 뜻한다. 官曹(관조): 관청.

7 百役(백역): 백가지 부역. 많은 부역을 뜻한다.

《**구가집주두시**》 부역과 세금이 번다함을 풍자한 것이다.(譏役斂煩重

也.)

8 錐刀(추도): 작은 칼. 아주 작은 이익을 비유한다.

[聞見 2구]

《구가집주두시》 조차공 주 듣고 본 것이 모두 이와 같으니 관청의 가렴주구 때문이다. '추도'에 까지 미친다고 하였으니 큰 것만 취하는 것이 아니라 비록 추도 같은 자잘한 것에까지도 미친 것이다.(所聞所見皆似此, 應官曹之誅求也. 及錐刀, 非止取其大者, 雖錐刀瑣末, 猶及之.)

9 莠蒿(유호): 가라지와 쑥. 나쁜 풀을 대칭한다. 이 구절은 이런 여인을 하찮게 본다는 뜻이다.

[貴人 2구] 조차공은 '不仁' 이하 7자가 의미상 연결되는 것으로 보았다.

《구가집주두시》 조차공 주 두 구 전체의 뜻은 귀인이 어찌 어질지 않아 너희를 가라지와 쑥으로 보겠느냐는 말이다.(兩句通義, 言爲貴人者, 豈是不仁而以莠蒿視汝等耶.)

10 索錢(색전) 구: 돈을 수탈하는 명목이 여러 가지라는 뜻이다.

《두공부초당시전》 수탈하는 것이 하나가 아니다.(誅求不一也.)

11 嗷嗷(오오): 슬퍼 우는 소리. 원망하는 소리.

12 黠吏徒(힐리도): 교활한 하급 관리.

13 漁奪(어탈): 빼앗다. 逋逃(포도): 도망가다. 이 구절은 교활한 관리가 백성의 재산을 빼앗기 때문에 백성들이 달아나는 사태가 일어났음을 말한다.

14 遂生理(수생리): 생계를 꾸려가다. 삶을 영위하다.

15 花時(화시): 꽃 피는 시절. 따뜻한 봄날을 가리킨다. 甘(감): '貰'로 된 판본도 있다.

[自喜 2구] 살아가는 것만으로도 즐거운 일이라 옷이 없어 봄에 겨울 솜옷을 입어도 달가워한다는 뜻이다.

#**《두시상주》** 이 단락은 백성의 곤궁함을 보고 개탄한 것이다. 6구는 사안이고 8구는 그에 대한 판단이다. 고사리를 팔아 관에 세금을 낸 일은 공이 스스로 본 것이고 빈 마을에 여인이 운 것은 들은 이야기를 아울러 든 것이다. 난리에 주구誅求하는 것이야 귀인이 어쩔 수 없겠지만,

포악한 관리가 빼앗은 것을 귀인이 유독 좌시할 수 있겠는가? '어찌 어질지 않으랴'라고 한 말은 은근히 풍자한 것이다. 공이 솜옷을 달가워한 것, 이것이 '조우한 상황에 대해 마음을 푼' 말이며 또한 곤궁한 상황을 보여 준다.(此見民困而慨歎. 六句爲案, 八句爲斷, 鬻蕨輸官, 公所目見, 空村女號, 兼擧所聞也. 喪亂征求, 貴人無可如何, 豪吏侵奪, 貴人獨可坐視乎. 曰豈不仁, 諷刺隱然. 公之甘心縕袍, 此遣遇之詞, 亦見窮途之狀.)

##《독두심해》 이 시는 중간의 태반이 모두 백성의 곤궁한 상황을 목격하고 권력자를 규간하는 말이다. 그리고 앞뒤에서 간략하게 행적과 여행 상황을 언급하였으니, 세상사를 규간하는 것이 주主이고 자기 신세를 감개한 것이 종從인 것 같다. 그러나 자신의 일로 시상을 일으키고 자신의 일로 끝맺었으며 중간에서 다만 곤궁한 백성 중 더욱 곤궁한 자를 빌려 자기 이야기에 변화를 주었던 것이니, 여전히 만난 일을 편히 받아들이는 이야기가 주가 되고 시절을 마음 아파하는 것은 종이 된다. 첫 8구에서 배가 바람 치는 파도를 만난 험한 상황이 원래 어쩔 수 없는 것임을 말하고는 갑자기 이야기를 끊었다. 가운데 12구는 고사리 캐는 과부에서 촉발되어 나왔다가 '듣고 본 것이 대략 같다'는 구로 잇고 논의를 마음껏 넓혀가서 측은하게 여기는 뜻을 극도로 다하였다. 마지막 단락은 단지 2구로 시상을 맺으면서 전환하여, 내가 파도를 타고 먼 강을 건너는 것도 심히 곤궁한 일이나 저 곤궁한 백성과 비교하면 그래도 살아갈 수 있으니 솜옷도 달갑게 받아들일 뿐이라고 말하였다. 전편의 맥락이 잘 연결되었는데 예전 주석은 모두 이를 잘못 보았다.(此篇中間大半, 皆目擊民窮規切當事語. 前後略及行踪旅況. 則似規世爲主, 慨己爲賓. 然以身事起, 以身事結, 中間特借窮民之尤困者, 作自己波瀾翻剔, 則仍是安遇爲主, 傷時爲賓. 起八句, 言舟楫風濤之險, 原非得已, 忽然截住. 中十二句, 從采蕨寡婦觸發出來, 隨以聞見略同句, 推廣暢論, 極淋漓愷惻之致. 結只兩句收轉, 言我駕濤遠涉, 困亦甚矣, 然較彼窮民, 猶爲生理克遂, 則亦甘心縕袍而已. 通身神理一片, 舊俱失之.)

(이영주)

56. 蠶穀行

누에와 곡식의 노래

天下郡國向萬城[1]　　無有一城無甲兵[2]
焉得鑄甲作農器[3]　　一寸荒田牛得耕[4]
牛盡耕 蠶亦成　　不勞烈士淚滂沱[5]
男穀女絲行復歌

천하의 군국이 거의 일만 성인데
어느 한 성도 전란 없는 곳이 없구나.
어떻게 하면 병기를 녹여 농기구를 만들고
한 마디 황량한 밭이라도 소가 갈게 할 수 있을까.
소가 밭을 다 갈고, 누에 또한 자라서
열사가 눈물 펑펑 쏟지 않게 하고
남자는 농사짓고 여자는 실 자아서 다니며 또 노래하게 할 수 있을까.

이 시는 당시 전란으로 인하여 어느 한 곳 편안한 곳이 없었기에 하루 빨리 전쟁이 그치고 평화가 찾아오기를 바라는 마음을 노래하였다. 시제의 '잠곡'은 양잠과 농사를 말한다. 저작 시기는 대력 4년이다.

《보주두시》 시에서 "천하의 군국이 거의 일만 성인데, 어느 한 성도 전란 없는 곳이 없구나."라고 하였으니, 마땅히 대력 3년 형남에서 지은 것이다. 그 전해와 그해 주지광이 반란을 일으켰고, 토번이 빈주와 영주에서 노략질을 하여 경사가 계엄에 들어갔으며 계주의 산료족이 반란을 일으켰고 상주와 유주 병마사가 함께 모반하였으며 양자림이 또한 성도를 함락시켰으니 가히 천하가 모두 전쟁 중이라고 할 수 있겠다.(詩云, 天下郡國向萬城, 無有一城無甲兵, 當是大歷三年荊南作. 去年與其年周智光反, 吐蕃寇邠靈州, 京師戒嚴, 桂州山獠反, 商州幽州兵馬使並反, 楊子琳又陷成都, 亦可謂天下皆用兵也.)

《**두시상주**》 대력 3년 상주병마사 유흡이 모반하였고 유주병마사 주희채도 모반하였다. 대력 4년에는 광주 사람 풍숭도, 계주 사람 주제시가 반란을 일으켰고, 또한 해를 이어 토번이 침입해 노략질을 하였으니 이른바 어느 한 성도 전란 없는 곳이 없는 것이다. 이제 주학령을 따라 대력 4년에 편재하는데 이것이 옳다.(大歷三年, 商州兵馬使劉洽反, 幽州兵馬使朱希彩反, 四年, 廣州人馮崇道桂州人朱濟時反, 又連年吐蕃入寇, 所謂無有一城無甲兵也. 今依朱氏編在四年爲是.)

주 석

1 郡國(군국): 군郡과 국國. 한나라 때 중앙 직속의 군과 제후를 임명하는 국의 제도를 두었는데, 후에는 지방 행정조직을 두루 가리키는 말로 사용되었다. 向(향): 대략. 거의.

2 甲兵(갑병): 갑옷 입은 병사. 전쟁을 가리킨다.

《**구가집주두시**》 당시 도적이 가득하여 천하가 모두 군대를 사용하였다.(時盜賊充斥, 天下皆用兵.)

3 鑄甲(주갑): 병기를 녹이다. 전란이 끝나서 평화가 찾아오는 것을 말한다.

《**구가집주두시**》 **조차공 주** 여기서는 안회의 말을 넌지시 사용하였다. 《공자가어》에 수록되어 있기를 "안회가 '저는 거룩하고 현명한 임금을 만나 그를 보필하고 검과 창을 녹여 농기를 만들며 소와 말을 들판에 풀어서 기르기를 원합니다'라고 말하였다."라고 하였다.(此暗使顏回之語. 家語載, 回曰, 回願得明王聖主輔相之, 使鑄劍戟爲農器, 放牛馬於原藪.)

4 耕(경): 아래에 '田'자가 있는 판본도 있다.

5 烈士(열사): 전쟁에 나간 사병을 말한다. 滂沱(방타): 눈물을 많이 흘리다.

[牛盡 3구]

《구가집주두시》 조차공 주 열사가 볼 때 평일에 소는 밭 갈지 못하고 누에도 자란 것이 없었기에 눈물을 흠뻑 쏟은 것이다. 지금은 소가 밭 갈아 남자가 농사짓고 누에가 자라 여자가 실 잣는 것을 보게 되었기에 기뻐하여 다니며 노래하는 것이다. 다니며 노래한다는 표현은 열사를 위주로 하여 말한 것이다.(烈士見平日, 牛不得耕, 蠶無所成, 則涕淚滂沲. 今也見牛耕而男穀, 蠶成而女絲, 則喜而行歌焉. 行歌字, 主烈士言之也.)

《보주두시》 사고 주 당시 도적이 천하에 가득하여 남자는 밭가는 일을 폐하고 여자는 베 짜는 일을 그만두었기에 현재를 아파하며 예전을 그리워한 것이다.(時寇盜滿天下, 男廢耕, 女廢織, 故傷今而思古也.)

#《두시상주》 당시 부역이 빈번하여 농사일을 폐하게 된 것이 이 〈잠곡행〉을 짓게 된 이유다. 그렇지만 반드시 전란이 그친 후에야 백성이 비로소 생업에 복귀할 수 있다. 마지막에 열사라고 말하였으니 당시 수자리를 살던 병사가 바로 농민이라는 것을 알겠다. 《두억》에서는 "위에서는 '갑병'이라고 하고 아래에서는 '주병'을 바꾸어 '주갑'이라고 하였는데, 이것은 시어를 엇섞어 사용한 것이다. 시제에서는 '양잠'과 '농사'를 함께 말하고 본문에서는 단지 '누에 또한 자라다'라고만 말한 것은 일을 서술함에 상세하게도 하고 간략하게도 하는 방법이다."라고 하였다.(當時賦役繁而農桑廢, 此蠶穀行所爲作也, 然必銷兵之後, 民始復業, 末云烈士, 見當時征戍之士卽農民耳. 杜臆, 上言甲兵, 下文變鑄兵爲鑄甲, 此用字錯綜處. 題兼蠶穀, 篇中只帶言蠶亦成, 此序事詳略法.)

《독두심해》 수자리 서는 일이 잦아 농사일을 폐하게 된 것이 〈잠곡행〉이 지어진 까닭이다. 그렇지만 표현이 평이한 듯하다.(征戍數, 農桑廢, 蠶穀行所爲作也. 但語似平直.)

(**박홍준**)

57. 風雨看舟前落花戱爲新句

비바람에 배 앞에 떨어지는 꽃을 보고 장난삼아 새로운 구절을 짓다

江上人家桃樹枝[1]　春寒細雨出疏籬[2]
影遭碧水潛勾引[3]　風妬紅花却倒吹[4]
吹花困懶傍舟楫[5]　水光風力俱相怯[6]
赤憎輕薄遮入懷[7]　珍重分明不來接[8]
濕久飛遲半欲高[9]　縈沙惹草細於毛[10]
蜜蜂蝴蝶生情性[11]　偸眼蜻蜓避伯勞[12]

강변 인가의 복숭아나무 가지
추운 봄날 가랑비에 성긴 울타리 밖으로 나왔네.
푸른 물이 그림자를 몰래 끌어당기려고 하니
바람이 붉은 꽃을 샘내 오히려 거꾸로 분다.

바람에 날린 꽃 힘없고 게을리 배 곁으로 왔으니
물의 빛과 바람의 힘이 모두 두렵기 때문.
경박하게 품속으로 들어가는 것을 미워하고
분명하게 와서 들러붙지 않는 것 소중히 여긴다.

젖은 지 오래라 나는 것 더뎌 거의 반밖에 높이 날지 못하여
모래펄에 뒹굴고 풀에 치이나 터럭보다 가늘구나.
꿀벌과 나비도 낯설다는 느낌이고
훔쳐보던 잠자리는 두견새를 피해 자리를 뜬다.

이 시는 대력 5년(770) 담주潭州에서 지은 것이다. 두보는 이보다 한 해 앞서 배 한 척에 몸을 맡긴 채 형주衡州에서 담주에 이르렀다. 담주의 어시장에서 약초를 사기도 하고 어부들과 교분을 가지면서 궁핍하지만 비교적 평온한 나날을 보냈다. 그렇게 생활하던 어느 봄날 비바람에 뱃전으로 떨어지는 꽃을 보다 모진 풍파에 곳곳을 전전하며 처신에 고심했던 그 자신의 인생 역정과 흡사함을 발견하고 이 시를 썼던 것으로 보인다. 두보 시로는 다소 특이하게 비에 젖고 바람에 날리는 꽃의 모습을 세밀하게 묘사하는 데 치중해 사詞의 정취가 느껴진다는 평을 듣는 작품이다.

> 《두시상주》 황학의 주에 "공이 담주에서는 다만 배에 기거하였으니(〈소대시어방강포부팔운기이蘇大侍御訪江浦賦八韻記異〉시 서문의) '소환이 가마를 타고 문득 늙은이의 배를 방문했다'는 말을 보면 증험된다. 그가 배 앞에 지는 꽃을 보았으니 곧 대력 5년 담주에서 지은 것이다."라고 했다.(鶴注, 公在潭只船居, 觀蘇渙肩輿忽訪老夫舟檝語可驗. 其看舟前落花, 乃是大曆五年潭州作.)

주 석

1 江上(강상): 강변. 桃樹(도수): 복숭아나무. '樹'는 '李'로 된 판본도 있다.

2 春寒(춘한): 봄 추위. '寒'이 '風'으로 된 판본도 있다. 疏籬(소리): 성긴 울타리.

3 影(영): 강물에 비친 복사꽃의 그림자를 말한다. 遭(조): 만나다. 潛(잠): 가만히. 슬그머니. 勾引(구인): 끌어당기다. 물이 꽃잎을 유혹하는 것 같다는 말이다. 《두시언해》에서는 이 구절을 "그림자는 푸른 물이 가만히 끌어당김을 만났으니"라고 옮겼다.

4 妬(투): 질투하다. 샘내다. 却(각): 도리어. 倒吹(도취): 거꾸로 불다. 물이 꽃잎을 끌어당기려 하자 바람이 이를 샘내는 듯 꽃잎을 다시 위로 불어 올린다는 뜻이다.

[影遭 2구]

《두억》 복숭아나무가 강가에 있으면 꽃이 지면서 자연히 물에 빠지게 되는데, 물속의 꽃 그림자를 보고 곧 그것이 '살그머니 끌어당겼다'고 하였다. 꽃이 강한 바람을 만나면 자연히 날리게 되는데 도리어 그것이 '샘을 내 거꾸로 불었다'고 하였다.(桃樹臨江, 花落自然入水, 見水中花影, 便謂其潛勾引. 花值衝風, 自然飛起, 却謂其妬而倒吹.)

#《두시상주》 첫 단락은 비바람과 떨어지는 꽃을 노래했다.(首詠風雨落花.)

5 困懶(곤라): 무기력하고 게으르다. 힘들어하는 모습이다. '懶'가 '癩'로 된 판본도 있다. 舟楫(주즙): 배와 노. 흔히 배를 가리킨다.

6 水光(수광): 수면에 반사되는 빛. 風力(풍력): 바람의 힘. 怯(겁): 두려워하다. 꽃이 물과 바람을 두려워한다는 말이다. 일설에서는 물과 바람이 꽃을 두려워하는 것으로도 보는데 취하지 않는다.

[吹花 2구]

《두시경전》 끌어당겨지는 것도 두렵고 바람에 날리는 것도 두렵다는 말이다.(謂旣怯勾引, 又怯吹也.)

《두억》 바람에 날려 배에 떨어져 물에 젖어 움직이지 않으므로 곧 그것이 '힘없고 게으르다'고 하였다. 이때에는 물이 끌어당겨도 떼어낼 수 없고 바람이 거꾸로 불어도 날릴 수 없으므로 '물의 빛과 바람의 힘'이 '두려워한다'고 하였다.(吹落舟楫, 濕而不動, 便謂其困懶. 此時水勾引不去, 風倒吹不起, 便謂水光風力之怯.)

7 赤憎(적증): 싫어하다. 미워하다. 輕薄(경박): 경박하다. 遮入懷(차입회): 품속으로 들어가다. '遮'를 '대뜸'의 뜻으로 풀이하기도 한다. '入'이 '人'으로 된 판본도 있다.

《두시상주》 황학의 주에 "공이 '버들 솜이 솜보다 하얀 것도 사뭇 미워지네'라고 말한 적이 있으니, '적증'은 '생증'과 같은 말로 모두 방언이다."라고 하였다.(鶴注, 公嘗云, 生憎柳絮白於綿, 赤憎猶云生憎, 皆方言也.)

두보 〈절구만흥구수絶句漫興九首**〉 기오**其五 경박한 복사꽃은 물결 따라 흘러가네.(輕薄桃花逐水流.)

《구가집주두시》 조차공 주 '차'는 '대뜸'이라는 뜻이다.(遮之爲言, 輒也.)

8 珍重(진중): 아끼다. 소중히 여기다. 分明(분명): 명확하다. 뚜렷하다. 不來接(불래접): 꽃잎이 사람에게 달라붙지 않는 것을 말한다. '接'이 '折'로 된 판본도 있다.

[赤憎 2구]

《두시상주》 공의 시(〈우송又送〉)에서 '미련을 지니다'를 '가녀린 풀'에 귀속시키고, '슬피 바라보다'를 '남은 꽃들'에 귀속시킨 적이 있으니, '미워하다'와 '아끼다' 또한 마땅히 꽃에 대해서 말한 것임을 알겠다.(公詩曾以留連屬細草, 悵望屬殘花, 知赤憎珍重, 亦當就花說.)

《두시경전》에 인용된 장진張溍 **주** 사람의 품으로 들어가는 것이 가증스러울까 두려워한 까닭에 멀리 날아가 사람과 접촉하지 않으려 한다는 말로, 지각이 없는 사물에 의도가 있는 것처럼 말한 것이 매우 절묘하다.(言恐以遮人懷可憎, 故遠飛不欲與人相接, 說得無知物如有意, 甚妙.)

#〈두시상주〉 다음 단락에서는 배 앞에 떨어지는 꽃을 보았다. 배 옆으로 떨어지는 모습은 마치 평소에 경박하게 품속으로 들어갔던 것을 미워하고 사람에게 가까이 가려들지 않는 것을 소중히 여기는 듯한데, 이는 힘없고 게으른 모습을 그려 낸 것이다.(次看舟前落花. 傍舟委落, 有似憎平日之輕薄遮懷, 而珍重不肯近人者, 此摹寫困懶情態也.)

9 濕久(습구): 물에 젖은 지 오래되다. 飛遲(비지): 날아가는 것이 더디다. 半欲高(반욕고): 반밖에 올라가지 못하다. '欲'이 '日'로 된 판본도 있다.

10 縈沙(영사): 모래펄에 얽매이다. 惹草(야초): 풀에 치이다. 細於毛(세어모): 터럭보다 가늘다.

[濕久 2구]

《두억》 꽃이 젖은 지 오래되어 날아오르는 것이 조금 더뎌진 것을 두고 곧 꽃의 뜻이라 하였다. 높이 오르려 해도 그러지 못하는 것을 형상화하여 '반밖에 올라가지 못한다'고 하였다. 모래펄에 떨어진 것을 두고 도리어 그것이 '얽매인다'고 하였고, 풀에 떨어진 것을 두고 곧 그것이 '치인다'고 하였다. 터럭보다 가늘어 점차 자취가 사라지게 된 것으로 도리어 그것이 자신을 아끼지 않고 잘못을 범하는 것을 나무랐다.(花因濕久, 飛起稍遲, 便謂花之意. 欲高不得, 而狀之以半欲高. 落在沙中, 却謂其縈, 落在草中, 便謂其惹. 以致細於毛, 漸無踪影, 却尤其不自愛而取咎也.)

11 蜜蜂(밀봉): 꿀벌. 蝴蝶(호접): 나비. 生(생): 생소하다. 낯설다. 情性(정성): 감정. 호의. '性'이 '住'로 된 판본도 있다.

《**두시상주**》 '생정성'(의 '생')은 바로 (낯설거나 낯익다는) '생숙'의 '생'이다.(生情性, 乃生熟之生.)

12 偸眼(투안): 몰래 훔쳐보다. 蜻蜓(청정): 잠자리. 伯勞(백로): 때까치.

《**두시상주**》**에 인용된 〈물리론**物理論**〉** 때까치는 악조인 까닭에 여러 새들이 두려워하며, 외따로 있는 것을 좋아하는 성실이 있다.(伯勞惡鳥, 故衆鳥畏之, 性好獨.)

[蜜蜂 2구]

《**보주두시**》**에 인용된 황학 주** 이 두 구 또한 백성들이 그들에게 해를 입히는 관리를 질시하는 것을 비유한다.(此二句, 亦喩細民側目於賊民之長吏也.)

《**두공부시집집주**》 끝 두 구는 단지 꽃이 떨어질 때 본 것일 뿐인데, 황학의 주에서 비유로 해설한 것은 너무 우활하다.(末二句只是落花時所見, 鶴注作比說, 太迂.)

#《**두시상주**》 끝 단락은 떨어지는 꽃을 대하고 감회가 있었던 것이다. 벌과 나비는 평소 꽃의 향기를 좋아하는데 지금은 모래펄과 풀에 떨어진 것을 보고 감정상 문득 낯설다고 느낀다. 잠자리가 우연히 꽃 사이를 지나는 모습은 마치 옆에서 훔쳐보는 듯한데, 한번 때까치를 만나자 도리어 다시 쏜살같이 피하는 것으로, 꽃은 떨어질 무렵이 되면 결국 세정世情으로부터 버림받는다는 것을 보인 것이다. 이는 눈앞에 보이는 것을 든 것이지만 시구에 감개가 기탁되어 있다.(末對落花而有感. 蜂蝶素戀花香, 今見墮於沙草, 則性情頓覺生疎. 蜻蜓偶過花間, 有似偸眼旁觀者, 一遇伯勞, 却又倉卒避去, 以見花當零落之餘, 終爲物情所棄. 此擧目前所見, 而詞寓感慨.)

##《두억》 강변의 복사꽃이 비바람에 날려 떨어져 혹은 물에 빠지고 혹은 바람에 날리고 혹은 배 곁으로 오고 혹은 품이나 소매로 들어가고 혹은 모래펄 속이나 풀 속으로 들어가는 것은 사람들이 익숙하게 보던 것으로 본래 정취랄 것이 없다. 공은 배 안에서 한가로이 바라보며 오히려 무정에서 유정을 간파했다. …… 이는 모두 고요함 속에서 간파한 것으로 모두 허경이고 모두 유희이고 모두 잔재주라서 본디 대가들이 마뜩찮게 여기는 것이지만 우연히 한번 이를 짓게 된 까닭에 스스로 '새로운 구절'이라 일컬은 것이며, 섬세한 기교와 농염함이 마침내 나중에 사곡의 선성先聲이 되었다.(江上桃花, 風雨飄墮, 或落水, 或吹去, 或傍舟楫, 或入懷袖, 或入沙中草中, 人所習見, 本無情致. 公於舟中閒看, 却於無情中看出有情. ……此皆從靜中看出, 都是虛景, 都是遊戲, 都是弄巧, 本大家所不屑, 而偶一爲之, 故自謂新句, 而纖巧濃豔, 遂爲後來詞曲之祖.)

《독두심해》 시 전체에서 사물을 읊으며 감정이 담긴 말을 섞지 않았다. 황학은 비유의 뜻이 있다고 하고 구조오는 감개의 말을 기탁했다고 했으나 모두 탁월한 이해가 아니다. 1, 2구에서는 먼저 나뭇가지를 끄집어내 '꽃' 이야기보다 한 단계 앞에 있으면서 '비'만 단독으로 점제點題하고 '바람'은 그 안에 섞지 않았다. 3, 4구에서는 '물이 끌어당긴다'고 말하며 '떨어지다'의 한 단계 앞에 있으면서 또 '배 앞'의 복선이 되었다. '바람이 거꾸로 분다'고 하여 비로소 '바람'을 점제하며 '떨어지는 꽃'이라는 제목 자체에 이르렀다. 이상은 모두 점제에 해당한다. 5, 6구 아래에서는 곧 그 모습을 세밀히 묘사하였는데, '곤라' 두 글자가 총괄하면서 또 그 김에 '배 앞'으로 돌아가 밝혔다. '모두 두렵다'는 것은 '곤라'를 거듭 묘사한 것이다. 7, 8구는 바로 '힘없고 게으른' 모습이다. '품에 들도록 내버려두다'는 마치 가까이가려는 듯하다는 것으로, 가깝기에 '경박하다'는 말을 쓴 것이다. '불래접'을 궁구해 보면 다시 멀어진 듯한데, 멀어졌기에 '분명하다'는 말을 쓴 것이다. 모름지기 이 네 구를 음미해 보면 그 가운데 모두 '비'를 감춰 두고 있다. 그래서 9, 10구에서 '젖은 지 오래'이고 '나는 것 더디다'는 말을 긴밀하게 이어 그것을 일깨운 것이다. 또 '비'의 의미가 너무 강해질까 염려한 까닭에 '터럭보다 가늘다'는 말로 그것을 드러냈다. 이 구절은 '비'만 말하고 '꽃'을 말하지 않았는데, 바로 꽃이 높이 날리지 않았기 때문이다. 11, 12구는 떨어지지도 붙지도 않은 데 절묘함이 있다. '생정성'이란 일부러 그러는 것 같음을 말하는데, 꽃잎이 흩어져 날리고 나면 그로부터 벌과 나비도 심란해진다는 말이다. '훔쳐본다'는 것은 점차 가까이 가려는 것을 말하고 '두견새를 피한다'는 것은 또 갑자기 떠나는 것을 말한다. 두 구는 전체적으로 벌, 나비 그리고 잠자리가 좋아하는 듯 버리는 듯하는 광경을 교차해 묘사한 것이다. 제목과 연관시키지 않았는데도 제목의 뜻이 이 속에 있다. 사물의 묘사가 세밀하고 절묘하며 붓끝에 생동감이 넘치니, 늘그막에 이런 염려한 정취에 뛰어난 것은 뜻밖이다.(全首賦物, 不攙情語. 黃鶴謂有比意, 兆鰲謂寓感詞, 都非超解. 一二, 先逗樹枝, 在花前一層, 單點雨字, 不混入風內. 三四, 曰水勾引, 在落前一層, 且爲舟前伏根. 曰風倒吹, 纔點風字, 到落花正面. 此上俱屬點題. 五六以下, 乃細摹其態, 困懶二字總領, 又隨手點還舟前. 俱相怯, 申寫困癩. 七八, 正是困癩情態. 遮莫入懷, 若將近者, 近, 故下輕薄字. 究不來接, 仍似遠者, 遠, 故下分明字. 須味此四句, 中間俱藏得雨字在. 故九十, 緊接濕久飛遲以醒之. 又恐雨意太重, 故以細於毛淸出之. 此句言雨不言花, 乃花飛不高之故也. 十一十二, 妙在不脫不黏. 生情性, 言若裝模作態者, 惟其花片分飛, 是以物情撩亂. 偸眼, 謂漸欲相卽, 避伯勞, 謂又忽而開去. 二句總是互寫蜂蝶蜻蜓, 若戀若捨光景. 不着題面, 而題神在個中. 體物微妙, 毫端活潑, 不虞老境擅此冶情.)

(**김준연**)

| 참고문헌 |

≪九家集注杜詩≫, 宋, 郭知達.

≪杜工部草堂詩箋≫, 宋, 蔡夢弼.

≪補注杜詩≫, 宋, 黃希, 黃鶴.

≪杜臆≫, 明, 王嗣奭.

≪杜詩詳注≫, 淸, 仇兆鰲.

≪讀杜心解≫, 淸, 浦起龍.

≪杜詩鏡銓≫, 淸, 楊倫.

≪杜工部集輯註≫, 淸, 朱鶴齡.

≪杜詩錢注≫, 淸, 錢謙益.

≪讀杜詩說≫, 淸, 施鴻保.

≪杜律啓蒙≫, 淸, 吳峻.

≪杜詩諺解≫, 朝鮮.

≪杜甫全詩集≫, 鈴木虎雄, 東京: 誠進社, 昭和 53.

≪杜甫詩全譯≫, 韓成武, 張志民, 河北人民出版社, 1997.

≪두보 初期詩 역해≫, 이영주 등, 서울: 솔, 1999.1.

≪두보 至德年間詩 역해≫, 강성위 등, 서울: 한국방송통신대출판부, 2001.12.

≪두보 爲官時期詩 역해≫, 김만원 등, 서울대출판부, 2004.8.

≪두보 秦州同谷時期詩 역해≫, 김만원 등, 서울대출판부, 2007.10.

≪두보 成都時期詩 역해≫, 김만원 등, 서울대출판부, 2008.12.

≪두보 梓州閬州時期詩 역해≫, 김만원 등, 서울대출판문화원, 2010.

| 시구 찾아보기 |

ㅂ

ㅅ

ㅇ

| 발간사 |

다가오는 미래가 아시아의 시대가 될 것이라는 인식은 이제 우리에게 그리 새롭지는 않습니다. 그렇다면 우리에게 주어진 과제는 한국인과 한국사회는 어떤 존재로서 아시아의 시대를 살아가고자 하는가 하는 질문을 통해 우리와 남의 모습을 상상하고, 우리와 남의 관계에 대한 그림을 그리고, 그것들을 실천하는 일일 것입니다.

그러나 아시아의 시대가 온다고 해서 아시아 사람들이 저절로 잘 살게 되는 것도, 아시아가 저절로 평화롭고 정이 넘치는 공동체가 되는 것도 아닐 것입니다. 그러므로 우리는 아시아 지역을 살아가는 사람들이 어떤 공동체를 만들어 가고 싶은가, 아시아 공동체가 잘 되면 인류에게 무슨 도움이 되는 것인가 하는 질문을 해야 하지 않을까 싶습니다. 오히려 아시아의 시대가 왔다고 생각하기 시작한 지난 20여 년 간 아시아 내부의 갈등과 적대, 민족주의와 인종차별 등은 더 심해지고 있다는 착각이 듭니다. 그것을 착각이라고 생각하는 까닭은 외양으로 보면 그렇게 보이지만, 실제 내부에서 일어나는 현상을 찬찬히 살펴보면, 아시아 내부의 상호이해와 교류가 느리지만 거대한 규모로 일어나고 있다고 믿기 때문입니다. 지표면에서 보면 날씨 변화도 심하고 지진도 자주 일어나지만, 땅속 깊은 곳에서 아시아의 시대를 만들어 가는 지하수의 물줄기가 형성되고 있는 것 아닌가 싶습니다.

20세기 유럽과 미국이 축적한 자연과학과 인문·사회과학 등 근대의 학문적 지식은 인류 문명의 새로운 길을 열었고, 인류의 행복과 안정에 커다란 기여를 했습니다. 물론 제국주의 지배와 전쟁, 차별과 빈곤을 동시에 가져다주기도 했습니다. 아시아의 세기는 서양의 근대를 넘어서서 새로운 '근대 이후'를 만들어 나가는 일이어야 합니다.

지식의 생산과 공유, 인재 양성을 책임지고 있는 대학이라는 공간에서 아시아에 대한 어떤 지식을 생산하고, 아시아에 대해 무엇을 어떻게 가르칠 것인가 하는 문제의식이야말로 서울대학교 아시아연구소에 주어진 책무일 것입니다. 서울대학교 아시아연구소는 2009년 9월 출범한 이래 지역과 주제의 결합에 기초한 아시아 연구의 세계적 허브 구축을 목표로 아시아 연구 기반 구축과 우수 연구활동 지원 등의 다양한 학술 활동을 진행해 왔습니다. 특별히 아시아에 대한 지식 생산의 기반을 다지는 작업으로서, 우수한 기초 연구 활성화를 위해 노력해 왔습니다.

서울대학교 아시아연구소총서는 바로 이러한 학문적 노력의 결실입니다. 앞으로도 서울대학교 아시아연구소는 국내외 연구자들의 우수한 연구를 지원하여 그 결과물을 지속적으로 발간해 나갈 것입니다. 이러한 아시아연구소총서가 아시아의 시대를 열어 가는 데 필요한 기반을 만드는 중요한 지적 자산이 되기를 기대합니다. 이를 바탕으로 아시아 시대를 만들어 가는 지하수를 실증적으로 드러내고, 아시아 내부의 상호 이해와 교류를 넓혀 갈 수 있길 바랍니다.

서울대학교 아시아연구소

| 필자 소개 |

이영주

서울대학교 중어중문학문과 졸업
서울대학교 대학원 졸업(문학박사)
서울대학교 중어중문학과 교수
《두보 초기시 역해》(솔출판사, 공저), 《두보 지덕연간시 역해》(한국방송통신대학교출판부, 공저), 《두보 위관시기시 역해》(서울대학교출판문화원, 공저), 《한자자의론》(서울대학교출판문화원), 《한문독해법》(명문당, 공저), 《한국시화에 보이는 두시 연구》(서울대학교출판문화원), 《두보 진주동곡시기시 역해》(서울대학교출판문화원, 공저), 《두보 성도시기시 역해》(서울대학교출판문화원, 공저), 《두보 재주낭주시기시 역해》(서울대학교출판문화원, 공저), 《사불휴: 두보의 삶과 문학》(서울대학교출판문화원, 공저)

이남종

서울교육대학교 졸업,
한국방송통신대학교 중어중문학과 졸업
서울대학교 대학원 졸업(문학박사)
서울대중국어문연구소 객원연구원
《맹호연시 연구》(서울대학교출판문화원), 《두보 지덕연간시 역해》(한국방송통신대학교출판부, 공저), 《두보 위관시기시 역해》(서울대학교출판문화원, 공저), 《두보 진주동곡시기시 역해》(서울대학교출판문화원, 공저), 《두보 성도시기시 역해》(서울대학교출판문화원, 공저, 《두보 재주낭주시기시 역해》(서울대학교출판문화원, 공저)

이석형

서울대학교 중어중문학문과 졸업

서울대학교 대학원 졸업(문학박사)
중앙대학교 아시아문화학부 교수
《청말사학이론연구》, 《두보 초기시 역해》(솔출판사, 공저), 《두보 지덕연간시 역해》(한국방송통신대학교출판부, 공저), 《두보 위관시기시 역해》(서울대학교출판문화원, 공저), 《두보 진주동곡시기시 역해》(서울대학교출판문화원, 공저), 《두보 성도시기시 역해》(서울대학교출판문화원, 공저), 《두보 재주낭주시기시 역해》(서울대학교출판문화원, 공저) 《유종원집1-4)》(소명출판, 공역)

김만원
서울대학교 중어중문학과 졸업
서울대학교 대학원 졸업(문학박사)
강릉원주대학교 중어중문학과 교수
《두보 초기시 역해》(솔출판사, 공저), 《사령운시 연구》, 《두보 지덕연간시 역해》(한국방송통신대학교출판부, 공저), 《두보 위관시기시 역해》(서울대학교출판문화원 공저), 《두보 진주동곡시기시 역해》(서울대학교출판문화원, 공저), 《두보 성도시기시 역해》(서울대학교출판문화원, 공저), 《두보 재주낭주시기시 역해》(서울대학교출판문화원, 공저), 《사불휴: 두보의 삶과 문학》(서울대학교출판문화원, 공저), 《산당사고 역주》(역락)

이창숙
서울대학교 중어중문학문과 졸업
서울대학교 대학원 졸업(문학박사)
서울대학교 중어중문학과 교수
《중국공연예술》(한국방송통신대학교출판부, 공저), 《중국고대음악사-상고시대부터 송대까지》(솔출판사, 역서), 《영원한 대자연인 이백》(이끌리오, 공역), 《두보 진주동곡시기시 역해》(서울대학교출판문화원, 공저), 《두보 성도시기시 역해》(서울대학교출판문화원, 공저), 《두보 재주낭주시기시 역해》(서울대학교출판문화원, 공저), 《사불휴-두보의 삶과 문학》(서울대학교출판문화원, 공저)

김성곤
서울대학교 중어중문학과 졸업
서울대학교 대학원 졸업(문학박사)
한국방송통신대학교 중어중문학과 교수

《두보 초기시 역해》(솔출판사, 공저), 《두보 지덕연간시 역해》(한국방송통신대학교출판부, 공저), 《두보 위관시기시 역해》(서울대학교출판문화원, 공저), 《중국역대시가강독》(한국방송통신대학교출판부, 공저), 《두보 초기시 연구》, 《두보 진주동곡시기시 역해》(서울대학교출판문화원, 공저), 《두보 성도시기시 역해》(서울대학교출판문화원, 공저), 《두보 재주낭주시기시 역해》(서울대학교출판문화원, 공저), 《사불휴-두보의 삶과 문학》(서울대학교출판문화원, 공저)

박홍준

서울대학교 중어중문학과 졸업
중국 화동사범대학 대학원 졸업(문학박사)
성신여자대학교 중어중문학과 교수
《동양고전극의 미학과 이론》(박이정, 공저), 《유영사선》(지만지), 《두보 지덕연간시 역해》(한국방송통신대학교출판부, 공저), 《두보 위관시기시 역해》(서울대학교출판문화원, 공저), 《두보 진주동곡시기시 역해》(서울대학교출판문화원, 공저), 《두보 성도시기시 역해》(서울대학교출판문화원, 공저), 《두보 재주낭주시기시 역해》(서울대학교출판문화원, 공저)

김준연

서울대학교 중어중문학과 졸업
서울대학교 대학원 졸업(문학박사)
고려대학교 중어중문학과 교수
《당대 칠언율시 연구》(역락), 《100개의 키워드로 읽는 당시》(학민사), 《고금횡단 한자여행》(학민사), 《사불휴-두보의 삶과 문학》(서울대학교출판문화원, 공저), 《중국, 당시의 나라》(궁리)

강민호

서울대학교 중어중문학과 졸업
서울대학교 대학원 졸업(문학박사)
서울대학교 기초교육원 강의부교수
《두보 배율 연구》(서울대학교출판문화원), 《문선 역주》(소명출판, 공역), 《풀어쓴 대학한문: 초급편》(서울대학교출판문화원, 공저)